南京地方税务年鉴

（2015—2016）

《南京地方税务年鉴》编纂委员会　编

方志出版社
Publishing House of Local Records

图书在版编目（CIP）数据

南京地方税务年鉴. 2015—2016 / 《南京地方税务年鉴》编纂委员会编. -- 北京 ：方志出版社，2017.8
ISBN 978-7-5144-2505-5

Ⅰ. ①南… Ⅱ. ①南… Ⅲ. ①地方税收—税收管理—南京—2015-2016—年鉴Ⅳ. ①F812.753.142-54

中国版本图书馆CIP数据核字（2017）第220300号

南京地方税务年鉴（2015—2016）

编　　者：《南京地方税务年鉴》编纂委员会
责任编辑：刘　珊
出 版 人：冀祥德
出 版 者：方志出版社
地址　北京市朝阳区潘家园东里９号（国家方志馆4层）
邮编　100021
网址　http://www.fzph.org
发　　行：方志出版社图书经销中心
电话（010）67110500
经　　销：各地新华书店
印　　刷：南京凯德印刷有限公司
开　　本：889×1194　1/16
印　　张：32.25
字　　数：912千字
版　　次：2017年8月第1版　2017年8月第1次印刷
印　　数：0001—1000册
ISBN 978-7-5144-2505-5　定价：380.00元

南京地税“三业”精神：

创业

敬业

精业

南京地税组织价值观：

追求卓越

共同发展

南京地方税务年鉴编纂委员会

南京地方税务年鉴编辑部

编辑说明

一、坚持以马克思列宁主义、毛泽东思想、邓小平理论、“三个代表”重要思想、科学发展观为指导，贯彻落实习近平总书记系列重要讲话精神和治国理政新理念新思想新战略，坚持辨证唯物主义和历史唯物主义的立场、观点和方法，旨在按年度广泛汇集、系统记载、如实辑录南京市地方税务工作状况及发展历程，为各级领导干部决策及社会各界了解、关心和支持地方税务事业提供参考，为广大经济工作者开展税收理论研究提供翔实、权威性的资料，为税务工作的开展提供可资借鉴的资料，同时为编纂史志做准备。

二、《南京地方税务年鉴（2015—2016）》汇集了2015—2016年南京地方税务工作的主要资料。每年度共分13个栏目；全书共计1046个条目，92个表格，照片44帧，总计110余万字。

三、《南京地方税务年鉴（2015—2016）》每年度内容设13个栏目：（一）大事记；（二）概况；（三）税政管理；（四）征收管理；（五）法治建设；（六）计划、会计、统计管理；（七）信息化建设；（八）数据管理；（九）行政管理；（十）干部队伍建设；（十一）党建及群团工作；（十二）基层单位工作；（十三）重要会议材料。

四、“重要会议材料”主要选编南京地方税务局召开的全局性重要会议的相关材料。

2016 年 5 月 3 日，“营改增”首日，国家税务总局副局长宋兰（右一）视察南京地税契税办税厅

2015 年 3 月 4 日，省财政厅厅长刘捍东（前排右二）考察南京地税办税服务厅，与纳税人交流办税情况

2015 年 7 月 29 日，省地税局局长江建平在南京地税与国家税务总局领导、南京梅山冶金发展有限公司矿业分公司负责人三方视频连线，交流资源税改革实施情况

2015 年 12 月 31 日，南京市市长缪瑞林（右一）、常务副市长刘以安（右三）慰问南京地税局干部职工，与税务人员交流税收情况

2015 年 10 月 28 日，省纪委副书记江里程参观南京税收博物馆

2015 年 2 月 5 日，全市地方税务工作会议

2015 年 3 月 10 日，南京地方税务局作风建设工作会议

2016 年 2 月 2 日，全市地方税务工作会议

2016 年 3 月 15 日，南京地方税务局作风建设工作会议

2016 年 4 月 25 日，南京地方税务局中心组学习（扩大会）

2016 年 3 月 29 日，南京地方税务局 2016 年第一次局务会

自 2015 年起，南京地税全面推进“互联网＋税务”，开发引进多种新型办税手段，方便纳税人。上左图为手机二维码办税。上右图为 POS 机缴税。下左图为地税干部向纳税人介绍江苏地税掌上办税 APP 平台的使用方法和功能特点，推广掌上办税。下右图为南京地税推出“南京地税微税厅”公众号，通过手机微信，为市民、纳税人提供办税指南、政策解读、在线咨询等多项服务，还能根据市民的实际情况，提供个性化信息和解决实际问题。

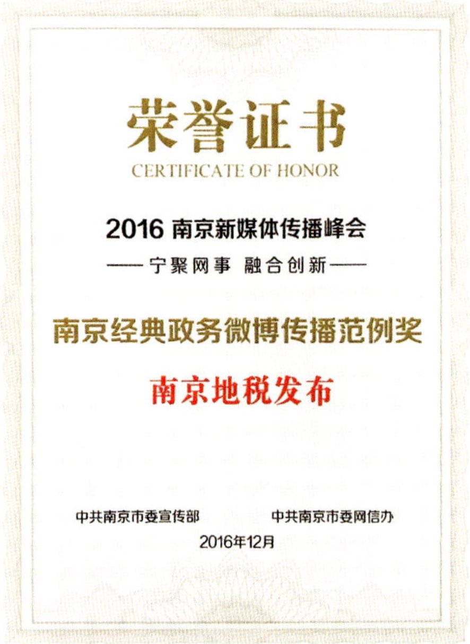

2016 年 12 月 10 日，南京地税局获南京经典政务微博传播范例奖

2016 年 12 月 27 日，南京地税局应中国互联网协会、蚂蚁金服邀请参加在北京举办的 2016 年“新型智慧型城市”峰会，被大会授予“‘互联网 +’社会服务最佳创新政务机构”。图为奖杯

2016 年 12 月 27 日，南京地税局应中国互联网协会、蚂蚁金服邀请参加在北京举办的 2016 年“新型智慧型城市”峰会，被大会授予“‘互联网 +’社会服务最佳创新政务机构”。图为获奖证书

2016 年 4 月 20 日，南京地税局举办“携手共建，服务民企”专题沙龙活动

2016 年 4 月 20 日，南京地税局举办“携手共建，服务民企”专题沙龙活动，与民企代表签订服务意见书

2015 年 4 月 1 日，南京地税干部调研走访“营改增”企业，及时开展政策解读服务

2015 年 10 月 28 日，纳税人走进南京地税办税厅体验“三证合一，一照一码”微服务

2015年4月2日，南京地税开展“助力小微 税动你我”在线税法访谈服务

2016年4月6日，南京地税干部走进南京老黄牛家政服务有限公司，为公司的税收难题答疑解惑，助力家政行业发展

2016 年 3 月 21 日，南京地税干部为项目开发商提供税收辅导和政策支持

2016 年 4 月 15 日，南京地税局与南京银行、新港开发区管委会等单位合作，启动众创空间纳税人服务联盟，为 40 余家中小型高新技术企业的创业者或财务高管，提供营改增、非货币性资产投资、金融信贷支持、科技人才政策等内容的涉税创投服务

2016 年 3 月 29 日，全省首家科创企业税收服务联盟在南京市鼓楼区成立

2016年11月20日起，南京地税推出便民举措，市民可以选择主城六区的任一地税局办税服务厅或设立在房产交易大厅的办税窗口办理商品房契税征收业务，不必再专门跑到房地产交易市场缴纳契税

2016年12月6日，南京地税干部深入大型企业开展点对点政策辅导服务

2016 年 3 月 30 日，南京国地税部门联合开展“营改增”涉税政策咨询服务

南京地税局以南京税收博物馆为载体，向社会各界广泛宣传普及税收文化和法律知识。图为 2016 年 4 月 8 日，小学生们在南京税收博物馆现场教学

2016 年 5 月 5 日—6 月 4 日，南京国地税联合举办“青年梦·税月情”在宁高校大学生税收辩论赛。图为 6 月 4 日辩论赛决赛辩论现场

2016 年 5 月 5 日—6 月 4 日，南京国地税联合举办“青年梦·税月情”在宁高校大学生税收辩论赛。图为 6 月 4 日辩论赛决赛颁奖现场

荣誉证书

江苏省南京地方税务局：

由你单位报送的作品《主动问需 开展社区党课》，荣获2014年度全国税收好新闻评选活动"图片好新闻"优秀奖。特发此证，以资鼓励！

国家税务总局办公厅
二零一六年七月

2016年7月，南京地税局拍摄制作的《主动问需 开展社区党课》获全国税收好新闻"图片好新闻"优秀奖

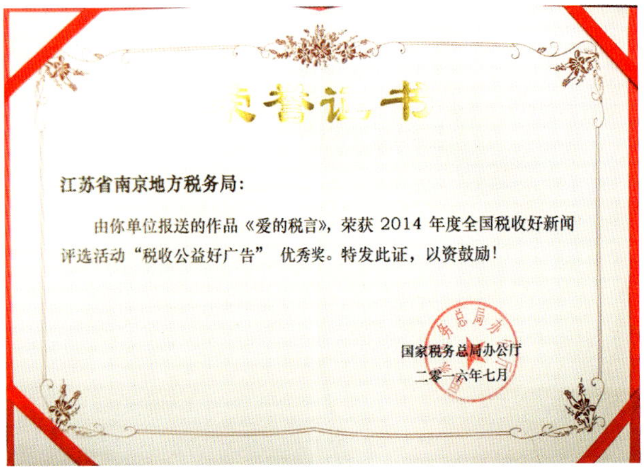

荣誉证书

江苏省南京地方税务局：

由你单位报送的作品《爱的税言》，荣获2014年度全国税收好新闻评选活动"税收公益好广告"优秀奖。特发此证，以资鼓励！

国家税务总局办公厅
二零一六年七月

2016年7月，南京地税局拍摄制作的《爱的税言》获全国税收好新闻"税收公益好广告"优秀奖

CERTIFICATE OF HONOR
荣誉证书
最佳人气奖

市地税局：
贵单位组织开展的在宁高校大学生税收辩论赛荣获2016南京网友节最佳人气奖。
特发此证，以资鼓励！

中共南京市委网信办
2016年6月

2016在宁高校大学生税收辩论赛获2016南京网友节最佳人气奖

南京地税官方微博"@南京地税发布"获得"首届南京网友节最佳新媒体传播奖"；该局组织的"新常态、新税风"微系列宣传活动获首届南京网友节最佳活动人气奖。图为2015年5月15日，南京市委宣传部领导为该局颁发荣誉证书

2015 年 6 月 8 日，南京地税系统处级领导干部“三严三实”教育党课

2015 年 3 月 30 日，南京地税系统处级领导干部选拔结构化面试

①

④

②

③

① ② ③
④

① 2015年10月28日，南京地税系统在税务学校组织全系统业务能手竞赛决赛，李阳等60名选手获得“南京地税系统优秀税务业务能手”称号

② 2016年8月12日，南京地税局新录用公务员入职宣誓

③ 2016年4月6日，南京地税局微型党课交流汇报会

④ 南京市国、地税局加大合作交流力度，联合开展“互派干部挂职培养”工作。图为2016年9月1日，秦淮区国税局纳服科副科长、党员杨晓丽（右一）正式到秦淮地税局挂职，她在办税服务厅热情地向窗口工作人员介绍挂职情况

南京地税局实施职工素质提升和职工书屋建设工程，引导职工养成爱读书、读好书、用好书的良好习惯，建设地税书角、电子书库、掌上书屋、学思渐悟分享会等阅读平台。图为2016年8月5日地税职工在书屋借阅学习情景

2015年3月3日南京地方税务局荣获“春蕾计划”实施20周年突出贡献奖

南京地税妇委会组织康乃馨行动
6月1日，服务队开展“送温暖，看

南京地税重视干部教育培养和文化学习，市局机关和各个基层单位均建立了职工书屋。2015—2016 年，多家基层单位被全国总工会授牌“职工书屋”

务队，资助贫困学生。图为 2016 年
活动

2016 年 7 月 1 日，南京地税康乃馨行动巾帼志愿服务队参加南京市团市委举办的“穿越 2000 公里的爱”，赴云南滇北高原建立十所爱心书屋，给孩子们送上爱心图书

2016 年 3 月 30 日，南京地税举办女子体育舞蹈大赛

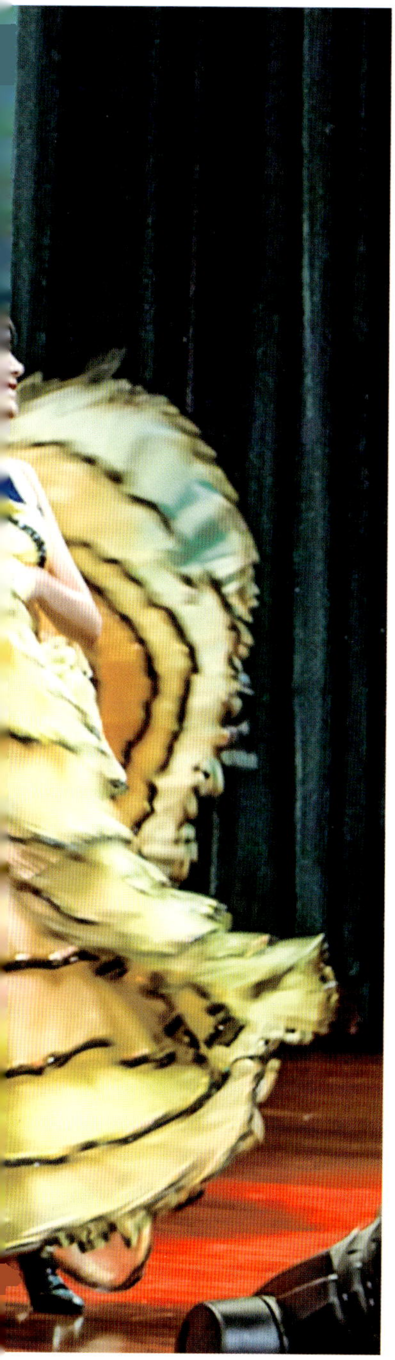

2016年11月26日，南京地税篮球队（白色队服）参加全省地税系统篮球比赛获冠军

南京地税贯彻落实稽查“双随机”抽查制度，加大涉税案件查办力度，提高税务稽查威慑力。图为2016年12月21日，该局重点税源随机抽查、调账检查情景

2016年4月18日，南京地税稽查部门为涉税自查企业开展自查辅导

2016年1月27日，南京地税稽查部门通过电子查账、运用办案中心实施调账检查等手段，提升案件检查效率，减少对纳税人生产经营的影响。图为税务人员与纳税人在南京地税稽查局城北办案中心讨论案情

2016年1月22日，南京地税采取上门服务方式检查企业发票保管情况，为企业核销超过保管期限的发票

目　　录

2015年

税 政 管 理

流转税管理

所得税管理

财产行为税管理

社会保险费、基金费管理

征 收 管 理

法治建设

计划会计统计管理

信息化建设

数据管理

行 政 管 理

政务管理

保密工作

事务管理

政务信息工作

宣传工作

档案管理

理论调研

2015年调研论文选登

干部队伍建设

队伍建设

综合管理

教育培训

廉政建设

执法督察内审

光　荣　榜

党建及群团工作

党建工作

系统工会、妇联工作

荣　誉　榜

基层单位工作

稽　查　局

稽查局第一分局

稽查局第二分局

稽查局第三分局

征收税务局

高新技术开发区地方税务局

玄武地方税务局

秦淮地方税务局

建邺地方税务局

鼓楼地方税务局

雨花台地方税务局

栖霞地方税务局

化学工业园区地方税务局

江宁地方税务局

浦口地方税务局

六合地方税务局

溧水地方税务局

高淳地方税务局

重要会议材料

2016年

大　事　记

概　况

工作概况

人员机构概况

江苏省南京地方税务局机构职能

各项收入概况

税源概况

税 政 管 理

营业税管理

所得税管理

财产行为税管理

社会保险费、基金费管理

征 收 管 理

法 治 建 设

计划会计统计管理

信息化建设

数 据 管 理

行 政 管 理

政务管理

保密工作

事务管理

政务信息工作

宣传工作

档案管理

理论调研

2016年调研论文选登

干部队伍建设

队伍建设

绩效管理和文化建设

干部培训

廉政建设

执法督察内审

南京地方税务局2015年光荣榜

党建及群团工作

党建工作

工会、妇联工作

荣誉榜

基层单位工作

稽查局

稽查局第一分局

稽查局第二分局

稽查局第三分局

征收税务局

高新技术开发区地方税务局

玄武地方税务局

秦淮地方税务局

建邺地方税务局

鼓楼地方税务局

雨花台地方税务局

栖霞地方税务局

化学工业园区地方税务局

江宁地方税务局

浦口地方税务局

六合地方税务局

溧水地方税务局

高淳地方税务局

重要会议材料

2015年

南京地方税务年鉴

大　事　记

1月

1月　组织开展系统先进集体和先进个人评选工作，授予纳税服务局综合科等20个基层科所“2014年度江苏省南京地方税务局标兵科所”称号，授予刘伟等10名干部职工2014年度系统“地税标兵”称号并记三等功一次。

同月　组织开展市地税系统年度绩效考核工作。授予江宁局等7个单位2014年度江苏省南京地方税务局先进单位一等奖。

同月　江苏省地方税务局南京税务干部培训学校分部正式运行。

1—3月　编印下发《“追忆历史卓越同行”征文汇编》，配合纪念建局20周年系列活动，面向全系统开展征文活动，征集征文作品244篇，优选65篇汇编成册。

2月

2月15日　市委、市政府授予市地税局“机关作风建设人民满意单位”称号。

2月　经中央精神文明建设指导委员会办公室复查合格，南京地税局继续保留“全国文明单位”荣誉称号。

2—4月　省地税局开展2014年度省地税局对市级局绩效考评工作。市地税局再次获得全省地税系统绩效考评第一名。

2—6月　在全系统开展培训、测试、竞赛、交流等形式多样的春训工作。

3月

3月1日　根据《国家税务总局关于印发〈全国税务机关纳税服务规范〉的通知》的要求，全市地税系统正式施行《全国税务机关纳税服务规范》2.0版。

3月10日　网银缴税项目正式上线，拓展了自然人缴税方式，开启了自然人互联网缴税新时代。

3—4月　系统共选拔10名处级领导干部，落实“县改区”干部政策，2名干部晋升副处职；交流调整35名处级领导干部，调整面达到了30%。1名正处领导干部到省地税局任职。

4月

4月8日　国家税务总局党校处级领导职务人员任职培训班及税务文化建设实务高级研修班学员，到市地税局开展税务文化管理现场教学活动。

4月24日　根据《江苏省地方税务局关于完善和深化征管改革有关问题的通知》和市地税局征管改革方案精神，市地税局设立综合处，撤销基层工作处。

4月28日　市地税局在南京地税外部网站上发布2014年度南京市A级纳税人名单，同时纳税人可以自行登录网上办税厅自行查询或到办税服务厅申请查询自己的信用级别。

4—6月　调整机关内设机构和职能，成立综合处，将市契税所整建制并入征收税务局，全面实施税户属地化管理和风险应对专业化管理，强化督察内审组织体系建设。

5月

5月22日　省地税局局长江建平、副局长陈茂峰一行赴南京局开展大数据应用工作专题调研。

5月　南京地税系统选拔13名正处后备、38名副处后备干部。

同月　商业办公类房地产评估系统正式上线省级3.0大集中系统，完善了存量房评估信息系统的评估类型，将评估系统的内涵扩充到普通住宅之外的房地产，将非住宅纳入到估价系统，实现估价系统房地产类型和地理范围的全覆盖。

同月 税收文化教育基地被确定为“第三批省级法治文化示范点”。

同月 在“金陵杯”市级机关网球比赛中，市地税局网球代表队获得了男子双打冠军、女子双打冠军、女子单打冠军、女子双打亚军和男子单、双打第五名共6个奖项，成绩优异。

6月

6月1日 直属一局管辖的税户调整至各属地局管辖，全面实现税户属地管理。

6月4日 市地税局稽查局、征收税务局和其他税源管理机构设立督察内审科，稽查一、二、三分局在业务管理科中设督察内审岗，构建两级督察内审组织格局。

6月20日 在南京市文化广播新闻出版局主办的2015年全市文博系统讲解员大赛中，南京税收博物馆获得优秀组织奖，选派的讲解员邵怡凡获得三等奖。这是税收文化教育基地自2014年注册为博物馆来第一次参加市文博系统举办的比赛，扩大了展馆在全市文博系统的品牌影响力和知名度。

6月 市地税局对2012—2014年连续三年考核优秀等次的63名干部职工给予记功表彰。

6—10月 以“纳税服务”“风险管理”和“个人所得税”为专题，组织三期共75人赴台湾实施高层次人才交流培训。

6—12月 组织系统处级以上领导干部开展“三严三实”专题教育。

7月

7月1日 完成属地局税源管理机构职能调整，将各属地局税源基础管理机构的管辖范围由按行业设置调整为按街镇设置，进一步落实了税户属地管理责任。

8月

8月4日 下发《江苏省南京地方税务局关于印发推进“税银合作”工作的实施意见（试行）的通知》，标志着市地税局在全省范围内率先与民生银行试点开展“税银合作”工作。

8月 组织系统3个事业单位开展岗位设置和合同聘用工作，推进事业单位规范化管理。

同月 市地税局在全省地税系统纪念中国人民抗日战争暨世界反法西斯战争胜利70周年合唱比赛中获一等奖。

8—10月 分三期组织全系统处以上干部开展脱产培训。

9月

9月 完成2015年度能级评定工作，全系统共349人报名参加，158人评定能级。

同月 六合局征收税务分局获江苏省五一巾帼标兵岗。

同月 六合局被评为江苏省“职工书屋”示范点。

10月

10月1日 在市区两级政务中心正式实行“三证合一，一照一码”。

10月20日 完成税收文化博物馆升级改造工作，税收文化博物馆正式对外试开放。

10月 开展税收业务岗位练兵和优秀税收业务能手技能竞赛活动，建邺局李阳等60名选手获得“南京地税系统优秀税务业务能手”称号。

同月 完成党组织换届选举工作。增补1名机关党委会委员，新成立了征收局党总支、综合处党支部，对机关及直属的21个党支部（总支）进行了换届选举工作，相应成立了各支委。

10—12月 组织首批税务文化精品示范点评选工作。征收税务局、玄武局、雨花台局、六合局、溧水局被评为首批税务文化精品示范点。

11月

11月26日 市稽查局两篇案例入选全省地税系统“优秀税务稽查案例”。这是市稽查局参评案例连续13年入选。

11月27日 市稽查局被江苏省地方税务局授予2015年度“法治税务示范基地”称号。

11月 开展新一轮人才库选拔，在三大类21

个小类专业人才库选拔中，共有111名干部职工入选市地税局级专业人才库；基层局共选拔入区局人才库182人。

12月

12月　城建税入库税款80.18亿元。自1985年开征以来，首次突破80亿元。

同月　市地税局获得2015年江苏省“公共机构节能减排示范单位”称号。

同月　按照省地税局统一安排，市地税局于2015年完成了财务数据迁移转换，正式执行新行政单位会计制度。

同月　溧水局职工之家获“全国模范职工之家”荣誉称号。

（王杉杉）

【责任编辑　朱　旭】

概　况

工作概况

概　述　2015年，江苏省南京地方税务局（以下简称“市地税局”）组织各项收入1280.8亿元，同比增长12.5%。其中税收收入795亿元，同比增长13.1%；包括：中央级税收153.5亿元，同比增长22%；省级税收45.7亿元，同比增长16%；市县级税收595.8亿元，同比增长10.8%。组织入库社会保险费收入422.6亿元，同比增长12.1%；其他非税收入完成63.3亿元，同比增长7.8%。大力服务地方经济和社会发展，落实各项税收优惠政策，全年办理减免税费80.83亿元。

*优化组织收入管理。*密切关注各区域经济税源走势、税收运行状况以及重点行业发展态势，完善收入质量监控指标体系，在全省收入质量监控评价通报中连续两年获得第一名。优化税收预测平台，着力提高税收预测准确率。加大税收分析力度，强化对重点行业、重点项目、热点问题的专题分析，加强与国税、统计、房产等部门的信息共享和数据交换。加强869户重点税源直报企业的税收管理，完善重点税源监控风险模型，及时梳理查找推送重点税源风险疑点。深化社保费基金费管理，严格实行基金、费征收和权利清单制度，做到目录之外无征收；与市财政局、市人社局联合建立社保费清欠联动工作机制，进一步理顺社保费欠费清缴工作的部门职责和业务规程。

*加强地方税种管理。*开展营业税存量税源清理工作，突出房地产业、建筑业等重点存量税源清理，全面推进“营改增”。全年完成建筑业清算项目7425个，清算率达到89%，房地产业、建筑业入库营业税174.03亿元，占比达营业税收入63.57%；强化企业所得税汇算清缴，企业所得税汇算清缴补税22.6亿元。深化应用自然人数据库，凸显自然人税收直接管理成效，年所得12万元以上纳税人自行纳税申报19.2万人，同比增长22.42%，达到省地税局推送目标的160.23%。强化土地增值税征管，开展土地增值税预警值制定工作。全年企业自主申报项目92个，自主申报率达55.76%；风险应对房地产项目69个，应对率达72.63%。完善存量房评估信息系统，建立存量房评估价格管理体系。加强房产税、土地使用税风险管理，合计补交房产税、土地使用税税款2.1亿元。

*强化税收基础管理。*推行税务登记证、工商营业执照、组织机构代码证“三证合一”“一照一码”登记制度改革。完成税源监控平台的开发升级，新增指标预警和异常数据监控管理等功能；深化国地税合作，印发《关于进一步加强和深化国地税联合税收征管的工作意见》，优化完善国地税联合征管平台，开展国地税登记信息差异户清理，提高国地税管户登记信息的一致性和准确性。充分利用地税部门税收信息化平台，拓展风险监控范围，挖掘风险分析深度，提升风险应对质效。全年实现风险应对入库税款25.9亿元，税收贡献率达3.27%。深化数据质量监控，推进第三方数据交换与整合。全年共提出对外数据交换需求137项，取得11个部门各类交换数据2284万条。通过三方数据风险指标，识别出有风险的纳税人9184户次，推送6644户次，共实现税款绩效6.34亿元。

*推进税收法治建设。*深化行政审批制度改革，全面取消非许可审批事项，建立行政权力清单、行政许可确认事项清单，并向社会公示。梳理出行政权力事项127项，其中4项行政许可，56项行政处罚，6项行政强制，18项行政征收，1项行政奖励，39项行政确认。开展依法治税示范单位创建，市地税局被评为全市“依法行政示范点”，地税稽查局被评为“省级法治税务示范基地”；建立行政处罚信息管理平台，规范税收执法行为；市地税局审理重大税务案件18件，审理涉

案金额约3亿元；预防化解行政争议，全年办理争议案件提前介入10起，市地税局被评为全市复议案件质量先进单位；在全省率先与法院共同构建司法与税收协作工作机制，建立数据查询、不动产司法拍卖税款征收、非诉案件强制执行、联席会议等四项制度。（楚天佑）

人员机构概况

中共江苏省南京地方税务局党组成员名单

党组书记　柏　鹏
党组副书记　郑　良
党组成员　左　明
唐　跃
蔡建勋
刘军辉
王　超
陈　奇
钱家俊

中共江苏省南京地方税务局党组纪检组负责人

纪检组长　刘军辉

江苏省南京地方税务局机构设置和负责人

局　长　柏　鹏
副局长　郑　良
左　明
唐　跃
蔡建勋
纪检组长　刘军辉
总经济师　王　超
总会计师　陈　奇
总经济师　钱家俊
副巡视员　蔡金华
乔　彤
曹晓扬
夏玉霞（2015年2月任）
张祖贤（2015年3月任）

办公室

主　任　王火生（2015年4月任）
乔　彤（2015年4月免）
副主任　黄　昀
何　欣（2015年4月任）
沈向民（2015年4月免）
调研员　查贵成
汪炼炼
副调研员　楚天佑

政策法规处

处　长　罗志刚
副处长　吴立亚（2015年4月任）
陈娟娟（2015年4月免）

营业税处

处　长　陈　云
副处长　卓　越
副调研员　奚　雷
陈珊艺

所得税处

处　长　郭智华
副处长　张建强
副调研员　孙建忠

财产行为税处

处　长　赵建华
副处长　王佩福

规划财务处

处　长　黎　凡（2015年4月任）
张祖贤（2015年4月免）
副处长　卞立群
叶　红（2015年4月任）
洪　斌（2015年4月免）

征管科技处

处　长　胡连强（2015年6月任）
曹晓扬（2015年6月免）
副处长　杨霆钧
钟智宏（2015年6月免去挂职鼓楼局副局长职务）
姜　进
副调研员　张　军

王琪玮

数据管理处

处　　长　　徐惠华

副 处 长　　戴文新

　　　　　　顾长元

副调研员　　明　靖

督察内审处

处　　长　　吴春高（2015年4月任）

　　　　　　黎　凡（2015年4月免）

副 处 长　　戴迎新（2015年6月任）

　　　　　　李　玮（2015年4月任）

　　　　　　王　勇（2015年4月免）

基层工作处【撤销】

处　　长　　季志春（2015年4月免）

副 处 长　　张连静（2015年4月免）

综合处【新设】

处　　长　　季志春（2015年4月任）

副 处 长　　沈向民（2015年4月任）

人事处

处　　长　　徐贻璧（2015年4月任）

副 处 长　　高永峰（兼）

　　　　　　黄晓兰

调 研 员　　王　震

　　　　　　马圣莲（2015年12月退休）

副调研员　　秦有富（2015年11月退休）

离退休干部处（与人事处合署）

处　　长　　高永峰（2015年4月任）

副调研员　　王浴宁

监察室

主　　任　　席宝庆

副 主 任　　王　勇

副调研员　　朱淮民

　　　　　　金　泓

机关党委

专职副书记　汪义娟

调 研 员　　华森林（2015年2月退休）

　　　　　　王　芊

副调研员　　吴　红

电子税务管理中心

主　　任　　薛剑秋

副 主 任　　朱　岚

　　　　　　周建伟

副调研员　　张　斌

干部培训学校

校　　长　　王　勇（2015年4月任）

　　　　　　沈　勇（2015年4月免）

副 校 长　　万利明（2015年4月任）

　　　　　　洒荣汶

副调研员　　周卫国

机关后勤服务中心

主　　任　　朱中元

副 主 任　　梁　钰

　　　　　　孔志刚

副调研员　　任　军

档案管理中心

主　　任　　王　俊

副 主 任　　承　蕾

稽查局（南京副局级）

局　　长　　王冬明

副 局 长　　张元年（2015年4月任）

　　　　　　臧桂芹（2015年4月任）

调 研 员　　朱剑秋（2015年11月退休）

副调研员　　朱基全

稽查一分局

局　　长　　费明华

副 局 长　　朱广生

　　　　　　程松敏

副调研员　　李文军

稽查二分局

局　　长　　姜　健

副 局 长　　吴跃发

　　　　　　董晓庆

稽查三分局

局　　长　　沈　勇（2015年4月任）

张元年（2015年4月免）
副 局 长　全　晓
纪耀录
副调研员　徐春林
匡翠光
朱玉梅（2015年6月调入）

征收税务局（纳税服务局）

局　　长　马雪玲（2015年4月任）
钟武斌（2015年4月免）
副 局 长　王　辰（2015年4月任）
张　捷（2015年4月任）
魏军波（2015年7月挂职省局纳税服务处副处长）
张　锋
何　欣（2015年4月免）
调 研 员　缪新民（2015年10月退休）
副调研员　郑晓慧
高善平
姜志才

直属一局【撤销】

局　　长　胡连强（2015年6月免）
副 局 长　沈永惠（2015年6月免）
陈卓兵（2015年6月免）
副调研员　鲁世君
赵　红

高新局

局　　长　谢海航
副 局 长　王德春
周　薇
任梦华

玄武局

局　　长　曾　翀（2015年4月任）
马学民（2015年4月免）
副 局 长　虞　华
洪　斌（2015年4月任）
沈永惠（2015年6月任）
戴迎新（2015年6月免）
调 研 员　林　斌
副调研员　王　玲
来振春
王小洪
魏　玮
步劲柏
鲍　平（2015年9月退休）

秦淮局

局　　长　朱　延
副 局 长　王英姿
丁晓军
陈娟娟（2015年4月任）
王桂祥（2015年4月免）
调 研 员　孙爱萍
副调研员　闻　华
祁寅龙
陈旭东
张　铭
陈　兵
鲁　新
王　波（2015年10月退休）

建邺局

局　　长　罗　斌（2015年4月任）
徐贻璧（2015年4月免）
副 局 长　郝永宁
余　静（2015年7月挂职建邺局副局长）
高文莉
王　颖
副调研员　张金川
岳有铭
卜兴耀
赵　红（2015年6月调入）

鼓楼局

局　　长　马学民（2015年4月任）
罗　斌（2015年4月免）
副 局 长　尤　克

周　斌
陈卓兵（2015年6月任）
周　妍

副调研员　吴　兵
潘祥云
夏　莉
柳　峰
颜月平
鲁世君（2015年6月调入）

雨花台局

局　　长　王桃之

副 局 长　吕　艳
邵龙喜
郭智怡

副调研员　夏恒志
郭菊霞
毕云亮
周正华（2015年11月退休）

栖霞局

局　　长　殷壁峰（2015年4月任）
王晓苏（2015年4月免）

副 局 长　许晓燕
张登明（2015年4月任）
谢寒生
万利明（2015年4月免）

副调研员　周纪祺
陈　东
戴小龙
张兴才

化工园局

局　　长　项　明（2015年4月任）
吴春高（2015年4月免）

副 局 长　许　辉
丁厚祥
贾　婷

副调研员　许帮炎

中共江宁地税局党组

党组书记　马玉宁

党组成员　陆晓民
业德瑞
陶向武
周　密

江宁局

局　　长　马玉宁

副 局 长　陆晓民
业德瑞
陶向武

纪检组长　周　密

副调研员　王　平

中共浦口地税局党组

党组书记　王晓苏（2015年4月任）
曾　翀（2015年4月免）

党组成员　孙　猛
莫增华
周进达
佘风琴

浦口局

局　　长　王晓苏（2015年4月任）
曾　翀（2015年4月免）

副 局 长　孙　猛
莫增华
周进达

纪检组长　佘风琴

副调研员　吴玉华

中共六合地税局党组

党组书记　王桂祥（2015年4月任）
王火生（2015年4月免）

党组成员　汪临清
刘明祥
李　军
魏　明

六合局

局　　长　王桂祥（2015年4月任）
王火生（2015年4月免）

副 局 长　汪临清
　　　　　刘明祥
　　　　　李　军
纪检组长　魏　明
副调研员　王成亮
　　　　　单晓东

中共溧水地税局党组

党组书记　戴世敏
党组成员　刘德才（2015年4月任）
　　　　　喻召双
　　　　　张　健（2015年4月任）
　　　　　丁建华（2015年4月任）
　　　　　臧桂芹（2015年4月免）
　　　　　陈步荣（2015年4月免）
　　　　　彭聿新（2015年4月免）

溧水局

局　　长　戴世敏
副 局 长　刘德才（2015年4月任）
　　　　　喻召双
　　　　　张　健（2015年4月任）
　　　　　臧桂芹（2015年4月免）
　　　　　陈步荣（2015年4月免）
纪检组长　丁建华（2015年4月任）
　　　　　彭聿新（2015年4月免）

中共高淳地税局党组

党组书记　张连静（2015年4月任）
　　　　　殷璧峰（2015年4月免）
党组成员　陈步荣（2015年4月任）
　　　　　诸培苗
　　　　　翁明祥（2015年4月任）
　　　　　彭聿新（2015年4月任）
　　　　　刘德才（2015年4月免）
　　　　　张登明（2015年4月免）
　　　　　丁建华（2015年4月免）

高淳局

局　　长　张连静（2015年4月任）
　　　　　殷璧峰（2015年4月免）
副 局 长　陈步荣（2015年4月任）
　　　　　诸培苗
　　　　　翁明祥（2015年4月任）
　　　　　刘德才（2015年4月免）
　　　　　张登明（2015年4月免）
纪检组长　彭聿新（2015年4月任）
　　　　　丁建华（2015年4月免）
调 研 员　陈桂华（2015年12月退休）

（徐　伟）

2015年12月正式人员基本情况统计表

表1

单位：人

项目	总计	女	少数民族	学历						政治情况				年龄									
				研究生	大学	大专	中专	高中	初中及以下	共产党员	共青团员	民主党派	无党派或群众	30岁以下	31~35岁	36~40岁	41~45岁	46~50岁	51~54岁	55~59岁	女	60岁	女
市局机关	202	70	7	37	147	18	—	—	—	181	—	2	19	8	38	45	44	27	27	13	1	—	—
稽查局	58	28	2	4	50	4	—	—	—	54	—	—	4	2	6	14	16	9	9	2	—	—	—
稽查一分局	45	17	—	3	35	7	—	—	—	36	2	—	7	2	5	6	14	9	9	—	—	—	—
稽查二分局	50	23	1	3	44	3	—	—	—	35	—	2	13	3	2	6	17	12	10	—	—	—	—
稽查三分局	53	26	1	2	46	5	—	—	—	41	0	2	10	1	3	11	9	12	13	4	—	—	—
征收局	73	35	4	9	54	10	—	—	—	60	—	1	12	9	16	16	11	9	10	2	1	—	—
高新局	52	20	0	14	36	2	—	—	—	41	5	—	6	13	4	9	11	4	8	3	—	—	—
玄武局	131	67	1	10	109	12	—	—	—	93	3	4	31	12	16	25	16	31	25	6	—	—	—
秦淮局	196	—	3	11	162	23	—	—	—	157	3	2	34	13	21	24	29	51	47	11	1	—	—
建邺局	107	48	3	14	83	9	1	—	—	85	3	3	16	9	14	17	26	14	22	5	—	—	—
鼓楼局	194	85	3	23	145	26	—	—	—	147	—	3	44	13	21	24	40	42	42	12	—	—	—
雨花台局	82	34	2	8	67	6	1	—	—	57	3	0	22	10	6	12	17	15	15	7	—	—	—
栖霞局	95	27	1	10	80	4	—	1	—	77	2	1	15	6	13	10	18	35	8	5	—	—	—
化工园局	54	20	—	6	46	2	—	—	—	37	4	1	12	12	10	5	8	14	5	1	—	—	—
江宁局	146	52	1	9	126	9	—	2	—	113	4	2	27	21	14	25	25	38	15	8	—	—	—
浦口局	93	43	4	7	75	11	—	—	—	73	8	—	12	22	13	14	12	14	13	5	—	—	—
六合局	93	25	0	8	77	7	1	—	—	80	9	—	4	20	13	18	12	16	6	8	—	—	—
溧水局	97	35	—	1	79	17	—	—	—	66	6	—	25	17	7	11	19	22	15	6	—	—	—
高淳局	101	27	—	—	87	12	1	1	—	61	7	—	33	12	2	15	27	24	12	9	—	—	—
总计	1922	682	33	179	1548	187	4	4	0	1494	59	23	346	205	224	307	371	398	311	107	3	0	0

2015年12月正式人员职务情况统计表

表2

单位：人

单位	合计	公务员														事业编	行政附属编
		小计	局长	副局长	副巡视员	处长（局长）	调研员	副处长（副局长）	副调研员	科长	主任科员	副科长	副主任科员	科员	试用期（军转）		
市局机关	202	185	1	8	5	18	4	25	14	4	50	1	46	9	—	9	8
稽查局	58	55	—	1	—	2	—	—	1	8	18	8	16	—	1	1	2
稽查一分局	45	42	—	—	—	1	—	2	1	6	12	5	10	5	—	—	3
稽查二分局	50	49	—	—	—	1	—	2	—	7	20	6	10	3	—	—	1
稽查三分局	53	50	—	—	—	1	—	2	2	6	18	7	12	2	—	1	2
征收局	73	45	—	—	—	1	—	3	3	6	7	6	8	8	3	26	2
高新局	52	48	—	—	—	1	—	3	—	7	9	6	15	4	3	2	2
玄武局	131	121	—	—	—	1	1	3	4	13	44	13	22	18	2	2	8
秦淮局	196	179	—	—	—	1	1	3	6	16	83	20	30	16	3	5	12
建邺局	107	98	—	—	—	1	—	3	4	12	34	14	20	9	1	3	6
鼓楼局	194	182	—	—	—	1	—	4	6	18	74	20	35	21	3	5	7
雨花台局	82	76	—	—	—	1	—	3	3	11	23	9	12	12	2	1	5
栖霞局	95	88	—	—	—	1	—	3	4	11	32	9	14	12	2	5	2
化工园局	54	52	—	—	—	1	—	3	1	7	14	4	8	11	3	2	—
江宁局	146	134	—	—	—	1	—	4	1	15	34	15	37	24	3	6	6
浦口局	93	86	—	—	—	1	—	4	1	14	21	9	10	20	6	6	1
六合局	93	87	—	—	—	1	—	4	2	14	21	9	13	18	5	2	4
溧水局	97	90	—	—	—	1	—	4	—	9	3	12	35	20	6	5	2
高淳局	101	98	—	—	—	1	—	4	—	10	7	12	39	23	2	1	2
总计	1922	1765	1	9	5	37	6	79	53	194	524	185	392	235	45	82	75

机构职能设置

一、内设机构及职能

1.办公室

承担机关文电、机要、信息、会务、督办、信访、保密、保卫和政务公开等工作；拟订有关工作制度；组织起草和审核重要文稿；承担全系统税收宣传计划的编制和面向社会的税收宣传、新闻发布工作；承办内部网站运行与管理工作；督办督查省局、市委市政府和局党组重大工作部署；负责税收理论及内部研究性资料的采编管理工作；承担创新管理工作；承担机关财务管理等行政事务工作。

2.政策法规处

拟订依法行政、依法治税工作方案并组织实施；参与起草有关地方税收法规、规章和规范性文件；组织协调涉及多税种、综合性税收政策文件的起草和贯彻落实工作；承办较大税收案件的审理工作和行政处罚管理工作；承担本系统有关规范性文件的合法性审核和备案备查工作；组织有关规范性文件的清理、评估、反馈和汇编工作；承办税务行政复议、行政诉讼工作；组织涉税反补贴案件的应对工作；承担本部门职责范围内风险管理、信息管税、数据管理及特殊事项专业化应对等工作。

3.营业税和基金管理处

组织实施营业税和法律法规规定及省市政府指定的基金（费）的税政管理工作；按照税收管理权限，制定具体征收管理办法，处理执行税收政策中的有关事项；参与有关税种的纳税服务工作；组织税种风险指标、模型的建设和优化；承担本部门职责范围内风险管理、信息管税、数据管理及特殊事项专业化应对等工作。

4.所得税管理处（国际税收管理处）

组织实施企业所得税、个人所得税的税政管理工作；按照税收管理权限，制定具体征收管理办法，处理执行税收政策中的有关事项；组织实施反避税调查；承担有关国际税收的综合协调工作；参与有关税种的纳税服务工作；组织税种风险指标、模型的建设和优化；承担本部门职责范围内风险管理、信息管税、数据管理及特殊事项专业化应对等工作。

5.财产和行为税管理处

组织实施财产与行为各税种（含房产税、城镇土地使用税、城市维护建设税、印花税、资源税、土地增值税、车船税、耕地占用税和契税）及教育费附加的税政管理工作；按照税收管理权限，制定具体征收管理办法，处理执行税收政策中的有关事项；参与有关税种的纳税服务工作；组织税种风险指标、模型的建设和优化；承担本部门职责范围内风险管理、信息管税、数据管理及特殊事项专业化应对等工作；　牵头组织实施房地产一体化管理工作。

6.规划财务处

编制地税收入中长期规划，编制、分配年度税收计划；组织开展税收收入分析预测和重点税源监控管理；管理和应用税收收入数据；承担税收会计统计、票证管理和基金费核算工作；监督检查税款缴、退库情况；承担全市地税系统财务、经费管理和财务会计核算工作；承担全系统固定资产财务管理工作；承担本部门职责范围内风险管理、信息管税、数据管理及特殊事项专业化应对等工作。

7.征管和科技发展处

组织落实综合性税收征管法律、法规、部门规章及规范性文件，拟订具体操作办法；研究制定税收征管规程；牵头负责委托代征管理工作；组织协调综合治税工作；组织税务登记、纳税申报、催报催缴管理、普通发票管理、税控器具推广应用等工作；统筹协调税收状况监控分析，承办征管质量考核工作；组织实施个体和集贸市场的税收管理工作；承担信息化建设规划、制度建设；承担项目立项、需求论证和项目验收；承担本部门职责范围内风险管理、信息管税、数据管理及特殊事项专业化应对等工作。

8.数据管理处（税收风险监控局与其合署）

制定涉税数据管理办法；涉税数据的日常管理、应用和运行维护；承担数据标准化和质量管理，涉税数据信息的采集、交换、专项应用分析和查询服务等工作；承担对涉税信息应用状况的测评和跟踪反馈工作；承担风险管理、风险应对管理、牵头负责风险指标和风险识别模型的建设；牵头负责第三方数据管理工作；负责实施外部门数据交换协调工作；牵头负责纳税人基础信息推送的发起、纳税人确认信息的校验审核；承担数据加工、数据整备、风险归集、风险识别、风险等级排序、风险推送和结果评价等工作；受理税务违法案件的举报、转办工作；组织实施定点联系企业的税收管理工作，承担大企业管理工作。

9.督察内审处

组织实施税收法律法规、规章及规范性文件执行情况的监督检查；承担地税系统税收执法检查工作；组织开展财务、基建、大宗物品采购审计和领导干部经济责任审计；配合开展巡视检查工作。统一履行税收收入质量检查、风险应对复审及相关质量检查等属于税收执法责任制内容的执法监督检查考核职能；负责牵头组织实施对其他执法监督类检查考核。

10.综合处

收集分析经济社会发展、税制改革与国内外税收管理信息动态，为领导决策提供资信支撑；综合分析研究全市经济税收工作，为领导提供决策支持；统筹地税系统发展规划及综合改革；统筹全市地税系统绩效管理和思想政治规划工作；承办局领导交办的其他工作任务。

11.人事处

拟订人事制度及人才队伍建设规划并组织实施；承担本系统机构编制、人事管理、劳动工资等工作；按照干部管理权限，承担机关、直属单位和系统有关干部管理工作；承担本系统各级领导班子建设工作；承办本系统工作人员出国（境）审查工作；组织开展巡视检查工作；组织实施本系统精神文明建设、税务文化建设；组织开展本系统先进集体、先进个人的评选表彰和基层队伍建设等工作；拟订人员培训、学历教育管理工作规划并组织实施；指导、检查地税系统教育培训。

12.监察室

承担本系统党的纪律检查和行政监察工作；承担本系统党风廉政建设工作；组织查处地税机关和工作人员违法违纪案件，办理有关人民来信来访；承担执法监察和行风建设工作。

党组纪检组与监察室合署办公。

13.机关党委

承担所辖党组织的管理和党员的教育管理工作；承担市局机关思想政治工作、精神文明建设和机关干部教育培训工作；承担系统和市局机关作风建设工作；承担系统工会、系统妇委会、机关团委、关工委等群团组织工作。

14.离退休干部处（与人事处合署）

承担本系统离退休干部的管理、服务工作。

二、直属事业单位及职能

1.电子税务管理中心

负责项目建设资金管理；建设项目招投标、应用软件的开发和运维工作，配合软件推广；参与项目立项、需求论证和项目验收；承担主机、网络、安全设备、机房等系统建设与维护工作；承担系统安全管理控制、网络安全、数据存储安全及防病毒工作；提供软硬件设备采购与调拨的指导意见；承担机关计算机设备维护和代维管理工作。负责全系统计算机类设备的采购、更新、报废及处置工作；负责审核各单位报送的计算机类固定资产购置计划和报废、处置申请；负责实施计算机类设备政府采购工作；负责对计算机类设备资产购置、变更、报废与处置情况进行资产信息的登记、维护管理；负责对系统计算机类固定资产实物实施日常管理工作。

2.干部培训学校

承担全系统干部职工初任培训和各类专业培训、更新知识、提高工作能力的在职培训的实施工作；承担系统兼职教师管理工作；承担本单位的内部经费、资产管理、后勤服务等行政事务。

3.机关后勤服务中心

承担全系统基本建设、固定资产实物、着装和接待服务管理工作；承担系统车辆、食堂、物业管理和物资保障工作；承担系统政府采购（除计算机类设备外）管理工作；承担机关办公用品、接待服务管理工作。

4.档案管理中心

承担全系统税收纸质和电子档案管理职能，负责全系统档案管理规划及制度体系建设；负责对全系统进行档案管理业务指导，组织开展档案法律法规宣传教育及档案业务培训；接受上级税务机关和地方同级档案行政管理机关档案管理工作的指导与监督。负责接收、保管全系统各门类档案；负责系统综合档案库的日常管理工作，做好库房“八防”，维护档案安全；负责系统综合档案库库存档案的数字化工作；提供系统综合档案库的查询、借阅服务，做好档案保密工作；组织系统综合档案库库存档案的鉴定及销毁工作；按地方同级档案行政管理机关要求做好档案移交工作；做好库存档案的开发与利用工作；负责机关档案管理工作。

三、直属行政机构及职能

1.江苏省南京地方税务局稽查局（副局级建制）

指导、协调和管理全市地方税务稽查工作；组织落实税务稽查法律、法规、规章及规范性文件，拟订具体实施办法；组织监督检查全市地方税务系统征管对象执行地方税收法规、政策及制度情况；负责全市稽查风险管理计划的汇总及编制工作；组织全市稽查高风险任务的应对，承担全市范围内一定规模以上税源户及上级督办、交办案件等其他案件的查处；组织全市地方税收专项检查、分级分类稽查、区域性地方税收专项整治工作；承担案件的转办、查办工作；负责市局稽查局第一、二、三分局一定税额标准案件的审理工作；协调公安、检察、审判等机关处理税务稽查有关工作；承担本部门职责范围内信息管税、数据管理及特殊事项专业化应对等工作。

（1）江苏省南京地方税务局稽查局第一分局

负责监督检查指定的高新、化工园区、鼓楼区范围内征管对象（除由市局稽查局管辖的对象外）的执行地方税收法规、政策及制度情况；负责编制本区域税收风险管理计划；负责承担税收专项检查、分级分类稽查、区域性地方税收专项整治等各项工作任务；负责管辖范围内的高风险应对以及上级督办、交办案件的查处；承担本区域内案件的转办工作；承担本部门职责范围内信息管税、数据管理等工作；承担交办的其他稽查工作。

（2）江苏省南京地方税务局稽查局第二分局

负责监督检查指定的玄武、栖霞区范围内征管对象（除由市局稽查局管辖的对象外）的执行地方税收法规、政策及制度情况；负责编制本区域税收风险管理计划；负责承担税收专项检查、分级分类稽查、区域性地方税收专项整治等各项工作任务；负责管辖范围内的高风险应对以及上级督办、交办案件的查处；承担本区域内案件的转办工作；承担本部门职责范围内信息管税、数据管理等工作；承担交办的其他稽查工作。

（3）江苏省南京地方税务局稽查局第三分局

负责监督检查指定的秦淮、建邺、雨花区范围内征管对象（除由市局稽查局管辖的对象外）的执行地方税收法规、政策及制度情况；负责编制本区域税收风险管理计划；负责承担税收专项检查、分级分类稽查、区域性地方税收专项整治等各项工作任务；负责管辖范围内的高风险应对以及上级督办、交办案件的查处；承担本区域内案件的转办工作；承担本部门职责范围内信息管税、数据管理等工作；承担交办的其他稽查工作。

2.江苏省南京地方税务局征收税务局（纳税服务局）

组织、协调和指导本系统各部门、各税种、各环节的纳税服务工作；组织实施纳税服务体系建设；组织全局纳税服务的规划、制度建设、组织管理和考核评价工作；拟订并组织实施面向纳税人的纳税服务工作规范和操作流程；管理纳税服务平台；组织实施面向纳税人的税法宣传、辅导咨询、办税服务、权益保护和税收法律救济（不含行政复议和行政诉讼）、社会协作等工作；承担市局外部网站、专版专栏宣传工作；组织实施纳税信用体系建设；受理纳税人有关纳税服务的投诉，指导税收争议的调解；负责注册税务师管理；承担全系统网上办税推广应用、办税厅同城通办实施工作；承担系统办税服务厅涉税业务事项的协调管理工作。

承担江南六区税种（基金、费）认定、税款（基金、费）的征收工作；承担税务登记、纳税申报、涉税审批、发票资格认定、申领、缴销、核销等涉税事项的受理和办理工作；承担地税发票和其他税收票证的计划管理工作；承担初次纳税鉴定、建筑房地产项目登记、在纳税服务环节涉及的简易处罚工作；承担存量房、租赁房的税收征管工作；承担房产交易中涉及自然人税收情况的调查核实工作；承担本部门职责范围内风险管理、信息管税、数据管理及特殊事项专业化应对等工作。

3.南京市江宁、浦口、六合、溧水、高淳地方税务局

贯彻执行税收法律、法规、规章和规范性文件；承担辖区范围内纳税人的地方税收、基金、费的征收管理和相关涉税事项的管理工作；管理地税发票和其他税收票证；组织实施纳税服务工作；承担辖区税源管理工作，编制、分配和下达税收计划并组织实施，承担税收会计、统计核算工作；

承担税收稽查工作(除A级纳税人外),负责税务违法案件的查处;承担辖区范围内的税收风险管理工作;承担协税护税的相关工作任务。

四、派出机构及职能

南京市高新技术产业开发区、玄武、秦淮、建邺、鼓楼、雨花台、栖霞、化学工业园区地方税务局

贯彻执行税收法律、法规、规章和规范性文件;承担辖区范围内纳税人的地方税收、基金、费的管理工作;承担纳税服务机构和风险评估部门推送的有关涉税事项的调查、确认和处理以及中等风险任务的应对工作;组织实施纳税服务工作;承担辖区税源管理工作,编制、分配和下达税收计划并组织实施;承担协税护税的相关工作任务。

(徐　伟)

各项收入概况

概　述　2015年,市地税局共组织各项收入1280.85亿元,同比增长12.48%。其中税收收入794.96亿元,同比增长13.06%;社保费收入422.63亿元,同比增长12.11%;其他非税收入63.26亿元,同比增长7.83%。

1.各级次收入完成情况

税收收入中,中央级税收153.50亿元,同比增长22.03%;省级税收45.68亿元,同比增长15.86%;市县级税收595.77元,同比增长10.76%;市县级一般公共预算收入587.05亿元,同比增长10.97%,全面完成省地税局和市政府的各项目标任务。

2.主要税种收入完成情况

营业税入库273.76亿元,同比增长9.12%;个人所得税入库166.69亿元,同比增长29.98%;企业所得税入库88.21亿元,同比增长8.86%;城建税入库80.18亿元,同比增长11.08%;土地增值税入库63.10亿元,同比下降5.14%;房产税入库30.99亿元,同比增长28.29%;城镇土地使用税入库16.79亿元,　同比增长31.28%;契税入库52.47亿元,同比增长13.2%。

3.非税收入完成情况

教育费附加完成34.71亿元,同比增长10.85%;文化事业费完成0.14亿元,同比增长13.59%;地方教育附加费完成23.16亿元,同比增长9.01%;其他非税收入完成5.26亿元,同比下降12.23%。

(张　震)

税 源 概 况

概　述　截至年末,市地税局在册登记户498087户,比2014年增加53694户,增幅11.58%。从登记注册类型来看,内资企业有269984户,占比54.20%;外商独资及合资企业有6179户,占比1.24%;非企业单位有2724户,占比0.55%;个体有219200户,占比44.01%。从行业来看,批发和零售业、租赁和商务服务业、制造业、住宿餐饮业、建筑业所占比重较大,户数分别是246903户、55768户、36933户、28800户、26385户,占比分别是49.57%、11.20%、7.41%、5.78%、5.30%。从税户状态来看,正常户有473612户,占比95.09%,非正常户有22362户,占比4.49%,其他状态税户有2113户,占比0.42%。从税户分布来看,江宁、秦淮、鼓楼、栖霞、玄武税户总量较大,税户分别是90311户,75661户,69281户,43463户和38265户,占比分别是18.13%,15.19%,13.91%,8.73%,7.68%。

(刘　伟)

【责任编辑　朱　旭】

南京区域收入完成情况表——税种、级次（含省直属局）

表3

（2015年12月）

金额单位：万元

时期 / 税种	月度累计					年度累计				
	本年	上年	同比±额	同比±（%）	占税收收入比重（%）	本年	上年	同比±额	同比±（%）	占税收收入比重（%）
各项收入总计	1508020	1266816	241204	19.04	—	15599142	13828109	1771033	12.81	—
一、税收收入	820534	698470	122064	17.48	—	9280835	8141101	1139734	14.00	—
（一）分级次完成情况	—	—	—	—	—	—	—	—	—	—
省直属	94779	44989	49790	110.67	11.55	1331283	1110143	221140	19.92	14.34
中央级	108104	88753	19351	21.80	13.17	1535039	1257941	277098	22.03	16.54
省级	10898	8754	2144	24.49	1.33	456767	394231	62536	15.86	4.92
市县级	606753	555974	50779	9.13	73.95	5957746	5378786	578960	10.76	64.19
（二）分税种完成情况	—	—	—	—	—	—	—	—	—	—
营业税	331547	280447	51100	18.22	40.41	3346258	3019900	326358	10.81	36.06
企业所得税	46839	49793	-2954	-5.93	5.71	1238564	1120540	118024	10.53	13.35
个人所得税	162493	129519	32974	25.46	19.80	1951569	1497520	454049	30.32	21.03
资源税	3059	654	2405	367.74	0.37	8886	7033	1853	26.35	0.10
城市维护建设税	77982	72267	5715	7.91	9.50	849729	766857	82872	10.81	9.16
房产税	25157	16566	8591	51.86	3.07	327654	258033	69621	26.98	3.53
印花税	15969	14040	1929	13.74	1.95	137973	125516	12457	9.92	1.49
城镇土地使用税	2422	1612	810	50.25	0.30	169806	129731	40075	30.89	1.83
土地增值税	107510	99850	7660	7.67	13.10	631550	665709	-34159	-5.13	6.80
车船税	3493	5827	-2334	-40.05	0.43	60067	58430	1637	2.80	0.65
契税	38503	26056	12447	47.77	4.69	524665	463462	61203	13.21	5.65
耕地占用税	5560	1839	3721	202.34	0.68	34114	28370	5744	20.25	0.37
其他税收	0	0	0	0.00	0.00	0	0	0	0.00	0.00
（三）一般公共预算收入完成情况	—	—	—	—	—	—	—	—	—	—
省直属	77204	26096	51108	195.85	—	946212	794222	151990	19.14	—
市县级	600571	547429	53142	9.71	—	5870483	5290174	580309	10.97	—
市本级	82336	58333	24003	41.15	—	724327	720830	3496	0.49	—
区县级	518236	489097	29139	5.96	—	5146156	4569344	576813	12.62	—
二、社会保险基金收入	620513	504917	115596	22.89	—	5642428	5058205	584223	11.55	—
三、非税收入	66973	63429	3544	5.59	—	675879	628803	47076	7.49	—
教育费附加	33948	31562	2386	7.56	—	367593	332388	35205	10.59	—
地方教育附加	22622	21839	783	3.59	—	245290	225303	19987	8.87	—
文化事业建设费	115	105	10	9.52	—	1357	1195	162	13.56	—
其他非税收入	10288	9923	365	3.68	—	61639	69917	-8278	-11.84	—

收入完成情况表——税种、级次

表4　　（2015年12月）　　金额单位：万元

税种＼时期	月度累计					年度累计				
	本年	上年	同比±额	同比±（%）	占税收收入比重（%）	本年	上年	同比±额	同比±（%）	占税收收入比重（%）
各项收入总计	1278385	1106917	171468	15.49	—	12808488	11387340	1421148	12.48	—
一、税收收入	725755	653481	72274	11.06	—	7949552	7030958	918594	13.06	—
（一）分级次完成情况	—	—	—	—	—	—	—	—	—	—
中央级	108104	88753	19351	21.80	14.90	1535039	1257941	277098	22.03	19.31
省级	10898	8754	2144	24.49	1.50	456767	394231	62536	15.86	5.75
市县级	606753	555974	50779	9.13	83.60	5957746	5378786	578960	10.76	74.94
（二）分税种完成情况	—	—	—	—	—	—	—	—	—	—
营业税	269970	269910	60	0.02	37.20	2737580	2508728	228852	9.12	34.44
企业所得税	39543	34067	5476	16.07	5.45	882071	810317	71754	8.86	11.10
个人所得税	140497	113833	26664	23.42	19.36	1666860	1282349	384511	29.98	20.97
资源税	3059	654	2405	367.74	0.42	8886	7033	1853	26.35	0.11
城市维护建设税	75480	70241	5239	7.46	10.40	801809	721852	79957	11.08	10.09
房产税	25025	16080	8945	55.63	3.45	309857	241537	68320	28.29	3.90
印花税	14762	13114	1648	12.57	2.03	124781	115861	8920	7.70	1.57
城镇土地使用税	2393	1602	791	49.38	0.33	167889	127887	40002	31.28	2.11
土地增值税	107470	100258	7212	7.19	14.81	630974	665133	-34159	-5.14	7.94
车船税	3493	5827	-2334	-40.05	0.48	60066	58429	1637	2.80	0.76
契税	38503	26056	12447	47.77	5.31	524665	463462	61203	13.21	6.60
耕地占用税	5560	1839	3721	202.34	0.77	34114	28370	5744	20.25	0.43
其他税收	0	0	0	0.00	0.00	0	0	0	0.00	0.00
（三）一般公共预算收入完成情况	—	—	—	—	—	—	—	—	—	—
市县级	600571	547429	53142	9.71	—	5870483	5290174	580309	10.97	—
市本级	82336	58333	24003	41.15	—	724327	720830	3496	0.49	—
区县级	518236	489097	29139	5.96	—	5146156	4569344	576813	12.62	—
二、社会保险基金收入	488519	392968	95551	24.32	—	4226342	3769739	456603	12.11	—
三、非税收入	64111	60468	3643	6.02	—	632594	586643	45951	7.83	—
教育费附加	32876	30695	2181	7.11	—	347056	313093	33963	10.85	—
地方教育附加	21908	21261	647	3.04	—	231599	212448	19151	9.01	—
文化事业建设费	114	105	9	8.57	—	1354	1192	162	13.59	—
其他非税收入	9213	8407	806	9.59	—	52585	59910	-7325	-12.23	—

财政、国税、地税收入完成情况表

表5　（2015年12月）　金额单位:万元

（一）市县级一般公共预算收入

	本年			上年		
	实绩	增幅（%）	比重	实绩	增幅（%）	比重
全市	10200310	12.9	100.0	9034890	8.7	100.0
财政	1811225	24.2	17.8	1458163	-0.4	16.1
国税	2518602	10.1	24.7	2286553	12.7	25.3
地税	5870483	11.0	57.6	5290174	9.7	58.6

（二）市本级一般公共预算收入

	本年			上年		
	实绩	增幅（%）	比重	实绩	增幅（%）	比重
全市	1427511	6.5	100.0	1340587	7.2	100.0
财政	662655	16.6	46.4	568541	7.7	42.4
国税	40529	-20.9	2.8	51216	9.8	3.8
地税	724327	0.5	50.7	720830	6.6	53.8

（三）区县级一般公共预算收入

	本年			上年		
	实绩	增幅（%）	比重	实绩	增幅（%）	比重
全市	8772799	14.0	100.0	7694303	8.9	100.0
财政	1148570	29.1	13.1	889622	-5.0	11.6
国税	2478073	10.9	28.2	2235337	12.8	29.1
地税	5146156	12.6	58.7	4569344	10.3	59.4

税收收入完成情况表——地区、级次

（2015年12月）

表6　　金额单位：万元

单位名称	合计			中央级			省级			市县级		
	本年	上年	同比±（%）	本年	上年	同比±（%）	本年	上年	同比±（%）	本年	上年	同比±（%）
全市总计	7949552	7030958	13.06	1535039	1257941	22.03	456767	394231	15.86	5957746	5378786	10.76
城郊区小计	4889413	4394115	11.27	954764	829755	15.07	377727	331550	13.93	3556922	3232810	10.03
玄武	577536	529551	9.06	116281	107974	7.69	125471	108728	15.40	335785	312849	7.33
秦淮	727450	624722	16.44	166042	132104	25.69	125923	102109	23.32	435486	390509	11.52
建邺	745792	732634	1.80	111307	120588	–7.70	9442	11390	–17.11	625044	600655	4.06
鼓楼	842241	800181	5.26	200195	167456	19.55	91054	92719	–1.80	550992	540006	2.03
化工园	286976	243346	17.93	43496	43036	1.07	8350	4493	85.85	235130	195817	20.08
栖霞	757871	674002	12.44	128416	108788	18.04	11908	5629	111.57	617547	559586	10.36
其中：栖霞	367190	355336	3.34	60019	54565	10.00	2974	900	230.59	304196	299871	1.44
新港	390681	318667	22.60	68397	54223	26.14	8934	4729	88.93	313351	259714	20.65
雨花	606003	487281	24.36	145499	114834	26.70	4510	5889	–23.41	455993	366558	24.40
高新	345544	302399	14.27	43529	34974	24.46	1069	593	80.21	300946	266831	12.79
契税所	314235	253028	24.19	0	0	0.00	0	0	0.00	314235	253028	24.19
五区小计	2745904	2383814	15.19	580275	428186	35.52	79040	62681	26.10	2086589	1892948	10.23
江宁	1377566	1222456	12.69	243862	205280	18.80	39144	27611	41.77	1094560	989565	10.61
浦口	349930	309985	12.89	45185	44844	0.76	11577	10274	12.68	293168	254866	15.03
六合	236826	214144	10.59	37366	25289	47.75	9917	8592	15.43	189543	180263	5.15
溧水	438805	347456	26.29	116811	67292	73.59	8975	7968	12.64	313020	272196	15.00
高淳	342776	289774	18.29	137051	85480	60.33	9427	8236	14.47	196299	196058	0.12

税收收入完成情况表——地区

（2015年12月）

表7　　　　金额单位：万元

单位名称	月度累计					年度累计				
	本年	上年	同比±额	同比±（%）	比重（%）	本年	上年	同比±额	同比±（%）	比重（%）
全市总计	725753	653480	72273	11.06	—	7949552	7030958	918594	13.06	—
城郊区小计	440448	379679	60770	16.01	60.69	4889413	4394115	495298	11.27	61.51
玄武	53264	52261	1002	1.92	7.34	577536	529551	47985	9.06	7.27
秦淮	62928	51700	11229	21.72	8.67	727450	624722	102728	16.44	9.15
建邺	47747	46684	1063	2.28	6.58	745792	732634	13158	1.80	9.38
鼓楼	122789	103784	19005	18.31	16.92	842241	800181	42060	5.26	10.59
化工园	15784	18270	−2486	−13.61	2.17	286976	243346	43630	17.93	3.61
栖霞	43123	47478	−4354	−9.17	5.94	757871	674002	83869	12.44	9.53
其中：栖霞	19164	27250	−8086	−29.67	2.64	367190	355336	11854	3.34	4.62
新港	23960	20228	3732	18.45	3.30	390681	318667	72015	22.60	4.91
雨花	59021	32684	26336	80.58	8.13	606003	487281	118722	24.36	7.62
高新	35792	26817	8975	33.47	4.93	345544	302399	43146	14.27	4.35
契税所	22999	10682	12317	115.31	3.17	314235	253028	61207	24.19	3.95
五区小计	262306	263120	−814	−0.31	36.14	2745904	2383814	362089	15.19	34.54
江宁	110606	127539	−16933	−13.28	15.24	1377566	1222456	155110	12.69	17.33
浦口	22922	27648	−4726	−17.09	3.16	349930	309985	39945	12.89	4.40
六合	17777	18898	−1121	−5.93	2.45	236826	214144	22682	10.59	2.98
溧水	88818	48404	40414	83.49	12.24	438805	347456	91350	26.29	5.52
高淳	22183	40630	−18447	−45.40	3.06	342776	289774	53002	18.29	4.31

中央级税收收入完成情况表——地区

表8　（2015年12月）　金额单位：万元

单位名称	月度累计					年度累计				
	本年	上年	同比±额	同比±（%）	比重（%）	本年	上年	同比±额	同比±（%）	比重（%）
全市总计	108105	88752	19352	21.80	—	1535039	1257941	277099	22.03	—
城郊区小计	65909	54836	11073	20.19	60.97	954764	829755	125009	15.07	62.20
玄武	8002	8977	-975	-10.86	7.40	116281	107974	8307	7.69	7.58
秦淮	12883	7919	4964	62.69	11.92	166042	132104	33938	25.69	10.82
建邺	3056	4755	-1699	-35.74	2.83	111307	120588	-9282	-7.70	7.25
鼓楼	22715	17580	5135	29.21	21.01	200195	167456	32739	19.55	13.04
化工园	2563	4042	-1479	-36.58	2.37	43496	43036	459	1.07	2.83
栖霞	5673	5129	544	10.60	5.25	128416	108788	19628	18.04	8.37
其中：栖霞	2713	2507	206	8.23	2.51	60019	54565	5455	10.00	3.91
新港	2960	2623	337	12.86	2.74	68397	54223	14173	26.14	4.46
雨花	8009	5013	2996	59.76	7.41	145499	114834	30665	26.70	9.48
高新	3008	1421	1587	111.72	2.78	43529	34974	8554	24.46	2.84
契税所	0	0	0	0.00	0.00	0	0	0	0.00	0.00
五区小计	42196	33916	8279	24.41	39.03	580275	428186	152089	35.52	37.80
江宁	11763	15027	-3263	-21.72	10.88	243862	205280	38583	18.80	15.89
浦口	1079	2348	-1268	-54.02	1.00	45185	44844	340	0.76	2.94
六合	1154	1428	-274	-19.17	1.07	37366	25289	12077	47.75	2.43
溧水	21366	3872	17494	451.84	19.76	116811	67292	49519	73.59	7.61
高淳	6833	11242	-4409	-39.22	6.32	137051	85480	51570	60.33	8.93

省级税收收入完成情况表——地区

表9　　（2015年12月）　　金额单位：万元

单位名称	月度累计					年度累计				
	本年	上年	同比±额	同比±(%)	比重(%)	本年	上年	同比±额	同比±(%)	比重(%)
全市总计	10898	8753	2145	24.50	—	456767	394231	62536	15.86	—
城郊区小计	7216	6779	437	6.44	66.21	377727	331550	46176	13.93	82.70
玄武	2276	2317	-41	-1.76	20.89	125471	108728	16743	15.40	27.47
秦淮	1228	1600	-372	-23.25	11.27	125923	102109	23813	23.32	27.57
建邺	1050	874	176	20.12	9.64	9442	11390	-1949	-17.11	2.07
鼓楼	893	659	234	35.58	8.20	91054	92719	-1666	-1.80	19.93
化工园	358	281	77	27.42	3.29	8350	4493	3857	85.85	1.83
栖霞	487	414	73	17.67	4.47	11908	5629	6280	111.57	2.61
其中：栖霞	156	95	61	63.99	1.43	2974	900	2075	230.59	0.65
新港	331	318	12	3.84	3.03	8934	4729	4205	88.93	1.96
雨花	589	500	89	17.80	5.41	4510	5889	-1378	-23.41	0.99
高新	334	134	200	149.08	3.07	1069	593	476	80.21	0.23
契税所	0	0	0	0.00	0.00	0	0	0	0.00	0.00
五区小计	3682	1974	1708	86.51	33.79	79040	62681	16359	26.10	17.30
江宁	2332	1455	877	60.32	21.40	39144	27611	11533	41.77	8.57
浦口	220	110	110	99.82	2.02	11577	10274	1303	12.68	2.53
六合	1080	93	988	1064.15	9.91	9917	8592	1325	15.43	2.17
溧水	18	203	-185	-90.97	0.17	8975	7968	1007	12.64	1.96
高淳	32	114	-82	-72.30	0.29	9427	8236	1191	14.47	2.06

市县级税收收入完成情况表——地区

（2015年12月）

表10　　　　　　　　　　　　金额单位：万元

单位名称	月度累计					年度累计				
	本年	上年	同比±额	同比±（%）	比重（%）	本年	上年	同比±额	同比±（%）	比重（%）
全市总计	606750	555974	50776	9.13	—	5957746	5378786	578960	10.76	—
城郊区小计	367323	318063	49260	15.49	60.54	3556922	3232810	324112	10.03	59.70
玄武	42985	40967	2019	4.93	7.08	335785	312849	22936	7.33	5.64
秦淮	48817	42181	6636	15.73	8.05	435486	390509	44977	11.52	7.31
建邺	43641	41055	2586	6.30	7.19	625044	600655	24388	4.06	10.49
鼓楼	99180	85544	13636	15.94	16.35	550992	540006	10986	2.03	9.25
化工园	12863	13948	-1084	-7.77	2.12	235130	195817	39313	20.08	3.95
栖霞	36964	41935	-4971	-11.85	6.09	617547	559586	57961	10.36	10.37
其中：栖霞	16295	24648	-8354	-33.89	2.69	304196	299871	4325	1.44	5.11
新港	20669	17286	3383	19.57	3.41	313351	259714	53636	20.65	5.26
雨花	50423	27171	23252	85.57	8.31	455993	366558	89435	24.40	7.65
高新	32450	25262	7187	28.45	5.35	300946	266831	34115	12.79	5.05
契税所	22999	10682	12317	115.31	3.79	314235	253028	61207	24.19	5.27
五区小计	216428	227229	-10801	-4.75	35.67	2086589	1892948	193641	10.23	35.02
江宁	96511	111058	-14547	-13.10	15.91	1094560	989565	104995	10.61	18.37
浦口	21622	25190	-3568	-14.16	3.56	293168	254866	38302	15.03	4.92
六合	15542	17378	-1835	-10.56	2.56	189543	180263	9280	5.15	3.18
溧水	67434	44330	23104	52.12	11.11	313020	272196	40824	15.00	5.25
高淳	15319	29274	-13956	-47.67	2.52	196299	196058	241	0.12	3.29

一般公共预算收入完成情况表——地区、级次

（2015年12月）

表11 金额单位：万元

单位名称	市县级			市本级			区县级		
	本年	上年	同比±(%)	本年	上年	同比±(%)	本年	上年	同比±(%)
全市	5870483	5290174	10.97	724327	720830	0.49	5146156	4569344	12.62
城郊区小计	3469659	3144198	10.35	410092	467802	-12.34	3059567	2676396	14.32
玄武	335785	312849	7.33	53523	62980	-15.02	282261	249869	12.96
秦淮	435486	390509	11.52	50975	43772	16.46	384511	346737	10.89
建邺	625044	600655	4.06	122080	134366	-9.14	502963	466289	7.87
鼓楼	550992	540006	2.03	77884	128300	-39.30	473108	411706	14.91
化工园	207672	173164	19.93	0	0	0.00	207672	173164	19.93
栖霞	557742	493627	12.99	49271	59463	-17.14	508471	434164	17.12
其中：栖霞	304196	299871	1.44	49271	59463	-17.14	254926	240408	6.04
新港	253546	193755	30.86	0	0	0.00	253546	193755	30.86
雨花	455993	366558	24.40	56359	38921	44.80	399635	327637	21.97
高新	300946	266831	12.79	0	0	0.00	300946	266831	12.79
契税所	314235	253028	24.19	314235	253028	24.19	0	0	0.00
五区小计	2086589	1892948	10.23	—	—	—	2086589	1892948	10.23
江宁	1094560	989565	10.61	—	—	—	1094560	989565	10.61
浦口	293168	254866	15.03	—	—	—	293168	254866	15.03
六合	189543	180263	5.15	—	—	—	189543	180263	5.15
溧水	313020	272196	15.00	—	—	—	313020	272196	15.00
高淳	196299	196058	0.12	—	—	—	196299	196058	0.12

市县级一般公共预算收入完成情况表——地区

表12　（2015年12月）　金额单位：万元

单位名称	月度累计					年度累计				
	本年	上年	同比±额	同比±（%）	比重（%）	本年	上年	同比±额	同比±（%）	比重（%）
全市	600571	547429	53142	9.71	—	5870483	5290174	580309	10.97	—
城郊区小计	361144	309518	51626	16.68	60.13	3469659	3144198	325461	10.35	59.10
玄武	42985	40967	2019	4.93	7.16	335785	312849	22936	7.33	5.72
秦淮	48817	42181	6636	15.73	8.13	435486	390509	44977	11.52	7.42
建邺	43641	41055	2586	6.30	7.27	625044	600655	24388	4.06	10.65
鼓楼	99180	85544	13636	15.94	16.51	550992	540006	10986	2.03	9.39
化工园	11060	10934	127	1.16	1.84	207672	173164	34508	19.93	3.54
栖霞	32588	36404	-3816	-10.48	5.43	557742	493627	64115	12.99	9.50
其中：栖霞	16295	24648	-8354	-33.89	2.71	304196	299871	4325	1.44	5.18
新港	16293	11755	4538	38.60	2.71	253546	193755	59790	30.86	4.32
雨花	50423	27171	23252	85.57	8.40	455993	366558	89435	24.40	7.77
高新	32450	25262	7187	28.45	5.40	300946	266831	34115	12.79	5.13
契税所	22999	10682	12317	115.31	3.83	314235	253028	61207	24.19	5.35
五区小计	216428	227229	-10801	-4.75	36.04	2086589	1892948	193641	10.23	35.54
江宁	96511	111058	-14547	-13.10	16.07	1094560	989565	104995	10.61	18.65
浦口	21622	25190	-3568	-14.16	3.60	293168	254866	38302	15.03	4.99
六合	15542	17378	-1835	-10.56	2.59	189543	180263	9280	5.15	3.23
溧水	67434	44330	23104	52.12	11.23	313020	272196	40824	15.00	5.33
高淳	15319	29274	-13956	-47.67	2.55	196299	196058	241	0.12	3.34

市本级一般公共预算收入完成情况表——地区

表13　（2015年12月）　金额单位：万元

单位名称	月度累计					年度累计				
	本年	上年	同比±额	同比±(%)	比重(%)	本年	上年	同比±额	同比±(%)	比重(%)
全市	82336	58333	24003	41.15	—	724327	720830	3496	0.49	—
城郊区小计	59337	47651	11686	24.52	72.07	410092	467802	-57711	-12.34	56.62
玄武	10723	8832	1892	21.42	13.02	53523	62980	-9457	-15.02	7.39
秦淮	4865	2756	2110	76.56	5.91	50975	43772	7203	16.46	7.04
建邺	10280	10060	220	2.19	12.49	122080	134366	-12286	-9.14	16.85
鼓楼	19183	19709	-526	-2.67	23.30	77884	128300	-50417	-39.30	10.75
化工园	0	0	0	0.00	0.00	0	0	0	0.00	0.00
栖霞	1771	3070	-1300	-42.33	2.15	49271	59463	-10192	-17.14	6.80
其中：栖霞	1771	3070	-1300	-42.33	2.15	49271	59463	-10192	-17.14	6.80
新港	0	0	0	0.00	0.00	0	0	0	0.00	0.00
雨花	12514	3224	9290	288.15	15.20	56359	38921	17438	44.80	7.78
高新	0	0	0	0.00	0.00	0	0	0	0.00	0.00
契税所	22999	10682	12317	115.31	27.93	314235	253028	61207	24.19	43.38
五区小计	—	—	—	—	—	—	—	—	—	—
江宁	—	—	—	—	—	—	—	—	—	—
浦口	—	—	—	—	—	—	—	—	—	—
六合	—	—	—	—	—	—	—	—	—	—
溧水	—	—	—	—	—	—	—	—	—	—
高淳	—	—	—	—	—	—	—	—	—	—

区县级一般公共预算收入完成情况表——地区

表14　（2015年12月）　金额单位：万元

单位名称	月度累计					年度累计				
	本　年	上　年	同比±额	同比±（%）	比重（%）	本　年	上　年	同比±额	同比±（%）	比重（%）
全市	518236	489097	29139	5.96	—	5146156	4569344	576813	12.62	—
城郊区小计	301807	261867	39940	15.25	58.24	3059567	2676396	383172	14.32	59.45
玄武	32262	32135	127	0.39	6.23	282261	249869	32393	12.96	5.48
秦淮	43952	39425	4527	11.48	8.48	384511	346737	37774	10.89	7.47
建邺	33360	30994	2366	7.63	6.44	502963	466289	36674	7.87	9.77
鼓楼	79997	65835	14161	21.51	15.44	473108	411706	61403	14.91	9.19
化工园	11060	10934	127	1.16	2.13	207672	173164	34508	19.93	4.04
栖霞	30817	33334	-2516	-7.55	5.95	508471	434164	74308	17.12	9.88
其中：栖霞	14524	21578	-7054	-32.69	2.80	254926	240408	14517	6.04	4.95
新港	16293	11755	4538	38.60	3.14	253546	193755	59790	30.86	4.93
雨花	37909	23948	13962	58.30	7.32	399635	327637	71998	21.97	7.77
高新	32450	25262	7187	28.45	6.26	300946	266831	34115	12.79	5.85
契税所	0	0	0	0.00	0.00	0	0	0	0.00	0.00
五区小计	216428	227229	-10801	-4.75	41.76	2086589	1892948	193641	10.23	40.55
江宁	96511	111058	-14547	-13.10	18.62	1094560	989565	104995	10.61	21.27
浦口	21622	25190	-3568	-14.16	4.17	293168	254866	38302	15.03	5.70
六合	15542	17378	-1835	-10.56	3.00	189543	180263	9280	5.15	3.68
溧水	67434	44330	23104	52.12	13.01	313020	272196	40824	15.00	6.08
高淳	15319	29274	-13956	-47.67	2.96	196299	196058	241	0.12	3.81

税收收入完成情况表——注册类型

（2015年12月）

表15　　　　金额单位：万元

项目＼时期	月度累计					年度累计				
	本年	上年	同比±额	同比±（%）	比重（%）	本年	上年	同比±额	同比±（%）	比重（%）
总计	725755	653481	72274	11.06	—	7949552	7030958	918594	13.06	—
（一）国有企业	187663	163473	24190	14.80	25.86	2100672	2007182	93490	4.66	26.43
其中：营业税	55308	76892	-21584	-28.07	—	724697	783264	-58567	-7.48	—
城建税	13877	16655	-2778	-16.68	—	182928	198467	-15539	-7.83	—
房产税	22123	14616	7507	51.36	—	140892	126351	14541	11.51	—
个人所得税	29122	25940	3182	12.27	—	359602	306775	52827	17.22	—
（二）集体企业	6464	2344	4120	175.77	0.89	40584	50508	-9924	-19.65	0.51
其中：企业所得税	41	249	-208	-83.53	—	8612	7023	1589	22.63	—
（三）私营企业	64174	94773	-30599	-32.29	8.84	911634	908134	3500	0.39	11.47
（四）个体经营	21314	18734	2580	13.77	2.94	151680	140055	11625	8.30	1.91
其中：个人所得税	14573	6767	7806	115.35	—	66793	45988	20805	45.24	—
（五）联营企业	112	213	-101	-47.42	0.02	2240	3344	-1104	-33.01	0.03
（六）股份公司	373247	298591	74656	25.00	51.43	3915447	3137189	778258	24.81	49.25
（七）涉外企业	72489	74909	-2420	-3.23	9.99	818818	774999	43819	5.65	10.30
其中：外商投资	46043	50538	-4495	-8.89	6.34	544818	487826	56992	11.68	6.85
港澳台	26446	24371	2075	8.51	3.64	274000	287173	-13173	-4.59	3.45
个人所得税	15196	18605	-3409	-18.32	—	204360	191934	12426	6.47	—
营业税	29093	24883	4210	16.92	—	249160	208561	40599	19.47	—
（八）股份合作企业	292	444	-152	-34.23	0.04	8477	9547	-1070	-11.21	0.11
（九）其他企业	0	0	0	0.00	0.00	0	0	0	0.00	0.00

税收收入完成情况表——产业

表16　　（2015年12月）　　金额单位：万元

项目＼时期	月度累计 本年	月度累计 上年	月度累计 同比±额	月度累计 同比±（%）	月度累计 比重（%）	年度累计 本年	年度累计 上年	年度累计 同比±额	年度累计 同比±（%）	年度累计 比重（%）
总计	725755	653481	72274	11.06	—	7949552	7030958	918594	13.06	—
第一产业	23	53	-30	-56.60	0.00	291	371	-80	-21.56	0.00
第二产业	136131	173842	-37711	-21.69	18.76	1981474	1900437	81037	4.26	24.93
采矿业	3170	917	2253	245.69	0.44	11784	11523	261	2.27	0.15
制造业	63145	67192	-4047	-6.02	8.70	973281	881472	91809	10.42	12.24
电力、热力、燃气及水的生产和供应业	4509	3166	1343	42.42	0.62	63884	54327	9557	17.59	0.80
建筑业	65307	102567	-37260	-36.33	9.00	932525	953115	-20590	-2.16	11.73
第三产业	589601	479586	110015	22.94	81.24	5967787	5130150	837637	16.33	75.07
批发和零售业	23610	23354	256	1.10	3.25	323431	292303	31128	10.65	4.07
交通运输、仓储和邮政业	-257	5008	-5265	-105.13	-0.04	65734	59717	6017	10.08	0.83
住宿和餐饮业	10631	9963	668	6.70	1.46	129405	124267	5138	4.13	1.63
信息传输、软件和信息技术服务业	13895	11662	2233	19.15	1.91	203919	178768	25151	14.07	2.57
金融业	45718	35329	10389	29.41	6.30	947424	723770	223654	30.90	11.92
房地产业	367881	320100	47781	14.93	50.69	3111598	2781117	330481	11.88	39.14
租赁和商务服务业	72447	29224	43223	147.90	9.98	485603	368821	116782	31.66	6.11
科学研究和技术服务业	7750	7151	599	8.38	1.07	127238	108395	18843	17.38	1.60
居民服务、修理和其他服务业	24004	17960	6044	33.65	3.31	321846	270400	51446	19.03	4.05
教育	5252	4537	715	15.76	0.72	68123	49040	19083	38.91	0.86
卫生和社会工作	2204	1683	521	30.96	0.30	26300	19207	7093	36.93	0.33
文化、体育和娱乐业	2727	2490	237	9.52	0.38	41779	38915	2864	7.36	0.53
公共管理、社会保障和社会组织	11747	7730	4017	51.97	1.62	80008	80336	-328	-0.41	1.01
其他行业	1992	3395	-1403	-41.33	0.27	35379	35094	285	0.81	0.45

营业税收入完成情况表——行业

表17

（2015年12月）

金额单位：万元

项目 ＼ 时期	月度累计					年度累计				
	本年	上年	同比±额	同比±（%）	比重（%）	本年	上年	同比±额	同比±（%）	比重（%）
各项收入总计	269970	269910	60	0.02	—	2737580	2508728	228852	9.12	—
（一）建筑业	47175	74014	-26839	-36.26	17.47	600875	643456	-42581	-6.62	21.95
（二）交通运输、仓储和邮政业	8	6	2	33.33	0.00	95	843	-748	-88.73	0.00
交通运输业	0	-2	2	-100.00	0.00	6	149	-143	-95.97	0.00
仓储业	9	8	1	12.50	0.00	87	89	-2	-2.25	0.00
邮政业	-1	0	-1	0.00	0.00	2	605	-603	-99.67	0.00
（三）信息传输、软件和信息技术服务业	380	160	220	137.50	0.14	1909	28768	-26859	-93.36	0.07
（四）住宿和餐饮业	9051	8536	515	6.03	3.35	102656	95816	6840	7.14	3.75
住宿业	2565	2337	228	9.76	0.95	27643	24805	2838	11.44	1.01
餐饮业	6486	6199	287	4.63	2.40	75013	71011	4002	5.64	2.74
（五）金融业	10898	8754	2144	24.49	4.04	456189	393642	62547	15.89	16.66
（六）房地产业	165981	153147	12834	8.38	61.48	1207042	1031912	175130	16.97	44.09
（七）租赁和商务服务业	15421	10309	5112	49.59	5.71	109530	91243	18287	20.04	4.00
租赁业	3833	2172	1661	76.47	1.42	19956	20650	-694	-3.36	0.73
商务服务业	11588	8137	3451	42.41	4.29	89574	70593	18981	26.89	3.27
其中：广告业	4	-1	5	-500.00	0.00	62	1	61	6100.00	0.00
知识产权服务	7	2	5	250.00	0.00	81	45	36	80.00	0.00
旅行社服务	241	220	21	9.55	0.09	2765	2481	284	11.45	0.10
（八）科学研究和技术服务业	901	934	-33	-3.53	0.33	10556	12050	-1494	-12.40	0.39
（九）居民服务、修理和其他服务业	18734	12829	5905	46.03	6.94	234344	197634	36710	18.57	8.56
（十）教育	0	0	0	0.00	0.00	0	0	0	0.00	0.00
（十一）卫生和社会工作	0	0	0	0.00	0.00	0	0	0	0.00	0.00
（十二）文化、体育和娱乐业	1421	1221	200	16.38	0.53	14384	13364	1020	7.63	0.53
（十三）其他行业	0	0	0	0.00	0.00	0	0	0	0.00	0.00

营业税收入完成情况表——税目

表18 （2015年12月） 金额单位：万元

项 目 \ 时 期	月度累计					年度累计				
	本 年	上 年	同比±额	同比±（%）	比重（%）	本 年	上 年	同比±额	同比±（%）	比重（%）
各项收入总计	269970	269910	60	0.02	—	2737580	2508728	228852	9.12	—
（一）建筑业	47175	74014	−26839	−36.26	17.47	600875	643456	−42581	−6.62	21.95
其中：建筑	42441	67722	−25281	−37.33	15.72	552486	596232	−43746	−7.34	20.18
安装	1183	2374	−1191	−50.17	0.44	12532	16845	−4313	−25.60	0.46
（二）交通运输业	0	−2	2	−100.00	0.00	6	149	−143	−95.97	0.00
（三）邮电通信业	−1	−1	0	0.00	0.00	3	21562	−21559	−99.99	0.00
邮政	−1	0	−1	0.00	0.00	2	605	−603	−99.67	0.00
电信	0	−1	1	−100.00	0.00	1	20957	−20956	−100.00	0.00
（四）金融保险业	10827	8629	2198	25.47	4.01	455937	393480	62457	15.87	16.65
金融	8143	5727	2416	42.19	3.02	417773	359775	57998	16.12	15.26
保险	2684	2902	−218	−7.51	0.99	38164	33705	4459	13.23	1.39
（五）娱乐业	189	196	−7	−3.57	0.07	2315	2599	−284	−10.93	0.08
（六）服务业	54385	39845	14540	36.49	20.14	520670	461438	59232	12.84	19.02
代理业	6541	5020	1521	30.30	2.42	50400	42069	8331	19.80	1.84
旅店业	2565	2337	228	9.76	0.95	27643	24805	2838	11.44	1.01
饮食业	6486	6199	287	4.63	2.40	75013	71011	4002	5.64	2.74
旅游业	241	220	21	9.55	0.09	2765	2481	284	11.45	0.10
仓储业	9	8	1	12.50	0.00	87	89	−2	−2.25	0.00
租赁业	15165	9694	5471	56.44	5.62	86029	80670	5359	6.64	3.14
其中：房屋租赁	11332	7522	3810	50.65	4.20	66073	60020	6053	10.08	2.41
广告业	4	−1	5	−500.00	0.00	62	1	61	6100.00	0.00
其他服务业	23374	16368	7006	42.80	8.66	278671	240312	38359	15.96	10.18
（七）转让无形资产	40	116	−76	−65.52	0.01	1611	2984	−1373	−46.01	0.06
其中：转让土地使用权	33	114	−81	−71.05	0.01	1530	2939	−1409	−47.94	0.06
（八）销售不动产	154616	145511	9105	6.26	57.27	1139439	968953	170486	17.59	41.62
（九）文化体育业	1232	1025	207	20.20	0.46	12069	10765	1304	12.11	0.44
（十）税款滞纳金罚款收入	1507	577	930	161.18	0.56	4655	3342	1313	39.29	0.17

营业税收入完成情况表——地区

（2015年12月）

表19　　　　金额单位：万元

单位名称	月度累计					年度累计				
	本年	上年	同比±额	同比±（%）	比重（%）	本年	上年	同比±额	同比±（%）	比重（%）
全市总计	269969	269912	57	0.02	—	2737580	2508728	228852	9.12	—
城郊区小计	176306	166989	9317	5.58	65.31	1832877	1650852	182025	11.03	66.95
玄武	19658	22409	-2751	-12.28	7.28	259388	232972	26416	11.34	9.48
秦淮	28541	28060	481	1.71	10.57	304080	265318	38761	14.61	11.11
建邺	21630	18925	2705	14.29	8.01	284480	255936	28544	11.15	10.39
鼓楼	48265	41709	6556	15.72	17.88	300255	294403	5852	1.99	10.97
化工园	4415	4521	-106	-2.35	1.64	66197	66976	-779	-1.16	2.42
栖霞	17456	23241	-5785	-24.89	6.47	260148	231390	28759	12.43	9.50
其中：栖霞	10803	17868	-7065	-39.54	4.00	185825	176021	9804	5.57	6.79
新港	6653	5373	1281	23.84	2.46	74323	55369	18954	34.23	2.71
雨花	21126	16437	4690	28.53	7.83	223626	184525	39101	21.19	8.17
高新	15214	11686	3527	30.18	5.64	134704	119332	15372	12.88	4.92
五区小计	93663	102923	-9260	-9.00	34.69	904702	857876	46827	5.46	33.05
江宁	44928	40101	4828	12.04	16.64	467574	411914	55660	13.51	17.08
浦口	10724	11843	-1119	-9.45	3.97	151466	135747	15719	11.58	5.53
六合	10595	8155	2439	29.91	3.92	101842	103593	-1751	-1.69	3.72
溧水	20562	27351	-6790	-24.82	7.62	112210	108727	3483	3.20	4.10
高淳	6854	15473	-8619	-55.70	2.54	71610	97895	-26284	-26.85	2.62

企业所得税收入完成情况表——行业

表20　（2015年12月）　金额单位：万元

项目＼时期	月度累计					年度累计				
	本年	上年	同比±额	同比±（%）	比重（%）	本年	上年	同比±额	同比±（%）	比重（%）
总计	39543	34067	5476	16.07	—	882071	810317	71754	8.86	—
（一）采矿业	-1	57	-58	-101.75	0.00	310	1174	-864	-73.59	0.04
（二）制造业	3902	8997	-5095	-56.63	9.87	104702	109318	-4616	-4.22	11.87
（三）电力、热力、燃气及水的生产和供应业	96	128	-32	-25.00	0.24	3146	3326	-180	-5.41	0.36
（四）建筑业	4127	7852	-3725	-47.44	10.44	145531	127995	17536	13.70	16.50
（五）批发和零售业	732	1805	-1073	-59.45	1.85	48448	54696	-6248	-11.42	5.49
（六）交通运输、仓储和邮政业	-3089	1060	-4149	-391.42	-7.81	17323	16986	337	1.98	1.96
（七）住宿和餐饮业	242	347	-105	-30.26	0.61	6957	11632	-4675	-40.19	0.79
（八）信息传输、软件和信息技术服务业	-102	-8	-94	1175.00	-0.26	11624	7377	4247	57.57	1.32
（九）金融业	81	134	-53	-39.55	0.20	20978	14263	6715	47.08	2.38
（十）房地产业	24316	9096	15220	167.33	61.49	349904	330186	19718	5.97	39.67
（十一）租赁和商务服务业	8277	3058	5219	170.67	20.93	117284	82656	34628	41.89	13.30
（十二）科学研究和技术服务业	-44	459	-503	-109.59	-0.11	20338	19007	1331	7.00	2.31
（十三）居民服务、修理和其他服务业	787	740	47	6.35	1.99	24336	21907	2429	11.09	2.76
（十四）教育	68	26	42	161.54	0.17	2661	2192	469	21.40	0.30
（十五）卫生和社会工作	5	30	-25	-83.33	0.01	1000	485	515	106.19	0.11
（十六）文化、体育和娱乐业	6	65	-59	-90.77	0.02	3544	3444	100	2.90	0.40
（十七）公共管理、社会保障和社会组织	140	221	-81	-36.65	0.35	3985	3673	312	8.49	0.45
（十八）其他行业	0	0	0	0.00	0.00	0	0	0	0.00	0.00

企业所得税收入完成情况表——地区

（2015年12月）

表21　　　　金额单位:万元

单位名称	月度累计					年度累计				
	本年	上年	同比±额	同比±(%)	比重(%)	本年	上年	同比±额	同比±(%)	比重(%)
全市总计	39542	34067	5475	16.07	—	882071	810317	71754	8.86	—
城郊区小计	35765	17949	17816	99.26	90.45	578611	530508	48104	9.07	65.60
玄武	1286	3406	-2120	-62.25	3.25	43745	51144	-7400	-14.47	4.96
秦淮	5563	1447	4116	284.46	14.07	102004	69741	32263	46.26	11.56
建邺	1463	2368	-905	-38.21	3.70	108250	130662	-22413	-17.15	12.27
鼓楼	20734	7050	13684	194.10	52.44	99819	81811	18008	22.01	11.32
化工园	1046	343	703	205.27	2.64	27587	22341	5247	23.48	3.13
栖霞	1507	2038	-531	-26.05	3.81	97729	83879	13850	16.51	11.08
其中:栖霞	1080	1440	-359	-24.95	2.73	47279	46104	1176	2.55	5.36
新港	427	598	-172	-28.68	1.08	50450	37775	12675	33.55	5.72
雨花	2533	967	1566	162.05	6.41	74362	75844	-1482	-1.95	8.43
高新	1633	331	1302	392.83	4.13	25115	15086	10030	66.48	2.85
五区小计	3776	16117	-12341	-76.57	9.55	303459	279809	23650	8.45	34.40
江宁	861	11118	-10256	-92.25	2.18	175433	164354	11079	6.74	19.89
浦口	47	1679	-1632	-97.19	0.12	39149	47383	-8235	-17.38	4.44
六合	569	875	-306	-34.99	1.44	36332	21247	15085	71.00	4.12
溧水	1123	459	664	144.69	2.84	17081	13797	3283	23.80	1.94
高淳	1176	1987	-811	-40.81	2.97	35465	33028	2437	7.38	4.02

个人所得税收入完成情况表——行业

表22　（2015年12月）　金额单位：万元

项目＼时期	月度累计					年度累计				
	本年	上年	同比±额	同比±（%）	比重（%）	本年	上年	同比±额	同比±（%）	比重（%）
总计	140497	113833	26664	23.42	—	1666860	1282349	384511	29.98	—
（一）采矿业	34	74	-40	-54.05	0.02	748	1030	-282	-27.38	0.04
（二）制造业	15299	18007	-2708	-15.04	10.89	235624	221875	13749	6.20	14.14
（三）电力、热力、燃气及水的生产和供应业	1741	1592	149	9.36	1.24	20522	19781	741	3.75	1.23
（四）建筑业	7845	10472	-2627	-25.09	5.58	112286	108541	3745	3.45	6.74
（五）批发和零售业	10649	9367	1282	13.69	7.58	136301	115118	21183	18.40	8.18
（六）交通运输、仓储和邮政业	2166	2680	-514	-19.18	1.54	25629	22946	2683	11.69	1.54
（七）住宿和餐饮业	768	458	310	67.69	0.55	7424	6142	1282	20.87	0.45
（八）信息传输、软件和信息技术服务业	10535	8608	1927	22.39	7.50	150414	104300	46114	44.21	9.02
（九）金融业	32527	23494	9033	38.45	23.15	404860	256501	148359	57.84	24.29
（十）房地产业	9713	8626	1087	12.60	6.91	126288	90898	35390	38.93	7.58
（十一）租赁和商务服务业	25275	10221	15054	147.29	17.99	161894	114338	47556	41.59	9.71
（十二）科学研究和技术服务业	5554	4293	1261	29.37	3.95	77820	62876	14944	23.77	4.67
（十三）居民服务、修理和其他服务业	3000	3553	-553	-15.56	2.14	47769	33139	14630	44.15	2.87
（十四）教育	5047	4320	727	16.83	3.59	63811	45612	18199	39.90	3.83
（十五）卫生和社会工作	2191	1646	545	33.11	1.56	24703	18539	6164	33.25	1.48
（十六）文化、体育和娱乐业	1019	971	48	4.94	0.73	19965	18863	1102	5.84	1.20
（十七）公共管理、社会保障和社会组织	7111	5398	1713	31.73	5.06	50511	41479	9032	21.77	3.03
（十八）其他行业	0	0	0	0.00	0.00	0	0	0	0.00	0.00

个人所得税收入完成情况表——税目

（2015年12月）

表23　　金额单位：万元

项目＼时期	月度累计					年度累计				
	本年	上年	同比±额	同比±（%）	比重（%）	本年	上年	同比±额	同比±（%）	比重（%）
总计	140497	113833	26664	23.42	—	1666860	1282349	384511	29.98	—
（一）工资、薪金所得	69616	63707	5909	9.28	49.55	958597	810707	147890	18.24	57.51
（二）个体工商户生产、经营所得	1891	2550	–659	–25.84	1.35	43157	38781	4376	11.28	2.59
（三）企事业单位承包、承租经营所得	1954	6652	–4698	–70.63	1.39	54935	64632	–9697	–15.00	3.30
（四）劳务报酬所得	2889	1824	1065	58.39	2.06	26906	20356	6550	32.18	1.61
（五）稿酬所得	79	121	–42	–34.71	0.06	1104	1024	80	7.81	0.07
（六）特许权使用费所得	0	0	0	0.00	0.00	281	246	35	14.23	0.02
（七）利息、股息、红利所得	10285	11290	–1005	–8.90	7.32	131867	107297	24570	22.90	7.91
（八）财产租赁所得	323	222	101	45.50	0.23	1943	1960	–17	–0.87	0.12
（九）财产转让所得	52512	26498	26014	98.17	37.38	442843	232414	210429	90.54	26.57
（十）偶然所得	506	370	136	36.76	0.36	2119	2354	–235	–9.98	0.13
（十一）其他所得	0	0	0	0.00	0.00	0	0	0	0.00	0.00
（十二）滞纳金、罚款	442	599	–157	–26.21	0.31	3108	2578	530	20.56	0.19

个人所得税收入完成情况表——地区

表24

（2015年12月）

金额单位：万元

单位名称	月度累计					年度累计				
	本年	上年	同比±额	同比±（%）	比重（%）	本年	上年	同比±额	同比±（%）	比重（%）
全市总计	140497	113832	26664	23.42	—	1666860	1282349	384511	29.98	—
城郊区小计	73953	73426	527	0.72	52.64	1005030	850401	154629	18.18	60.29
玄武	12051	11556	495	4.28	8.58	150044	128765	21280	16.53	9.00
秦淮	15779	11733	4046	34.48	11.23	174157	150066	24091	16.05	10.45
建邺	3630	5557	–1927	–34.68	2.58	76981	70230	6751	9.61	4.62
鼓楼	17125	22251	–5126	–23.04	12.19	233536	197120	36416	18.47	14.01
化工园	3226	6393	–3167	–49.54	2.30	44901	49387	–4486	–9.08	2.69
栖霞	7947	6510	1437	22.07	5.66	115600	97323	18277	18.78	6.94
其中：栖霞	3441	2738	703	25.68	2.45	52733	44763	7970	17.81	3.16
新港	4506	3772	734	19.45	3.21	62866	52559	10307	19.61	3.77
雨花	10814	7388	3425	46.36	7.70	162379	114306	48072	42.06	9.74
高新	3380	2037	1344	65.97	2.41	47433	43205	4228	9.79	2.85
五区小计	66544	40406	26138	64.69	47.36	661830	431948	229882	53.22	39.71
江宁	18739	13925	4814	34.57	13.34	230647	177617	53030	29.86	13.84
浦口	1752	2233	–481	–21.54	1.25	34900	25836	9064	35.08	2.09
六合	1355	1505	–150	–9.96	0.96	25945	20902	5043	24.13	1.56
溧水	34486	5993	28493	475.41	24.55	177386	98153	79233	80.72	10.64
高淳	10213	16750	–6538	–39.03	7.27	192953	109439	83513	76.31	11.58

资源税收入完成情况表——地区

（2015年12月）

表25

金额单位：万元

单位名称	月度累计					年度累计				
	本年	上年	同比±额	同比±（%）	比重（%）	本年	上年	同比±额	同比±（%）	比重（%）
全市总计	3062	655	2407	367.55	—	8890	7034	1856	26.38	—
城郊区小计	2848	404	2444	605.04	93.01	6251	4143	2108	50.88	70.32
玄武	0	0	0	0.00	0.00	0	0	0	0.00	0.00
秦淮	0	0	0	0.00	0.00	0	0	0	0.00	0.00
建邺	0	0	0	0.00	0.00	0	0	0	0.00	0.00
鼓楼	0	0	0	0.00	0.00	0	0	0	0.00	0.00
化工园	0	0	0	0.00	0.00	0	0	0	0.00	0.00
栖霞	124	150	-27	-17.79	4.04	1635	1648	-13	-0.79	18.40
其中：栖霞	0	0	0	0.00	0.00	0	0	0	0.00	0.00
新港	124	150	-27	-17.79	4.04	1635	1648	-13	-0.79	18.40
雨花	2710	254	2457	969.08	88.51	4602	2495	2107	84.45	51.77
高新	14	0	14	0.00	0.46	14	0	14	0.00	0.16
五区小计	214	251	-37	-14.70	6.99	2639	2891	-252	-8.73	29.68
江宁	105	103	1	1.30	3.42	1285	1377	-93	-6.72	14.45
浦口	52	47	5	10.42	1.69	537	542	-5	-0.91	6.04
六合	11	62	-51	-82.00	0.37	311	546	-235	-43.09	3.50
溧水	46	38	8	21.60	1.52	500	409	90	22.10	5.62
高淳	0	0	0	-100.00	0.00	6	16	-10	-62.29	0.07

城市维护建设税收入完成情况表——地区

表26　（2015年12月）　金额单位:万元

单位名称	月度累计					年度累计				
	本　年	上　年	同比±额	同比±(%)	比重(%)	本　年	上　年	同比±额	同比±(%)	比重(%)
全市总计	75478	70242	5236	7.45	—	801808	721852	79956	11.08	—
城郊区小计	48910	44632	4279	9.59	64.80	579853	507406	72447	14.28	72.32
玄武	2998	3039	-41	-1.35	3.97	32799	31918	881	2.76	4.09
秦淮	4770	4103	667	16.26	6.32	47276	43223	4054	9.38	5.90
建邺	9415	8784	631	7.18	12.47	124953	120215	4738	3.94	15.58
鼓楼	6870	5834	1036	17.75	9.10	56444	48689	7755	15.93	7.04
化工园	6309	5505	803	14.59	8.36	90682	55185	35497	64.32	11.31
栖霞	11555	10423	1131	10.85	15.31	155979	136182	19797	14.54	19.45
其中:栖霞	1663	2002	-340	-16.96	2.20	21672	19854	1818	9.16	2.70
新港	9892	8421	1471	17.47	13.11	134307	116328	17979	15.46	16.75
雨花	4316	3860	456	11.82	5.72	48585	44997	3587	7.97	6.06
高新	2678	3084	-405	-13.15	3.55	23135	26996	-3862	-14.30	2.89
五区小计	26567	25610	957	3.74	35.20	221955	214446	7509	3.50	27.68
江宁	19134	18450	684	3.71	25.35	159269	154884	4385	2.83	19.86
浦口	1974	1990	-16	-0.81	2.61	22676	20701	1976	9.54	2.83
六合	2064	1572	493	31.35	2.73	17128	15568	1559	10.02	2.14
溧水	2542	2249	294	13.05	3.37	14231	13538	693	5.12	1.77
高淳	853	1350	-497	-36.79	1.13	8651	9755	-1104	-11.32	1.08

房产税收入完成情况表——地区

表27

（2015年12月）

金额单位：万元

单位名称	月度累计					年度累计				
	本年	上年	同比±额	同比±（%）	比重（%）	本年	上年	同比±额	同比±（%）	比重（%）
全市总计	25025	16078	8947	55.65	—	309858	241537	68320	28.29	—
城郊区小计	20149	12363	7785	62.97	80.51	228277	183755	44523	24.23	73.67
玄武	5211	4924	287	5.83	20.82	32045	25987	6058	23.31	10.34
秦淮	3441	2128	1313	61.69	13.75	48229	39159	9070	23.16	15.56
建邺	464	119	345	289.56	1.85	15345	15831	-486	-3.07	4.95
鼓楼	5897	4746	1151	24.25	23.56	50133	38769	11364	29.31	16.18
化工园	190	20	170	829.81	0.76	16582	11932	4649	38.96	5.35
栖霞	391	161	230	143.04	1.56	26519	22179	4340	19.57	8.56
其中：栖霞	175	3	172	6438.74	0.70	7625	7254	371	5.11	2.46
新港	216	158	58	36.48	0.86	18894	14925	3969	26.60	6.10
雨花	4152	94	4058	4296.75	16.59	26935	19633	7302	37.20	8.69
高新	403	171	233	136.48	1.61	12490	10265	2226	21.69	4.03
五区小计	4877	3715	1161	31.26	19.49	81580	57782	23798	41.18	26.33
江宁	3907	2902	1005	34.63	15.61	53460	37928	15532	40.95	17.25
浦口	330	348	-19	-5.35	1.32	7752	5279	2473	46.86	2.50
六合	221	114	107	93.89	0.88	6220	4189	2031	48.48	2.01
溧水	360	236	124	52.31	1.44	9436	6694	2742	40.97	3.05
高淳	59	114	-56	-48.59	0.24	4712	3693	1019	27.60	1.52

印花税收入完成情况表——地区

表28　（2015年12月）　金额单位：万元

单位名称	月度累计					年度累计				
	本年	上年	同比±额	同比±（%）	比重（%）	本年	上年	同比±额	同比±（%）	比重（%）
全市总计	14761	13114	1648	12.56	—	124779	115861	8919	7.70	—
城郊区小计	10362	8525	1836	21.54	70.19	87208	84710	2498	2.95	69.89
玄武	1039	1559	-519	-33.33	7.04	8961	8914	48	0.53	7.18
秦淮	941	1332	-392	-29.39	6.37	9530	18395	-8865	-48.19	7.64
建邺	937	608	329	54.23	6.35	8781	7081	1700	24.01	7.04
鼓楼	4848	2212	2636	119.15	32.84	26108	20007	6101	30.49	20.92
化工园	614	868	-254	-29.25	4.16	7550	8090	-541	-6.68	6.05
栖霞	919	970	-52	-5.33	6.22	13527	11279	2248	19.93	10.84
其中：栖霞	419	338	81	23.83	2.84	5082	3718	1364	36.67	4.07
新港	500	632	-132	-20.93	3.39	8445	7560	885	11.70	6.77
雨花	701	559	142	25.41	4.75	8692	6896	1796	26.04	6.97
高新	363	418	-54	-13.00	2.46	4060	4050	11	0.26	3.25
五区小计	4400	4588	-189	-4.12	29.81	37571	31150	6421	20.61	30.11
江宁	2809	2760	49	1.76	19.03	20943	17629	3314	18.80	16.78
浦口	437	479	-42	-8.87	2.96	4720	3810	910	23.88	3.78
六合	253	225	28	12.37	1.71	3560	2987	573	19.19	2.85
溧水	572	788	-216	-27.37	3.88	5467	3843	1624	42.26	4.38
高淳	329	336	-7	-2.13	2.23	2881	2882	-1	-0.02	2.31

城镇土地使用税收入完成情况表——地区

表29

（2015年12月）

金额单位：万元

单位名称	月度累计					年度累计				
	本年	上年	同比±额	同比±（%）	比重（%）	本年	上年	同比±额	同比±（%）	比重（%）
全市总计	2394	1600	794	49.61	—	167889	127886	40003	31.28	—
城郊区小计	1632	1275	356	27.96	68.14	83752	62300	21452	34.43	49.89
玄武	-149	26	-175	-669.81	-6.21	7309	4302	3007	69.91	4.35
秦淮	138	15	123	819.55	5.75	6267	4100	2167	52.85	3.73
建邺	45	4	41	981.08	1.90	4069	3069	999	32.57	2.42
鼓楼	73	124	-51	-40.94	3.05	8521	6598	1923	29.14	5.08
化工园	50	1	50	8992.64	2.11	17737	14736	3001	20.36	10.56
栖霞	531	967	-435	-45.04	22.19	21174	15768	5406	34.28	12.61
其中：栖霞	193	865	-672	-77.67	8.06	5301	4502	799	17.75	3.16
新港	338	102	236	231.08	14.13	15872	11266	4606	40.89	9.45
雨花	276	116	159	136.96	11.51	11226	8691	2536	29.18	6.69
高新	667	22	644	2879.66	27.84	7450	5037	2414	47.92	4.44
五区小计	763	325	437	134.48	31.86	84137	65586	18551	28.29	50.11
江宁	205	116	90	77.65	8.58	34988	25769	9219	35.78	20.84
浦口	303	41	262	641.02	12.67	9645	6924	2721	39.30	5.74
六合	118	38	79	205.91	4.92	7762	5453	2309	42.35	4.62
溧水	124	112	12	10.95	5.18	27934	23660	4274	18.06	16.64
高淳	12	19	-6	-33.81	0.51	3808	3781	27	0.72	2.27

土地增值税收入完成情况表——地区

表30　　（2015年12月）　　金额单位:万元

单位名称	月度累计					年度累计				
	本年	上年	同比±额	同比±(%)	比重(%)	本年	上年	同比±额	同比±(%)	比重(%)
全市总计	107469	100259	7209	7.19	—	630972	665133	-34161	-5.14	—
城郊区小计	57788	47415	10373	21.88	53.77	375774	420526	-44752	-10.64	59.55
玄武	10877	2950	7928	268.77	10.12	27761	26389	1372	5.20	4.40
秦淮	3704	2139	1565	73.17	3.45	28860	25580	3280	12.82	4.57
建邺	9412	9814	-401	-4.09	8.76	114345	123391	-9046	-7.33	18.12
鼓楼	18635	19214	-579	-3.01	17.34	60585	107312	-46727	-43.54	9.60
化工园	-249	244	-494	-201.98	-0.23	8512	7324	1187	16.21	1.35
栖霞	611	2792	-2182	-78.13	0.57	49635	50553	-917	-1.81	7.87
其中:栖霞	1138	1772	-634	-35.79	1.06	38387	41161	-2774	-6.74	6.08
新港	-527	1020	-1547	-151.70	-0.49	11248	9392	1856	19.77	1.78
雨花	9528	2854	6674	233.83	8.87	40529	27538	12990	47.17	6.42
高新	5271	7408	-2137	-28.85	4.90	45547	52437	-6890	-13.14	7.22
五区小计	49681	52845	-3164	-5.99	46.23	255198	244608	10590	4.33	40.45
江宁	16947	37681	-20734	-55.02	15.77	126823	135472	-8649	-6.38	20.10
浦口	5431	3673	1758	47.87	5.05	47725	34106	13619	39.93	7.56
六合	2281	4766	-2485	-52.14	2.12	24109	22473	1636	7.28	3.82
溧水	23099	3495	19604	560.96	21.49	45624	37298	8326	22.32	7.23
高淳	1922	3230	-1307	-40.48	1.79	10918	15259	-4342	-28.45	1.73

车船税收入完成情况表——地区

（2015年12月）

表31　　　　金额单位：万元

单位名称	月度累计					年度累计				
	本年	上年	同比±额	同比±（%）	比重（%）	本年	上年	同比±额	同比±（%）	比重（%）
全市总计	3494	5825	-2331	-40.01	—	60067	58427	1640	2.81	—
城郊区小计	1990	4785	-2795	-58.41	56.97	44995	45835	-840	-1.83	74.91
玄武	293	2394	-2101	-87.77	8.38	15483	19159	-3676	-19.19	25.78
秦淮	52	743	-691	-92.96	1.50	7048	9140	-2092	-22.89	11.73
建邺	750	505	245	48.51	21.46	8589	6218	2370	38.12	14.30
鼓楼	341	644	-303	-47.00	9.77	6841	5472	1369	25.01	11.39
化工园	125	112	12	10.90	3.56	1510	1182	328	27.73	2.51
栖霞	251	224	28	12.39	7.20	3293	2764	529	19.16	5.48
其中：栖霞	251	224	28	12.37	7.20	3285	2751	534	19.40	5.47
新港	0	0	0	0.00	0.00	8	13	-4	-33.24	0.01
雨花	169	156	13	8.38	4.84	2104	1800	304	16.91	3.50
高新	9	8	2	21.56	0.26	128	99	28	28.28	0.21
五区小计	1504	1039	464	44.69	43.03	15071	12592	2479	19.69	25.09
江宁	439	393	45	11.51	12.55	5721	4922	799	16.24	9.53
浦口	230	199	30	15.20	6.58	2814	2371	443	18.69	4.68
六合	226	183	43	23.32	6.48	2707	2244	463	20.64	4.51
溧水	163	132	30	22.99	4.65	1878	1542	337	21.83	3.13
高淳	446	131	316	241.26	12.78	1951	1514	437	28.88	3.25

教育费附加收入完成情况表——地区

表32　（2015年12月）　金额单位：万元

单位名称	月度累计					年度累计				
	本年	上年	同比±额	同比±（%）	比重（%）	本年	上年	同比±额	同比±（%）	比重（%）
全市总计	32877	30696	2181	7.11	—	347056	313093	33963	10.85	—
城郊区小计	20950	19111	1839	9.62	63.72	248363	217386	30977	14.25	71.56
玄武	1284	1301	-17	-1.30	3.90	14046	13676	370	2.71	4.05
秦淮	2040	1756	284	16.14	6.20	20239	18517	1722	9.30	5.83
建邺	4035	3764	270	7.18	12.27	53544	51517	2027	3.94	15.43
鼓楼	2942	2499	444	17.76	8.95	24126	20855	3271	15.68	6.95
化工园	2703	2359	344	14.59	8.22	38858	23648	15210	64.32	11.20
栖霞	4949	4462	487	10.93	15.05	66831	58355	8476	14.52	19.26
其中：栖霞	712	858	-146	-17.02	2.16	9277	8505	771	9.07	2.67
新港	4237	3604	633	17.58	12.89	57554	49849	7705	15.46	16.58
雨花	1849	1654	195	11.81	5.62	20815	19256	1558	8.09	6.00
高新	1148	1316	-169	-12.80	3.49	9905	11562	-1658	-14.34	2.85
五区小计	11927	11585	342	2.95	36.28	98693	95707	2986	3.12	28.44
江宁	8206	7895	311	3.94	24.96	68170	66407	1763	2.66	19.64
浦口	845	852	-6	-0.71	2.57	9670	8869	800	9.03	2.79
六合	882	691	191	27.69	2.68	7371	6760	611	9.04	2.12
溧水	1502	1347	154	11.46	4.57	8480	8114	367	4.52	2.44
高淳	491	800	-309	-38.58	1.49	5001	5557	-556	-10.00	1.44

契税、耕地占用税完成情况表——地区

（2015年12月）

表33　　金额单位：万元

单位名称	契税				耕地占用税			
	本年	上年	同比±额	同比±（%）	本年	上年	同比±额	同比±（%）
全市总计	524664	463462	61202	13.21	34114	28371	5743	20.24
城郊区小计	59241	49416	9825	19.88	7542	4263	3279	76.92
玄武	0	0	0	0.00	0	0	0	0.00
秦淮	0	0	0	0.00	0	0	0	0.00
建邺	0	0	0	0.00	0	0	0	0.00
鼓楼	0	0	0	0.00	0	0	0	0.00
化工园	5156	5482	-326	-5.95	564	711	-147	-20.68
栖霞	10800	19151	-8351	-43.61	1831	1887	-56	-2.97
其中：栖霞	0	7320	-7320	-100.00	0	1887	-1887	-100.00
新港	10800	11831	-1031	-8.71	1831	0	1831	0.00
雨花	0	0	0	0.00	2964	556	2408	433.09
高新	43285	24783	18502	74.66	2183	1109	1074	96.84
契税所	314235	253028	61207	24.19	0	0	0	0.00
五区小计	151188	161018	-9830	-6.10	26572	24108	2464	10.22
江宁	92585	82019	10566	12.88	8837	8571	266	3.10
浦口	20153	21942	-1789	-8.15	8393	5344	3049	57.05
六合	6481	12852	-6371	-49.57	4430	2090	2340	111.96
溧水	26120	35135	-9015	-25.66	939	4660	-3721	-79.85
高淳	5849	9070	-3221	-35.51	3973	3443	530	15.39

社会保险费、其他非税收入完成情况表

（2015年12月）

表34　　金额单位：万元

社保费地区			社保费险种			其他非税收入	
单位	本月	累计	险种	实缴数		种类	金额
社保费合计	488519	4226342		本月	累计	全市合计	52585
市本级	306754	3273268	全市合计	488519	4226342	一、全省开征基金费	26117
区级小计	181765	953074	养老保险	306967	2621529	防洪保安基金	6981
江宁	136506	521241	医疗保险	146390	1261623	残疾人就业保障金	19134
浦口	14624	125502	失业保险	21867	222798	其他收入	2
六合	7966	87579	工伤保险	7714	65140	二、本市代征基金费	26468
溧水	14357	148583	生育保险	5581	55252	老干部医疗统筹金	3682
高淳	8312	70169	—	—	—	工会经费	22786

石化、钢铁、卷烟企业税收完成情况表

表35　（2015年12月）　金额单位：万元

纳税人名称	税收合计			营业税			城建税			个人所得税		
	本年	上年	同比±（%）	本年	上年	同比±（%）	本年	上年	同比±（%）	本年	上年	同比±（%）
中国石油化工股份有限公司金陵分公司	105580	86476	22.09	41	30	39.00	102745	83443	23.13	1915	2217	–13.62
中国石油化工股份有限公司江苏南京石油分公司	801	706	13.48	30	15	102.87	403	356	13.26	69	91	–24.04
扬子石化—巴斯夫有限责任公司	12489	15476	–19.30	403	171	136.31	5294	4267	24.06	3733	8590	–56.54
中国石化扬子石油化工有限公司	64043	33705	90.01	2383	1409	69.08	57742	28220	104.62	2222	2302	–3.50
中国石化集团资产经营管理有限公司扬子石化分公司	5357	5175	3.52	361	383	–5.94	878	649	35.28	357	367	–2.86
中国石化集团金陵石油化工有限责任公司	6973	6507	7.17	1299	1331	–2.39	1055	957	10.21	1156	1390	–16.81
石化小计	195243	148045	31.88	4517	3339	35.29	168117	117892	42.60	9453	14958	–36.81
南京钢铁集团有限公司	1995	1273	56.74	581	737	–21.19	41	52	–21.19	526	334	57.45
南京钢铁股份有限公司	7966	3524	126.07	3243	272	1092.49	1061	21	4970.20	1158	1057	9.57
南京钢铁有限公司	734	780	–5.88	11	1	1535.04	80	170	–53.15	125	156	–20.02
南京钢铁联合有限公司	2633	1504	75.03	805	276	191.83	98	128	–22.79	17	11	54.55
南京南钢产业发展有限公司	5026	5133	–2.09	98	124	–20.76	1114	849	31.26	1620	1901	–14.78
南京金腾钢铁有限公司	214	288	–25.61	0	0	0.00	29	90	–67.85	45	50	–8.68
上海梅山钢铁股份有限公司	10966	12622	–13.12	140	150	–6.37	3012	4212	–28.50	1574	2021	–22.14
钢铁小计	29535	25124	17.56	4879	1560	212.82	5434	5521	–1.57	5065	5530	–8.41
中国烟草总公司江苏省公司（江苏省烟草公司）	1385	1269	9.11	0	0	0.00	0	0	0.00	1190	1100	8.17
江苏中烟工业公司南京卷烟厂	96986	95571	1.48	0	0	0.00	94317	93241	1.15	1833	1682	8.96
江苏省烟草公司南京市公司	5504	4059	35.61	0	0	0.00	3665	2479	47.85	1290	1156	11.57
江苏中烟工业有限责任公司	1991	1733	14.88	0	0	0.00	0	0	0.00	1790	1637	9.34
卷烟小计	105866	102632	3.15	0	0	0.00	97981	95719	2.36	6102	5575	9.46
总计	330644	275801	19.88	9396	4899	91.81	271533	219132	23.91	20620	26063	–20.88

江苏省地税税收收入完成情况表——地区

表36

（2015年12月）

金额单位：万元

地区	税收收入				中央级				省级				市县级			
	月度累计		年度累计		月度累计		年度累计		月度累计		年度累计		月度累计		年度累计	
	金额	同比±（%）	金额	同比±（%）	金额	同比±（%）	金额	同比±（%）	金额	同比±（%）	金额	同比±（%）	金额	同比±（%）	金额	同比±（%）
全省合计	5700640	3.8	57520616	11.3	589769	−10.5	8757062	14.8	152116	52.8	3910909	10.4	4958755	4.8	44852645	10.7
省直属局	94779	110.7	1331283	19.9	17575	−7.0	385071	21.9	77204	195.9	946212	19.1	0	—	0	—
南京市	725755	11.1	7949552	13.1	108104	21.8	1535039	22.0	10898	24.5	456767	15.9	606753	9.1	5957746	10.8
无锡市	632449	−2.5	5732154	5.4	68864	−24.2	943663	1.4	7768	−28.8	393558	−0.8	555817	1.6	4394933	6.9
徐州市	513853	4.8	4008632	11.2	19226	−24.6	276700	14.0	2920	−8.2	116748	6.2	491707	6.6	3615184	11.2
常州市	500908	1.1	3589119	5.5	49428	−43.7	593541	−3.8	7630	0.3	229145	4.5	443850	10.9	2766433	7.8
苏州市	969560	8.8	11440388	11.0	159101	6.6	2234063	30.0	22859	2.5	865491	9.4	787600	9.4	8340834	7.0
南通市	497322	2.0	5552649	15.9	42927	−18.5	1072708	18.3	6159	−13.2	241987	10.6	448236	4.8	4237954	15.6
连云港市	240062	5.3	2207868	10.7	14725	44.6	139378	7.1	1073	−21.5	64514	6.5	224264	3.6	2003976	11.1
淮安市	216166	−1.4	2752585	11.9	8829	−34.0	167944	−7.1	1183	−1.7	64312	0.3	206154	0.8	2520329	13.8
盐城市	361010	−5.8	3759456	14.8	26002	−8.9	358019	14.0	6719	163.7	111452	15.0	328289	−6.8	3289985	14.9
扬州市	333430	3.8	2525682	12.5	19829	−38.0	253778	−8.6	1367	−48.3	123656	10.0	312234	8.9	2148248	15.8
镇江市	251918	−13.5	2357643	8.2	26189	−1.7	299376	17.9	1739	−11.5	113489	4.4	223990	−14.7	1944778	7.0
泰州市	251570	11.6	2333829	15.6	16418	−6.7	262701	12.3	3855	44.4	124870	5.6	231297	12.7	1946258	16.8
宿迁市	111858	2.4	1979776	7.2	12552	−25.7	235081	−4.6	742	−40.4	58708	2.3	98564	8.2	1685987	9.3

江苏省地税主要税种收入完成情况表——地区

（2015年12月）

表37

金额单位：万元

地区	营业税				企业所得税				个人所得税			
	月度累计		年度累计		月度累计		年度累计		月度累计		年度累计	
	金额	同比±（%）	金额	同比±（%）	金额	同比±（%）	金额	同比±（%）	金额	同比±（%）	金额	同比±（%）
全省合计	2911400	10.8	24428162	17.2	233894	-12.0	5551985	10.2	749059	-10.0	9022084	17.8
省直属局	61577	484.4	608678	19.1	7296	-53.6	356493	14.9	21996	40.2	284709	32.3
南京市	269970	0.0	2737580	9.1	39543	16.1	882071	8.9	140497	23.4	1666860	30.0
无锡市	379873	5.1	2499031	18.8	25463	-11.2	548769	-6.8	89390	-27.5	1022613	6.4
徐州市	283252	13.4	1990065	19.8	12214	4.9	191540	12.6	19831	-35.8	269628	15.0
常州市	268489	34.6	1367552	16.4	14487	-28.3	408805	-3.0	67884	-46.2	579836	-4.4
苏州市	384878	6.3	3951022	8.5	56733	-13.9	1335809	30.4	208491	14.1	2381287	29.7
南通市	286345	22.8	2300501	26.3	-255	-102.9	638512	37.9	71807	-9.1	1147522	9.7
连云港市	142135	5.0	1158393	19.2	3185	-35.9	94468	0.1	21356	77.8	137580	12.4
淮安市	111485	-17.9	1403890	29.8	5850	10.1	126070	11.7	8872	-47.8	153773	-18.5
盐城市	174549	1.2	2018133	29.4	13846	-19.1	200426	-14.7	29489	-3.1	396272	37.5
扬州市	193460	30.6	1133222	18.1	14972	-18.4	192204	-6.6	18072	-48.1	230228	-10.1
镇江市	143746	-5.0	1222366	13.1	14940	56.6	151350	-8.0	28709	-17.6	347610	34.4
泰州市	157828	13.6	1137901	21.7	12160	26.0	199732	2.7	15203	-22.8	238103	21.8
宿迁市	53813	-9.6	899828	8.8	13460	-14.7	225736	-7.5	7462	-39.7	166063	-0.4

江苏省市县级一般公共预算收入完成情况表——地区

表38

（2015年12月）

金额单位：万元

地 区	财政、国税、地税收入合计						地 税 收 入					
	月度累计			年度累计			月度累计			年度累计		
	金 额	同比±额	同比±(%)	金 额	同比±额	同比±(%)	金 额	同比±额	同比±(%)	金 额	同比±额	同比±(%)
全省合计	7998379	780556	10.81	73447793	7239386	10.93	4952573	229962	4.87	44765382	4320914	10.68
省直属局	0	0	—	0	0	—	0	0	—	0	0	—
南京市	1018539	148857	17.12	10200310	1165420	12.90	600571	53142	9.71	5870483	580309	10.97
无锡市	1021953	99277	10.76	8300005	619928	8.07	555817	8712	1.59	4394933	283002	6.88
徐州市	643443	108398	20.26	5306763	583484	12.35	491707	30250	6.56	3615184	363678	11.18
常州市	694329	63770	10.11	4662800	324000	7.47	443850	43648	10.91	2766433	200205	7.80
苏州市	1389687	126321	10.00	15607575	1169401	8.10	787600	67691	9.40	8340834	543074	6.96
南通市	756201	41533	5.81	6256369	756350	13.75	448236	20464	4.78	4237954	573040	15.64
连云港市	274648	-8894	-3.14	2917698	299975	11.46	224264	7831	3.62	2003976	200563	11.12
淮安市	302065	15818	5.53	3503053	417923	13.55	206154	1577	0.77	2520329	305811	13.81
盐城市	616234	48738	8.59	4774995	594764	14.23	328289	-23820	-6.76	3289985	427183	14.92
扬州市	481515	85062	21.46	3367462	415544	14.08	312234	25575	8.92	2148248	293702	15.84
镇江市	335033	11530	3.56	3028465	250817	9.03	223990	-38722	-14.74	1944778	127734	7.03
泰州市	324832	18358	5.99	3165588	386045	13.89	231297	26114	12.73	1946258	279206	16.75
宿迁市	139900	21788	18.45	2356710	255735	12.17	98564	7500	8.24	1685987	143407	9.30

全国副省级城市地方税收收入及相关税种完成情况表

（2015年12月）

表39　　　　金额单位：万元

序号	城市名称	税收收入			营业税			城建税			企业所得税			个人所得税		
		本年	上年	同比±（%）	本年	上年	同比±（%）	本年	上年	同比±（%）	本年	上年	同比±（%）	本年	上年	同比±（%）
	合计	116962356	107352344	8.95	38806235	35435637	9.51	9246483	8401564	10.06	16718802	14819828	12.81	22415475	17806655	25.88
1	深圳市	22761804	17123924	32.92	6817568	4747974	43.59	1359055	1057651	28.50	4980035	3878592	28.40	5561844	4163985	33.57
2	广州市	14694956	13503558	8.82	4584476	4373185	4.83	1248752	1125143	10.99	1973057	1635603	20.63	3332494	2795522	19.21
3	杭州市	9460507	8302222	13.95	2903983	2507718	15.80	793028	693943	14.28	1240069	1256383	−1.30	2302294	1703622	35.14
4	宁波市	7117174	6670519	6.70	2126944	1897187	12.11	770543	668860	15.20	1123810	1113991	0.88	1330091	1079637	23.20
5	成都市	9844464	9694324	1.55	3403304	3633124	−6.33	624720	633835	−1.44	1052313	1060602	−0.78	1384053	1228668	12.65
6	南京市	7949552	7030958	13.06	2737580	2508728	9.12	801809	721852	11.08	882071	810317	8.86	1666860	1282349	29.98
7	大连市	4204072	5732187	−26.66	1470537	1818416	−19.13	440723	424494	3.82	524197	593864	−11.73	718521	662642	8.43
8	武汉市	8861895	7858063	12.77	3312012	2798186	18.36	792203	717607	10.40	1028722	991874	3.71	1193653	891167	33.94
9	沈阳市	4088616	5133799	−20.36	1465221	1649354	−11.16	334256	361262	−7.48	379698	396128	−4.15	581381	533859	8.90
10	青岛市	6743350	5990338	12.57	2051221	2057077	−0.28	517991	499642	3.67	1014215	895881	13.21	1179748	754138	56.44
11	厦门市	4399342	4081100	7.80	1316852	1260951	4.43	294344	291571	0.95	712281	558716	27.49	698232	584269	19.51
12	济南市	4345873	3915523	10.99	1717315	1523596	12.71	331973	303483	9.39	481492	406437	18.47	644035	523620	23.00
13	西安市	5559520	5384150	3.26	2379880	2282845	4.25	334524	320143	4.49	431800	374893	15.18	860123	697802	23.26
14	哈尔滨	3315853	3368914	−1.58	1232832	1218837	1.15	222288	220166	0.96	476036	475320	0.15	419357	403197	4.01
15	长春市	3615378	3562765	1.48	1286510	1158459	11.05	380274	361912	5.07	419006	371227	12.87	542789	502178	8.09

南京市经济运行主要指标

（2015年12月）

表40　　　　金额单位：亿元（除注明者外）

指标名称	月度		年度		
	本月	同比±（%）	本年	上年	同比±（%）
规模以上工业总产值	1194.23	-3.4	13065.80	13278.25	-1.6
1. 轻工业	234.66	9.9	2921.61	2720.31	7.4
重工业	959.57	-6.2	10144.20	10555.88	-3.9
2. 国有及国有控股企业	389.26	-9.8	3993.79	4432.62	-9.9
规模以上工业销售产值	1157.20	-4.7	12793.48	13054.57	-2.0
出口交货值	167.08	3.5	1975.46	1861.89	6.1
规模以上工业企业经济效益（上月数）	—	—	—	—	—
1. 企业个数（个）	**	**	2703	—	—
2. 主营业务收入	**	**	11022.76	11639.66	-5.3
3. 利润总额	**	**	741.55	666.26	11.3
4. 亏损企业亏损额	**	**	79.03	87.13	-9.3
5. 应收账款净额	**	**	1819.94	1789.52	1.7
6. 产成品存货	**	**	370.39	372.25	-0.5
限额以上社会消费品零售总额	313.71	8.7	3069.21	2876.49	6.7
1. 批发零售	299.74	8.7	2930.52	2741.37	6.9
2. 住宿餐饮	13.97	9.0	138.69	133.87	3.6
海关进出口总额（按经营单位）（亿美元）	49.54	-6.9	532.40	572.47	-7.0
1. 出口总额（亿美元）	30.29	0.6	315.03	326.12	-3.4
2. 进口总额（亿美元）	19.25	-13.5	217.38	245.90	-11.6
财政收入	185.64	10.1	2008.96	1771.57	13.4
1. 中央收入	83.78	2.7	988.93	868.24	13.9
2. 一般公共预算收入	101.85	11.2	1020.03	933.24	9.3
3. 一般公共预算支出	115.17	-56.2	1045.18	920.86	13.5
地区生产总值	**	**	9720.77	8893.66	9.3
1. 第一产业	**	**	232.39	224.75	3.4
2. 第二产业	**	**	3916.11	3653.09	7.2
工业	**	**	3395.26	3143.76	8.0
3. 第三产业	**	**	5572.27	5006.53	11.3
金融业	**	**	1122.23	966.61	16.1
房地产业	**	**	610.99	579.69	5.4

指标名称	年度		
	本年	上年	同比±（%）
全社会固定资产投资	5484.47	5462.62	0.4
1. 第一产业	36.95	34.89	5.9
2、第二产业	2093.03	2180.24	-4.0
工业	2071.66	2151.26	-3.7
3. 第三产业	3354.49	3244.19	3.4
房地产开发投资	—	—	—
1. 房地产开发投资额	1429.02	1125.21	27.0
2. 土地购置费	489.64	345.79	41.6
3. 按工程用途分	—	—	—
住宅	1080.97	796.00	35.8
办公楼	86.80	71.98	20.6
商业用房	144.92	146.83	-1.3
其他	116.32	110.36	5.4
4. 房屋建筑面积	—	—	—
施工面积（万平方米）	7084.44	6541.50	8.3
新开工面积（万平方米）	1609.58	1217.53	32.2
竣工面积（万平方米）	1449.10	967.36	49.8
5. 商品房屋销售面积（万平方米）	1543.16	1207.48	27.8
住宅（万平方米）	1429.18	1124.46	27.1
6. 商品房屋销售额（万平方米）	1772.89	1352.32	31.1
住宅（万平方米）	1609.31	1233.19	30.5
全社会用电量（亿千瓦时）	495.18	470.26	5.3
工业用电量（亿千瓦时）	300.54	288.98	4.0
邮电业务收入	185.68	162.59	14.2
城市居民人均可支配收入（元）	46103.60	42570.27	8.3
城市居民人均消费支出（元）	27794.23	25855.10	7.5
金融机构本外币存款余额（月度数）	26471.69	22644.73	16.9
金融机构本外币贷款余额（月度数）	18951.70	16451.13	15.2
城市居民消费价格指数（%）	102.9（本月）	102.0（累计）	—
商品零售价格指数（%）	101.8（本月）	100.6（累计）	—

市县级税收完成情况表——税种、级次

（2015年12月）

表41　　　　金额单位：万元

	市县级			市本级			区县级		
	本年	上年	增幅（%）	本年	上年	增幅（%）	本年	上年	增幅（%）
总税收	5957746	5378786	10.76	724328	720814	0.49	5233418	4657972	12.35
营业税	2281391	2115086	7.86	18011	37636	-52.14	2263380	2077450	8.95
企业所得税	346568	321197	7.90	3135	5000	-37.30	343433	316197	8.61
个人所得税	666746	512939	29.99	11325	12473	-9.20	655421	500466	30.96
资源税	8886	7033	26.35	4602	2495	84.45	4284	4538	-5.60
城市维护建设税	801809	721852	11.08	12632	13355	-5.41	789177	708497	11.39
房产税	309857	241537	28.29	5494	4059	35.35	304363	237478	28.16
印花税	124781	115861	7.70	1734	2832	-38.77	123047	113029	8.86
城镇土地使用税	167889	127887	31.28	42693	31244	36.64	125196	96643	29.54
土地增值税	630974	665133	-5.14	310467	351372	-11.64	320507	313761	2.15
车船税	60066	58429	2.80	0	0	0.00	60066	58429	2.80
契税	524665	463462	13.21	314235	260348	20.70	210430	203114	3.60
耕地占用税	34114	28370	20.25	0	0	0.00	34114	28370	20.25
其他税收	0	0	0.00	0	0	0.00	0	0	0.00

税 政 管 理

流转税管理

概　述　2015年，市地税局贯彻落实组织收入原则，发挥税政职能作用，全年组织营业税收入273.76亿元，同比增长9.12%，占全部税收收入的34.44%，对全部税收增量的贡献率24.91%。在全市范围开展营业税存量税源清理工作，完成建筑业清算项目4969个，清算税款1.49亿元；完成营业税50万元以上减免税符合性核实465户，核实补税15.99万元，减免税款3.48亿元；开展营业税欠税清理入库7.6亿元；开展中（高）风险应对，入库税款3.19亿元。开展金融业营业税调研工作，通过对全省金融业收入结构特点的分析比对，针对税收政策如何促进江苏金融业发展并优化收入结构提出优化建议。对16户特定行业的企业经营状况和财务收支数据进行重点调查，为“营业税改增值税”试点方案提供数据支撑。扶持小微企业发展，落实营业税税收优惠政策，跟踪政策落实实效。2015年，营业税审批类减免税7户，减免营业税款140.76万元；备案类减免税62248户，减免营业税22.53亿元。

（宋　昕）

营业税存量税源清理　在全市范围开展营业税存量税源清理工作。一是将房地产业、建筑业作为税源清理的重点行业，完成建筑业清算项目4969个，清算税款1.49亿元；二是加强对营业税减免税符合性核实，完成营业税50万元以上减免税符合性核实465户，核实补税15.99万元，减免税款3.48亿元；三是开展中（高）等风险应对工作，对年营业税纳税额在500万元以上，且近三年内未被税务稽查的纳税人，进行高风险应对；对年营业税纳税额在100万元以上的，且未纳入高风险应对的纳税人，进行中等风险应对，共计入库税款3.19亿元。

（孙　鲲）

特定行业数据调查　根据财政部和国家税务总局工作部署，对特定行业的企业经营状况和财务收支数据进行重点调查。在国家税务总局确定的12户调查名单的基础上，市地税局补充选取4户企业，对此16户企业进行数据采集和营改增建议情况收集。在企业自行填报有关数据基础上，经过企业自审、基层局初审和市地税局复审三道把关，对于企业未填报的信息根据合理性审核的人工判断，对部分企业采取上门方式了解有关情况，保障数据的准确性。通过调查，进一步了解建筑、房地产、金融和生活服务业等行业经营情况和财务收支数据，为加强税政管理提供数据支撑。

（孙　鲲）

落实小微企业等营业税税收优惠政策　坚持民生为先，关注民生需求，扶持小微企业发展，认真落实营业税税收优惠政策，跟踪政策落实实效。2015年，营业税审批类减免税7户，减免营业税款140.76万元；备案类减免税62248户，减免营业税22.53亿元。其中个人销售普通住宅减免营业税16.8亿元，占备案类营业税减免税总金额75%；围绕小微企业优惠政策，做好政策落实，小微企业享受营业税优惠政策企业64795户，减免营业税金额4347.88万元，个体72136户，减免营业税金额9024.89万元。

（孙　鲲）

所得税管理

概　述　2015年，市地税局以组织收入为中心，做好“依法治税”和“深化改革”两篇文章，不断深化所得税和国际税收管理。

加强企业所得税专业化管理。启用新企业所得税申报表，加强汇缴申报的培训，完成2014年度所得税汇算清缴工作。实施高风险、重点税源事项企业所得税专家团队化管理，对3000多户企业进行企业所得税汇缴复审，复审税款1.5亿元。强化后续管理，对全省企业所得税后续管理系统升级改造。落实固定资产加速折旧、小微、高新技术企业等企业所得税优惠政策，有19971户企业享受企业所得税减免26.85亿元。

深化个人所得税精细化管理。围绕自然人管理特点，加强申报质量管理和高收入者税源的有效监控，年所得12万元以上自行申报19万人，有12742人办理多处工薪所得补申报，补缴个人所得税3035万元。深化自然人数据库应用，新增一人式查询和组合查询等功能模块。推进外地来宁建筑企业审批权改革工作，简化残疾人个人所得税减免退手续，开展年金递延纳税工作。落实股权转让个人所得税管理办法，全年15199人次申报个人股权转让106亿元，入库个人所得税款5.3亿元。

加强国际税收风险管理。开展非居民税收风险核查，通过风险应对或调查核实方式推送给基层局进行应对，补征税款800多万元。开展反避税调查和立案工作，推进税收情报交换工作。推进境外上市企业税收管理，开展境外上市企业涉税专项服务，防范境外上市企业税收风险。对全市22户境外上市企业税收风险高发环节的调查，补缴税款6000多万元。撰写《加强境外上市企业个人所得税征管的报告》获得国家税务总局副局长汪康的表扬性批示。 （徐瑛辉）

落实企业所得税税收优惠政策 2015年，全市共有19971户企业申报享受减免企业所得税26.84亿元。一是鼓励企业对外多元化投资，给予408户企业办理股权投资股息红利免税收入56.27亿元；二是扶持高新技术企业发展，给予163户企业享受高新技术企业减征税款3.41亿元；三是加大环境保护、综合资源利用力度，给予7家企业减计收入为1832万元；四是鼓励企业研发投入，对270家企业的研发费用实行加计扣除11.18亿元；五是落实国家税务总局扩大小微企业优惠政策的范围，将应纳税所得额从20万元扩大至30万元；依托各种载体向社会公开小微企业扩围优惠政策的具体内容，组织人员上门宣传辅导，提高政策知晓度，共有18800户企业享受小微优惠政策8353万元。 （孙建忠）

企业所得税汇算清缴 进一步加强企业所得税汇算清缴管理，努力提高汇算清缴质量和效率。根据国家税务总局关于发布《中华人民共和国企业所得税年度纳税申报表（A类，2014年版）》的公告（2014年63号公告），2014年度汇缴工作，查账征收企业纳税人启用新版企业所得税汇缴申报表。2014年度企业所得税汇算户共58539户，其中查账征收户42482户、核定征收户16057户，申报率为100%，汇缴应补税额总计22.62亿元。其中，查账征收为22.4亿元、核定征收为2243万元。对汇缴差错数据进行审核，审核通过率达到100%。全市4万多户查账征收企业纳税人启用新申报表进行汇缴申报，汇缴数据差错率为零。 （徐瑛辉）

落实固定资产加速折旧优惠政策 加大政策宣传与辅导，依托内、外网站、“金陵税收微讯”“南京地税发布”微博、办税服务厅公告栏、《南京日报》等各种载体，专题向社会公开固定资产加速折旧等优惠政策的具体内容；通过纳税人之家、“12366”问题解答平台，加强对优惠政策问题的收集和解答；加强固定资产申报进度跟踪，确保纳税人享受政策到位。全市共有7903户企业在预缴申报时，填报了“固定资产加速折旧（扣除）预缴情况统计表”。其中，一次性扣除填报7826户，填报的固定资产原值合计为2.47亿元，累计加速折旧金额1.97亿元，累计调减应纳税所得额6784.33万元。其中，5000元以下一次性扣除填报7743户，填报的固定资产原值合计为2.14亿元，累计加速折旧金额1.67亿元，累计调减应纳税所得额6600万元。新增行业中，共有19家在三季度享受固定资产加速折旧优惠，原值达9050万元。 （徐瑛辉）

所得税风险团队化运作 依托专家团队，加强对风险指标建立、风险疑点识别，对重大政策风险和风险疑点指向明确的指标进行推送应对。企业所得税推送涉及重组、政策性搬迁等重大政策风险3000多户企业进行专项任务复审，全年复审税款达1.5亿元。个人所得税在省地税局下达的23个指标中，选取风险疑点指向明确的15个指标进行风险识别与推送应对，区分扣缴义务人和自然人不同特点，分别按专项任务和各税种风险应对统筹两种不同方式推送2181户次，合计入库个人所得税15134万元。 （徐瑛辉）

年所得12万元以上个人自行纳税申报192270人 根据省地税局的工作要求与布置，市地税局认真开展2014年度年所得12万元以上纳税人自行纳税申报工作，按照"明晰职责、规范流程、稳妥应对、强化服务"的主要思路，扎实有效地推进此项工作。截至2015年3月31日，全市共有192270名纳税人进行了年所得12万元以上自行纳税申报。申报人数比2014年增加35212人，同比增加22.42%，完成省地税局下达工作目标的160.23%。申报年所得总额634.30亿元，增幅37.20%；应纳个人所得税88.85亿元，增幅41.73%；补缴个人所得税0.32亿元，增幅39.13%。 （史伟莹）

简化个人所得税完税证明寄送 从2015年1月1日起，市地税局从节俭办公、方便纳税人的角度出发，改变以往年度个人所得税完税证明的开具方式，不再集中印制、统一邮寄上一年度个人所得税完税证明，改为在保留办税服务厅依纳税人申请提供开具纸质版完税证明服务的同时，开辟网络办税厅、掌上办税APP及自助办税终端自助查询、网上打印等多种服务渠道，向全市所有纳税人开放查询渠道，方便纳税人快捷查询。简化方式后，2015年依纳税人申请需要向个人所得税纳税人寄送完税证明3.4万份，较2014年同期275万份大幅降低。 （史伟莹）

自然人数据库二期改造 根据实际工作需要，市地税局对自然人数据库进行二期改造。在收集基层一线意见和纳税人需求，完善一人式查询和组合查询等功能模块基础上，为纳税人提供查询包括自行申报和代扣代缴申报等各类纳税情况，增加了限售股、年金和外籍个人等组合查询；提供年所得12万元和多处工薪自行申报试算表的功能；新增自然人投资者管理和外籍个人管理等专项信息，进一步对高收入人群进行专项管理；新增自然人诚信失信平台，支撑对年所得12万元、自然人投资者、担任法人的自然人、多处工薪自然人等四类人群失信情况的查询。 （史伟莹）

外地来宁建筑安装企业个人所得税征管 落实《国家税务总局关于建筑安装业跨省异地工程作业人员个人所得税征收管理问题的公告》（国家税务总局2015年第52号），认真开展政策宣传与辅导，同时推进外地来宁建筑企业审批权改革工作。根据该公告和简化行政审批、优化征管职能工作的要求，在项目登记环节给外地来宁施工单位发放告知书，密切代征单位与税务机关的联系，实行税负全程监督制度，以税负清单的方式，跟踪管理外地施工企业个人所得税。对凡符合全员全额明细扣缴申报的项目，均可以按规定申报个人所得税，主管税务机关加强对明细申报纳税人的税负管理和后续跟踪管理。 （史伟莹）

落实股权转让个人所得税管理办法 国家税务总局2014年第67号公告《股权转让个人所得税管理办法（试行）》自2015年开始实施以来，市地税局全年个人申报股权转让个人所得税共15199人次，其中2306人次采取了核定征收。全市个人股权转让总体金额达到了106.54亿元，入库个人所得税款合计5.36亿元，其中通过核实调整入库个人所得税4.18亿元。调整入库税款较2014年同期增长134.35%，占当期股权转让个人所得税的77.96%。全市发生个人股权转让涉及被投资企业6551户次，其中经核实调整入库个税的股权转让被投资企业1431户次，调整面为21.84%。

（杨　恬）

落实个人所得税分期缴纳 按照财政部、国家税务总局《关于个人非货币性资产投资有关个人所得税政策的通知》（财税〔2015〕41号）、《国家税务总局关于个人非货币性资产投资有关个人所得税征管问题的公告》（2015年20号）文件规定，市地税局做好对非货币性资产投资个人所得税政策的贯彻落实，助力地方经济发展。全年办理个人以非货币性资产投资个人所得税事项15笔，涉及交易金额9.45亿元，应缴个人所得税款1.18亿元。有12人次办理了分期缴纳税款计划备案，其中新设公司1笔、参与增资4笔、定向增发4笔、股权置换3笔。 （杨　恬）

非居民税收风险核查工作 一是建立风险识别指标。在省地税局下发的利息、特许权使用费风险指标基础上，结合本地税源的特点，针对非居民税收征管流程、税种特征，联合数据管理部门从风险发生类型和风险表现形式等角度完善风险识别指标。二是开展风险识别。以从南京市国家税务局取得的2012—2014年度对外支付备案信息和省地税局下发风险应对信息为数据源，对数据进行筛选，并结合风险应对实际及可能产生的绩效进行分析比对，产生需应对信息1632条，分别通过风险应对或调查核实方式推送给基层局进行应对，入库税款815.52万元。（林大蓼）

反避税工作 以建立管理、服务、调查三位一体、统一规范的反避税防控体系为目标，加强部门配合，加强关联申报审核、同期资料管理，不断夯实基础，重点关注股权转让、“走出去”企业离岸架构、房地产的土地增值税和房产税等领域的反避税调查，努力拓展反避税的广度和深度。发现两户涉及间接股权转让的案件并上报国家税务总局立案，补税近1000万元。自行调整属于房产税和土地增值税的典型避税的新增案件2例，其中1例为企业利用关联关系，拆分企业租金为物业费和租金，降低房产税计税基础；另1例为规模以上地产公司通过设立上下游公司，利用关联企业转让定价将利润转移至不需要缴纳土地增值税的关联公司进行避税。两个案例分别补征房产税111.54万元和土地增值税5746.01万元。（林大蓼）

境外上市企业税收管理 一是建立团队工作机制。抽调业务骨干组成市、区两级专业化运作团队，探索信息采集和分析方法，筛查可靠风险疑点。二是优化约谈调查方法。做好约谈调查工作预案，根据实际情况及时解决困难。2015年，通过对全市22户境外上市企业税收风险高发环节的调查，补缴税款6444万元。三是完善集约化管理机制。加强与境外上市企业互动，事前完善资料报备，提前获得有效信息；事中加强税收辅导，及时掌控涉税情况；事后加强后续管理，堵塞征管漏洞。同时完善业务流程，改进薄弱环节，依托信息化技术手段，构建境外上市企业常态化管理的新格局。国家税务总局所得税司在《加强境外上市企业个人所得税征管的报告》市地税局境外上市公司私有化中涉及股权转让案例全文转发，获得国家税务总局副局长汪康的表扬性批示。（金　东）

财产行为税管理

概　述 2015年，市地税局着力于地方税种政策研究与服务基层工作相结合，税种管理机制与提升管理水平相结合，税制改革研究与服务上层决策结合，稳步有序开展财产行为税工作。一是抓好重点工作，即土地增值税清算管理工作及完善存量房交易价格管理体系，并按照风险管理的模式完善各个税种的风险指标，地方税费收入同比明显增幅。二是落实税收优惠，统一政策执行口径，强化服务职能。针对政策上重点难点问题的研究分析，对各税种政策上规定比较难操作的、基层和纳税人反馈较多的政策问题，定期进行收集归类，解剖分析，制定出较为具体可操作的政策执行口径，通过行业会议、政策培训等途径，进行政策解释和政策答疑，提升基层干部的业务水平。三是注重税制研究，关注改革动向，做好调研工作。承担省地税局环境税征管的研究课题，开展社会调查、专家论证，结合调查结果作了相应的测算分析。四是强化税种征管，制定管理体系，提升科学管理。开展土地增值税预警值制定工作，完成土地增值税政策调研工作，加强对土地增值税清算进度的监控。完善存量房评估信息系统，实现估价系统房地产类型和地理范围的全覆盖。完善存量房评估价格管理体系，统一全市存量房评估的工作模式和流程，整合存量房估价的岗责体系以及风险的防范应对。五是深化推广以地控税、以税节地工作。强化房产税和土地使用税日常风险管理。做好风险管理工作，逐步实现风险常态化管理，最大限度地防范执法风险。六是开展印花税暂行条例实施情况评估调查；做好船舶车船税委托代征工作，加强与地方海事部门的联系，规范已开展的船舶车船税委托代征工作，制定税款申报流程和管理办法。（张海霞）

财产行为税收入301.01亿元 2015年，市地税局加强城市维护建设税、教育费附加、印花税、土地增值税、车船税、契税、耕地占用税、资源税、房产税和土地使用税的财产行为税“九税一费”管理，全年组织入库财产行为税收入301.01亿元，同比增加26.74亿元，增长9.75%，占全市税收收入33.50%。“地方九税”中城市维护建设税、契税、耕地占用税、印花税、车船税等五个税种实现不同程度增长，增幅分别为11.08%、13.21%、20.25%、7.70%和2.80%。加强土地增值税清算力度，全年共清算土地增值税税款18.83亿元，同比上涨20.7%。强化风险应用，通过风险监控平台向基层推送房产税和土地使用税风险疑点专项任务户数5152户，合计补缴税款1.88亿元。将商业办公类房地产全面纳入存量房交易评估系统，计税价格调整面增加，存量房交易税收明显增加。

（张海霞）

土地增值税风险应对 一是收集房地产项目实例，对数据进行分析，建立土地增值税风险预警值。二是在年初对当年预计清算审核户进行备案，随时监控土地增值税清算税款入库的及时性。全年共清算土地增值税税款18.83亿元，当年实际入库税款9.13亿元。三是加强清算工作进度控制。为加快土地增值税清算进度，按上下半年分别制订清算目标，要求各基层单位上半年完成当年清算任务总量的30%，下半年完成清算任务总量的70%。同时每月统计基层局风险应对户数，督促落实有效。

（张 翔）

城市维护建设税收入80亿元 市地税局通过多项举措加强城市维护建设税税源监控，规范税种征管，全年入库税款80.18亿元，同比增长11.08%。一是加强与国税部门合作，强化南京市国家税务局门临开票时城市维护建设税代征工作。二是及时开展信息比对，制定城市维护建设税风险管理计划，通过风险平台向各基层单位推送城市维护建设税、教育费附加差异数据1189户，补缴税款总额为1463万元。

（李 丹）

房产税、城镇土地使用税风险管理 形成全年风险管理工作计划，对管理中存在的高风险事项，推送稽查局组织行业专项检查或采取税务专案稽查等措施消除风险；对于中低风险事项，推送税源管理采取专项评估、日常评估或推送纳服采取服务提醒等措施消除风险，逐步实现风险常态化管理，最大限度地防范执法风险。2015年，市地税局通过风险监控平台向各基层单位推送房产税、城镇土地使用税风险疑点专项任务户数5152户，合计补交房产税、城镇土地使用税两税税款2.14亿元。

（严志敏）

建立存量房评估价格管理体系 一是完善存量房评估信息系统。将评估系统的内涵扩充到普通住宅之外的房地产，把非普通住宅纳入到估价系统，实现估价系统房地产类型和地理范围的全覆盖。全年共评估存量房交易85871笔，调增12642笔，调增税款1.09亿元。二是做到定期维护与日常维护相结合。日常要对缺失及异常数据等进行每日处理，定期维护的周期以季度为单位调整更新系统内的基准价。三是完善存量房评估价格管理体系。对全市十一个区的存量房交易评估工作确定统一的工作模式和流程，整合存量房估价的岗责体系以及风险的防范和应对。四是建立与物价部门合作的价格争议处理机制。按照市地税局与物价部门联合发布的文件要求，强化与物价部门价格认证工作的协作，梳理制定处理价格争议处理的流程文书及工作要求。

（张海霞）

社会保险费、基金费管理

概 述 2015年，市地税局以“税费并重、税费同管”为工作原则，认真履行征收职能，规范基金费征缴工作。全年组织入库社会保险费422.63亿元，同比增幅12.11%；入库各项基金费28.55亿元，同比增幅4.38%。贯彻省地税局基金、费工作意见，严格实行基金、费征收权利清单制度。贯彻落实小微企业基金费减免政策，加强对小微企业优惠政策的宣传，做好优惠政策执行跟踪，确保小微企业优惠政策应享尽享。贯彻落实《江苏省社会保险费欠费管理办法（试行）》，建立社会保险费清欠联动工作机制，联合市人社局、市财政局等部门制定贯彻实施意见，明确全市社会保险费欠费管理有关具体操作要求。在市本级社会保险费三方联网成功上线的基础上，继续推进全职能局社会保险费三方联网工作。

（宋 昕）

征收社会保险费和基金费451.18亿元 2015年市地税局坚持依法治费，推进规范化、制度化、信息化建设，服务民生、税费同征同管，突出重点费种征缴管理，做好基金费征缴工作。全年组织入库社会保险费422.63亿元，征缴率99.66%，比2014年同期净增45.66亿元，同比增幅12.11%，其中清欠社会保险费2.62亿元；征收各项基金费28.55亿元，同比增幅4.38%，极大的缓解了财政压力，促进了社会稳定。（陈珊艺）

实行基金费征收项目清单制度 贯彻落实省地税局《关于进一步规范基金、费征收有关问题的通知》和《关于清理和规范基金、费工作的通知》文件精神，结合工作实际，一是要求全市严格实行基金费征收权利清单制度，做到“目录之外无征收”。二是加强与地方政府及有关部门基金费征收工作的沟通协调，取得政府部门理解和支持。三是制定应急措施，解决征收过程中可能会出现的问题和矛盾，防止舆情发生。（宋 昕）

贯彻落实小微企业基金费减免政策 贯彻落实《江苏省财政厅江苏省国家税务局江苏省地方税务局关于公布对小微企业减免部分政府性基金的通知》，通过外部网站、南京日报税务专版、“12366”税收热线、税收微信平台等多种途径加强优惠政策宣传，提高优惠政策知晓度；做好大集中系统申报征收软件的优化调整，简化小微企业基金费减免程序，实现征收环节的直接减免，保证纳税人正常申报不受影响；做好优惠政策执行跟踪，收集小微企业优惠政策贯彻反馈建议，解决政策执行中遇到的问题，加强与省地税局的请示、沟通，确保政策的准确执行及落到实处。（宋 昕）

建立社会保险费清欠联动工作机制 《江苏省社会保险费欠费管理办法（试行）》，于2015年7月1日正式施行。为做好该办法的贯彻落实，切实维护用人单位和劳动者的合法权益，市地税局联合市人社局、市财政局等部门，建立社会保险费清欠联动工作机制，制定对社会保险费欠费管理具体操作要求：一是明确税务机关向市社保经办机构发送文书、数据的处理流程；二是经认定暂不纳入催缴和清缴范围的欠费单位操作流程；三是对欠费单位当期欠费、往期欠费催缴的具体要求；四是向社会保险费经办机构查询社会保险费欠费情况的操作流程；五是欠费单位签订《延期缴纳社会保险费协议》的操作流程；六是欠费单位欠费纳入失信行为管理的具体要求；七是开展欠费数据比对的具体要求；八是认定社会保险费非正常户的操作流程；九是社会保险费欠费核销的有关要求；十是建立联席会议制度。（孙 鲲）

【责任编辑 史忠民】

征收管理

概　述　2015年，市地税局坚持以风险管理为导向，以信息管税为依托，围绕新一轮征管改革部署，进一步完善征管机制，夯实征管基础，深化国地税联合征管，推进智能征管建设，全面提升税收征管的质量和效能。

推进改革实践，征管机制不断调优。按照"基础管理属地化、纳税服务客服化、征纳互动网络化、风险应对(含税务稽查)专业化"的改革思路，拟定深化征管改革方案，分步推进改革。整合契税征收管理职能，组织实施契税职能切换工作，将契税耕地占用税全面纳入税收征管体系。开展直属一局税户属地管理调整，全面实现属地管理。将各属地局税源基础管理机构的管辖范围由按行业设置调整为按街镇设置，进一步落实税户属地管理责任。整合税收业务工作事项，进一步梳理出税源管理事项清单212项，转化19项基础管理事项。根据新征管体系要求，修订相配套的业务制度，包含20个大项、191个子项业务规程和规范。制订包括任务承接、任务转换、统筹分配、协同督导和量化考核等五个方面的工作制度，形成《税收业务工作任务管理办法》。

夯实征管基础，管理质量稳步提高。推行"三证合一、一照一码"登记制度改革，跟踪工作进展及时解决矛盾和问题。加大对非正常户清理，全年清理非正常户1273户，清理户数占全部非正常户比重达5.39%。继续推进对非正常户法人多头注册行为的清理，对全市范围内的非正常户多头注册户440户进行处理，清理率达95.86%。制定下发注销登记规范意见，继续开展注销登记复审工作。完善大市场国地税联合征管机制，与国税共同拟定大市场国地税联合征管工作意见。进一步规范委托代征管理，与170家单位（含个体代征单位）建立2015年度委托代征关系，组织对全部受托代征单位进行检查，对检查过程中发现的问题进行通报。深入推进税源与征管状况监控分析，市地税局的征管质量稳居前列。加强发票日常管理，优化网络税控收款机运维服务。应用发票开具数据，实现对发票信息的动态监测和预警。加强发票数据管理，按季出具发票监控报告。拟定下发《南京地方税务局催报催缴工作规范》，规范欠税催缴管理，对经催缴未入库税款进行强制执行。

优化联合征管，国地税合作效能明显提升。结合国、地税联合征管工作中存在的问题，与市国税局征管部门共同讨论，在充分协商的基础上拟定并印发《关于进一步加强和深化国地税联合税收征管的工作意见》。开展国地税登记信息差异户清理，区分不同类型比对筛选出国地税登记差异户情况，制定国、地税共同做好差异户清理的工作意见，针对不同问题明确针对性清理措施。对已上线使用的国地税联合征管平台进行功能分析，在功能分析的基础上，与市国税局征管部门共同组成联合工作组，完成国地税联合征管平台优化业务需求初稿，根据平台业务需求进行开发并发布上线使用。

推进智能征管建设，信息化支撑作用有效发挥。建设和完善具有现代智能特点的征管业务检测平台，制定建立统一的数据检测规范与检测数据库，为征管各业务平台接入提供统一数据接口，对来自互联网涉税数据、征管业务数据进行整合聚类，提供多维度、多周期、多指标的数据分析方法及方便的信息批注手段，对平台数据进行扫描监测，对监测结果进行任务推送，定期出具监测报告。根据省地税局"大数据治税工程"建设要求，制订《全面推进大数据治税工程的实施意见》，确定4大类17项重点工作任务。根据国家税务总局《"互联网+税务"行动计划》，结合市地税局电子税务建设情况，以智慧征管、益众服务、融通行政、社会协作和云端保障建设为重点，系统制定《电子税务局建设工作规划》。开展年度信息化项目计划拟定、需求收集、汇报材料撰写、需求评审、项目推进等工作。全年立项信息化项目

18个，其中立项开发16个，择机开发2个。2015年年末，13个项目上线并完成验收。（梁晓玲）

税收征管改革 依据省地税局对市地税局改革方案的批复精神，按照深化征管改革的总体安排和改革“三步走”的战略部署（第一步：全面构建专业化新型征管体系，实现由传统管理向专业化管理转变；第二步：全面优化和完善运行体系，提高新型征管体系的质量和效率；第三步：全面提高税收征管质量和效率，初步实现税务管理现代化），深入推进征管改革工作。4月末，实施市地税局机关和市契税所职能调整；5月末，实施直属一局税户属地调整工作；6月末，实施各税源管理局税源基础管理机构和中等风险应对机构的职能调整工作；7月1日起，新征管机制正式运行。（肖　湘）

整合契税和耕地占用税管理职能 2015年，根据省地税局各税种全面纳入征管体系的要求，将契税耕地占用税全面纳入税收征管体系。市地税局撤销契税所，将契税所人员整建制划转至市地税局征收局，调整征收局内设部门及工作职能；撤销契税所涉及的机构、岗位人员等信息化系统及相关程序软件的调整。调整后，征收局职能增加承担市区范围内存量房、租赁房的税收征管工作；承担房产交易中涉及自然人税收情况的调查核实工作。征收局在原有征收税务所的基础上增设2个契税征管职能的征收税务所。5月4日，契税耕地占用税征收工作由征收局统一对外运作，使契税的征管更加规范、可控，地税所有征管的税种均实现规范化、流程化。（肖　湘）

税户属地管理调整 市地税局为进一步强化税源属地和基础事项管理，按街道、乡镇设置税源基础管理机构管辖范围，实行“基础+属地”管理。5月末，对直属一局管辖税户进行属地化管理调整，按照税户实际经营地址确定属地管辖税务机关，将直属一局管辖的900余户重点税源企业全部下放到属地税务局。6月末，调整税源基础管理机构职能，在属地税务局内部设立专业化的税源基础管理机构，将税源基础管理所的管辖范围，由行业管理调整为按区域属地管理，以行政区内的园区、街道、乡镇为单位，分区域确定管辖范围。调整后，全市13个税源管理局共设立26个税源基础管理机构。（肖　湘）

税收业务工作事项整合 推行清单制管理。结合实际工作，在省地税局提出250项税源管理事项清单的基础上，梳理市地税局税源管理事项清单212项，进一步明晰各专业主体的工作职责、事项和要求。根据“基层向机关、基础向风险转化”的要求，转化19项基础管理事项，其中，转化为机关事项10项，转化为风险应对事项9项。转化后，机关事项118个，占25.54%；纳服事项113个，占24.46%；基础事项87个，占18.83%；风险管理事项144个，占31.17%（中等风险应对事项61个；稽查事项53个；风险监控事项30个）。（肖　湘）

配套业务制度规程修订 根据新征管体系要求，结合省地税局下发的新税收业务规程，对现行的税收业务制度规程作相应调整修订和补充完善，拟订税收业务工作任务管理机制。修订后的税收业务新制度规程（试行稿）包含20个大项191个子项业务规程和规范。同时，立足于“对上工作承接、对下工作统筹”制订包括任务承接、任务转换、统筹分配、协同督导和量化考核等五个方面的工作制度，形成《税收业务工作任务管理办法》（试行稿）。（肖　湘）

年度非正常户清理 根据国家税务总局、省地税局关于非正常户管理的相关政策及工作要求，在2014年度清理非正常户成效的基础上，进一步加大非正常户清理和多头注册清理力度。2015年，在全市范围内清理非正常户1273户，清理率达5.39%；非正常户多头注册清理440户，清理率达95.86%。根据上级要求，开展非正常户协同管理工作，对存在正常户法人名下有非正常户企业的情况，通过发送《税务事项告知书》并配合后续处罚等手段，加大非正常户的清理成效。2015年基于省地税局下发的全国范围内非正常户多头注册信息清册，处理全市范围内非正常户29户，配合外地外部门协查当地非正常户48户。（徐橀彂）

国地税登记信息差异户清理 2月，为进一步规范税务登记管理，清理漏征漏管户，市国、地税局联合组织开展国地税登记税户差异信息集中清理工作。清理工作的范围主要包括:在国税局税户状态为开业、地税局状态为正常户而对方无登记的国地税共管户;国地税局共管户中相同纳税识别号,但是纳税人名称不一致的户;国地税局同一纳税人但法人代表信息不一致的户。国地税各主管税务机关成立联合工作协调小组,加强相互间的配合与协作定期沟通相关工作情况,采取分类处理和集中办公的方式组织实施清理工作。全市清理国、地税登记税户差异信息6000条。（肖　湘）

国地税联合征管平台二期推广使用　国地税联合征管平台二期是为了满足深入推进国、地税联合征管工作需要,在国、地税联合征管平台一期已实现的税务登记数据信息交换的基础上,进一步扩大国地税交换数据的范围,如发票、申报征收、财务报表等数据信息。对于交换的数据信息做好相关数据比对分析,按税务机关、税户、行业等多种纬度实现对国地税数据信息的监控,提供多维度的信息展现和查询,增加税源管理有效性。2014年10月,国地税联合征管平台二期完成开发,经过测试验证后,于2014年12月在市地税局推广使用。2015年2月,在市国税局部署上线推广使用。（肖　湘）

制定注销登记规范意见　1月,为进一步规范税务登记注销核查工作,市地税局组织人员对注销税务登记业务流程进行修订完善,拟定《江苏省南京地方税务局税务登记注销核查实施规范》,于5月下发执行。注销登记规范意见从纳税人登记信息及发票信息、纳税人分税种申报缴纳、注销文书资料等三个方面做了统一要求。明确案头核实的内容、核查要点和处理要求;明确各类注销文书规范模板,以及注销核查案件资料的具体要求。这一规范为基层税务机关实施注销税务登记核查工作提供统一规范的工作要求和参考依据。（肖　湘）

税源与征管状况监控分析平台四期推广上线　开展税源与征管状况监控分析监控平台迁移工作,从省地税局环境迁至市地税局环境,完成平台中所有37个省级指标在市级环境中的开发部署,对所有指标的加工取数口径与省地税局数据仓库指标的加工取数口径进行对比分析,确保市级平台中省级指标数据的准确性。1月完成平台的平稳迁移,未对税源与征管状况监控分析工作带来任何影响。实施税源监控平台四期的开发,新增指标预警和异常数据监控管理等功能,实现对弄虚作假、篡改征管数据、替纳税人申报行为的有效监管。整合了原岗位信息平台的全部功能,新增税收业务任务管理中心,实现机外税收业务任务的信息化管理。（李清彬）

“三证合一,一照一码”登记制度改革　10月1日,市地税局正式实施“三证合一、一照一码”改革。“三证”是指组织机构代码证、税务登记证、工商营业执照。适时调整新办税务登记的要求,取消新办税务登记的事前核查,严格事后监管。推动建立联席会议制度,及时解决部门间的信息互通和操作差异等方面产生的问题。简化流程,注重服务,在办证窗口及时向纳税人发放“一照一码”税收服务指南和《涉税事项告知书》。建立“一照一码”日常工作协调机制,及时响应和解决工作运行中的矛盾和问题。截至12月31日,共办理“三证合一、一照一码”设立登记14274户,变更登记12313户,换发新照6000户。（刘　伟）

委托代征检查　4月,在各基层局开展代征单位自查工作,根据自查反馈情况,对自查问题进行整改。5月,市地税局组成两个检查小组,在全市抽选26户受托代征单位进行检查。其中,全市行业性代征单位6户、区域行业性代征单位6户、个体及市场税收代征单位14户。重点围绕代征单位管理的规范性、代征税款征缴入库的及时性和准确性等方面进行检查。检查共发现问题13类50个,比2014年17类56个略有减少。对检查情况在全系统内进行通报,明确整改时间和要求。2015年,全市性委托代征单位共代征税款37.15亿元,与2014年基本持平。（李清彬）

税源与征管状况监控分析　完善税源征管状况监控分析平台功能,全年访问量67605人次。完成对对所有征管监控指标的梳理,共停用指标7个,新开发上线指标35个。结合省地税局考核重点和大集中系统变动情况，分析省、市地税局指标的差异，及时调整和优化加工口径，确保数据加工更加准确。加强指标日常监控和分析，按季发布税源与征管状况分析通报，通过对综合排名靠后单位的督导和提醒，帮助基层局查找薄弱环节，及时改进和完善。2015年，全市的征管质量名列前茅。（李清彬）

税控服务管理　利用网络发展契机，优化网络发票各项功能，全面提升地税发票为纳税人服务、为消费者服务、为社会经济服务的能力和水平。全市全年共推广网络税控机6514台，手持式税控机1503台。对于选择网上开票方式的纳税人，提供免费的24小时运维服务，免费辅导纳税人学习开票；对于选择网络税控收款机和手持式网络税控收款机的纳税人，积极落实国家的抵税政策，为无税的纳税人发放购机补贴，减轻纳税人的开票负担。同时，持续跟踪税控机的应用问题，及时收集并解决各类应用问题。如：持续改进税控机的网速问题，在VPDN无线网络的基础上增加有限网络功能的应用，提高了网速，稳定了机器的开票功能；开放网络税控机的离线开票功能，使纳税人在断网的情况下也不会断票；加强与税控公司的沟通，要求其持续改进机器的应用功能，不断提升服务质量。（李静静）

强化发票开具数据应用　对发票监控平台二期部分功能进行完善和加强，通过对发票开具数据的深入挖掘应用，实现对发票信息的动态监测和预警。基于发票监控平台，针对发票管理及发票应用过程中的重点指标和疑点，按季度发布《发票监控分析报告》，全年共发布4期。报告包含发票管理基础数据展示、管理风险疑点汇总、发票管理执法风险防范以及综合点评要求等内容。新增对自助办税机数据和门临代开发票数据的应用统计和风险监控，实现针对发票管理的全过程、全环节进行监控分析。通过发票监控平台，实时跟踪基层局对相关问题的处理应对状况，接受基层局对风险疑点的核实处理反馈。（徐楹弢）

制定催报催缴工作规范　制订《江苏省南京地方税务局税收催报催缴工作规范》，在规范中，明确对纳税人未按照规定的期限办理纳税申报和报送纳税资料的，或者扣缴义务人未按照规定的期限向税务机关报送代扣代缴、代收代缴税款报告表和有关资料的由基础管理机构实施催报；对纳税人、扣缴义务人未按照规定期限缴纳或解缴税款的由基础管理机构实施催缴。同时，规范还明确基础管理机构综合管理岗、调查核实岗、征管科技科征管认定岗、纳税服务岗具体负责实施催报催缴工作。该规范对相关工作流程、文书制作提出具体要求，指导和规范基层局开展催报催缴工作。（张宁泉）

强化欠税清缴管理　年初，进一步盘实欠税基数，对陈欠清理、本年新欠情况进行按月通报、实时跟踪。重点对营改增涉及的欠税，在理清基数的基础上，采取有效措施，清理入库。根据经济环境的变化，向省地税局提出阻止欠税人出境的工作建议，推动欠税清缴工作出实效。在省地税局欠税清缴软件上线后，严格按照程序要求，对经催缴未入库税款进行强制执行。督促欠税户制定清欠计划，争取税款早日入库。对无法入库的，提请银行强制扣款。全年清理陈欠710.12万元，陈欠清理率达36.12%；当年新增欠税8363.48万元，新欠发生率控制在0.10%。（梁晓玲）

电子税务局建设　根据国家税务总局《“互联网+税务”行动计划》，在对全国电子税务局建设情况进行收集分析及相关调研的基础上，通过和外部电子政务专家进行交流，结合市地税局电子税务建设情况，就建设发展新型电子税务局的目标、方法和相关问题进行了深入研究，完成《江苏省南京地方税务局电子税务局建设工作规划》，并向省地税局进行专题汇报。该规划明确市地税电子税务局的建设目标、建设原则、功能构架、主要工作内容、主要工作措施等五方面内容。通过紧扣“智慧税务”，重点加强“五个建设”，全面落实国家税务总局《“互联网+税务”行动计划》中5大板块、20项重点行动的具体要求。（徐建国）

制定《全面推进大数据治税工程的实施意见》　为贯彻落实省地税局在全省地税系统开展基于大数据的地税管理现代化工程（简称“大数据治税

工程”）建设工作的要求,市地税局制定《全面推进大数据治税工程的实施意见》（简称《意见》）。该《意见》明确“大数据治税工程”的指导思想、目标要求、基本原则、领导机制；重点推进四大类工作，包括复合人才培养、全省率先试点应用纳税服务大数据分析系统、推进综合性内控风险预警平台建设、规范业务档案管理、初步建立市地税局基于大数据的税务管理业务框架、研究和制订基于大数据治税环境的税源管理事项及业务规程、推进国地税联合征管平台建设、推进征管智能监测系统建设、强化信息应用丰富推送渠道、研究和探索税务搜索引擎、拓展第三方数据渠道、强化风险计划的制定与执行、提高、提高分类分级风险监控水平、提高风险应对综合能力、完善和创新信息系统运维体系建设、加强大数据治税的基础设施保障建设、强化大数据的信息安全保障体系建设等17项任务。（徐建国）

制定2015年国地税联合征管指导意见 为更好地适应财税体制改革发展的新形势，切实落实国家税务总局、省地税局关于创新税收服务和管理的文件精神，进一步深化和加强国地税的交流协作，3月，市国、地税局共同拟订印发《关于进一步深化和加强联合税收征管工作的意见》。工作意见主要包括指导思想、总体目标、工作思路、基本原则、协作内容和工作要求等六个方面内容。明确了“三提高一降低”的总体目标和“巩固、创新、完善、提高”的工作思路；工作意见中只明确原则性、方向性的协作内容，对协作内容的具体工作事项将另行制定单项工作要求予以细化明确。

（肖 湘）

2015年度信息化软件项目验收 2015年信息化软件项目通过项目计划收集、需求（概要）编写、项目论证、专题汇报等过程，经2015年1月21日市地税局办公会研究，通过信息化项目计划，报经省地税局同意后，18个信息化项目正式立项。其中:立项开发的16个项目，分别为纳税人需求分析系统二期、风险监控平台及风险指标开发、综合信息平台优化完善(六期)、国地税联合征管平台三期、税源分类管理信息平台二期、大集中系统相关接口程序开发与系统切换、税源与征管状况监控分析平台、智能检测平台优化完善(二期)、税收流失率平台(三期)、外部数据抓取平台（二期）、固定资产系统优化、退税无纸户化改造、数据回流管理软件升级、税务通手机客户端二期、社保费三方联网（全职能局）。择机开发的2个项目为办案中心管理信息系统、企业所得税后续管理。

（徐建国）

征管智能检测监测平台推广上线 围绕国家税务总局《“互联网+税务”行动计划》建设新型电子税务局的目标和省地税局“大数据治税工程”相关要求，结合南京地税实际，建设征管智能检测监测平台。该系统通过全面扩大数据采集范围、整合数据分析功能、创新数据分析和预警管理方法，不断提高数据整合加工能力和指标分析智能化水平，实现对征管的全过程、各环节的有效监控和智能分析，有效提高了信息管税能力。平台收集整理来自省地税局大集中系统2009年以来的征管数据、抓取互联网上的上市公司数据、房产交易、土地出让、司法拍卖、宏观经济数据等，实现与综合信息平台、税源与征管状况平台、任务平台等数据互联。平台数据采集及加工结果数据近800G，检测的指数指标175个。平台通过“批注”功能，用户对平台展示的结果添加注释，提出问题、发表见解、解答其它用户的问题，经授权的用户还可以方便维护平台指标相关参数，不断调优系统运行效率。首次运用指数化的方法，将关联指标整合提炼，实现对税务管理健康状况的宏观检测。运用序时图形，通过多指标叠加、多维度分析等方法，实现可视化监控。通过系统及个性化的定制，灵活设定预警条件，实现预警的实时化与可视化和智能推送，定期出具监测报告。该平台2月立项，10月末开发测试完成，11月上线运行。该项目获市地税局年度创新项目一等奖。

（徐建国）

税源管理平台二期推广上线 根据“抓大、控中、定小”的思路，结合税源税户实际状况,探索适应地税当前和未来发展需要的税源税户分级分类管理新方法，在税源分类管理平台（一期）的基础上开发二期平台。该平台通过整合税源管理信息查询和展示，提供更为全面、丰富的税源管理信息。

在预警的基础上，提供工作任务的提示和分派，实现工作质量的跟踪、工作环节的有效衔接与闭合以及多项征管工作的信息化支撑。通过制定征管信用标准，拓宽信用数据查询渠道，为加强纳税人的信用管理提供有利支撑。该平台6月通过立项招标手续，10月顺利通过测试和验证，于11月在全市推广上线。（刘　伟）

信息化项目立项　根据《信息化项目管理意见》和国家税务总局、省地税局关于“金税三期”系统推广工作的安排，2016年度市地税局信息化项目立足于保障“金税三期”对接、满足一线工作必需、探索以“互联网+税务”为核心的电子税务局建设三个方面。围绕上述内容范围，相关部门于2015年8月初启动2016年信息化项目计划立项工作，9月30日完成项目收集，各处室共上报2016年项目意向13个。通过就需求与相关处室进行讨论和充分沟通后，对新项目开发做了严格控制和整合，整理合并拟立项项目6个。12月23日再次对需求概要进行论证，12月29日以专题会的形式向省地税局进行汇报，省地税局同意该立项计划。

（徐建国）

往期申报数据管理　为进一步加强对往期纳税申报数据的管理，规范对纳税申报未入库数据的作废处理，预防和避免税收管理风险，提升基层局对纳税人申报数据管理的及时性和准确性，在依托大集中工作流程对往期申报数据作废审批的基础上，对往期申报数据作废工作进行全面规范。对确因纳税人申报错误造成的须作废的往期申报数据，要求纳税人提出申请并经主管机关核查确认后启动注销流程。对因税务机关操作等原因造成的须作废的纳税申报数据，要求税务机关内部核查确认后启动注销流程。同时，对往期申报数据在核查内容、审批流程、适用文书等方面进行明确，实现对往期申报数据的有效管理。

（张宁泉）

【责任编辑　朱　旭】

法 治 建 设

概　述　2015年,市地税局深入贯彻落实中共十八届四中全会精神,稳步推进税收法治建设,全面规范税收执法行为,有效预防化解税收争议,密切关注税制改革动向,积极开展综合税政研究,切实加强税收法制队伍建设,不断提升为地方党委政府的综合税政服务和为系统内部税收法律服务水平。

一是发挥统筹协调作用,全面落实税收法治建设要求。牵头制定全市地税系统全面推进税收法治建设的实施意见,修订对基层单位依法治税工作的量化考核指标,明确依法治税考核主体、方法和手段。推行权力清单制度,全面取消非许可审批事项,研究制定行政权力、行政审批动态管理制度。按照专业化管理模式开展“依法治税示范单位”创建工作,稽查局(含一二三分局,下同)、高新局、栖霞局等单位被授予2015年度市级法治税务示范基地称号,稽查局被授予省级法治税务示范基地称号。

二是强化税收执法基础管理,全面规范税收执法行为。建立行政处罚信息管理平台,构建备案管理、监督管理,统计管理三大模块和8条规则;编写处罚指南,细化各环节操作要点和注意事项。开展执法案卷评查,评选优秀案卷14个。优化市地税局重大税务案件审理流程,承担全省地税系统重大案件审理信息化建设。全年审理重大税务案件18件,涉案金额约3亿元。

三是加强税收政策研究,突出综合税政深层拓展。对改组改制、二手房交易、小微企业优惠、技术转让、养老服务、引进人才等相关税收政策进行梳理与汇编。维护税收优惠政策库文件20个涉及30条条款。密切关注税制改革进程,开展营改增课题调研。落实省地税局税收政策确定性管理办法,结合南京实际进一步细化、规范操作流程,出台补充贯彻落实意见。牵头办理省地税局、市委、市政府领导信箱、办公厅及政府各部门涉税征求意见稿反馈56项,参加征求税收政策意见会议17次,完成7项人大和政协提案。

(秦蓓蓓)

税收政策确定性管理　认真落实省地税局《税收政策确定性问题管理工作办法》(以下简称《办法》)要求:一是深入学习,注重实效。组织业务处室和基层法规部门人员进行学习,明确相关补充意见,厘清责任主体、完善政策口径报备机制,确保《办法》可操作、能落地。二是过程跟踪,查找不足。安排专人定期与基层单位、税政处室进行双向互动,及时了解和掌握系统确定性管理问题的处理及应对情况,促进《办法》有效执行。三是不断完善,动态管理。收集基层单位和机关处室在落实《办法》工作过程中反馈的问题、意见和建议,及时研究解决。针对影响受众面较大的疑难问题,在实际论证政策执行口径时主动引入法律顾问参与,确保下发意见依法、合规、流程顺畅,制度安排合理规范。及时解决7个基层局反映的政策执行口径问题。

(吕小军)

建立服务民企合作机制　与南京市工商联(以下简称市工商联)共同建立联席会议制度,服务民营企业发展。一是建立会商机制。每半年召开一次联席工作会议,就民营经济发展过程中遇到的税收热点、难点问题进行工作交流,协调解决相关事项,制定具体工作方案。二是加强信息交流。定期交流内部信息,在各自刊物、网站等平台转载发布对方重要信息,适时提供最新税收政策信息及税收统计分析,市工商联提供会员企业发展状况及相关需求信息。三是共建服务平台。定期举办“税收政策解读咨询”活动,宣传解读国家税务总局、省地税局、市地税局最新税收政策,对民营企业遇到的具体税务问题进行释疑解惑;建立快速反应机制,对民营企业发展过程中遇到的急需协调的税务事项,共同提供服务帮助。四是明确工作部门。明确市地税局政策法规处与市工商联经济处为具体联系部门，专人负责对口联系。

（吕小军）

城建集团PPP项目税收政策支撑 南京城建集团采用TOT模式运作其下属控股集团所属南京水务公司城东和仙林两个污水厂。该项目是财政部政府和社会资本合作首批示范项目，具体典型的示范作用。根据市财政局及企业商请，先期介入项目运作，从项目“交易前资产归集、让渡资产使用权、让渡资产产权、新设项目公司、项目公司经营期内、经营期满资产移交”等六个维度为为该项目提供完整的纳税筹划。此外，针对现行税收政策在PPP项目实际运作过程中存在着较高的税负问题，专题进行调研论证，并向有权机关书面报告。

（吕小军）

全省率先建立税收执法与司法合作机制 市地税局与南京市中级人民法院联合印发《关于建立司法与税收行政执法协作机制的意见》（宁中法〔2015〕177号），建立信息传递、不动产司法拍卖的税款征收、税收非诉案件的强制执行、联席会议等四项制度，在全省范围内率先实现税收执法与司法的全面合作。（夏亚非）

制定《江苏省南京地方税务局依法治税实施意见》 印发《江苏省南京地方税务局依法治税实施意见》（宁地税发〔2015〕96号），提出总体目标和7大类共26大项97点具体工作，其中13大项25点为南京局的特色工作。学深吃透国家税务总局、省地税局关于推进依法治税的总体目标、具体任务和工作部署，全面把握国家税务总局、省地税局依法治税路线图、时间表，不折不扣加以落实。结合南京局作为副省级城市地税机关的工作定位和工作实际，凸显南京地税系统各个条线的特色工作，并制定具体的可操作性的工作举措。

（夏亚非）

重大案件审理 一是深入学习国家税务总局新出台的《重大税务案件审理办法》。梳理新旧办法主要变化点，召开基层单位座谈会，征求对新办法的意见，并积极向省地税局提出建议。二是研究制定贯彻落实意见。结合市地税局实际，在充分调研的基础上，制定《关于明确重大税务案件审理有关问题的通知》，明确重大案件审理标准、重大案件审理委员会成员构成等工作事项。三是承担省地税局重大税务案件审理信息系统开发建设任务。组织系统业务骨干共同研究，编写业务需求，积极参与系统开发中的过程跟踪、测试和问题反馈，确保系统8月顺利上线运行。四是优化审理方式，提升案件审理效能。在审理过程中注重过程沟通，同时积极做好案件的提前介入，在稽查局审理和合议环节就提前对相关的证据和政策适用进行论证，提高案件审理效率。全年审理重大税务案件18件，涉案金额约3亿元。（李　晶）

建立税务行政处罚信息管理平台相关机制 一是建立行政处罚信息管理平台，构建备案管理、监督管理、统计管理三大模块。通过后台处理或上报数据的形式实现重大税务行政处罚案件、减轻处罚案件、不予处罚案件的网上备案，方便快捷进行备案数据统计。建立行政处罚数据标准化审核效验8条规则，实时推送处罚操作错误信息，提醒基层单位加强管理。建立多角度、多维度的行政处罚查询统计模块，快速掌握行政处罚总体情况、分区域情况、分金额区间情况、分违法行为情况。二是编写行政处罚操作指南。梳理行政处罚流程、操作要点和注意事项，明确处罚文书填写各项具体要求；归纳基层单位执法中的行政处罚热点、难点问题，制作行政处罚常见问题指引。（秦蓓蓓）

行政审批改革 根据省地税局统一部署，落实行政审批改革各项工作要求，对市地税局现有的权力事项进行梳理，全面取消非许可审批事项，建立行政权力清单，并向社会公示。研究制定行政权力、行政审批动态管理制度，根据要求随时调整行政权力、行政审批清单。至2015年年末，市地税局共有行政权力事项127项，其中3项行政许可，56项行政处罚，6项行政强制，20项行政征收，1项行政奖励，37项行政确认，4项其他权力。

（秦蓓蓓）

【责任编辑　韩粉英】

计划会计统计管理

概　述　2015年，市地税局适应税收管理新常态，以组织收入工作为核心，贯彻依法治税精神，强化收入管理与财务管理两方面职能，推进规划财务工作有序开展，为全省地方税收的稳定增长和全市地方经济的平稳发展做出应有贡献。

加强组织收入统筹管理。综合年度税收任务和区域经济税源情况，采取突出重点、分级分档的方式，科学分配年度计划；年中根据征管改革实际，对收入计划做出及时调整；密切关注各区域经济税源走势、税收运行状况及重点行业发展态势，了解税收任务完成情况，把握收入节奏，掌控工作主动权，确保各项目标任务顺利完成。坚持组织收入原则，对收入质量风险指标进行量化考核，强化质量分析，对异常点提请风险推送；加强经济税源税收运行情况和运行规律分析，加强与国税、统计、房产等部门的信息共享和数据交换，强化经济税收关联性分析。在全省地税系统收入质量监控评价通报中，市地税局连续第二年获第一名。优化“税收预测平台”，丰富数据资源，拓展预测维度，建立科学的预测机制，运用数学模型进行预测，在全省地税系统税收预测准确率排名中名列前茅。

做好各项基础工作。对现行的规划核算相关业务制度规程进行全面梳理，修改和新建制度规程31个，基本涵盖规划核算工作全部内容。做好重点税源管理工作，加强869户重点税源直报企业的税收管理，参与省地税局重点税源新任务分析表及审核公式编写工作，完成重点税源报表填报。完善重点税源监控风险模型，利用风险管理平台发布重点税源风险疑点，全年推送高风险企业75户。探索实践“互联网+税务”应用，完成网银缴税系统开发创新项目。优化TIPS系统相关工作，协助银联和渣打、汇丰两家外资银行进入TIPS系统，将POS机刷卡系统与TIPS系统相结合，实现刷卡税款直接入库。

加强财务预决算管理。做好年度预决算工作，年初完成预算编制，调整预算定额，核减无依据项目，压缩特定经费规模，年中配合工资改革以及征管改革，对当年整体预算进行适应性调整，年终完成年度账务清理关门。做好2015年预算公开工作，形成预算项目说明书，通过专家法律论证，确定处理原则，模拟预算公开，做好答复草案，在市地税局外部网站上公布本单位市本级部门预算，做好预算公开后的跟踪管理。强化预算分析，依托新会计科目体系，建立以预算执行为核心指标的各类支出跟踪表，突出重大开支项目预算执行监控，建立预算情况定期通报机制，按月分层次将预算执行情况，推送至相关管理层。开展2016年内部预算编制，在与市财政局共同议定的基础上，于下半年分两阶段进行次年内部预算编制，报财政审批，预算编制时间、编制程序、编制依据、以及资金来源上与财政部门预算要求基本保持一致。统筹安排2016年部门预算，依据财政改革要求及市地税局内部实际预算需求，按照平稳合理增长的原则，完成次年市本级部门预算编制上报，重点强化政府采购内容，规范原五县预算编制。

推进财务改革。贯彻落实新会计制度，完成国有资产清理核实，年初对各基层单位上年国有资产专项核查问题的整改情况进行全面复核，年末对需纳入固定资产管理的资本性开支进行梳理，闭合整体资产清理核实工作；构建财务会计核算体系，优化完善多个财务软件，完成财务数据迁移转换，对部分会计事项进行追溯调整，全面调整财务预算；组织财务凭证集中录入，集中基层单位财务人员，统一录入1—5月全部会计凭证，合计编制会计凭证5936份，并将过程中共性热点问题的处理意见，书面反馈至基层单位。推进国库集中支付改革，规范国库集中支付行为，逐项核实财政用款指标，加强用款计划审核，把握用款计划使用进度，不形成财政节余；规范政府采购行为，明确政府采购具体操作意见，规范相关原则、行为与模式；规范部门预算外开支，明确预算外项目可使用的调节性指标，对于没有合适指标安排的预算外开支，通过结余资金保障。规范财务内控管理，加强财务规范性检查，组织多项目、多类型的财务专项检查，开展财务附件、库存现金、财政票据使用、固定资产管理核查，参与“三公经费”、元旦、春节、中央“八项规定”专项检查以及系统工会财务审计，降低财务风险。补录财务项目库登记，对财务项目库使用情况进行检查，组织软件应用培训，集中开展重大开支项目补充登记。（周　益）

组织各项收入超1280亿元　2015年，市地税局面对经济运行新常态带来的增收压力，落实组织收入原则，切实加强税收征管，合理安排收入计划，掌握收入进度，完善收入质量监控指标体系，提高预测准确率，完成年度税收收入和公共预算收入任务，实现收入稳定增长，组织收入突破1200亿元。全年共组织各项收入1280.85亿元，同比增长12.48%，其中税收收入794.96亿元，同比增长13.06%；社保费收入422.63亿元，同比增长12.11%；其他非税收入63.26亿元，同比增长7.83%。（张　震）

税收收入质量　2015年，市地税局注重提高组织收入质量，加强部门协作，定期召开全市税收分析联动会议，强调组织收入工作原则，分析税收形势，研究应对措施。联合风险应对，针对收入质量监控指标分析反馈情况，对有关问题指标及时提请风险推送。完善考核机制，将非报缴期门临申报异常税款比重、非报缴期营业税比重、税收异常入库户数等可能产生收入质量风险的指标列入预警类指标进行量化考核，要求各基层单位进行分析核查，保障依法、高效和安全履职，强化依法治税。在全省收入质量监控评价年度通报中再次获得第一名，组织收入实现量质双升。（张　震）

税收专题分析　市地税局加大税收分析工作力度，加强经济税源税收运行情况和运行规律分析，强化对重点行业、重点项目、热点问题的专题分析，通过分析发现经济运行和税收征管中存在的问题并提出建议。全年为《透过税收看经济》投稿6篇，在省地税局《税收分析报告》发表专题分析2篇。加强制度建设，制定下发《江苏省南京地方税务局税收分析工作制度》，完善工作机制，明确任务和责任，加强分析工作考核，夯实税收分析工作制度基础。严格落实税收分析会制度，掌握税收运行动态，落实业务交流和培训制度，提高税收分析队伍专业化水平。注重部门协作，加强与国税、统计、房产等部门的信息共享和数据交换，强化经济税收关联性分析，做好房地产业税收分析和走势预判。与国税部门联合开展常态化税收分析工作机制，合作完成《2014年度南京市税收完成情况分析》《从纳税百强看“新常态”下南京市经济发展》和《江北新区经济税源调查分析》等专题分析3篇。（南冰峰）

网银缴税项目上线　2015年，市地税局拓展个人缴税方式，开发网银缴税项目，于3月10日正式上线。该项目使自然人足不出户通过互联网即可进行个人所得税各类税款申报缴纳，实现网上申报、缴税一体化。在自然人网上申报界面增加网银缴税按钮，由纳税人选择是否线上支付，需要线上支付的自然人通过银联商务平台选择“快捷支付”或“网银支付”关联银行卡进行缴税。税务机关导入网银缴税数据，对账后得到汇总数据，进行汇总解缴，增加现金完税证和个人完税凭证补打功能。项目上线后一个月入库税款20余笔、金额7万多元。网银缴税项目上线拓展了以纳税服务平台为核心的一站式服务体系，获2015年度市地税局创新项目一等奖，并在全省地税系统推广。

（彭胜胜）

纳税人税收资料调查　2015年，市地税局开展2014年度纳税人税收资料调查工作，优化调查过程，严格选户标准，创新调查服务举措，工作效率和填报准确度有效提升。共计调查1569户，其中重点调查户571户，抽样调查户954户，既是重点调查户又是抽样调查户44户，另集团企业7户。此次被调查企业实际缴纳各项地方税收261.2亿元，占2014年地方税收入库税款的37.15%，其中营业税136.2亿元，占2014年度营业税入库总额的54.29%，获全省地税系统调查综合先进单位。

（彭胜胜）

减免税统计调查 2015年，市地税局在全市范围内开展减免税统计调查，共调查企业户20.48万户，个体工商户37.74万户，2014年度减免税款总量56.67亿元。从分税种情况看，减免税主要集中在企业所得税、营业税和契税；从分减免性质情况看，减免税主要集中在改善民生、支持金融资本市场、鼓励高新技术；从分行业情况看，主要集中在房地产业、制造业、租赁和商务服务业。在调查的基础上分析研究减免税的政策执行效应，提高减免税政策管理水平。规范减免税申报制度，通过告知纳税人税收优惠政策，开展减免税咨询辅导，做好纳税人服务工作。（张　明）

收入规划核算业务制度梳理 全面梳理与收入规划核算业务相关的文件、制度、办法、规程，在广泛听取各基层单位意见的基础上，结合实际进行修改更新，共修改和新建制度规程文件31个，如江苏省地税系统税收收入质量监控评价体系、江苏省南京地方税务局税收分析工作制度、江苏省地税系统重点税源企业监控管理办法、税收减免管理办法、税收票证管理办法等，基本涵盖收入规划核算工作全部内容，并按收入管理、重点税源管理、会统管理、票证管理等方面进行分类归集，印制成册供各基层单位学习，确保收入规划核算工作平稳有序开展。

（张　明）

印花税票清理销毁 按照省地税局《关于清理印花税票的通知》（苏地税规财便函〔2015〕45号）要求，市地税局开展全系统印花税票清理销毁工作，要求各基层单位对印花税票库存（含代售单位库存）进行盘点，与纸质账册、报表、大集中系统数据核对一致，发现问题及时查明原因并上报市地税局处理。清理完成后，各基层单位编制《印花税票销毁清册》，并在大集中系统中做停用销毁处理，在省地税局监督下对待销毁的印花税票组织基层单位进行互审，无误后汇总《印花税票销毁清册》，在省地税局监督下对全市共计1930724枚印花税票进行集中销毁。（蔡玉娟）

部门预算公开 按照市财政局公开部门预算的总体要求，市地税局对各类开支项目的政策依据、预算预期执行效果进行全面整理，汇总形成部门预算项目详细说明书，报市人大审核。通过与法律专家及同级外部门沟通，确定应对公众质询处理原则，模拟预算公开后可能遇到的公众问题，提前预备相关答复草案。于3月20日在市地税局外部网站上公布市本级部门收支预算总表及预算编制说明，列明2015年度预算收支基本情况：全年预算总额53200.87万元，其中，基本支出27881.49万元，项目支出24339.37万元，不可预见费980万元。（周　益）

执行新行政单位会计制度 2015年，市地税局按照省地税局的统一安排，正式执行新行政单位会计制度，在原收付实现制的基础上，引入权责发生制，扩大“双分录”应用范围，充实资产负债所有者权益核算内容，增设“无形资产”“在建工程”等科目，满足行政单位预算管理和财务管理的双重需求。经反复论证，在全省既定会计科目框架下，建立本单位个性化新科目体系，明确具体核算要求，优化完善多个财务软件，修改调整约100张财务报表，按照新制度规定和新旧会计科目对应关系，完成新旧财务系统数据迁移转换，将4个独立基建账套余额并入行政体系，根据新会计口径全面调整财务预算。（周　益）

国库集中支付改革 2015年，市地税局深化国库集中支付改革，规范国库集中支付行为，强化用款计划审核。年初对财政用款指标逐一核实，以防缺漏；每月初对用款部门提交的使用计划进行审核，确保资金用款符合财政预算指标；严格履行事前审批报告制度，对于“不可预见费”和“出国费”使用及时向财政部门报批；把握资金使用进度，年终不再形成财政节余；规范部门预算外开支，将部门预算划分为市地税局机关使用与划拨基层局使用两类指标，梳理市地税局机关预算外项目可使用的调节性指标，持续推进国库集中支付改革，规范财务管理。（周　益）

政府采购模式变更 2015年，市地税局经与财政部门协商一致，将政府采购纳入市政府采购平台管理，制定操作意见，规范相关处理原则与行为模式，列明实际操作范围和工作步骤。对市本级单位信息化项目进行试点，明确有关资产和服务采购全过程，包括采购计划提交、具体采购申请、项目需求编制、采购招投标管理、项目合同的备案等，均需通过市政府采购系统完成，实现从独立采购行为逐步向市财政采购体系的靠拢。采购模式的变更调整，推进市地税局政府采购工作更加趋向规范与安全，提升政府采购效能。

（周　益）

财务预算编制调整　市地税局按照财政体制改革整体要求，规范财务预算编制，拟用三年时间逐步纳入财政整体预算管理。2015年，在预算编制时间、编制程序、编制依据及资金来源上与财政要求靠拢。大幅提前预算编制时间，11月即完成次年预算初步编制，较往年提前约半年时间；分两阶段进行财政预算编制，第一阶段开展政府采购和资本性项目申报，实现重大开支项目的审核前置，第二阶段按照“二上二下”程序完成具体预算编制；压缩开支规模，原专项财政资金保障预算改由财政部门直接支付，三代手续费市本级预算部分由市财政安排，包括办公费、印刷费、水费、电费等10项日常开支项目预算指标改为合并定额，总额20260元/人/年，其他日常公用开支不高于财政定额指标，通过一系列调整，规范财务开支行为。

（周　益）

预算执行监控分析　市地税局依托信息化手段强化预算跟踪分析，构筑以预算执行为核心指标的数据体系雏形，在财务核算软件中建立分户式《预算收入执行情况表》和《预算支出执行情况表》，按月收集填列《基建项目预算执行情况表》《委托业务费预算执行情况表》《接待金额批次人数统计表》《其他劳务费执行情况表》，突出重点科目、重大项目的预算执行监控，并在此基础上汇总编制24张预算执行情况分析小表，关注预算执行走势，实时掌握预算执行进度。定期向各级管理层通报预算执行情况，推送预算执行分析，维护预算执行刚性要求，实现掌握信息、监督反馈、辅助决策作用。

（周　益）

财务专项督察　2015年，市地税局围绕中央“八项规定”和纠正“四风”落实情况开展财务专项督察。根据纪检监察工作要求，检查四家基层单位1—5月“三公经费”和端午、中秋两节福利发放情况，重点检查有无列支公款购买月饼、公款旅游和违规公款吃喝、违规发放奖金津贴和补贴、违规出入私人会所、公款高消费娱乐等费用。通过检查及时掌握问题和薄弱环节，落实整改要求，跟踪整改情况，做好督办，推进系统党风廉政建设。

（李　纹）

【责任编辑　唐　棣】

信 息 化 建 设

概　述　2015年，市地税局坚持“提高系统支持力、提高设备利用率”的指导思想，以“金税三期”对接工作为着眼点，按照“提前研判、稳慎对接、科学管理、高效服务”的工作方针，立足工作实际和自身特点，遵循信息系统自身发展规律，深入推进信息化建设，信息系统综合承载能力与服务水平不断提升。提高信息化水平，实现有效和有序管理。

强化软硬件基础工作管理。在软件管理方面，继续深入推广睿剑开发平台，对平台进行适应性微调，使其成为便捷应用整合、快速应用开发、高效运行维护的软件开发平台，推广市地税局在软件开发标准方面的研究成果，全力保障自主软件开发工作。在硬件基础设施建设方面，提升回流库性能；完善视频会议系统功能，建设标准化视频会议室，更新视频会议大屏；拓展优化税务通应用软件功能，为纳税人和税务干部提供方便实用的移动互联网应用系统。

优化强化信息系统安全体系建设。开展网络数据安全体系二期建设，增加数据加密、虚拟应用管理等系统保护功能。对市地税局正版软件进行统一安排部署，保障办公环境安全稳定。在计算机类固定资产管理方面，对购置、使用、处置各环节流程进行优化，对基层单位固定资产进行实地盘查，对固定资产管理软件进行优化，提高工作质效。深化管理体系，落实责任机制。优化“以一个汇编为准则，以两类制度为支撑”的制度体系框架（一个汇编即《江苏省南京地方税务局信息化管理制度汇编》；两类制度即税务系统内各级管理部门下发的相关制度及在信息化行业领域中，涉及税收和相关信息技术的制度）。利用信息技术平台发布有关信息化管理制度内容，落实责任机制，依据制度管理要求对系统信息化工作进行管理、考核，对制度体系的落地和执行效率进行监督。捕捉信息化需求，建立快速响应服务机制。开展主动上门运维服务，将2014年在基层调研中收集的问题与答复意见整理成知识库进行发布，作为基层日常信息化工作参考；利用信息管理平台，完善硬件设备报障手续，对全系统硬件故障及时进行维修，做好过程跟踪，提高设备运维效率；做好基层信息化工作统筹，全力配合基层信息化项目建设；针对工作岗位需求，提供定制信息化培训服务，提高信息化响应速度。提高信息系统应用能力，为信息化建设做好保障。对停用软件系统进行统一管理，通过建立停用软件归档平台，对业务应用及数据进行规范化保存，实现对系统的全生命周期管理，为“金税三期”上线可能导致的自主开发软件停用做好技术准备；探索自主开发软件的使用效能监控机制，通过建立软件应用监控平台框架，对市地税局自主开发软件使用情况和运行性能情况进行有效评估和监控。

关注、跟踪并做好“金税三期”对接各项工作。组织人员对“金税三期”软硬件和网络的整体架构及业务需求等进行学习，加深认识；抽取业务骨干到其他已上线省市进行跟班作业，跟踪系统运维过程，了解其核心业务的运行模式，自有软件的割接情况和原系统历史遗留数据的拟处理情况，为对接工作储备中坚力量；对现有平台资源进行整合，对对接过程中各阶段的工作事项与内容进行研究，就可能出现的问题进行全面预测分析，并对各项主要工作实行专人负责机制，在省地税局的统一部署下，确定市地税局对接方案，确保对接工作平稳进行。　　（周　晓）

税务软件开发平台一体化建设　加强软件开发管理。开展需求编写和分析，查找缺失和漏洞，解决需求中存在的不足和问题，为确保软件项目开发工作顺利实施打好基础。统一技术规范，梳理和约束项目的非功能性要求。遵循省市级项目建设要求，统一编写和制定非功能性和通用技术需求，从权限体系、监控日志、安全验收和数据标准四个方面进行规范和明确。加强实施协调，从严把控项目的总体实施进度，建立交流协作机制，防范项目风险，加强项目全过程管理监控，有序完成项目实施。全年正式立项15个应用软件开发项目，12个当年项目已完成最终验收工作，3个跨年项目按照预定计划正常推进。（周　晓）

完善双轨制预算评估机制　2015年，市地税局按照“全面考量、合理评估、比照前期、切合实际”的原则，自行开展软件项目和运维项目预算评估工作。采取合理引入的方式，委托第三方项目监理公司，依照国家和省市级软件系统价格评估及计算方法，以国家和地方项目成本度量规范为基准，同步开展工作量测算和预算评估工作。在内部测算和外部评估相互对比和修正的基础上，合理规划项目成本，从每个单个项目入手，进而从信息化层面上整体控制项目成本。全年内外部共计编制和出具工作量和预算评估报告96份，其中新建软件项目总预算为802万元，经评估总造价为665万元，共计节约成本137万元；软件运维项目总预算为169万元，经评估总造价为146万元，共计节约成本23万元。（周　晓）

数据安全保护平台建设　2015年，市地税局加强信息系统安全体系建设。一是做好数据安全加固系统建设。在上年网络数据安全一期建设的基础上，建立网络终端数据安全防护环境，加强身份认证管理。该项目计划在两个基层单位试点运行稳定后上线推广。二是做好信息系统风险及等级保护测评工作。按照信息系统分级管理要求，在开展自身等级保护测评的基础上，配合省地税局完成对市地税局的等级保护测评工作。通过采取针对性安全防护措施，弥补安全漏洞，改善网络安全环境。三是加强网络安全管理。按照国家税务总局对终端防毒以及桌面安全管理系统安装使用的考核要求，对防毒软件以及桌面安全管理系统安装情况进行统计清理，市地税局病毒爆发数和桌面管理系统的安装率均达到考核要求。（刘芝月）

信息化快速响应服务　优化运维服务手段，为信息化建设提供技术支持。一是加强硬件运维过程管理。以信息技术管理平台为支撑，规范各硬件系统运维流程，完善硬件设备报障手续，实现过程跟踪、运维统计等管理要求，及时维修硬件故障，提高硬件设备运维工作效率。二是完善信息系统运维工作。加强主动运维导向，落实服务基层的要求，全年解答基层单位运维问题1000多个，编写SQL语句600多条；贯彻落实省地税局大集中运维新要求，设置QC平台运维专岗解决基层QC问题917条；加强重点项目运维，完成契税所与征收局合并、重点税源局撤销、全市征管机制调整等重大系统运维项目实施，为基层提供技术支持。三是保障视频会议运行，提高会议响应能力，增加2台视频终端用于专用视频会议室建设，丰富视频会议功能，满足会议需求。全年成功召开各级视频会议40余次。（殷　非　曹　洋）

信息化特色培训服务　2015年，市地税局针对岗位需求开展系列特色培训服务，将培训计划与各部门层次化、多样化的信息化培训需求相结合，与深化干部综合素质和专业人才培养相结合。在培训范围上，将培训对象拓宽到信息化序列制式培训人员以及其他相关业务岗位，最大限度兼顾到各级管理层。在选课方式上，除对制式培训学员和信息岗指定部分课程，其他学员实行供需结合的弹性报名制。通过改进方法，有效覆盖实际工作需要，提升培训效能，支撑基层工作对新业务、新知识、新技能的新要求。全年设立“软件应用”与“信息安全”两大主题共5门课程，接受培训人数90余人，取得良好的培训效果。（周凌宇）

建立自主开发软件平台　2015年，市地税局建立两大软件平台，提高自主开发软件系统有效性。一是建立软件效能监控平台，通过对已有项目及未来新开发项目进行效能评价，对软件应用情况和用户特性进行分析，形成《软件应用效能情况分析报告》，作为软件改进依据；同时将应用情况推送给需求部门，让需求部门及时掌握使用情况，使后续需求优化更具针对性。二是建立应用软件统一发布平台。对信息系统应用软件进行版本发布控制与管理，对生产环境进行规划、部署实施和运行维护，建立应用软件统一发布服务平台。通过该平台实现对信息系统应用软件源代码的管理和版本控制，对生产服务器进行运维监控，规

划服务器配置，对新开发软件进行统一发布管理，保障生产环境安全稳定。（殷 非 宿 萍）

硬件设施使用 2015年，市地税局加强对硬件设施管理，提升使用效率。一是对回流机制、系统构架进行整体分析，提升回流库性能。经过技术调研，在不改动硬件架构的基础上，对回流管理软件在脚本调度、时间控制、日志查询、级别控制等方面进行逐一优化改造，适应回流需求，对“金税三期”上线做好数据获取准备。二是对服务器虚拟资源的计算能力与存储能力进行评估，实现资源动态储备和灵活配置。三是完善信息系统硬件基础设施的管理保障体系，制定硬件设备更新改造方案，加大硬件建设类项目统筹规划，完成UPS系统重要改造及硬件系统设备更新。四是严格核定计算机类固定资产配置标准，保障和落实计算机设备采购工作，加大对超标旧设备的清理报废力度，做到购之有据，用之有序。2015年，对全系统往年积压未清理的计算机类固定资产进行统一报废清理，14家基层单位共报废资产1642件，金额1151.35万元；落实计算机设备采购工作，全年采购台式机536台、笔记本96台、打印机266台。

（曹 洋 周凌宇）

【责任编辑 唐 棣】

数 据 管 理

概 述 2015年，市地税局围绕组织收入目标，以提高风险监控能力为重点，统筹风险计划，加强风险识别，完善风险指引，积极推进税收风险应对；以数据管理为基本保障，加强基础数据质量管理，拓展三方信息采集，不断深入三方信息应用。一是围绕组织收入目标推进税收风险管理。全年开展19个风险主题工作，年度风险计划完成率100%；推送、应对各类风险任务15959户次，同比增长26%；组织税收收入25.94亿元，同比增长18.6%；年纳税额30万元以上的重点税源风险户基本应对一轮。二是围绕征管改革目标提升风险管理队伍能力。制定三年风险管理培训规划，落实2015年风险管理队伍培训计划，开展风险管理队伍全员培训540人、专题和骨干培训100多人，实现风险管理对征管改革顺利推进的支撑。整合风险疑点和数据资源，开发面对一线风险应对的"智能分析报告"软件，帮助基层干部提高风险应对的数据分析和应用能力；整合政策法规、风险指引和操作指南，开发服务基层一线干部风险应对"智能助手"软件，提升基层风险应对效率。三是围绕效能管理目标增强风险管理针对性。全面实行税收风险指标动态管理，采纳基层意见87条、优化风险指标25个、停用风险指标13个；承担省地税局重点行业风险模型建设，达到质量和时间要求；全年识别各类税源风险点5.7万个，涉及2万户规模以上纳税人。四是平稳过渡继续推进大企业风险管理。按照国家税务总局和省地税局要求，开展17户集团成员单位全流程风险管理工作，开展"运用大数据开展大企业税收服务与监管"试点工作，开展千户集团信息核实工作，与市国税局联合开展大企业税收风险事项提醒。五是继续贯彻数据标准，坚持数据质量管理。处理、纠正各类非标准数据1万多条，完善和新增相关业务审计规则，推广上线新的数据质量管理平台软件，做好"三证合一"数据质量保证，推进信息化项目数据标准贯彻；为系统各部门提供相关业务数据查询服务；落实与法院等司法单位数据信息共享要求，提供424批次2.3万多条涉税查询信息；强化数据运维业务审核，共运维数据600多批次涉及110万条数据。六是推进部门信息共享，扩大数据来源，提升数据利用率。新增外部信息共享需求77项、改进型需求60项，完成省地税局规定的新增10项外部数据共享要求，取得和提供各类信息近亿条。通过第三方信息平台和人工匹配方式，提高交换信息的可利用程度，共应用58个风险指标识别风险纳税人9000多户次，实现应对收入6个多亿元。七是加强涉税违法案件举报管理。平稳过渡举报中心管理职能的调整，及时研究举报中心运转过程出现的新情况，确保举报中心作为市地税局重要的对外窗口的正常高效运转。受理税收违法检举案件510件、交办处理434件，查补各项收入3713万元，加强案件办理的督查督办，协调查处过程的有关矛盾和问题，对56件历年超期案件进行专项清理。（羊 猛）

税收风险计划管理 围绕"以纳税遵从为目标，以税源管理清单为基础，以规模企业为应对重点"的风险管理定位，编制包含5个专题19个风险主题在内的税收风险管理工作计划，重点突出"营改增""纳税人分级分类""税种管理"三个方面风险专题，计划全部完成。在风险计划执行的不同阶段侧重不同。风险计划制定前突出风险主题的指向性，坚持"处室间互动、市地税局与基层局间联动"方式，以市地税局风险计划为主体，兼顾基层局个性化需求；风险计划执行中强化任务执行培训指导，以"风险监控平台"为基础，在系统中楔入计划发起处室的统筹通道，并在风险计划执行中将工作要求、应对指引一并下达，促进风险计划目标与应对方法的统一；风险计划执行后落实反馈与评价，以风险计划主题为维度，对各主题计划执行的税户、税款进行实时反映，提高计划发起单位与执行单位的管理控制。（李 昆）

税收风险监控 根据税源专业化改革安排，对明确纳入风险管理的29个大项287个小项税源管理项目，区分风险应对类事项、管理核查类事项，由对应处室进行详细梳理，确认为风险应对事项的项目，抓紧开展风险模型建设；确认为涉税管理事项的项目，梳理其任务布置频率、布置时间、工作要求等。按照省地税局要求，市地税局结合年度风险模型计划开展模型建设，开展“个体工商户停复业风险管理”等3项市级模型及“汽车制造业风险管理”等1项省级模型建设，建成风险指标49个；对照省地税局对风险指标的划定标准，结合上级专项检查要求及资源配置状况，建设高等风险专属指标体系，弥补高等风险指标体系的不足；将税源管理工作中发现的税源风险信息全面纳入风险监控体系，从市、区两个层面建立起税源信息的收集、上报、处理和评价管理体系，对税源风险信息的报送与应用加强引导与考核。（李 昆）

风险指标动态管理 加强省、市两级风险指标的优化组合，根据指标识别周期、识别针对性等，适时开展风险识别，累计识别风险指标199个（其中市级指标73个，省级指标126个），累计识别上传风险疑点5.7万个涉及1.9万户，其中已应对消除的疑点2.9万个，年度疑点消除面达51%。结合业务调整变化及应对人员对风险指标的反馈，加强风险指标动态管理调整，定期开展风险指标优化完善工作，及时监测风险指标识别有效性。共收集到基层提交的意见建议295条，采纳87条，优化指标25个，停用指标13个；根据风险指标审核验证管理规范，推进风险疑点在上传应对前的抽样验证工作，在普遍识别的基础上，发动疑点税户所属单位开展更具针对性的二次风险识别工作，同步收集整理针对各疑点的意见建议，使得风险识别的质量更有保障，风险识别有效性不断提高。（李 昆）

税收风险任务统筹 根据年度风险计划，按季编制风险任务推送计划，共推送风险任务15959户次、非风险任务271户次，计划按期执行率为100%。统筹好各发起处室、各等级风险任务，确保重点税源任务优先应对，共推送高等风险942户次、中等风险15017户次（其中30万元以上任务7388户）。对营改增风险专项任务等全局重点工作，采取重点任务重点支撑模式，统筹、协调、梳理好各业务处室的不同风险需求，累计推送任务1842户。按照征管改革总体要求及风险管理新要求，做好任务结构统筹，调整明确重点应对所3户、一般应对所4户人均工作量，同时将推送任务户次统筹到具体每个所，确保不同序列尤其是重点税源户的风险应对工作质效。（章 孙）

税收风险分析 面向业务处室建立重点税种、重点事项风险分析体系，面向基层单位建立重点区域、重点行业风险分析体系，定期编制风险应对反馈报告、风险计划执行报告，挖掘风险分析深度，加大分析频度，加深风险管理人员对风险管理实践的认识度，提升整体风险管理能力。微观上，以126个风险指标指标指引涉及40余项数据整合的案头审核档案、分析地税机关7个主体税种的微观风险智能报告为手段，形成围绕应对对象的微观分析系，为风险应对人员提供全面的案头分析辅助工具，提高风险应对人员的应对能力。（李 昆）

提升风险应对效能 一是优化完善全市风险应对质效监控指标体系，健全市地税局、基层局、科所、岗位等多层面多维度的考核与通报制度，科学评价分析专业化应对机构下的风险应对质效；二是编写风险应对情况分析、延期率较高情况分析、超期未完成户情况及营改增、三税比对等专题任务分析等，发挥风险管理职能作用；三是开发风险应对“智能助手”，通过信息化手段将应对要求、政策要点、重点指标应对指引等内容进行一体化展示，给风险应对人员提供操作便捷、针对性强、时效性高的应对辅助工具；四是定期编发风险应对月度通报与季度分析，为基层局跟踪督办及市地税局监控分析提供支撑，同时将2014年度风险应对优秀案例等汇编成册下发基层，指导实践。全年完成风险应对15859户，实现风险应对税收收入25.94亿元，风险应对贡献率为3.27%。（章 孙）

大企业风险管理 一是按要求开展国家税务总局和省地税局定点联系企业风险管理工作，推进6

户定点联系企业集团在南京的17户成员企业的全流程风险管理工作，自查补报税款（包括调增应纳税所得额）6700余万元；做好江苏凤凰出版传媒集团有限公司等2户省地税局定点联系企业的信息搜集、案头审核等工作。二是继续开展2014年度国家税务总局8户企业集团全流程风险管理工作，重点完成省农行、省建行等企业风险管理工作，入库应对税收收入1300余万元。三是参与“运用大数据，开展大企业税收服务与监管试点工作”，按国家税务总局和省地税局要求有序推进朗诗集团的风险试点工作。四是做好国家税务总局全国千户集团信息核实工作，先后共核实18户集团企业信息，上报7户集团成员企业信息，并在国家税务总局平台维护完善集团成员企业关键字段信息。五是按要求开展国家税务总局定点联系企业名册信息核实工作，完成451户企业基本涉税信息审核比对反馈。六是与市国税局联合开展33户大企业税收风险事项提醒工作。（荀红萍）

涉税违法案件举报管理　一是根据宁地税发〔2015〕73号文件要求，做好举报中心整建制划转工作，与稽查局协调，明确分工，平稳过渡。二是贯彻落实国家税务总局24号令及省地税局《税收违法行为检举管理暂行办法》，进一步完善和有效落实税务违法案件管理制度，全年受理税收违法检举案件510件，交办434件，查补合计各项收入3713万元。三是加强对检举案件时效和质量监控，全年案件查结率90.25%。按月通报各单位举报案件查办反馈进度，及时编制《税收违法行为检举工作动态》，梳理分析涉税举报工作动向，提出征管建议。做好重点案件的全过程跟踪，稳慎处理社会关注的群体举报案件，加强重点举报人的矛盾化解工作。四是充分保障纳税人合法权益，做好相关政策的宣讲和举报人信息的保密工作，受理和发放举报奖励5笔，支付检举奖励3.82万元。五是加强检举超期未结案件清理。对2011年以来未结检举案件进行全面清理，共清理超期未结案件56件，在分析具体原因的基础上，明确整改意见，要求承办单位认真落实。（郑立峰）

数据质量监控　一是深化数据质量监控。通过审计平台向各基层分局推送累计万余条问题数据，基本实现准期整改；按季发布数据审计情况通报分析，对发生问题数较多的规则进行逐条解读和提醒，整理汇总在用审计规则的修改、停用信息，提升基层局主动参与数据质量管理的能力。二是做好新数据质量管理平台上线工作。根据省地税局要求，按期组织对新平台的测试，对于测试过程中发现的程序问题及时联系解决，涉及的审计规则问题通过平台反馈至省地税局。三是推进信息化项目数据标准达标整改。确定“社保费三方数据联网处理系统（全职能局）”和“纳税人需求分析系统二期”项目为2015年需要进行数据标准化验证的项目。其中“纳税人需求分析项目”在10月提升为省级项目，“社保费三方数据联网处理系统（全职能局）”进行3次数据标准符合性验证并将验证结果交由开发公司同步整改。

（汪　洋）

完善数据审计规则体系　梳理在用省、市两级规则，将规则与现行税收政策、征管流程进行比对后提出优化调整建议，向省地税局进行反馈，并对照“金税三期”清理数据项筛查现行规则的覆盖情况；通过多轮测试及验证，新增7条市级审计规则纳入数据审计平台进行制式审计；关注优惠类、减免税类和处罚类数据质量管理，将相应审计结果及对应审计规则说明发送相关业务部门，研究提出管理要求，向基层局推送2116条疑问数据，指导督促各基层局开展审计结果清理工作；梳理“三证合一”对数据审计工作的影响。

（汪　洋）

推进第三方数据交换与应用　一是拓展第三方数据渠道和部门，完善交换内容。提出对外数据交换需求137项，其中新需求77项，改进型需求60项，取得11个部门各类交换数据2284万条；扩大与国税、房产、住建等部门的合作，新增交换数据11项，向国税局提供各类信息7065万条，获取国税信息1627万条；新增交管局、城市费用征收处、工程质量监督站、省证监会等外部交换单位；组织全职能局开展房产证、土地证等信息的本区域采集工作，获取房产证及土地证信息6.1万条。二是整备第三方数据，拓展应用范围，提升应用效果。将市综合治税平台、国地税数据交换平台、房产局交换专线、外部其他等多渠道数据整合，建立关联关系，方便数据利用；应用市级三方数据管理平台，导入以往年度和本年数据，进行清洗、匹配，并完成两批数据匹配人工确认工作；搭建使用省级三方数据平台的地市级采集库，通过离线方式采集5家单位10项81699条数据，全部清洗、匹配并上传。全年通过三方数据的58个风险指标，识别出有风险的纳税人9184户次，推送应对完成的纳税人数量6644户次，应对有税款的纳税人数量5005户次，实现税收收入6.34亿元。

（李　星）

数据查询服务　一是做好税收数据查询主动服务。共受理160个不重复事项的数据查询服务，其中机关处室、纳税服务局和稽查局等的查询事项150个，公、检、法等外单位查询事项10个。重点涉及小微企业宏观税负以及政策执行情况、全市“走出去”企业税负情况、纳税人信用等级评定、各项绩效、分级分类稽查；重点工作督察以及各专项检查专题等等。二是应用“法院司法查控系统”定期为法院提供数据查询服务。市地税局与市法院做好沟通和交流，根据法院数据需求内容，及时做好数据导入、初核和推送工作，确保法院需求数据及时处理准确推送。受理法院申请数据424批次，明细23152条，匹配成功率近70%。

（张少柏）

数据运行维护　加强数据运行维护单的审核，确保数据修改的合理、合法、必要、正确、完整、一致。对重要数据的修改，严格按照流程规定，要求基层局上报相关业务处室审核批准后方可运维；对无需从后台进行数据修改的，指导基层局自行完成；对运维事项可能涉及的问题、可能牵涉其他地市数据的问题进行分析、研判，避免修改不该修改的数据；组织编写《大集中系统误操作运维分析汇总》，实施培训并下发，以提高一线人员的操作水平，减少后台运维单的数量。全年上报省地税局数据运维单600余笔，修改数据记录达110余万条。

（钱爱武）

【责任编辑　韩粉英】

行　政　管　理

政 务 管 理

概　述　2015年，政务管理工作紧紧围绕市地税局中心工作，主动适应新形势、新任务，强化统筹，完善机制，突出服务，提升效能，切实保证机关各项工作高效运转，圆满完成各项工作任务。

保障能力不断增强。强化辅助决策职能，辅助决策卓有成效。紧紧围绕重点行业、关键领域，向市委、市政府报送《透过税收看经济》5期，受到市领导的肯定。优化科调研管理，注重科研成果转化，全年在省部级以上刊物发表论文27篇；运转保障扎实到位。严格计划管理和督查督办，做到按月有计划、有总结、有通报，推动全局工作平稳有序开展；着力精简会议，涉及三分之一以上基层单位参加的会议必须报批，计划外会议不得随意召开，切实做到提效减负；创新实施请示答复在线管理工作机制，做到痕迹化管理，提高服务基层的针对性和实效性。

信息质量显著提升。修订完善政务信息考核办法，落实信息约稿制度，实施团队撰稿方式，提高稿件组稿质量。突出沟通协调，加强对上联系，确保选题及时了解、稿件及时推送、进度及时掌握；加强对下指导，每日推送信息上报清单，组织基层信息员参加跟班学习，主动帮助落后单位提高写作能力。积极开展信息调研，瞄准中央领导批示，加大对新政反响、政策反馈和建议、行业税收、重点税源等信息报送，主动提供决策参考。全年上报信息稿件1400余条，在省地税局、市委、市政府以上信息刊物采用稿件约600条。被中办、国办采用30篇，其中10篇被国务院领导批示。

税收宣传不断深化。结合省地税局要求，修订系统税收宣传考核办法。积极向中央级媒体进行新闻报道，分别在《新闻联播》《人民日报》要闻版、《新闻和报纸摘要》中刊播，在取得绩效加分的基础上，更好地扩大了宣传效果。利用微博、微信等新平台，开展税收知识问答、“我来写税字”创意作品有奖征集、税收微电影评选、发票知识系列专题有奖普及等活动。宣传月期间微博平均阅读量5万次/条，单条转发量最高6000次，粉丝数超10万人次，微信活动参与人数达9.97万人次；微信链接阅览量达8211次，5期音乐杂志总阅览量13万人次。

舆情管控得到加强。坚持跟踪管理，严格规范和管控涉税信息的传播。完善引导机制，积极营造化解涉税负面舆情良好氛围。完善预处机制，提升涉税负面舆情的应对质量和水平。完善考核机制，加强涉税舆情处理、分析、媒体应对等方面培训。全年编发《涉税舆情专（快）报》49期，监控和处置涉税舆情26件，较2014年同期下降60%，接受媒体采访16次，系统无重大涉税舆情事件的发生。

创新管理有效规范。提倡持续创新，鼓励联合创新、综合创新，注重创新质量；严格创新立项审核，邀请局领导、各单位主要负责人、外部专家等系统内外共40余位评委进行立项可行性评审。加强项目管理，实行从立项到评审的全流程管理，实现月度有计划、季度有跟踪，积极与处室做好沟通，及时掌握创新工作新动向、新情况。全年共确定30个项目作为市地税局2015年度创新工作。90%的项目已在系统内进行推广。

综合行政水平全面提升。完善健全政务公开机制，规范政务公开流程，积极拓展信息公开渠道，及时公开最新税收政策、办税流程等涉税信息。2015年，主动公开各类信息2161条，受理依申请公开12件；加强信息公开“微平台”建设，通过微信公众账号发布“税收新闻微发布”“最新税务公告”等栏目，信息公开的互动能力有效提升。构建大信访工作格局，快速有效化解矛盾。市地税局共处理各类信访153件，与2014年相比减少71件，减幅为31.7%；积极开展建议提案办理。2015年共办理各类建议提案12件。规范机要保密管理。建立保密协作机制、保密审查机制和工作秘密管理机制，实施保密普查，开展电子政务内网分级保护测评；完善安全管理制度，落实安全维稳举措，提升突发应急事件处理能力，全系统未发生一起安全事故。 （王杉杉）

召开全市地方税务工作会议 2月5日，全市地方税务工作会议在南京税务干部培训学校（南京市江宁区汤山镇）召开。全市地税系统共有122名代表参加会议。会议的主要任务是认真落实国家税务总局、省地税局税务工作会议要求和中共南京市委、南京市人民政府决策部署，总结2014年工作，部署2015年工作任务。会议表彰了江宁局、六合局等2014年度全市地税系统7个先进单位；纳税服务局综合科、玄武局第二税务所等20个标兵科所；刘伟、马婷怡等10名地税标兵。市地税局党组书记、局长柏鹏作了题为《适应新常态 实现新作为 推进南京地税事业迈上新台阶》的报告。会议要求全局上下，深刻认识、主动适应、积极引领经济发展、依法治国、税制改革、从严治党等税收新常态，持续深入推进税收征管改革、社会治理创新、税务文化建设“三大工程”建设，稳中求进、狠抓落实，着重做好依法治税和深化改革两篇文章，重点做好组织收入、依法治税、征管改革、纳税服务、队伍建设和党风廉政6项工作，为南京经济社会发展做出更大贡献。 （楚天佑）

综治工作 市地税局按照市综治委统一部署，切实维护安全稳定、营造和谐税收环境，从严管理，采取一系列措施落实中央、省、市要求，不断加大社会管理综合治理和安全维稳工作力度，有效履行综治职能。强化目标责任和考核机制，健全综治网络，细化安全保卫工作部署，严格落实各项综治措施，扎实开展内保工作。全市地税系统组织安全稳定自查工作，层层落实责任，全面排查消除各类安全隐患，严防各类安全事故发生。提升突发事件应急处置能力，从源头预防，排查化解各类矛盾纠纷，全系统无刑事案件发生，无集体上访，未发生重大问题或事故。开展偷逃税查处、刑释解教人员安置、流动人口管理、出租房租管理、拆迁等综治工作，开展联系点活动，促进挂钩单位各项工作开展。 （叶 婷）

建议提案办理 2015年，市地税局办理市人大建议和市政协提案共12件。其中，市人大建议1件，市政协提案11件；主办件3件，协办件9件。与2014年相比，2015年建议提案办理工作呈现两个特点：一是案件数量略微减少。2014年市地税局共办理建议提案15件，2015年确定办理的建议提案12件，数量上减少3件。二是案件重点发生转移。在2014年建议提案中，关于小微企业发展的有4件，是办理工作重点。在2015年的建议提案中，小微企业方面的仅1件，民营企业发展方面的有4件，占比最大，成为2015年建议提案办理的重点。 （楚天佑）

信访维稳工作 一是加强工作落实。落实国家、省、市等上级机关对信访工作的相关要求，及时受理交办，全程跟进信访事项办理，确保有效化解信访矛盾。二是突出工作重点。针对各时期信访人群情况，突出重点信访人的跟进疏导，主动掌握相关诉求，做好解释说明，避免发生意外事项。强化重点信访件督办跟进，做好处室、信访人的双向点对点沟通，把握办理进度，提升重点信访办理成效。2015年，市地税局共处理各类信访150件，其中来信132件，来访18次，与2014年同期相比减少52件，降幅近25.7%。三是加强沟通联系。主动加强与省地税局、市政府相关部门及系统各部门的沟通，认真落实省地税局信访数据、资料报送要求，及时对接市政府信访部门，掌握信访工作新要求，按月及时报送信访统计数据，按时提交相关资料，保证信访工作质量。四是真诚服务访民。倾听访民诉求，引导访民采取正确方式反映情况，真诚做好沟通服务。对于突发紧急信访，第一时间做好汇报和沟通联系，做好应对处理，避免闹访、缠访现象发生，力争有效化解矛盾。2015年，有效化解上门信访、缠访共10余次。 （付宪国）

政务公开工作 一是加强组织领导。落实国家税务总局、省地税局及南京市政府关于政府信息公开工作要求，加强公开责任落实，结合征管改革机构调整情况，调整市地税局政府信息公开工作领导小组，形成由“一把手”局领导任组长，各部门负责人为组员，具体岗位人员为经办人员的组织机构体系。二是优化职责分工。结合政府信息公开工作新形势,进一步优化信息公开职责,明确公开目录维护权限,针对市政府2015年信息公开工作要点落实情况开展督查跟进,按月及时向市档案馆移交主动公开信息及统计报表,组织开展全系统信息公开岗位人员培训,确保信息公开工作高质高效开展。2015年,通过市地税局网站主动公开信息415条,向市档案馆移交主动公开信息25条;受理依申请公开12件,按期办结率为100%。三是积极应对全国网站普查。结合全国网站普查工作,对照信息公开检查标准,开展自查整改,针对空白栏目、更新不及时栏目等检查重点,逐一核实比对,更新发布相关政府信息300余条,规范信息公开栏目结构,调整有关目录内容10余项,确保网站信息公开栏目更加简洁规范。四是加强跟踪互动。对照市地税局2015年度工作计划及月度工作安排,梳理各阶段政府信息公开工作重点内容,及时做好信息公开提醒,确保公开信息及时发布到位。加强与基层单位互学互动,听取基层单位意见建议,协调解决基层反映的信息公开工作疑难问题,及时发布信息公开提示,提高信息公开工作主动性,确保全系统信息公开工作稳步有序开展。2015年,市地税局被市政府办公厅评为"2014年度政府信息公开工作先进单位"。（付宪国）

保密工作

概　述　市地税局坚持把保密工作与税收中心工作同研究、同部署、同检查。一是强化领导干部保密责任意识。学习贯彻落实习近平总书记关于加强领导干部保密工作的重要指示精神,重点学习《中华人民共和国保守国家秘密法》《保密法实施条例》《党政领导干部保密工作责任制规定》《党政机关和涉密单位网络保密管理规定》,严格落实《党政领导干部保密工作责任制规定》,正处以上领导干部签订《保密责任书》。二是推进保密培训常态化。将保密教育纳入制式培训内容,各个层面均融入保密法规学习。贴近"互联网+"需求,主动创新保密宣传形式。在全系统推广"微党课"微系列宣传活动,保密法制教育进入"微讲堂",先后已有40余位税务干部走上讲坛,结合岗位解读对保密工作的认识。三是定期开展自查自评工作。把国际税收情报交换、政务信息公开、计算机网络等各项业务中保密工作制度落实情况作为检查重点,及时堵塞工作中出现的疏漏环节。重人防。加强对保密要害部门、部位工作人员的管理是做好保密要害部门、部位保密管理。抓物防。加强保密部位机要室的物防管理,在原来的"三铁一器"基础上,增加密码报警箱、碎纸机等配置,与机关办公大楼的物业公司建立联防联控体系。做好派生定密。及时研究税收工作产生派生秘密的新情况、新问题,总结规律性认识,针对本级税收收入工作中产生的派生秘密的清退、销毁、借阅、保存、复制等情况,制定管理规定。四是做好信息公开保密审查。制定《江苏省南京地方税务局政府信息公开保密审查办法》,全年累计完成137项信息公开的保密审查。五是做好电子涉密文件管理。对政务电子平台和横向网的涉密文件的传递、使用、保管和清退等各个环节都做到专人管理,流程清晰,安全防护到位,机房严格按保密要害部门进行重点监控,按规定做好核对、移交和销毁工作,并对涉密文件按要求做好立卷、归档等工作。加强打印、复印文件资料的管理和监督检查,并按有关规定做好销毁工作,规范涉密文件、资料的印制工作,形成一整套制度、规定。（黄静娟）

事务管理

概　述　2015年,机关后勤工作狠抓精细管理,不断增强服务意识,提高服务质量。一是严格执行《固定资产管理办法》及其它相关规定,开展资产清理盘点、类别划分、信息维护,完成省地税局固定资产审计及专项资产审核工作。根据省、市关于党政机关办公用房清理工作新要求,对市地税局机关副处级以上干部及相关办公人员办公室进行调整。二是认真落实中央及省市的各项规定,修订服务保障工作规范,严格履行接待流程和接待标准,加强过程监督,把接待、会议保障工作作为服务地税建设和机关运转的有效手段。三是按照国家和省、市政府公车管理要求及公车改革精神,梳理车辆管理规定,尤其对公车私用、车辆外出停放地点、车辆入库等环节,进一步细化要求,加强监督检查。在停止购买车辆和借用车

辆的情况下，对现有车辆做好维修保养，为车改做好准备。（王静靓）

获“城市治理标准化工作先进集体”称号　市地税局把城市标准化建设工作作为提升自身建设水平、改善城市品质、人居质量的重要抓手，以实现管理“全覆盖、精细化、长效化”为目标，经过不懈努力，取得较好成绩。一是根据宁城治〔2016〕3号《关于命名南京市城市治理标准化示范单元（单位）的决定》，南京地方税务局机关办公区、南京市建邺地方税务局及南京市江宁地方税务局等3家单位，被授予“南京市城市治理标准化示范单元（单位）”称号。二是根据宁城治〔2016〕4号《关于表彰2015年全市城市治理标准化工作先进集体和先进个人的决定》，市地税局被评为先进集体，2人被评为先进个人。（汪帮俊）

公务用车改革正式实施　一是按照省地税局公务用车改革统一部署，在2015年12月初，向江苏省公车改革办上报《南京地方税务局车改工作方案》，申请保留执法执勤用车97辆、机要应急用车16辆、老干部用车1辆，明确停驶车辆的封存时间。二是结合南京市政府公务用车制度改革总体方案，于12月28日召开南京市地税系统公务用车改革工作布置会，明确停驶封存的车辆、时间及地点，对保留车辆使用提出管理要求。截至12月31日，全系统共停驶封存车辆91辆。（魏明达）

税校分部成立并运行　为扩大南京税务干部培训学校品牌影响力、辐射力，突出特色，方便干部在职培训。在充分调研和准备的基础上，经市地税局批准，税务干部培训学校分部于2015年1月1日正式成立并运行。税校分部设在原文昌宾馆场所，建有教学场所、学员宿舍、餐饮中心及各类配套设施。税务干部培训学校分校运行后，转变思路，整合资源，创新体制机制，以为税务系统各类特色培训、会议提供良好环境和优质服务保障为主。2015年，共完成195批1738人次的会议及培训保障。（任　军）

南京税收博物馆开馆运行　为适应税收文化基地升格税收博物馆，市地税局对原南京税收文化教育基地实施全面升级改造，引入外部专家，成立内外结合专家型项目组，通过可行性研究和认证，组织专家评审，于2015年开馆运行。（陶文淦）

被评为“江苏省2015年公共机构节能示范单位”　一是加强节能减排政策宣传和业务培训，提高人员节能减排重要性认识，树立节能意识，营造自觉氛围。二是将节能减排工作要求列入绩效考核指标，鼓励争先创优。三是加强管理节能，强化水、电、气等主要能耗能耗监控管理，完善工作制度，在管理上下功夫。四是践行技术节能，推进LED照明合同能源管理创新试点，强化节能新产品、设备和节能新技术应用，加强节能改造，加快耗能设备设施淘汰。节能减排工作通过了省经信委、财政厅、省级机关事务管理局节能减排示范单位联合检查和考核验收，被评为“江苏省2015年公共机构节能示范单位”，并在全省通报表彰。（陶文淦）

创新试点合同能源管理　合同能源管理是一种基于市场运作的节能管理新机制，其实质是用节省的小部分能耗经费支付节能改造成本，并且提高节能效率的节能管理模式。市地税局率先在全省行政机关推进LED照明合同能源管理创新试点，并在南京地税纳税服务局、高新局、江宁局和高淳局四个基层单位试运行。创建“能耗打包、统一测算、集中招标，分散运行”项目路径，较好解决了项目入口难点，对于行政机关合同能源管理实践具有指导作用。创新“节能率保证型”项目模式，变节能量为节能率。按照统一测定的节能率运作，既定了节能量及其分享效益，剔除了节能量保证型合同能源管理运行中诸多不确定因素，具有“风险小、矛盾少、使用好、效能高”和行政机关鲜明特色。该局的合同能源管理创新举措，先后在南京电视台《南京新闻》《南京日报》《扬子晚报》、龙虎网等媒体报道和国家机关事务管理局网站、省级机关事务管理局网站登载。（谈　坚）

政务信息工作

概　述　2015年，全市地税系统继续加大政务信息工作力度，取得良好工作成绩。一是突出组织管理。结合省地税局新的绩效管理办法以及征管改革机构调整，修订完善政务信息计分办法和考核办法；进一步落实信息约稿制度，及时落实省地税局和南京市委、市政府信息选题，全面实施团队撰稿方式，探索基层单位自主合作组稿，提高综合加工频度。二是突出辅助决策职能。提倡开展信息调研，鼓励报送问题建议类信息，瞄准中央领导批示，积极提供决策参考，加大基层对新政反响、政策反馈和建议、行业税收、重点税源等信息报送。如《南京市反映众创空间发展存“两难两少”问题需要系统性政策扶持》被国办编成专报并获国务院领导批示。江苏省钢铁协会主动联系市地税局并召集全省钢铁企业座谈会，撰写信息稿件，向国务院领导反映问题，帮助钢铁产业走出困境。三是突出协调沟通力度。坚持每日与省地税局和市委、市政府联系，做好基层信息上报协调工作。着重抓好重要信息推荐，确保报送路线畅通；坚持与省委省政府、市委市政府主管部门做好协作沟通，着重抓住中共中央办公厅、国务院办公厅下发的等重点选题，确保及时准确报送；坚持每日向基层推送信息上报情况，主动帮助信息工作相对落后的基层单位，平衡基层信息报送数量和质量；组织基层单位参加市委、市政府跟班学习，提高信息员稿件写作能力。四是突出内部刊物编发质量。坚持政务信息质量要求，在专题信息编辑中严格要求，用心指导，切实帮助各处室和基层单位提高专题写作水平。2015年，审阅报送信息稿件1200余条，在省地税局、市委、市政府以上信息刊物采用稿件约500条；被中共中央办公厅、国务院办公厅采用30篇，其中10篇被国务院领导批示。（汪树强）

宣传工作

概　述　2015年，市地税局围绕“新常态、新税风”宣传主题，根据形势的发展和受众需求的变化，坚持把握话语权、增强影响力、扩大覆盖面，着力构建税收宣传大格局，抓好议题设置、打造宣传品牌、拓展宣传阵地，加强舆情管理，完善税收宣传保障机制，讲好税收故事，唱响税收主旋律，传播税收正能量，确保宣传的及时性和准确性，营造和谐税收氛围。

贴近考核要求，突出宣传实效。结合省地税局新绩效考核办法，修订了市地税局税收宣传考核办法，加大了中央、省、市级媒体（要闻版）考核力度，将上级考核传导给基层，并结合新的考核要求，调整宣传报道方向，确保在完成上级考核要求的基础上，更好地营造了税收宣传和谐氛围。2015年，全市地税系统在各级媒体宣传报道3000余篇，其中，在《人民日报》《新闻联播》《新闻和报纸摘要》刊登稿件1篇，实现宣传绩效考核加分的突破；在《中国税务报》《新华日报》《江苏法制报》《江苏工人报》等省级以上媒体（要闻版）刊登稿件170余篇；在市级媒体（符合省地税局考核要求的）宣传稿件有1000余篇，已超额完成省地税局宣传考核目标，宣传积分列全省前列。

巩固固定阵地宣传，营造和谐征纳氛围。继续发挥固定阵地资源优势，加大服务民生、落实税收优惠、作风行风建设等内容的宣传，营造了良好的舆论氛围。以日常税收征管和纳税服务中发生的平凡而又是切实为纳税人解决问题的实事为主线，挖掘一线工作人员的闪光点和感人事迹，以图片和文字的形式进行深入宣传报道，充分展现南京地税系统“为纳税人服务”的常态化。利用消息、综述、专访、现场观察、记者手记等多种形式，宣传创新税收管理服务及推动税收工作落实的典型经验。2015年，《南京日报》税务专版全年出版50期，电视台《地税直通车》专栏制作播出节目26期，制作播出电台节目105期，税务网站全年访问量1324879人次，累计点击量已突破46613646人次。加强与都市报、《龙虎网》等媒体的协作，积极组稿宣传，在《现代快报》《扬子晚报》等都市报刊发新闻稿件57篇，在《龙虎网》刊发新闻稿件225篇，利用微博刊发微博3068条。拍摄微电影3部，制作微动漫4部。

税收宣传月活动丰富多彩。宣传月期间，全市地税系统开展各类宣传活动20余项，在各类新闻媒体刊登和播出稿件近百篇。结合国家税务总局、省地税局宣传工作新要求，以“新常态、新税风”为主题，统筹策划好宣传月各项工作；利用微博、微信等新平台，开展税收知识问答、“我来写税字”创意作品有奖征集、税收微电影评选、发票知识系列专题有奖普及等活动。其中，微博平均阅读量5万次/条，单条转发量最高6000次，粉丝数超10万人次，微信活动参与人数达9.97万人次；结合区域特色，各基层单位开展“税收宣传进校园”“税收宣传志愿者马拉松比赛”“税收灯影秦淮河”等系列的活动。（于　群）

获“南京市首届网友节最佳新媒体传播奖” 4月是全国第24个税收宣传月，南京市首届网友节于4月10举行。市地税局借助南京网友节活动契机，开展了“新税风、心服务”税收微系列宣传活动。活动包括“税收知识有奖问答”“我来写税字”、创意作品有奖征集活动、“最赞税收微电影”评选、“发票知识”系列专题有奖普及等。其中，“税收知识有奖问答”话题阅读量达到128.3万人次，网友参与讨论4万人次；“最赞税收微电影”话题阅读量达到216万人次，网友参与讨论1.9万人次；“发票知识”话题阅读量达到366.1万人次，网友参与讨论5.9万人次，发票知识有奖普及的微博，每条转发评论均达千条以上，最高的一条转发数达到近2万次，网友参与积极，内容还被@国家税务总局进行转载，发票知识普及效果显著。2015年，“@南京地税发布”发布微博3248条，其中16条原创微博被@国家税务总局微博采用，受到网友的广泛关注。“@南京地税发布”获南京市首届网友节最佳新媒体传播奖；“新常态 新税风”微系列宣传获首届南京网友节最佳活动人气奖。（于　群）

开展“公众开放日”宣传活动 一是实地体验办税。邀请人大代表、政协委员、行风监督员、纳税人代表、媒体记者代表以及关心地税工作的社会人士，走进南京地税，零距离了解地税机关的管理模式、服务举措，体验税务干部的日常工作。工作人员介绍了办税服务厅、“12366”纳税服务热线、预约服务、自助办税机、网上办税服务厅的基本情况。二是体验微动视。通过增强现实技术（简称AR），使用软件扫描识别图后，出现一个与地税相关的3D场景，点击场景中的人物可以触发不同效果，可以与虚拟场景合影拍照，分享到社交平台二次宣传。三是观摩“新税风、心服务——您身边的地税人”微短片。在全系统挖掘平凡而又具有代表性的“纳税小事”，以“身边人讲述身边事”的形式拍摄成微电影，通过一个个让人感动、引发共鸣的纳税小事来传递社会正能量。（于　群）

开展“税收助您前行”宣传活动 4月20日，市地税局推手南京地铁集团，以多部门协作、多站点联动、零距离服务方式，在市中心、主城区、新城区等多个地铁站点，集中开展“税收助您前行”主题宣传活动。活动中，在地铁相关站点设立税收宣传咨询台，向过往市民朋友发放税收宣传资料、南京地税微系列宣传光盘等，并面对面、零距离解答市民朋友所关心的各类涉税问题。与此同时，在《东方卫报》刊登税收宣传公益广告，借助媒体优势拓展税收宣传成效，把税收知识传向四面八方，送进千家万户。为让更多市民认识税收、了解税收、走近税收，结合时下大部分民众对互联网微信、微博的喜好，在地铁主要站点布置税收宣传展板，公布南京地税新浪微博和南京税收微讯等二维码，市民群众只要用手机扫一扫，税讯便可迅速知道。据统计，4月，市地税局微博和微信参与人数超100万人次。（于　群）

涉税舆情管理 一是坚持跟踪管理。强化门户网站及以单位名义建议的官方微博、微信、帖吧、论坛等网络信息发布平台管理。严控干部职工私自开设的带有“地税”“税务”等字样的微平台。教育引导干部职工通过“局长信箱”等内部渠道反映情、建言献策，禁止散布影响地税工作和形象的不实信息。二是完善引导机制。及时通过地税网站、微博、微信等，及时发布税收政策、更新涉税信息、开展解答涉税问题、畅通信息沟通渠道的舆论空间。做好信访、矛盾排查等工作，把问题消除在萌芽状态，从源头上预防和化解矛盾纠纷，防止涉税负面舆情的发生。三是完善考核机制。结合省地税局舆情考核办法，完善涉税舆情考核机制。在做好常规涉税负面舆情应对的同时，实行专题通报和季度通报。同时，加大对涉税负面舆情日常监控工作的考评力度，不断提升涉税负面舆情的应对质量和水平。2015年，编发《涉税舆情专（快）报》47期，监控和处置涉税舆情26件，较2014年同期下降60%；接受媒体采访16次，有效做好涉税舆情监控和应对处置工作。2015年，全市地税系统无重大涉税舆情事件发生。（于　群）

档案管理

概　述　2015年,档案管理中心认真贯彻落实市地税局党组要求,以"服务税收工作、服务领导决策、服务纳税人"为工作目标,坚持抓基础、抓创新,创特色、创一流,以信息化为手段,以制度强基础,推动税收档案工作规范运作,创新发展,档案管理及服务水平进一步提升。一是规范档案基础工作。加强档案归档工作的节点控制和业务指导,遇到业务变化导致归档范围变化时,及时与分管处室协调,统一要求,便于基层单位操作。对各基层单位开展实地调研,对已归档档案进行抽查。2015年全系统共归档文书档案1659件、业务档案24163卷。二是优化档案移交工作。合理安排系统历史档案移交时间表,要求各单位做好前期核对自查、修正完善工作,以提高移交工作效率和一次成功率。对移交工作发现的一些共性问题及时进行归纳分析,提醒尚在整理过程中的单位注意避免。2015年,全系统共移交核心库文书档案2144件、业务档案28408卷。三是做好机关文书档案归档工作。严格按照市档案局要求和省地税局归档规范化考核标准进行分类、装订。市地税局机关归档文书档案672件,其中永久类38件,长期类236件,短期类398件。

(郑　峻)

推广应用省地税局档案管理软件　在2014年秦淮局和稽查局试运行电子档案管理软件一期基础上,2015年,市地税局主动向省地税局申请首批上线档案软件二期系统。5月中旬,结合征管改革机构调整实际,对系统2015年业务档案归集管理方式、责任人等有关问题做了明确,确保业务档案资料的完整交接。5月下旬,在秦淮局试行二期软件。联系北斗星软件公司开展二期应用培训,秦淮局对2015年实际发生的业务档案进行了归档操作。6月,溧水局作为全职能局代表使用新系统,以检测系统稳定性、兼容性以及档案全种类流程可行性。9月,召开全市地税系统档案工作暨电子档案软件推广会,通过经验交流和现场演示,在全系统内推广应用二期软件。

(郑　峻)

做好征管改革等重点工作服务保障　一是根据征管改革机构调整时间安排,调整系统历史档案移交计划。6月,全力保障直属一局档案移交工作,共接收直属一局移交文书档案174件、业务档案2217卷、实物档案37件、其他资料50箱。二是围绕征收局搬迁,做好档案工作服务保障。8月,核心库房提前接收2011—2012年契税档案,共接收契税所移交文书档案31件,契税档案8557卷。三是配合文昌宾馆改制做好相关资料移交工作。11月,在核心库房资料室辟出专门空间,定制档案货架,为服务中心移交的27箱资料提供存放地点。

(郑　峻)

修订业务档案管理办法　根据省地税局《关于印发〈江苏省地方税务局税收业务档案管理办法〉(试行)的通知》(苏地税发〔2015〕3号)的要求,修订完成《江苏省南京地方税务局税收业务档案管理办法》,统一全系统档案管理要求。2月,根据省地税局税收业务档案采集、分类及影印办法,对业务档案归档工作量进行统筹、考量,修订了市地税局税收业务档案归档范围,对345类848种业务档案的管理进行规范,实现与电子档案软件全面对接。

(郑　峻)

申请到期档案延期移交进馆　根据市档案局要求,2015年市地税局保管满20年的档案案卷12126卷(件)应按规定移交市档案馆,档案中心按要求做好整理、统计等准备工作。7月,向市档案局正式申请延期移交,经市档案局现场考察,9月复函同意市地税局到期档案暂缓5年(2020年9月止)移交进馆。

(郑　峻)

理论调研

概　述　2015年,市地税局紧紧围绕税收中心工作,按照"突出重点、服务大局、把握规律、创新方式、注重效果"的思路,通过抓课题研究、抓成果转化,不断提升税收科研服务中心工作、服务领导决策和服务经济社会发展大局的水平。据统计,2015年全市地税系统在国家级刊物共发表论文5篇;在国际税收研究会总会评比中,《构建地方税体系的思考》获得一等奖,另有1篇获二等奖、2篇获三等奖；在省税务学会论文评比中，2篇获一等奖、1篇获二等奖；在省地税局科研所论文评比中，1篇获二等奖、1篇获三等奖。

一是强化课题管理。进一步修订了《税收科研课题管理办法》，整合国际税收研究会和税务学会资源，科研工作初步形成了“统一部署、协调配和、资源共享、优势互补”的良性运行机制。对市地税局重点课题、市地税局领导课题、处室课题和基层单位课题四个层次撰写提出相应要求。此外，还与南京师范大学合作开办税务MBA，以导师带学生的形式组织开展税收学术研究。平时结合工作实际和形势需要，及时组织课题调研。

二是注重科研成果。坚持“双管齐下”，一方面努力争取精品科研文章在核心期刊、主流媒体的发表，形成社会效应；另一方面注重将税收科研与政务信息紧密融合，利用信息短、平、快的优势，将科研成果对外推送，拓宽了税收科研成果转化的渠道。同时按照省地税局绩效管理要求，细化了税收科研绩效指标。优化了税收科研成果评比办法，定期开展优秀论文评选。

三是积累科研力量。一方面，依托干部培训学校主动抓好税收理论资料收集和学习，邀请有关专家学者来校讲座和授课，组织骨干赴上海财经大学参加科研培训。另一方面，进一步深化与中国知网的合作，不仅扩充了镜像服务器容量，及时更新知识库，还实施了新型托管模式，开通了外网账号，更方便全系统人员学习查阅。

（汪树强）

2015年南京地方税务局税收科调研成果（省部级以上）统计表

表42

序号	标　　题	刊物名称	作　者	版面或栏目	日期/期数
1	全国首例居民个人境外间接股权转让案	国际税收	钱家俊、林大蓼	案例点评	2015年第2期
2	构建税收现代化征管模式的探讨	中国税务报	王火生、史成娟	B1版	2015年3月25日
3	税务稽查选案：如何练就“百步穿杨”功夫	中国税务报	王冬明、李璐、董宏	B3版	2015年4月1日
4	新能源汽车“起跑”还需财税政策“铺路”	中国税务报	臧桂芹、潘小保、许青凤	B4版	2015年2月4日
5	涉税投诉应对：有理也要有节	中国税务报	柴逢国	理论研究	2015年3月18日

2015年调研论文选登

《国际税收》2015年第2期发表：

居民个人境外间接股权转让征收个人所得税的实践与启示——个人所得税领域的反避税相关问题研究

钱家俊、林大蓼

【摘要】 2013—2014年，江苏省南京地方税务局正确运用居民纳税人须负全面纳税义务的原则，抓住关键证据，就某境外上市公司14名管理层股东通过BVI持股公司减持分配收益进行调查，成功补税24760万元。该案例是我国极少数个人所得税境外间接股权转让案例，也是我国第一个通过界定境外SPV公司背后居民个人股东纳税义务进行反避税的案例。

【关键词】 个人所得税　间接股权转让　反避税

一、案件基本事实

2009年至2010年，南京某境外上市公司大股东通过其BVI离岸公司FA减持其境外上市主体Y公司6500万股、5700万股，累计转让收入逾18亿港元。发生股权转让时公司境外架构图如下：

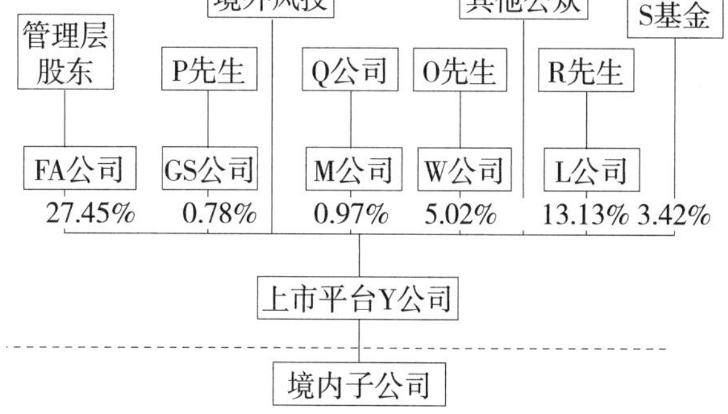

从上图可以看出，公司组织架构在境外上市企业中属于相对简单、清晰，没有采用红筹上市时流行的双BVI架构，也没有在境内外公司间加入香港层。为了问题分析的清晰性，我们将其中不相关部分进行剥离，并将两次股权转让情形加入，则组织架构图如下：

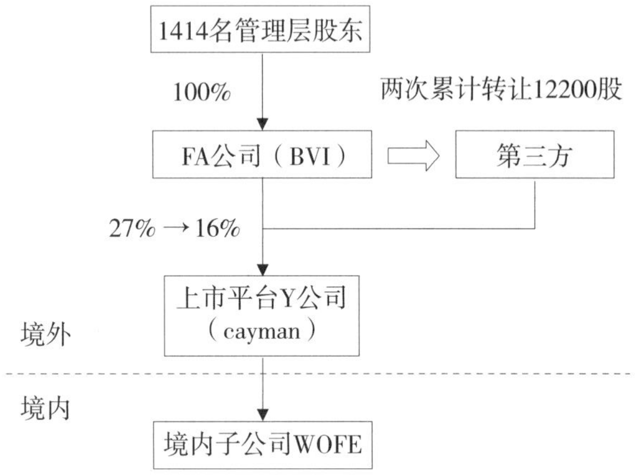

至2015年年末，对于境外间接股权转让的行之有效的应对方法是基于《国税函（2009）698号》确立的通则——即，依据《中华人民共和国企业所得税法》第47条及《企业所得税实施条例》第120条的一般反避税规则将中间层“穿透”进行征税。但是，本案是个人间接股权转让，上述规则显然不能适用。

二、调查过程和案头分析

（一）股权转让调查与案头分析

股权转让的征税逻辑有二：方法一是依据来源地原则，确定该股权转让的所得是属于来源于中国境内的所得据以征税；方法二是行使居民管辖权对全球所得进行课税。

本案中，我们注意到虽然表面上该股权转让是BVI公司FA转让其持有CAYMAN公司Y的股权，但是Y公司是采用红筹模式上市的境外注册公司，这种公司虽然在离岸地注册，但仍有可能依据《中华人民共和国企业所得税法》的实际管理机构原则认定为中国居民公司。那么，该转让行为则变为非居民公司FA转让居民公司Y，进而可以确立中国税务机关的管辖权。公司的招股说明书中风险因素段的风险提示印证了我们的推测：“大多数本公司董事和行政人员均居于中国境内，而本公司的资产及上述人员的资产几乎全部在中国境内。”

但是据此处理也有明显的缺陷：

一是所得税法相关文件仅在法和条例中有概括性规定，而无具体的操作细则。

二是认定后，在对FA公司转让Y公司的财产所得进行征税后，仍然无法回避FA公司是否对管理层股东分配以及对其征税的问题。

三是认定后，Y公司由非居民纳税人变为居民纳税人，由有限纳税义务转为全面纳税义务，需要面临极其复杂的税务问题，而现有文件并无明确，为企业的遵从和税务机关的征管都带来重大不确定。

根据上述分析，调查组决定采用方法二——虽然FA公司对Y公司是非居民间转让，但FA公司背后管理层股东为中国居民纳税人，如果FA公司就减持收益向其分配，中国税务机关应行使税收管辖权。

（二）间接转让调查与证据搜集

由于问题被转化为对“大股东被分配股息进行征税”，调查重点及证据收集转向“FA公司是否向管理层股东进行分配？如果分配，分配了多少？”

证据的搜集途径一般包括：情报交换、利用网络搜集公开信息、企业实地核查。由于情报交换耗时通常较长，且一般要求在穷尽国内调查手段时开展，我们选择从网络公开信息入手。经过查找，我们在申银万国证券公布Y公司境内子公司两期短期融资券募集说明书发现重要信息，摘录如下：

“2010年年末，FA公司总资产1996.34万元，净资产1979.07万元，2010年全年营业收入为0.00万元，净利润为1948.59万元。

截至2011年9月末，FA公司总资产1993.39万元，净资产1894.72万元，2011年1—9月营业收入为0.00万元，净利润为-84.35万元。

FA公司为投资公司，收益主要来源于投资收益，因此营业收入为0。”

如该公告披露，该公司为特殊目的公司，除持股外一般不进行其他经营，故可以推理得出，净资产的减少是基于对股东的分配。我们同时调取了近几年这14个股东个人所得税申报和纳税情况，没有包括这部分收入的个人所得税，锁定了涉税风险点。

（三）详细约谈方案与实地核查

通过对公告的全景式梳理，我们针对不同企业存在的不同风险分别拟定了针对性的约谈方案，一是事先了解被约谈人员的基本信息与角色地位，二是设计谈话主题与具体谈话方式，对层级高影响大的高管由市地税局处长带队约谈，以示对被约谈人的尊重，三是谈话分工上设置主谈和辅谈，四是设计被谈者可能提出的问题并提出应对方案。

如在本案中，我们围绕“FA公司减持的钱去哪里了”这一关键疑点信息，同企业相关人员进行约谈，企业相关人员承认有通过境外FA公司减持的事实，但首先辩称：FA公司为管理层私人公司，不在上市公司信息披露范围之列，上述披露是财务人员误填所致，并要求提供数份FA公司的资产负债表。我方认为企业陈述可能并不真实，上市公司信息披露需经企业内部层层审核，以上市公司严格的内控体系发生错误概率不高。但我局也没有断然否认，提出只要企业经过有关主管部门批准，在公开网站上对上述公开信息进行更正，我们将采信公司说法。

在对另一个企业主管人员约谈时声称：这部分减持款皆留存在FA公司账上，未对股东做分配。其2012年增持，即用公司账上减持获得资金直接增持。未分配给股东个人。我们提出能否提供FA公司资金流以证明高管的说法时，企业表示无法提供，案情一度陷入困境。

根据调研计划，围绕境外上市公司的股权结构与变化，我们对企业相关财务资料进行实地调查，在调查中我们要求凡是与股权及其分配有关的信息都不放过，进行记录与分析，并与我们前期梳理绘制的股权结构相印证。

此案中，我们在众多的财务资料与内部报表的实地核查中，发现了2009、2010年两年FA公司减持收益分回的内部报表，表中显示：2009年有7人，2010年10人，减持收益部分已汇回国内，并且根据外管局的要求，必须提供完税凭证方能取得这部分境外汇入款项，这部分收益已经按规定缴纳了个人所得税。这一证据表明，FA公司已经对股东做了分配，有部分减持并未汇回国内而留在了股东境外的帐户上了。调查有了突破性进展。

三、案件处理与结案

本案中在与纳税人进行了多轮的交涉后，在证据与事实面前纳税人承认了FA公司减持收益分配的事实，纳税人以为只要钱不回来就不用申报缴纳税款，所以造成没有申报，在与我们多次交谈中对税法有了进一步的理解，并表示配合税务机关处理。对股东境外减持应纳税款进行申报入库。经计算，应税金额为32110万元，扣除汇回境内部分已交款7350万元，应补缴税款为24760万元。

四、启示与建议

（一）跨境税收的管理依赖于事项的风险点梳理及涉税信息收集

我局在对境外上市涉税风险进行梳理，拟定了9大类29个风险点，主要包括：支付佣金服务费营业税扣缴、股权转让、股息、股权激励和认股权证、董事高管薪酬、境外上市企业与境内关联方之间关联交易等。

我局要求加强对企业公开信息的收集，具体步骤包括：首先，通过阅读上市公司相关新闻（新浪财经、网易财经等）了解公司重大事件；其次，筛选重大事件中可能存在的涉税疑点信息，建立关键字搜索（如大股东姓名、减持）模糊搜索进一步进行定位；再次，在联交所、SEC网站等查询相关公告中再次精确定位确认，在此基础上对公告原文进行转化，成为涉税核查要点。

（二）进一步明确境外注册居民企业管理规则

1.修改和完善实际管理机构标准

首先，国家税务总局通过《国税函（2009）82号》、《国家税务总局公告2011年第45号》、《国家税务总局公告2014年第9号》对境外注册中资控股企业依据实际管理机构原则认定及管理做出明确规定。但是，对境外注册非中资控股企业，除了《企业所得税法》及其实施条例中原则性规定，目前并无细化规定指引，实际操作中难以有效执行。

其次，目前《国税函（2009）82号》对境外注册中资控股给出的认定标准是同时满足“履职场所、决策发生地、重要档案存放地、大部分董事高管经常居住地”四个标准，才能认定为居民企业，这个标准相较于OECD和UN的标准是严苛的。且，企业很容易通过回避其中一个或几个条件达到避税的目的。建议参考国际惯例采取一系列标准综合判断。除此之外，一些国家的其他做法也值得我们借鉴，比如意大利法律规定：判定居民企业，如果这个企业的实际经营在意大利，即使注册地和实际管理机构都不在意大利，也被判定为意大利的居民企业。

2. 境外注册企业被认定为居民企业后的国际税收协调

我国所得税法中的实际管理机构规则脱胎自税收协定，根据协定的阐释，设立目的主要包括两个：一是反避税，二是避免重复征税。从中国的实践看，通过税务机关主动认定的案例，如佳木斯、常州，主要是基于反避税的考虑。但是，这个基于反避税的认定是否能作为日常征管的依据，目前尚无具体规定。具体说来，被认定的境外注册居民企业是否应在以后期间负有全面纳税义务和作为代扣代缴义务人履行扣缴职能？是否有能力履行？以红筹上市企业为例，如果上市主体被认定为居民企业，其是否有能力扣缴所有股东的预提所得税？上市地区监管机构是否能配合其完成扣缴？事实上，红筹上市企业的招股说明书的风险提示也多对此风险进行披露。

另外一个不能忽视的问题，认定后的居民企业属于中国税收居民，相关所得适用中国和缔约国之间的协定或安排时可能会产生争议：（1）如果认定居民企业注册所在国家亦把其视为本国税收居民企业，要求其全球所得在该国履行所得税纳税义务；（2）虽然认定后居民企业的注册所在国家同意其中国税收居民身份，但如果该企业的境外股东所在国家不认同。这两种情况下都有可能产生税收争端，导致重复征税，而通过协定相关条款进行协调并不都能很顺利的解决。

常州、佳木斯案例是否要求对基于反避税认定的居民企业进行日常管理不得而知，本案则是没有认定回避了争议。

（三）加强境外自然人投资者征管刻不容缓

自然人有着“面广、量大、流动性强、法律支撑不够、纳税意识薄弱、维权意识强”的特征，相较企业征管难度更大。而境外投资者又是自然人当中一个十分特殊的群体，属于高收入人群，而这部分人收入目前几乎游离于现有征管之外。

现行对境外所得的管理文件主要是《国家税务总局关于境外所得征收个人所得税若干问题的通知》（国税发〔1994〕第44号）和《国家税务总局关于印发〈境外所得个人所得税征收管理暂行办法〉的通知》（国税发〔1998〕126号）。文件确立了对境外收入采取自行申报制度，并对所得归属年度、汇率等问题作出规定。但是，个税相关文件缺少居民个人境外投资和所得的信息报告制度，缺少反避税规则，已经不能完全满足现阶段境外收入的征管要求。建议：

1. 参照企业所得税文件，制定居民个人境外投资和所得的信息报告制度。

2. 加强同外部门信息交换。特别是外管部门，以国务院修订《国际收支统计申报办法》为契机，将居民个人境外投资和所得信息纳入监控范围。

3. 加快个人所得税反避税规则的制定，以便基层征管操作。

《中国税务报》2015年3月25日B1版发表：

税收现代化征管模式的研究

王火生、史成娟

【摘要】 现行税收征管模式在保障税收稳定增长、优化税收法治环境、推动税收服务体系建设等方面发挥了积极的作用。但也陆续暴露出一些问题，比如征纳双方职责不清、专业化程度不强、综合治税不够、风险管理未能有效应用等。本文试图对税收现代化征管模式的特征和内涵进行探讨，对现行征管模式与现代化目标的差距进行分析，借鉴部分发达国家的税收征管模式，进而探索我国税收现代化征管模式的新思路，以促进税收征管效率、纳税人满意度进一步提高。

【关键词】 现代化　税收现代化　税收征管模式

党的十八届三中全会从推进国家治理体系和治理能力现代化的高度全面部署了税收改革。国家税务总局提出到2020年要基本实现税收现代化。税收现代化是实现国家治理现代化的基础和重要支柱，而税收征管模式的现代化又是实现税收现代化的必然途径。在此背景下，探索如何构建税收现代化征管模式，对顺应新一轮税收改革趋势，进一步发挥税收在推进国家治理体系和治理能力现代化中的积极作用具有重要意义。

一、税收现代化征管模式的特征和内涵

（一）税收现代化的提出

1. 现代化

对于什么是现代化，国内外尚无统一定义。根据韦氏辞典，现代化有两层含义：一是成为现代的、适合现代需要；二是自大约公元1500年以来出现的新特点、新变化。社会学家丹尼尔·勒纳认为，现代化是一个旧的社会变革过程的流行语，而这个过程就是“欠发达社会”获得“较发达社会”共有特征的社会变革。马崇明认为，现代化是指工业革命以来随着科学技术在生产过程中的广泛应用而导致的社会生产力的巨大发展以及社会结构的根本改变。综合起来我们认为，现代化是以现代思想、科学技术等为支撑，推动社会、政治、经济、文化、管理等各个领域的改革与创新，从而达到更加先进和发达的过程。

2. 税收现代化

税收现代化是现代化过程在税收治理领域的具体体现，其基本要求包括：一是要用法治的理念和方法，处理政府与市场、税务机关与纳税人等不同利益主体之间的关系；二是要能够顺应时代发展要求、适应科学和信息技术的突飞猛进、符合纳税人主体的变化需要；三是税收改革的方向要能够顺应世界税制发展和税收管理的趋势。

在2014年全国税务工作会议上，国家税务总局局长王军全面阐述了我国税收现代化的宏伟愿景、现实差距和解决路径，明确到2020年基本实现税收现代化，具体包括“完备规范的税法体系、成熟定型的税制体系、优质便捷的服务体系、科学严密的征管体系、稳固强大的信息体系、高效清廉的组织体系”等六大体系。

（二）税收现代化征管模式的内涵

1. 税收现代化征管模式的特征

税收征管模式是指国家及税务机关为了实现税收征管目标，在税收征管过程中对相互联系、相互制约的税收征管组织机构、征管人员、征管形式、征管方法等要素进行有机组合所形成的规范形式。我们认为，税收现代化征管模式应该包含以下“四大特征”：

（1）法治。就是在治税思想上，要始终贯彻依法治税的理念，通过建立一套科学、严密的现代税收管理法律体系，使征税主体依法征税，纳税主体依法纳税，全社会依法履行协税护税职责，从而达到税收法治的状态。

（2）高效。就是在管理手段上，要充分利用现代信息技术和管理机制，对内优化组织机构，简化业务流程，对外整合管理资源，搭建服务平台，使各环节既运转顺畅，又协调配合，从而实现办税高效、运转高效目标。

（3）科学。就是在方式方法上，要充分应用风险管理、信息管理等科学的管理手段和方法，实行流程化、专业化、人本化管理，使税收管理制度更加规范合理、管理流程更加科学有效、管理质量得到全面提升。

（4）文明。就是在征纳关系上，要坚持公平公正、和谐文明的现代原则，通过税收征管模式的构建，实现税务机关文明服务、文明执法，纳税人自主办税、文明纳税，全社会营造良好税收环境的文明和谐局面。

2. 税收现代化征管模式的标准和目标

税收征管模式由税收制度决定并与之相适应，受到国家政治、经济、文化、科学技术等多重因素的影响。因此，税收现代化征管模式，要能够适应社会发展水平、税制结构、税务人员素质和纳税人素质的要求，体现相应的税收征管水平。我们认为，衡量税收现代化征管模式的标准主要有四个：

（1）税法遵从度。税收征管的目标就是培养纳税人依法诚信纳税的习惯，提高纳税人的税法遵从度。提高税法遵从度是税务机关与纳税人共同的责任和义务，表现为税务机关坚持依法行使管理职权，纳税人依法诚信纳税，自行申报纳税的质量不断提高。

（2）纳税人满意度。税务机关通过高效管理、优质服务，切实保障纳税人的合法权益，营造公平竞争的税收环境，树立税务部门良好的社会形象，获得纳税人对税收工作的理解、支持和认可程度。

（3）征管效率。指税务机关在征税过程中，以最小的征税成本获得最大的税收收益。如果税务部门能以最低的成本使税收政策得以贯彻执行，使税收收入最大限度地征收入库，使税收职

能作用得到充分发挥，那么，这样的征管模式就是科学、合理、高效的。

（4）纳税成本。征管模式的设计还要充分考核纳税人的纳税成本。税务机关通过加强税法宣传、优化办税服务、简化办税程序、公平公正执法等途径，减轻纳税人负担，降低纳税人的遵从成本。

综上，构建税收现代化征管模式应符合上述标准，努力实现税法遵从度最高、纳税人满意度最高、征管效率最高、纳税成本最低，即“三高一低”的目标。

二、现行税收征管模式与现代化目标之间的差距不足

（一）我国税收征管模式发展历程

新中国成立以来，我国的税收征管模式经历了数次变革。20世纪50年代到80年代初，采取的是“一员进厂、各税统管、征管查合一”的征管模式，即税务专管员模式。1988年，建立了“征、管、查三分离”或“征管与检查两分离”的征管模式，初步实现了征管模式由传统的保姆式管理向专业化管理转变。1996年明确了“以纳税申报和优化服务为基础，以计算机网络为依托，集中征收，重点稽查”的税收征管新模式。2004年在原有基础上，税收征管模式得到了进一步优化和完善，增加了“强化管理”，形成34字模式，进一步优化和完善了征管模式，总体内容与世界先进国家税收征管模式基本接轨。近年来，各地积极适应经济社会发展新变化，在优化完善税收征管模式方面又进行了有益的探索。如江苏地税部门自2011年开始实施税源专业化管理改革，打造了“以分级分类为基础，以信息管税为支撑，做大纳税服务，做专风险管理，做强税务稽查”的税收征管模式，在深化税收征管改革方面取得了可喜的成效。

（二）现行税收征管模式存在的主要问题

现行征管模式经过10年实践的检验，在保障税收收入稳定增长、提高税收征管质量、优化税收法治环境、推动税收服务体系建设等方面均发挥了积极的作用。但在信息技术高速发展、税源结构更加复杂的新形势下，现行税收征管模式仍存在诸多需要解决的问题。

1. 征纳双方职责不清，纳税人税收遵从度有待提高。虽然我国《中华人民共和国税收征收管理法》中明确规定了征纳双方的权利和义务，但是在实际工作中，征纳双方职责不清的情况时有发生。从纳税人角度看，目前，我国纳税人的依法纳税意识逐渐增强，但是部分纳税人不认真履行纳税申报义务，不报、迟报、申报不实、虚假申报、基础信息填报不全不准等现象还大量存在。从税务机关角度看，税务部门没有完全还权、还责于纳税人，在一些方面，不该管的管了不少，该管的反而没能管好。比如：纳税人的申报事项、发票使用、成本费用列支等正常涉税行为，还必须要接受税务部门的审核确认，这种征纳双方职责不清、地位不平等的现象，严重影响了税收法治化进程。

2. 纳税服务机制尚不完善，工作中缺位和越位现象并存。一是服务同质化。纳税人所属行业和生产经营规模不同，其服务需求往往不同。目前办税厅针对不同类型、不同行业、不同规模的纳税人分类服务和分类辅导措施比较薄弱和匮乏，对纳税人的适用性不强。二是网上办税系统尚不完善。目前网上办税系统的功能还不够完善，只能提供纳税申报等部分业务的办理服务，没有很好发挥网上办税厅无纸化、非接触式和方便快捷的作用。三是征纳双方信息沟通不畅。税收征管规定或者税收法规发生变化时，部分纳税人难以第一时间获取资讯，导致纳税人因了解不够、理解不同产生过失。四是纳税人权益维护不到位。维权组织机构单一，税务行政诉讼程序复杂且缺少多样性，增加了纳税人的维权成本。

3. 对“集中征收”理解存在偏差，纳税人自主办税成本较高。一是征收机关过于集中化。部分地区片面按照行政区域设置，合并税务机构，大量撤销税务所（分局），把税收征收工作主要集中在经济中心区的办税服务大厅，消耗了纳税人大量的交通成本和时间成本。二是征收方式过于单一。网上办税自运行以来，因硬件支持不够、部分程序设计不合理等因素，导致用户体验欠佳，纳税人接受程度、使用积极性较低。而且，目前单一的网络申报方式，不能满足纳税人申报便捷化的要求。三是办税资料种类繁杂。各类税收业务都规定了需要提供的资料，纳税人经常因为缺少资料来回奔跑。部门之间信息沟通不畅，导致纳税人资料重复提供。四是社会中介服务发展滞后。税收中介服务较为缺乏，税务师事务所的数量、人员素质、管理水平相对滞后。

4. 专业化管理方式不够统一，税源管理的效能未能充分发挥。一是分级分类管理标准不统一，尚未制定普适性的分类管理办法，导致税源管理的专业性降低。二是专业化管理机制不健全。专业化管理职责不明确，税源管理职责存在重复交叉。部分地区仍采用全面属地化管理方式，基层一线的管理分局职责分工上“小而全”，制约着专业化管理优势的发挥。三是缺乏对风险管理、分级分类管理、信息管税内在关系的系统考虑，机构设置和人力资源配置不合理。如风险应对专业性人才缺乏，散落安排在各个不同的管理分局，职能的专业化程度减弱。稽查的专业化管理程度较低，属地化的稽查分工格局，使稽查工作受到较多影响和限制。

5. 风险管理体系不健全，防范税源被侵蚀的作用不足。一是税收风险管理的法律地位不明确，现行的税收法律法规中，没有提及风险管理的概念，妨碍了风险管理作用的发挥。二是目前风险管理的案例和模型数量不足、质量不高，影响了风险特征指标系统的归纳和提炼，不能准确反映风险点和风险等级的分布情况，无法有针对性地抓住重点开展风险应对。三是风险应对方式繁杂但成效并不高。应对中低等风险的纳税评估，流程过于繁杂，偏重于风险全面预防，应对效果不理想。应对高等风险的税务稽查，由于机构设置、人力资源、稽查设施等方面的限制，也未能发挥其应有的震慑作用，执法刚性弱化。四是税收信用在风险管理中的作用未得到有效发挥，税收信用体系建设落后，信用结果应用渠道少、范围窄，激励约束作用不强，不利于全社会依法诚信纳税风气的形成。

6. 信息管税功能不够完善，税源管理工作存在支撑瓶颈。一是信息系统的智能化水平不高。部分信息系统操作界面不便捷，操作性易用性不强。一些年龄偏大的同志对复杂的、不常用的模块不会操作、不敢操作或误操作的情况较多。二是信息系统兼容性不足。由于开发进度等原因，大集中系统难以覆盖各基层单位所需要的管理功能，导致外挂系统较多，有的省辖市甚至外挂了40~50个系统，造成重复开发的同时，信息存储不统一、数据标准不一致、系统兼容性不足等，导致信息采集面不全、质量不高。三是综合治税步伐滞后。在社会组织协护税、部门协作方面缺少法律支持，增加了外部信息获取难度。第三方信息采集的数据不全面、不完整、不规范，通过名称、代码比对的匹配率只有百分之三四十，外部数据的利用率不高、效果不明显。

7. 干部素质及干部管理机制存在差距，难以适应现代化征管工作需要。一是干部素质存在差距。税务干部老化现象比较普遍，高素质、复合型干部比较缺乏。二是岗责体系不够完善。目前征管各环节专业化分工并未完全到位，存在交叉重复、职责不清等问题，岗责体系不够完善，考核指标不够统一，使绩效评价工作很难有效实施。三是绩效激励作用不明显。激励机制以职务、级别激励为主。然而在职务、级别基本稳定的情况下，每个考评周期的结果都没有很大变化，未彻底打破“大锅饭”。税务人员对职务升迁、级别提升的重视程度要远远高于对工作业绩的关注程度。同时薪酬分配与绩效考核结果的关联性不强，容易挫伤税务干部积极性。

三、我国税收现代化征管模式选择

（一）现代化税收征管模式的国际借鉴

1. 美国。建立完善的纳税服务机制和严密的税收执法机制，提出“纳税服务+税收执法=纳税遵从”。引入风险管理理念，通过全国统一的社会保险代码掌握纳税人的涉税信息，对涉税风险进行分析识别，依靠专业审计对违法行为进行严厉处罚。建立严密系统的税源监控体系，构建以“纳税申报、税款核算、税款征收、欠税催缴、争议处理”为内容的征管流程、预警指标和评估模型。通过法律化的方式建立良好的部门协作体系。

2. 德国。税务机关的职能定位为纳税服务部门，税收征管的首要目的是为纳税人提供需要的服务。在德国，所有公共部门实施情报交换，广泛利用计算机网络信息技术，打造“税源认定、纳税申报、税务代理，税款缴纳、税务检查”的基本流程。建立独立于征收管理的税收稽查审计部门，对税收违法行为的惩处十分严厉。通过法律规定公共部门、银行金融机构负有提供信息、协助调查的法定义务，实现社会资源的共享。

3. 日本。实施蓝色申报制度，以“增强纳税人的纳税意识，引导纳税遵从，降低税收征收成本”为目标，一方面为纳税人提供高效优质的服务，另一方面加强税务稽查审计，重点查处高风险的大案、要案以及惩处和威慑涉税犯罪活动。以“自行核算、自行申报、自行纳税”为基本流程，建立全国统一的征管信息综合管理系统，与有关部门管理系统实施联网，注重利用第三方情报信息，实施严密的税源监控。

税收征管模式与一国的政治、经济、文化等多重因素相关，有着适合其生存的社会土壤，因此，我们研究我国税收现代化征管模式，必须结合我国的实际，不能照搬照抄外国的经验。但剔除不可比因素，我们可以发现，国外的征管模式有四个方面值得我们借鉴：一是国外普遍把“税收遵从”作为优先战略，强调纳税人的主体责任，建立了促进纳税人自愿遵从的风险管理模式。二是国外普遍注重为纳税人提供高效优质的纳税服务，建立了完善的纳税服务机制。三是国外普遍建立了一套完整的税收征管流程，有着严密的税源监控体系。四是国外普遍实行税收信息化管理，以法制化为制度保障建立严密的部门协作制度和信息交换监控网络。

（二）我国税收现代化征管模式的初步构想

综合以上分析，我们认为，我国应综合考虑我国社会环境、税制结构，建立“以自主纳税和优化服务为基础，以信息技术为支撑，以风险管理为手段，便民化征收、专业化管理、集约化稽查”的现代化税收征管模式。

1. 以自主纳税和优化服务为基础，就是要牢固树立依法治税理念，用法律的形式清晰界定征纳双方的权利和义务，明确相应的法律责任。纳税人作为市场经济的主体，负有依法自行申报纳税的义务，依法自主管理涉税事宜，并依法承担相应的法律责任。税务部门作为国家征税主体，要增强纳税服务功能，完善服务管理制度，为纳税人自主纳税提供便利条件，二者共为税收征管的基础。

2. 以信息技术为支撑，就是要充分应用现代信息技术，大力推进税收信息化建设，构建现代技术手段下的信息管税模式，为税收征管提供强有力的信息化支撑。要充分发挥信息化的引擎作用，利用技术手段改造、创新税收征管业务，对税收征管业务进行前瞻性的研究和设计，实现业务与技术的有效融合。大力提高税收征管效率。

3. 以风险管理为手段，就是要把风险管理作为税收管理的基本手段，通过建立“风险识别—风险应对”的风险管理体系，对纳税人的税收风险进行分析比对、风险等级排序，然后对不同风险等级的纳税人分别采取风险提示、纳税评估、税务稽查等应对手段，从而达到提高征管质效、促进纳税遵从目的。

4. 便民化征收，就是要以“便民、快捷”为标准构建税收征收体系，充分运用现代网络技术、通信技术和物流手段，丰富申报纳税方式，搭建多元化申报缴税渠道，减少资料报送，简化涉税审批，将纳税人的自主办税成本降到最低。

5. 专业化管理，就是要对管理对象进行科学分类，对管理职责进行合理分工，对管理资源进行优化配置，积极推行分类分级管理，合理设置专业化机构，科学分解岗位职责，有效配置人力资源，提高税收专业化管理水平。

6. 集约化稽查，就是要改革稽查管理方式，由属地稽查模式向分行业跨区域稽查模式转变，通过科学划分各层级检查职责，有效配置稽查资源，提升执法层级，提升稽查的信息化、网络化水平，提高税务稽查的质量效率和集约化程度。

四、构建税收现代化征管模式的主要设想

（一）以行政审批制度改革为契机，严格界定征纳双方职责

构建税收现代化征管模式必须以明晰征纳双方权利义务为前提，主要内容包括：

1. 明确纳税人自主遵从税法的主体地位。坚持依法治税思想，加强税收立法，用法律的形式清晰界定征纳双方的权利和义务，明确相应的法律责任。要依法建立完善纳税人自主申报纳税、代扣（收）代缴以及税务机关核定纳税制度，确立纳税人自主遵从税法的主体地位。

2. 界定税务部门依法行政的主要职责。落实行政审批制度改革要求，全面梳理涉税审批事项，减少审批事项，最终取消审批制度。要还权、还责于纳税人，税务部门负责在事前制定规范，以法律形式规定纳税人的纳税行为，纳税人依法办税，税务部门事后监督。同时，税务部门还要向

纳税人提供规范化的政策确定性服务和多元化的办税选择，促进其自愿遵从。

3. 确定税收征管核心流程。基于纳税人自我评定制度，打造“纳税人自主申报—受理申报—税收评定—违法调查—税款追征—争议处理”的基本程序，税务部门在受理纳税申报之后，按照规范的税收评定程序对纳税人申报的真实性、准确性、合法性进行评价和确定。

（二）以标准化服务平台为载体，打造优质高效的纳税服务

在税收征管中，纳税服务的地位是基础性、先导性的。现代化的征管模式下，纳税服务工作应当从搭建四大标准化服务平台着手，推进“纳税服务客服化”。

1. 办税服务厅平台。建立国地税联合办税厅，设置一定数量的办税窗口和咨询窗口，安装自主办税终端，为上门办理业务的纳税人提供服务。办税服务厅主要功能逐步由申报办税发展为约见场所，主要用来解决纳税人遇到的疑难事项，为具有差异性的纳税人提供个性化服务。

2. 网络办税平台。加强网上办税厅建设，拓宽网上办税厅的服务功能，打造具有业务受理、网上教学、政策宣传、资料下载等功能的一体化网上办税厅。加强网上办税厅的软件技术支撑，确保使用快捷、方便、安全、可靠。

3. 咨询服务平台。加快“12366”纳税服务热线平台建设，提高政策咨询的专业化和标准化、客服化程度。加大税收宣传力度，积极运用新兴宣传载体，如微博、微信、QQ群等，及时公布税收政策，加强与纳税人沟通和交流。建立“税收知识学习室”，设置自助资料查询机，放置各类税收资料，便于纳税人自行学习、获取所需信息。

4. 纳税人维权服务平台。建立税务审判庭，与民事审判庭、刑事审判庭和行政审判庭平行，受理举报、投诉及争议的税收事项。完善内控机制，建立健全纳税服务投诉处理工作制度，疏通投诉渠道，规范投诉、受理、调查、处理、反馈等环节，明确责任、细化流程，切实维护纳税人的合法权益。

（三）以便民利民为目标，构建多元化申报征收体系

笔者随机选择纳税服务厅100位纳税人开展便民办税需求调查，结果显示，有67位纳税人认为最应该改进和加强的是简化办税流程，35位纳税人认为来办税厅申报最费时，29位纳税人认为涉税申请最费时，23位纳税人认为发票管理最费时，还有纳税人建议简化网上申报流程、减少资料报送等等。根据调查，我们认为便民化征收主要包括：

1. 推广多元化征收方式。在原有的上门申报、邮寄申报等书面申报的形式下，大力推行电子申报纳税，实行财税库银联网，纳税人可以利用网络、手机、电话等多种载体办税，可以通过自主办税终端、银行网点自助区、电子网银账户缴纳税款。每种申报方式都要尽量简化流程，并能够提供相应的操作指南，便于纳税人掌握应用。

2. 减少和规范涉税资料报送。充分利用现代电子技术和信息传递功能，减轻纳税人资料报送负担。大力推广电子影印资料应用，采用电子影印系统全面采集纳税人的涉税信息，凡是影印系统内存在的资料，一律不需要纳税人再行提供。同时，要加强部门间的信息传递，避免纳税人重复提供资料。

3. 大力发展税务中介机构。构建无偿服务和有偿服务双轨模式，一部分服务职能交由注册税务师事务所等中介机构来完成。规范税务中介服务行业管理，加强行业服务体系、服务规范立法。搭建社会化纳税服务网络，要加强与行业协会、商会、社区等组织的合作，引导各类社会主体主动参与纳税服务。

（四）以分级分类管理为重点，提高税收专业化管理水平

现代化征管模式下，加强税收专业化管理，不仅包括税户的专业化管理，更应该是职能的专业化，由专业化的人按照专业化的环节做专业的事情。

1. 将税收事项分为基础税源事项和风险应对事项两大类，基础税源事项实施属地化管理，风险应对事项实施专业化管理。属地管理分局按照基础数据核实、注销管理、发票管理等基础税源管理事项，进行再分工，同时负责与所属地方政府的沟通服务工作。省市局负责开展风险分析监控，由风险应对部门统一下达风险应对任务，各基层风险应对分局，主要履行以风险应对为重点

的税收风险管理职能。

2. 对重点税源在较高的管理层面上实施相对集中的风险应对管理,比如可以将大型跨国企业集团的风险应对管理集中到省级税务部门,在总部企业、集团企业、上市公司等大企业较为集中的大城市,成立重点税源专业应对管理机构。不同于一般的申报审核等简易评定方式,对这部分重点税源主要采取案头审计和实地审计等方式,由省市局配备高素质专家团队,组织风险管理工作实施。

3. 推行省和市一级稽查模式,取消县一级属地稽查管理部门,在市局层面上,成立隶属于市局稽查局,按行业分类的稽查税务分局。有效配置稽查资源,提高稽查部门的人员比例、现代化查账设备的配置,加强现代查账技术应用,有效提高稽查工作水平。

(五)以加强风险管理为核心,增强税收风险防控能力

税收风险管理是现代化税收征管的重要手段,有着重要的“龙头”作用,为此,要特别做好三方面工作:

1. 确立税收风险的法律地位。税收风险管理已成为税收管理的重要内容,《税收征管法》应对风险管理进行法律定位,对风险管理的概念、范围、内容、岗位职责、工作规程、责任追究等予以明确与统一,使风险管理工作有法可依、有章可循。

2. 完善税收风险管理体系。一是优化风险指标设计。从微观企业数据和宏观国民经济数据入手,选择合理的参数值,供风险指标作为参数值。在此基础上,加强行业、税种或涉税事项的风险点研究,形成健全的风险应对模型。二是加强风险分析识别。通过税种分析、税负分析、税收关联分析等方法,对存在的风险进行识别分析,对风险程度作出合理的判断,形成风险等级排序。三是强化税收风险应对。针对不同的风险等级,灵活运用各种评估手段和方法:对低等风险主要通过风险提示和纳税辅导,帮助纳税人消除税收风险;对中等风险主要通过纳税评估的方式,确认风险点的,由纳税人依法补缴税款和滞纳金;对有偷逃骗税等高等风险嫌疑的,移交稽查部门处理。

3. 建立完善税收信用体系。加快建立个人税收信用制度,在个人信用记录号码中记录其纳税、信贷等方面的情况。健全纳税信用评价机制,设定评估条件和标准等具体内容,规范纳税信用评定工作。建立税收信用激励惩罚机制,加强信用结果应用,对拥有良好税收激励的纳税人给予一定的优先权,对失信者给予惩罚、约束,特别要加大对偷逃税的打击力度,加大不诚信纳税的成本,促进纳税人依法诚信纳税。

(六)以信息化建设为支撑,构建严密的税收监控网络

适应现代化税收征管的要求,就必须抓住信息这个关键要素,逐步打破征纳双方信息不对称的局面,切实提高税收征管水平。

1. 增强征管模式的科技含量。利用现代先进技术,创新完善省地税局大集中数据系统,使之成为税收征管全覆盖的管理系统,包含纳税人信息管理系统、电子报税系统、数据库管理系统、信息统计分析系统、税源监控系统、稽查管理系统、人力资源管理系统等等。加强对大集中系统各大应用系统数据的交换和共享,实现对纳税人信息“一户式”查询、管理和存储,形成强大的税收监控体系。

2. 依托综合治税平台提升数据采集面和准确度。搭建综合治税平台,以法律法规形式明确各社会部门负有信息提供职责,构建覆盖工商、税务、银行、公安等多部门的税收信息采集体系,全面采集涉税数据,并进行加工分析,形成决策信息并据以实施税源监控和管理。要严把数据采集质量关,把数据的真实性、准确性,作为一项硬性要求加以规范。

3. 加强数据库的建设与管理。将身份证号码作为个人的终生纳税代码,并从法律高度推动个人纳税信息的报告制度。推动各级政府搭建公共信息平台,采用“云计算”架构建设主题数据库。同时,要强化数据库核心资源和设备的安全管理,建立核心设备健康状况实时监控体系,降低系统故障率,对核心数据资源设置访问控制,记录和审核访问和修改痕迹,确保数据安全。

(七)以绩效管理为导向,打造现代化的干部队伍

干部队伍现代化是实现税收管理现代化的人才保证和智力保障。为此,要以加强绩效管理为

导向，构建适应现代化征管模式的干部激励机制。

1. 积极推进绩效管理。首先，制定科学的绩效计划，并细化分解为考评指标。考评指标以定量指标为主，定性指标为辅。数据来源以各项原始记录和自动生成的计算机数据为依据。其次，建立重点工作任务和关键指标的日常监控机制，全面实施绩效监控，掌握工作进度和重点指标完成情况。第三，科学制定绩效考评工作方案，合理确定考评方式方法，严格开展绩效考评。第四，加强考评结果运用，坚持正向激励为主，运用于干部问责、年度公务员评先评优、干部选拔任用，不断拓展运用范围。

2. 创新实施能级管理。以能力管理为核心，以全面发展为目标，建立科学合理的评价体系，对每一岗位的干部所具备的能力进行评定分级，据此决定干部的使用、责任和待遇。对干部的思想道德、工作技能、廉洁奉公等方面进行全面考核，动态管理，按期评定，并实行"按级取酬"，与干部职工的薪酬、评先树优和选拔任用等切身利益挂钩。

3. 加强干部教育培训。本着按需施教、学以致用的原则，按照干部梯次的不同需求，设计和实行不同层次的分类型、个性化教育，增强培训的针对性、实效性，梯度开发税务系统人才资源。建立干部学习培训档案，所有的培训、考试都列入干部的学习档案，作为干部任用、岗位调整的依据，促进干部更新知识、提升能力，实现人力资源增值。

参考文献：

1. 王元丰：如何看待"国家治理体系和治理能力现代化"，中国共产党新闻网，2014-8-18。

2.《全面推进税收现代化——全国税务工作会议召开》，中央政府门户网站，www.gov.cn，2013年12月26日。

3.《国家税务总局局长王军：积极推进税务稽查现代化建设》，人民网—财经频道，2014年2月28日。

4.《提高认识 深化改革 积极构建现代化税收征管体系》，宋兰在2012年全国税务系统深化税收征管改革工作会议上的讲话。

5. 唐跃：《对征管体制改革的思考》，《税收经济调研》，国家税务总局，2014年第23期。

6. 王明明，康忠贵：《进一步完善我国税收征管模式的研究》，《税务研究》，2010年第1期。

7. 薛海骏：《论新形势下我国税收征管模式的完善》，《税收经济研究》，2013年第2期。

8. 姚键、叶桦、陈诚：《引入信息化新技术新手段 推动税收管理的现代化》，《江苏税苑》，2014年第2期。

9. 湖北省税务学会课题组：《创新和完善税收征管模式研究》，税务学会调研论文。

10. 安徽省地税局课题组：《借鉴现代管理理念构建现代化征管体系》，中国税务报，2014年3月19日。

11. 大连市国家税务局课题组：《税收征管模式的创新与完善》，《税务研究》，2013年第2期。

12. 胡道新：《推进改革创新 努力实现税收管理现代化》，中国税务报，2014年1月24日。

13. 臧耀民：《以税源专业化管理为突破口 探索现代化税收征管新模式》，《中国税务》，2012年第7期。

14.《国家税务总局关于实施绩效管理的意见》税总发〔2013〕130号。

《中国税务报》2015年4月1日B3版发表：

对建立我国现代税务稽查选案基础的探讨

王冬明、李璐、董宏

【内容提要】 税务稽查选案是税务稽查的第一道程序，选案的准确性直接影响着税务稽查的质量。本文从分析国外税制发达国家完善的税务稽查选案基础角度出发，结合分析我国当前在税务稽查选案基础工作上的差距，提出打造我国现代税务稽查选案体系基础的具体建议。

【关键词】 税务稽查　稽查选案　国际借鉴

所谓税务稽查选案，根据国家税务总局编写的《税务稽查管理》定义：税务稽查选案亦称税务稽查对象的确定，是指按照一定的方式、方法和要求，对纳税人各项信息数据进行采集、分析、筛选，最终为税务稽查的实施确定具体检查对象的过程。从税务稽查整体业务体系看，税务稽查选案是税务稽查的第一道程序，是税务稽查业务开展的起点，选案的准确度，直接影响着税务稽查的质量。目前我国基层税务机关稽查选案已经初步建立了人机结合的业务框架，如果单纯仅以发现问题就算选案准确，那么我国税务稽查选案率还是比较高的，如《2011年中国税务年检》披露：2011年全国税务稽查部门共检查纳税人21.21万余户，发现存在各类问题的纳税人20.22万余户，选案准确率达到95.35%。当然从综合情况分析，我国的现代税务稽查选案机制还处于探索初期，和国外发达国家相比，有一定的差距，虽然从稽查选案大体形式上和国外发达国家相似，但是包含的理念和业务内涵确有很大区别。

一、国外税务稽查选案的基础

国外税制发达国家税务稽查选案的基础有两个方面，一是有强大的计算机信息技术提供有效的支撑；二是能有效收集纳税人的各项涉税（经营）信息。这两方面为稽查选案的准确性提供了基础，具体有以下四点：

（一）建立统一的纳税识别号制度。很多国家通过设立纳税人（含企业和个人）的“纳税号”来建立对纳税人控管的基础，由于“纳税号”对纳税人来说是终身唯一的，因此从纳税人“出生”的根源上就打下了计算机控管的基础。例如美国，其税制是以个人所得税为主体税种，采用统一的纳税代码对纳税人进行登记，以确定纳税人的身份，其代码与社会保障号相一致，法律规定没有纳税代码就不能在银行开户，就无法享受社会保险，交易合同没有纳税代码也无效。由于代码的通用性，税务部门很容易与其它部门交换信息，使得税务登记的信息来源非常丰富，通过税务登记代码的查询，税务机关就基本上掌握了全国税源的大致状况。

（二）完善的计算机系统提供（监控）纳税人的直接涉税信息。有了纳税人识别号，建立完善的计算机信息系统，就可以全方位监控税源。例如德国，有两个计算机处理系统。一般企业都要委托职业会计（税务）师通过会计（税务）师信息数据处理中心为纳税人提供服务。该中心总部设在纽伦堡，德国16个州均有其分支机构。该中心不仅专门建立了一个与税务有关的数据信息库，存入了德国所有的税收法律条文、各个法院判决的税务案件、联邦财政部颁发的有关税收规章制度等，还存有德国170万户企业的经营信息，可共随时查询。近年，该中心已成功地与联邦税务内部税务信息处理中心实现联网，每月通过计算机处理大约800万件的个人收入所得税纳税申报。

（三）获取第三方信息。第三方信息是监控纳税人经营行为和业务数据的重要信息，很多国家通过立法保障税务当局获取这些信息。例如美国，能大量获取银行、商业注册局、车辆注册局、保险机构、海关及各类社会组织等部门的涉税信息。同样澳大利亚的外部信息也是主要来源于经过工作人员甄别后的举报、海关、银行、移民局、煤汽水供应部门、车管部门、土地房产部门、股票交易市场信息以及外部商业数据库等。

（四）直接收集纳税人信息。由于许多信息仅靠计算机监控信息系统无法涵盖，一些国家除利用计算机直接获取纳税人相关信息外，还直接通过报告制度直接收集纳税人相关信息。例如美国的税源信息报告制度，规定利息和股息等的支付人要用磁盘或网络传递“税源信息报告表”报到税务机关。目前税源信息报告表的内容从利息、股息已经扩大到股票交易、赠与财产转让、不动产销售、特许权使用费、合伙企业权益转让等等。在美国，现金流通相对较少，付款多用支票或信用卡，企业的来往账目在银行非常清楚，很难隐瞒。在交易中如果纳税人收到10000元以上的现金还需向税务机关报告，银行也必须将此交易向税务部门报告备案。同时很多国家还规定双向申报制度，就是企业要税前扣除某些费用的前提是对方企业要申报此项业务收入，否则不予扣除。

（五）计算机和专业人员分析的结合。现代税务稽查选案基本上是建立在计算机选案的基础上，通过不同的指标、模型等进行数据对比分析，以筛选出疑点。但同时专业（或专家）人员的判断，也是选案的重要环节。以澳大利亚和美国为例：

1. 澳大利亚。澳大利亚的ATO机构设有问题专家小组，成员是各专业问题的专家，如资本利得税专家小组（负责资本利得税问题）、国际税收专家小组（负责国际税收方面的问题）以及与其他国家的税收协调、转让定价等问题。当选案人员（评估人员）在选案（评估）中有专业和技术方面的问题时，由这些专家小组提供帮助并提出处理建议。

2. 美国。美国的稽查选案同样也是计算机技术和专业人员的结合，但相对更加复杂。

首先是通过纳税信息的电子比对分析，内容包括纳税人申报的信息，第三人按照法律要求申报的信息等等，例如对于工资、利息、股息等收入，除了纳税人需要申报之外，所得的支付人也有义务进行申报，以此进行比对。

同时，还有一个纳税申报的筛选系统，即在纳税申报之后，税务局会对其进行筛选，以观察有无必要进行稽查。这个系统能对纳税人的所有纳税申报信息进行评估和比较并打分，其打的分值越高，就意味着稽查的价值越大。对于分值高的纳税申报，再结合其他电脑无法分析的信息，由工作人员再进行人工筛选，以确定是否有必要对其进行稽查。美国的纳税申报筛选系统能分析一些隐藏的问题，对税务稽查的选案帮助很大，例如关联申报，有些纳税人之间存在特殊关系，可能涉及同一纳税项目。因此，当一个纳税人的申报时，就可能牵涉到另一个纳税人的申报。通过信息之间的交叉核对，很容易发现纳税申报中存在的问题。

此外，美国还有一个纳税遵从“全国研究计划”。为了衡量纳税人对税法的遵从度，为联邦税务局加强服务、改进征收提供依据。该项目的研究范围包括纳税申报遵从度、税款支付遵从度、税收报告遵从度等。研究采用随机抽样的方式，无需实际接触纳税人。研究结果分门别类，以确定不同纳税人、不同项目的纳税遵从度。根据这些信息，税务局可以确定稽查重点，同时避免过度烦扰守法纳税人。

二、我国税务稽查选案的现状

（一）我国目前税务稽查选案的方式

1. 计算机选案。我国基层税务机关在采用计算机选案时，一般会按照以下的步骤进行：一是收集纳税人、扣缴义务人的各类信息资料，主要包括有关的税收征管资料，如税务登记、纳税申报、发票领用存资料和税款缴纳、财务报表资料等；二是设置计算机选案指标和模型，从目前情况看，主要包括生产经营指标平均增长值、财务比率、销售税金平均负担率、出口退税率等指标；三是生成计算机选案参数，包括计算机自动生成，从有关法规库中提取，以及根据实际情况确定；四是选择计算机选案的约束条件，主要包括选案的范围、选案对象的所属期间等；五是整理计算机选案结果，即对计算机根据各单项指标选出的待查对象进行诸如综合打分等分析，以确定最终稽查对象。

2. 人工选案。人工选案即由有关人员按征管户数的一定比例筛选或随机抽样选择。比例筛选是根据上级下达的稽查计划指标，按本级税务机关征管户数的一定比例来确定稽查对象的一种方法。

3. 举报、转办、交办和情报交换。举报是指举报人通过口头、书面等形式向税务机关报告偷税、骗税等情报，各级税务稽查机构设立税务违法案件举报中心，受理公民举报。转办是指同级政府的各个部门转交、移送的反映偷税、骗税等的来信来访等形式反映的税收违法行为。交办是指上级机关和上一级税务机关交办查处的涉税违法案件。情报交换是指国际间的情报交换得到的税收违法案件信息。

（二）我国税务稽查选案实践

近几年，我国基层税务机关在税务稽查选案上进行了很多探索实践，以江苏省地税局南京地税局稽查局为例，其目前建立的选案体系大致如下：

税务稽查案件的来源（筛选）主要有两方面：一是由风险评估局依据税务稽查部门需求或风评工作需要推送高风险应对户疑点，稽查局再以高风险疑点为基础，结合纳税人涉税信息，运用相应的分析技术进行综合分析，这是主要稽查选案工作。其中的风险评估局是在市局层面设立的专职收集各类企业信息并进行分析对比以筛选出涉税疑点的机构；二是通过举报、转办、交办产生的案源。对交办、转办案件，稽查局可以按相关要求直接录入全市税务稽查案源信息库（本文不做探讨）。

其中通过高风险评估出的疑点选案具体程序为：由市局稽查局统一编制全市年度税务稽查税收风险管理工作计划，提交市局风险评估局。市局风险评估局根据全市年度税务稽查税收风险管理工作计划，对筛选出的高风险户作为推送税务稽查的备选户，依据市局稽查局税收风险管理工作计划，将高风险应对户推送至全市税务稽查案源信息库。

上述筛选的方式就是根据掌握的企业经济信息、纳税信息、第三方信息等，通过一定的分析工具和模型进行对比分析，以确定企业存在的涉税风险疑点。

通过近两年的实践，由于充分利用了收集的信息，其选案的准确性大大提高。例如，2013年全年通过高风险选案达到756户，其中风险点有效率超过70%（按户），根据风险点确定的大要案准确率超过50%。

为提升重点税源户的针对性，2014年又调整了选案倾向，规定各级稽查局（分局）案源管理部门（岗）分派本级立案检查案件时，要求对纳税总额占本地区税收收入70%部分的纳税人中当年确定的待查对象，需对其中的20%进行综合分析；对纳税总额占本地区税收收入超过70%至85%部分的纳税人中当年确定的待查对象，需对其中的10%进行综合分析；对纳税总额占本地区税收收入超过85%至100%部分的纳税人中当年确定的待查对象，需对其中的5%进行综合分析。2014年推送的高风险户达到548户，经过2014年修订数据，风险点准确率超过了90%，而大要案准确率达到80%以上。

上述选案依据的疑点一般是通过对数据的比对直接产生的差异疑点，缺乏一定的综合效果，为提高单个户数的疑点综合分析，目前还在进一步尝试，即通过计算机系统利用收集的房产、国土、工商等部分数据和企业申报的各类报表、税款入库数据进行综合比对分析，并出具各企业（纳税人）的分析报告，以确定单个户数的总体涉税状况，为一线纳税评估和稽查选案提供更加详细的直观单户风险数据。

从实践看，目前遇到的最大障碍是信息的监控，主要是有效制约信息少、横向信息多纵向信息少、信息覆盖面少等，因为分析工具可以通过科技人员的努力完成，而缺乏丰富的监控信息资源，就没有分析的基础。

（三）税务稽查选案中存在的主要问题

对比国外实践经验及我国实践当中遇到的问题，目前我国税务稽查选案存在的主要问题如下：

首先是税务稽查观念滞后。我国的税务稽查外延过大，根据现行《中华人民共和国税收征收管理法》（以下简称《征管法》），税务稽查对象涵盖了所有规模和类型的纳税人，几乎所有少缴税的行为都需要通过税务稽查去发现解决。从我国目前税务稽查的工作内容看，有日常、专项和专案检查，同时对不同类型和级别的户，还规定有一定的检查面，也就是在日常稽查工作中，存在着刚性的稽查户数量的要求，因此大量稽查户不是通过技术选案，而是出于轮查或检查面的需要，这些严重影响了税务稽查选案的专业性和质量。税务稽查外延过大造成的后果是我国税务稽查不能专司打击偷逃税行为，虽然税务稽查每年检查户数（面）很大，但威慑力不高，对纳税人提高税法遵从度的贡献并不大。

其次是信息监控有较大缺失。对于计算机信息技术在税收征管上的应用，我国已经取得了比较长足的进步，但还不足以支撑现代税务稽查的发展和改革，特别是无法给税务稽查选案提供一个强大的信息监控系统支撑。主要表现如下：

一是缺乏内部完善畅通的计算机信息网络。在计算机信息网络建设中，国、地税因征管税种不同各有标准，造成信息机构不统一、系统（软件）不统一等等，难以形成一个统一的税务内部网络，做到信息的即时共享和分析应用。同时在税务机关内部，上下级机关信息监控分析也难以做到有效畅通分享。

二是税务机关对企业的信息直接远程监控存在障碍。税务部门缺乏与企业直接的信息采集监控机制，特别是没有和重点税源户（或大企业）建立相应的信息连网系统，不能直接取得原始信息，只能通过人工或半人工方式取得加工过的二手信息资料。

三是税务部门与第三方机构的信息交流缺乏及时畅通。目前税务机关和工商、海关、国土、房产、银行等部门缺乏法律规范的信息传递制度，大多数是定期或不定期取得，无法直接即时获取相应的税收征管信息，而且很多地区还无法取得这些部门的相关信息。

四是我国没有建立纳税人相关信息报送的制度，受法律法规制约，各地税务机关也基本上没有开展此类业务的实践探索，因此还缺乏纳税人直接报送的信息资源，更缺乏支付双方业务比对的信息资源。

第三是选案技术处理手段落后。从目前计算机选案的运行情况看，由于信息的获取不完整，选案软件模块的开发和使用无法到位或提升，科学、严密的选案分析指标无法确定，导致选案软件程序缺乏综合分析和模糊处理的能力，最多也仅限于在纳税人报送资料和部分第三方信息之间进行简单逻辑关系上的判断，而没有达到根据纳税人的现状和历史信息等进行横向、纵向、定性、定量的分析和推理的程度。

第四是选案人才的缺失。税务稽查选案是一样技术含量要求非常高的岗位，除专业科技人员外，还需要有一定的税务、会计知识及丰富的一线税务稽查经验积累的人员。但目前我国绝大地区基层税务机关选案人员还无法达到相应的技术水平，因此无法使人机选案得到完美结合。

三、我国税务稽查选案突破的前提

我国税务稽查选案突波的前提是从法律上缩小“偷税”概念的范围。根据《征管法》、《税务稽查工作操作规程》等对我国税务稽查的定义，我国税务稽查强调的是税务机关依法对纳税人、扣缴义务人履行纳税义务、扣缴义务情况所进行的税务检查和处理的行政执法行为。《征管法》第六十三条规定：纳税人伪造、变造、隐匿、擅自销毁账簿、记账凭证，或者在账簿上多列支出或者不列、少列收入，或者经税务机关通知申报而拒不申报或者进行虚假的纳税申报，不缴或者少缴应纳税款的，是偷税。这个解释涵盖的内容过宽，因为在很多情况下，非主观因素较多，但是在税务行政执法实践中均一律以偷税论处，范围过大。为突出打击恶意偷税行为，可以通过《征管法》的修订，缩小对“偷税”行为的认定，这样稽查选案才能走向更加专业化的道路。

四、建立我国现代税务稽查选案体系的具体建议

（一）建立多元化的税收信息采集网络

税务稽查选案实际上就是对税收信息的综合、分析和处理，如果没有强大的信息系统支撑，就无法运用科技手段辅助选案。因此，建立完善的信息监控系统，是保障税务稽查选案质量的前提，在目前还无法做到全国统一纳税人信息代码制度的情况下，要尽力扩展信息采集和监控渠道：

首先是建立税务部门内部信息网络。这包括国、地税网络的连接，同级、上下级之间数据的共享等等，确保税务系统内部信息的完整归集、分析和应用。

其次是通过《征管法》的修订逐步建立和重点税源户（大企业）相关数据直接联网，也就是大企业在运行过程中发生的各类经济行为、数据及时通过网络送达税务机关，以利税务机关及时掌握大企业运行动态。

第三是扩大加强第三方如国土、房产、工商、银行等等信息数据的归集，目前很多基层税务机关和第三方已经取得了较好信息传递渠道，需要拓展的是范围要扩大、时间要及时，但最主要的是尽快立法。

第四是信息的逐级归集分析，就是各地基层税务机关归集的信息要按照一定的标准，逐级上报归集，建立国家税务总局、省地税局、地市级数据分析中心，下级向上一级上报信息，上一级则向下级推送汇总分析成果。

（二）建立纳税人信息报送制度

通过《征管法》的修订建立企业信息报送制度。一是针对无法通过数据说明问题或一些特殊经济业务例如股权交易、资产评估等等，需要企业在业务发生前、后期及时报送税务机关；二是建立支付双方申报制度，即对于大额业务及特殊业务交易，还需要双方同时报送相关对应资料和信息，以利于税务机关比对分析。

（三）建立统一的梯级税务稽查体系

税务稽查体系是保障税务稽查发挥功能的重要组织框架。为专业化打击恶意偷税行为，可以设置统一的梯级税务稽查体系。就是建立从国家税务总局到各地、市基层统一的梯级稽查体系，针对不同规模（主要是跨地区、跨境纳税人）纳税人进行税务稽查。稽查选案就可以在这个统一的基础上建立完整的筛选框架，分层次筛选共享，其主要框架为：

基层信息的上传。各级基层税务机关采集的信息由于受地域限制，各地基层税务机关信息收集有一定的范围限制，特别是对于关联交易、交易双方数据比对等等均存在一定的分析制约，而逐级汇总的信息则可以扩大分析的视野。

高层次分析的应用。对于国家税务总局（或省地税局）层次，可以对跨国、跨地域的信息进行全面分析，其筛选出的涉税疑点，既可以通过国家税务总局稽查体系或大企业管理体系去处理，也可以将相关信息推送至相关省、市一级税务稽查机关。同样，省级选案可以就全省范围内关联企业等进行分析，以产生相应涉税疑点，这些疑点同样也可以由省级稽查体系去完成，而市级选案不仅可以对辖区信息进行分析比对，还可以借助上级选案分析成果，以提高选案的质量。

（四）建立不同的税务检查层次应对不同的疑点（风险）

除转办、交办、举报等税务案件，不同的疑点（风险）由不同层次的税务检查体系处理。

首先对于直观的问题，就是通过信息比对后发现的直观明显疑点问题，例如实收资本科目的变化和印花税入库数据的差额等，可以直接推送纳税评估或者通过信函等方式由企业自行说明去解决，当然对于无法说明的疑点，可以立案进行税务稽查。

其次对于大型企业，可以根据信息监控的程度，对于没有重大疑点或者涉及信用等级建设的，可以通过选案采取税务审计的方式（需要征管法给予授权）进行处理，同时一些涉税专项业务，例如股权变动等，也可以采取企业申请预查选案，这样不仅利于企业规避风险，也更加有利于税务部门规避税款流失风险。

第三对于通过数据分析和专家智囊筛选的案源，最后经过专门（专业）人员的确定，凡是确定可以直接进行税务稽查的，安排立案进行税务稽查，对于没有确定立案税务稽查的，可以要求企业对疑点进行自查说明。

（五）建立信息分析工具模型不断完善的机制

计算机分析筛选工作是计算机科技人员根据现有信息占有量和一线稽查业务需求设计出分析工具或模型，对收集的信息进行分析加工以筛选出疑点，为确定税务稽查对象提供技术支撑。这里首先是需要企业各类信息，例如营业额、成本、利润、房屋土地等各类资产变化、股权变化等以及涉税税款申报入库的各类信息等等。然后需要通过分析工具或模型把企业的各类经济行为和数据进行对比分析。这里除税务稽查选案程序相对固定外，其他所有工作内容均是处于动态变化的，如何使分析工具或模型更加符合一线稽查的业务需求，需要科技人员和稽查人员不断的磨合，为此需要建立使科技人员和一线稽查人员交流互动的机制，具体可以从以下几方面入手：

一是建立稽查案卷分析制度。就是对比较典型、案值较大或者案情较复杂的案件进行相关分析，主要是分析存在问题表象和内在之间的关系，以利于分析工具或模型质量的提高。

二是稽查建议。鼓励稽查人员对所稽查的案件进行深入分析，由于稽查人员对案件有着第一手的查案感觉，因此其分析能够更加准确，其提供的稽查建议特别是发现问题的方式方法，对稽查选案有着重要的作用。

三是面对面交流。面对面交流是科技人员和一线稽查人员就一定时期稽查选案分析的交流，如近期发现问题的动态、类型等等，通过交流使科技人员能准确把握选案工具或模型的设计和更新。

（六）建立专家经验库

根据国外经验，专业人员（或专家）在选案中起着重要作用，就是把计算机分析数据和专业人员（或专家）提供的经验对比，以筛选出稽查对象，例如房地产企业在预售期间缴纳营业税、预交土地增值税等等，如果发现有（房管部门信息）楼栋验收，就有可能需要结转所得而产生企业所得税，如果企业没有结转（报表、汇算清缴等数据）就说明有问题，这些问题即可以从数据分析得出，也可以从以往案例得到初步验证。

建立专家经验库可以从两方入手：一是税务系统一线稽查经验，这主要来自稽查人员，可以配合稽查分析建议制度的建立，对于有典型意义、数额较大和较复杂案件，均提炼出相关分析经验；二是专家经验，就是邀请各方面的税收、会计、审计专家，对可能出现的问题进行分析并提供相关经验值。

（七）税务稽查选案人员的培养

税务稽查选案人员既有狭义的概念，也有广义的概念。

首先从狭义的概念，就是专职稽查选案岗位人员，这是技术含量要求非常高的岗位，除计算机科技人员，其专业的税务稽查选案人员不仅需要一定的税务、会计等知识，还需要大量的一线稽查经验积累。但目前我国绝大地区基层税务机关选案人员还无法达到相应的技术水平，无法使人机选案得到完美结合。因此在这类人才培养上，不仅要选拔优秀的知识和经验储备较厚实的税务人才，还要保持岗位的相对稳定。

其次从广义概念，就是在专职选案人员固定的前提下，建立一支由外部专家和一线优秀稽查人员组成的专家组，其中特别是一线稽查人员的参与，这不仅可以最大限度提高稽查选案的准确性，更可以为稽查选案人员的培养提供一个摇篮。

文献参考：

1. 国家税务总局教材编写组《税务稽查管理》（M）中国税务出版社2008年9月第1版；

2. 财政部税收制度国际比较课题组《外国税收制度丛书—德国税制》（M），中国财政经济出版社2004年11月第1版；

3. 雄伟《美国联邦税收程序》北京大学出版社2006年10月第一版。

《中国税务报》2015年3月18日理论研究版发表：

对当前纳税服务中涉税投诉应对的反思与建议

柴逢国

【内容摘要】 纳税服务是我国现代税收管理的重要内容和环节，直接关系到税收征管的质量和效率，近年来，纳税人对纳税服务的要求不断提升，呈现出多元化、高质量的特点。基层税务部门作为地税系统纳税服务的直接提供方，在纳税服务改革中的地位尤为重要，同时，随着纳税人文化素质的提升，维权意识的增强，对于税务部门纳税服务的内容与质量需求也发生了变化，因此，在纳税服务模式探险过程中，无论是税务人员还是纳税人，正处于磨合阶段，需要一个相互了解，相互适应的过程。笔者在大量调研的基础上，试图分析形成投诉的根源，并寻找相应的解决办法。

【关键词】 纳税服务　涉税应对　反思　建议

一、绪论

（一）研究的背景和意义：

传统的税务管理思想是规制导向，即依据税法规定实施强制监管。但从20世纪70年代末80年代初，一场声势浩大的政府改革运动——新公共管理运动在全球范围内兴起，这场运动突出以现代经济学和私营企业管理理论与方法作为自己的理论基础，强调发挥市场机制在公共服务领域中的作用，通过采用私营企业管理的理论、方法及技术，并在公共管理中引入市场竞争机制提高公共管理水平及公共服务的质量；提出公共管理要以顾客为导向，重新调整国家、社会和市场三者的关系。受此运动影响，公共部门尤其是政府的职能、角色、地位、组织机构及其与社会的关系都发生了深刻的变化。

在此背景之下，“纳税服务”作为一个全新的概念出现在我国的税务活动中，并于2001年首次写入《中华人民共和国税收征收管理法》，使之成为税务机关的一项法定义务。现行的纳税服务突出强调了税务部门根据税收法律、行政法规的规定，在纳税人依法履行纳税义务和行使权利的过程中，为纳税人提供的规范全面、便捷、经济的各项服务措施。在具体税务实践中，对相关涉税投诉的应对，不论是从其对税务机关行政资源的占用比例、还是从其社会反响效果来看，都已成为基层税务机关为纳税人提供纳税服务的一项重要内容。

从笔者基层工作的实践来看，当前对纳税服务中涉税投诉应对，普遍存在着服务对象错位、服务范围越位、服务标准脱离现实、服务效果差强人意等诸多弊端，极大地浪费税务部门的公共行政资源、大量牵扯了基层税务机关的时间精力；同时也偏离纳税服务追求的提高纳税遵从度的本意，在个别税收执法领域甚至产生了“劣币驱逐良币”的不良倾向。

倘若及早不对现阶段的涉税应诉投诉进行全面深刻的反思，一味地任由此种情形发展下去，今后税务机关提供纳税服务的成本会越来越高，而获得的社会效果将会越来越差。鉴于此种认识，开展此研究。

（二）相关理论及研究方法：

本文在对当前我国纳税服务中的投诉应对现

状进行分析的过程中，结合了各类理论观点与税收实践，综合采运了调查法、文献研究法和实证研究等方法；在研究对策方法、提出建议时，充分借鉴了西方发达国家的现代税收征管模式以及前人思想精华，并根据当前财税体制改革的大背景，提出有自己独特观察和思考的新观点和新建议。整个论文的创作完成基于以下相关理论展开：

1. 公共管理理论：伴随着全球化、信息化、市场化及知识经济的到来，在欧美国家掀起的了所谓的“新公共管理”（NPM：New Public Management）模式的政府改革热潮。新公共管理以现代经济学和私营企业管理理论和方法作为自己的理论基础。新公共管理认为，公共部门可以借用私营部门许多灵活、富有成效的管理方式和手段，比如绩效管理、目标管理、组织发展、人力资源开发等；其核心是以顾客为导向，提高公共管理水平及公共服务质量。

2. 税收理论：税收是国家为满足社会公共需要，凭借公共权力，按照法律所规定的标准和程序，参与国民收入分配，强制地、无偿地取得财政收入的一种特定分配方式。税收体现了国家与纳税人在征收、纳税的利益分配上的一种特殊关系，是一定社会制度下的一种特定分配关系。税收收入是国家财政收入的最主要来源。马克思指出：“赋税是政府机器的经济基础，而不是其他任何东西。”“国家存在的经济体现就是捐税”。恩格斯也认为：“为了维持这种公共权力，就需要公民缴纳费用——捐税。”19世纪美国法官霍尔姆斯曾这样表达：“税收是我们为文明社会付出的代价。”

3. 免费搭车理论：在经济学上，免费搭车是指不承担任何成本而消费或使用公共产品的行为，有这种行为的人或具有让别人付钱而自己享受公共物品收益动机的人称为免费搭车者。免费搭车现象缘于公共产品生产和消费的非排他性和非竞争性。免费搭车行为往往导致公共产品供应不足。纳税人缴纳的税款是为享受政府提供的公共产品和公共服务而应当支付的费用。与私人产品相比，公共产品具有不可分割性、非排他性和非竞争性。这就表示只要有一部分人履行纳税义务用以支持政府提供公共产品和公共服务，另一部分人即使没有履行纳税义务也同样可以享受到政府提供的公共产品和公共服务。将免费搭车理论运用到涉税投诉应对中，可以得出这样的结论，如果投诉应对满足了个别投诉者的不合理的诉求，就会助长其的免费搭车行为，侵占了其他守法纳税人的利益。

4. 破窗理论：环境对人有强烈的启发性、暗示性和诱导性。如果有人打破了一座房子其中一扇窗户的玻璃，而这扇窗户又得不到及时维修，其他人就可能受到“没人管”的纵容性心理暗示，房子的其他玻璃也会迅速遭到破坏，甚至房子也会被洗劫一空。将破窗理论运用到涉税投诉应对中，可以这样假设：如果有人恶意滥用投诉权，且能够从这种滥用行为中获得其想要的利益，那么就会纵容其继续滥用投诉权谋取更大个人私利，且给其他善意使用投诉权的纳税人树立一个极坏的榜样，从而进一步加大了税务机关处理涉税投诉的难度。

（三）相关概念界定：

1. 纳税服务：纳税服务的内涵有广义与狭义之分，广义的纳税服务就是为方便纳税人办理各项涉税事宜依法所提供的服务，既包括政府各个部门提供的无偿服务，也包括社会中介组织提供的有偿服务。狭义的纳税服务是指税务机关依据税收法律、行政法规的规定，在税收征收、管理、检查和实施税收法律救济过程中，向纳税人提供的服务事项和措施。当前，人们所提到的纳税服务，一般都是指狭义的纳税服务，税收征管法对纳税服务的要求，也主要是针对税务机关而言，对其他相关政府部门仅是要求协税护税。虽然税务机关作为政府主管税收的职能部门，在纳税服务中应当承担重要的责任，但是仅仅依靠税务部门提供的纳税服务，很难满足纳税人的需求。如电子缴款，税务机关就无法提供服务。因此，要更好地提供纳税服务，就应该从广义上着眼，从全社会的角度来深入研究纳税服务。

2. 涉税投诉：据百度词条解释，投诉是指“权益被侵害者本人对涉案组织侵犯其合法权益的违法犯罪事实，有权向有关国家机关主张自身权利。”据此可将涉税投诉定义为：纳税人在涉税活动中，对其他社会主体侵犯其合法权益有权向国家税务机关主张自向权利的行为。具体来看，涉税投诉的事项大致可分两类：一是公民认为纳税人有偷税、逃避追缴欠税、骗税和虚开、伪造、非法提供、非法取得发票，以及其他税务违法行为；二是公民认为国家税务机关的相关行政行为对其权益造成侵害。

3. 投诉应对：随着纳税服务的深入，越来越多的纳税人开始重视自身权益，涉税投诉随之越来越多，正确处理纳税人的相关涉税投诉，成为当前税务机关提供纳税服务的一项重要内容。从理想的流程设计来看，涉税投诉应对应分为以下几个步骤：一是有效获取投诉者的投诉意愿；二是确认投诉者的诉求是否在应对范围之内；三是对职权范围之内的投诉采取积极应对举措，包括核对投诉事实、查证相关证据、做出相应处理等；四是通过适当渠道向投诉者反馈处理情况；五是获取投诉者对投诉应对的反响，并积极总结投诉应对中遇到的新情况新问题。

二、对当前涉税投诉应对反思

（一）涉税投诉的伦理反思

从涉税投诉的概念可将其分为以下两类行为：一类是公民认对他人违反税收法律的举报行为，另一类是公民对税务机关行政行为的申诉行为。基于纳税服务的根本问题是权益问题，其最终目的是要提高纳税人的税法遵从度，故对涉税投诉的伦理反思，将针对涉税投诉中的涉税举报行为进行，着重围绕举报动机、举报效应及税务机关的执法价值取向三个视角来展开。

1. 涉税举报动机分析。在伦理学中，一般认为伦理行为是受利害人意识支配的行为，可以从伦理行为目的和伦理行为手段构两个维度，将行为对他人及自我的利害关系划分为以下16种伦理行为：

手段＼目的	利　己	利　他	害　己	害　他
利己	1.完全利己	5.利他利己	9.利己以害己	13.利己以害他
利他	2.利己利他	6.完全利他	10.利他以害己	14.利他以害他
害己	3.害己以利己	7.自我牺牲	11.完全害己	15.害己以害他
害他	4.损人利己	8.害他以利他	12.害人以害己	16.完全害他

借助此表来对涉税举报人的动机进行分析：从手段上看，举报人所采取的涉税举报行为，其手段均为向税务机关举报，故均属害他类型；再从目的上看，以整垮同行业竞争对手为目的的举报行为、或维护自身权益为目的、甚至出于其他一些个人利益满足而实施的举报行为，其伦理目的均为利己型；而以挟私报复同自己产生经济纠纷的对手的举报行为、或因感觉受到不公正待遇而发泄私愤、以及同样为一些难以言说的个人目的而实施的举报行为，其伦理目的无疑是害他的。综合以上分析，所有涉税举报行为从伦理角度均可归纳为两种类型：一为损人利己型、二为完全害他型。税务行政机关付出大量资源进行的涉税投诉应对，在事实上常常沦落为少数别有用心者为实现一己私利的工具。

近年来，涉税举报工作一直在税务机关的日常工作中占有一席之地，通过设立举报奖励基金鼓励涉税举报行为，并在实践中也切实通过举报受理工作发现了一批违法案件线索，挽回了一定数额的税款，但如果仅从增加税收的角度来评价涉税举报行为，评价标准难免失之于狭隘。国家税务总局稽查局曾于2002年进行了一次有关涉税举报的调研，结果表明举报人从构成上可以分为以下几种类型：A类为企业内部人员，多为现任或原合伙人、财会人员、员工；B类为与被举报单位存在经济往来的外部人员，多为生意伙伴、竞争对手；C类为一般的消费者。在这些举报中，不能排除举报人完全出自维护国家利益的动机，但从实际看，举报人更多关心的是被举报的纳税人是否受到惩处，是否有能力继续经营以及举报者本人得到了多少举报奖励。如果从更高层面的维护社会正义与构建和谐征纳关系的角度来评价，现行的涉税举报应对制度，尽管暂时取得了税收利益方面的经济效益，但长远来看，不利于提升全社会信任度、无益于构建和谐的人际关系。

2. 涉税举报效应分析。从经济效应和伦理效应两方面来对涉税举报效应予以分析如下：

——从经济效应的角度来看：涉税举报行为可以产生经济转移效应和经济抑制效应。相关举报一旦被查实，税务机关可以做出包括补税、罚款和加收滞纳金等在内的各类行政举措，举报人也能得到奖金，但从社会财富总量来看，这一过程并未有任何新的财富增量，财富只是从被举报人手中转移到政府及举报人手中，称之为涉税举报的经济转移效应。在实践操作中，对被举报的企业来讲，无论举报是否查实，应对税收检查势必给增加企业成本，如果举报属实，除补缴税款外,加收的滞纳金及罚款也会给企业带来额外的负担(尽管这是企业必须为其违法行为所付出的代价,但其同样不会对社会总财富产生增量),从而给企业成长及社会总财富增长带来抑制效应;在这一转移过程,税务机关同样还需要付出一定的行政资源参与其中,继而进一步对社会财富总量产生损耗。

——从伦理效应的角度来看:假设涉税举报被查实,被举报者的涉税违法行为受到惩罚,我们当然可以简单地理解为正义战胜了邪恶、法律尊严得以维护。但实际情况远非如此简单,正如前文所述,涉税举报者的动机往往不是出于正义崇高之目,而多为一己私利之谋求。如举报者如是以整垮同行业竞争对手为目的,那么税务机关的应诉处理则在事实上成为商业竞争对手互相打击的一种手段;如举报者是以索取举报奖励为目的,则涉税应诉处理沦为少数人损人利己者的工具;甚至有举报人是以因感觉受不公正待遇而发泄私愤为目的进行涉税投诉,税务机关的涉税应对行为便成为他人借以报复手段。从整个社会经济发展的伦理层面来看,如果同行业竞争对手之间频繁地借助涉税举报来相互攻击,且这种攻击能够在税务行政机关积极的应诉"配合"下取得成效,那么对整个社会来说,无形之中在倡导一种彼此间仇恨、相互排挤、打击与报复的竞争风气,无益于构建一个竞争对手共享资源、合作共赢的健康友善的市场氛围。

(二)涉税投诉的现实困境反思

——以对纳税人甲4年18次投诉应对为例

现以南京市栖霞区地税局自2011年以来,在对投诉人甲(化名)的18次投诉应对处置为例,对当前涉税投诉应对的现实困境予以反思:

1. 情况简介:从2011年起,纳税人甲先后通过"12345"政府服务热线、"12366"纳税服务热线、市地税局局长接待日现场受理以及信访等诸多渠道,在不到4年的时间内,先后25次(其中18次以个人名义、6次召集他人)投诉其所在的A公司。投诉的主要内容是A公司于2011年按照有关法律规定补缴了部分人员2002年至2010年期间少缴的社会保险费、公积金,因职工个人也需承担相应部分,故投诉人认为公司应退还部分个人所得税。单纯从相关税法规定来讲,此投诉内容并不复杂,税务机关的应诉处理也只需要查证个人补缴款额后,再由A公司将多代扣代缴的职工个税返还职工即可。从实际处理情况来看,栖霞区地税局第一时间接到投诉后,与投诉人所在的公司核实了甲投诉的内容,初步统计此事项涉及到公司412名员工,栖霞局在处理甲投诉的同时,对同样诉情所涉人员一并办理了退税,退税款为144万余元,确保了税收政策的统一执行。但甲的投诉行为却并未因税务机关主动高效的应诉行为而终结,反而以此税务机关的此次应诉为开端,频繁提起如下各种类型的涉税投诉:投诉地税局干部对其实施绑架、投诉地税局不给其退还税款的书面材料、投诉地税局多征税款、少征税款等。截止本论文成稿之时,甲的相关投诉行为与税务机关的应诉行为仍在继续。

2. 对甲18次涉税投诉分析:甲单独以个人名义提起的18次投诉,均围绕其"个人所得税"这一涉税事项展开,按照相关税法规定及实际处理情况,这18次投诉大致分类如下:一是涉税合理诉求3次;二是涉税但不合理诉求4次;三是非涉税不合理诉求11次。

甲的投诉动机分析:根据基层税务机关4年内对甲的应诉处理及甲在提请相关诉求时的表达,甲所向税务机关提请的所有投诉,均出于与其所工作的A公司之间的纠纷,其目的完全"利己",其手段则纯粹"损人"。如果说甲一开始"要求退还2001年1月—2010年6月多缴的个税"尚属正当合理的诉求,但在税务机关积极的应诉反应后,由于其想调动工作的个人目的未能如愿达成后,便开始了一系列诸如"税务人员限制其人身自由""A公司拖欠社保费"等诸多无理投诉。甲所有的投诉动机,都是围绕其想让A公司将其从外地调回南京工作的个人目的,在甲的此动机之下,税务机关的应诉行为,从一开始被视为其实现个人目的的手段之一,在其个人目的未能达成的情况下,甲慢慢将其怨气转移至税务机关,国家严肃的税收行政行为在现行的应诉机制下,沦为个别人泄私愤、闹情绪的手段。甲的投诉影响分析:甲的上述投诉行为,首先严重影响了基层税务机关的正常工作秩序,为了应对甲的投诉,基层税务机关需要投入大量的人力物力、时间精力,服务一些琐碎的、甚至不合理的诉求,在对公共行政资源造成严重浪费的同时，也影响了基层税务机关向其他纳税人提供相应的服务；其次，甲的投诉行为会给其他纳税人提供一个极坏的样榜，会让其他原本善意使用投诉权的纳税人受到怂恿，产生类似经济学中“劣币驱逐良币”的不良效应，进一步加大税务部门提供纳税服务的难度；但其最为重要的影响，按照现行涉税应诉机制处理甲的系列投诉行为，极大地损害了税收作为国家行政行为的最起码的权威性和严肃性，如甲提出要税务机关向其提供办理退税的《收入退还书》及《税务事项告知书》诉求后，税务机关将上述材料备好后多次通知其前来领取时，甲居然向税务机关提出他前来领取书面材料的两个途径：一是由税务局出面让其所在的A公司将其从外地调回南京后便前来领取，二是为其支付从外地回南京领取材料的机票费用，嚣张至视国家税务机关的权威于无物。

3. 税务部门应诉处理的困境分析：管中窥豹，从甲的个体行为中，不难发现当前税务应诉机制设置不科学，首先未能将涉税投诉与其他行政投诉行为加以区分，共用一套流程与应对标准，忽略了税务行政行为的特殊性；对恶意投诉行为缺乏必要限制，纳税征管与纳税服务作为税务机关的两项重要行政行为，应是强调在从严征管基础上的有效服务，而现行的应诉机制过多地侧重于纳税服务，对诸多恶意涉税投诉行为缺乏必要的限制、更谈不上惩处，而对恶的肆意放纵，便是对善的打击毁损；而在上级部门在考评税务机关的应诉效果时，完全忽略了税收本身是“对私人财产的合法那剥夺”这一本质特点，脱离现实去片面追求所谓的“投诉人满意度”，这本身便极不科学，因为从经济人的角度来讲，没有一个人会是“心甘情愿”纳税的。通过上述分析不难得出，如现有的涉税应诉机制不做出调整，税务部门今后的应诉处理在现实中必然会被逼入到以下困境之中：一是国家公权有沦为私人谋利手段之虞，投诉者可以肆意妄为而不承担任何法律责任，涉税投诉应对将沦落为越来越多人实现个人私利的手段，甲的现实事例成为此种忧虑最好的证明。二是税务机关为纳税服务付出的成本将越来越高，按照现行的涉税应诉机制，税务机关需要对纳税人所有的投诉、不论其合理与否、是否在职权范围之内，均需予以接待、调查并回复，随着经济社会发展，国家鼓励更多的人创业，经济活动主体会越来越多样化、可以预见各类涉税投诉必然呈急剧上升趋势，基层税务部门业已捉襟见肘的人力配置将更加难以应对。三是应对涉税投诉产生的社会效果将越来越趋于负面。税务部门主动提供纳税服务，其本意在于在纳税人依法改造纳税义务和行使权利的过程中，为纳税人提供规范、全面、便捷、经济的各项服务举措，但现行的涉税应诉制度，已经使得纳税服务原始之本意渐已偏离，尤其在基层税务机关，当面对诸如甲这样的恶意投诉者时，往往使得基层税务机关的公共资源被严重浪费、精力被大量牵扯后，非但无法获得投诉者认可，反而进一步加深了税务机关的负面社会效果。

三、调整优化当前涉税应诉的建议

（一）涉税应诉的特殊性研究

“征税的艺术，是尽可能多地拔鹅毛，而让鹅的叫声最小。”柯贝尔对税收的这一经典描述，形象地道出了税收行政行为本质所具有的对公民财产的“剥夺”性质，正如没有一只鹅心甘情愿被拔毛一样，从经济人的角度来讲，也不应该会有任何一个人愿意心甘情愿地纳税，这是税收天然所具有的剥夺性；但从社会人的角度来看，“税收是我们为文明付出的代价”，税收行为因此获得了其必要性。对涉税应诉的特殊性研究，就基于税收所具有的上述这两种看似相悖的剥夺性和必要性来展开。

1. 涉税应诉的服务对象研究。从权利义务的角度来看，纳税服务是服务于“纳税行为”而不是服务于“纳税人”本身。作为社会主体的纳税人，其所有的权利并非都对应着纳税服务，也不是全部在纳税服务中实现，其作为纳税人与税务机关发生关系的前提是纳税义务的存在；而从税务机关的职权来看，也没有实现纳税人所有权利的能力及义务，因此，涉税应诉的服务对象必须限定为具体的“纳税行为”而非泛指的“纳税人”。同时将纳税服务的重心定位于纳税行为也有助于客观评价涉税应诉的绩效，改变单纯依靠投诉人作为应诉服务绩效评价的唯一主体的不合理现状，纳税人权利是一个多方位的综合权利体系，税务部门不可能也没必要满足纳税人的全部诉求，尤其在政府提供的公共服务未能获得纳税人认同的情况下，纳税人对纳税服务的满意度评价往往会受到自身对其他政府公共服务的合意性判断而作出，无法保证评价的准确性和客观性，而事实上，从基层近年来所处理的涉税投诉情况来看，影响纳税人满意度的往往是非税务行政行为所致。

2. 涉税应诉的服务标准研究。对于纳税服务的工作标准，正式发文见于国家税务总局于2011年印发的《"十二五"时期纳税服务工作发展规划》（国税发〔2011〕78号），在第四部分"'十二五'时期纳税服务工作的基本原则"中，提出了纳税服务的五项基本原则依次为：坚持依法服务、坚持满足正当需求、坚持公正透明、坚持信息化支撑和坚持经济效能。从五项原则中可以明确看出，对涉税应诉的服务标准，应首先坚持的是"依法服务"和"满足正当需求"，而不应该是完全以纳税人的意愿而展开，更不应该以纳税人的满意作为评价标准。税务部门提供的纳税服务有别于其他政府行政部门提供的服务，更有别于商业应诉服务，税务部门纳税服务的目标在于提高纳税人的税收遵从度，而非税收的最大化。对涉税投诉的应对，不能以满足某一纳税人利益而使国家和其他纳税人利益受损。

3. 涉税应诉的服务范围研究。可从不同的角度来对纳税人的需求进行分类，如合理需求和不合理需求、核心需求和非核心需求、共同需求与个体需求、理性需求与现实需求等，全面满足纳税人上述所有需求既不现实也难高效，税务机关在处理应诉服务时，首先要根据不同的需要分类对待，对于纳税人的合理需求、核心需求等应给予积极回应、全力满足；而对属于纳税人共同需求的投诉，通过统一渠道予以满足；对个别纳税人的个体需求则应提供个性化服务加以满足；对其现实需求应采取措施缩小其与理性需求的差距。其次应考虑到税收管理的效率原则，即，税务部门在纳税服务的提供过程中，应尽可能地降低行政成本、提高行政收益，而不是无限度地扩大服务范围，提高满意度的绝对水平。区分纳税人需求并不意味着税务部门在涉税应对时可以自主选择和随意裁量，而应该坚持提高纳税遵从度这一目标、根据成本与收益的比来确定合理的纳税服务范围，该做而且能做好的税务机关必须做到"不能躲事"、而不该做或者做不好的税务机关也不要"主动揽事"，税务机关的涉税应诉服务既不能缺位，也不该越位。

（二）调整优化涉税应诉的建议

1. 完善行政应诉体系，合理确定应诉目标。面对日渐复杂的涉税环境，新征管法及其实施细则已明确了保护纳税人合法权益，纳税服务也已不再简单的定义为"微笑服务"，而是由传统的道德范畴上升到了法定义务，应诉服务作为纳税服务中更为直接影响征纳关系的一项，制定具有操作性的税务行政应诉规程显得尤为迫切。结合征管工作实际，制定税务行政应诉流程，引入考核机制，确保有章可循。建立涉税应诉人才管理制度，规定税务行政应诉人员的条件、入库、选拔、管理、使用等内容，以案件代训，实战锻炼，缓解税务应诉不平衡问题。引入"税收风险管理"理论，构建税务行政应诉模型，根据不同投诉内容，研究建立各类型案件的应诉思路、争议焦点、步骤等内容，为税务行政应诉提供有效操作流程。尝试寻求纳税服务市场化运作，建立社会化的仲裁机构，面对"行业竞争型""怨恨报复型"等不合理应诉行为时，开展中介机构仲裁，合理确定应诉目标，满足纳税人的正当需求，既是服务型政府的多元化表现，也保障了税务机关和纳税人双方权益。

2. 转变纳税服务观念，重新定位纳税服务价值观。纳税服务究竟应该达到何种水平？如何评价纳税服务的质量？纳税服务成为法定行政行为的重要组成部分，这就要求征纳双方都要全面领会其中内涵，重新定位纳税服务价值观。作为征纳主体的税务机关要切实履行税务机关对纳税人的义务，树立现代税收服务观，建立以纳税人为中心的税收服务制度，包括设立多渠道政策性服务的制度，确保所有公民享受和获得税收知识的权力，使纳税人有能力自觉、及时、准确申报纳税，减少无知性不遵从；设立以客户为导向的程序性服务制度，确保办税公平公开，程序简便规范"一站式"服务到位，使纳税人减少"懒惰性"不遵从；设立完善的权益性服务制度，确保客观公正开展行政复议，主动实施行政救济，保障纳税人合法权益，减少"情感性"不遵从，从而有效避免投诉行为产生，减少不合理涉税投诉行为。

3. 制定纳税服务评价体系，准确评价纳税服务水平。需要建立一个科学规范的服务绩效评价体系，这既是提高纳税服务水平的需要，也是保证税务部门依法治税的需要。客观、公正、全面地评价税务部门的纳税服务，需要采取内部与外部!定量与定性相结合的考评方式，需要考察税务部门的工作数量、工作质量、工作时效，在评价体系的设计中嵌入这些影响要素并赋予不同的评价权重，其核心要求是：纳税服务的考核评价体系应由税务机关内部评价!服务对象外部评价和第三方（专家）评价共同组成，在评价的权重设置上，以外部评价中的满意度评价为主，综合三方评价结果，并以此作为纳税服务质量评价的最终结果，既要保证纳税人的全程参与，又要实现评价的客观和全面，为税务部门总结经验、分析原因、制定措施，不断提高纳税服务质量和水平提供基础依据。

参考文献：

1. 谢旭人、宋兰：《优化纳税服务构建和谐税收——全国税务工作会议主题报告》，《税务研究》2009年第9期。

2. 湖北省税务研究学会课题组：《关于纳税服务一般问题的研究》，《税务研究》2009年第4期。

3. 杨得前：《税收遵从的理论研究及其在税收管理中的应用》，中国财政经济出版社2007年版。

4. 李林木：《税收遵从的理论分析与政策选择》，中国税务出版社2005年版。

5. 贾绍华：《我国税收流失的测算分析与治理对策探讨》，《财贸经济》2002年第4期。

6.（美）拉塞尔·M·林登：《无缝隙政府：公共部门再造指南》，中国人民大学出版社2002年版。

7. 国家税务总局：《中华人民共和国税收征收管理法》，法制出版社2001年版。

8. 韩晓琴：《有关纳税遵从的国内研究文献综述》，《税收经济研究》2011年2期。

9. 潘力、范立新：《市场经济条件下纳税服务的制度条件与思路创新》，《税务研究》2004年第5期。

10. 王飞、蔡建勋：《纳税服务理论研究》，上海人民出版社2007年版。

【责任编辑　楚天佑】

干部队伍建设

队伍建设

概　述　2015年，市地税局以规范管理、提升素质、激发活力为主线，坚持以人为本，创新驱动，服务大局，在领导班子建设、干部队伍管理、机构职能配置和人力资源优化等方面均取得成效。

加强领导班子和领导干部队伍建设。围绕安全履职要求，完善领导班子和领导干部考评机制，强化日常考核管理，发挥考核激励约束导向功能，加强领导干部能力素质建设，推动学习型班子建设。开展处级以上领导干部“三严三实”（即：严以修身、严以用权、严以律己，谋事要实、创业要实、做人要实）专题教育。开展处级领导干部选拔交流，选拔10名处级领导干部，落实“县改区”（撤县改区）干部政策，2名干部晋升副处职；结合机构职能调整交流35名处级领导干部，调整面达30%；1名正处级领导干部调省地税局任职。

加强人才队伍和干部队伍建设。制定《江苏省南京地方税务局2015年度专业人才选拔实施方案》，修订完善专业人才选拔管理制度，开展新一轮人才选拔。组织三期高端培训，提高专业人才分析问题、破解难题、服务大局和战略思维、创新思维、辩证思维等能力素质。选拔优秀人才开展交流任职和挂职锻炼，提升人才对中心工作支撑力度。开展2015年度干部人事能级评定，全系统349人申报能级，158人晋升能级，其中35人晋升四级以上能级。调整机关内设机构和职能，优化人力资源配置。建立健全事业单位各项制度，推进事业单位规范管理。开展岗位技能培训，提升人力资源支撑能力。严格控制辅助用工员额，加强日常管理和工作考核，保持辅助用工队伍稳定性和工作积极性。

加强精神文明建设。立足加强基层建设，落实领导干部联系基层制度，优化完善“标兵科所”“青年文明号”等评选办法，开展“卓越同行”精神文明建设“活动品牌”创建活动，深化精神文明创建和争先创优活动。2月，经中央精神文明建设指导委员会办公室复查合格，市地税局继续保留“全国文明单位”称号。此外，溧水局周和英、化工园局吴明芝、浦口局张伊被南京市精神文明建设指导委员会办公室评为“南京好人”。

加强老干部管理服务工作。坚持党支部组织生活制度化，拓展活动内容，丰富活动载体，增强离退休干部凝聚力。走访慰问抗战老兵，开展“缅怀抗日英烈，珍惜幸福生活”主题党日活动，组织离退休干部抗战主题摄影和书画作品创作，纪念抗日战争胜利70周年。及时向离退休干部通报系统征管改革等重点工作情况，先后两次组织系统离退休人员参加全市“老干部看南京”活动，保障离退休干部政治生活待遇。　（张金川）

处级以上领导干部“三严三实”专题教育　2015年，市地税局在系统处级以上领导干部中开展“三严三实”专题教育。制定印发专题教育实施方案，成立专题教育领导协调小组，坚持机关和基层同步推进，系统17个处室、18家基层单位、127名处级以上领导干部参与专题教育。抓好专题党课、学习研讨、专题调研和民主生活会等关键动作，市地税局领导班子讲专题党课9场，机关处长在支部讲党课43场、基层单位班子成员讲专题党课84场。市地税局班子成员深入基层调研45次，召开座谈会11场，走访街道社区和企业68户。坚持边学边查边改，强化立规执纪，市地税局班子成员查摆的69个问题全部整改到位，实现专题教育与年度工作共同推进。　（徐　伟）

优化处级领导班子和领导干部考评机制　2015年，市地税局坚持个人绩效与组织绩效挂钩，修订印发处级领导班子和领导干部考评办法，构建起个人和组织共同发展的绩效管理机制。该机制重点结合省地税局考核要求调整考核维度权重，设置加扣分项目。基层局领导班子和基层局正职考核维度权重调整为所在单位组织绩效80%、综合评价20%;市地税局机关正职考核维度权重调整为所在单位组织绩效70%、综合评价30%;基层和机关副职考核维度权重调整为所在工作绩效70%、综合评价30%。（徐 伟）

调整优化机构设置及职能 2015年,市地税局根据深化征管改革方案要求,调整机关内设机构和职能,撤销基层处,设立综合处;将市契税所整建制并入征收税务局,全面实施税户属地化管理和风险应对专业化管理;调优系统机构职能和岗位设置,玄武局和建邺局各增设一个税务所,秦淮局和鼓楼局各增设两个税务所;强化督察内审组织体系建设,在基层单位设立督察内审科,建立起市、区两级督察内审机构;调整税源管理税务所(分局)设置,税源管理税务所(分局)按专司税源基础管理职能和专司中等风险应对职能分列设置,为推进税收征管改革提供组织保障。（徐 伟）

干部人事档案专项审核 从2月起,市地税局按照省委组织部统一部署和省地税局党组工作安排,集中半年时间开展在职干部人事档案专项审核工作,全系统共审核干部档案1904份。工作中,该局做到“三统三严”。“三统”:一是统一时间节点,全系统按照统一的时间节点和工作步骤整体推进,过程中坚持时间服从质量,确保做深、做细、做实。二是统一政策口径。每个阶段、每个步骤都召开工作布置会,明确工作事项,梳理工作流程,提醒工作难点。先后召开5次布置会,3次印发政策问答和解释口径。三是统一问题答复。定期收集面上疑难问题,及时书面答复,确保系统面上尺度把握统一。“三严”:一是严肃人事纪律,维护人事工作公信力。二是严格审核程序。按照要求采取两名工作人员交叉初审、专职管档人员复审的“2+1”模式,确保信息真实准确完整。对档案材料有疑问的或干部本人提出异议的,及时派员进行外调,确保审核依据准确。三是严谨组织认定。所有审核结果由市地税局党组(班子)最终研究确认,形成会议纪要并长期保存,确保认定结果准确合规。（葛剑翀）

招录42名公务员、安置6名军转干部 2015年,市地税局按照公务员招录政策规定和流程,做好资格审核、政审等工作,把好新招录人员政治思想关、业务素质关、道德品质关,完成2015年公务员招录工作,共招录42名公务员。同时,根据专业对口优先、相对年轻化原则,以及系统编制员额和工作需要,做好面试、政审、分配等工作,完成2015年军转干部安置工作,共安置军转干部6名,其中行政副团2名,技术9级1名,营职及以下3名。（葛剑翀）

岗位技能竞赛 2015年,市地税局按照市总工会、人力资源和社会保障局、共青团南京市委的要求,在全市地税系统开展税收业务岗位练兵和优秀税收业务能手技能竞赛活动。活动中,该局将教育培训工作与开展岗位业务能手竞赛相结合,以训促学、以练促学、以赛促学。在广泛发动、充分动员、各单位组织开展预赛的基础上,10月28日下午,按照南京市职工技能大赛组委会要求,在江苏省地方税务局南京税务干部培训学校组织全系统税收业务竞赛决赛,市职工技协办公室主任柏懋林、市地税局副局长郑良等领导对竞赛进行巡考。经过角逐,建邺局李阳等60名选手获“南京地税系统优秀税务业务能手”称号。（金 星）

人事工作创新 2015年,市地税局主动承接南京市公务员局“公务员职业道德和行为规范”课题,在全国税务系统率先探索建立公务员职业道德和行为规范制度。依托基层创新参与单位,重点抓好框架设计、方案制定、交流研讨、分工实施、节点控制、过程管理、基层试点等重点环节,结合基层执法单位特点,按公共类及征收、管理、风险评估、税务稽查等条线,编制形成“1+5”职业道德和行为规范手册,完善配套制度,并在征收局、稽查一分局、秦淮局、栖霞局、浦口局试点应用,初步构建起具有南京地税特色的公务员职业道德和行为规范体系。该创新成果得到市委组织部、市公务员局和南京大学政府管理学院肯定。（徐 伟）

纪念抗战胜利70周年暨慰问老干部活动 在纪念抗日战争胜利70周年之际,市地税局组织离退休干部抗战主题摄影和书画作品创作,3幅作品在“南京市老干部纪念抗日战争胜利70周年书画摄影展”上展出。该局退休干部李玉芳参与创作的大型油画作品《审判谷寿夫》在侵华日军南京大屠杀遇难同胞纪念馆扩容工程新展厅中永久展出。同时，组织机关离退休党支部在抗日航空烈士纪念馆开展“缅怀抗日英烈，珍惜幸福生活”主题党日活动，回顾抗战历史，缅怀抗战英烈。此外，在建军节前夕，市地税局领导陪同省地税局领导上门慰问江苏地税系统两名健在的抗战老兵——陈铸青及叶洵，向两位抗战老兵送上中共中央、国务院、中央军委颁发的“中国人民抗日战争胜利70周年”纪念章和慰问金，并根据政策规定为两位抗战老兵办理了“提高享受副省长级标准报销医疗费待遇”的审批手续。（王浴宁）

综 合 管 理

概　述　2015年，市地税局理顺工作职能，发挥新组建部门活力和作用，创新工作理念和工作方法，在绩效管理、文化建设、综合调研、规划编制等工作中，量化要求、强化执行、优化机制、固化成果，为全系统推进改革、提升站位、依法治税、倾情带队提供了保证。

加强绩效管理。围绕领先争先工作目标，即时跟进考核办法和指标制定情况，召开绩效专题会议10次，准确贯彻省地税局考核要求，加强绩效管理工作基础资料收集整理，完善绩效工作台账，动态优化绩效管理体系，把握考核重点和规则要求，掌握工作进度，强化过程管控，实施半年分析。与南京师范大学合作开展绩效文化创新研究，完善绩效管理体系架构和文化支撑。加强与国家税务总局党校、省地税局绩效管理交流互动，接待国家税务总局、省地税局及河北省地税局等调研，绩效管理做法在省地税局《绩效管理动态》刊登。

推进文化建设。推动文化理念落地，持续打造“一体多样”（以核心价值体系为主体，实现统一与特色、规范与活力、继承与创新的文化建设发展模式）文化格局，加强“一局一品”（一个局一个品牌）建设，鼓励探索“科所文化”（立足基层科所实际开展文化建设）、“楼层文化”（运用硬件环境营造文化软环境）建设，编发《“追忆历史 卓越同行”征文汇编》，开展“金点子”征集活动，形成文化价值认同和共鸣。组织税务文化示范点评选工作，通过以点带面、典型引路，推动基层单位全面落实税务文化理念、文化建设制度。注重文化品牌宣传，结合春训开展文化理念及核心价值观宣教活动。加强与系统内外单位之间、区域之间税务文化交流学习活动，接待国家税务总局党校及其他兄弟单位参观学习3次。推进文化理论创新，组织编撰《税务文化研究与探索》理论研究专著，人民出版社已在做最后编审工作。

注重综合调研。根据职能调整确定调研方向、找准工作定位，注重税收工作机制、工作方式方法的综合分析。围绕数据治税、风险管理、税政服务等重点内容开展调研，组织实践经验丰富、理论水准严密的岗位骨干参与研究，完成《新常态下地税干部思想政治工作创新的思考》课题。注重理论与实践相结合、宏观与微观相结合、国际与国内相结合，保证调研课题具有较强的理论性、针对性和实务性，《大数据治税的思考及对策》被省地税局《决策参考专报》刊登。

开展规划编制。加大组织力度，细化工作方案，明确职责分工，抽调封闭骨干，落实工作进度，在每个阶段性节点上召开责任明确、层次分明的专项工作推进会，分解落实工作内容和时间要求，按期推进系统“十三五”规划编制工作。工作中，注重调研深度，通过书面提纲调研和实地座谈调研等多种方式，针对7个方面50个调研点的调研提纲，开展不同区域、不同层面的规划专项调研，广泛征求各方意见建议。2015年年末，初步形成规划纲要初稿。（张　洁）

获全省地税系统2014年度绩效考评第一名　2015年初，市地税局在全省地税系统绩效考评的迎接检查工作中，对照全省地税系统绩效考评办法和具体考评指标，仔细梳理和申报各类加分事项，逐项做好省地税局对市地税局绩效考评专项工作目标落实情况总结和上报，加强与省地税局各处室沟通和联系，最终以总分978.12分获得全省地税系统第一名，并获得“优秀”等次，且被表彰为全省地税系统“2014年度先进单位”。（魏振全）

完善绩效管理制度机制　市地税局贯彻落实国家税务总局、省地税局绩效管理工作要求，结合自身实际，制定《江苏省南京地方税务局组织绩效管理办法》《江苏省南京地方税务局绩效考评规则》等制度文件，修订《2015年B1级绩效考评指标》《2015年B1级绩效监控指标》《2015年B1级绩效加减分项目》等指标。收集整理绩效管理工作基础资料，完善绩效工作台账，强化过程管控，实施半年分析，掌握工作进度，定期报送各类考核、加分事项，规范落实各项制度要求。此外，与南京师范大学合作开展绩效文化创新研究，探索新形势下符合南京地税特征的绩效文化理论成果。

（魏振金）

编制系统“十三五”规划工作 8月起，市地税局正式启动系统“十三五”规划编制工作。规划编制工作按照确定的工作方案有序推进收集资料、调研座谈、集中编写、征求意见等工作步骤，多次与省地税局相关部门对接沟通，及时跟进编制情况，在12月形成“1+4”的规划纲要和专项规划初稿。在规划编制中，首先于11月中旬，抽调机关处室部分业务骨干，组成10人封闭团队，为期5天集中编写规划文件，形成规划纲要的初稿，其次是开展南北两地外部调研，就“十三五”规划编制思路开展交流学习。然后是召开四次专题推进会议，有序推进各时间节点上的工作布置和进度跟进。在此基础上，向机关各处室、基层各单位、局领导、外部专家、纳税人等内外部各类对象多维度征集意见，对纲要和专项规划进行修改完善。（张 洁）

编印《“追忆历史 卓越同行”征文汇编》 在地税建局20周年前夕，市地税局面向全系统开展“追忆历史 卓越同行”征文活动，通过“身边人讲身边事，身边人讲自己事，身边事教育身边人”这一形式，集中反映全系统在组织架构、纳税服务、税收征管、队伍建设、文化生活等各方面发展建设过程。活动共征集征文作品244篇，优选其中65篇汇编成册，入选文章从不同角度、不同层面反映了南京地税20年改革发展的光辉历程，成为全系统干部职工回顾南京地税发展的历史资料。

（张 崴）

编撰《南京地税税务文化研究与探索》 2015年，市地税局结合南京地税文化发展历程，与南京师范大学合作，编撰《南京地税税务文化研究与探索》税务文化理论专著。在拟定专著架构基础上，通过专题研讨、集中封闭等多种形式，组织编写和校稿工作，反复修订完善专著内容。《南京地税税务文化研究与探索》全书分为理论实践、建设历程、内化于心、固化于制、活化于行、承载于物、社会形象、光荣与梦想等8章，通过阐述税务文化基础理论、回顾南京地税文化发展历史、剖析南京地税文化构建框架、规划南京地税文化发展方向，总结南京地税文化发展历程、确立南京地税文化战略地位，规划南京地税文化未来发展蓝图。（张 崴）

税务文化学习交流活动 2015年，市地税局共筹划组织税务文化学习交流活动3次。4月8日，配合国家税务总局党校，组织处级领导职务人员任职培训班及税务文化建设实务高级研修班现场教学活动，以参观税收博物馆、组织文化培训、开展文化交流等形式，突出现场教学活动的针对性和有效性，围绕南京地税文化发展脉络和文化建设氛围营造等方面，对研修班47名学员开展现场文化教学活动。5月5日和5月15日，分别接待江苏省泰州地方税务局和江苏省盐城地方税务局工作组，开展文化交流学习活动，通过实地参观、座谈交流等形式，介绍南京地税文化建设发展历程，学习泰州市地税局和盐城市地税局在文化建设方面的成功经验和做法。（张 崴）

教 育 培 训

概 述 2015年，江苏省地方税务局南京税务干部培训学校（以下简称培训学校）围绕市地税局年度工作计划，以正规化办学为主线，以提高培训质量、创新培训方式为抓手，较好完成各项工作任务，全年实现培训总规模144批、29980人/天。

创新优化培训工作。开展“胜任素质”培训，完善制式培训项目和课程体系。围绕税务MBA培养要求，策划专业核心课程，打造品牌培训项目。精心策划实施常州、海门、盐城、江西、省地税局军转干部专题培训，启动项目库、课程库、师资库建设。加大教材开发力度，策划应用型课程，丰富实训平台教学资源，建设税务MBA教学案例库，建立“需求导向型”培训响应机制，设置10个专题教研组，加强课件制作及授课标准化，开展实训式、研讨式、案例式等多元化方式教学。

加大学员管理力度。制定《江苏省地方税务局南京税务干部培训学校学员管理规定》，强化教学管理服务；落实班主任责任制，严格执行考勤工作，约束学员自觉遵守课堂纪律；跟踪每位学员考勤记录、教学日志、考试成绩，规范学员个人培训档案管理；制定培训班个性化管理方案，丰富课外活动，做好后勤服务。加强网络培训资源建设，共上线11大类196门课件，建立2.2万余道习题库。丰富图书馆馆藏，采购图书1500册，杂志期刊80种。

提升后勤服务水准。制订培训学校后勤内控风险管理清册和培训学校后勤部内控检查事项清册，实施内控风险管理。规范服务标准，为系统基层、地方政府提供各类会议、活动保障；出台培训学校降本增效实施意见，开展“节能减排”主题宣传活动，完善管理措施和考核办法，规范耗品管理，落实降本增效。加强物业用工管理，优化人员配置，精简物业人员数量；注重安全稳定管理，开展消防综合演练，驾驶员安全教育，定期组织车辆车况安全检查，以及地质灾害安全检测和修复工作。

拓展管理工作效能。落实中央“八项规定”精神，开展“三严三实”专题教育，坚决纠正不良工作作风。做好校领导班子交接、科级领导干部选拔、合同制人员改制工作。修订培训学校绩效考核实施办法，改进和完善干部考核评价体系。督查督办重要工作，强化日常费用及重大财务支出审核，开展大型修缮维修款项专项审计自查，做好事业单位年度报告公示落实工作。

推进校园文化建设。深化办学理念，凝练办学精神，宣传校风、教风和学风，营造校园文化氛围。策划布置校园外部环境，增设“九思亭、知新角、卓越同行主题文化墙”三处文化景观，打造学院派校园文化环境。此外，还开展了“冬日校园，别样风采”主题摄影比赛、迎“七一”主题党日活动，丰富干部职工业余文化生活。（冯　骅）

春训工作　2015年3月至6月，市地税局开展了年度春训工作。3月，制定出台《江苏省南京地方税务局关于开展2015年春训工作的实施意见》。培训内容包括中共十八届三中和四中全会精神、宏观经济形势分析、社会主义核心价值观、税务工作会议精神、税收业务知识、税务文化建设等多个方面。全市地税系统共组织各类全员培训130多场，各单位采取专家授课、领导干部上台讲课、骨干培训、交流研讨等多种培训方式，参训总人次达到16650人次，人均培训时间达到50学时以上。（王甜源）

税务MBA中心工作　2015年，培训学校启动第一届税务MBA专业核心课程教学，围绕税务MBA培养要求，策划征管理论与实践、企业税务管理、企业税收筹划三门专业核心课程，选拔唐跃等7位专家型干部担任税务MBA实践导师，指导毕业论文写作，打造品牌培训项目。完成第二届税务MBA招生工作，全系统25名干部被正式录取，录取率80.64%。此外，填补税务MBA教学资源空白，组织首届税务MBA学员完成5篇教学案例编写，其中案例《基于税务风险的YT公司发展战略转型与创新》入选“第六届全国百优管理案例”，另2篇入选“中国管理案例共享中心案例库”。（冯　骅）

开发教材和电子课件　2015年，培训学校编印《税收新政》（2015版），完成国家税务总局两本教材《企业会计（税务版）习题集》《房地产业税收管理实务》编写开发和出版工作。承办国家税务总局电子课件《房地产业税收管理实务》《企业所得税汇算清缴实务》开发工作。在国家税务总局微课程制作研讨班上，该校制作的《一张报表教你读懂41张申报表》在研讨班上交流。（冯　骅）

开展“胜任素质”培训　2015年，培训学校从岗位业务普训、专项技能提升培训和特殊岗位人员专训三个层面开展“胜任素质”培训，形成类别互补、递进有序的制式培训项目和课程体系。全年共推出培训项目18个，其中岗位业务技能培训7个、专项技能提升培训9个、特岗人员培训2个，涵盖系统各类工作岗位。培训形式做到分级分类，培训内容贴近岗位实务，核心课程安排在2.5天以上，公共类课程突出依法行政、党风廉政、税收新政等内容。全年共培训科及科以下干部1719人。

（冯　骅）

制定学员管理规定　2015年，培训学校围绕中纪委、中组部、国家税务总局关于干部教育培训中学员管理的规定要求，把握成人教育规律，针对培训学校在学员管理工作面临的问题和矛盾，制定《江苏省地方税务局南京税务干部培训学校学员管理规定》，从入学管理、班务管理、课堂管理、考勤管理、考试管理、成绩管理、食宿管理、课外管理、车辆管理、违规处理等方面，细化内容、完善措施、明确种类规范、标准56条，强化教学管理服务。

（冯　骅）

增补学校建筑规划许可证　经培训学校申请，并与南京市江宁区政府及相关部门沟通协调，江宁区规划局经过测量和规划验收，同意增补培训学校教学楼（含图书馆）、会议中心、体育馆、宿舍楼（含学员餐厅）、锅炉房共5栋建筑，共计5248平方米的建筑许可。江宁区住建局同意按宁政发〔2003〕104号文件“非民办学校教学设施减半征收基础配套实施费”的政策，对直接用于教学用房减免115万元基础配套设施费、26万元人防建设费。2015年12月，培训学校取得建筑规划许可证。

（冯　骅）

学校基础性工作建设　2015年，培训学校完成校领导班子交接工作，按程序开展干部选拔工作，选拔正科级领导干部1名。落实中央“八项规定”精神，对培训学校人、财、物进行全面梳理，逐项检查、及时整改，加强对培训规模、经费标准管控。修订培训学校绩效考核实施办法，优化干部考核评价工作。制定培训学校值班工作规范，明确值班人员职责。加强游泳馆、篮球馆地质灾害安全检测，及时做好培训学校后山护坡墙体开裂修复工作。

（冯　骅）

廉 政 建 设

概　述　2015年，市地税局围绕党风廉政建设新形势和新要求，以贯彻落实“两个责任”（主体责任和监督责任）为核心，注重机制创新、突出整体推进、强化监督管理、从严执纪问责，推动党风廉政建设创新发展。市地税局被评为全市“争创无职务犯罪单位活动”优秀组织奖，3个基层单位被评为全市“无职务犯罪”先进单位，7人获全市预防职务犯罪工作先进个人称号。

推进“两个责任”落实。建立责任清单制度，出台《关于落实党风廉政建设主体责任和监督责任的实施意见》，细化年度党风廉政建设目标任务分解，完善责任体系。配套制定责任追究办法，细化明确实施责任追究的范围、情形和方式，形成导向明确、逐级压实的工作态势。落实分析报告制度，组织开展分析自查和重点抽查，实施讲评通报。以责任清单为主线，综合实施述职述廉、民主测评、廉政建设检查考核，强化责任要求和目标任务落实。

保持纠正“四风”问题高压态势。严明纪律规定和工作标准，明确规范公务接待、公车使用、婚丧喜庆报告、财务开支等纪律规定和执行标准，对购买收受购物卡、开具劳务发票和食堂福利发放等热点问题，明确划定红线。构建纠正“四风”问题常态化廉政检查机制，强化不间断监督检查，针对重大节日和重点问题，发挥职能部门监管作用，联合实施明查暗访和监督抽查。开展“四风”问题自查自纠，采取提出问题清单、整改清单、签字背书、党组逐一约谈等方式，自上而下开展对照检查和纠错整改，推进作风建设向纵深发展。

持续创新风险防控机制。自下而上开展新一轮廉政风险排查，形成集风险事项、表现形式、防控措施、风险等级于一体的新版《廉政风险防控指南》，为加强风险防范提供制度依据和工作指引。探索廉政风险事前评估防范机制，实现监督关口前移。深化“三险”联动，强化业务职能部门在管理防范风险中的责任主体作用，推进多部门协调联动，按季发布风险提示，控制内部各类风险事项。

强化信访查办执纪监督。建立信访查办两级责任制，实行办案负责制和案件督办复查制，提升信访办理质量。推进“一案双查”工作，制定实施办法，形成监察部门牵头，稽查、督察内审和风险监控部门各负其责、相互协同的工作格局，全年完成“一案双查”42件，工作情况在省地税局专题工作会议上交流。加大信访查办工作力度，实施信访联合调查，构建与市、区纪检部门协调联系机制，注重信访暴露问题的剖析讲评和通报警示。出台《重大行政决策责任追究制度》，从追究范围、追究情形、追究方式、追究程序等方面，对领导班子和领导干部在重大行政决策过程中的有关责任和追究要求作出明确，强化对领导班子、领导干部和重大决策事项、干部选拔任用、三公经费等工作监督，细化婚丧喜庆事项报告规定，开展廉政指数第三方调查。

推进廉政教育文化建设。把廉政教育列入全员制式培训，组建廉政教育兼职教师团队，开设脱产轮训专题廉政课程。把中央关于党风廉政建设的最新要求与依法行政、道德修养、传统文化紧密融合，以学习讲座、专题讨论、宣传先进典型等形式，开展“崇德守法”廉政主题教育活动。深化廉政文化创建，发挥网络互动教育平台、“微系列”廉政文化作品创作、廉政文化创建等载体功能，推进创建活动开展。在省地税局开展的“讲纪律守规矩 共筑廉洁地税”廉政文化作品创作评比活动中获组织奖，征收税务局的微电影《茶》获二等奖。（金　泓）

制定党风廉政建设“两个责任”清单　2015年，市地税局党组深入贯彻党风廉政建设“两个责任”要求，出台《关于落实党风廉政建设主体责任和监督责任的实施意见》，制定主体责任清单，包括组织领导、选人用人、明纪纠风、预防监管、支持保障和管理示范等6项30条；监督责任清单，包括组织协调、维护纪律、监督检查、信访查办和问责追究等5项22条。对“两个责任”的内涵、职责和工作边界作出明确规范和具体指引，细化年度党风廉政建设目标任务分解，确立各部门责任主体格局，形成横向到边、纵向到底的责任体系。

（李　欣）

发布新版《廉政风险防控指南》　2015年，市地税局针对深化税收征管改革后业务流程和权力配置的新变化，围绕征管业务流程和人财物行政管理的重点事项、关键环节和重点岗位，深入排查岗位廉政风险，梳理廉政风险点261个，涉及税收业务和行政管理权力事项157项，形成涵盖纳税服务、税源管理、风险监控、税务稽查和机关行政管理等5个部分，集风险事项、表现形式、防控措施、风险等级于一体的新版《廉政风险防控指南》，为各级开展内控管理提供制度依据和工作指引。

（李　欣）

建立纪检监察信访举报两级责任制　2015年，市地税局立足规范纪检监察信访举报工作，突出明确管理责任和强化执纪问责，制定《纪检监察信访举报工作责任制度》，实行市地税局和基层单位两级责任制，并通过明确各级信访办理主体责任和办案负责制，从层级管理、岗位分工、过程管理和责任追究等环节，规范信访办理的主体、程序和要求。全年办理信访54件，其中自办18件，转办36件，结案率100%，在查实问题的基础上，共对10人实施组织处理。（欧阳颖）

探索廉政风险事前评估防范工作机制　2015年，市地税局结合新一轮税收征管改革，在鼓楼局、玄武局、秦淮局、六合局和溧水局等五家试点单位探索试行重要决策、重大执法和工作事项事前风险评估工作机制。按照重大事项不评估就不研究的原则，对事项的合法性、涉及纳税人利益程度，以及工作的组织、流程、规范、要求等内容，从廉政风险的视角开展评估，及时发现廉政风险，强化预警提示和纠偏管理，实现监督关口前移。（李　欣）

廉政教育列入全员制式培训课程　2015年，市地税局坚持把廉政教育作为基层廉政建设的基础环节，创新教育机制和内容载体，把廉政教育列入全员制式培训课程，实现廉政教育全覆盖。工作中，该局立足提高教育质量和成效，组建由7名处级领导干部组成的廉政教育兼职教师团队，结合党风廉政建设新形势、围绕上级关于党风廉政建设的新要求，根据南京地税反腐倡廉工作实际和广大干部应知应会的廉政知识，开展集体备课，统一规范授课内容，精心编制课程讲稿。全年开设制式培训23期30个班，受训人员1719人次。

（朱淮民）

拓展第三方廉政调查监督途径　2015年，市地税局优化创新监督管理体系，依托第三方专业调查机构，采用定性和定量相结合的方法，对全系统廉洁自律情况开展专项检测，进行客观评价。通过制定廉洁自律专项检测方案，设计评价指标和检测问卷，多维度遴选检测样本，共对792户纳税人开展电话访问，对10户低满意度纳税人开展深度回访，形成廉洁自律专项检测分析报告，并把反馈问题和整改建议向18家基层单位进行推送，拓展监督渠道。（金　泓）

修订《税收违法案件一案双查工作实施办法》 2015年，市地税局根据国家税务总局新修订的《税收违法案件一案双查工作补充规定》，结合地税工作实际，制定系统《税收违法案件一案双查工作实施办法》，形成监察部门牵头，稽查、督察内审和风险监控部门各负其责、相互协同的工作格局。全市地税系统各单位落实工作要求，紧扣税务业务主线，注重税收执法行为和廉政问题关联性分析调查，全年主动组织开展“一案双查”42件，对相关苗头问题实施追责处理。该项工作情况在省地税局专题工作会议上作了交流。（欧阳颖）

执法督察内审

概　述 2015年，市地税局紧扣“查错纠弊、促进管理、防范风险、服务大局”的职能定位，履行督察内审职责，开展税收执法督察、内部审计、执法责任制、风险应对质量检查等方面工作，发挥了督察内审工作在推进地税事业发展中的应有作用。

根据上级地税机关关于机构改革的意见，在各基层局成立督察内审科，构建两级督察内审组织模式。同时，明确督审职责权限，细化岗位职责与岗位配置，明确不同层级督审工作程序、步骤。此外，优化督审人员配备，2015年机构改革后系统督察内审条线人员55人，其中研究生以上学历7人，占比达12.7%，具备“三师”（注册会计师、注册税务师、律师）资格17人，占比达30.9%。制定《税收风险应对质量检查管理办法》《省级大集中模块操作说明》《高等风险应对检查工作指引》等规范性文件，修订业务规程，对工作流程、文书运用等方面做详细规范，完善风险应对质量检查工作机制。在此基础上，以防范和化解税收执法风险为重心，编写《2015年税收执法重点督察内容分解表》，开展税收执法督察工作。督察内容包括退税管理（误征退税）、“营改增”（营业税改增值税试点工作）专项风险应对任务、企业所得税资产损失税前扣除、稽查案件移送执行情况、稽查案件执行超期情况、稽查案件税务行政处罚及企业改制过程中涉及房产过户的契税减免等7个方面。以规范内部财务管理、促进安全履职为目标，开展内部审计工作。2015年，全系统共开展督察项目4个，查补税款及滞纳金2286.13万元，退还多缴税款102.11万元；开展中等风险应对任务441户，高等风险应对任务24户；完成各类常规审计和专项审计项目9个，发现问题32个，提出管理性建议35条；配合完成各类信访、专案督察和外部门审计项目3个，涉及税款6197万元，处罚2000元。此外，接受了财政部专员办、国家审计署特派办、南京市审计局等系列审计检查工作，外部审计监督机关认为在税收执法方面领导重视，制度健全，各项资料、台账完备，执法人员在工作中能认真执行国家法律法规，无重大违规事项发生。（李　政）

重点税收执法督察 2015年，市地税局制定税收执法督察实施方案和具体督察计划，编写《税收执法重点督察内容分解表》，指导基层单位在做好自查工作的基础上，做好执法督察查前准备工作，组织人员对督察重点内容进行针对性问题假设，编写督察规则和业务需求，强化过程控制，注重证据采集和发现问题现场确认，对发现的问题加强审理复核。重点督察共发现问题425户次，涉及税款2345万元，其中应退税款94万元。此外，还按照省地税局统一部署，在全面自查的基础上，对2家基层局开展重点执法督察，内容涉及金融业服务“三农”税收优惠政策落实、支持小型微利企业发展税收政策落实、加快城市基础设施建设税收政策落实、营改增试点管理、股权转让个人所得税管理、土地增值税征收管理、欠税管理、税务稽查工作规程的落实、重大案件审理、税收个案批复、税收优惠政策清理等四类11个事项。（董　静）

专项执法督察 2015年，市地税局制定专项执法督察工作方案，成立税收执法专项督察工作领导小组，专项督察内容覆盖税源管理、稽查管理及契税管理事项，并通过统计督察事项的完成数据，测算具体工作量，确定督察范围，明确基层单位自查的具体督察样本，自查阶段督察组织方式根据实际由基层局自行选择，以联合检查、双方互查等多种形式合作开展。查前梳理政策法规，明确各项督察重点；查中，走访基层单位，有针对性加强指导；查后，要求逐项逐户全面完整反馈督察样本自查情况。各单位专项执法督察自查571户次，发现有问题195户次，全部整改到位，补缴税款及滞纳金10.11万元。在基层局自查的基础上，该局重点抽查了溧水局、秦淮局、栖霞局和稽查三分局四家基层单位的督察样本共计95户次，核实需要补税的共11户，查补税款及滞纳金共24.54万元。（徐　笑）

落实税收执法责任制　2015年，市地税局落实《江苏省地方税务局税收执法责任制实施办法（试行）》以及《江苏省南京地方税务局税收执法责任制考核评议及过错追究办法（试行）》，组织督察内审系列全部人员开展专题培训，通过各层级各类型税收执法督察，加大税收执法问责力度，开展执法责任制考核，同时完善过错信息传递，对外部评议以及各业务部门的日常管理中发现的问题严格进行责任追究。此外，把执法责任追究与绩效考核有机结合，对执法责任制的经济惩戒在绩效考核中予以体现。2015年，该局通过内部监督和外部监督手段发现执法过错551项，责任追究479人次，经济惩戒165321元。（董　静）

构建常态化督察工作机制　2015年，市地税局构建市、区两级常态化执法督审格局，出台《督察内审工作规定（试行）》，规范常态化执法督察运作管理要求，完善督察审计具体业务规程，细化岗位职责与岗位配置，优化督审人员配备，推进督审人才专业化团队建设，并加强协调保障机制建设，建立督察会审制度，定期召开执法督察联席会议，做好常态化执法督察核心工作，从制度层面防范执法风险，做到事前提醒、事中跟踪、事后抽查，及时发现薄弱环节以及执法中容易忽视的风险和重大执法问题。同时严格督察整改，实施定期通报制度，以《督察建议书》形式向相关部门提出完善制度、加强管理的整改意见及工作建议和思路，并落实个人责任追究，对督察工作开展成效实施考评与奖惩。此外，加强省级大集中系统执法督察管理软件运用，完善税收执法督察监控平台指标建设，初步实现“事前介入、适时评价、及时反馈、事中纠偏、事后抽查”的全过程伴随式督察。（董　静）

开展风险应对质量检查　2015年，市地税局制定《税收风险应对质量检查管理办法》《省级大集中模块操作说明》《高等风险应对检查工作指引》等规范性文件，修订业务规程，规范工作流程和文书运用等。同时，构建内容统筹、运转协调的市区两级检查模式，按照中等、高等风险5%检查面要求，分阶段按单位推进风险应对质量检查。工作中，优选检查对象，侧重选取应对成效较低的重点企业及未结案件作为检查对象，提升风险应对有效性，实现监督关口前移，实施过程控制，定期分析、通报工作进度。此外，分类整理所发现问题，并加强成果运用，初步形成过程监督、风险预防、责任追究相结合的评价机制。全年共完成中等风险应对质量检查800户，高等风险应对质量检查83户，合计补缴税款236万元，滞纳金17万元，责任追究168人次。（王一骁）

经济责任审计　2015年，市地税局拓展经济责任审计广度，充实领导干部经济责任审计评价指标体系，丰富经济责任审计税收管理相关内容，多维度对领导干部展开评价，拓展经济责任审计工作思路和范畴。根据人事变动要求对离任领导干部，做到有离必审，对符合条件的领导干部有计划地开展任中审计。全年共完成3个单位主要负责人的领导干部离任审计，发现并处理问题13条。同时，加大整改力度，发挥审计监督职能，降低财务管理风险。此外，加强与外部门审计机关交流学习，提升内审工作水平，发挥审计经济责任监督作用。（陈菊芳）

光　荣　榜

一、2014年度江苏省南京地方税务局先进单位一、二、三等奖

一等奖：江宁局、六合局、建邺局、玄武局、秦淮局、纳税服务局、稽查局；

二等奖：直属第一税务局、溧水局、雨花台局、浦口局、栖霞局、稽查一分局、契税所；

三等奖：鼓楼局、高新局、化工园局、高淳局、稽查二分局、稽查三分局。

二、2014年度江苏省南京地方税务局标兵科所、先进科所

（一）标兵科

1. 纳税服务局综合科
2. 溧水局人事监察科
3. 秦淮局征管科技科
4. 稽查一分局综合行政科
5. 六合局税政法规科
6. 直属第一税务局税政法规科
7. 鼓楼局税政法规科
8. 雨花台局税政法规科
9. 江宁局办公室
10. 高淳局税政法规科

（二）标兵所

1. 征收局第四税务所（建邺局）
2. 玄武局第二税务所
3. 江宁局稽查局
4. 高新局第一税务所
5. 浦口局征收税务分局
6. 直属第一税务局第二税务所
7. 征收局第五税务所（鼓楼局）
8. 稽查三分局检查执行二科
9. 稽查局检查执行二科
10. 契税所第二税务所

（三）先进科

1. 建邺局办公室
2. 玄武局征管科技科
3. 浦口局人事监察科
4. 栖霞局人事监察科
5. 稽查二分局案件审理科
6. 稽查三分局业务管理科
7. 化工园局税政法规科
8. 高新局办公室
9. 稽查局举报中心

（四）先进所

1. 征收局第三税务所（秦淮局）
2. 稽查一分局检查执行四科
3. 溧水局第一税务分局
4. 高淳局征收税务分局
5. 栖霞局第二税务所
6. 征收局第六税务所（雨花台局）
7. 化工园局第三税务所
8. 六合局第一税务分局
9. 稽查二分局检查执行一科

三、2014年度江苏省南京地方税务局“地税标兵”

刘　伟（直属第一税务局）

马婷怡（市局机关）

徐小琴（高新局）	李　骞（化工园局）
陈宏楼（六合局）	李　勇（雨花台局）
周国强（栖霞局）	何　晋（玄武局）
叶　峥（稽查二分局）	陈存刚（市局机关）

四、2014年度江苏省南京地方税务局“系统先进个人”

王　冬	史伟莹	严志敏	徐浩波
陈　虎	把光芜	李　文	戴旭东
孙国松	彭昕宁	赵小亮	张　伟
陈晓菁	丁　兴	王庆生	徐仁才
孙　慧	庞　敏	佘　蕊	董　麟
吴　琦	黄　清	周宏峻	王靓清
周　玚	王华军	张　波	张　旻
张　黎	杨倩宇	施　诚	李　鉴
史兴旺	唐　棣	肖　鸣	沈忠斌
刘　颖	刘德坤	边　伟	张京宁
梁明霞	陶家祥	王丹青	陈峻嵩
王　莉	吴家胜	肖　巍	徐维荣
李海燕	潘小保	丁太平	黄祥敖
陈树华	谢　月	荀爱国	

【责任编辑　李洪进】

党建及群团工作

党 建 工 作

概　述　2015年，机关党委在市级机关工委和市地税局党组的领导下，切实履行抓党建主体责任，加强党员队伍建设，持续增强政治功能和服务功能，不断发挥党组织的战斗堡垒和党员的先锋模范作用，坚持依法行政、以人为本、民生为先、文化引领，突出转观念、抓收入、推改革、助发展。

开展“三严三实”专题教育。制订《南京地税局关于“三严三实”专题学习及研讨计划》（三严三实是指严以修身、严以用权、严以律己；谋事要实、创业要实、做人要实），明确在全市地税系统处级以上领导干部中开展“三严三实”专题学习研讨活动的方案和步骤，全系统参加专题教育研讨达690人次。以创建“敢担当、善创新、重实干、扬正气”的服务型机关为标准，践行“三严三实”，“严”在心中，干在“实”处，树立严管意识，对存在的一些倾向性、苗头性问题，加强各项管理制度的执行力，加强日常监督、重点监督，对各项规章制度，抓好落实和执行。

推进微型党课教育。创新微型党课教育模式，打通思想理论学习“最后一公里”。推行“3341”工程，建立“讲前辅学、课堂讲学、课后评学”制度，实现党员党内生活“常态化、规范化、制度化”，通过组织全体党员干部参与微型党课，实现每次党课汇编一期简报，每个课题制作一个课件，全年形成一批精品课件，培养一批学习宣传党员骨干的目标。2015年，微型党课在全市地税系统各基层局党组织全面推开，约150名党员走上讲台授课，共制作全系统微型党课视频课件及宣传片52部。微型党课党员教育方法入选“全市基层党建创新十大优秀典型”，并入选“江苏省级机关工委党建案例专集”，省地税局党组党建工作指导小组以党建专辑简报形式，对该局微型党课的做法予以肯定推广。

打造“先锋行动”品牌建设。组织开展“先锋行动——党员干部结对帮扶”活动，广大党员干部与社区、低收入农户开展牵手行动，定人定责，结对帮扶。截至2015年年末，累计结对帮扶社区（村）112个，走访困难群众1400余户，强化机关党员干部的群众意识和先进意识。

开展党建示范点建设。一是争创学习型、民主型、创新型、服务型、廉洁型、务实型“六型党组织”。以“全国地税看江苏，江苏地税看南京，南京地税看党员”为目标指引，要求各级党组织在先锋行动中争创“六型党组织”，全体党员争当改革创新、促进发展、优质服务、真抓实干、作风建设的“五个先锋”。评选出先进基层党组织8个，优秀共产党员80名，优秀党务工作者14名。二是申报并获得“服务型党组织建设优秀案例”。三家基层党组织被评为“市级服务型党组织建设优秀案例”，其中，“地税直通车　传递‘心’服务”获一等奖。三是参加南京市级机关演讲比赛。组织参加南京市级机关“学法知行、从我做起”演讲比赛，1人获银奖，1人获优秀奖，该局获“优秀组织奖”。

规范党建基础工作。一是开展机关基层党组织换届选举。增补1名机关党委会委员，新成立了征收局党总支、综合处党支部，对机关及直属的21个党支部（总支）进行了换届选举工作，并相应成立了各支委。二是做好党员培训发展工作。市地税局机关2名预备党员转正，新发展2名同志成为预备党员，安排9名入党积极分子、3名党员发展对象、1名新党员参加培训，全部通过考核。三是开展党员年度统计工作。开展党员组织关系排查和党员年度统计工作，核准市地税局机关及直属单位的2个总支，27个支部、507名党员的基本信息。四是组织基层党建工作培训班，全市地税系统分管副局长、人事科科长和组织委员，近90人参加该培训。2015年，为机关及直属支部党员干部、全系统处级以上干部订阅党建图书2300余册，报纸杂志近850份。　（汪成池）

机关党建“联述联评联考” 根据南京市级机关工委开展2015年度机关党建工作“联述联评联考”的要求，制定《2015党组织书记述职评议考核具体安排》及《实施方案》。一是以召开南京地税局机关党委会扩大会议的形式，开展四个层面的述职评议：市地税局机关党委会书记面向市地税局机关及直属单位全部517名党员进行述职，并与市地税局机关党委会班子一起接受党员代表的考核测评；市地税局机关18个处室党支部，6个直属党（总）支部书记面向市地税局机关党委会述职，并接受机关党委会的考核测评；6个直属党（总）支部班子接受所在党（总）支部全体党员的考核测评；各党（总）支部的全体党员向所属支（总支）委会述职，并开展党员民主评议工作。二是对述职的党组织书记按“好”“较好”“一般”“较差”四个等次做出评价，对机关党组织班子按“满意”“较满意”“不太满意”“不满意”四个等次进行整体测评。三是根据《南京市级机关基层服务型党组织建设考核指标（试行）》的通知（宁委机发〔2015〕35号），市地税局对照各项考核指标，认真进行了对照检查，考核自评结果属于“优秀”等次。（汪成池）

获得“机关作风建设人民满意单位”称号 2015年，市地税局坚持依法行政、以人为本、民生为先、文化引领，突出转观念、抓收入、推改革、助发展。依法征收，切实促收履职。认真落实各项税收优惠政策，突出依法治税、从严治党“两条主线”，三次获得“全省依法行政示范点”称号，10家单位被省地税局评为“依法行政示范单位”。加强党风廉政建设，突出执纪问责。坚持把纪律规矩挺在前，打造“清风税廉”品牌，实施干部能力素质提升工程，明确系统干部职业道德和行为规范。深化税收征管改革，实施“互联网+”税务战略，推进大数据治税工程，不断加强税收治理体系和治理能力现代化建设。加强社会治理创新，以“服务零距离，满意在地税”作风建设品牌建设为引领，实施“便民办税春风”行动，纳税服务全面优化提升。推进税务文化建设，形成以“卓越同行”品牌为引领的22个子文化品牌，践行社会主义核心价值观，促进征纳和谐。2015年2月15日，市委、市政府授予该局“机关作风建设人民满意单位”。（杨沉璧）

参加龙虎网“网络面对面”访谈直播 2015年11月12日，市地税局党组副书记、副局长郑良做客龙虎网“网络面对面”访谈直播，向广大市民介绍了该局的工作职能、服务举措等，就税银合作、纳税人信用评定、发票违法处理及二手房交易等问题进行现场解答，并回答了市作风建设监督员的有关问题。（杨沉璧）

开展处室评议工作 一是建立“考评结合”评价模式。将内外部评议情况与各处室日常作风建设工作、处室绩效考评结果相结合，从“三个维度”对处室工作进行评议。二是突出评议人覆盖面。依托绩效管理平台，收集近300条意见与建议。发放纸质评议表，全市地税系统网上推送电子表格，共收回近2000余份评议表。三是主动沟通，监督整改。召开市作风监督员座谈会，主动汇报工作情况，征询企业意见和建议。（杨沉璧）

系统工会、妇联工作

概　述 2015年，系统工会、妇联认真落实上级机关和市地税局党组的指示精神，主动适应、积极引领新常态，建设活力机关文化机关，充分发挥工会、妇联组织的桥梁、纽带作用，为持续深入推进南京地税系统税收征管、社会治理、税务文化“三大工程”建设，提振干部职工的精气神。

抓好政治理论学习，提高职工的政治素质。切实把握新形势对工会工作的新要求，紧密联系本单位实际情况，积极开展学习型组织、学习型职工活动。一是组织广大职工认真学习中共十八大、三中、四中、五中全会精神，并将会议精神贯穿工会的各项工作中，通过思想政治教育工作，不断增强广大干部职工认真贯彻执行党的路线、方针、政策的自觉性，培养全局干部职工清正廉洁、克己奉公、全心全意为人民服务的思想。二是协助抓好党风廉政建设教育工作，认真组织干部学习党风廉政建设和反腐败有关规定，认真学习党中央有关反腐倡廉的中央“八项规定”以及学习市地税局党组反腐倡廉的规定，坚决抵制任何违法、违规行为的发生。

切实履行工会职责，维护职工的合法权益。立足系统实际，群策群力，集思广益，努力维护职工的合法权益，改善职工的工作和生活条件，创造良好的工作环境。密切联系本职岗位业务实际，采取知识讲座、上党课、内部学习等多种形式，广泛开展政治理论、岗位业务知识和科学文化知识学习，着力提高干部职工的业务技能和科学文化素质。积极参加市总工会干部职工康惠医疗互助工作，解决干部职工实际生活困难。同时，鼓励干部职工按照国家规定的公休假分别轮休，维护职工的休息休假权利，保障干部职工劳逸结合，身心健康。

开展"建家"和巾帼建功活动，发挥好工会、妇联职能作用。定期召开工会、妇联工作会议，研究、布置工会妇联工作，及时听取会员们对各级工会、妇联工作的意见和建议，保障职工的知情权、参与权和监督权。组织职工积极参与本单位的事务管理，凡涉及职工切身利益的研究和内部规章制度的制定，都发扬民主作风，充分听取职工群众的意见。切实为群众办实事，尽可能为干部职工解决一些实际问题，为群众排忧解难，使工会真正成为能够代表群众利益、反映群众要求和愿望的、群众信赖的基层群众组织。开展各类争创工作，取得显著成绩。2015年，江宁地方税务局获全国"职工书屋"示范点，六合地方税务局获江苏省"职工书屋"示范点，溧水地方税务局获南京市"职工书屋"示范点称号。浦口局、秦淮局、栖霞局获"南京市优秀阅读组织"荣誉。江宁局、高新局被授予"南京市职工心理健康教育服务室"。2015年，市地税局机关党委、征收税务局人事监察科获"南京市巾帼文明岗"称号。

广泛开展文体活动，活跃地税文化生活。系统工会、妇联紧密联系税收工作实际，广泛开展了寓教于乐、健康有益的文体活动，更好地满足了地税职工日益增长的精神文化需求。一是广泛开展读书活动。2015年，发挥职工书屋平台作用，以丰富职工业余文化生活为落脚点，突出价值观教育，开展"文化宣传教育月"，以"人和、家和、正和"为主题，的征文活动，开展"我代言·我分享"演讲活动，开展"青砚幽香"读书活动，宣传"好书推荐""读书心得"等，激发了干部职工阅读的热情。二是大力开展争先创优活动。深入开展"创先争优"实践活动，组织干部职工参与志愿服务活动，加强对经济薄弱村及欠发达村挂钩帮扶联系，对特困户、贫困户分层次帮扶，对低收入家庭、特困家庭给予物资、爱心帮助。2015年共向社会捐款，提供帮扶资金119511元。组织全系统参加省地税局"小蜜蜂"骑行日活动，系统各单位围绕税收服务开展"小蜜蜂"骑行，展现了"团队、活力、超越"的精神。三是积极开展丰富多彩的文化活动。先后参加市级机关"魅力巾帼·活力机关"女子健身舞展演；"金陵杯"市级机关网球比赛，获得了男子双打冠军、女子双打冠军、女子单打冠军、女子双打亚军和男子单、双打第五名共6个奖项；组织参加南京市众跑活动；在"金陵杯"南京市市级机关龙舟比赛中市地税局代表队获得了第七名；积极参加"金陵杯"南京市市级机关乒羽比赛。在全省地税系统合唱比赛中获一等奖，通过合唱，缅怀在战争中死难的同胞和为战争胜利献出生命的革命先烈、民族英雄，宣示税务干部牢记历史、不忘过去，珍爱和平、开创未来的坚定立场；获得了全省地税系统综合型趣味运动会团体一等奖。举办了系统第二届"雨花杯"乒乓球比赛；开展了系统工会第三届"阳光杯"羽毛球联赛；组织了系统工会第二届"阳光杯"三人篮球比赛，18支参赛队伍，秉承"以球会友，快乐篮球"理念，赛出风格、赛出水平、赛出友谊；开展了系统工会"阳光杯"太极拳比赛；举办了系统工会"阳光杯"争上游比赛。四是系统开展定点健康休养工作。认真落实市地税局党组对广大干部职工的关心，提高系统干部职工身心健康水平，进一步加强"幸福地税"建设，系统内近500名干部职工参加，通过培训、参观、交流等活动，增强了健康意识，促进了相互了解，增进了友谊。五是举办系统工会、妇联主席培训班，加强工会妇联干部队伍建设。市级机关工会联合会柏仕勤主席在培训班上做了"如何做好新时期工会妇联工作"的专题培训，介绍了当前全市工会工作开展情况；召开了工会、妇联主席座谈会听取意见和建议；开展了增强团队合作意识的拓展活动。

（尹志鹏）

庆"三八""康乃馨行动——有妳同行"主题活动

3月3日，在第105个国际劳动妇女节到来之际，系统妇联为贯彻落实巾帼建功、巾帼维权、巾帼关爱、巾帼成才行动，以“认识新常态、适应新常态、引领新常态”为目标，组织开展了以“康乃馨行动——有妳同行”为主题的活动。各级领导和女干部代表等200多人参加了该活动。主题活动专题片《绽放的康乃馨》展示了系统21个“康乃馨行动”巾帼志愿服务分队的风采；命名了13个系统第一批全国、及省市三级“巾帼文明岗”创建示范点；南京市女企业家协会正式聘请系统妇联“康乃馨行动”巾帼志愿服务队为“金陵女子创梦空间”的专家服务团队；市妇联主席为系统妇联颁发了“春蕾班”计划实施20周年突出贡献奖奖牌，并向第三期地税江宁秦淮高中“春蕾班”颁发了项目计划书，标志着新一期“春蕾班”正式启动。市地税局副局长郑良为“春蕾班”学生代表和基层妇联代表授予“‘康乃馨行动’之爱心接力”火炬等。主题活动突出展现了“地税有妳更卓越”，“生活有妳更精彩”“家庭有妳更幸福”“社会有妳更和谐”的地税巾帼时代风采，深化了“康乃馨行动”巾帼志愿者服务示范队特色品牌建设，提升了南京地税女干部职工的组织凝聚力，全力打造“幸福地税”。（尹志鹏）

参加全市机关“魅力巾帼·活力机关”女子健身舞展演　3月4日，为纪念“三八”国际妇女节105周年，南京市级机关工委在市妇女儿童活动中心举办“魅力巾帼·活力机关”女子健身舞展演活动。市地税局女子健身舞代表队以活力四射的激情、刚柔相济的舞姿，展现了市地税局机关妇女干部职工追求“健康、快乐、时尚”的现代女性风采，在全市17支竞赛队伍中获“二等奖”。

（尹志鹏）

参加“金陵杯”市级机关网球比赛　为贯彻落实《南京市全民健身实施计划》，丰富市级机关业余文化生活，引导机关广大干部职工自觉开展体育锻炼，树立健康生活、快乐工作的理念，5月8日，市级机关工委、市体育局、市总工会联合举办了市级机关网球比赛。经过运动员的奋力拼搏，市地税局网球代表队获得了男子双打冠军、女子双打冠军、女子单打冠军、女子双打亚军和男子单、双打第五名共6个奖项，是全市机关各部门参赛队中获得奖项最多的单位。（尹志鹏）

获全省地税系统纪念抗战胜利70周年合唱比赛一等奖　为纪念中国人民抗日战争暨世界反法西斯战争胜利70周年，弘扬爱国主义精神，培育和践行社会主义核心价值观，省地税局在全省地税系统组织开展合唱比赛，该局积极组队参赛，经过认真训练，在合唱比赛中获一等奖。（尹志鹏）

参加全省地税系统综合型趣味运动会　11月7日，江苏省地税系统综合型趣味运动会在泰州市举办，全系统16支代表队的800余名地税干部职工围绕“携手奋进、共筑税魂”的运动会主题，参加了18个项目的角逐，市地税局代表队，认真准备，积极争先，取得了较好成绩，彰显了地税系统“务实创新、追求卓越”的核心价值理念，展示了南京地税干部永不言败、勇于拼搏的精神风貌，最终获得了团体一等奖和优秀组织奖。获奖情况如下：

一、团体奖项

一等奖：南京地税局

二、集体趣味项目奖项

（一）龟兔赛跑

第一名：南京地税局

（二）势均力敌

第二名：南京地税局

三、竞技项目奖项

（一）男子100M

第三名：南京地税局　柳　剑

（二）女子100M

第三名：南京地税局　马婷怡

（三）男子跳远

第二名：南京地税局　柳　剑

（四）女子跳远

第二名：南京地税局　马婷怡

四、个人趣味项目奖项

（一）踢毽子

第一名：南京地税局　朱文汉

（二）趣味投篮

第一名：南京地税局　夏　磊

第二名：南京地税局　毛晓宇

第三名：南京地税局　顾　睿

（三）愤怒的小鸟

第三名：南京地税局　张翠霞

（尹志鹏）

参加“机关好声音、唱响中国梦”市级机关演唱大赛 2015年9—11月，南京市委市级机关工委、市总工会联合举办了“机关好声音、唱响中国梦”市级机关演唱大赛，市地税局申田田获“十佳机关好声音”；市地税局被评为“优秀组织奖”。

（尹志鹏）

荣 誉 榜

一、南京地税系统工会工作先进集体

一等奖：

江苏省南京地方税务局市局机关工会委员会

南京市玄武地方税务局工会委员会

南京市鼓楼地方税务局工会委员会

南京市六合地方税务局工会委员会

南京市栖霞地方税务局工会委员会

南京市秦淮地方税务局工会委员会

二等奖：

南京市雨花台地方税务局工会委员会

江苏省南京地方税务局稽查局第三分局工会委员会

江苏省南京地方税务局纳税服务局工会委员会

南京市建邺地方税务局工会委员会

南京市浦口地方税务局工会委员会

江苏省南京地方税务局稽查局第二分局工会委员会

三等奖：

江苏省南京地方税务局稽查局工会委员会

南京市高新技术产业开发区地方税务局工会委员会

南京市高淳地方税务局工会委员会

南京市化学工业园区地方税务局工会委员会

南京市溧水地方税务局工会委员会

江苏省南京地方税务局稽查局第一分局工会委员会

南京市江宁地方税务局工会委员会

二、南京地税系统荣誉工会积极分子

柏　鹏　　郑　良　　左　明　　唐　跃
蔡建勋　　刘军辉　　王　超　　陈　奇
钱家俊　　张元年　　费明华　　姜　健
沈　勇　　马雪玲　　谢海航　　曾　翀
朱　延　　罗　斌　　马学民　　王桃之
许晓燕　　项　明　　马玉宁　　王晓苏
王桂祥　　戴世敏　　张连静

三、南京地税系统优秀工会干部

章　孙　　季　华　　石　亮　　陆　莹
安晋军　　薛必龙　　全　晓　　王志宏
丁　兴　　徐小琴　　李明明　　毛雨婷
何　彦　　肖宁宁　　郝永宁　　桂乃耀
周立红　　王苏宁　　毕云亮　　张淑卿
李森林　　李　骞　　张士宝　　周　密
朱士祥　　汪莉莉　　汪临清　　蔡行剑
翁明祥

四、南京地税系统优秀工会积极分子

周　益　　章苏红　　汪　洋　　林大蓼
张晓宁　　黄国柱　　奚　雷　　徐　伟
于　群　　徐建国　　吴　蔚　　谢蓉湘
张　珺　　徐　珺　　戴　捷　　潘　胜
赵晓红　　陈国芳　　赵　龙　　顾　婷
刘　劼　　王海霖　　李　路　　王一晨
潘树鸣　　马　娴　　林　青　　王赟超
陈　涛　　胡晓明　　凌　洁　　刘艳奇
柴　宁　　张　腾　　黄志刚　　高　峰
李良银　　徐向民　　彭高峰　　罗承荣
陈晓雯　　梁国林　　毛晓宇　　季建伟
李云洁　　刘　涛　　刘垚林　　周建国
吴惠玉　　程德宁　　洪　盛　　张金川
沈旭升　　王怀民　　徐　越　　周旭初
黄宏峰　　姚　江　　王云华　　傅则恒
刘新建　　范　莉　　沃　秀　　陈　湘
王国明　　张翠霞　　吕　艳　　葛广银
李宣鹏　　刘圣伟　　张　蕴　　张兴才
朱　锐　　吕　及　　曹光松　　陈　杰
李柄政　　李翠虹　　陶向武　　邢　彦
陶　磊　　王　勇　　经　波　　杨万俊
徐春湘　　梁明霞　　钟　慧　　刘宏荣
蔡建军　　张　菡　　张　伊　　张小红
陈宏楼　　胡　东　　董承斌　　李晓峰
刘林川　　张　川　　邢华清　　许青凤
冷　强　　沈　涛　　朱红华　　王明星
邢景琼　　吕　超　　孙卫国

五、南京地税系统巾帼文明岗

江苏省南京地方税务局督察内审处

江苏省南京地方税务局稽查局人事监察科

江苏省南京地方税务局稽查局第一分局案件审理科

江苏省南京地方税务局稽查局第二分局检查执行四科

江苏省南京地方税务局稽查局第三分局案件审理科

江苏省南京地方税务局纳税服务局咨询服务科

南京市高新技术产业开发区地方税务局办公室

南京市玄武地方税务局征收局第二税务所

南京市秦淮地方税务局第十一税务所

南京市建邺地方税务局税政法规科

南京市鼓楼地方税务局税政法规科

南京市雨花台地方税务局征收税务局第六税务所

南京市栖霞地方税务局税政法规科

南京市化学工业园区地方税务局第一税务所

南京市江宁地方税务局征管科技科

南京市浦口地方税务局人事监察科

南京市六合地方税务局规划财务科

南京市溧水地方税务局规划财务科

南京市高淳地方税务局规划财务科

六、南京地税系统巾帼岗位明星

张　斌　　史伟莹　　顾　军　　周　磊
李京琳　　张紧莉　　夏　菁　　刘雅菁
曹　霏　　翁懋懋　　孙菲菲　　朱　莹
张　堃　　江悄悄　　陈　霞　　潘一鸣
戴丁香　　冯莉娟　　韩玉萍　　张　琼
成效倩　　何　林　　张玮琦　　杨　宏
陈凌霞

七、南京地税系统三八红旗手

王杉杉　　严志敏　　吉琳娟　　戴书勤
胥　靖　　于　民　　王　平　　冯可兰
周嫦娥　　朱功霞　　李　娜　　陈娟娟
俞宏姗　　曾益红　　齐文娟　　唐　棣
赵力芸　　薛　娜　　柳　佳　　戴　飞
华轶群　　侯祥萍　　韩　云　　佘凤琴
董国燕　　常苏姗　　王洁芸　　郑月侨
李　琴

八、南京地税系统文明家庭

朱淮民　　吴　红　　魏振金　　徐　笑
臧桂芹　　陈海红　　王　键　　张　会
董小松　　吴跃发　　纪耀录　　唐　恬
张庆辉　　童春雷　　许大青　　陆　军
于　婧　　刘小伟　　夏善康　　卢　识
张光钦　　陈荣华　　王　萍　　王明静
张明明　　沈建伟　　蒋　庆　　李克强
薄春宇　　邵龙喜　　吴　巍　　徐亚平
李世伦　　李　玮　　阮传富　　江忠海
张苏华　　莫增华　　光长江　　何金梅
卞明娟　　邢学好　　曹训梅　　周　平
孔令军

【责任编辑　付宪国】

基层单位工作

稽 查 局

概 述 2015年,江苏省南京地方税务局稽查局(以下简称"稽查局")深化稽查管理改革成果,规范稽查行为,强化队伍建设,发挥好"以查促收、以查促管、以查促查"的作用,全面推进稽查现代化建设。稽查系列全年累计稽查案件919户,稽查查补入库5.92亿元。

稽查作用进一步发挥。对全市行业性税收开展专项检查389户自查户,自查补缴税收5131万元;实施检查392户,查补各类税收收入3408万元。依托信息化构建稽查专家远程支撑平台,实时帮助一线稽查人员处置疑难问题,使检查工作有序高效。严厉打击发票犯罪,全年企业自查1068户,补缴税收9080万元,查处发票违法户数557户,查出非法发票959份,查补税款382万元,加收滞纳金24万元,罚款438万元,各项收入合计9924万元。认真清理以往年度积案,逐户制订方案并组织实施,积案清理推进率为81.1%。

稽查效能进一步提升。编制稽查事项图解,全面梳理稽查案件各环节业务处理的工作事项,编写以案件流转为主线、以岗位操作为核心的《案件稽查工作事项清单图解》,为一线工作人员提供支持平台。完善稽查案例库系统,依托省级大集中系统,建立案例采集系统,为全体稽查干部提供综合收集、分析、共享、交流、学习的互动平台。创新稽查方法,推进办案中心建设,全年查处千万元以上案件13起。

内控管理进一步严格。提升依法行政水平,重视法律救济工作,积极预防和化解税务行政争议,严格落实告知、回避、调查取证、听证、说明理由等程序制度。随机抽取40本卷宗,统一督察要求、实施步骤、督察重点及督察方法,对发现的问题及时督促有关部门进行整改,并发出督察建议。开展升级版稽查内控机制建设,全面梳理排查稽查管理各领域、各环节的可能引发执法过错、廉政问题的风险点,制定风险点清单,进一步健全和完善稽查管理各领域内控制度建设,明确监督制约的措施。

专业化稽查素质进一步提升。认真开展"三严三实"专题教育活动,通过专题党课、基层调研、学习研讨,问题剖析整改,进一步增强党性原则。全面贯彻中央"八项规定"、纠正"四风"工作,按照各项规定要求,逐项对照检查,全面自查自纠,彻底整改,制定执法工作规范等制度,强化执行力。积极参加秦淮区预防无职务犯罪争创,获秦淮区"争创无职务犯罪先进单位"。

行政保障能力进一步加强。完善政务管理,加强信息宣传,顺利完成调研任务,做好档案管理工作,推进政务公开。强化事务管理,规范财务管理,开展办公用房清理工作,做好节能减排工作,完善公务车辆管理,规范政府采购管理。

(朱 旭)

机构设置及负责人

办公室

主 任　李 娟(2015年7月任)
副主任　石 亮(2015年7月免)
　　曹木兰

人事监察科

科 长　陈 虎(2015年7月任)
副科长　陈 春(2015年7月免)
　　史 晶(2015年7月任)

检查管理科

科 长　陈 虎(2015年7月免)
　　沈晓青(2015年7月任)
副科长　沈晓青(2015年7月免)
　　沈小钧(2015年7月任)

案件审理科

科 长　吉琳娟
副科长　王 亮(2015年7月免)

查倩倩（2015年7月任）

税收违法案件举报中心（4月整建制划出）

主　任　郑立峰

检查执行一科

科　长　王　琛（2015年7月任）

副科长　王　琛（2015年7月免）

把光尧（2015年7月任）

检查执行二科

科　长　李　璐

副科长　石　亮（2015年7月任）

检查执行三科

科　长　瞿海深

副科长　李　娟（2015年7月免）

陈　春（2015年7月任）

检查执行四科

科　长　王茂林

副科长　陆　莹（2015年8月免）

督察内审科（检查执行五科）（2015年7月设立）

副科长　王　亮（2015年7月任）

（史　晶）

干部队伍常态化管理　优化干部队伍结构，充实科级领导岗位，淡化功利色彩，加强中层干部队伍建设。按照《党政领导干部选拔任用工作条例》和《南京市地方税务局处以下领导干部选拔任用管理办法》，2015年，新选拔3名正科级干部和4名副科级干部，平均年龄为35.71岁。鼓励干部参加能级评定提高能级。对张明华、陆莹按照"符合男年满50周岁、女年满45周岁，任10年以上科所长且税龄超过30年（含）以上的免试高套条件"，免考申报四级能级，经过能力考核合格后，报经市地税局同意享受能级四级待遇。（史　晶）

干部人事档案核查　对全局处以下干部的人事档案进行全面审核，重点对人事档案的"三龄两历"进行审核。总共清理20个审核结果与信息记载不一致的问题，主要涉及干部的出生时间、参加工作时间和入党时间。针对清理出的问题，做好干部思想疏导，逐一与相关涉及人员就存在问题、适用政策、认定结论和后续要求进行讲解、明确，并取得理解和认可，所涉问题均得以解决。

（史　晶）

党总支和支部换届工作　11月27日，该局召开全体党员大会，换届改选稽查局党总支部委员。大会根据《中国共产党章程》和《中国共产党基层组织选举工作暂行条例》的有关规定，采取无记名投票方式和差额选举办法，选举王冬明、张元年、臧桂芹、陈虎、王琛、王茂林、沈小钧等7人为第四届稽查局党总支部委员会委员。（史　晶）

组建稽查专家团队　探索专业人才培养的新思路、新方法，在全市地税稽查系列选拔28名业务骨干，组建5个专家团队；充分发挥高素质人才的示范引领、激励带动、智力支撑作用，实现人才培养的新拓展和新效能，打造与征管改革相匹配的稽查人才队伍建设，培养稽查专业人才，为率先基本实现税务稽查现代化提供智力保证和人才支持。其中"税务稽查内控机制"项目建立起稽查各环节相互监督制约、上级稽查局对下级稽查局监督制约、税务机关内部专业部门监督与社会监督相结合的"四位一体"稽查执法监督制约体系，有效防范稽查执法风险。该项目获市地税局创新项目二等奖。（史　晶）

稽查内控机制建设　按照"流程制度标准化、风险识别全面化、监督管理实时化、人机结合立体化"的目标，打造稽查内控体系升级版，对执法风险和廉政风险较大的重点环节、重点岗位强化事前和事中控制。一是完善内控管理办法。二是制定风险点清单。三是编制和试行《全景式税务稽查工作规程事项图解》，明确工作权责，细化工作流程，规范稽查执法行为。四是进一步健全和完善稽查管理各领域内控制度建设。五是完善稽查案件内控管理系统需求。通过对省地税局3.0信息系统中的稽查案件操作全过程实施痕迹管理、全面监控、有效跟踪，减少稽查人员执法风险，并利用信息化手段对稽查任务完成情况、税务案件检查质量建立自动评价模型，提升执法水平。（史　晶）

税收风险应对　一是继续坚持并强化风评导向，除上级临时交办风险平台无法识别的外，其他所有户，包括举报案件的下达都纳入风险平台管理。2015年度，共下达有效风险案件920件。二是在高风险户的接收、应对、反馈和归档工作中，进一步统一和规范相关流程，对于高等风险撤案事项进行严格把关，严格审核，降低撤案率。三是做好全市案源扎口管理，继续坚持统一报送、统一识别、统一推送、统一下达。四是将高风险应对完成率的考核和通报，纳入日常稽查管理，同时做好风险应对准期率的管理，年度准期应对率83.76%。五是要求提高强化风险应对效率，强化风险应对日常管理，年度风险应对完成率为88.75%，年度高等风险应对收入3.61亿元，应对贡献率为0.45%。（胡　蓉）

税收专项检查和专项整治　2015年，全市共开展出口退（免）税企业、黄金交易企业、资本交易、高等院校等四项指令性专项检查和五项指导性专项检查。在专项检查中，稽查局牵头组织，各部门职能有机结合，以企业自查为先导，风险管理为导向，形成对相关纳税人的治理合力。全年累计组织税收专项检查企业自查户389户，有问题户244户，自查税收5131.54万元；共下达检查户392户，已查结户317户，其中有问题户312户，查补各类税收收入3408.15万元，自查与检查累计实现税收收入8539.69万元。（陈　光）

重点税源企业检查　对国家税务总局指定的集团企业在南京地区的分支机构组织重点税源户的专项检查工作。全市共筛选出南京管辖的重点税源企业及其成员单位17户，稽查局严格按国家税务总局规定的序时安排，积极督促相关企业完成自查补缴工作，共自查出各类税收收入122.72万元。按照国家税务总局规定，安排重点税源企业6户进行税务检查，共查出各类税收收入13.13万元，有力支持国家税务总局的重点税源检查工作的开展。（陈　光）

打击发票违法犯罪　在全市范围内全面开展打击发票违法犯罪活动工作，将打击发票违法犯罪活动工作与高风险企业检查、重点税源企业检查、税收专项检查以及检举案件检查有机结合，切实做到“查账必查票”“查案必查票”。全年共组织企业自查1068户，自查税收收入9080万元，查处发票违法户数557户，查出非法发票959份，查补税款382.09万元，加收滞纳金23.97万元，罚款438.31万元，打击发票违法犯罪活动工作取得了实效。（陈　光）

往年稽查积案清理　对全市税务稽查历年积案情况进行梳理，统一清理措施。2014年年末，全市共有往年未结积案111户，其中，2013年及以前年度58户，2014年53户。对积案中发现的具体问题，分析形成原因，有针对性的采取相关措施，督促执行人员落实到位。2015年年末，案件清理推进率为81.1%，清理案件合计90户，其中：已结案件73户；在公安协助下无法联系，根据省地税局文件中止检查的，共7户；根据省地税局文件中止执行的，共2户；移送公安，公安已立案侦查的，共8户。（沈小钧）

办案中心建设　以满足调账检查需求为立足点，进一步强化基础设施建设，力求使办案中心建设得科学、合理、节约、环保、安全，有效满足查账需求、信息化需求及安防需求。以强化制度建设为助力点，进一步实现执法活动规范化管理，通过各类制度、须知和表格，使办案中心管理分工明确、流程责任清晰，衔接有力。以推进信息化建设为支撑点，进一步提升办案中心的运维管理能力，开发建设办案中心信息化管理系统，为领导决策提供数据支撑。以“一站式”服务为助力点，进一步提高稽查工作质效。以防范履职风险为着眼点，增强稽查执法廉洁度透明度。2015年，全市地税系统稽查系列累计稽查案件户数919户，查补入库税款5.85亿元；其中百万元以上案件49起，千万元以上案件13起。（华　兰）

参与省地税局稽查局区域检查工作　整合资源，强化组织。选派出24名经验丰富、责任心强的干部组成6个检查小组，专门安排检查科科长任组长，同时抽调审理部门的骨干，提前介入案件检查实施环节，专人负责案件检查过程中的政策解答。严格要求，文明执法。在实地检查工作开展前，一方面按照省地税局稽查局相关工作要求，开展南京10户被查企业的自查工作，并逐户进行税收辅导，同时就企业的自查情况书面报送省地税局；另一方面要求参加区域检查的干部全员参加省地税局专项检查业务培训，夯实业务基础，确保检查工作高质高效完成。工作创新，方法多样。在检查实施之前，做好充分的查前准备，制定出详尽的检查方案。检查过程中根据行业特点运用多种电子查账软件，不断增强信息技术在检查中的应用。同时成立协调组、保障组、审理组、检查组，依托信息化构建稽查专家远程支撑平台，实时在线帮助区域检查一线稽查人员处置疑难问题，提升稽查工作质效。过程关注，全程关怀。建立专门服务机制，采取一切措施，针对不同需求和稽查工作特点，在业务需求、办公设备、住宿、餐饮、交通等方面，做好全方位服务保障。

（华　兰）

稽查案例库建设　将税务稽查案例库建设作为重要创新项目之一，借助信息化平台，建设专业化、多功能、创新型的税务稽查案例库，并在全市稽查系列试行，积极探索有益经验，不断深化推进。该系统包括：案例采集、案例发布、案例查询与分析、案例统计分析、案例维护、我的工作台等6大功能模块，23个子模块，38个功能应用，是一个综合收集、分析、共享、交流、学习的互动平台。2015年11月，“税务稽查案例库”正式上线运行。

（王　宁）

2篇案例入选全省地税系统“优秀税务检查案例”　挑选稽查案例，参加全省地税系统优秀税务检查案例交流。通过案例交流，学习稽查办案经验，拓展稽查增值服务，提升稽查案件综合效应，提高税收法治水平，促进税务稽查工作整体水平不断提高。经稽查局评审，共评选出优秀案例24篇，从中筛选出3篇上报省地税局参加交流。其中《联动共治，严厉打击虚开普通发票案》和《疑案从无、依证定性——某企业少缴土地增值税、企业所得税案例》获得全省地税系统“优秀税务检查案例”。

（王　宁）

创建法治税务基地　动员部署，成立领导小组，制定工作方案，完成对所有创建指标的梳理，明确责任主体及相关部门。各部门按照创建工作方案和评价标准要求，健全完善依法行政各项制度措施，扎实开展各项创建工作。利用创建法治税务基地为契机加强基础规范化管理，对稽查局（分局）2014年及2015年稽查案卷开展全面梳理，深入开展税收执法自查活动。2015年，成功创建成为南京市法治税务基地及江苏省法治税务基地。

（吉琳娟）

【责任编辑　于　群】

稽查局第一分局

概　述　2015年，江苏省南京地方税务局稽查局第一分局（以下简称“稽查一分局”）在市地税局党组的正确领导下，深入学习贯彻中共十八届五中全会精神，按照市地税局的总体部署和稽查局的工作要求，以“规范行政、依法稽查”为核心，以全面提高质量为重点，积极适应全面依法治国新形势，不断创新工作方式方法、增强风险应对能力、狠抓干部队伍和党风作风建设，完成全年各项工作任务。

围绕稽查中心，履职促收稳步推进。2015年，共组织实施检查173户企业，查补入库7190万元，并成功创建为省级“法治税务示范基地”。完成“5·16发票”专案整治，入库地税收入2288.71万元，在全市专案检查工作中名列前茅。开展“盈利教育机构”行业专项检查工作，完成39家教育机构的自查，实现入库税款92.5万元。建立发票协查台账，实现从任务分配到协查过程的全方位跟踪管理，提高协查效率，受理发票协查10户28张。

加强业务管理，稽查质效显著提升。制定“季度规划、任务到科到人”的稽查目标责任制度，细化责任主体，分层确定任务目标，激发工作动力。探索适当引入分行业分配案源的管理方法，减少对同一类型案件的多头重复准备，提高检查效率。加强稽查任务考核，按周通报各部门的各环节的案件数量、查补金额、结案率和入库率等数据，严格延期审批手续，提高稽查案件办理效率。提高税务稽查信息化水平，网络版电子查账软件运用率超过80%，推进审计型稽查工作底稿的运用，充分利用办案中心实施调账检查。

聚焦能力建设，业务素质持续增强。以企业所得税为重点，开展“学技能、评案例、测水平、当能手”主题活动，通过专家讲座、案例讲评、政策研讨、岗位练兵等形式，开展针对性业务培训。积极组织模拟电子查账等业务竞赛，以赛促学，提升实战水平。加强业务骨干培养，发挥“税政研学小组”的作用，开展税收政策研讨，积极组建内部专家团队，为检查工作提供人力支撑。

坚持人本管理，队伍建设不断加强。以“三严三实”专题教育为抓手，认真开展班子党性分析，通过领导班子讲党课、中心组学习和在线学习等方式开展理论学习，推动班子建设。通过开设思想政治大讲堂、观看专题教育片等形式，强化思想政治教育，引领干部牢固社会主义核心价值观。选拔科级干部正职1名、副职3名，为科（所）长队伍注入活力。按季评选“管理、检查和服务明星”，积极参加省地税局和市地税局优秀案例创建，推进分局“十大案例”评选，提升争先创优的意识。完善绩效考评体系，用好考核指挥棒。加强“扬帆”文化建设，有效发挥引领作用。落实“两个责任”（主体责任和监督责任）和“三险同防”（廉政风险与税收风险、执法风险同步预防）机制，加强党风作风巡查。

加强统筹协调，综合保障水平有效提升。强化工作统筹管理，优化周、月度计划管理，加强督察督办力度，提高工作推进效率。参与市地税局相关处室6个创新项目，按照“增强意识、有序推进、明确责任、强化落实”的思路，做好跟踪推进，其中“探索建立税务系统公务员职业道德和行为规范制度”和“建立常态化税收执法督察工作机制”2个项目获得优秀创新项目二等奖。在《江苏税苑》发表调研论文2篇、《江苏地税》发表1篇。严格执行财务工作制度、新《预算法》和《行政单位会计制度》。加强食堂管理、安全管理等，推进城市治理标准化建设。（杨　光）

机构设置及负责人

综合行政科

科　长　韩粉英（2015年1月免）
　　　　刘　青（2015年1月任、2015年8月免）
副科长　谷燕舟
　　　　刘楚文（2015年10月任）

业务管理科

科　长　高黎黎（2015年1月免）
　　　　周敏进（2015年1月任、2015年8月免）
　　　　钮　蓉（2015年10月任）

案件审理科

科　长　李　文
副科长　钮　蓉（2015年10月免）
　　　　周粉根（2015年10月任）

检查执行一科

科　长　刘　青（2015年1月免）
　　　　韩粉英（2015年1月任）
副科长　刘　雄（2015年8月免）
　　　　安晋军（2015年10月任）

检查执行二科

科　长　周敏进（2015年1月免）
　　　　高黎黎（2015年1月任）
副科长　王国雷（2015年3月免）

检查执行三科

科　长　戴旭东

检查执行四科

科　长　赵国堂
副科长　刘　辉

“5·16发票”专案　根据稽查局统一部署，科学组织“5·16发票”专案整治工作，成立以业务管理科牵头，各检查科负责具体实施，审理科提供相关法规支撑的专案工作组，及时将案件责任分解到户到人，完成164户企业自查工作，涉及1155张发票，补征入库地税税款1874.91万元，滞纳金413.8万元，自查补缴国税税款853.76万元，在全市专案检查工作中名列前茅。（钮　蓉）

大要案查处　针对涉案税款较大、案情复杂等大要案，实行由检查执行科科长牵头查办，必要时统筹全局骨干资源，成立专案组，集中精力攻坚克难。同时实行大要案专报制度，及时对案件进展和重大政策问题进行研究、请示、反馈，确保办成铁案。2015年，共完成百万元以上案件7件、千万元以上案件2件。报送的《疑案从无，依证定性》稽查案例被评为全省地税系统“优秀税务检查案例”。（钮　蓉）

积案清理　根据市地税局工作要求，加大稽查积案清理工作力度。一是加强组织领导。每周召开积案分析会，班子带头协调解决案件疑点难点，制定积案清理推进计划，明确责任，推动清理工作落实。二是强化对外沟通协调。对于政策难点、案件进展，及时向相关处室进行政策请示和沟通汇报，跟踪局外审理进度。三是加强内部跟踪力度。按周对积案清理情况进行统计和通报，实时跟踪案件处理进度大力提升清理效率。2015年，完成积案清理入库11户，入库税款51811413.24元，办理中止检查2户，进入案件执行2户，清理率79%。（钮　蓉）

税收执法督察　结合督察职能调整，使执法督察与案件检查相分离；结合案卷评查、高风险疑点复审开展稽查工作全方位执法督查，提高执法督察质效。前移督察关口，探索由“事后监督”向“跟踪监督”转变，在审理环节先行介入督察，针对发现的问题及时下发督察改进意见，边落实边整改，边改进边推进，提升执法督察及时性。结合不同需求，丰富执法督察形式，采取局内自行开展、稽查局统一牵头或者稽查系列交叉互查的形式开展执法督察，提升督察成效的同时拓展互相学习的渠道。完善税收执法督查考评机制，加强执法督察成果的分析运用，加强常态管理，建立长效机制，推动规范执法。（钮　蓉）

案件审理机制　在推行《稽查案件跟踪单》《初审工作规范》《重大案件审理信息化管理办法》的基础上，为规范检查执行科案件报送质量，加强初审工作，制定《检查执行科案件报审要求对照表》和《证据目录》，通过将制度要求糅合进简便操作的表格，将工作标准和审核记录进一步整合，明确检查执行科审理责任，切实履行初审职责，既方便操作又留有痕迹，备查备考，为各项管理工作打下基础。（李　文）

案卷管理　制定并执行稽查案卷立卷归档制度，对案卷归档资料的范围、种类和具体要求进行明确，进一步规范案卷管理工作。按照序时进度对查结案件进行归档，强化跟踪管理和通报，及时对应归档案件进行提醒。在2015年的执法案卷评查中，推送的《中汇江苏税务师事务所有限公司》案卷被评为市地税系统优秀案件，在系统各基层单位中名列前茅。（李　文）

依法行政　积极健全依法治税工作机制。认真贯彻全面推进税收法治建设的实施意见，成立依法行政工作领导小组，实现依法行政领导小组统筹协调，各部门分工落实、共同推进，进一步加强考核力度，推进分局的税收法治建设。严格执行处罚裁量基准。贯彻执行省地税局和市地税局《税务行政处罚实施办法》和《税务行政处罚自由裁量基准》，公平稽查处罚，营造公平公正的税收环境。认真开展省级“法治税务示范基地”创建。成立创建工作小组，结合实际制定工作方案和实施细则；深入分析、细化分解各项创建指标，共梳理15大类、45项案卷检查要点形成《案卷检查标准》，编制《检查记录表》，并在稽查系列推广运用；对照指标对2014年结案的146份卷宗进行详细检查。针对检查出的问题，提出整改措施，狠抓落实整改，有效促进依法检查工作质量，严防执法风险。强化税收执法过程监督。积极推行执法痕迹化管理，实行执法全过程记录，对二次延期及以往年度积案，全面实行稽查日志制度。（李　文）

“三严三实”专题教育　组织保障到位。对照“严以修身、严以用权、严以律己，谋事要实、创业要实、做人要实”的要求，结合市地税局实施方案，制定分局“三严三实”专题教育实施办法，成立专题教育协调小组，确保专题教育的组织实施。强化专题学习。按照“读原著、学原文、悟原理”的要求，在班子成员自学的基础上，以召开全体党员干部大会、中心组学习会等形式集中学习，共集中学习7次，观看警示录像2次，并组织参观民

2015年9月22日，组织干部参观民间抗日战争博物馆

间抗日战争博物馆。在两个月一次的专题研讨交流中，班子成员查找自身存在的问题，剖析原因，探讨方法和对策。开展专题调研。通过组织召开座谈会、与干部广泛开展谈心交心等形式开展专题调研，梳理班子领导自身存在的“不严不实”问题共计16条、听取意见建议13条。（张荣根）

“一三一”教育规划 明确“一个主题”：每年就某一税种或业务事项确定一个业务培训主题，2015年的主题为“企业所得税业务水平”提升年。培养“三个群体”：中层干部群体，利用中层干部专题学习会，每季度开展“一本书、一次交流、一篇体会”的读书提能活动；业务骨干群体，成立税政研学小组，结合检查需要常态化开展税收政策研讨，将常用政策及时汇编，帮助干部找准切入点，提高学习和检查质效；信息宣传群体，针对信息宣传工作比较薄弱的现状，成立信息宣传工作小组，定期进行指导培训，将电子杂志作为培养信息宣传员的载体。开展“一次大比武”：每年举办一届“精技扬帆”稽查技能大比武，做到学以致用，以学促查。（谷燕舟）

“1+4”绩效管理体系 结合市地税局绩效考核办法，完善以C级绩效考核办法为统领、C级绩效考核管理指标为主要内容、科级领导干部绩效考核为关键、D级绩效考核为落脚点、单项考核为补充的“1+4”绩效考核管理体系。紧抓目标责任落实。认真研究B1级考核办法和指标体系，针对B1级考核指标中的重点难点以及加分减分项目，成立攻坚小组，将责任分解至每位班子成员，进一步传导至科室，全力以赴狠抓落实。强化科级领导干部层级管理。强化科（所）长在完成分局任务目标中的主要责任和队伍建设上的连带责任，综合运用“360°”考核法，并实行加扣分上不封顶的举措，促进科（所）长为干部职工树立榜样、做好表率。严格D级绩效管理。通过定量考核为主的方式，以工作成果数据作为主要依据，对干部的工作成效实施考核，切实拉开D级考核差距，2015年D级考核中同部门内最大分差达28分，有效调动干部干事创业的积极性。突出稽查中心工作。强化稽查时效要求，全年因未完成户数任务扣分共计30分；注重提高案件质量，全年20个案件首次报审通过获得加分；聚焦案件查深查透，对单个案件查补金额达到10万元以上的大要案，给予最高20分的加分奖励，且总计加分不封顶，全年大要案加分达42分。（谷燕舟）

科级领导干部选拔 依据市地税局干部选拔制度规定和工作需要，成立科级领导干部选拔任用工作领导小组，研究制定工作方案，确定选拔任用职数，并报市地税局审批同意。召开全体干部大会，进行充分的动员工作，并对报名情况进行严格审查。实施民主推荐，以局长办公会的形式，按规定比例研究确定进入面试的人选。严格认真组织结构化面试，在综合考虑民主推荐、绩效考核、奖励和资质得分、结构化面试和干部现实表现的基础上，按职数和规定比例确定考察对象。采用个别谈话、查阅干部材料等方式，严肃实施组织考察工作。集体研究确定人选。班子召开局长办公会，确定拟任职人选，并进行公示，最终确定任用科级正职1名、科级副职3名。同时，对新晋升人员组织开展集体谈话，并提出思想、业务、作风廉政建设、支持工作等“四带头”要求。（杨　光）

“扬帆”文化建设 加大文化推广力度。积极参与《卓越同行》著作的修订，打造富有稽查特色的“扬帆”文化体系，每季制作电子杂志和“岗位明星”宣传展板，展示干部职工的工作、生活和精神风貌，提升“扬帆”文化的影响力和感染力。丰富文化活动内容。积极革新思路，不断丰富文化建设的内涵和外延，围绕“精技·扬帆”“活力·扬帆”“清风·扬帆”和“关爱·扬帆”四大文化活动

2015年9月19日，组织地税干部开展“活力·扬帆”户外拓展训练

系列主题开展活动16次，干部参与度显著提高，队伍活力进一步增强。强化文化建设长效机制。把“扬帆”文化理念有机融入到各项规章制度中，将文化建设列为绩效考核重要内容，建立长效运行和投入保障机制，积极争创税务文化精品示范点。

（杨　光）

党风廉政建设和作风建设　落实党风廉政建设责任制。认真对照“主体责任清单”和“监督责任清单”，严格落实主体责任和监督责任，形成“一把手”负总责、分管领导牵头、部门各负其责、全体干部参与的党风廉政建设领导体制和工作机制。加强廉洁从税教育。认真开展“崇德守法”主题教育活动，开展“一把手”讲党课和微讲堂教育，围绕稽查执法风险防范开展大讨论，组织全体干部观看中央电视台《作风建设永远在路上》等教育片，深入开展巩固深化拓展主题活动，提高抵御腐败侵蚀的能力。完善内控机制建设。积极贯彻落实“三险同防”（廉政风险与税收风险、执法风险同步预防），结合稽查工作特点，梳理、细化执法风险点和风险防控责任，加强监督管理，有效防范稽查执法风险。认真开展落实中央“八项规定”、纠正“四风”自查自纠行动，强化干部纪律观念，提升转作风的自觉性。

（杨　光）

党支部建设　强化党支部建设。围绕“三型”（学习型、服务型、创新型）党组织建设，加强党员先进性教育，扎实开展微型党课，干部授课率30%；强化支部建设，针对人员调整，及时对支委进行调整；规范支部管理，按要求开展党员组织关系排查，从源头治理党员组织关系“空挂”“失联”等现象；发挥党员先锋模范作用，积极开展“七一”优秀共产党员和优秀党务工作者评选。深入开展主题党日活动。积极组织党员“统一活动日”“奉献社区、服务群众”“关爱家园”等活动，推进“先锋行动”品牌建设，获得群众好评。丰富党工团活动形式。开展国防教育、“迎新春”点心制作比赛、趣味运动会和户外拓展训练、参观南京民间抗日战争纪念馆等文体活动，积极参与系统羽毛球、篮球比赛以及骑行日等活动，不断提升组织凝聚力。

（杨　光）

【责任编辑　于　群】

稽查局第二分局

概　述　2015年，江苏省南京地方税务局稽查二分局（以下简称“稽查二分局”）按照“把握四个重点、实现四个提升”（把握依法稽查这个重点，不断提升案件整体质量；把握夯实基础这个重点，不断提升稽查工作效能；把握安全履职这个重点，不断提升干部队伍综合素质；把握深化改革这个重点，不断提升税务稽查现代化水平）的年度工作思路，瞄准税务稽查现代化目标，创新工作方法，加强队伍建设，狠抓稽查质效，取得显著成效。2015年获得省地税局级“法治税务示范基地”荣誉称号。

建章立制，优化管理。完善案件过程管理，通过双周案件推进会、月度局务会反馈检查实施情况，针对案件检查进度和时限，定期推送风险应对延期、稽查案件延期、案件立卷时限等事项的提醒。建立严格的案件限期办结、案件到期预警机制，对二次以上延期的案件必须经过合议会研究审议，编制“案件时序表”全程监控案件检查进度。根据积案形成和存续状况，采取分级负责制度、定期例会制度及进度通报制度，通过督促纳税人筹措资金、提请法院强制执行等措施，共清理积案20件，案件清理率83.3%。

统筹兼顾，改进机制。落实数据管税战略，执行各项管理制度和工作措施，确保网络信息准确安全。组织网络版的电子查账软件的安装、配置及人员培训工作，电子查账普及率91%。完善检查工作日志制度，探索多元化的案件检查方式，进驻办案中心开展调账检查2件，跨部门组织关联企业检查2次，开展审计式底稿检查4件。参与市地税局“构建稽查内控机制”“高风险应对”“智能助手”等6个创新项目。发挥稽查工作“一查四促”（以查促收、以查促管、以查促查、以查促廉）职能作用，加强稽查成果分析，形成《风险推送适应性报告》和《稽查征管建议》，及时推送相关职能部门，推进征、管、评、查交互工作。

依法治税，创建示范。建立岗位自查、部门把关、审理审核、分局合议的四级案件质量审核体系，完善质量疑点清单制度，案件审查抓“大”也盯“小”，确保案件应查尽查；对退审案件限期补正，落实责任。对审理发现的案卷瑕疵采取

"零容忍"的态度,定期发布《案件点评》进行通报,限期整改。拟定稽查工作细则,对基础工作、执法行为、卷宗质量进行全面管理。严格执行处罚裁量基准,规范自由裁量权的使用,营造公平公正的税收环境。在执法过程中试行说理式执法,丰富柔性执法载体,充分尊重纳税人的合法权益,提升纳税人税法遵从度。以部门推荐、绩效测评等方式,评选出法治税务示范岗,并结合督查内审岗位职责的进一步明确,组建执法检查专业队伍,开展执法督察内审工作。2015年共查纠执法问题疑点32项、文书瑕疵15条。

以人为本,优化资源。认真执行民主集中制、集体领导和个人分工负责等制度、涉及稽查业务、财务、干部管理等重要工作事项,通过局长办公会集体讨论、集体研究决定。对照市地税局一级绩效管理办法和考评指标,融入目标任务,拟定《绩效管理办法实施细则》,优化绩效考评指标。建立考核的"一档三表",即绩效考评业绩档案,平时记录表、沟通反馈表、整改意见表,并定期召开绩效考评分析会,整改工作中的短板和薄弱环节。遵循实事求是、严谨细致的要求,做好人事档案专项审核、工资调整、能级评定等专项工作,维护好干部切身利益。

从严管理,安全履职。建立书记课堂、电教课堂、网络课堂,发布《党风廉政建设信息简报》,开展"崇德守法"主题教育、正反典型教育。组织学习《中国共产党廉洁自律准则》和《中国共产党员纪律处分条例》,让干部职工深刻领会精神实质,自觉约束言行、时刻坚守底线。开展"严纪提效、履职尽责、敬业奉献、克难奋进"等主题教育活动,努力打造政治坚定、作风优良、业务精湛的干部队伍。聘请外部行风监督员,接受社会监督,通过会议和走访形式听取反馈意见,征求加强作风建设、更好地服务纳税人等方面的建议。

务实高效,增强保障。贯彻系统各项财务管理制度,以预算管理为中心,厉行节约,严把经费审批,对重大财务事项实施跟踪管理机制。贯彻实施新《行政单位会计制度》,落实省地税局模拟试点工作要求,全面启动新的会计核算方式。加强固定资产、车辆管理、政府采购、节能减排等工作。增强服务意识,提升保障能力,完善办公用品采购、申领、发放、使用管理。 (蔡 薇)

机构设置及负责人

综合行政科

科　长　　薛必龙

副科长　　陈潇潇

业务管理科

科　长　　叶　峥

副科长　　王　慧

案件审理科

科　长　　张　超(2015年7月任)

副科长　　陈健健(2015年7月任)

检查执行一科

科　长　　孙国松

检查执行二科

科　长　　茅钟驰

副科长　　夏兴明

检查执行三科

科　长　　王相群

副科长　　顾　婷

检查执行四科

科　长　　吴克军

副科长　　李京琳

(陈潇潇)

稽查业务总体情况　明确稽查工作目标,夯实稽查工作基础,建立限期办结、案件到期预警机制,坚持双周案件推进会、月度局务会、疑难案件商讨会等制度,加强案件过程管理。科学制定绩效考核指标,全面覆盖稽查工作全过程,突出对案件检查质量、执法行为规范等方面的考虑,发挥绩效考核对稽查工作的引导、促进作用。扩大电子查账软件应用面和办案中心的使用率,不断提升稽查工作质效。2015年,共检查各类案件181件,查补入库各项收入9036.86万元,查处百万元以上大要案13件,其中千万元以上案件2件;风险应对率100%,高等风险选案准确率97.79%,结案率102%,入库率153.44%。清理积案20件,案件清理率83.3%。 (叶 峥)

税收专项检查　2015年,该局开展房地产、建筑业、黄金交易三个行业和74户重点税源企业的专项检查。检查前,面向纳税人举办了四场政策辅导会,宣传行业税收政策、法律法规及普遍存在的涉税问题，规避征纳双方因政策理解而引起的矛盾。针对专项检查特点，结合行业财务会计制度和以往案例，分析可能出现偷、骗税的环节，对检查人员开展了查前辅导。在专项检查中，采取了常规检查和重点突破相结合、专项检查与分类检查相结合、企业自查和集中检查相结合的方法，确保专项检查工作成效，共计查补收入1156.67万元。查后，该局选择了行业内有代表性的企业开展解剖式检查，形成经验检查和典型案例。（陈潇潇）

打击发票违法犯罪专项治理工作 按照市地税局“查账必查票、查案必查票、查税必查票和查票必查税”的要求，将发票打假作为案件检查的必备项目，融入风险应对、各类案源、各税统查等工作中共同开展。采取案件检查与发票治理相结合、查堵税源流失与规范用票行为相统一，查处违规开票与非法受票相兼顾的方式，将重点行业和所得税在本市地税管辖的纳税人，作为重点检查对象。2015年，共查处发票违法案件31件，查获违规发票及其他票据164份，查补合计273.65万元。并参与“5·16”虚开发票专案协查工作，组织68家涉案单位申报补缴税款1314.66万元，滞纳金182.51万元。（陈潇潇）

稽查案例交流评比情况 为促进干部查账技能和业务水平的不断提升，举办两次案例交流。检查人员选取近期查办的典型案例，从查前预案、疑点分析、线索排查、证据搜集、违法事实和定性处理、加强后续管理等方面进行讲解和交流，为拓展检查人员的工作思路、提升实战能力搭建了分享与借鉴的平台。选送13篇案例，参加全市稽查系列案例评比，经各稽查单位投票、专家评审，撰写的“南京新港东区建设发展有限公司税案”获市地税局2015年优秀税务稽查案例。（蔡 薇）

信息化建设和数据质量管理 全面落实数据管税战略，通过数据推送、信息系统操作指导，发挥信息化对稽查业务工作的支撑作用。并以集中培训、推送提示、个别辅导等方式，对于数据审计推送的疑点，查找问题，明确和落实责任；及时发现和协助解决技术故障，提请上级相关部门进行环节修正、数据维护，为业务流程的顺畅运行提供保障；落实各项管理制度和工作措施，制作提示标识，严禁内网违规外联，组织内网端口巡查登记，严防病毒侵入与传播，确保网络信息安全。认真组织网络版电子查账软件的安装、配置及人员培训工作，电子查账普及率91%，并从实际应用中总结经验，汇编成精品课件，在稽查系列进行了交流学习。（叶 峥）

创建省级法治税务示范基地 认真贯彻市地税局《关于全面推进依法治税工作的实施意见》和省地税局《税收政策确定性管理办法》，拟定稽查工作细则，明确评价标准和工作要求，对基础工作、执法行为、卷宗质量进行全面管理。以部门为单位，对照标准开展税收执法自查，发现工作中存在的差距和不足，有针对性的进行完善和整改。严格执行处罚裁量基准，规范自由裁量权的使用，营造公平公正的税收环境。在执法过程中试行说理式执法，向被查单位说清事理、法理，丰富柔性执法载体，充分尊重纳税人的陈述权、申辩权等合法权益，提升纳税人税法遵从度。（张 超）

税收执法督察 坚持以质量督检为约束力，规范执法行为。推进税收执法督察常态化，选择稽查重点执法环节，按季开展税务稽查效能督查。重点关注执法行为和风险应对，2015年度共查纠执法问题疑点32项、文书瑕疵15条。开展重点执法督察，成立检查小组，采取自查和循环检查方式，对现有卷宗进行全面检查。通过重点督查，筛查执法行为的死角，改进管理措施，堵塞执法漏洞。完善税收执法督查考评机制，落实执法责任制，加强执法督察成果的分析运用。加强常态管理，建立长效机制，推动规范执法。（陈潇潇）

推行稽查案件四级审核体系 建立岗位自查、交叉检查、审理审核、分局合议的四级案件质量审核体系。一是岗位自查，将卷宗质量作为二、三级绩效的核心指标，督促检查人员对自己查处的案件进行全面整理和检查，部门负责人做好文书规范、执法程序、查补金额计算、资料完整等方面全面审核。二是交叉检查，按季开展“体验式”审理，通过检查人员交叉互查、查找不足、相互比较。三是审理审核，职能部门对报审的案卷从案件的实体和程序两个方面审核进行初步审理，拿出审核意见；按季度开展执法督查，对案卷进行复审，对于二次以上退审和执法督查中发现的问题列入考核，对审核中发现的问题全面落实整改。四是分局合议，强调案件合议抓大不放小，除查处金额大的案件按规定进行合议外，对查处金额小和税种单一的案件列入合议范围，加强对案件合法性和合理性的审核。（陈潇潇）

部门协同提供税政支撑 及时答疑解惑。将业务工作中的疑难政策，以及审理中发现的问题，总结归纳编制成"政策答疑"和"案件审理点评"，按月发布，帮助干部执行好税收政策，规范执法行为。提供政策支撑。对检查人员在检查过程中遇到的问题，一般由审理部门及时进行解释；对于疑难问题，既利用该局"知行智库"，也发挥"外脑"作用，通过走访调研、逐级请示、邀请上级部门现场办公等方式予以解决，推进案件查办进程。剖析案例解读。结合近几年地税系统的行政败诉案，开展"干部谈执法"活动，透过案例增强干部工作的严谨性。大力推进稽查案例库建设，形成一个收集、分析、共享、交流、学习的互动平台，同时可以对案件从结构、趋势等方面进行分析，为不同的管理层级提供服务，提升稽查效能。（陈潇潇）

"三严三实"专题教育 按照专题教育任务安排，结合指定教材，认真制定个人学习计划，结合自身实际和该局工作，对照必读篇目，按进度开展自学，并结合工作实际，剖析案件检查各环节存在的问题。在认真学习基础上，积极落实上党课要求，以微党课的形式，对干部谈感想谈体会，并查找目前工作中还存在的不足。要求全体干部在工作中要脑子里装着问题、心里想解决问题，在稽查重点案件查处过程中，敢担当、勇作为，攻坚克难，真正把"三严三实"的时代价值转变为基层实践的新动力。强调专题教育活动既严又实，在发现问题、解决问题中打牢思想根基、锤炼严实作风，并建立反馈机制，结合进一步加强党风廉政建设和作风行风建设，对于发生过的问题总结经验教训，杜绝再次发生的可能；对于可能存在的问题，及时消除隐患，以思想自觉引领行动自觉，使各方面工作有所创造、有所前进。（蔡　薇）

构建责任体系 结合工作实际，梳理出五个层面，49条主体责任清单，37条监督责任清单，细化各主体的职责范围和责任界定，形成认识到位、责任明晰、履职尽责的"两个责任"落实体系。修订完善分局《绩效管理办法实施细则》及指标、拟定分局《干部职工廉政纪律规定》，融入"两个责任"（主体责任、监督责任）的要求。严格落实述职述廉、重大事项报告等制度，把制度约束作为刚性约束，强化对干部职权行为的制约，确保"两个责任"分解、实施、监督、追责有制度保障。建立完善检察考核机制，通过案件检查回访、年度考核、廉政谈话、随即抽查等方式，对"两个责任"落实情况实施动态管理、过程监督，着力及时发现问题和督促整改。（陈潇潇）

开展民主生活会 问题查找突出"细"。班子和班子成员在民主生活会前通过自己找、群众提、互相帮、上级点、集体议等多种方式，聚焦"三严三实"深入查找问题，班子共查找出6个方面19个问题，班子成员查找出33条建议，体现了从严从紧的要求。剖析原因突出"深"。班子和班子成员对问题产生的原因剖析深刻，能够认清实质、深挖根源，重点谈主观原因、谈个人原因，谈自己原因、谈深层次原因。用好批评突出"诚"。会上，班子成员之间自我批评态度诚恳，深刻到位、勇于揭短亮丑，敢于正视问题；相互批评直截了当，不遮不掩、坦诚相见，达到了"团结—批评—团结"的目的。整改措施突出"实"。班子和班子成员对查找出来的问题，紧密联系实际，逐一制定了切实可行的整改措施，确保各项整改任务取得实效。（陈潇潇）

学习贯彻《中国共产党廉洁自律准则》和《中国共产党纪律处分条例》 依托专家讲堂，组织干部观看辅导讲座，帮助干部了解《准则》《条例》出台的背景、重大意义、基本特点和主要内容，增强干部学习《准则》和《条例》的自觉性和主动性。依托"知行"讲堂，组织干部交流学习《准则》《条例》的心得体会，通过交流学习，增强干部遵守纪律、执行纪律的自觉性和坚定性。依托"微信讲堂"发布《准则》和《条例》解读和评论文章，细化、深化学习内容，帮助干部深刻领会其精神实

质，全面掌握《条例》中的纪律规定，认清“负面清单”。 （陈潇潇）

开展党员志愿者普法宣传 组织党员志愿者，进行税法宣传。依托全国税收宣传月活动的大平台，开展税法“三进”活动。“税法宣传进校园”。在大学生毕业前夕，送税法进东南大学，向即将走上社会的毕业生，宣传税法知识，解读自主创业相关税收政策。“税法宣传进社区”。走进秦淮区尚书巷社区，对社区内的“创客”群体送去最新税收优惠政策，并针对“创客”不同需求，提供相应的税法咨询。“税法宣传进军营”。在转业干部择业之际，走进武警总队中山陵支队，发放税法宣传资料，送上转业军人创业就业的税收优惠政策，解答转业干部遇到的难题。 （蔡 薇）

“两微”课堂创新 创设“两微”课堂（微党课、微信群），提高零散时间、时间间隙的利用率。一是以“微党课”为主要阵地，班子成员落脚近期稽查工作和队伍管理中的新问题，强本固基，积极引导干部。一般干部立足“微党课”，不拘形式和内容，以“短小精悍、浓缩精华”为特色，谈思想感悟，分享工作经验，提出工作难点问题寻求帮助等，提升培训成效。二是建立“知行微讯”微信群，发布政治理论、党风廉政、政策法规、业务技能和心灵感悟等方面的内容，通过每天至少一篇正能量的文章，加强干部之间的沟通和交流，增强组织的凝聚力和向心力。 （蔡 薇）

“知·行文化”建设 电子刊物显风采。编发六期“知·行”电子报，设置了杂谈随感、榜样力量、业绩排行、税林艺苑、旋律人生等栏目，宣传“知·行文化”的核心理念和践行成果。同时，定期制作《清廉税苑》电子刊物。着力打造岗位文化，明确岗位要求和岗位关键行为，以及岗位人员对岗位工作的理解，实现文化落实在岗、在行、在人。特色活动释活力。开展“瞄准目标、奋勇争先”“团结协作、挑战自我”等主题活动；开展七一前夕看望老党员、中秋节前送温暖入“空巢”、“奉献社区、服务群众”等公益活动；举办“感知·行走”徒步行、“小蜜蜂”骑行、“心香一瓣”读书等活动，将“知·行文化”融入到日常工作生活中，营造“高效工作、张弛有度、健康生活”的组织氛围。 （陈潇潇）

文明服务执法队伍创建 夯本固基，增强队伍素质。紧扣税收稽查工作职责、税收政策的理解和应用、以及稽查实战经验，有针对性地、系统性地开展岗位技能培训和外延知识的培训，增强分析问题、解决问题的能力。注重对干部的思想道德、职业操守和勤政廉政教育，增强责任意识、担当意识、公仆意识和服务意识，让为纳税人服务成为税务干部的自觉行为。提效减负，提升工作质效。根据查前分析结果制定稽查预案，明确检查方式和检查重点，提升稽查效率，防止出现“马拉松”式的稽查，以减轻纳税人的接待负担和额外经济负担。组建高层次、高技能、专家型的高端团队，发挥高素质人才的示范引领、激励带动、智力支撑作用，确保案件检查的准确性，维护纳税人的合法权益。答疑解惑，注重政策宣传。通过集中被查单位进行培训、开展“以案说法”“以案评税”等典型案例宣讲会、印发税收政策汇编等形式，根据被查对象特点，有针对性地开展政策辅导和典型案例剖析，融检查与服务于一体，取得纳税人的理解和配合。 （蔡 薇）

税务专业化人才选拔 以“三师”（税务师、注册会计师、律师）和业务骨干为主，通过个人申请、部门推荐和班子研究的方式，选拔10名业务骨干组建“知行智库”，并向市地税局选送3名专业化人才。制定《“知行智库”成员管理办法》，明确了成员的权利、义务和职责要求，确保成员的作用得到有效发挥。抽调智库成员参与到大要案查处、风险应对、信息化建设、教育培训等创新和重点工作中，通过工作中压担子，加大对智库成员的培养力度。建立智库成员业绩档案，序时记录专业化人才培训、论文发表、参加专项工作和创新工作等内容，实时掌握专业化人才培养、使用和业绩输出情况，实行动态管理。 （陈潇潇）

“五查五看五强化”主题教育活动 深入查摆“四风”，在全局范围内开展“五查五看五强化”主题教育活动，切实转变作风。查思想意识，按照高线、底线的要求，通过全面自查、定期检查，看工作状态是否存在问题，杜绝“庸懒散软”现象，强化对作风整治重要性的认识；查廉洁从政，构建了“三险”防控机制，以局长上廉课、专家辅导、重点解读、知识测试、心得交流等形式，帮助干部熟练掌握两部党内法规，看遵守各项规定是否存在问题，选树“勤廉双优”典型，强化廉洁自律意识；查文明执法，建立并优化审理提前介入机制，把好“取证、政策、程序、定性”四关，看规范执法是否存在问题，按季开展执法督查、执法监察、风险应对“三位一体”的执法检查，及时发现并解决问题，强化依法行政；查政策落实，进一步完善报审审核手续，看政策执行上是否存在问题，坚持查前告知制度、建议反馈制度、案件复查制度、查后讲评制度，强化依法履职；查行政效能，按照“评价科学、导向准确、激励有力、操作简便”的原则，完善工作绩效考核体系，看工作效能是否存在问题，按月通报工作进度和目标完成情况，对未按规定完成的部门进行约谈整改，强化工作质效。

（陈潇潇）

“春训”工作　加强组织保障。分局领导班子将春训工作作为一项重点工作来抓，把领导带头贯穿始终，保持上行下效、同抓共进的良好态势。结合工作实际，在深入征求意见的基础上，有针对性地拟定了春训计划。创新培训形式。采取联合培训、经验交流、传统授课等形式，开展春训工作。组织了税务稽查争议案件处理、新《中华人民共和国行政诉讼法》辅导等内容的培训，春训中共开展集中培训13次，累计29课时。提升实战能力。以一线稽查干部授课为主，开展了稽查实务交流、查前预案、案例交流等内容的培训，鼓励干部积极走上讲台，实现教学相长。（蔡　薇）

【责任编辑　于　群】

稽查局第三分局

概　述　2015年，江苏省南京地方税务局稽查局第三分局（以下简称“稽查三分局”）紧紧围绕系统税收征管改革、社会管理创新、税务文化建设“三大工程”建设，以依法治税、公正执法为主线，以“家园文化”（该局组织文化品牌）为依托，以“精业勤廉，法治强家”为主题，通过实施“四法四治”工程（崇法守德，文化引领，努力打造稽查善治新队伍；秉法护税，提优增效，努力打造厉行法治新环境；倡法促税，服务发展，努力打造和谐共治新格局；约法育廉，安全履职，努力打造稳定长治新局面），不断强化税收法治思维，努力打造稽查法治队伍，大力提升依法办事能力，较好地发挥了稽查工作效能，有力地推进了稽查现代化建设。

落实查补任务。强化案源高风险应对分析，通盘规划，科学安排，案件检查任务合理分配到科、落实到组。严格落实《稽查案件负责制》，坚持全程跟踪，将查案数量、进度情况、查补收入、入库率等重要指标定期公布，起到激励鞭策作用。办理市地税局稽查局下达的案件211户，共查处入库8924.85万元，其中稽查入库5618.85万元，稽查效能得到稳步提升。

强化思想教育。班子带头学习中共十八届四中、五中全会精神和市地税局党组要求，形成良好的学习氛围和示范作用。采用干部大会集中学、党小组微型党课专题学、学习园地互助学等方式学习实践《全面推进依法治国若干重大问题的决定》《财税体制改革总体方案》，培养干部法治观念和革新意识。健全思想沟通制度，建立局班子思想政治工作联系点，及时掌握干部思想动态，化解矛盾、凝聚力量。适时开展干部需求调查，把握干部思想脉搏，有针对性地做好工作。定期召开专题会议，传达和动员上级布置的重点工作和要求，让干部统一思想、明确方向。

提升稽查效能。建立业务探讨机制，运用市地税局内部业务骨干，组建稽查业务专家团队，深入分析破解疑难或复杂的案件，提高案件查办质量。建立每周一政策例会制度，明确案件查办方向、重点、难点和政策依据，推动案件查办向纵深发展。全面推行电子查账软件，依托信息手段，增强稽查技术水平，查账软件的使用率超过90%。

加强督察督办。成立执法督察小组，持续开展执法监察、执法督察、绩效考评和重点事项实时督察“四联动”工作，强化税收执法权监督制约，及时发现风险点和问题隐患，规范和约束处罚的自由裁量权。将督察内审工作与“四联动”结合起来，进行执法督察考评。全年共抽查稽查案件41户（其中市地税局现场抽查2户），责任追究6人次，并就发现的问题进行了跟踪督改。

落实纳税服务。注重落实查前见面会、案件讲评会、以案说法、查后回访等制度，帮助检查对象规范纳税申报，规避涉税风险。认真倾听纳税人的合理诉求，全力维护纳税人的合法权益，提高检查对象对检查结果的认可度。做好与“12345”“12366”的工单对接工作，案件办理过程与纳税人保持不间断沟通。发放《税务稽查回访表》50余份，调查结果显示，检查对象对稽查工作均表示满意，没有反映违反稽查业务程序和廉政纪律的情况。

促进沟通协作。加强与国税部门的工作协调，努力实现信息资源共享，加大案件协查力度。在组织发票自查期间，与国税通力合作，自查入库税款达450万元。积极争取公安、司法等部门的支持配合，提升综合执法效能，3户案件申请移交公安部门侦查。加强区域协作，增强案件查处的广度和深度，实施调账检查2户、外出协查2户；外派3名人员参加省地税局区域性检查；对9件发票协查案件进行发票信息的真实性核实和反馈，涉及协查企业20户。（赵小亮）

机构设置及负责人

综合行政科

科　长　　王志宏

副科长　　徐　敏

业务管理科

科　长　　张紧莉

副科长　　林　勇

案件审理科

科　长　　邵立华

副科长　　彭昕宁

检查执行一科

科　长　　余晓祥

副科长　　柏寅昊

检查执行二科

科　长　　蔡　勇

副科长　　杨　滢

检查执行三科

科　长　　周巧宁（2015年9月免）

副科长　　索荣荣

检查执行四科

科　长　　徐桂花

副科长　　谈翠华

（赵小亮）

业务培训　一是落实《业务学习管理制度》，从全局、部门及个人等三个层面制定年度学习计划，明确重点学习内容，采取制式培训、集中春训、网络教育以及专题讲座等多种形式开展教育培训，有的放矢、因岗施教，形成长效学习机制。二是根据在职培训特点和岗位工作需要，与兄弟局联合开展高风险应对案例交流、查账软件运用、营改增以及土地增值税等专项培训，填充稽查业务知识。三是坚持逢训必考，对各类业务培训，由对口部门采用随机抽考的方式进行测试；将制式培训、个人学习、网络学习、岗位学习、能手竞赛等学习成果进行量化，计入个人学分，进行绩效管理，作为评先评优的重要条件。通过细化考核，提高培训质效，不断提升干部的综合素质和业务能力。四是挑选经验丰富的老同志组成“稽查专家团队”，通过开设“G3”（即“稽查三分局”，取谐音）沙龙，着重对疑难案件展开分析、讨论，提升实战效能，发挥“传、帮、带”作用。（赵小亮）

税收专项检查　根据省地税局《关于开展2015年税收专项检查工作的通知》，稽查三分局对涉及股权交易企业的行业性税收进行了专项检查，并撰写情况分析和检查指南编写。检查分为企业自查和检查实施两步骤开展。在企业自查阶段，通过大会布置、上门服务、点对点沟通等形式，加强对自查企业的宣传与辅导。自查结束后，详细报送了自查情况，并提交了建议重点检查名单，由稽查局提请风险监控部门进行风险识别，最终形成专项检查风险应对任务，并由稽查局负责下达。共接收稽查局推送专项检查任务114户，全部实施检查，其中执行完毕107户，应对完成率93.86%，检查入库税款、滞纳金及罚款合计金额828.48万元。（林　勇）

发票检查　一是组织发票自查。为保证税户下发准确到位，稽查三分局在接到发票自查任务后，随即对所有下发资料进行梳理比对，对最终确认发起的自查企业做好深入动员、自查培训和跟踪辅导。组织315户企业进行发票自查，其中自查反馈企业309户，有问题发票1775份，自查入库税款3306万元。二是积极开展发票协查，安排检查人员对相关发票所涉信息以及相关业务的真实性进行核实，全年共接收发票协查案件9件，涉及发票协查企业20户。三是做好日常检查。检查中强化对发票使用情况的检查力度，严格落实“查账必查票”的要求，制定工作方案，明确职责分工，分解落实任务，严厉打击非法取得发票、虚开发票、取得不按实际业务内容填写发票等各种发票涉税违法行为。共查处发票违法企业户数41户，查处非法发票份数178份，涉及金额340.7万元，罚款79.1万元。（林　勇）

推进查账软件应用　稽查三分局按照稽查局的统一安排，组织专人对所有检查人员的办公电脑安装了网络版查账软件，对软件进行了提档升级。进一步发挥查账软件数据处理度快、计算准确率高、统计分析功能强等优势，对企业电子数据进行查询、加工分析和对比，迅速发现稽查线索，确定涉税违法问题，大幅度提高税务稽查工作质量和效率。一线检查人员已逐渐养成了应用电子软件进行查账的意识和习惯。该局2015年案件检查中，电子查账软件的使用率超过90%，有效推动稽查现代化进程的发展。（林　勇）

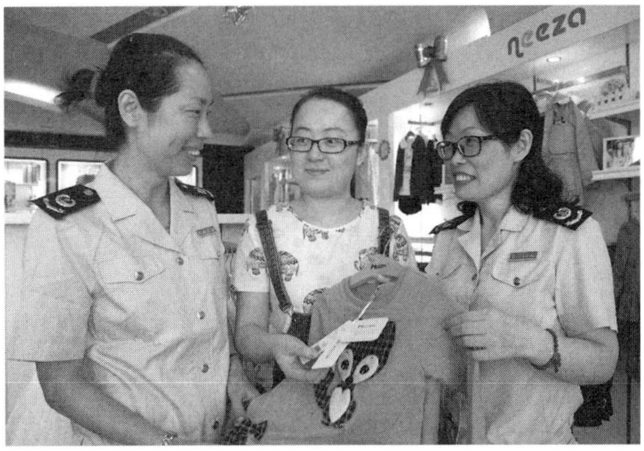

2015年8月25日，稽查三分局税务人员为“走出去”企业开展纳税服务

争创省级“依法治税示范单位”　按照《江苏省地方税务局法治税务示范基地建设实施办法》及《省辖市稽查局法治税务示范基地评价标准》要求，积极开展省级“依法治税示范单位”争创。一是成立争创工作领导小组，对照组织保障、规范执法、执法监督、效能评价、法律救助和创新创优方面考核要求进行梳理，结合专项督察和重点督察的内容制定了50项案卷评价标准内容。二是每周组织专题会议，就创建工作开展情况按要求逐项分解、对照、查漏补缺。三是组织专人对照标准将2014年到2015年的230户卷宗逐户逐条进行自查，对发现的问题认真整改；对620条数据逐条核对。通过齐抓共管，协助江苏省南京地方税务局稽查局成功获得省级“依法治税示范单位”荣誉称号。（彭昕宁）

税务行政处罚听证　10月，稽查三分局依据申请人申请，组织该局自成立以来首次税务行政处罚听证会。为保证听证会有序开展，该局从四个方面入手做好各项工作。一是做好组织协调。组件专家团队、成立专门工作组，定期召开会议，精心准备、认真筹划，制定完善听证方案、听证纪律。二是举行模拟听证。针对企业可能提出的陈述申辩，多次邀请市地税局法规处人员及法律顾问对听证工作进行专业指导，对案件中查处的税务违法事实、证据材料、补税和处罚的依据及税款计算等全面梳理研究，制定出两大类16个问题的应对预案，并在听证会前举行模拟听证。三是确保听证会有序开展。经过认真的前期准备、完善的组织保障，听证会得以有序开展，符合预期效果。四是及时总结归纳。此次听证会是该局成立以来首次税务行政处罚听证，为了及时总结经验，进一步落实稽查工作要求，切实提升办案质量和依法行政效能，在听证会后及时召开总结会，对听

2015年10月30日，稽查三分局举行税务行政处罚听证会

证会反映出的问题和隐患进行细致剖析，提出了应对措施。（赵小亮）

稽查工作八项规范 研究出台《关于进一步强化落实稽查工作有关规定的通知》，着重对八个关键事项进行详细说明和严格规范。一是做好案前准备。要求检查人员在接到稽查任务后3个工作日内，在税务稽查工作正式实施前，做好相应查前准备。二是安排查前见面会。在实施检查前，安排有关人员及检查人员与被查单位负责人或财务负责人进行会面，就税务稽查事项事先沟通。三是编制稽查工作日（周）志。对稽查实施环节工作内容、工作情况进行记载，反映案件稽查工作动态和进展情况。四是建立大要案上报制度。五是严格案件延期管理。六是规范分级合议制度。所有需要合议的稽查案件先由检查执行科合议，再报该局案件审理科审理及重大案件审理委员会合议。七是明确卷宗归档要求。八是明确非档案类业务资料归档要求。（赵小亮）

提升绩效管理效能 一是突出考核的针对性。强调绩效考核指标设计与岗位职能工作要求的紧密结合，突出规范执法、正确执法、依法行政、安全履职。在2015年新修订的绩效考核指标中，重新设置了多项考核指标，其中高风险应对，举报检查，专项检查的有效性、规范性指标3大项14个小项，占165分；程序法、实体法以及税收政策的规范执行指标2大项17个小项，占215分；安全履职指标8大项41个小项，占225分，这三类指标占全部基础考核指标的60.5%。对于部门工作，领导群众的认可度，设置了100分的满意度评价，以外部纳税人、上级部门评价和内部局领导、部门评价取分。将二级绩效要求按岗细化分解到三级绩效指标，覆盖该局全部19个岗位，实现一岗一表，考核到人。二是突出考核的关键点。在绩效管理中重点关注对关键指标的考核，运用机内取数、实地抽查、日常检查等方式，重点对规范执法、查补成效、新闻信息、工作成效及廉政纪律进行考核。三是突出考核的实效性。对案件查补进度、退审率、延期率、党风廉政建设情况、干部作风情况及时通报。注重对考核结果的运用和跟踪，让干部职工第一时间了解绩效奖金构成、人员加扣分情况，树立标杆，让干部对标找差，进一步发挥绩效管理量化考核、查漏补缺、有效激励、持续改进、促进提升的积极作用。（徐　敏）

“三严三实”主题教育 在“三严三实”主题教育活动中，稽查三分局班子认真贯彻“‘严’字当头，‘实’字托底”的要求，带头践行，以上率下。一是加强自身修养。该局局长带头讲授题为《争当自觉践行“三严三实”的稽查尖兵》专题党课，自上而下加强党风廉政作风教育。二是敢于担当责任。针对干部普遍反映的九类问题，班子成员认真研究分析，逐条制订整改措施，落实整改要求。针对暴露出的业务指标不理想的问题，班子反复研究出台“局八条”（《关于进一步强化落实稽查工作有关规定的通知》，着重对案前准备、查前见面会、工作日志等八个关键事项进行了详细说明和严格规范，简称“局八条”），进一步明确和严肃各项稽查制度，督促干部落实。三是勤恳干事创业。班子确定了每周一案情分析会制度，由班子主要负责人和分管副局长共同参与各科的案情讨论分析，研究制订案件推进方法，分管副局长与检查人员一起实地走访，推进案件查补进度和质效。（徐　敏）

2015年6月23日，稽查三分局税务干部参观南京抗日航空烈士纪念馆，纪念抗日战争胜利70周年，缅怀抗战英烈

“微党课”教育 根据市地税局党组《在系统基层党组织中开展微型党课的实施意见》，该局充分挖掘内部资源，多种形式开设了微型党课活动。一是班子带头参与活动，做活动的促进者、倡导者。组织党员干部踊跃参与微党课授课，共组织2期

微党课，4名干部参与授课。二是精心安排学习内容。微党课内容主要围绕中共十八大和十八届三中、四中全会精神，同时密切联系稽查工作实际，结合《全面推进依法治国若干重大问题的决定》《财税体制改革总体方案》，穿插心理疏导、职业道德等内容。开设《时代音符的爱国情怀》主题微党课，培养干部法治观念和革新意识。三是组织参观航空烈士纪念馆、南京大屠杀遇难同胞纪念馆。结合活动，开展形式多样的分组讨论和心得交流，帮助干部树立正确的世界观、人生观、价值观。（赵小亮）

2015年10月17日，在南京大屠杀遇难同胞纪念馆申遗成功之际，稽查三分局组织干部开展参观纪念活动

"家园文化+"建设 面对当前税务系统深化改革、转型发展的现实要求，稽查三分局积极探索发挥组织文化的传导和促收作用，适时提出"家园文化+"崭新理念。一是"投入加"。该局结合"三严三实"和反"四风"教育活动，通过责任传导，加强督查督办，号召全体干部投入更多的学习精力，更大的工作热情，更加的奉献精神，不断提升全员综合素质和业务能力，依法履行稽查工作职责。二是"质效佳"。立足实际，研究出台《关于进一步强化落实稽查工作有关规定的通知》，着重对案前准备、查前见面会、工作日志等八个关键事项进行了详细说明和严格规范，不断提升稽查工作质效。三是"先进嘉"。突出绩效考核的针对性、差异性和导向性，充分发挥绩效管理量化考核、奖优惩劣、促进提升的积极引导作用。评选8名"查账之星"、5名"税收依法行政示范岗"，予以嘉奖，营造比学赶超、争先创优的生动局面。（赵小亮）

"小蜜蜂"骑行活动 根据系统关于开展自行车"骑行日"活动的统一要求，该局分别在5月和10月，组织开展了春秋两季"小蜜蜂"骑行活动。一是倡导健康出行。活动专门制作了"低碳生活、健康人生""绿色装扮、蓝色梦想""魅力金陵、绿色骑行"等宣传旗帜，有效引导干部把骑行活动作为倡导健康生活方式，陶冶了干部身心。二是提升团队合力。该局将活动与特色"家园文化"主题教育活动相结合，领导干部积极带头示范，鼓励发动广大干部职工踊跃参加，有效地提升了干部职工的"精气神"和凝聚力。三是展示地税形象。骑行中注意交通秩序，沿途注意文明礼让，临行注意环境卫生，展示了地税干部良好的社会形象。同时，借助骑行日这一开放式活动，主动走出去，积极开展税收宣传，号召广大群众"依法诚信纳税，共建和谐社会"。（赵小亮）

【责任编辑 王甜源】

征收税务局

概 述 2015年，江苏省南京地方税务局征收税务局（以下简称"征收局"）贯彻落实省地税局和市地税局征管改革精神，顺利完成与原契税所合并工作，各项工作平稳衔接。全局上下齐心协力、团结奋进，深入贯彻落实中共十八届三中、四中全会精神。按照"顺应改革、深化统筹、提升标准、打造品牌"的总体思路，尽职履责，服务大局，深入推进"三大工程"建设，强化宗旨意识，创新服务内涵，进一步树立市地税局纳税服务品牌形象。

突出工作重点、夯实征管基础，努力提升税收征管质效。进一步深化税收征管改革，组织收入稳步增长。严格征管制度建设，严格各项税收政策，完善核价机制。对契税、转让方税收及租赁税收的退税采取双人核查制度。强化风险管理，强化干部责任意识，打造专业督审团队。全面开展督审工作，提升督审效能和风险防控能力。

培育理念，纳税服务机制高效集约。创新纳税服务工作，加强分类式服务管理，构建统筹有力、运转协调的纳税服务机制。推进"全心、全员、全程"服务意识落地，快速响应纳税人需求，进一步完善纳税服务联动机制。加强重点企业个性化服务，完善企业QQ群管理工作。牵头实施全

省大数据创新工作，完成省地税局大数据需求分析调研课题。优化纳税服务现场检测的全流程管理。牵头实施全省“税银合作”推广工作，推行“互联网+税务”银行自助办税模式，扶植中小微企业发展。规范税务师管理工作，做好税务师考试报名工作。对系统内违规插手涉税中介经营活动的情况进行全面排查。

创新手段，办税服务工作快捷规范。按照转变职能、简政放权的要求，规范纳税服务业务、持续推进网上办税，促进办税服务工作更加快捷规范。加强办税厅管理，不断优化办税环境，切实减轻“两个负担”（减轻纳税人在办税过程中不必要的负担，是税务机关应尽的义务；减轻基层税务机关额外的工作负担，是上级税务机关义不容辞地责任），加强市政务服务中心窗口管理。积极响应“互联网+税务”建设，创新拓展办税手段，参与省地税局相关论文写作。积极参与跨部门（领域）协作，合力提升征管质效，做好“三证合一、一照一码”登记制度改革（企业登记时由原先依次申请，分别由工商部门核发工商营业执照、质监部门核发组织机构代码证、税务部门核发税务登记证，改为一次申请、由工商部门核发一个加载法人和其他组织统一社会信用代码营业执照的等级制度。简单的说，就是简化了企业登记注册的手续，由原来三个证变成一个营业执照和一个统一社会信用代码）。积极研究国地税合作问题，撰写了《关于国地税合作的工作建议》。

创新产品，税法宣传服务精准及时。加大税收政策宣传力度，实行分众式宣传，增强税法宣传的精准性和及时性。圆满完成固定宣传载体年度任务，出色开展创新性税收宣传工作。版面资源与非版面资源宣传立体联动，创新项目与常态化政策宣传相辅相成。积极投入南京税收博物馆改建工作，高标准高质量圆满完成了改建任务。开辟专栏，推出专题性宣传内容，通过“税收微讯”发布了“《琅琊榜》告诉我们买房的那些税事儿”等一批微产品，获得社会好评。

优化服务，税收咨询服务权威标准。以咨询服务ISO标准化管理为切入点，优化税收百事通品牌服务，打造国内领先的综合税务咨询服务平台。扎实做好咨询及投诉处理服务，发挥业务支撑平台作用。积极拓展咨询渠道，充分利用网络、微信等平台打造综合性咨询服务平台。开通延时咨询服务，满足更多纳税人的个性化需求。承担省地税局对全省各地“12366”咨询电话的抽检、知识库的维护、网站的在线咨询、全省新进咨询员培训等工作。

加快融合，人事工作稳中有升。深入贯彻内外部改革要求，为机构整合后的新征收局各项工作平稳开展做好保障。在纳服、契税两局合并后，平稳有序对接，人员调整到位。进一步调优人力资源配置，整合党团工妇群团架构。做好机构合并后人事信息、人事档案等交接工作。先后出台了《征收局内部干部管理规定》《征收局关于加强作风行风建设的管理规定》《征收局科室干部下基层管理规定》等制度，整合绩效管理考核办法。突出以人为本，共建新征收新家园。

推行改革、行政事务管理质效不断强化。以保障能力推进为重点，强化行政事务管理质效，政务工作取得新突破，财务、事务管理更加规范。加强内部行政管理，规范公文办理，加强信息宣传，1篇报道在中央广播电台发布；7篇稿件在中办、国办刊发（其中2篇被国办专报刊用），33篇在省委、省政府刊发，2篇在《江苏地税简报》刊发。完成2011—2012年度二手房交易环节契税及转让方业务档案移交逾8000册，规范档案管理。重视舆情监管，严格规范和管控涉税信息的传播。完成纳服、契税两局合并财务交接工作。加强预算管理，防范财务风险，细化预算管理措施，加大预算管理力度，落实好财务自查工作。组织实施办公地点搬迁，有序进行后勤保障，落实后勤工作安排，建立健全相应的配套制度。贯彻落实《机关事务管理条例》，加强公务用车、资产管理、基建项目、车辆管理以及节能减排等工作。

（王赟超）

机构设置及负责人

原契税所

办公室

主　任　　丁　兴

副主任　　曾李炜

综合管理科

科　长　　徐　雷

副科长　　王　平

第一税务所

所　长　　戴道贵

副所长　　陈春俊

副所长　　董　天

第二税务所

所　长　　王守江

原纳服局

综合科

科　长　　史忠民

副科长　　金　天

制度业务科

科　长　　邱萌宇

副科长　　夏　菁

办税服务科

科　长　　朱　丽

副科长　　周　洁

税收宣传科

科　长　　潘叔鸣

副科长　　陈晓菁

咨询服务科

科　长　　袁　锋

副科长　　唐　恬

两局合并后

办公室

主　任　　史忠民（2015年5月任）

副主任　　曾李炜（2015年5月任）

人事监察科

科　长　　丁　兴（2015年5月任）

副科长　　金　天（2015年5月任）

制度业务科

科　长　　邱萌宇

副科长　　夏　菁

办税服务科

科　长　　朱　丽

副科长　　周　洁

综合管理科

科　长　　徐　雷（2015年5月任）

副科长　　王　平（2015年5月任）

税收宣传科

科　长　　潘叔鸣

副科长　　陈晓菁

咨询服务科

科　长　　袁　锋

副科长　　唐　恬

督察内审科

副科长　　陈春骏（2015年6月任）

第八税务所

所　长　　戴道贵（2015年5月任）

副所长　　董　天（2015年5月任）

第九税务所

所　长　　王守江（2015年5月任）

（王赟超）

纳税服务局与契税所合并　4月末，根据市地税局党组对税源专业化改革工作总体要求，契税所整建制划入征收局。新征收局成立后，严格落实市地税局党组提出的平稳对接、加强融合的要求，迅速整合，各项工作有序进行。根据集中办公的要求，征收局分两个阶段三个批次完成办公地点搬迁，除第八税务所干部外，统一至止马营58号办公。合并和搬迁期间，征收局上下合力规划，协同努力，保证了各项日常工作不受影响。合并之后，征收局出台了一系列人事、行政、财务和后勤管理制度，整合两局绩效考核制度，统一固定资产管理。加强组织文化融合，开展丰富的工会、妇联活动。（王赟超）

组织收入增长13.54%　按季进行税收分析通报，关注房产租赁税收分析和监管。坚持加强与房产部门、土地部门、征收部门的信息交换，通过常态化联系机制收集信息，做好重点税源的跟踪，切实做到应收尽收。2015年，共组织各类税收71.35亿元，同比增长13.54%。其中，契税收入41.74亿元，同比增长11.9%；存量房转让方税收11.62亿元，同比增长15.03%；委托代征房产租赁税收17.99亿元，同比增长16.53%。（曾李炜）

税收征管　一是加强税法宣传，突出服务民生。贯彻落实房产交易环节惠民政策，大力宣传“营业税‘5改2’”《财政部 国家税务总局关于调整个人住房转让营业税政策的通知》（财税〔2015〕39号），营业税免征期由5年改2年：1.个人将购买不足2年的住房对外销售的，全额征收营业税；2.个人将购买2年以上（含2年）的非普通住房对外销售的，按照其销售收入减去购买房屋的价款后的差额征收营业税；3.个人将购买2年以上（含2年）的普通住房对外销售的，免征营业税）、“停开单身证明后家庭唯一房认定”等新政策，深化对改制重组企业在政策性搬迁过程中的涉税辅导。二是加强减免税管理，落实优惠政策。1—12月共办理企业改制类减免104批次，减免税款3.33亿元。三是加强征管力度，堵塞征管漏洞。强化房屋交换、非直系亲属间房产赠与行为涉税征管，严格执行注销企业房地产转让过程中的企业所得税属地管理规定。四是加强税源跟踪管理，完善核价机制。加大对转让或出让土地契税的专人专岗跟踪管理。依法规范计税价格核定行为，进一步完善核价管理机制，加大高风险事项的审核力度。五是强化欠税清理，依法合规操作，入库前期欠税4000余万元。（曾李炜）

“12345”转办工单综合考核列全市第一 做好“12345”政务热线工单处理，完善修订投诉处理规程，共处理“12345”热线转办工单2062件，综合满意率达93.53%，连续五年在南京市政府机关工单数1000件以上单位中排名第一。创新机制，以“五个一”（一个指挥中心、一套高效工作体系、“一把手”负责、一套电子信息系统、考核一票否决的诉求处理机制）提升诉求响应高效化。创新管理，以“三统一”（工单处理流程统一、人员岗位职责统一、绩效评价指标统一）规范诉求办理标准化，引入ISO 9001质量管理体系标准化理念，赢得纳税人满意。创新方法，以“源头控管”实现诉求办理优质化，立足源头管控，对群众反映多、意见大的问题采取早期干预、早期预防的方式，采取区分行业管理、拓宽宣传渠道、开展针对性预防等手段，减少诉求发生。（唐 恬）

研发掌上办税平台 响应“互联网+税务”工作要求，着力构建掌上办税平台，为纳税人提供高效、便捷、贴心、实用的7×24小时不间断涉税服务。该局掌上办税平台主要具有“税企互动”“政策指南”“办税导航”“涉税办理”“申报纳税”“信息查询”六大功能，为纳税人提供了一条更为便捷的办税途径。通过掌上办税平台，纳税服务由实体办税厅、网上办税厅延伸至纳税人掌中，形成实体办税、网上办税、自助办税、掌上办税“四位一体”的新型办税服务平台，满足了纳税人多元化的办税需求。（朱 丽）

南京地税大数据应用情况 积极开展大数据工作调研，学习兄弟单位先进工作经验，借鉴其好的做法及理念。分析纳税人的需求，确定需求的总体框架。召集业务骨干进行思想碰撞、充分沟通对需求进行修订。抓住申报纳税、涉税业务办理等具体工作事项，强化核心功能的实现。用大数据来改进纳税服务、开展税收风险预警，建立纳税人信用监控，找准纳税服务的大数据应用点。完成基于大数据框架下服务策略系统平台开发，做好撰写省地税局大数据创新项目调研报告准备工作。5月22日，省地税局局长江建平在开展大数据应用工作专题调研时，对南京局大数据应用情况给予充分肯定，并要求用大数据来改进纳税服务、开展税收风险预警，建立纳税人信用监控，找准纳税服务的大数据应用点，明确纳税服务大数据应用目标与方向。（王赟超）

“互联网+税务”建设 用“互联网+税务”的思路创新纳税服务工作。运用“互联网+”思维，利用云服务、大数据等新技术，整合纳税服务资源，优化纳税服务流程，构建新的纳税服务模式，推出更多的纳税服务工具，服务好纳税人，获得更高的满意度和遵从度。利用移动互联技术，开创新的办税模式，2015年，掌上办税平台开发成功并投入试运行。推进升级网上办税模块，参与“互联网+税务”的框架及需求制定，积极参与省地税局“互联网+税务”调研论证工作。积极探索通过税银合作拓展网上办税渠道，深入推进网上办税。继续推广应用自助办税终端，1—12月全市自助办税机业务量达105869笔。（朱 丽）

纳税信用体系建设 深化纳税信用体系建设，强化纳税信用动态管理与运用。与国税联合开展A级纳税人信用等级评审工作，逐户审核，做好补评、复评，评选出A级纳税人17185户。加强纳税信用结果运用，主动向社会公告年度A级纳税人名单，对连续3年被评为A级的纳税人提供绿色通道服务，在南京地税门户网站按季公布“重大税收违法案件信息”。与各个处室协调，统一信用信息报送的内容、方式，积极向市信用办推送信用信息，纳税信用体系建设在全市信用考核评比工作中获二等奖。（邱萌宇）

获全市文博系统讲解员大赛优秀组织奖 6月20日，在南京市文化广播新闻出版局主办的2015年全市文博系统讲解员大赛中，南京税收博物馆获得优秀组织奖，选派参赛的讲解员邵怡凡获得三等奖。这是市地税局税收文化教育基地自2014年注册为博物馆以来，第一次参加市文博系统举办的比赛。通过此次比赛，扩大了税收博物馆在全市文博系统的品牌影响力和知名度。（江晓彤）

税收博物馆建成 4月16日，南京税收博物馆闭馆实施升级改造，10月20日，升级改造完成对外开放。改造后的南京税收博物馆占地1800平方米，分为税收文化展区和组织文化展区，共设置84块展板，10个场景模型，展出120组共782件展品。该馆充分利用了南京历史文化名城的人文和科研资源，突出行业馆的故事性、地域性、事件性、客观性的特点，以“串珠子”的方式，沿税收历史文化发展脉络，串起各时期重大税收历史事件，深入挖掘有浓郁南京地方特点的事件和人物，列举税收史实，反映南京历史文化名城特色和税收历史沿革，提炼出有益于社会发展进步的思想，充分发挥展馆的文化传播和社会教育功能。改造后的博物馆将成为青少年税法教育的重要基地。（江晓彤）

实施“税银合作”推广工作 8月4日，《江苏省南京地方税务局关于印发推进“税银合作”工作的实施意见（试行）的通知》下发，市地税局在全省范围内率先与民生银行试点开展并推广“税银合作”工作。“税银合作”推行“互联网+税务”的银行自助办税模式，扶植中小微企业发展。与民生银行联合推出“税添富”“税喜贷”“税源通”等税银合作产品，赋权诚信纳税人在满足银行相关要求的情况下，提供金融授信；与江苏银行合作开展税收信用信息线上平台，避免纳税人往返税银两方，拓宽自然人（个体工商户、合伙企业）融资办税平台，提高服务质效。开展税银合作以来，市地税局联合南京银行、民生银行及江苏银行累计为全市1200家诚信中小微企业及个人发放贷款达6.7亿元。通过税银合作，减少企业融资成本，也激励纳税人诚信经营、诚信纳税，提高了纳税人的税法遵从度，助力诚信企业良性发展。（曾李玮）

“12366”税收咨询服务 2015年，南京“12366”税收咨询服务热线累计报送舆情52篇，反映热点问题155个。按月编写税情分析报告，共向基层局提供建议16条，向市地税局提供建议9条，向省地税局提供建议1条。组织纳税人学校235场，累计为1.8万名纳税人提供了免费培训。建立全国领先的税收咨询服务行业标准，修订完善南京“12366”标准化体系，制作“12366”规范性用语读本，获得ISO 9001标准化认证复审认可。加强“12366”对市地税局业务的支撑作用，收集热点问题522条，制作政策汇编146条，热点问题集3期，维护知识库系统1122条。2015年8月开通“12366”延时电话咨询服务，满足更多纳税人的个性化需求。自延时咨询服务开通以来，“12366”热线累计延长办公时间629小时，延时期内共接到纳税人电话咨询2840个，占总咨询量2.55%。2015年，“12366”咨询总量为66.44万次，咨询接通率为92.63%。网络咨询10.74万人次，其中在线实时咨询9.58万人次。（唐　恬）

优化办税环境 加强对办税厅的管理，强化软硬件设施，优化办税环境。开展系统首批省级“首席办税员”“首席咨询员”评选活动，共选拔出24名“首席办税员”和6名“首席咨询员”。建设全市办税服务厅内训师队伍，选拔了6名服务内训师和17名业务内训师，开展办税厅干部业务培训。加强市政务服务中心窗口管理，共新办税务登记2875户次，变更税务登记921户次，接受咨询4608人次。持续推进标准化体系建设，完善涉税事项，修订文件依据、表证单书等共436条。2015年1—4季度均在南京市服务窗口评比中夺得“先进单位”和“红旗窗口”荣誉称号。（朱　丽）

税收宣传 2015年，出版《南京日报》税务专版50期，制作播出南京电视台《地税直通车》专栏节目26期，制作播出南京人民广播电台节目105期。更新税务网站涉税通告48条，涉税信息月报12期，欠税公告36条，证件失效公告72条，遗失公告43条，个体定额公告4条，非正常户公告72条，催报催缴公告104条，税务稽查文书送达公告8条。2015年，网站访问量141万人次，累计点击量已突破4670万人次。（陈晓菁）

税收文化活动 开展税收征文活动，共收到参赛作品26459篇。组织开展“心手相牵 快乐成长”税收文化夏令营活动，进一步丰富留守孩童暑期生活。摄制组外出采访、拍摄、保障50余次，制作7部电视专题片、5部税收动漫视频，3部微电影、9讲微型党课。向纳税人发放涉税信息月报、宣传折页等共20万份。向社会各界赠阅《中国税务报》《中国税务》杂志共2200份，组织内部税务报刊订阅2500份。（陈晓菁）

综合性咨询服务平台建设 拓展咨询平台，拍摄网络版“纳税人学堂”教学视屏，让纳税人形象直观地了解税收政策规定和办税流程，网络及手机平台阅览量达4493次。加大手机微信公众平台建设力度，开展“微系列”活动，推送主题音乐杂志、开展有奖游戏，微信链接阅览量达8211次，被转发262次，五期音乐杂志总阅览量13万人次，原创微信稿件被国家税务总局微信平台采用3篇，被省地税局采用13篇。（唐 恬）

《轻松纳税——你必须知道的税收热点和办税技巧》（2015版）出版 组织业务人员成立编写小组，搜集整理电话、网络、微信等各渠道的咨询热点和涉税问题，确保书籍的时效性、指导性和操作性。同时，根据最新税收政策修订税收政策汇编部分，补充典型案例，让纳税人更好地理解税收政策，清楚办税的技巧和流程。该书3月末正式出版发行，该书在结构上分为两大部分，第一部分按税种作疑难问题解答，第二部分选择重点行业分行业梳理优惠政策。内容上采用图文结合的方式，用漫画和文字的搭配，深入浅出地讲解税收政策，便于纳税人理解和接受。该书在税收宣传月期间向纳税人免费赠阅，在各办税大厅和纳税人学堂摆放供纳税人取阅，获得纳税人的一致好评，收到良好的宣传效果。（唐 恬）

督察内审 增加房地产交易税收执法职能，通过构建“三险”同步预防机制，强化风险防范。以南京市区房地产交易税收业务规程为索引，梳理风险监控点共6大类26项。制定《市区房地产交易税收业务风险控制管理办法》，强化风险提示和全程控管。组织开展税收执法督察工作自查，并开展专项检查。构建常态化督审机制，形成自查与抽查相结合，季度执法督察和日常风险控制相结合的两级督审新模式。共开展现场抽查20余次，推送计税价格、税率等疑点问题逾100个，直接挽回税款10万元，并据此修订和发布新的风险点及操作提示累计10条。（陈春俊）

人事工作 在纳服局、契税所合并后，征收局明确班子分工，成立督察内审科，完成党总支和党支部组建工作，选举产生征收局党总支，下设党支部3个，保证两局整合后平稳对接。加强干部队伍管理，先后出台了各项配套制度，整合绩效管理考核办法，加强劳务派遣人员管理，完成咨询员招聘有关工作，共招聘咨询员10名，修订了正式干部和辅助用工人员考核办法。组织好2015年能级考试评定工作，晋升四级人员1人，三级人员3人，二级人员1人，一级1人。创新开展团队建设，积极开展微型党课，以支部为小组，挑选党员代表分别为党员同志讲授微型党课，做好南京地税公务员职业道德和行为规范制度的创新项目工作。突出以人为本，探索以“人本、专业、创新”为内涵的“三叶草”文化与以“精神、制度、行为、物态”为一体的“执行力”文化的有机结合。（金 天）

【责任编辑 王甜源】

高新技术开发区地方税务局

概 述 2015年是经济发展全面进入“新常态”的第一年，也是“十二五”计划的收官之年，在市地税局党组和南京高新技术开发区管委会正确领导下，南京市高新技术产业开发区地方税务局（以下简称“高新局”）认真贯彻落实中共十八届三中、四中全会精神，深入学习“新常态”内涵、主动适应“新常态”要求，围绕组织收入工作，有序推进税收各项工作，进一步提升干部队伍精、气、神，为经济发展做出新贡献。

圆满完成组织收入工作。按照2013年提出的“一年抓总量、二年抓节奏、三年抓结构”的总体思路，高新局2015年收入质量跨上一个新台阶。从总量看，2015年共组织各项收入合计36.21亿元（含税收、地方教育附加、教育费附加、文化事业建设费），完成市地税局计划的101.60%，历史性地跃上30亿元台阶。从节奏看，年度收入波动问题得到改善，在序时进度上采取更加科学的“贴合大盘”策略，将波动率控制在0.45%的理想水平，牢牢把握了组织收入的主动权。从结构看，企业所得税、个人所得税、土地增值税等直接税比重较2014年增加2.33%。

强化重点税源数据应用。基于“抓大管小”原则，在做好中小税户管理的同时，强化重点税源数据应用。结合实际税源现状，及时编制、调整全年税收收入计划，并通过预测平台和四联动平台，优化收入分析方法，对30万元以上的税户按月按税种进行预测跟踪管理，及时掌握重点税源企业税收入库进度，强化促收措施的跟踪问效，逐步建立由收入信息、进度分析、重点税源和统计分析等组成的税收分析体系，提高了税源分析的有效性和针对性。确保年度收入任务的实现。

协助企业适应新常态。注重结合税收资料调查和减免税调查等专项活动来了解企业发展遇到的新情况和具体需求。就企业面对的困惑，及时梳理相关优惠政策，在给企业带来实惠的同时，引导企业关注政府扶持行业，潜移默化中影响企业的经营思路。一年来，已累计向企业退税672万元，并组织对5户到期高新技术企业进行重新认定及8户高新技术企业复审工作，为企业持续经营和技术革新提供了方便。

调整人员机构。扎实推进市地税局征管改革要求，于2015年6月末前，按照“基础管理属地化、纳税服务规范化、征纳互动网络化、风险应对专业化”的改革思路，分别设置了纳税服务所、基础税源管理所、中等风险应对所，进一步明确各部门职责，将税源管理岗位责任制落实到位。

提升风险应对水平。在完成新一轮征管改革基础上，通过培训使风险应对人员尽快掌握新操作规程，并注重根据工作需要组成专家团队。在做好疑点问题分析的基础上，积极发挥业务科室、风险应对部门的作用，对房地产企业、外籍个人、个人所得税等重点风险任务，通过积极的团队式应对，提高税收风险应对效率。累计完成风险应对入库税款超过7500万元，同比增长228.65%，应对贡献率达2.49%，有力促进了税收增长。

推进多证联办。高新局认真落实精简政务流程的相关要求，积极与高新区政务中心、区国税局、区工商局沟通，推进多证联办事宜，2015年5月末前完成了地税办税服务窗口进驻高新区政务大厅工作，实现税务登记事项的前置服务。10月按照市地税局统一部署，积极推进高新局“三证合一”多证联办工作，通过科室人员培训、辅导、跟踪，确保高新局此项工作按时推进。全年办理“三证合一”600余户，其中新办税务登记324户，纳税人满意度大幅提升。

加强数据交换。在响应“大数据治税”过程中，立足自身情况，不断加强与高新国税、国土等部门的数据共享与信息交换。针对个体征管，进一步强化合作与信息交换，定期交换个体定额资料并通报个体征管情况，提升个体征管质量；此外，通过全面了解区内土地转让信息，及时组织耕地占用税征收，2015年共组织入库耕地占用税2053万元，较2014年增加了近945万元，增幅达85.29%。

扎实做好分税种管理工作。扎实开展企业所得税新申报表上线培训，全面完成2015年汇算清缴工作。2015年全国上线企业所得税新申报表下发后，高新局在组织业务骨干参加省市级学习培训的基础上，在内部积极开展全局业务干部培训演练，同时通过多种渠道对纳税人进行宣传辅导，于2015年5月31日年全面完成汇算清缴工作。实现查账征收及核定征收户申报率两个100%。汇缴入库企业所得税2310万元。

执法行为进一步规范。一是强化税务干部对税收政策的培训及运用能力，形成税收政策的正确传导。二是加强对执法行为的规范，严格执行2014年度《江苏省地方税务局税务行政处罚实施办法》及《税务行政处罚自由裁量基准》等文件要求。通过对各税务所行政处罚案卷的检查，及时纠正存在问题，规范执法行为。三是积极评选执法示范岗，充分发挥依法行政先进典型的示范带头作用，并将争创“规范执法示范岗”工作列入年度法制重点工作，以此影响和带动更多一线干部规范执法，努力营造氛围，实现税收执法法律效果与社会效果的有机统一。2015年高新局获得市级“法治示范基地”称号。

开创督察内审新局面。自督察内审单独设科以来，该局始终重视营造“全员参与、培训评议、宣传研究、工学兼宜”相结合的督察内审文化氛围，着眼于“查错纠弊、优化管理、防范风险、服务大局”四项目标定位，以制度为牵引，力争形成内审的长效机制。半年来，除按上级要求顺利完成对“落实税收优惠政策、严格税收执法情况、税收政策清理情况”等问题的重点督察外，“过头税”现象内部核查及风险应对质量常态化检查工作也取得较好效果。

认真落实纳税服务责任制。根据《全国县级税务机关纳税服务规范》2.0版的具体要求，高新局认真落实纳税服务责任制，在制度上为打通纳税服务“最后一公里”作保证。一是建立快速反应机制。第一时间将投诉工单转交给有关责任部门，根据投诉内容迅速制定应对方案。二是及时反馈查处结果，对纳税人提出的问题在规定时间内办结，并将结果反馈纳税人。三是确保维权投诉“零积压”。做到“次次有记录，件件有落实，事事有回音”。2015年，共受理“12345”、“12366”转办的投诉工单共113件，处理结果均取得纳税人满意。

稳步开展“税银合作”工作。积极推进诚信引导服务，联合民生银行开展“税银合作”，向纳税人大力宣传“税添富”“税源通”等信贷业务，通过积极拓展纳税信用评定结果应用，帮助纳税信用度较好的企业申请利率较低的贷款。在不断加快纳税信用与社会信用融合互动中，通过税银合作的示范效应，在纳税人群体中倡导诚信经营理念。

深化人文关怀，打造“幸福高新”。坚持文化铸魂，在广泛听取意见基础上，提出打造“幸福高新”的文化建设目标，以此统一大家思想认识和行动。把打造幸福高新纳入工作总体安排，与组织管理、税收征管、党风廉政建设等工作同研究、同部署、同落实、同总结。从干部职工生活、精神、物质、事业发展等方面入手，围绕干部职工的归属感、安全感、自尊和自我实现四大层次需求，提出素质成长、家园文化建设、阳光环境和健康关爱等计划，切实将提高干部职工幸福指数落到实处。长期坚持的员工帮助计划（以下简称“EAP计划”）为干部职工提供了经常性心理减压和心理疏导服务，在平衡工作压力、满足心理诉求及化解家庭矛盾等方面起到了良好的作用。

强化党风廉政建设。秉持“党风廉政建设一直在路上”的原则，强化“两个责任”落实，建立局、科（室）所两级党风廉政建设主体责任和监督责任清单，闭合廉政责任链条和问责追究制度，实施问责常态化管理。同时全面落实廉政风险和税收风险、执法风险同步预防和联合应对机制，推动风险内嵌式监督管理，规范一案双查，完善风险内控体系。开展岗位廉政风险排查，优化风险防控措施。此外，深入开展“崇德守法”教育活动，探索网络廉政教育新机制。开展群众性廉政文化创建活动，建设优秀作品库，扩大“清风税廉”品牌影响力。在深入贯彻落实中央“八项规定”的过程中，着眼纠治“四风”持续发力，构建党风廉政建设新常态。

推进人才队伍建设。一是根据税源专业管理改革要求，优化岗位设置，加大人力资源管理创新和整合力度，成立了督察内审科，配备了一个税源管理所、两个风险评估所，50%以上的人员岗位调整。二是规范公务员考核，落实公务员考核管理信息系统上线工作，采取平时考核与年度考核相结合的办法，加强结果运用。三是加强专业人才培养，推广专业化团队模式，推进年度创新工作、难点工作开展和重大项目攻关。成立土地增值税清算等专业团队4个，评选出市地税局级专业人才2人，区局专业人才5名。四是规范人事基础工作。稳慎推进工资及保险改革，顺利完成2015年度工资调标和养老保险预扣工作。开展干部人事档案专项审核。以干部“三龄两历一身份”（三龄：年龄、工龄、学龄，两历：学历、工作经历，身份：编制）信息为重点，对在职干部人事档案进行集中审核，共审核干部档案46份，核实信息20余人次，无一矛盾出现。（徐小琴）

机构设置及负责人

办公室

主　任　　徐小琴

征管和科技发展科

科　长　　陆　军

副科长　　王　波

税政法规科

副科长　　刘　烨

副科长　　陈　涛

人事监察科

科　长　　王加龙

督察内审科

副科长　　肖孙熹

第一税务所

所　长　　丁　勇

副所长　　周嫦娥

第二税务所

所　长　　许大青

副所长　　沈义林

第三税务所

所　长　　汤明明

第四税务所

所　长　　王振宇

(徐小琴)

组织各项收入36.21亿元　高新局2015年共组织各项收入合计36.21亿元(含税收、地方教育附加、教育费附加、文化事业建设费);其中,税收收入34.55亿元,增幅14.27%,区县级税收34.45亿元,增幅14.14%;区县级一般预算收入30.10亿元,增幅12.78%,完成市地税局计划的101.60%,历史性地跃上30亿元台阶。在此基础上,该局围绕收入节奏调整,不断深化税收分析与预测工作,理顺总量与进度的关系,确保收入质量不断上台阶。(李　玮)

征管机构改革　高新局按照“基础管理属地化、纳税服务规范化、征纳互动网络化、风险应对专业化”的改革思路,于6月末前按计划完成高新局征管改革工作。在落实税源管理各岗位责任的同时,调优中层干部队伍配置。通过培训提升干部业务素质,并根据工作需要组成专家团队。积极发挥职能科室、风险应对部门的协同作用,使税收风险应对效率进一步提升,累计完成风险应对入库税款超过7500万元,同比增长228.65%,应对贡献率达2.49%。(王　波)

纳税服务探索“互联网+”　利用网络平台优化税收服务管理,促进前台和线上的服务资源有效整合,通过高新“云服务”税企QQ平台和微博等形式,广泛宣传税法和税收政策,为纳税人提供便捷、高效的涉税服务。2015年,“云服务”税企QQ群企业好友数量达到741个,日常在线交流记录逾80000条,回答问题近7000个。在第24个税收宣传月期间,高新局承办了市地税局微系列宣传活动中的“刷微博答题—税收知识有奖问答”项目,取得良好的税法宣传效果。(许　洁)

2015年5月13日,高新局组织税务人员为众创空间提供税收政策服务

个人所得税征管　根据做好年度所得12万元纳税人自行纳税申报的通知,该局在明确任务分工、职责划分的基础上,通过科所联动,加强对纳税人的指导服务,申报工作提前完成,共入库税款21.65万元,全面完成工作任务。在完成个人所得税征管工作过程中,始终注重强化股权转让等敏感环节的审核控管,全年完成股权转让前置审核198人次,入库税款13.95万元,价格调整面达21.7%。(刘　烨)

土地增值税清算　一是加强土地增值税自主申报清算。针对房地产企业在尾盘销售中土地增值税缴纳存在的问题,坚持主动工作、严格执法,将房产项目纳入尾盘销售监控,并逐个建立监控台账,逐月更新数据,根据掌握的尾盘销售情况督促纳税人按月计算税款,按月变更台账数据。截至12月末,共有7个项目完成了土地增值税自主申报,自主申报税款9418.78万元。二是组织专业化团队进行土地增值税清算审核。共完成

审核5户次，评估应补征税款150万元。三是全面梳理辖区内项目情况，积极填补房地产项目管理漏洞，努力将辖区内所有项目纳入项目管理。

（刘　烨）

基金费征收　严格落实省地税局关于社会保险费征缴管理及欠费管理的两个方法，对社保费欠费户状态数据进行严格甄别并认定，强调以税收征管的模式管理社保费征收。一是加强省地税局3.0社保费欠费管理流程的培训与学习。2015年共入库社保费28.39亿元，征缴率达99.79%。二是重视基金费工作面临的困难，强化部门协作，推进征收工作。工会经费入库1013万元，完成进度为100%；残疾人保障金811.15万元，完成进度为100.6%。

（刘　烨）

依法行政工作　一是强化干部对税收政策的培训及运用，形成税收政策的正确传导。二是加强对内部执法行为的规范，严格执行2014年度《江苏省地方税务局税务行政处罚实施办法》及《税务行政处罚自由裁量基准》。通过对各所行政处罚案卷的检查，纠正存在问题，规范执法行为。三是积极评选执法示范岗，共评选出7名区局“规范执法示范岗”，其中有两名人员还被评为市地税局“规范执法示范岗”。在充分发挥典型示范作用之外，将争创“规范执法示范岗”工作列入年度法制重点工作，与年度优秀公务员评选挂钩，以此影响和带动更多一线干部规范执法，努力营造文明、规范、高效的执法氛围，2015年该局获得市级法治示范基地称号。

（刘　烨）

2015年4月21日，高新局税务干部在地铁站厅开展税法宣传

督察内审　一是查错纠弊，前置风险防控和预警。运用“制度+科技”手段，从“风险节点、管理弱点、监控盲点”三个维度入手，形成风险的反馈和防范机制。二是优化管理，注重督审规范与协调。在该局内部积极构建自查自纠和督察审计之间的信息共享与反馈机制，规范督审工作流程，畅通协调机制。三是防范风险，落实督审质量控制。推行风险导向督审模式，探索建立督察审计质量标准。四是服务大局，加强内部协作与配合。全面树立税务督察内审工作的服务理念，把督察审计工作统一到税务执法风险和财务管理风险的共同识别和防范上。

（肖孙熹）

干部队伍建设　结合征管机制改革，优化岗位人力资源调配，进一步优化单位人才队伍结构。加强人事基础工作规范性建设，开展干部人事档案专项审核、工资改革、养老改革等一系列改革调整工作。强化人才队伍建设，积极完成市地税局专业人才团队创新项目，成立4个专业化团队，选拔5名人员进入高新局人才库，并从中选举两人推荐给市地税局级人才库。注重教育培训，提升岗位技能。主导推进浦口局、高新局、化工园局及六合局等四家单位的联合培训工作，鼓励干部参加在职学习，营造浓厚学习氛围。规范公务员考核，落实公务员考核管理信息系统上线工作，全面推进公务员平时考核工作，强化结果应用。（马德斯）

争先创优活动　积极营造争先创优的组织氛围，呈现出欣欣向荣的良好态势。在全体干部的努力下，取得了历史性的好成绩。“三师”（税务师、

2015年6月5日，高新地税篮球队获得南京地税系统篮球比赛冠军

注册会计师、律师）人员继续增加，比例上升到32.69%，位居全系统第二；三名干部成为税务MBA学员；傅红华、许洁被选调参加国家税务总局、省地税局重点工作并获得书面表扬；朱凡璐、张腾获得系统业务能手称号。积极参加各项活动，在活动中凝聚人心、振奋人心，激励干部勇于进取、勇攀高峰。在市地税系统组织的篮球比赛中取得第一名、游泳比赛中王加龙获得第三名，市级机关乒乓球比赛中张永华代表系统参赛并和队友获得团体第五名。（马德斯）

廉政制度建设　一是强化“两个责任”落实，建立局、科两级党风廉政建设主体责任和监督责任清单，强化廉政责任链条和问责追究制度，实施问责常态化管理。二是全面落实廉政风险和税收风险、执法风险同步预防和联合应对机制，推动风险内嵌式监督管理，规范一案双查，完善风险内控体系。三是深入开展“崇德守法”教育活动，组织观看廉政警示片、廉政主题微党课、建立高新局干部微信群，将其作为开展群众性廉政文化活动的阵地。四是严格执行党政机关厉行节约反对浪费、公务接待管理、会议费管理等各项规定，严禁用公款互相宴请、赠送节礼、高档消费，重点查纠公车私用、办公面积超标、公款宴请等热点问题。定期上报专项督察自查统计表。（马德斯）

作风建设　结合“三严三实”专项教育贯穿全年的机遇，高新局班子坚持高标准严要求，共召开座谈会3次，实地走访27人，发放调查问卷200份，归集意见12条；班子成员之间谈话3次，班子成员与部门负责人谈话30次；班子查摆整改问题3项，切实从“严”上要求自己、向“实”处谋事着力，把“三严三实”内化于心、外化于行，不断取得党风廉政建设新成效。开展政风行风自查自纠活动，组织专项治理，定期组织明察暗访，加强对各项政策、措施落实情况、反映问题整改情况、群众投诉办理情况的监督检查。利用税企QQ群，微博等平台，向纳税人宣传文明执法、服务纳税人的典型做法和成效，展示较好成果。（马德斯）

税务文化建设　持续推进税务文化建设，从积极打造“幸福高新”品牌建设入手，充分发挥文化建设对中心工作的引领作用，凝聚人心、汇聚力量，有效地促进了高新局的全面发展。一是加强文化载体建设。通过印制高新税务文化手册、选塑各类先进典型来展示文化建设成果，从而激发干部队伍活力。二是持续推进EAP计划，深化人文关怀。2015年高新局建立了职工心理健康咨询室，从专业的角度为干部提供心理疏导、减压的场所。三是通过印制心理健康知识手册、微信群推送等方式增加干部关注心理健康问题的意识，促进干部保持良好积极的心态。（马德斯）

【责任编辑　王甜源】

玄武地方税务局

概　述　2015年，南京市玄武地方税务局（以下简称“玄武局”）以组织收入为中心，以“变中求稳，稳中求进，同心同行”为总体思路，深入推进征管改革，不断优化纳税服务质量，狠抓作风行风建设，加大工作落实力度，全面提升工作质效，各项工作稳步推进。

组织收入保持增长。2015年，组织入库市县级税收452549万元，较2014年同期（419776万元）增收32773万元，同比增长7.81%。入库市区级公共预算收入335784万元，较2014年同期增收23566万元，同比增长7.55%，完成市地税局计划的102.22%，超额7284万元。入库区级公共预算收入（含教育费附加及地方教育费附加）304981万元，较2014年同期增收34399万元，同比增长12.71%，完成区政府人代会计划的101.66%，超额4981万元。

加强税收管理。继续加强税源监控，加强多头注册户及非正常户清理工作，全年清理多头注册户12户，清理非正常户209户，清理率13.15%；坚持欠税管理常态化，全年新欠率一直保持在0.005%以内，陈欠清理率达6.09%。推进“三证合一”改革工作，10月以来共办理新办户559户，变更户831户，注销户1户。开展“过头税”现象核查，消除5项指标共108条疑点数据；抽查完成行政处罚案卷197份、门临开票100份、风险质量检查74户，对发现的问题进行确认和反馈，督促按时整改。

依法落实税收优惠政策。做好“固定资产加

速折旧”政策落实工作，完成符合加速折旧条件的2户企业100万元研发资产加速折旧申报和22户5000元以下资产加速折旧申报工作；落实小微企业税收优惠政策，全年共减免2300余户小微企业企业所得税约800万元；落实减免税管理规范和工作流程，全年共减免各类企业税款6024余万元。

规范税种管理。完成62户“营改增”企业专项风险应对工作，补缴营业税361万元；完成建筑业项目清算107户，清算税款556.43万元；个人所得税多处所得申报率33.6%，补缴税款419.85万元，补税面和补税额在全市名列前茅；坚持与玄武工商局协作开展个人股权转让税务核查前置，共完成658户的股权转让个税核查工作，入库税款1643万元；完成土地增值税清算项目3个，入库税款约1亿元。

完善纳税服务。全面开展满意度调查“回头看”工作，通过摸底宣传、回访攻坚和跟踪反馈，对55户定点联系企业、89户直属局划转企业和1977户企业进行沟通和回访，综合满意率得分达86.48%，为省地税局进入全国税务系统第四名提供保障。开展各类群团组织活动，牵头组队代表市地税局参加市级机关“金陵杯”龙舟比赛，获得第7名的好成绩。申报2013—2015年度区级文明单位；组织干部开展“学雷锋”志愿服务活动，定期深入7个街道59户困难居民家中送去节日慰问。

（刘小伟）

机构设置及负责人

局　长　　曾　翀（2015年4月任）
局　长　　马学民（2015年4月免）
副局长　　虞　华
副局长　　洪　斌（2015年4月任）
副局长　　沈永惠（2015年6月任）
副局长　　戴迎新（2015年6月免）

办公室

主　任　　何　晋
副主任　　刘小伟（2015年9月任）
副主任　　张　洁（2015年6月免）

人事监察科

科　长　　杨　阳（2015年9月任）
科　长　　戚宁炫（2015年9月免）

征管和科技发展科

科　长　　张红兵（2015年6月任）
科　长　　庞　敏（2015年7月免）
副科长　　邬一鸣（2015年9月任）
副科长　　曹　珊（2015年6月免）
副科长　　徐　萍（2015年6月任）
副科长　　徐　萍（2015年9月免）

税政法规科

科　长　　于　婧（2015年9月任）
科　长　　刘铁军（2015年7月免）
副科长　　许超群（2015年1月任）
副科长　　范海涛（2015年1月免）

督察内审科

科　长　　戚宁炫（2015年9月任）
科　长　　刘铁军（2015年6月任）
科　长　　刘铁军（2015年7月免）

第一税务所

所　长　　徐　卫（2015年6月任）
所　长　　徐　黎（2015年6月免）
副所长　　徐　萍（2015年9月任）
副所长　　杨　阳（2015年6月任）
副所长　　杨　阳（2015年9月免）
副所长　　邬一鸣（2015年6月任）
副所长　　邬一鸣（2015年9月免）
副所长　　滕宏全（2015年6月免）

第二税务所

所　长　　李良银（2015年6月任）
所　长　　徐　卫（2015年6月免）
副所长　　季玮玮（2015年9月任）
副所长　　范海涛（2015年6月任）
副所长　　范海涛（2015年9月免）
副所长　　杨　阳（2015年6月免）
副所长　　徐　萍（2015年6月免）

第三税务所

所　长　　孙　慧
副所长　　李明明（2015年9月任）
副所长　　刘小伟（2015年9月免）

第四税务所

所　长　　周美林（2015年6月任）
所　长　　周美林（2015年12月免）
所　长　　梁　俊（2015年6月免）
副所长　　曹　珊（2015年6月任）

副所长　　陈　东（2015年6月免）

第五税务所

所　长　　徐　黎（2015年6月任）

所　长　　朱宝钢（2015年6月免）

副所长　　范海涛（2015年9月任）

副所长　　滕宏全（2015年6月任）

副所长　　滕宏全（2015年8月免）

副所长　　丁　枫（2015年6月免）

第六税务所

所　长　　梁　俊（2015年6月任）

所　长　　沈龙兵（2015年6月免）

副所长　　陈　东（2015年6月任）

副所长　　朱　斌（2015年6月免）

第七税务所

所　长　　沈龙兵（2015年6月任）

所　长　　李良银（2015年6月免）

副所长　　朱　斌（2015年6月任）

副所长　　许超群（2015年1月免）

第八税务所

所　长　　朱宝钢（2015年6月任）

所　长　　周美林（2015年6月免）

副所长　　丁　枫（2015年6月任）

副所长　　范海涛（2015年1月任）

副所长　　范海涛（2015年6月免）

江苏省南京地方税务局征收税务局第二税务所

所　长　　刘　锋（2015年9月任）

所　长　　于　婧（2015年9月免）

副所长　　徐海玲（2015年9月任）

副所长　　刘　锋（2015年9月免）

副所长　　季玮玮（2015年9月免）

（韩晶晶）

组织收入稳定增长　加强收入监控提质量，充分利用重点税源企业预测管理系统、收入质量监控系统和“四联动”管理平台，抓好房地产、金融业、建筑业、服务业等重点行业的税源监控；强化收入征管促增幅，加强对重点企业、重点项目、重大投资的跟踪监管力度，从土地出让、开工建设、峻工销售三大环节加强对房产企业的项目管理；加强与外部门的信息交换，确保股权转让、利股红发放等税款的及时入库；强化部门联动堵漏洞，进一步完善与相关部门的信息交换机制，加强对企业股权变动监控和漏征漏管户的清理，深化与工商部门在自然人股权变更工作中的配合，协助街道、园区解决组织收入工作中遇到的困难。全年，玄武局组织入库市县级税收452549万元，较2014年同期（419776万元）增收32773万元，增幅7.81%。入库市区级公共预算335784万元，较2014年同期增收23566万元，增幅7.55%，完成市地税局计划102.22%，超额7284万元。入库区级公共预算（含教育费附加及地方教育费附加）304981万元，较2014年同期增收34399万元，增幅12.71%，完成区政府人代会计划的101.66%，超额4981万元。（翁懋懋）

机构改革　玄武局根据省地税局、市地税局关于“进一步深化征管体制改革的意见”要求，按照“基础管理属地化、纳税服务规范化、征纳互动网络化、风险应对专业化”的总体思路，认真制定工作方案并积极落实，完成税源管理机构的职能调整。调整后，玄武局下设5个科室、2个基础税源所、6个风险应对所，在职干部132人。新机构运行初期，召开例会4次，编写会议纪要三期，书面解决（简化）三大类26个具体业务问题，确保各项工作正常、有效运转。（张红兵）

风险应对　通过“四个强化”，提升风险管理工作质效。一是强化日常培训，开展多层次的风险应对业务培训。结合春训、征管改革等重要时机，组织全体风险应对人员参加市、区两级各类培训，提升风险应对能力。二是强化任务统筹，确保风险应对岗人均工作量的均衡。三是强化环节控制，科学合理推送风险任务，注重日常推进率的监控，通过“周提醒、月通报”的方式，确保风险应对工作按时有序推进。四是强化重点案件的推进，定期对重点案件、疑难案件进行合议，确保及时结案，税款及时入库，提升风险应对工作的促收效果。2015年度共推送计划34批次，推送1485户，应对完成1476户，入库税款14758万元，风险应对贡献率达2.56%。（戴　娜）

依法治税　开展新《中华人民共和国行政诉讼法》贯彻落实有关工作，学习掌握新法的主要亮点和变化点；贯彻落实国家税务总局《税务系统督察内审工作规定》和《江苏省地方税务局税收执法督察规则实施办法》，结合日常执法督察对发现的问题及时做好整改，并且从制度上、流程上加以改进完善，提高执法规范性，降低诉讼风险。依法落实税收优惠政策，做好固定资产加速折旧政策落实工作，完成符合加速折旧条件的2户企业100万元研发资产加速折旧申报和22户5000元以下资产加速折旧申报工作；积极落实小微企业税收优惠政策，完成辖区内152户企业所得税年报申报的资产状况核实工作，共对2300余户小微企业减免企业所得税约800万元。依法规范减免税管理，严格落实减免税管理规范和工作流程，全年共完成小微企业、高新技术企业、残疾人加计扣除等8类型共2000余户的减免税工作，共减免税款6024.64万元。（许超群）

优化税种管理 完成市地税局“营改增”专项风险应对工作，涉及房地产和建筑业“营改增”企业62户，共补缴营业税361万元。加强建筑业项目管理和“甲供材”征税，完成建筑业项目清算107户，清算税款556.43万元，其中“甲供材”补征营业税合计95万元。加强个人所得税管理，通过多形式宣传、多类别辅导、多窗口申报，完成12万元个人所得税自行申报12027人，多处所得申报率33.6%，补缴税款419.85万元，多处所得补税面和补税额在全市名列前茅。坚持与玄武工商局协作开展个人股权转让税务核查前置，完成658户的股权转让个税核查工作，其中有税款户共79户，入库税款1643万元。多项措施推进企业所得税汇算清缴，完成企业所得税查账征收4112户，入库税款4.08亿元；核定征收1482户，入库税款2900万元。加强企业所得税核定征收管理，对区内1482户核定征收企业进行全面梳理，确保每户企业应税所得率的准确性。完成土地增值税清算项目3个，入库税款约1亿元。国际税收方面，对2013年度以来的对外支付情况进行全面核查，查补税款588万元。（于 婧）

强化督察内审 三季度机构职能调整，成立督察内审科，面对新情况新变化，该局转变思维，整体统筹，做好各项督察工作。一是完成税收执法督察工作，对税收优惠政策落实、税务执法情况以及有无擅自制定税收优惠政策等3大类11项具体内容进行检查督察；开展“过头税”现象核查工作，消除5项指标共108条疑点数据；成立督察重点检查组，按照部门自查加集中抽查的模式，抽查完成行政处罚案卷197份、门临开票100份，对发现的问题进行确认和反馈，督促按时整改，并按照执法责任制考核要求，进行执法责任追究。二是完成风险应对质量检查工作。制定玄武局《税收风险应对质量检查管理办法》，明确税收风险应对质量检查的组织管理、工作流程、检查结果运用等方面的要求。全年共完成风险质量检查74户，检查补征税款共7.19万元。三是完成内部审计工作。开展代扣代收代征税款手续费的预算、核算及支付管理等情况的专项审计工作，对市地税局推送的8户疑点进行核查与反馈。（戚宁炫）

拓展纳税服务 持续加强政务中心窗口建设，与区政务中心、国税局、工商局始终保持良好沟通协调，联合推进“三证合一”、并联审批工作，整合办税资源，有效避免新办企业重复提交资料的情况，减轻纳税人办税负担。通过政府部门之间数据互换和确认，登记窗口缩短了录入出证时间，由原来的每户30分钟缩短至每户15分钟，提高工作效率近50%。优化举报投诉处理，畅通投诉维权渠道，通过涉税信息月报等方式做好“12366”、举报中心等维权平台的宣传，引导纳税人通过有效途径进行投诉和维权；建立回访反馈机制，回访已结案的投诉人，了解发票开具需求情况，接受投诉人的意见和建议，提升投诉人满意度。

（汤婷婷）

2015年4月20日，玄武局在地铁站开展“税收助您前行”税收宣传活动 手机扫扫税讯早知道

创新内控机制 一是建立重大风险事前评估机制，提升廉政风险防控效果。将原有的廉政风险防范措施由事后防范向事前预防拓展覆盖，切实提高廉政风险防控工作的针对性和有效性。同时，加强评估结果运用，根据廉政风险评估情况，提出内部控制关节和措施，明确内部控制质量跟踪和检查方法、频率和责任岗位，并按季度组织实施“三险同防”重点检查和抽查，提升内控效果。二是加强廉政回访和外部走访。针对举报投诉、满意度调查以及联合督察中反映出来的比较突出的问题及风险信息，重点开展对特殊岗位工作对象的电话回访和现场回访工作。同时，定期与纪委、检察院、机关工委等专业职能单位沟通，形成多层面风险监督防范合力。三是持续抓好作风建设。按照市地税局要求，进行深入自查自纠，共发现4类10个问题，全部整改到位。通过严格考勤、职能巡查、分类回访等方式，强化对干部工作纪律、服务规范和廉政从税的检查约束，确保中央“八项规定”的要求和各项制度规定执行到位。延伸服务基层网络，建立辖区内7个街道和58个社区的双层联络点制度，将作风建设反馈网络布到基层，实现反馈、整改、提高的闭合机制。（陈蕾宇）

落实廉政建设主体责任 建立定期形势分析和情况报告制度，加强对廉政和作风建设的动态分析、情况处置、矛盾化解和问题查处，班子成员与9个基层税务所建立联系点制度，实行联系点党建工作连带负责制，细化责任追究办法，使主体责任明确化；开展“三重一大”执行情况专项检查，构建重大基建工程与检察机关联建联防机制，对“三公”经费、会议费、培训费、工会经费和基建项目实施专项审计，使主体责任透明化；加大对基层科所党风廉政主体责任落实情况监督检查，严格考核标准、定期通报、按季考核，及时发现问题不足、分析查找根源、督促抓好整改落实，使主体责任绩效化。（杨 阳）

“卓越同行 共享阳光”文化品牌建设 提炼“互信友善、真诚关爱，传载信念、和谐共进，追求卓越、共享阳光”文化品牌理念，创新打造“卓越同行 共享阳光”文化特色品牌。科学规划会议室、棋牌室、党风廉政宣教室等现有文化阵地，重新改造，整合荣誉陈列、廉政宣教、工会小家等功能，构建工作展示、学习交流、文化活动为一体的互动式“阳光驿站”文化展厅，得到上级高度肯定，并组织全系统召开现场会进行观摩学习。定期开展“体会幸福人生 共铸美好生活”“部门是我家 建设靠大家”“金秋文化艺术汇”等主题活动，加深干部对“阳光团队”文化品牌的认同、归属与认知。积极开展群团组织活动，定期开展工会活动，积极参与系统羽毛球、篮球、游泳、龙舟等比赛，牵头组队代表市地税局参加市级机关“金陵杯”龙舟比赛获第7名的好成绩。引导干部投身文明创建，积极申报2013—2015年度区级文明单位；组织干部开展“学雷锋”志愿服务活动，定期深入7个街道59户困难居民家中送去节日慰问；与大石桥社区困难群众点对点牵手助困，与六合马集街道大圣社区开展城乡文明共建活动；组织开展“慈善一日捐，济困送温暖”活动。（邹 群）

干部队伍建设 围绕习近平总书记提出的“三严三实”要求，提升班子成员的党性修养和综合素质；开展各种形式的中心组学习，增强班子贯彻落实党中央要求的自觉性和坚定性。抓素质，不断提高岗位能力，严格执行各项干部管理规定，规范干部日常行为。加强优秀人才培养，对玄武局专业人才库进行人员的更新和补充；充分盘活和优化人才资源，强化人才数据分析和运用，发挥专业人才的支撑、引领和带动作用。开展分类岗位培训，春训期间，共完成50课时的培训时间，组织各类培训、讲座、研讨等形式的春训活动13次，测试4次，效果较好，年内有5名干部在系统业务大比武中获得业务能手称号。（杨 阳）

行政管理 抓好税务信息、税收宣传稿件的组稿编写工作；依托信息调研团队，牵头做好市地税局国际税收研究会关于地方税制的课题调研工作，及时完成课题调研论文并发表；参与《江苏地税》各类稿件的组稿并实现作品刊登发表；做好省地税局新档案系统的学习与运用。提升综合服务水平，重点做好公车管理、环境清理、值班安全等方面的制度梳理和定期巡查，全方位做好安全保障；

规范招标、安全施工，顺利推进天桥、电梯等零星工程改建；严格落实中央“八项规定”，规范接待管理；严抓食堂卫生安全管理和驾驶员安全出车制度建设，及时收集干部服务需求，全面做优后勤服务。

（何　晋）

【责任编辑　羊　猛】

秦淮地方税务局

概　述　2015年，南京市秦淮地方税务局（以下简称“秦淮局”）积极促收履职，深化征管改革，坚持依法行政，加强队伍建设，较好地完成了全年各项工作任务，获“南京市预防职务犯罪先进单位”荣誉称号，为地方经济社会发展做出了应有贡献。

聚焦主责抓主业，有效发挥税收职能。2015年组织收入面临严峻复杂形势，营改增、结构性减税等因素使税收收入增速回落。秦淮局始终坚持组织收入第一职能，坚定信心，强化措施，扎实组织税收收入，全年共组织各项收入126.15亿元，税收增幅排名系统前列。加大欠税清缴力度，通过上门催缴、先处理后供票等手段，加强与国税的沟通、配合，积极组织欠税入库，严防新欠产生，共清理陈欠8.12万元、新欠88.80万元。

深化改革促转型，不断提升征管质效。推进新一轮税收征管改革，坚持风险管理为导向、属地管理为基础的原则，按街道设置3个税源基础管理所，负责管辖范围内的税源基础管理事项。撤消个体税源管理所，个体税源实行“属地化+社会化”管理，按照属地管理原则由各税源基础管理机构管理。建立风险应对分类管理机制，设8个中等风险应对所，专门负责中等风险应对事项。10月1日起全面实施营业执照、税务登记证、组织机构代码证“三证合一”登记制度，全年共受理设立登记已同步户已处理户数1801户，登记变更已同步已处理户数1750户，换照已处理户数947户，受理体量位居全市第二。

依法治税促规范，不断提升税收执法水平。完善高收入者个人所得税管理，18127人完成12万元申报，1407人完成多处工薪自行申报，1045户个人独资企业完成年度纳税申报，651名外籍个人完成个人所得税年度申报。强化营业税政策运用，加强建筑业项目“甲供材”营业税的管控。依托风险甄别强化财产税管理，结合风险应对疑点推送，进一步规范房产税和土地使用税的登记及减免工作，共入库房产税、城镇土地使用税两税4.7亿元。贯彻执行省地税局、市地税局《税务行政处罚实施办法》和《税务行政处罚自由裁量基准》，对照基准进行处罚，同时做好减轻处罚的备案工作。开展规范执法示范岗评选工作，成立规范执法示范岗考评小组，审查资料80卷，评选出规范执法示范岗16人，发挥先进典型示范作用。严格执法督察，选取优秀业务骨干组成督察内审专业化团队，出台《专业化团队管理办法》，加强团队管理和建设，提升检查质量。开展专项执法督察，组织落实税收优惠政策情况和股权转让个人所得税管理及土地增值税征收管理专项执法督察。开展“过头税”现象检查和税收执法疑点核查工作，发现“企业所得税征收方式认定错误”及“行政处罚未有限期改正通知书”两方面指标存在问题，及时予以整改。

优化服务赢遵从，征纳关系日益和谐。紧紧围绕纳税人需求开展纳税服务工作，以办税服务标准化为契机，以暖心服务为抓手，深化服务理念，尊重纳税人合理需求的同时提升税法遵从度。围绕企业所得税汇算、高新企业税收优惠等内容，组织开展纳税人之家活动。建立挂钩联系企业QQ群，为纳税人提供在线咨询服务。建立举报投诉快速调查处理制度，全过程电子化流转，定期统计分析，不断改进服务举措，提速投诉处理，维护纳税人合法权益。针对辖区内协会、中心集中等优势，先后走访调研江苏省钢铁协会、南京互联网金融中心、南京期货行业协会等组织，了解税收政策落实情况、存在不足及促进行业发展的税收诉求。加强与街道、社区联系，积极参与辖区内中航科技城、熊猫通信工业园、光华科技园等市级重大项目和科创载体的建设，做好高新技术企业、技术先进型服务企业、软件企业、资源综合利用企业、“321”企业的政策服务和认定备案，关注孵化器企业涉税需求，加大境外上市公司服务力度，围绕高管薪酬、股息红利、股权激励、关联交易等方面帮助企业排除疑点。做好政策性搬迁、债务重组、小型微利企业优惠政策的宣传辅导与落实，支持中小企业和困难企业的可持续发展，促进税收政策切实有效落实，发挥政策杠杆调节作用。做好税收政策梳理与调研,针对动迁拆围、医养融合和污水处理等涉及社情民意的热点焦点做好税收政策梳理,提供细化的政策服务和反馈。

严管善待抓队伍,有效提升干部素质。加强班子建设,坚持中心组学习、处级干部在线学习,扎实开展“三严三实”专题教育活动,加强基层工作调研,完善理论教育、知识教育、党性教育和实践锻炼。“一把手”给全体干部上党课,全面贯彻落实主体责任和安全履职的要求。组织开展落实“两个责任”专题学习,明确科所负责人在作风行风建设和党风廉政建设中的主体责任。全面开展贯彻中央“八项规定”精神、纠正“四风”情况自查自纠工作,梳理出问题清单,排出责任清单,拿出整改清单,抓好落实。扎实开展春训工作,邀请省委党校教授讲解当前社会热点问题及改革走向,开展社会主义核心价值观学习。通过征集沟通情景模拟案例,提升春训技术含量。各职能科室组织业务骨干围绕日常业务工作项进行专题备课,采取部门点题方式,有针对性地满足基层培训需求,有效提升干部业务素质,7人晋升能级,6人入选市地税局级专业人才库。积极开展各类争创活动,增强干部集体荣誉感。树立逢旗必夺信念,开展示范科所、“岗位能手”等争创活动,2个部门获市级青年文明号,5人获得系统业务能手称号。推进“道德讲堂”“志愿服务”、城乡文明共建等活动,引导干部不断提升思想道德修养,主动承担社会责任,展示地税良好形象。

从严治队促履职,不断深化党风廉政建设。筑牢反腐倡廉思想防线,抓住春节、清明、“五一”、端午等传统节日防控重点,多措并举强化党风廉政教育;梳理党风作风多个文件,开展专题科所务会,组织学习各级党风廉政建设要求。组织“崇德守法”主题教育活动,参加《中国共产党廉洁自律准则》《中国共产党纪律处分条例》专题培训,明辨是非荣辱,增强抵御各类风险的能力。利用“廉心驿站”“清风税廉”等教育资源,加强廉政文化品牌建设,依托书画俱乐部,开展廉政文化书画作品创作,增强廉政文化的影响力和感染力,省纪委、省地税局和市地税局领导参观指导该局廉政文化建设。狠抓作风,切实增强主动服务意识。充分发挥外部监督作用,向189户因征管改革划归秦淮局的重点企业发放廉政共建卡,公布廉政规定及监督电话,就如何改进政风行风向企业征求意见。重新聘请十名来自企业、媒体、机关等单位监督员,听取意见建议,深化评议机关活动。提升基层党建水平,在全体党员中开展“统一活动日”活动,加强党组织制度建设,根据征管改革后的新机构人员进行总支委员增选和支部改选,梳理规范“三会一课”等组织生活制度要求,表彰一批优秀共产党员及优秀党务工作者,进一步发挥党组织战斗堡垒和党员先锋模范作用。

行政管理促效能,不断提升综合保障能力。进位争先抓好政务工作,全年上报各类信息两百余篇,被上级采用百余篇,其中中办、国办采用6篇,3篇被国办领导批示,信息积分位列系统第五名。定期组织特色税收宣传活动,在省级报刊头版、要闻版刊用40余篇,稿件素材被中央电视台《新闻联播》采用,受到上级肯定,扩大了宣传效应,宣传积分首次突破千分,位列系统第二名。精心组织税收宣传月活动,取得良好的社会效应。做好档案管理,有序开展2014年业务档案归集整理工作。做好省级档案系统试点应用,协助上级组织系统推广。开展2011年历史业务档案回头看,顺利完成向江宁库移交准备。强化后勤保障工作,加强值班检查,强化安全保卫,做好食堂食品安全监管,严格规范车辆管理,各类苗头、问题发现早、处置稳、反馈及时。按照后勤管理社会化的要求,严格落实计算机及网络安全管理。健全食堂管委会制度,定期开展膳食业务指导。做好固定资产更新报废,固定资产实现常态管理。按照政府采购相关规定,加强政府采购的预算编制、计划执行管理,加强对物业、食堂、绿化、消防和空调维保等服务类采购项目的日常管理。强化预算管理理念,科学、规范做好年度财务预算与财务决算。积极与区政府联系协调,确保征管经费与手续费收入按时足额到账,为秦淮局正常运转提供财力支持。定期开展群团活动,参加全省“小蜜蜂”骑行日活动,组织干部奥体骑行、亲子放飞风筝,强健体魄,陶冶情操。积极参与、组织系统妇联庆祝“三八”国际劳动妇女节及“康乃馨行动——有妳同行”主题活动,代表系统妇联发起“四大行动”倡议书,扎实推进巾帼建功。做好元旦、春节、“五一”、端午等节日慰问,增强队伍凝聚力。组织十批次健康休养，加强职工书屋建设，定期开放借阅，丰富干部精神食粮，被评为“南京市优秀阅读组织”。（张志芳）

2015年8月12日，秦淮局“党员志愿者”慰问即将应邀赴京参加纪念抗日战争胜利70周年阅兵老兵方阵的94岁老兵郑竹波（左一）

机构设置及负责人

办公室

主　任　梁国林

副主任　张志芳

人事监察科

科　长　赵立扬

副科长　王宇梅（2015年9月免）

征管和科技发展科

科　长　姚　剑

副科长　肖宁宁

税政法规科

科　长　董　麟

副科长　范凌华（2015年6月任）

夏亚非（2015年6月免）

蒋　淼（2015年9月任）

范凌华（2015年9月免）

督察内审科（第十二税务所）

科　长　王　冬（2015年6月任）

副科长　朱　莹（2015年6月任）

第一税务所

所　长　卜庄海（2015年6月任）

王　艳（2015年6月免）

副所长　胡　亮（2015年6月任）

王　延（2015年6月任）

黄　清（2015年6月免）

周建国（2015年6月免）

第二税务所

所　长　王宝林（2015年6月任）

周宏峻（2015年6月免）

副所长　李　洋

蒋　淼（2015年6月免）

葛建峰（2015年6月免）

第三税务所

所　长　刘　勇（2015年6月任）

冒慧云（2015年6月免）

副所长　刘　涛（2015年6月任）

范　华（2015年6月任）

王　延（2015年3月免）

胡　亮（2015年6月免）

第四税务所

所　长　冒慧云（2015年6月任）

侯冬梅（2015年6月免）

副所长　何　彦（2015年6月任）

刘　涛（2015年6月免）

第五税务所

所　长　侯冬梅（2015年6月任）

陆　菁（2015年6月免）

副所长　周建国（2015年6月任）

蒋　梅（2015年6月免）

第六税务所

所　长　翟小荣

副所长　蒋　梅（2015年6月任）

朱　莹（2015年6月免）

范凌华（2015年6月免）

第七税务所

所　长　姜卫宏（2015年6月任）

刘　勇（2015年6月免）

副所长　武丽芬（2015年6月任）

葛建峰（2015年6月免）

王　萍（2015年6月免）

第八税务所

所　长　姚丽杰（2015年6月任）

姜卫宏（2015年6月免）

副所长　王宇梅（2015年9月任）

武丽芬（2015年6月免）

蒋　淼（2015年6月任）

蒋　淼（2015年9月免）

第九税务所

所　长　黄　华（2015年3月免）
王　艳（2015年6月任）
王　艳（2015年9月免）
副所长　王　延（2015年3月任）
王　延（2015年6月免）
黄　清（2015年6月任）
范　华（2015年6月免）

第十税务所

所　长　陆　菁（2015年6月任）
卜庄海（2015年6月免）
副所长　杨　凛（2015年6月任）
郝　平（2015年6月免）

第十一税务所

所　长　王进军（2015年6月任）
王宝林（2015年6月免）
副所长　王　萍（2015年6月任）
何　彦（2015年6月免）
郝　平（2015年6月任）
郝　平（2015年11月免）

征收税务局第三税务所

所　长　杨　剑
副所长　洪　盛
孙菲菲

（欧　悦）

组织各项收入126亿元　在组织收入过程中，跟踪税源变化，实时监控收入进度，掌握组织收入主动权。关注区域重点楼宇、重大经济项目的税源监控管理，加强对房地产业、建筑业的税源摸排，关注在售房地产项目和辖区建筑工程项目，加强项目跟踪管理。扩大重点税源监控管理范围，利用宏观经济数据、重点税源数据和大集中系统数据，加强重点税源数据分析利用。全年累计组织各项收入126.17亿元。其中税收收入72.76亿元，同比增幅16.8%；其中省级收入完成12.69亿元，同比增幅23.47%；市区级收入完成60.07亿元，同比增幅15.48%；市区级公共预算收入完成43.57亿元，同比增幅12.02%，完成市地税局下达计划的106.26%。区级公共预算40.14亿元，完成区政府计划的102.06%；社保费52.56亿元，各项基金0.85亿元。（王霄霄）

落实纳税服务规范　全面落实《全国税务机关纳税服务规范2.0》，充分借鉴银行等服务性机构的先进经验，分别从办税服务厅服务内容、服务事项、服务流程、服务要求等多方面完善办税服务厅业务标准化要求。在征收局季度开展的“神秘客户”调查中获较高评价，是全市唯一一家连续三次都进入满意度前三的基层局。以纳税人权益为关注点，继续拓展“纳税人之家”沟通平台作用，由线下到线上，打造纳税人权益维护平台，扩大“纳税人之家”的社会影响力。全年共接到“12345”和“12366”转发的投诉300多件，投诉量大，满意率名列前茅。（张雨婷）

2015年4月17日，秦淮局走进辖区学校，结合教学课程特点，开设税收文化讲座，普及税收文化知识

发票管理　运用“以票控税”的管理手段，严格对发票发放、领购、开具、取得、保管、缴销各个环节的管理。对内夯实发票管控基础，把好关、防风险、勤作为，发挥内部管控基石作用，确保发票管理良性运行。对外发挥服务核心作用，积极探索多样化的发票宣传模式，定期举办发票培训课堂，动员多方社会力量参与，降低发票管理疏漏风险。同时，通过自助开票点、温馨提示点和一条服务热线这“两点一线”的方式细化服务举措，在自助开票点配备4名导税员专业化辅导，办税大厅宣传栏、电子屏幕定期宣传开票规范，发放发票服务小贴士，提示纳税人领票、用票、保管、缴销等事项的规则和程序。（张雨婷）

税收资料调查　2015年，税收资料调查工作户多量大、行业类型复杂、审核任务重。秦淮局及时

成立调查工作领导小组，设立调查工作A、B岗，改变电话答疑模式为网络QQ模式，由工作时间一对一的辅导转变为全天候一对多的辅导，同时专门抽调业务骨干负责QQ群值班答疑，在QQ群中及时发送通知、提供解决方案，多个窗口全天候回复纳税人共性问题，并且通过截屏等方式直观交流纳税人填报的问题，留下记录以备纳税人翻看，受到纳税人的认可，顺利完成2015年度237户税收资料的调查工作。（王霄霄）

税收风险管理 加强风险应对工作制度性管理，按照省地税局风险管理办法和市地税局风险管理工作指引的要求，重新梳理《秦淮局风险应对流程》。加强风险应对统筹管理，积极进行部门协调，在应对户的选择上加强自选户的引导，充分发挥风险应对人员主动性。加强风险应对过程管理，按周通报风险应对工作进度，督促各所按序时进度完成。按季召开风评合议会议，针对风险应对过程中遇到的困难，集中上会讨论，多层次分析原因，多方位寻找解决办法，最终形成合议记录执行。全年共完成风险应对任务2317户，准期应对率99.78%；组织风险应对收入12029.20万元，贡献率1.64%，户均应对收入5.2万元。（尚佑涛）

强化数据质量管理 为积极应对“三证合一”征管新形式，适应数据质量管理新平台，秦淮局结合自身盘子大、税户多的特点，以新思维建立源头控制法，在征收录入环节前置审计，确保数据入口正确无误。坚持“日审日清”，各部门常态化关注并跟踪数据审计情况，努力实现从“被动审计到主动审计”的转变，形成“事前—事中—事后”一体化数据质量管理新格局。针对税务登记、税种鉴定等不同业务事项特征，区分征收局和管理所分别进行专门培训，成效显著，数据质量管理名列前茅。（彭 云）

手续费管理 严格按照手续费管理规定，认真执行手续费管理流程。岗位密切配合，精确测算款项，对每一户代征单位分税款归属进行预测，年初及时向市地税局报送手续费预算，每月向区财政局申请拨付资金，保证手续费款项及时落实到位。严格审核制度，维护纳税人权益，履行逐级审核制度，细致核查，尤其是对代征税种、支付比例、代征代扣时期的审核，杜绝出现自行扩大手续费支付范围的情况。对长期未来申领的代征单位主动提醒，维护纳税人权益。健全台账管理，做好后续复查。在全市地税系统手续费督察内审中，2014年全年手续费实现零差错支付。（彭 云）

企业所得税汇算清缴 2014年的企业所得税汇算清缴工作是企业所得税新申报表上线的第一年。与旧表相比，内容与结构上有较大变动。为做好应对，秦淮局全面开展对内、对外培训，共发放政策汇编2020本，培训光盘2500份，申报表填报说明2150本，对涉及到特殊事项或其他填表比较复杂的纳税人合计381户开展专项现场培训。积极落实各项优惠政策，特别是小微企业优惠和固定资产加速折旧政策，并做好汇算期间的申报答疑工作。申报过程中做好进度控制，通过前期周报、后期日报形式通报完成进度及未申报户名单，圆满完成10332户企业申报工作，总户首次破万户，汇算清缴共补税2.43亿元。（李婷婷）

土地增值税清算 征管改革后全面梳理辖区房地产项目，结合房地产数据清理，做好大集中系统土地增值税相关功能模块的测试工作，通过对纳税人的申报信息、税务机关掌握信息和大集中系统登记的房地产登记数据，盘清现有的房地产项目情况，确保数据质量。结合上级土地增值税管理的要求，强化土地增值税宣传工作，及时了解房地产企业的经营情况及开发项目的销售、纳税情况。从收入、成本、费用等各个环节进行比对，加强对房地产项目公共配套、人防等设施的审核。全年共完成土地增值税清算自行申报5户，清算入库税款796.33万元，完成土地增值税清算风险应对户3户，补缴税款357.41万元。（张 勉）

征收社会保险费52.57亿元 严格按照《江苏省地方税务局社会保险费征缴管理办法（试行）》，进一步完善秦淮局《社保征缴考核管理办法》，定期召开税费收入分析会，定期从政府其他职能部门获取相关信息，准确地找出税费变动的因素，明确征管举措。实施清欠计划，提高社保清欠普及面。利用各类涉税信息对比，排查征缴工作中的薄弱环节，促进社保费应征尽征。及时掌握企业资金动态，对欠费企业进行告知和约谈，建立诚信互动缴费关系。抓住企业改制契机，跟踪改制情况，确保优先用于清缴社保欠费。牵头组织机电产业集团、轻纺集团社保费系统的清欠工作，与机电、轻纺集团座谈，完成大部分轻纺集团国有企业社保费的欠费任务。引入纳税评估机制，根据社保费征管的自身特点，确定社会保险费的具体评估、检查内容。全年共组织入库社保费52.57亿元，当期入库52.47亿元，当期征缴率达99.84%，综合征缴率达100.04%，比2014年同期增长7.29亿元，同比增长16.15%。（余向红）

2015年6月17日，端午佳节来临之际，秦淮局党员志愿者与驻地官兵开展军民联欢活动，将税务干部的拥军情传递给驻区官兵

营业税存量税源管理　根据市地税局“营改增”工作安排，该局充分发挥部门联动机制，统筹安排，按照计划有序展开“营改增”专项风险应对，切实做好对存量税源征管和税款入库工作。成立“营改增”专项风险应对团队，明确工作要求，统筹任务分配。以税政法规科牵头组织负责开展应对工作，征管和科技发展科牵头做好对欠税户的清理工作以及中等风险推送和应对结果统计。加强“营改增”专项任务的进度与效率跟踪，定期召开部门联席会议，通报任务推进，对工作中遇到的问题进行有效应对，确保“营改增”工作完成。（李云洁）

基金费源管理　该局开展费源调查，切实加强经济费源调查分析，准确把握费源结构的分布变化情况、费源增减趋势，强化费源管理的基础性地位，适时开展基金费费源普查活动。加强费源比对工作，与往期征收数相比对，与现有费源相比对，及时分析掌握费源的变化。对重点费源户要加强管理，严格按照上级要求，实行动态监控。改进重点费源运行机制，针对企业、费种的不同情况，认真分析各项基金费费源分布情况及经济发展趋势，规范征收管理，加大征收力度，严格按照相关文件规定的征收范围和费率征收各项基金费，适度把握征收节奏和进度，统筹做好残疾人就业保障金及工会经费等各项基金费征收工作。切实贯彻落实相关基金费政策规定，对于不符合减免政策的单位均纳入征缴范围，尤其对于50万元以上的重点户，做到征缴面达100%。2015年度共征收各类基金8548.36万元，其中：工会经费及筹备金2629.11万元；残疾人就业保障资金2914.22万元；防洪保安资金3005.03万元。（李云洁）

强化督察内审　2015年6月根据征管改革要求，该局成立督察内审科。主要负责组织实施税收法律法规、规章及规范性文件执行情况的监督检查，承担税收执法检查工作，承担税收收入质量检查、风险应对复审及相关质量检查等属于税收执法责任制内容的执法监督检查考核工作等。同时，为有效发挥督审职能，成立了由业务骨干组成的专业化督审团队，出台《南京市秦淮地方税务局专业化团队管理办法》。7月以来，开展风险应对质量检查，针对检查发现的问题，提出改进建议。制作《中等风险应对（税务约谈流程）质量检查自查表》，完善文书资料的完整性和规范性。半年共计检查107户案件，发放整改建议78份，涉及税款70余万元。（王　冬）

税收管理专项执法督察　2015年，税收管理专项执法督察主要包括落实税收优惠政策情况，股权转让个人所得税管理及土地增值税征收管理三大类。共抽取案卷21户，对促进就业再就业税收优惠政策、合同能源管理项目企业所得税优惠政策、创业投资企业所得税优惠政策及新办集成电路设计企业和符合条件的软件企业所得税优惠政策，以及股权转让个人所得税管理及土地增值税征收管理开展专项执法督察，发现7户三大类问题，主要为文书的规范性、手续完备性、计税依据准确

性。根据执法责任追究办法，对上述问题责任人予以责任追究共计12人次。（王 冬）

开展“微系列”党建活动 以“弘扬主旋律、传播正能量”为导向，在全体党员干部中开展以党员干部自我教育为目的的微型党课活动。6个党支部共选送12名党员干部分批走上讲台，以短而实，短而新，短而精为特点，从“微角度”向大家展示畅谈感悟、分享收获，切实学深、学透党的理论知识。开展“微信分享、筑牢防线”活动，将中央组织部的共产党员微信公众号作为全体党员信息化学习交流的重要阵地，动员全体党员干部学习使用，帮助党员干部掌握共产党员微信公众号使用方法，以党性教育为重点开展党员教育，学习弘扬先进典型，进一步推进党建工作。（华 东）

2015年2月4日，秦淮局启动党建工作微信易信平台，推进党建工作

廉政风险事前评估防范机制建设 通过强化廉政风险防控与税收业务管理全程融合，建立廉政风险事前评估防范机制。成立领导小组，负责廉政风险事前评估防范机制的组织领导和监督协调，每季度召开联席会议，统筹推进事前预防工作，分别采取综合分析法、要素分析法、任务分析法进行分析，并由责任部门自评、各部门协评、领导小组研究三道程序集体研究处理，利用绩效考核等措施保证廉政风险事前评估机制落到实处。通过健全的廉政风险事前评估防机制，逐步发挥各部门在监督管理和风险防控上的主体作用，形成反腐倡廉整体合力，全年无一起职务犯罪发生，被评为2012—2014年度“市级无职务犯罪先进单位”。（叶 娜）

“三严三实”专题教育活动 根据市地税局统一部署，对照“严以修身、严以用权、严以律己，谋事要实、创业要实、做人要实”的要求，开展“三严三实”专题教育活动。以“三严三实”为基础，依法组织收入。牢记为国聚财、为民收税的神圣使命，坚持依法组织税收收入，认真贯彻组织收入原则，既要强化征管、堵漏增收、应收尽收，又要坚决防止收过头税，确保组织收入不带“水分”。以“三严三实”为标准，提升服务水平。按照纳税人的需求，积极转变职能，优化纳税服务，重点解决在行政审批、办事效率、办税负担、纳税诚信等方面存在的问题，着力提升纳税服务满意度，进一步提高纳税服务水平。以“三严三实”为试金石，加强队伍建设。将“三严三实”作为考察、考验干部的试金石，树立正确用人导向，从而促使“三严三实”成为干部的思想自觉和行动自觉。以“三严三实”为鞭策，抓好作风建设。以零容忍的态度惩贪腐，以全方位的举措抓预防，把贯彻“三严三实”与党风党纪、廉政风险等方面的教育结合起来，树榜样、抓典型、敲警钟，努力营造风清气正的好氛围。（杨 翔）

2015年3月30日，秦淮局在秦淮河画舫开展税收知识互动问答，市民和游客在饱览秦淮美景同时收获了税收知识

开展第25个全国税收宣传月系列活动 3月30日在秦淮河画舫举行“税声灯影秦淮河”主题活动。活动以“三个一”为主要内容，即：命名一艘税宣画舫、设计一张宣传席卡、开展一次主题宣讲。活动现场，秦淮局向夫子庙管理局颁发了“税声灯影秦淮纳税服务志愿者宣传站”牌匾，在秦淮河画舫等景点摆放税收宣传资料自行取阅，

游客来到夫子庙了解南京人文历史特色的同时，能够对南京的投资政策优势和相关的税收优惠政策有所了解，使夫子庙成为税收宣传的前沿阵地。4月26日在东水关遗址公园开展以“走进南京春天里 讲学税收故事会”税收宣传活动。活动邀请以励志“裸跑弟”而闻名的何宜德为代表的部分中小学生走出教室，走到户外，讲述身边税收小故事，开展折纸飞机比赛，在纸飞机上写下税收心语心愿，感悟税收给城市建设发展带来的巨大变化，并与税务人员一起向现场游客发放税收宣传资料，呼吁市民增强纳税意识，共同建设美好家园。（张志芳）

【责任编辑 羊 猛】

建邺地方税务局

概 述 2015年，南京市建邺地方税务局（以下简称“建邺局”）以组织收入为中心，以改革创新为主题，以“三大工程”为重点，以安全履职为保障，强化依法治税，优化纳税服务，深入推进干部队伍和党风廉政建设，扎实推进年度各项工作迈上新台阶。

强化组织收入工作，税收职能有效发挥。在收入计划管理上重在“有序”，开展税收数据分析、利用预测模型，积极研究税制改革，分析营改增等因素对税源结构、税收收入的影响；在完成收入任务上重在“应变”，加强营业税税源清理，加强对房产、土地等重点行业、重点项目、重点税源的征管力度，对年纳税100万元以上的纳税人实行定点包干联系制；在收入分析上重在“联合”，加强与区国税、工商、财政、经济功能园区的信息交换，发挥社区、街道的护税协税作用，加大对个体、市场、建筑业等零散税源的征管力度。全年组织入库各项收入104亿元，同比增长20.80%。其中税收收入74.63亿元，同比增长3.14%。

推进改革创新工作，征管水平稳步提升。完善征管改革体制，优化工作流程，理顺工作职能，完善岗位设置，提高信息运用效能，深化大企业管理，发挥新征管体制功效；探索联合征管机制，实现国地税之间的信息共享最大化，重点集中在个体零散税源联合监控，会展业、演艺市场联合税收管理，对“国资”头企业联合摸底排查；推进电子税务应用，规范数据运维，加强风险计划统筹管理，全面提高风险管理质效；夯实征管基础工作，进一步规范注销登记管理，加大非正常户清理力度，加大陈欠清理力度。

深入推进依法行政，权力运行有效规范。加强税种管理，密切关注“营改增”推进情况，做好未来地方主体税种的调查研究和政策建议；提升企业所得税精细化管理水平，严格所得税优惠政策备案管理的复审工作；12万元以上个人所得税申报7639人，外籍个人年度申报453人；优化个人股权转让税收管理，委托代征税款4367.72万元。落实税收执法责任制，狠抓税收执法行为规范，深化税收风险、执法风险、廉政风险“三险”同步预防、联合应对机制。

坚持优化纳税服务，纳税遵从持续提高。加强办税服务厅规范化和标准化建设，推进“互联网+税务”多元化服务；加强政务中心窗口建设，认真贯彻执行“三证合一、一照一码”工作，连续4个季度被市政务服务中心评为“红旗窗口”“先进单位”。根据重点企业、不同行业和特定纳税群体的税收政策需求提供个性化分类式纳税服务，召开纳税人座谈会、组织第三方满意度调查等形式多渠道收集、科学化分析纳税人需求，建立区级挂钩联系企业QQ群开展贴近式服务。维护纳税人税前、税中、税后的合法权益，对投诉案件核实从早、处理细致、反馈及时，全年高效解决“12345”和“12366”转来的各类投诉案件115起。

全面加强队伍建设，健全机制凸显活力。落实民主集中制、民主生活会、联系点制度、局长谈心日制度等，加强班子成员与基层联系。加强科所长队伍建设，增强队伍凝聚力、执行力和创新力。进一步建立健全责任机制、考评机制和奖惩机制，用完善的责任传导机制来规范干部动作、约束干部行为、奖励工作成效。构建与岗位能力适应的培训内容和制度安排，参加系统岗位练兵、技能竞赛、能手比武等活动，鼓励干部取得执业及学历资格。通过“人和兴邺”文化建设的推进、党工青妇团作用的充分发挥，激发干部事业心和积极性。

坚持原则规范运作，综合保障效能提升。优化信息宣传工作机制，加大组稿力度，宣传得分位列系统第一梯队，1篇新闻在《人民日报》要闻版刊用;9篇信息被国办采用,其中5篇被领导批示,1篇信息被中办采用。与区教育局联合组织税收征文活动,获优秀组织奖。加大日常事务管理力度,规范公务接待、车辆运行管理、物业管理、食堂管理、推进节能减排工作,城市综合治理标准化建设得到市相关领导的肯定,代表市地税局参加市城市标准化建设会议;细化财务管理,不断强化预算执行力度,严格财务制度,完善内控机制,提供财务保障。 (江 玲)

机构设置及负责人

办公室

主 任 桂乃耀

副主任 王明静

人事监察科

科 长 马婷怡(2015年6月任)

金 星(2015年6月免)

副科长 李秋璟

征管和科技发展科

科 长 叶桂玲

副科长 王华军

政策法规科

科 长 张 波

副科长 丁 楠

督察内审科

科 长 徐浩波(2015年6月任)

第一税务所

所 长 胡源芳

副所长 苏振汉(2015年6月任)

赵 兴

第二税务所

所 长 张 平(2015年6月任)

王志勇(2015年6月免)

副所长 李庆新(2015年6月任)

张 堃(2015年6月任)

米 玲(2015年6月免)

第三税务所

所 长 齐文娟

副所长 杨 远(2015年6月任)

苏振汉(2015年6月免)

第四税务所

所 长 夏宏娟(2015年6月任)

张 平(2015年6月免)

副所长 户丽华(2015年6月任)

李庆新(2015年6月免)

第五税务所

所 长 陈 建

副所长 王红梅

沈 洪(2015年5月免)

第六税务所

所 长 王志勇(2015年6月任)

夏宏娟(2015年6月免)

副所长 米 玲(2015年6月任)

户丽华(2015年6月免)

征收税务所

所 长 陈 伟

副所长 陈 烨

滕宏全(2015年8月任)

(江 玲)

各项收入超100亿元 坚持组织收入原则,完善税源分析,加强税源监控,提高分析预测,把握税源变动趋势,为地方经济发展提供有力保障。加强与区国税、财政、工商的信息交换,与各经济功能园区联动,发挥综合治税效能。入库个人股权转让委托代征税款4367.72万元;开展建筑业专项治理工作,对60个重点项目进行跟踪管理,对已完工项目进行清算,入库建安营业税50710万元,占营业税19.3%;建立年纳税100万元以上重点税源定点包干联系制,坚持原则、强化控管、密切联系、注重质量,完成各项收入任务,收入总量、结构均取得较理想结果。收入总规模首次突破100亿元大关,达104亿元,同比增长20.80%。其中全年税收74.63亿元,同比增长3.14%,社保费及各项基金20亿元,同比增长45.67%,列全市第四;实现市区级地方一般预算收入62.50亿元,同比增长63.10%,列全市第二。 (王明静)

征管改革 一是完善征管改革体制。在巩固改革成果的基础上,按照深化改革的要求,进一步优化工作流程,理顺工作职能,完善岗位设置,提高信息运用效能,深化大企业管理,发挥新征管体制功效。二是探索联合征管机制。在地税部门未使用“金税三期”前,加大国地税征管工作联合运作，探索国地税两个信息系统在线联系，实现国地税之间的信息共享最大化，进而推进联合管理和服务。重点集中在个体零散税源联合监控，会展业、演艺市场联合税收管理，对国资企业联合摸底排查。三是推进电子税务应用。结合省地税局“大数据治税”要求，把“互联网+税务”引入税务管理，以大数据分析为支撑，规范数据运维，提升数据质量；结合征管体制的改革与完善，加强风险计划统筹管理，深化个人所得税风险管理，不断提升风险识别能力和风险应对水平，全面提高风险管理质效。四是夯实征管基础工作。进一步规范注销登记管理，加大非正常户清理力度，严格空壳户、长期不经营户的控管，提高税务登记管理质量。健全和规范欠税台账，加强催缴过程管理，严防当年新欠产生，寻求公安办、房产局、功能园区等社会综合治税力量共同清理陈欠税款，本年新欠发生率0.002967%。深入开展征管质量监控分析，实现征管状况监控的制度化和常态化，确保各项指标在系统位列前茅。（王明静）

2015年9月30日，建邺局颁发该区首张“三证合一、一照一码”营业执照

非正常户管理 一是进一步加强非正常户联合认定工作。严格执行税户在国地税机关一方正常申报的另一方不得认定为非正常户的要求，确保管理一致性。对非正常户纳税人的法定代表人、负责人或业主申报办理新的税务登记，国、地税主管税务机关核发临时税务登记证及副本，发票限量供应、发票额度限额开具，督促纳税人到原主管税务机关办理涉税事宜。二是进一步加强非正常户后续管理工作。国、地税均已认定为非正常户，国、地税一方注销前应将拟注销的信息传递给另一方确认，对方确认可注销后方可进行注销处理，确保共管户国、地税双方的税户状态一致；一方税务机关已认定为非正常户，另一方已注销税务登记，经双方比对确认后，认定非正常户一方可注销其税务登记证件，注销时可简化手续。三是进一步加强非正常户的清理工作。结合国地税差异户清理工作要求，对于国税状态为开业地税状态为正常户的而另一方税户状态是非正常户的，该局征管科技科与区国税局征收管理科紧密联系、加强沟通，及时交换相关税户信息，由正常户一方税务机关对应名单逐户核实，标注确认在实际征管下能否联系查找，标注确切联系方式后及时反馈。全年共计交换拟认非信息等数据379条。（江　玲）

风险应对复审 一是联合互查，从第三方发现应对问题。建邺局和雨花台局进行联合互查，抽查2014年年末和2015年一季度风险卷宗7份，通过其他局对该局案卷的执法督查检查，客观反映出应对和管理中还存在的问题，以点及面，对整个风险应对工作提出新的要求。二是交叉互查，扎口统计分析问题。充分发挥风险复审团队的力量，各所之间交叉检查，抽查案卷12份。根据复审团队的复审报告，该局扎口统计，将复审发现的问题进行归类，逐户下发整改建议书，敦促所里整改到位。涉及到补缴税款的，全部要求再次发起任务纳入应对质效。三是组织培训，提高风险应对质量。开展4次全应对岗的风险复审讲评，对发现的问题进行逐一点评，给出相应的工作规范。同时，向大家展示分局参与开发的风险测评系统，应对人员在平时可以点击练习，模拟案头分析操作，通过制式的模板来规范大家的案头审核分析。（李　阳）

注销核查 一是编制建邺局税务登记注销核查工作指引，对基层税务所强化注销环节税收政策及征管流程进行规范化培训。二是基层税务所对注销户资料的完整性、规范性和法律法规的适用准确性负责，征管科、法规科对登记注销过程进行双审核，实施注销登记复审机制，增强执法风险防范意识。三是科室对审核中发现的问题定期通报提醒，注销复审的结果以及通报过的问题反复出现的，纳入绩效考核。全年组织复审团队对

2015年度税务登记注销案件54户抽取14户复审，复审率25.92%。（江 玲）

依法行政 一是加强法制创建。该局在区“六五”普法工作专项检查评估中，台账资料出特色、汇报内容出亮点、执法质量出效果，获区“六五”普法工作先锋荣誉称号，还被区推荐为市“六五”普法工作先锋单位，代表区向由市委常委、政法委书记刘志伟任组长的检查组现场汇报，并通过现场验收。二是加强执法规范。加强制度建设，规范税收执法行为。在市地税局案卷评查中，1份卷宗获评优秀案卷，并被推荐到市政府参加优秀执法案卷评选。通过对执法业绩和执法案卷的评比，评选出“规范执法示范岗”6人。三是加强执法督察。厘清督察与管理的责任，以查促管而非以查代管，健全机制提高征管质量。建立联席会议机制、协调保障机制、专业团队机制，强化内控机制建设。（王明静）

税种管理 一是加强建筑业管理。全面梳理辖区内建筑业项目，对项目开工情况进行不定期巡查，提高项目登记质量；加大对辖区内60个重点项目的进度跟踪管理，对已完工项目及时清算，年度组织建安营业税5.07亿元，占营业税19.3%；开展未清算房地产项目排查。二是加强企业所得税管理。引入中介机构，提升企业所得税精细化管理水平，严格所得税优惠政策备案管理的复审工作，及时更新维护税前扣除项目的台账数据。三是提高个人所得税征管质效。年所得12万元以上自行申报人数7639人，完成申报率102%；加强对外籍个人的个人所科税征管，453名外籍个人进行登记及申报，入库税款146.39万元；优化个人股权转让税收管理，加强台账登记管理，着重完善审核的规范性，委托代征税款4367.72万元。（王明静）

土地增值税清算管理 2015年，建邺局对辖区内尚未清算的房地产开发项目71个项目进行全面梳理，确定全年应清算项目0个，可清算项目11个。一是加强组织领导。成立土地增值税清算管理领导小组，从组织领导上提高对土地增值税清算工作的重视。同时，从各部门抽调政策水平高的业务骨干成立土地增值税清算工作小组，主要负责土地增值税清算过程中的业务指导和清算工作的检查和督查。二是提升制度支撑。研究制定2015年土地增值税工作计划和工作开展方案，并针对土地增值税后续管理制定建邺局土地增值税后续管理办法，建立后续管理台账模板。三是注重业务学习。以土地增值税清算工作小组的形式开展各类业务学习和培训，梳理土地增值税清算流程，努力提高清算管理人员的业务水平。四是规范纳税服务。组织针对房地产开发企业的政策培训，宣讲土地增值税预征和清算的政策，对符合清算条件的项目提出清算时限要求，提升纳税人做好土地增值税预征和清算工作的自觉性和主动性。全年清算入库土地增值税114345万元。（江 玲）

非上市公司自然人股权转让管理 通过与工商部门信息交换，及时掌握非上市公司个人股权转让变更情况，对未及时缴纳税款的企业、个人进行跟踪管理。定期召开联席会议，修改完善股权转让审核流程，针对实际情况由原来地税先审核缴税然后工商后办理股权变更变为先征收印花税然后再审核个税最后到工商办理股权变更。建立股权转让所得个人所得税税收约谈制度，对涉及个人股权转让的，对股权转让方和受让方进行税收约谈，明确告之以不真实价格进行股权转让所涉及的税收法律责任。尝试引入第三方中介机构机制，确保企业净资产审核的公平、公正。2015年，建邺局委托工商代征股权转让环节已入库税款4367.72万元。（江 玲）

常态化督察模式 一是建立联席会议机制。由局领导组织定期召开工作例会，集体研究重大执法事项和岗位的防控措施，规范和完善各项工作流程和要求，从制度层面应对执法风险。二是建立协调保障机制。明确责任主体在风险应对、涉税事项的事前事中事后管理、整改要求的工作职责。在各部门设立督察内审联络员，畅通交流渠道，对新征管流程下易发生的管理和执法风险做到第一时间、最短程序上报。三是建立专业团队机制。选拔综合素质好、发展潜力大、岗位业绩突出的优秀年青干部，通过督审工作实体化、团队化运作模式，将个人隐性的执法能力水平转化为显性的集体智慧。四是建立持续改进机制。总结归纳发现的问题和风险，加强分析研究，定期发布督察通报和建议。将督察情况、整改落实情况和团队人员表现进行综合评价，促进工作绩效的提升。通过四个机制的建设，有效整合内部管理和监督资源，摒弃原先“突击式”“运动式”监督方式，与中心工作紧密结合，构建了常态化督察工作模式。全年提请完善《股权转让的个人所得税管理业务规程》《审核指南》和《土地增值税后续管理办法》三项制度，刊发三期工作通报，提出整改建议15条，收集上报督察案例9篇。（徐浩波）

纳税服务 一是服务区域经济社会发展。开展总部经济等政策的研究，完成区政府课题调研《后青奥时期建邺区经济发展和税收增长分析及对策建议》；落实政策助力发展，开展小微企业、就业创业等专项政策落实，办理减免税6636.69万元；服务民生，和谐征纳关系，征收社保费及各项基金近20亿元。二是简化流程优化办税服务。重视窗口建设，提高服务质量，在神秘客户检测中获得优异成绩。该局承担了市政务中心地税窗口工作，在市政务中心组织的季度绩效考核中，连续4次被评为“先进单位”“红旗窗口”。三是加强宣传促进征纳和谐。利用办税服务厅、各类宣传媒体开展税法宣传，突出税收政策的解读。在税收宣传月中策划组织了“中国大妈掀起最炫税宣风”主题活动；与纳服局联合制作的“我们的办税服务厅”微信音乐杂志，展现了窗口工作人员一天的辛劳工作，得到系统内外一致好评。“地税开放日”活动中关于“三证合一、一照一码”的报道被省地税局、市地税局网站采用。（王明静）

2015年4月22日，建邺局组织干部深入居民小区开展税法宣传，开展税收政策便民服务

队伍建设 一是深化思想引领。将“人和兴邺”文化继续创新发展，推动科所文化建设，将科所文化建设工作与部门的基础工作、重点创新工作以及文化生活紧密结合，鼓励部门立足新职责创新新方法，鼓励干部多研究勤思考，促进干部主动形成与新常态相适应的思维方式和行为习惯。建邺局科所文化建设工作在市地税局“2015年度绩效管理和文化建设工作推进会”上作了经验交流发言。二是提升能力建设。以“凝聚履职正能量，卓越同行新作为”春训活动为契机，认真抓好培训。组织注税等资格和学历考试常态化辅导，鼓励干部业务能力和综合素质的自我提升。4人考取研究生在读；系统能级考试7人晋级；业务能手竞赛8人参加，6人获“业务能手”称号，其中1人名列系统第一并获“五一”劳动奖章，综合成绩系统排名第三。三是加强基层创建。开展“微型党课”活动，有十多名党员干部第一次走上讲台，以“小载体、大教育，小切口、大受益”的方式，用自己身边的案例讲述身边的事，以小见大谈感悟、谈体会；组织展示健康文化和生活的系列活动，开展春游桃花岛、秋游雨发生态园等“四季风”活动，营造出团结互助、积极向上的工作氛围。（王明静）

文化建设 一是深入推进文化建设。以积极争创“文化精品示范点”为契机，围绕该局发展历程，塑造出广大干部认同的精神追求、价值取向；结合岗位廉政教育制作“邺廉清风”微信音乐杂志；利用内部学习室的墙面空间建立部门“文化墙”，多元展示部门文化内涵；组织开展“小米有约”活

2015年4月22日，建邺局组织“中国大妈”参与税收收入宣传活动，与社区居民开展税收知识互动

动,分享生活经验,感受美好生活,营造温馨和谐的良好氛围。二是推进争先创优机制。深入开展"标兵科所""青年文明号""巾帼文明岗"以及"地税标兵""岗位能手"等争创活动,推动形成学习先进、崇尚先进、赶超先进的良好风尚。三是积极开展志愿活动。通过结对帮扶、牵手行动、组织"六一"儿童节慰问特师附小、端午节看望敬老院老人等学雷锋活动,展示良好形象。(王明静)

廉政建设 一是落实"两个责任"。细化"三层二级"网络化党风廉政责任体系和目标要求,签订"一岗四责"责任书,完善廉政目标任务与业务工作对接机制。二是强化廉政教育。结合春训、"微型党课"、廉政专题微信音乐杂志等多种形式,建立廉政教育每月一课制度,组织部门干部开展理想信念、核心价值观、党风党纪、法律法规等学习活动,加强廉洁从税和岗位廉政教育;组织干部外出参观南京监狱和江苏省纪委反腐倡廉警示教育基地,切实引导干部认清形势、转变观念,增强廉洁自律意识。三是深化内控机制建设。完善"三险"联动管理制度,始终坚持"贯穿主体业务、同步联合预警、同步联合检查、同步监督评价"的工作定位;积极探索建立业务部门风险同步评估防范机制。获南京市"无职务犯罪先进单位"荣誉称号。(王明静)

作风建设 一是巩固群众路线教育成果,继续围绕反"四风"、转作风,开展经常性监督检查和自查整改,强化责任传导和问责追究,加大制度执行力度,确保制度执行到位。二是加强日常教育,结合"三服务""四解四促"活动的深入开展,狠抓各项服务举措的完善和落实,公开服务承诺,做好纳税服务工作,全程接受社会监督。三是完善服务对象评价机制,对干部的廉政服务情况继续开展与相关科室的联合回访监督,并及时核实处理;完善作风行风监督员工作机制,定期听取意见建议。四是围绕征管改革、风险应对、税种管理等重要业务工作的变化,认真细致的做好对纳税人的服务和解释工作,取得纳税人的理解与配合。连续两年获"建邺区作风建设先进单位",被评为区"2014—2015年度作风建设人民满意单位"。

(王明静 江 玲)

服务企业"走出去"宣传文章被《人民日报》采编 该局撰写的《缔结新纽带 连通"新丝路"》一文,在10月31日的《人民日报》刊登,以500字以上篇幅被《人民日报》要闻6版正面采用,在系统内属首家。为响应国家"走出去"战略,建邺局充分发挥纳税服务纽带作用,积极构建"一二一"服务工作机制,即:一个平台,构筑一个政策发布平台,对"走出去"企业开展有针对性的政策指引服务;二个保障,提供最权威的税收咨询保障、最前端的涉税风险分析保障,为"走出去"企业降低纳税成本、税务风险;一个响应,建立针对"走出去"企业个性化需求的响应机制,让"走出去"企业在走出去的过程中税收服务常相伴。(江 玲)

2015年8月16日,建邺局走进云锦研究所送政策上门服务,为促进云锦"走出去"可持续发展助力

10篇政务信息被中办、国办采用 优化信息宣传工作机制,加大组稿力度,全年上报各类信息217篇,信息总分823.1分,位列系统第六。重点对辖区内的房地产业、纺织业、快递业等热点行业进行调研,及时收集、深入分析企业现状和存在问题,为领导科学决策提供正确参考。全年共有十篇被中央办公厅和国务院办公室采用,其中5篇得到国务院领导批示;15篇调研信息被省委、省政府采用。(江 玲)

【责任编辑 羊 猛】

鼓楼地方税务局

概 述 2015年,南京市鼓楼地方税务局(以下简称"鼓楼局")围绕"强责任、夯基础、重创新、

争一流”的思路定位和要求，积极促收履责，服务发展大局，推进依法行政，加强队伍建设，为地方经济、社会发展做出贡献。

组织收入稳中提质。在组织收入过程中，努力克服结构性减税政策效应凸显、现实税源不足、新增税源匮乏等不利影响，强化税源管理，多措并举狠抓收入；细致分解收入任务，明确条线职责，对内排查税源税户，对外完善联动机制，强化收入进度和质量跟踪监控。全年组织入库各项收入140.18亿元，同比增长15.9亿元，增幅12.79%，其中税收收入82.45亿元，同比增长5.83亿元，增幅7.6%。

征管质效稳中有升。按照市地税局统一部署实施属地局机构职能调整，优化岗位设置、整合工作事项、规范工作职责。夯实征管基础，加强业务制度建设，对注销、欠税、风险应对等业务流程进行细化和规范；强化征管质量监控和数据质量，加强对工作进度和效率的控制，四季度数据审计保持零差错率。发挥风险导向，改进风险管理运行机制，加强过程监控和考核，一篇案例获系统“税收风险应对优秀案例”二等奖。

依法治税稳中显效。加强税种管理，做好“营改增”应对。企业所得税汇算清缴申报率100%，加强企业所得税后续管理，复审入库416.09万元；加强对高收入和多处取得收入自然人管控，参与“深化自然人数据在纳税服务上的应用”创新项目获系统年度创新工作二等奖。加强法制建设，建立税收政策确定性管理联席会议制度，防范和降低执法风险，15人被评为鼓楼局年度“规范执法示范岗”。加强督察内审，开展对风险应对和税务登记注销工作的效能剖析，构建督察内审团队，参与“建立常态化税收执法督察工作机制”创新项目，获系统年度创新工作二等奖。

纳税服务稳中求新。推进国地税联合办税大厅建设，优化窗口设置、简化办税流程、提高办税效率，落实各项服务规定和制度承诺，未发生一起有效投诉案件；推广自助办税，自助开具各类完税证、代开发票9万余张。组织开展南京市科技广场、装饰行业协会纳税人之家活动，70余家企业参加；认真受理纳税咨询投诉和举报，维护纳税人权益，全年处理诉求工单105户，投诉处理满意率位列系统前列。

干部队伍稳中有活。加强人事基础管理，做好干部退休、人事年报、人员调动、干部体检等各项基础性工作，做好公务员考核软件应用，人事管理质量和效率稳步提升。突出一级抓一级、一级对一级负责的要求，强化中层干部责任传导，激励争先创优；修订绩效考核指标体系，组织健康休养，突出人文关怀。

政风行风稳中向好。落实“两个责任”，建立责任清单，强化内控管理，推进“三险”同防。强化廉政警示教育学习，组织参加鼓楼区法院现场庭审警示教育活动，观看廉政警示教育话剧；建立“党员统一活动日”制度，开展“微型党课”。深化作风行风建设，严明考勤制度和请销假制度规定等，强化工作事项环节管理，加强科所互动，提升工作效率。

综合保障稳中有为。政务信息和税收宣传积分双双位列系统第一，1篇论文在全国国际税收优秀科研成果评比中获一等奖。稳步推进省地税局新档案管理软件应用，做好6项创新项目组织工作，4项分获系统一、二等奖。深入推进城市综合治理标准化建设，在系统会议上交流；加大事务管理力度，推进单车核算，按照后勤管理社会化的要求，注重对物业、食堂等服务类采购项目的日常管理；严格财务制度，做到依法理财，提高行政管理效能。

（唐　棣）

机构设置及负责人

办公室

主　任　郑拥军（2015年7月任）
　　　　翁明祥（2015年4月免）
副主任　唐　棣

人事监察科

科　长　周立红
副科长　叶华应

征管和科技发展科

科　长　张　恒（2015年6月任）
　　　　张　黎（2015年6月免）
副科长　王　晨（2015年7月任）
　　　　王　彬（2015年7月免）

税政法规科

科　长　阮春芳（2015年6月任）
　　　　王　蓓（2015年6月免）

副科长　　王　蓉

第一税务所

所　长　　郑　岚（2015年7月任）

董　怡（2015年7月免）

副所长　　吕晓全

谭彬彬（2015年7月任）

何旭芳（2015年6月免）

第二税务所

所　长　　惠　庆（2015年7月任）

侯连富（2015年7月免）

副所长　　张　铭

张文庆（2015年7月免）

第三税务所

所　长　　邱　蓓

副所长　　丁一宏（2015年7月任）

姚　群（2015年7月任）

姜　燕（2015年7月免）

第四税务所

所　长　　戴旭峰（2015年7月任）

戴国民（2015年7月免）

副所长　　姜　燕（2015年7月任）

赵　新（2015年7月免）

第五税务所

所　长　　侯连富（2015年7月任）

丁祥龙（2015年7月免）

副所长　　张文庆（2015年7月任）

吕晓莉（2015年7月免）

第六税务所

所　长　　丁祥龙（2015年7月任）

贾东升（2015年7月免）

副所长　　吕晓莉（2015年7月任）

范徐林（2015年7月免）

第七税务所

所　长　　曹　健（2015年7月任）

邓　谦（2015年7月免）

副所长　　王　彬（2015年7月任）

孟洁洁（2015年7月免）

第八税务所

所　长　　贾东升（2015年7月任）

惠　庆（2015年7月免）

副所长　　刘　俊

刘　杰（2015年3月免）

第九税务所

邓　谦（2015年7月任）

张翠霞（2015年7月免）

孟洁洁（2015年7月任）

丁一宏（2015年7月免）

第十税务所

戴国民（2015年7月任）

郑拥军（2015年7月免）

赵　新（2015年7月任）

姚　群（2015年7月免）

张小军（2015年7月免）

第十一税务所

夏继云（2015年7月任）

曹　健（2015年7月免）

张小军（2015年7月任）

第十二税务所

张翠霞（2015年7月任）

范徐林（2015年7月任）

征收局第五税务所

所　长　　董　怡（2015年7月任）

郑　岚（2015年7月免）

副所长　　王云华

杨　红

（唐　棣）

组织各项收入超140亿元　2015年，鼓楼局结合征管体制改革后新机构、新职能，明确收入预测的职责、目标、流程、复核机制，定期召开税收分析会，对内排查税源税户、对外完善联动机制，强化收入进度和质量跟踪监控。实行大额风险应对税款预报制，利用重点税源企业预测管理系统、收入质量监控系统、发票监控平台和互联网信息等多方信息，全年收入预测差错率控制在3%以内。落实税源分类分级管理方法，完善重点税源户联系制度，加强对大企业、集团企业、国家税务总局、省地税局局定点联系企业的服务与管理，把握税源变动趋势。从市地税局口径看，全年累计组织市区级一般公共预算收入55.08亿元，同比增收1.08亿元，增幅2%。（唐　棣）

征缴社保、基金费58.36亿元　2015年，鼓楼局履行社保、基金费征缴职能，强化对社保、基金费收入日常征缴管理，科学分解各项代征基金费征收任务，按月通报入库进度，按季纳入绩效考核，规范征缴行为。做好内外部沟通协调，加大社保费征缴、清欠力度，强化与区绿委、残联、工会等部门的协调联系，推进税费基金的同征、同管、同查。全年征收社保费57.73亿元，综合征缴率99.72%，合计清欠2006.77万元，清欠率62.64%；征收基金费6257.5万元，完成上级下达的征缴任务。（唐　棣）

征管机制改革　按照市地税局深化改革的总体部署推进征管改革，新机制从7月1起正式实施。完成与直属一局的税户交接，对涉及划转的税户进行梳理核实确认，分批次召开纳税人见面会，做好资料交接和信息系统切换，承接税户317户，全面实现管理属地化。实施属地局机构职能调整，设三个税源基础管理所和九个中等风险应对所，确定各自职责范围，做到工作量均衡；切换期间组织60人次对38项超过200户次业务进行验证和预留业务处理，调整人员岗位权限近1300个，确保切换成功。做好改革后新机制运行工作，加强业务制度建设，结合实际对注销、欠税、风险应对等业务流程进行细化和规范；做好工作任务统筹、分解和监控，以“属地+平衡”作为基本任务分配规则，做好落实；针对新机制运行问题先后组织近20场培训，其中对新风险岗位实施全员轮训，对具体业务和不同岗位人员分类培训，实现对业务岗位的全覆盖。（唐　棣）

税源分类分级管理　落实税源分类分级管理方法，完善重点税源户联系制度，搭建与重点企业的直接沟通联系平台，通过上门走访、座谈会等多种形式，实时掌握企业经营和财务情况，全年走访重点税源企业34户次。加强对大企业、集团企业、国家税务总局、省地税局定点联系企业的服务与管理，摸清大型企业组织架构和关联企业情况，做好针对性专户服务与分析，全年整理上报大企业财务税收分析5篇。调整重点税源直报范围，确定113户作为重点税源监控企业，实行专人跟踪复核制。（唐　棣）

风险应对税款2.23亿元　2015年，鼓楼局以风险管理为导向，改进风险管理运行机制。制定年度风险统筹计划，合理确定中等风险应对覆盖面，兼顾重点行业、重点税源和违法行为高发领域进行调整，确保风险应对的有效性。合理统筹应对工作量，加强风险过程监控和考核，季度按照“三四三”比例确定每月应完成进度和户数，进行排名和督导管理，提升风险按期结案率。定期召开风险工作例会，通报进度，研究疑难案件，清理历史遗留问题，推动工作开展。开展风险明星和优秀案例评选，将考核和正向激励相结合。全年共风险应对2426户，应对税款22260.35万元。

（唐　棣）

国地税合作　坚持国地税联席会议制度，定期召开工作例会，商议国地税合作的重点和难点；联合拟定区国地税合作工作方案，对合作事项进行全面梳理和规范。联合做好差异税户集中清理工作，针对不同问题明确针对性清理措施，对4157户差异数据进行修改；协同开展税户走逃、欠缴税款等税收违法行为的处理，对于一方为非正常户、另一方为正常户的，由正常户一方通知企业接受处理，对于在一方欠税、另一方有发票领购的，做停票处理。共同规范个体税收联合征管，共建个体税收征收厅，将个体登记、定额、税款征收、注销等业务全部纳入个体厅统一管理；共同委托街道、市场代征个体税收，整合代征人员组成联合代征管理小组，共同征收国地税税款。推广应用国地税联合征管平台，做好培训，提升平台应用水平，加强国地税合作的信息化支撑。

（唐　棣）

自然人个人所得税管理　2015年，鼓楼局深入开展个人所得税管理，加强对高收入和多处取得收入自然人管控，12万元自行申报26210人，多处工薪补税1246人次，申报入库税款378.9万元，完成外籍个人年度申报746人，汇算审核入库258.66万元，个人独资合伙企业汇算入库338.05万元；以数据为支撑、以前置审核为把控，进一步深化个人股权转让管理，开展三次专项核查，推送风险数据344条，累计前置核查450户，查补税款3000余万元；参与市地税局“深化自然人数据在纳税服务上的应用”创新项目，获系统年度创新工作二等奖。（唐　棣）

土地增值税清算2.5亿元 2015年，鼓楼局强化土地增值税清算及复审，对16个项目开展清算。以团队攻关形式，将清算任务平均分配至9个风险应对所，其中重点风评所每所2户，一般风评所每所1户，每所由2名业务骨干负责。组织开展土地增值税清算培训，提高一线人员业务水平；每半个月召开一次专项例会，把握清算进度，研究清算问题，加强过程控制；明确工作细节，畅通内部沟通渠道，提供政策支撑，规避执法风险。全年完成111件房地产项目清理任务，质量在全市排名前列，相关工作管理经验在省地税局交流，完成8个土地增值税清算，清算税款2.5亿元。 （唐 棣）

健全督察内审制度 2015年，鼓楼局加强督察内审制度建设，完善督察内审协调保障制度，设立税收执法督察事项会审制度、督察内审联席会议制度，应对复杂重大的涉税事项，扎实常态化运行基础；构建督察内审团队制度，强化团队专业化培训和动态化管理，建立督察内审全过程、全覆盖的人力资源基础，18人次参与督察；制定督察内审选案制度，按照指令性与自主性相结合原则，完善选案指引，减少冗余、无效疑点数据；建立督察内审成果运用制度，按月、按事项对问题进行归纳总结、剖析原因，个性问题重点治标，共性问题着眼治本，定期通报、开展讲评、编制案例、以案说法，保障督审工作成效。 （唐 棣）

风险应对效能剖析 2015年，鼓楼局探索对工作效能的督察，开展对风险应对工作和税务登记注销工作的效能剖析，提交效能评估报告，提出改进建议；加强对制度体系的审视，对建筑业代开票情况、土增税后续管理、税务登记注销、减免税后续管理等业务规程、工作规范的具体适用情况进行剖析，推动和警示业务事项规范管理；拓展督审结果应用，建立督审问题数据库，覆盖全岗位，多纬度分析运用，数据量已积累至三大类、14项、200余个；加强督审后续教育培训，以查促学，规范执法操作。 （唐 棣）

执法督察 2015年，鼓楼局加强执法督察，规范中等风险应对，采取循环交叉方式对120户中等风险应对案卷进行质量检查，排查文书、程序、证据材料、政策适用等方面问题点共计26个，实现对区局所有9个风险所、56名干部的全覆盖。开展各类督察，书面抽查卷宗500多户次，开展疑点核查214条；开展手续费专项审计，提出5项工作改进意见建议；结合风险应对检查，关注减免税后续管理工作落实情况，对4户减免税后续核实工作提出补正和整改要求；加强对印花税政策执行情况的督察，为政策执行纠偏。 （唐 棣）

减免税款1.73亿元 2016年，鼓楼局积极落实各项税收优惠政策，重点做好高新技术企业、软件企业、研发费加计扣除、企业政策性搬迁、固定资产加速折旧等税收优惠政策的宣传及落实，完成对固定资产加速折旧新扩容的18大行业共计110户企业及302户原6大行业企业摸底调查工作，组织四场专项培训，确保5000元以下固定资产加速折旧政策的享受面达20%；开展印花税调研，提出4大类政策建议，做好政策效应评价。积极策应区域经济运作模式，对重大投资项目和重点工程跟踪服务，做好税收政策梳理与调研；加强与辖区内科技园、软件园和创业园的联系，为园区内企业高新企业认定及复审、软件企业认定和研发项目确认提供事前辅导。全年办理各类税收减免406户次，减免合计税额1.73亿元；办理退税437件，退税金额总计1.23亿元。 （唐 棣）

“三证合一、一照一码”改革 10月1日启动“三证合一、一照一码”改革（工商营业执照、组织机构代码证和税务登记证三证合为一证，统一社会信用代码）。制定操作规范，梳理推行“一照一码”登记制度改革相关文件、业务操作、信息采集、流程运转等业务知识要点，制定操作规范，针对推行“一照一码”登记模式后税务登记流程的变化，编制企业设立、注销、变更3种业务简易流程图，配备相应办税指南。加强与区政务大厅、工商、国税等部门协作，实行数据交换及共享，明确具体操作问题；分批次组织业务培训，按照登记先后顺序学习一照一码登记环节设置、要求说明等内容；通过“12366”、短信、微信等形式向纳税人宣传推行“三证合一、一照一码”的意义、实施范围、办理流程，解答纳税人关切的热点难点问题。2015年，为企业办理“三证合一”新办、变更、换照2100户。 （唐 棣）

全国纳税人满意度调查 按照“精心组织、务求实效、确保户户到位”的总体要求，实行所长岗位负责制，所有税户指定由所长或副所长专门负责联系、跟踪、落实，责任到人；强化沟通技巧，采取模拟总局电话满意度调查的方法和程序，依次联系企业办税人员、财务负责人、法人，确保户户有落实；每周定期召开会议通报、评估工作进展情况，工作成果纳入绩效考评；建立抽查回访制度，成立“抽查回访小组”对已联系户进行抽查回访，抽查面达90%，在国家税务总局纳税人满意度“回头看”中，鼓楼局纳税人满意率86.27%，较2014年提升2个百分点，为省地税局在全国满意度排名上升3个名次做出贡献。（唐　棣）

“三严三实”专题教育 2015年，鼓楼局开展“三严三实”专题教育，成立专题教育工作小组，严密部署，扎实推进。一是开展专题学习。班子成员上党课4次，采取集中学习和个人自学相结合的方式完成学习计划；结合中心组学习，组织参观纪念抗日战争胜利70周年红色图片展和苏宁云商概念店。二是组织专题研讨。根据三个专题内容开展交流研讨，对标找差，梳理“不严不实”问题6方面41条，制定整改计划，边学边查边改。三是开展专题调研。分层次召开座谈会六场，听取干部意见建议；开展调研走访辖区企业和街道活动，班子成员共走访12个街道、60余户企业，听取税收征管、纳税服务等方面的需求和建议，对相关税收政策进行宣传辅导，形成《专题调研报告》4篇、《民情日记》14篇，确保教育活动取得实效。（唐　棣）

能力工程建设 围绕能力提升，深入开展思想政治教育，邀请省委党校教授作“践行社会主义核心价值观”专题讲座，组织党员观看主题教育电影《黄土情》等，加强理论武装。开展春训工作，多种渠道了解干部培训需求，提高培训针对性；组织四场业务科室对一线干部培训，300余人次参训。鼓励干部参加社会考试，选送3名干部参加税务MBA学习，1名干部取得司法职业资格；组织参加系统能手竞赛，4名干部获得系统业务能手称号。组织好脱产轮训，加强参训人员管理，确保区局28期制式培训172人次培训任务完成。开展第二轮人才库选拔，7名干部入选市地税局人才库，18名干部进入鼓楼局人才库。（唐　棣）

公务员档案审核 2015年，鼓楼局根据市地税局统一部署，开展公务员人事档案专项审核。组成两个工作小组开展登记清理，在第一阶段档案登记清理中发现95份117人次问题，按照谈话权限与干部就其疑点逐一沟通，在第二阶段审核认定中，先后与39人次干部就其档案问题进行谈话，讲清政策，进行相关材料补充，过程中注重把握政策、维护干部权益，做好填表归档，保证干部思想稳定。（唐　棣）

文明创建 2015年，鼓楼局加强基层创建，组织全局干部开展问卷调查，开展思想政治工作，全年多次召开涉及行政事务、教育培训、干部管理、征管工作的座谈会；班子成员与干部谈心谈话50余人次，畅通干部沟通渠道。围绕服务基层、文明窗口、征管效率、新闻信息等方面开展季度“小明星”和“先进团队”评选，全年评选“小明星”71人次、先进团队9个。做好文明争创，一个部门获江苏省“五一”劳动奖状表彰，两个部门获南京市“青年文明号”称号；组织“七一”先进党支部和优秀共产党员评选，一个支部获鼓楼区结对共建先进党支部，五名党员获鼓楼区优秀党员。（唐　棣）

党风廉政建设责任制落实情况 明确责任分工，结合实际制定党风廉政建设和作风建设工作计划，明确工作重点，细化工作任务；层层签订党风廉政建设责任状，建立“责任清单”，对涉及全局的重大事项决策、重要干部任免、重要项目安排和大额资金使用等严格执行管理规定，规范权力运行；建全工作机制，完善党风廉政建设领导体制和工作机制，形成工作合力。严格“一岗双责”，对照党风廉政建设责任制分工的要求，坚持党风廉政建设与业务工作同部署、同落实、同考核。开展落实中央“八项规定”和纠正“四风”情况的对照检查，对“三公”经费使用、办公用房、公务接待等严格自查自纠，加强制度规定落实，两名干部在操办子女婚礼前按规定作了报告。（唐　棣）

特色党风廉政教育 组织干部参加鼓楼区法院现场庭审警示教育活动，观看廉政警示教育话剧《死去活来》文艺巡演等，学习《中国共产党廉洁自律准则》《中国共产党纪律处分条例》两个文件，强化廉政警示教育学习。及时通报相关违纪案例，敲响警钟，严明纪律；开展“崇德守法”教育活动，建立“党员统一活动日”制度，开展“微型党课”活动，3名党员走上讲台上党课；组织党员干部参观中国金陵廉政文化教育馆，树立党章党纪党规意识。抓住传统节日防控重点，开展税务干部收受购物卡问题专项整治，组织税务干部填写《税务干部拒收购物卡承诺书》，开展纠正“四风”专项督查自查。（唐　棣）

构建廉政风险事前防范评估机制 2015年，鼓楼局强化内控管理，加强科所联动，探索廉政风险事前防范评估机制。以税收业务工作为重点、以廉政风险防范为目标，制定《鼓楼局建立税收业务廉政风险事前防范评估机制指导意见》，明确评估内容、评估程序和工作职责，把握廉政风险事前防范的内涵和实质意义；分别选取三个不同类型的税务所不同的评估事项进行评估试点、撰写评估报告，验证评估工作机制的可行性和适应性，为上级提供有益借鉴。该项目获市地税局创新项目二等奖。（唐　棣）

文化建设 加强市地税系统“卓越同行文化”理念宣传，深入推进“同心文化”建设，组织开展太极拳、羽毛球、乒乓球、篮球、游泳、舞蹈、声乐等兴趣小组活动，参加省地税局趣味运动会，“八一”期间制作军转干部风采秀PPT，举办骑行、众跑、登山、打靶、先进会员休养等小型、多样的文体活动，活跃干部身心，发挥工青妇团的群团组织作用，凝聚干部向心力。组织11批次60余名先进会员健康休养，放松身心，缓解工作压力；开展干部“五必访”工作，看望慰问干部81人次。（唐　棣）

成立大学生就业创业税企服务联盟 4月15日，鼓楼局在南京邮电大学物联网国家大学科技园举办“大学生创业税收服务联盟”启动仪式暨税收政策培训会，会上，国地税联合紫金科技创业特别社区管委会高校园区联络处与南京大学—鼓楼高校国家大学科技园、南京工业大学国家大学科技园、南京邮电大学物联网国家大学科技园、江苏省大学生创业园、南京中医药大学科技园、紫金（下关）科技创业特别社区、江苏城苑科技创业园、南线都市产业园等南京市八家大学生创业园代表共同签署了《“1+2+8”服务备忘录》，标志着江苏省首家大学生创业税收服务联盟正式成立。大学生创业税收服务联盟通过国税、地税联合向南京市八家大学生创业园代表派驻税收政策顾问，对园区进行对接服务，开展一对一辅导；结合园区企业的行业特点、经营规模等情况，建立定期培训制度，链接政府、高校和企业三方资源，形成合力。（唐　棣）

6篇信息获得国务院领导批示 做好政务信息组稿，通过修订信息宣传工作意见、优化信息宣传考核办法、建立月度点题制度、加强外部网络沟通等，不断提高政务信息稿件的针对性和实效性。全年上报各类信息410篇，被上级采用270篇次，信息积分2238.85分位列系统第一，超第二名764分。其中《各界热议中共中央关于全面推进依法治国若干重大问题的决定》《调研显示南京市农家乐发展困难亟待财税扶持》2篇信息被中办采用，《江苏省各地对国务院确定进一步减税降费措施支持小微企业发展和创业创新的反映》《南京市反映大众创业存“两难两少”问题建议出台系统性政策扶持众创空间发展》《南京市创投企业期待参与国务院400亿创投基金》《“众包模式”推广面临“组织、产权、税收”三大难题》《调研显示农民工返乡增加创业依然较少》等19篇信息被国办采用，其中国务院领导批示6篇。（唐　棣）

5篇宣传稿件在《人民日报》等国家级媒体刊用 精心开展新闻宣传活动，全年被各类媒体采用新闻155篇次，新闻宣传积分1809分，位列系统第一。在国家级刊物刊用5篇，其中《“三证”联办同发》《党员志愿者送清凉》在《人民日报》刊用；《志愿者涉税服务》《涉税投诉应对：有礼也要有节》《江苏建大学生创业税收服务联盟》在《中国税务报》刊用；在省市级媒体要闻版刊用稿件30余篇。开展的税收宣传月活动在《新华日报》等9家媒体报道，取得良好的社会效应。组织做好中学生参观、征文工作，辖区7所中学4000余名中学生参观税收博物馆，组织征文2500篇，获三个优秀组织奖和唯一一个特等奖。（唐　棣）

获鼓楼区作风建设“人民满意单位”　2015年，鼓楼局加强干部作风建设管理，制定下发《进一步加强人员管理通知》，严明考勤制度规定、请销假制度规定等，以治庸治散正风气；制定下发《转变作风提升工作效率通知》，强化工作事项环节管理、加强科所互动，提升工作效率。征询外部意见，发放党风廉政调查问卷300余份，与纳税人电话联系2324户次，征求意见建议；召开外部监督员会议，对外部监督员提出的4类16条意见和建议，逐一进行分析并回复落实。6月在鼓楼区政风行风建设交流会上作交流发言，被评为南京市鼓楼区作风建设“人民满意单位”。（唐　棣）

【责任编辑　汪城池】

雨花台地方税务局

概　述　2015年，南京市雨花台地方税务局（以下简称“雨花台局”）积极适应经济发展、依法治国、税制改革、从严治党“四个新常态”，强化安全税务、法治税务、创新税务、服务税务、廉洁税务“五个税务”建设，积极促收履责，推进依法行政，加强队伍建设，推进和合文化，圆满完成各项任务，为地方经济、社会发展做出贡献。

圆满完成组织收入。结合税户结构，细化分解全年收入任务，确保责任落实。坚持收入分析会、税收收入通报会等制度，加强对收入计划执行情况的跟踪管理。加强与区、街道两级税源办的协作沟通，形成网格化的税源管理新格局。加强同国税、工商、土地等部门的协作，密切与重点税源局的联系，积极利用好第三方涉税信息。2015年，该局共组织税收收入606002万元，同比增长118916万元，增幅24.41%。

提升征管改革质效。严把税户受理认定关、税户申报纳税关、数据质量管理关，全面落实“三证合一”工作。按照省地税局风险管理办法和市地税局风险管理工作指引的要求，重新梳理了《雨花台局风险应对流程》。运用“以票控税”的管理手段，严格发票发放、领购、开具、取得、保管、缴销各个环节的管理，做到发票管理“零缺失”。

推进依法行政。积极开展综合税政调研，参加地方政府重大项目研讨及咨询会。预防和化解税务行政争议的各项工作前移，着力解决税收政策在执行过程中的难点和薄弱环节。紧紧围绕省地税局、市地税局依法行政各项工作目标，坚持“创新促法治、法治促和谐、和谐促发展”的原则，以税收法治新常态为引领，制定了切实可行的工作计划，使依法行政工作贯穿于日常税收工作。各部门明确责任、各负其责、上下互动、形成合力确保依法行政各项工作要求落到实处。

创新举措优化纳税服务。强力推进纳税服务标准化建设。提升办税服务厅硬件标准，优化办税硬件设施。强化“热心、细心、贴心”的“三心”服务理念，提升一线员工素质和理念技能。提供全天候服务，将“高效、便民”放在工作首位，落实“早午间值班岗”、延时服务、节假日预约服务。

提高队伍整体素质。雨花台局以和合文化为抓手，提升干部队伍团结意识。以“卓越同行”文化核心价值体系为重点，以“执法、服务、团队、学习、廉洁、品质、创新”的管理理念，鼓励全体干部职工积极参加创建创优创新，对争创业绩予以精神和物质双重奖励。2015年，积极争创税务文化精品示范点，创办了“雨花石”电子刊物。通过抓教育、抓监督、抓警示，全体干部进一步坚定了理想信念、提升了党性修养、筑牢了思想防线。

提升行政效能。落实省地税局《国有资产管理办法》，严格基建工程、政府采购等事项的监督管理，加强对资产使用、报废的审核审批，严防资产流失。积极清理办公用房，严格标准，仔细排查，对超标办公室采取物理侵害等方式进行整改。主动实施办公楼节能改造，提高能源使用效率，创新食堂管理，提升菜肴食质量。严格执行公务接待、公务用车等管理规定，杜绝一切违规用车和超标接待。加强责任传导，坚持安全稳定报告制度，确保安全稳定各项制度措施落实到位。

（张淑卿）

机构设置及负责人

办公室

主　任　　李　勇

副主任　　葛广银

人事监察科

科　长　苏妍红

副科长　许　鑫

征管科技科

科　长　王　旭

副科长　方　玉

税政法规科

科　长　纪为林（2015年6月免）

瞿建峰（2015年6月任）

副科长　劳　莉（2015年2月免）

薛　娜（2015年2月任，2015年6月免）

甘　岳（2015年6月任）

第一税务所

所　长　瞿建峰（2015年6月免）

李　琦（2015年6月任）

副所长　薛　娜（2015年6月任）

第二税务所

所　长　谢建平（2015年6月任）

副所长　赵　鹏（2015年6月免）

副所长　张伟娟（2015年6月任）

第三税务所

所　长　杨　林（2015年6月免）

所　长　曹　波（2015年6月任）

副所长　谢景海（2015年6月免）

第四税务所

所　长　谢建平（2015年6月免）

副所长　张伟娟（2015年6月免）

副所长　赵　鹏（2015年6月任）

第五税务所

所　长　李　琦（2015年6月免）

所　长　杨　林（2015年6月任）

副所长　甘　岳（2015年6月免）

第六税务所

所　长　曹　波（2015年6月免）

所　长　邱　蔚（2015年6月任）

副所长　谢景海（2015年6月任）

征收税务局第六税务所

所　长　焦让春

副所长　薛　娜（2015年2月免）

副所长　劳　莉（2015年2月任）

（张淑卿）

组织税收收入60.6亿元　面对经济下行，该局攻坚克难，做到统筹为先、监控为重、联动为要，收入任务全面完成。一是强统筹，增强收入质效。结合税户结构，细化分解全年收入任务，确保责任落实。坚持收入分析会、税收收入通报会等制度，加强对收入计划执行情况的跟踪管理。二是强监控，挖掘重点税源。将年收入在30万元以上的重点税源户，作为组织收入的重点跟踪对象，强化服务、加强监控、及时分析，确保重点税源收入及时、足额入库。三是强联动，形成收入合力。加强与区、街道两级税源办、国税、工商、土地的协作沟通，积极利用好第三方涉税信息，形成网格化的税源管理新格局。2015年，该局共组织税收收入606002万元，增收118916万元，同比增长24.41%。其中：省级收入完成4510万元，同比减少1397万元，减幅23.41%；市县级收入完成601491元，同比增加120295万元，增幅25%；市县级公共预算收入完成455992万元，同比增加89630万元，增幅24.46%，完成市地税局下达计划的112.06%；完成公共财政预算收入（含教育费附加）420451万元，与2014年同期增加73556万元，增幅21.20%。完成区政府下达计划42亿元的100.11%。（张淑卿）

中国（南京）软件谷税收总量49.57亿元　2015年，中国（南京）软件谷软件产业实现销售1650亿元，同比增加320亿元，增幅达24.06%。实现各项税收总量49.57亿元，增加10.86亿元，增幅为28.05%。实现公共财政预算收入26.36亿元，增加6.24亿元，同比增幅为31.1%。中兴系列公司、华为及华为南研所，全年入库公共预算收入分别为7.99亿元、5.4亿元，同比增长分别为35%、11.3%。

（张淑卿）

风险应对入库税款1.69亿元　通过深化征管改革，强化税收风险应对。一是依托征管改革成果，优化办税人员配置。依据市地税局征管改革精神，该局成立了两个重点税源风险应对所，两个一般税源风险应对所。通过综合评判全体税务干部进行，统筹安排各科、所人员，优化人员配置。二是实施分级分类培训，建设风险应对团队。顺应培训学校分级分类培训精神，该局将风险应对人员分为初级、中级、高级人员，全员参加风险应对培训学习。三是借力于第三方数据，挖掘风险应对潜力。充分利用第三方数据及风险监控平台数据，挖掘数据潜力，服务风险应对，提升风险应对质量。2015年，风险应对税收收入1.69亿元，税收贡献率2.79%，风险应对质效显著提升。（张淑卿）

实现“营改增”户零欠税、零发票目标　稳妥推进“营改增”试点，与国税部门做好对接互动，逐户核实维护征管基本信息，有效落实发票清缴和欠税清理工作，实现了“营改增”户零欠税、零发票目标。确保了试点税户顺利交接，平稳过渡。

（张淑卿）

入库社保费28.85亿元　各项基金2255.88万元　该局建立社保、基金费监控长效化管理机制，组织开展费源普查及调查工作，健全较大型单位的费源档案，掌握费源总体状况，分段监控重点企业社保、基金费缴纳情况，根据企业经营收入和基金缴纳状况，定期进行分析，保证税费同步缴纳，2015年，入库社保费28.85亿元，入库各项基金2255.88万元。（张淑卿）

服务型税政建设　雨花台局开展综合税政调研，参加地方政府重大项目研讨及咨询会。预防和化解税务行政争议的各项工作前移，着力解决税收政策在执行过程中的难点和薄弱环节。通过案卷评查抓好基础，对照税务行政执法案卷评查标准，开展税务行政执法案卷评查工作，促进法制基础建设。2015年，完成44户企业所得税的减免工作，完成加速折旧申报118户，完成市地税局下发的11户高新技术企业的复审工作，其他各类税收减免101户，为121户企业和个人办理了各类退税，合计退还税款1602.3万元。（张淑卿）

督察内审　2015年6月成立督察内审科，创新工作思路，推进督察内审。一是认真梳理各项涉税事项所存在的风险点、重点岗位、重点环节、重要权力点及征管薄弱点的基础上，进一步完善区局《税收执法综合督察管理办法（试行）》。二是探索和细化风险应对质量检查实施办法，在扩大质量检查面的基础上，加大对重点风险应对案件的分析深度，力求实效。三是加大督察系统应用的广度和深度，充分运用省、市地税局推送数据，开展区局督察数据应用工作，积极探索和建立行之有效的督察指标，努力通过大数据应用落实督察工作“全过程、全覆盖”的工作要求。四是堵塞漏洞、防范风险，督察工作中做到有错必纠，严格责任追究，努力实现督察内审为税收整体工作推进保驾护航的目标。

（张淑卿）

征管机构职能调整及人员调整　严格落实市地税局机构职能调整工作安排，成立机构职能调整工作组，做好工作任务分解落实。在全局上下的共同努力下，机构职能顺利调整，风评、发票、登记等各项业务平稳过渡。依托征管机构职能调整，不断调优干部配备，选调优秀的年青同志充实科室，进一步优化各部门干部配备，为组织发展提供人力资源的保障。此次调整人员14名，占比17%。（张淑卿）

“三严三实”专题教育　习总书记在关于推进作风建设讲话中，提到“既严以修身、严以用权、严以律己，又谋事要实、创业要实、做人要实”的重要论述。2015年，雨花台局领导班子以“三个着力”为重点，扎实推进“三严三实”专题教育活动的深入开展。着力在细学深研中统一思想，始终把学习贯穿活动始终，班子带头学习，做到初学有笔记，深学有心得，阶段有交流；着力在从严从实上改进作风，班子带头执行廉洁自律各项规定，主动加强自律，自觉接受监督，以自身的人格力量影响和带动干部群众；着力在履职尽责中强化责任担当，班子成员深入企业、街道、社区进行调研，了解经济税收形势、企业经营状况、影响收入因素。（张淑卿）

落实“三证合一”　“三证合一”即工商营业执照、组织机构代码和税务登记证三个证书合为一个证书的制度，从2015年10月1日起实施。10月，该局成立“三证合一”工作小组，建立“三证合一、一照一码”工作联席会议制度，编制《雨花台地税局“三证合一”纳税人告知书》《“三证合一、一照一码”税收服务指南》，组织干部及聘用制人员培训，经过两个多月的磨合及运行，各项业务流程均能顺利走通。截至11月，共计接收省、市、区三级行政大厅“三证合一”“一照一码”新办户信

息550户，接收省、市、区三级行政大厅“三证合一”“一照一码”变更户信息365户，受理体量位居全市前三。（张淑卿）

《雨花台局风险应对流程》梳理 依据《江苏省南京地方税务局中等风险操作指南》及《税收评定手册》，重新梳理编写《雨花台局风险应对流程》，对流程进行了逐步分解，对业务要求进行细化落实。在《雨花台局风险应对流程》编写完成后，及时对风险应对人员进行全员全方位业务培训，极大提高风险应对人员业务技能及工作效率。（张淑卿）

四个科所获得“南京市青年文明号”荣誉称号 2015年，雨花台地方税务局法规科、征科科、人事科、征收所4个科所，均获得南京市青年文明号。该局按照“班子统一领导、人事牵头负责、各线齐抓共管、干部全员参与”的创建工作思路，逐步建立了党、团、工、青、妇等齐抓共管的创建网络，使创建工作路子更宽，抓手更多。对岗位职责和部门行为进行规范，科所规范化水平不断提升。（张淑卿）

多篇调研信息被采用并被国务院领导人批示 充分发挥信息写作团队的力量，多渠道挖掘工作中的亮点和特色，广泛深入企业开展实地调研，加大对基础税收数据的采集和归纳，力出精品。截至目前为止，共完成信息积分690.3分，其中春节后江苏各地企业用工情况、江苏反映固定资产加速折旧政策切实减轻纳税人负担、期盼进一步放大政策效应、江苏基层关于小微企业税收优惠政策落实情况的调查等15篇信息稿件被国办采用，南京市反映众创空间发展存“两难两少”问题采用系统性政策扶持、江苏省各地对国务院确定进一步减税降费措施支持小微企业发展和创业创新的反映等6篇被国务院领导批示，多篇稿件被省委、省政府、省地税局采用。（张淑卿）

【责任编辑 汪城池】

栖霞地方税务局

概 述 2015年南京市栖霞地方税务局（以下简称“栖霞局”）深入贯彻落实中共十八届三中、四中、五中全会精神，以组织收入为中心，紧扣系统“三大工程”建设，坚持问题导向，强化纪律意识，弘扬担当精神，着重做好“依法治税”和“深化改革”两篇文章，圆满完成全年各项任务目标。

组织收入稳步增长。面对经济下行压力大、挖潜增收难度大的复杂形势，克难奋进、上下同心，围绕组织收入中心工作，将着力点放在收入质量上，抢时夺势、挖潜增收，2015年全年组织各项收入126.39亿元，其中，税收收入75.35亿元，社保费39.13亿元，基金费（含教育费附加）11.91亿元，圆满区委区政府和市地税局年初下达的任务目标。

深化依法治税。争创省级法治税务示范基地，积极推进税种精细化管理，强化主动型税政服务，以督察内审科成立为契机，深化规范化执法工程，建立执法监督“大督察”格局，推进“月度专项、季度重点、年度全面”的常态化执法督察，提高法治建设成效。2015年以来，先后获法治南京建设示范单位和市级法治税务建设示范基地荣誉称号，依法行政经验获得上级肯定，全区法治现场会在该局召开。

征管改革有力推进。扎实落实省市地税局部署，精心设计、精密组织，全面推开了区局新一轮税收征管体制改革，按“2+2+3”模式完成税源管理机构职能调整和税户切换，制定出台了《基层所联系街道管理办法》等配套制度，各项工作平稳有序，建立起“基础管理属地化、纳税服务规范化、征纳互动网络化、风险应对专业化”的新型征管体系，征管质效显著提升，风评贡献率达到2.64%，征管指标管理跃进系统前列。

纳税服务成效显著。紧扣为纳税人减负宗旨，深化“栖税先锋”纳税服务品牌，全面落实“三证合一”改革（即工商营业执照、组织机构代码和税务登记证三个证书合为一个证书的制度），借助互联网推出咨询辅导微视频系列服务，依托纳税人学堂、税企QQ群等，为纳税人提供及时、常态政策解答服务；与民生银行合作举办“税银合作”推荐会，帮助中小企业解决融资难困难；全年受理“12345”、“12366”工单63件，办理及时率100%，满意率98%；全年多项服务活动在省媒头版或中税报宣传，19篇产经调研稿件被中办国办采用，信息宣传工作双双进入系统先进行列。

队伍建设彰显特色。开展“学党史、知党情、跟党走”党史知识竞赛、“栖税争锋”杯税收知识竞赛、“地税故事”情景模拟等有影响的活动；组织科级领导干部选拔，选出正科级领导干部2人，副科级领导干部4人；开展能级评定工作，12人能级得到提升；1名干部获系统纳税服务标兵明星称号，1名干部获系统“地税标兵”称号，2人被评为市地税局优秀税收业务能手；4人入选市地税局人才库。区局获2015年度栖霞区完成“五个建设”有功单位，征收所被授予地税系统首批国家级巾帼文明岗示范点，“税苑书香”读书沙龙被评为南京市首批职工优秀阅读组织。（周　袤）

机构设置及负责人

办公室

主　任　　刘德坤
副主任　　周　袤（2015年2月任）

人事监察科

科　长　　徐振栩
副科长　　李珊珊（2015年2月任）

征管和科技发展科

科　长　　刘立峰
副科长　　刘新鸿

税政法规科

副科长　　彭蓓蓓

督察内审科

科　长　　周国强（2015年7月任）

第一税务所

所　长　　胡　红
副所长　　谭清峰

第二税务所

所　长　　黄峰巍
副所长　　张忠安

第三税务所

副所长　　庄森亭（2015年7月任，主持工作）
副所长　　周　海（2015年2月任）

第四税务所

所　长　　尹德胜

第五税务所

所　长　　沈家明
副所长　　陈小林

第六税务所

所　长　　金佩光
副所长　　徐连海

第七税务所

所　长　　王　玉（2015年2月任）

第八税务所

所　长　　周国强（2015年7月任）

征收局第七税务所

所　长　　孟　菲（2015年2月任）
副所长　　李森林（2015年2月任）

组织各类收入126.39亿元　2015年，栖霞局主动适应区域经济新常态，及时根据目标任务和掌握的税源情况，积极做好计划建议，细化组织收入计划管理措施，突出以预测为基础，围绕目标制定计划管理措施，把握申报跟踪，统筹协调风险应对贡献，全面分析掌控税源，常态化监控收入质量，圆满区委区政府和市地税局年初下达的任务目标。1—12月，累计组织各项收入126.39亿元。其中，组织全口径税收收入75.35亿元，组织市县级一般公共预算收入55.54亿元，同比增长15.81%，组织区县级一般公共预算收入54.99亿元，同比增长18.65%；社保费39.13亿元，基金费11.91亿元。（吕秀杰）

税收征管体制改革　2015年，栖霞局按照“基础管理属地化、纳税服务规范化、征纳互动网络化、风险应对专业化”的新型征管体系要求扎实落实省地税局、市地税局部署，顺利接收重点局划转90户重点税源企业，按照“2+2+3”模式（即2个基础所+2个重点风评所+3个一般风评所）完成税源管理机构职能调整和税户切换；做好改革后续衔接，制定出台《基层所联系街道管理办法》等配套制度，明确新征管模式下业务事项衔接、收入任务分解、征管质量指标、收入质量指标等工作要求，进一步理顺工作机制，强化管理职责落实，各项工作平稳有序，改革成效逐步体现。（周　袤）

“三证合一”登记管理　2015年，栖霞局落实“三证合一”要求，全力做好人力资源、业务学习和纳服配套：着眼对外窗口，加强区域联动，科学调配人力资源配置，尧化、新港政务大厅分设综合窗口，做好前来办证企业的税务咨询服务；着眼全局干部，加强教育培训，采取局班子专题学、全体干部普遍学、窗口人员重点学等形式，确保人人知晓变化点，为推动工作开展打基础，保障服务政务大厅综合窗口畅通；着眼服务对象，创新视频微宣传，结合纳税人课堂等服务性工作，探索用微视频的方式，制作“三证合一”宣传解读、新办户地税服务指南以及网上办税实时指导，为企业提供证照改革后的税务后续事项微服务。截至2015年12月末，办理新税务登记超过1300户，变更登记900余户。（吕秀杰）

建筑业重点项目专项清查清算 2015年，栖霞局针对“营改增”形势，重点加强建筑业、房地产业的行业管理，有效利用建筑业管理平台的“税源监管社会化、过程管理专业化、管理平台信息化”抓好项目登记、跟踪、清算，积极开展建筑业专项清理工作，对区局2236个项目经过建设方施工方双向信息反馈，确定重点的663个项目开展逐一清理，严格审核清理清算质量，及时推进清理进度，重点跟进当期应预清算、最终清算项目，努力实现“清项目、清税款”目标。通过建筑业项目专项清理工作，区局完成预清算项目935个，最终清算项目477个，实现清理税款贡献5590万元。（周 袤）

企业所得税汇缴管理 2015年，栖霞局围绕“分类管理，优化服务，核实税基，完善汇缴，强化评估，防范避税”24字方针，切实提高企业所得税精细化管理水平，全年企业所得税汇算申报3472户，核定申报1336户，申报率100%，查账征收企业入库税款84390.33万元，核定征收企业入库税款3125.02万元。针对企业所得税新申报表启用工作，制作发布企业所得税汇缴申报操作微视频，查账征收户培训面达到100%；开展固定资产加速折旧优惠专题培训，并逐户跟踪优惠享受情况，全区五千元以下固定资产一次性扣除享受企业747户，六大行业固定资产加速折旧优惠享受企业4户，十八大行业优惠享受企业6户，确保企业优惠政策享受到位；全年减免各类税款8372.62万元，加计扣除1.45亿元。（周 袤）

获法治南京示范单位 2015年，栖霞局先后获法治南京建设示范单位和市级法治税务建设示范基地荣誉称号。全面推进法治创建，围绕全年依法行政工作的整体目标，落实年度创建推进方案及分解表，加强创建重点指标的评价和监控，定期通报各部门规范执法考核情况并逐项分析改进；夯实依法治税基础，完善常用执法事项操作指南，明确取消审批后续管理事项的范围、流程，修订《干部规范执法综合积分制管理办法》，强化分事项、分岗位培训和问题靶向培训，组织开展督察问题讲评和专题培训，提高干部执法能力；规范执法行为，成立区局重大税务案件审理委员会，按季度对税务行政处罚、风险应对案卷进行评查，提高案卷质量。（周 袤）

2015年3月17日，栖霞局组织干部深入高新技术企业开展调研

土地增值税模板清算审核 2015年，栖霞局立足机构改革，推进土地增值税清算，入库税款8000万元。该局在清算工作中引入团队模式，集合“三师”（注册税务师、注册会计师、律师）及业务骨干组成土地增值税清算工作团队，发挥专业优势，应对资料分析、实地审核等环节，形成互补效应；建立模板化清算，完善土地增值税清算操作指南，围绕建安项目成本造价等审核要点编写清算要点模板报告，邀请市地税局多位专家开展点面结合的清算实例培训，突出针对性提升清算技能；加强过程控制，从各部门清算进度和成效到个案清算情况进行定期通报，针对项目的前期管理到清算及后续管理各环节，加强过程监控，提升管理的精度。（彭蓓蓓）

外籍个人税务管理 2015年，栖霞局正常申报的外籍个人有1798人次，占全市四分之一以上。该局围绕完善外籍个人“入境登记、评估约谈、年度

汇缴、离境清税”闭环管理,把好税户控管关。加强外籍个税日常申报率管理,确保外籍个人日常申报率在90%以上;强化外籍个人年度申报和离职离境申报管理,从申报进度、质量、效能三个维度,全面核查、谨慎审核;结合工作实际,对外籍个人年度申报软件存在缺少处工薪以外其他所得年度申报的问题提出情况建议;以减免税优惠政策审核为突破口,补缴外籍个人所得税7户,入库税款158万元。全年外籍个人年度申报企业232户次,申报外籍个人1498人次,申报率达到100%。(周　袁)

“学党史、知党情、跟党走”教育活动　2015年,栖霞局紧抓思想政治教育基础,以建党94周年暨世界反法西斯战争胜利70周年为契机,组织“学党史、知党情、跟党走”主题教育活动:利用区局“栖税枫林”网站开辟党史专题教育栏目,上传党建知识;开展“学党史、知党情、跟党走”知识竞赛,巩固提高党员干部对党史常识、中共十八大及十八届三中、四中全会精神、党的群众路线教育实践活动的学习认识,通过环节设置和参赛人员的比拼营造党建先锋氛围,增强全局党员干部的先锋责任感与先进性;同时,该局还积极组队参与栖霞区政府网上党史知识测试和党史知识竞赛等活动,获得佳绩,在追忆红色经典中,唤起干部宗旨意识与理想信念。(周　袁)

“栖税争锋”税务文化品牌建设　2015年,栖霞局突出组织感召,积极推动“栖税争锋”文化落地。充分利用微博、微信等新兴微媒体,打造符合时代特色的创意文化活动;分步打造文化展示大厅,以直观的形式宣传文化理念与精神;以科所为单位,设立组织文化宣传阵地,反映部门特色,展示工作业绩,促进经验交流;将文化建设与主体工作紧密结合,收集、汇编文化建设案例,传播社会正能量,展现税务文化建设成果和税务干部风采;丰富文化生活,群团携手开展“迎新春——蒸蒸日上面点大赛”,“小蜜蜂”骑行、“栖税先锋”杯扑克牌比赛,羽毛球赛等活动,为文化体系建设搭建平台。(周　袁)

优化绩效管理效能　2015年,栖霞局贴近征管模式改革,优化绩效管理体系。注重基础指标的强化,区别职责个性设置不同绩效指标,突出绩效指标的针对性。实行绩效管理督查通报制度,按月对B级绩效指标的完成情况进行督查通报,及时准确统计各指标的完成情况,了解工作在纵横向排名,分析查找未达标指标、落后指标的原因,对落后指标找准改进措施并持续跟进。每月确定重点督查内容,涵盖日常考勤、作风暗访、重点工作和专项工作推进情况等内容,更清晰地将各单位工作完成情况呈现出来,切实打通最后一公里,做到不留死角,人人清楚自身位置,对先进形成激励,对后进造成鞭策。(李珊珊)

“两个责任”落实　2015年,栖霞局严格落实“两个责任”(主体责任和监督责任),强化使命担当,全面保障新常态下安全履职:在主体责任落实上,明确班子是党风廉政建设的领导主体、推进主体、支持主体、表率主体,各部门主要负责人是所在部门的主体责任第一责任人,把党风廉政建设责

2015年4月9日,栖霞局组织地税干部走进高校开展税法宣传

2015年8月24日,栖霞局地税干部走进阅兵服生产企业,了解生产情况,提供税收政策服务

任制和行政执法责任制、责任过错追究制等有机结合，使党风廉政工作与业务工作同步考虑、同步部署、同步实施。在监督责任的落实上，注重加强干部的廉政意识教育，开展廉政情景案例活动、实行廉政教育每月一课制度，利用"短信送廉"等；严格落实重要情况报告、述职述廉、民主生活、诫勉谈话、询问和质询、特定问题调查等监督制度，确保党风廉政建设各项任务落到实处。

（李珊珊）

"税苑书香"读书沙龙被评为南京市优秀阅读组织 2015年，栖霞局"税苑书香"读书沙龙被评为南京市首批职工优秀阅读组织称号。"税苑书香"阅读组织围绕"一个主活动，一个主阵地，一个主刊物"，定期以"读书启迪智慧，书香浸润心灵"为主题，举办读书沙龙，为干部搭建起读书交流的平台；提升区局职工书屋实体建设，设立"枫林书舍"电子图书馆，丰富干部读书活动的阵地；编制"税月枫情"期刊和电子月刊，刊选干部掩卷所悟。在精心策划阅读活动的同时，还因势利导地开展"清风税廉"廉政书画比赛、"好书共赏、微言大议"书评推荐、税收微创意大赛等活动，推进读书活动与区局各项文化活动的互融互促，培育全局学习新风，打造书香地税。 （周 裘）

2015年11月17日，栖霞局组织税收法治知识竞赛

"感恩有你"地税妈妈行动 2015年，栖霞局妇联以"感恩有你"为主题，弘扬"奉献、友爱、互助、进步"的志愿者精神，通过"栖税先锋——康乃馨"志愿团队，引导全局女干部参与岗村共建、扶贫救弱、义务帮扶等公益性服务工作。志愿者们利用节假日慰问摄山村留守儿童，带他们走进消防支队，观看消防演习、学习消防知识、学习军人品质；支持摄山村游艺会，与全村60余名孩子欢度"六一"儿童节，在结对共建中献出地税干部的温暖和爱心。此外，志愿者们还将公益服务的触角进一步延伸，积极开展税法公益宣传、义务献血、社区养老中心义务劳动、街道文明引导员等活动，展现巾帼地税干部的良好形象。（周 裘）

19篇政务信息被中办、国办采用 2015年，栖霞局围绕小微企业优惠政策、创业创新、简权放政等热点深入调研，全年19篇调研信息被中共中央办公厅和国务院办公室采用，完成信息总分1474.4分，信息考核分701分。其中《江苏省各地对国务院确定进一步减税降费措施支持小微企业发展和创业创新的反映》《调研显示国家新兴产业创投计划带动效应明显创投公司期盼尽快实施400亿元引导基金》《南京市反映众创空间发展存"两难两少"问题需要系统性政策扶持》等得到国务院领导批示；90篇信息稿被省委、省政府采用，为政府出台相关涉税政策制定提供了参考依据。

（柴逢国）

【责任编辑 汪城池】

化学工业园区地方税务局

概 述 2015年，南京化学工业园区地方税务局（以下简称"化工园局"）扎实推进法制建设、服务建设、队伍建设和文化建设，各项工作取得了新的成绩，圆满完成了年度各项目标任务。全年共计组织入库各项收入57.12亿元，同比增长44.94%，全面完成了上级下达的目标任务，其中：税收收入28.70亿元，同比增长18.19%。入库区政府口径公共预算收入26.08亿元，入库市地税局口径公共预算收入20.77亿元。

加强税收法制建设。全力做好企业所得税新表培训和后续监管，全年开展企业所得税复审172户，入库税款202.7万元。认真开展反避税调查，上报国家税务总局反避税自主调整案例1篇，补征税款5000余万元。全面启动"法治税务示范基地"创建，评选出5名税收执法示范岗。完善以"微督察"为手段的成果运用机制；积极参与市地

税局“建立常态化税收执法督察工作机制”创新项目；选拔8名督察内审员组建专业化内审团队。

深化征管体制改革。深入贯彻市地税局征管改革部署，结合实际制定调整方案，通过出台一系列制度和流程规范，优化税户分类管理，深化申报征收管理，强化发票综合治理，改善数据质量控制，提高风险管理效能，推动网络安全管理和信息化建设，税收征管质效进一步得到提升，审计规则正确率位于系统前2名。加强与园区工商局、国税局、建工局、国土局等部门的数据交换，拓展涉税数据获取渠道。

完善纳税服务体系。建立各部门协调互动的快速响应机制，在政务中心实现“三证合一”“一照一码”（工商营业执照、组织机构代码证、税务登记证合并为一个证件）服务；优化自助办税机出厅服务，被市地税局评为优秀办税服务厅；积极应对投诉，全年收到上级转办纳税人投诉51起，满意率100%。继续开展以“个体定额评税”为主要内容的“纳税人之家”品牌建设，全年召开纳税人之家活动4场，开展纳税人学校培训12场。运用移动互联思维，优化“南京化工园地税局”官方微信和纳税服务QQ群，发布涉税风险“微”提示，全天候、全方位提供涉税服务。

注重干部素质提升。倾心关怀每一位干部职工的成长，管晓宇、王海军两人获系统业务竞赛能手称号，韩玉萍、殷艳两人被评为系统礼仪内训师，吴明芝被评为“南京好人”和“南京好市民”。积极开展人才库建设，推荐傅斌、胡恒辉、李鑫3人入选市地税局人才库。整合绩效考核、公务员考核、奖金分配等制度，制定化工园局2015年度绩效考核办法和考核指标体系。

深化党风作风建设。制定下发《2015年党风廉政建设工作责任分解意见》，“一把手”与各科所负责人签订党风廉政建设责任书，实现分解细化、责任到人。每半月编发一期《党风廉政建设暨作风建设半月刊》，每周通过微信平台发布《税廉微语》，将廉政教育“大课堂”融入“小平台”；强化“以警固锚”的廉政文化建设，组织参观六合检察院预防职务犯罪教育基地。开展执法监察、“三险”同步预防（廉政风险与税收风险、执法风险同步预防）、一案双查、廉政回访等内部监督工作。

（吕　璐）

机构设置及负责人

办公室

主　任　　李　骞

人事监察科

科　长　　边　伟

副科长　　殷金婵（2015年7月免）

征管和科技发展科

科　长　　胡恒辉

税政法规科

科　长　　傅　斌

督察内审科（第七税务所）

科　长　　陈　阵（2015年7月任）

第一税务所

副所长　　殷金婵（2015年7月任）

吴鲁怀（2015年7月免）

第二税务所

所　长　　金相许（2015年7月免）

副所长　　吴鲁怀（2015年7月任）

许兴鹏（2015年7月免）

第三税务所

所　长　　何栋章（2015年7月免）

副所长　　许兴鹏（2015年7月任）

第四税务所

所　长　　何栋章（2015年7月任）

第五税务所

所　长　　黄志宝（2015年7月任）

乔文平（2015年7月免）

第六税务所

所　长　　金相许（2015年7月任）

（2015年8月免）

黄志宝（2015年7月免）

副所长　　侯　攻（2015年7月任）

（吕　璐）

组织收入28.7亿元　坚持组织收入原则，细化税源分级分类管理，建立“责任传导、税源监控、定点联系、收入分析、护税协税”的收入管理机制，构建起“基础管理属地化、纳税服务规范化、征纳互动网络化、风险应对专业化”的管理格局。全年组织入库市区级税收收入28.70亿元，同比增长18.19%；社保费收入21.58亿元，“三费”（教育费附加、地方教育附加、文化事业建设费）收入6.48

亿元;入库区政府口径公共预算收入26.08亿元,同比增长27.88%;入库市地税局口径公共预算收入20.77亿元,同比增长19.39%,全面完成收入任务。
（胡恒辉）

税源管理 加强分级分类税源管理,对重点行业、重点项目、重点企业实行特事化管理,对中型企业进行规范化管理,对小型企业采用警戒线管理,对个体户和零散税源采取社会化管理。拓展涉税数据获取渠道,从税户、税种、发票三个维度出发,全面掌握区域内各税种税基信息情况。做好企业所得税相关指标的分析整理,全年共办理企业所得税复审166户,入库税款155.34万元。全年共办理股权转让个人所得税核查549户,平价或低价调整面34.06%,入库税款74.73万元。建筑业(预)清算率达到89.42%,累计清算入库税款614万元。
（胡恒辉）

“嵌入式”服务区域创新发展 全程参与大厂街道的“创客空间”建设,利用管委会招商平台发布《重组改制税收政策汇编》,为园区企业重组改制工作提供税收政策支撑,在企业资本运作上市之初提前介入,“嵌入式”提供税收政策规划服务,为区域创新发展做好政策保障。2015年,为园区的中旗作物、威尔化工、悦力集团等企业的资本交易提供政策服务。全年共办理各项税收优惠325户次,备案类减免税额达798.19万元,查账征收企业享受固定资产加速折旧政策446户。
（傅 斌）

风险应对管理 建立风险流程标准化管理,在风险疑点模型、风险应对指引、文书制作规范等方面实施标准化建设。强化风险差别应对,全年共计开展中等风险应对563户,准期应对率达到99.42%,入库税款6725万元,同比增长168%,按季组织风险应对复审,复审面达到5%。开展流程节点数据控制,抽取业务骨干组建专业化团队,明确登记、鉴定、申报等环节的数据控制点。开展大数据分析,通过房产税和城镇土地使用税数据比对、营业税和发票数据比对、第三方数据比对等方式,排查疑点,推送风险应对任务。
（胡恒辉）

搭建纳税服务和廉政建设“微平台” 联通线上咨询平台,开通“南京化工园地税局”官方微信和纳税服务QQ群,每周推送涉税风险“微”提示,全天候、全方位提供涉税咨询。建立多部门联动的建筑安装业综合治税咨询管理平台,深入企业开展“一对一”政策辅导和税收调研10期。整合税务代理群体,依托微信平台,采取“指尖上的微培训”方式,开展每月两次的纳税人学校网络微培训。建立以“大督察”为理念的廉政机制建设,发布12期《税廉微语》,将廉政教育“大课堂”融入“小平台”,全面提高税收服务质量、严肃执法队伍建设。
（胡恒辉）

建立以国地税合作为基础的社会联合参与体系 实行联合办税,在园区国税局征收大厅和政务服务中心设置地税窗口,进一个门,办两家事,有效减轻纳税人负担。实现数据互通,与园区国税局建立定期信息交换机制,协作形式由人为协调向机制运行转变,由不定时沟通向定期常态联系转变,在联合征收、清理税户、清理欠税等方面建立全面合作关系,逐步建立起以“政府领导、税务主管、部门配合、司法保障、社会参与”为主要内容的社会综合体系。通过分析利用园区国税局提供的售付汇信息,补缴一户企业常设机构外籍个人所得税2527万元。
（胡恒辉）

税收宣传与舆情管理 精心组织税收宣传月活动,开展“我来写税字”创意作品有奖征集活动,微博阅读量达到60.2万人次,微博讨论3250条,图片墙图片220幅,此次活动被《南京日报》、都市报、南京广播电台、《江苏经济报》等多家媒体宣传报道。加强理论调研,4篇信息稿件被中央办公厅、国务院办公厅采用并获得领导批示。加强舆情管理制度建设,认真做好日常涉税舆情的监测、分析和预警,提高舆情应处能力。针对一些税收知识欠缺、无专职会计的小规模企业,采取印制宣传手册、宣传碟片的方法,有针对性地宣传税收基础知识和办税流程,帮助他们正确履行纳税义务。
（李 骞）

“法治税务”示范基地创建 加强领导,健全组织,由主要领导牵头负责,围绕法治税务开展各项工作，确保示范基地建设有序推进。一是明确示范基地建设工作的目标任务、基本程序等内容，将各项目标任务分解落实到各个部门，明确工作内容、完成时限、创建标准及责任人，确保各项任务落到实处。二是开展自查整改，不断完善创建工作。召开专项工作布置会，开展各条线的“法治税务”工作的自查整改，补充完善相关工作制度，收集整理相关工作资料，编定《创建工作简报》。三是规范开展税收执法示范岗的评选。制定工作方案，在全体业务部门进行动员，通过部门推荐、个人自评、科所长打分、组织测评等方式，共评选出5名税收执法示范岗，并在此基础上向市地税局推荐1名优秀执法示范岗。（傅　斌）

财产行为税种管理　加强房产税和城镇土地使用税数据分析与评估，完善房产交易税收问题应对机制，严格按要求进行存量房各项税收征管。集中开展2014—2015年度契税工作自查，落实问题整改要求。做好土地增值税清算管理，强化建筑业管理，预清算率达到89.42%，累计清算入库税款614万元；落实应清算项目和可清算项目的清算审核，全年完成5个项目的土地增值税清算自行申报和4个项目的清算审核；建立按月跟踪反馈机制，做好已清算项目的后续申报管理和辖区所有项目的进度监控。积极参与“以地控税”工作，根据“以地控税、全面征收、优惠落实、痕迹管理”的原则，建立应征清册，分解征收任务，加强征期税收管理。（傅　斌）

“三证合一”后续管理　在办税服务厅组织服务技能和业务规范培训，定期开展应急演练，顺利实现“三证合一”“一照一码”服务，10月1日实行“三证合一”以来，共办理设立登记797件、变更登记559件、换照登记417件。强化“三证合一”后的股权转让个人所得税管理，全年共办理股权转让个人所得税核查549户，平价或低价调整面34.06%，入库税款74.73万元。充分利用现有资源并对其进行有效整合，实现工商、质监、国税、地税资源共享，逐步与金融行业对接，提高服务效能。（胡恒辉）

督察内审管理　采取交叉互查方式，与高新局联手开展专项执法督察，发现并整改问题共15个。开展中等风险应对质量检查工作，7—12月共检查29户，发现并整改2个问题。围绕优惠政策落实和严格税收执法两大方面10项内容开展年度执法督察；按照市地税局部署开展“三代”（代扣、代收、代征税款）手续费专项审计和“过头税”疑点核查，全面检查手续费支付流程，多重交叉比对大集中系统数据、财务系统数据以及台账记录，及时向市地税局反馈疑点数据核查情况，切实发挥督察内审职能。在业务科室和基层税务所选拔督察内审员共8人，与督察内审科人员组成督察内审团队，为督察内审工作的开展提供人才保障。（陈　阵）

党风廉政和作风行风建设　制定下发《2015年党风廉政建设工作责任分解意见》，明确职责分工和考核要求。创新警示教育，“一把手”与各科所负责人签订党风廉政建设责任书，实现分解细化、责任到人。认真落实执法监察、“三险”同步预防、一案双查、廉政回访等内部监督工作要求，开展“崇德守法”主题教育活动，组织干部观看廉政教育片、参观六合检察院预防职务犯罪教育基地，以案施教，以案说法，以案警示。开展作风建设专项教育和收受购物卡问题专项整治，主动邀请纳税人开展外部监督，确保制度落实到位。深入贯彻中央“八项规定”自查自纠工作要求，做到领导带头、全面整改、不留死角，完成办公用房清理腾退。（边　伟）

“进取”文化建设　弘扬市地税局“卓越同行”文化理念，推进化工园局“进取”文化品牌建设，以文化凝聚人心。加快“进取”文化落地，与文化创意公司合作，完成文化展厅的创意设计和前期施工。以吴明芝参选“南京好人365”为契机，开展“青蓝工程”建设，由工龄20年以上经验丰富的老师傅带领新进员工，学习该局历史文化、了解地税发展历程，重点传授税收管理过程中的经验和方法，将该局的优良传统和宝贵的工作经验更好地传承下去。与此同时，积极宣传工作一线的先进人物的典型事迹，营造化工园局整体学习先进、崇尚先进、争当先进的浓厚氛围，树立化工园局核心理念，增强组织凝聚力。（边　伟）

开展江北片区联合培训　与江北兄弟单位合作，创新培训形式，开展视频培训4次、专题研讨6

次，通过组织外部专家讲座、干部上讲台、微型党课等多种形式的学习培训，整合多家资源，提升培训品质，丰富教育形式、提升干部学习效果。积极开展税制改革背景下专业人才团队建设的探索，组织选拔市地税局、化工园局两级人才库，根据人才特点及组织发展需要，鼓励和引导干部利用业余时间积极开展自学，通过采取安排培训讲课和岗位调整锻炼等方式，不断提高干部职工的岗位输出能力，2015年有2名干部获系统业务竞赛能手称号。（边 伟）

政务管理 编制年度工作要点并进行精细化分解，加强计划推进和过程督办，提高计划执行有效性，发挥目标引领作用。积极运用省地税局档案管理软件，认真做好2014年档案归集和历史档案迁移工作，全年整理档案共计19个类别，7449份。加强公文规范管理，贯彻阳光税务品牌战略，积极推进政务公开。贯彻落实财务管理制度，加大日常检查整改力度，夯实财务工作基础，精心编制年度经费预算，加强指标分析监控，为各项工作提供资金保障。深入开展落实中央“八项规定”精神和纠正“四风”自查自纠工作，认真组织资金资产清理，提高经费管理水平。（李 骞）

后勤管理 严格对照标准，精心筹划方案，全面落实办公房清理腾退的工作要求。贯彻《中华人民共和国食品卫生法》，规范食堂管理，全年展开4次问卷调查，组织菜肴创新和食品保健活动，在预算范围内，尽量满足职工的口味和需求。推进综合治理和平安创建，落实节能减排工作要求，全年用电节约2万元，用水节约1万元，天然气节约5000元。加强物业管理监督，巩固城市标准化建设成果。严格落实政府采购规定，认真开展固定资产清理，账实相符率达到100%。加强车辆日常管理，做好日常后勤保障。（李 骞）

【责任编辑 秦蓓蓓】

江宁地方税务局

概 述 2015年，南京市江宁地方税务局（以下简称“江宁局”）紧扣组织收入中心，推进依法治税、信息管税、服务兴税、人才强税和廉洁从税，各项建设取得新成绩。全年组织各项税收137.76亿元，其中：完成区政府公共一般预算收入120.85亿元，较2014年增长9.5%；完成市地税局公共一般预算收入109.46亿元，较2014年增长10.61%。征收社会保险费52.01亿元、防洪保安基金952.67万元、工会经费及工会筹备金3658.33万元、残疾人保障金2397.07万元。

落实优惠政策。落实支持中小企业发展、促进就业创业、社会保障和促进民生发展等税收优惠政策，促进科技创新成果转化，支持高新技术企业、技术先进型服务企业、软件企业、资源综合利用企业等发展。2015年，对符合政策规定的2108户企业减免企业所得税33561.96万元；为286户纳税人减免营业税19592.04万元，其中：3户审批类营业税减免税款1140.94万元，283户备案类营业税减免税款18451.10万元。

深化征管改革。按照“基础管理属地化、纳税服务客服化、征纳互动网络化”改革思路，根据新型征管体系和征管业务信息系统要求，梳理税源管理事项清单，整合、简并业务工作事项，规范税源管理岗位设置，推进分类管理。拓展外部信息采集渠道，加强对工商、国税、建工局等部门信息利用，采集房产局、国土局等部门第三方数据25560条。规范风险应对管理，推送1581户次中等风险任务，共计入库税款49207万元，户均入库税款31.12万元。加强税务登记后续管理，清理国地税差异户，对税号名称、法人身份证号码、法人名称不一致的2707条数据进行核查和维护。联合国税加强非正常户管理，清理非正常户85户。加大欠税清理力度，清缴往年欠税54.95万元，清理率达20.68%。

创优税收服务。坚持纳税人需求导向，推进“全心、全员、全程”服务意识落地，建立纳税人需求响应机制。办理涉税服务工单328件，满意率（含基本满意率）达96.34%。开展纳税信用等级评定，评定A级纳税人1675家。推广应用网上办税模块，拓展自助办税机功能。加强政务中心地税窗口建设，推进多证联办、并联审批工作，办理“多证联办”（工商营业执照、组织机构代码证、税务登记证等证照联合办理）户数759户，“三证合一”（工商营业执照、组织机构代码证、税务登记证合并为一个证件）新办户数2536户、变更2008户、换照1123

户。运用微信、QQ群等新型媒介在线咨询服务方式，开展重点企业订制服务。深化“纳税人之家”、“纳税人学校”和税收宣传基地平台运用，加强一体化“纳税人学校”建设，开设“税收大讲堂”，尝试案例式、实景式、体验式网络教学。全年举办纳税人学校12期，参加培训人数1287人次。

坚持依法行政。落实权力清单制度、行政处罚备查制度和重大处罚案件备案制度，开展制度和流程执法风险审查。执行处罚裁量基准，规范行政处罚行为。落实重大税务案件审理办法及重大税务案件集体审理工作制度，2015年共审理重大案件9个。成立税务行政争议调解处理办公室，依法开展听证、复议、应诉及强制执行工作，健全行政争议化解机制。深化稽查管理改革，实施大要案项目管理，落实税务稽查案件负责制，健全部门协作和国地税联查机制，推广应用网络版电子查账软件、卷宗电子审理信息系统，推行稽查案例库应用。全年查处涉税案件61宗，查补收入8303.65万元，其中查补税款5047.34万元、以查促收3256.31万元。成立执法督察团队，按季度开展税收专项执法督察，针对误征退税、“营改增”风险应对、资产损失税前扣除风险应对、稽查移送、企业改制过程中涉及房产过户契税减免等执法事项进行专项督察。

加强队伍建设。新选拔晋升正科级干部2名，副科级干部6名。开展并落实春季培训、业务短训、在岗培训工作，以及以“最强税务人”春季培训趣味赛为代表的技能竞赛、岗位练兵等活动。鼓励干部参加执业资格考试，3名干部取得会计师、经济师等执业资格。分解党风廉政建设目标任务，建立起局领导、科（分局）长、一般干部三层二级“网格化”责任体系，实行连带责任制。落实“一案双查”制约机制，防范工作失职、渎职和违反廉政纪律等行为发生。开展“服务零距离、满意在地税”作风品牌建设，优化行风监督员工作机制，完善作风建设长效机制，巩固党的群众路线教育实践活动成果。构建党总支、党支部、党员干部“三位一体”党建工作责任管理体系和党员志愿者服务体系，加强基层党组织建设。推进组织文化建设，获系统2014年度税务文化建设示范单位，职工书屋被全国总工会授予全国“职工书屋示范点”称号。（李洪进）

机构设置及负责人

办公室

主　任　张学银
副主任　邢　彦

人事监察科

科　长　张京宁（2015年12月免）
副科长　朱士祥

规划财务科

科　长　欧小浩（2015年1月任）
　　　　经　波（2015年1月免）

征管和科技发展科

科　长　徐　志（2015年1月任）
　　　　戴祖祥（2015年1月免）
副科长　陈　程（2015年1月任）
　　　　徐　志（2015年1月免）

税政法规科

科　长　盛晓根
副科长　韩　云

数据管理科（与税收风险评估分局合署办公）

科　长　陈　军（2015年12月免）
副科长　王　勇（2015年1月任）

督察内审科（2015年7月成立）

科　长　潘国义（2015年7月任）

第一税务分局（2015年7月更名为第七税务分局）

分局长　蒋松荣
副分局长　梁明霞（2015年7月任）
　　　　周　俊（2015年1月任）
　　　　（2015年7月免）
　　　　欧小浩（2015年1月免）

第二税务分局（2015年7月更名为第八税务分局）

分局长　沈　勇（2015年1月任）
　　　　潘家贵（2015年1月免）
副分局长　钟　慧（2015年7月任）
　　　　孙　毅（2015年7月免）

第三税务分局（2015年7月更名为第一税务分局）

分局长　邹玉宝（2015年1月任）
　　　　潘国义（2015年1月免）
副分局长　罗友明

第四税务分局（2015年7月更名为第二税务分局）

分局长　陶家祥
副分局长　王力生（2015年1月任）

第五税务分局（2015年7月更名为第三税务分局）

分局长　　张　志（2015年7月任）
　　　　　潘家贵（2015年1月任）
　　　　　　　　（2015年7月免）
　　　　　邹玉宝（2015年1月免）
副分局长　沈继承（2015年1月任）
　　　　　王力生（2015年1月免）

第六税务分局（2015年7月更名为第五税务分局）

分局长　　张　健（2015年1月任）
副分局长　孙　毅（2015年7月任）
　　　　　周　俊（2015年1月免）

第七税务分局（2015年7月更名为第六税务分局）

分局长　　潘家贵（2015年7月任）
　　　　　张　志（2015年7月免）
副分局长　王　强（2015年7月任）
　　　　　钟　慧（2015年1月任）
　　　　　　　　（2015年7月免）

第八税务分局（2015年7月更名为第四税务分局）

分局长　　戴祖祥（2015年1月任）
　　　　　沈　勇（2015年1月免）
副分局长　周　俊（2015年7月任）
　　　　　王　强（2015年7月免）

征收税务分局（与纳税服务局合署办公）

分局长　　卢毓炎（2015年1月任）
副分局长　黄　瑶（2015年1月任）
　　　　　江海涛（2015年7月任）
　　　　　梁明霞（2015年7月免）

稽查局

局　长　　经　波（2015年1月任）
　　　　　张　健（2015年1月免）
副局长　　周帮金

耕地占用税和契税管理所（2015年7月撤销）

所　长　　潘国义（2015年1月任）
　　　　　　　　（2015年7月免）
　　　　　卢毓炎（2015年1月免）
副所长　　江海涛（2015年1月任）
　　　　　　　　（2015年7月免）

（李洪进）

组织地方税收137.76亿元　2015年，江宁局组织入库地方税收总额137.76亿元，较2014年增长12.69%，地方税收总额居南京市各区首位。在全省地方税收总额达百亿元的县级市（区）中，位居昆山市、江阴市、张家港市之后名列第四，但增幅仅次于张家港市位居第二，比位居第三至第五位的昆山市、吴江区、江阴市分别高出2.38、2.94、4.34个百分点。　（李洪进）

“巧手织温暖，爱心助春蕾”捐助活动　2月4日，江宁局组织妇女干部在江宁区铜井小学“地税春蕾班”，开展“巧手织温暖，爱心助春蕾”捐助活动。活动上，举行了“地税爱心书屋”揭牌暨赠书仪式，向孩子们赠送了由当代知名作家写的童话、少年版的中国古典名著、世界名著及科普读物等各类书籍200余册。在“地税爱心书屋”揭牌暨赠书仪式后，举行了联欢活动，地税女干部们为孩子们表演了舞蹈《小苹果》和魔术等节目，孩子们表演了四重唱、争先恐后猜谜语等节目。南京外国语学校部分中学生应邀参加当天活动，并向孩子们赠送了部分书籍、演唱了外文歌曲。当日，地税女干部们还给孩子们送去了亲手编织的绒线围巾、帽子和手套等防寒保暖物品。　（李洪进）

刘捍东调研江宁地税纳税服务工作　3月4日下午，省地税局党组书记刘捍东、省地税局局长江建平和机关有关部门负责人调研江宁局一线窗口纳税服务工作。调研期间，刘捍东一行察看了办税服务厅功能设置情况及规范化建设情况，听取了办税服务厅涉税事项办理业务流程、服务宗旨、为民服务的具体措施等情况介绍。刘捍东一行在信息采集区，询问了纳税人税务登记信息、税源信息和委托三方协议银行账号信息等信息采集情况；在自助办税区，考察了纳税人自助打印完税证明的情况，并就自助办税服务与纳税人进行交流；在成果展示区，了解江宁局征收分局文明创建情况，并驻足观看具体创建成果；在办税服务区，与在窗口办理涉税事项的纳税人进行了现场交流。最后，刘捍东一行针对年所得12万元以上个人所得税申报、多处取得收入监控和纳税申报地点确定、税源税户管理、全省纳税信息互联互通等具体问题与基层税务人员展开探讨交流。

（李洪进）

获“江宁区第二轮修志工作先进集体”称号　3月13日，在江宁区人民政府召开的《江宁区志》首发式暨全区第二轮修志工作总结表彰会上，江宁局被授予“江宁区第二轮修志工作先进集体”称号。在修志工作中，该局制定区地方志财税编有关章节和地方税务志编纂工作实施意见，成立地方税务志编纂委员会，将具体编写工作任务细化分解到相关职能科室和岗位人员，实施编辑部与职能科室双管齐下管理机制和编纂工作推进例会制，分批开展封闭作业，广泛征求退休老干部、原部门负责人、局领导班子成员及区党史办专家等各方意见，形成总字数达41.8万字的志稿，顺利通过区党史办终审和方志出版社的初审、复审和终审。方志出版社终审意见认为：《江宁地方税务志》整体层次清晰，编排合理，文字规范，可称一部高质量的行业志书。（李洪进）

2015年3月2日，江宁局深入小型微利企业宣传税收优惠政策并开展调研服务

园区税收宣传暨纳税服务活动 4月1日下午，江宁局在东山国际研发园开展税收宣传暨纳税服务活动，向园区领导和财务部门人员宣传《全国税

2015年4月10日，江宁局办税服务厅值班长为纳税人提供涉税信息查询辅导服务

务机关纳税服务规范》及纳税服务举措。一是结合园区特点，重点宣传总部经济税收管理规定、高新技术企业税收优惠政策、研发加计扣除政策等；共同商讨园区地方税税源培植、加快企业转型升级、促进园区资源高效利用等议题；具体研究区内注册区外经营户管理、租赁企业税收管理、工业厂房出租情况检查、企业使用土地信息比对等问题。二是建立涉税信息定期交换制度和纳税服务联系人制度，并明确涉税信息交换渠道、时间及具体联系人和联系方式等。（李洪进）

国地税税收征管与纳税服务合作 4月29日，江宁区国、地税局联合召开2015年度税收征管与纳税服务联系会议，明确加强税收征管、纳税服务、税收风险评估、税务登记等方面工作要求，拟定合作方案。根据合作方案，在税收征管方面，双方将通过国地税征管平台实现数据共享；对企业税务登记信息不一致的纳税户，由国、地税分别进行核实，并定期交换数据，以保持税务登记信息的一致性和完整性。在纳税服务方面，双方将重点加强纳税人信用等级评价工作，共同办好纳税人培训学校，定期聘请国地税业务骨干到纳税人学校授课答疑，为纳税人提供实实在在的服务。在税收风险评估方面，双方各筛选10户风险评估对象，探索国地税联合开展税收风险应对模式，并将在积累总结工作经验的基础上，扩大联合开展税收风险评估范围。

（李洪进）

国家税务总局实地督查国务院政策措施落实情况 5月20日，国家税务总局督查组深入江宁局，就该局对国务院稳增长、促改革、调结构、惠民生各项政策措施落实情况开展专项督查，省地税局副局长陈筠、市地税局总经济师钱家俊陪同。督查组在听取该局汇报后，以明查暗访形式，重点督查税务行政审批制度改革措施落实、涉税中介监管、落实稳增长促改革调结构惠民生税收优惠政策，以及《国家税务总局关于坚持依法治税 更好服务经济发展的意见》的贯彻落实情况等。督查组最后对该局在落实政策措施方面所做工作给予肯定，认为工作比较扎实，政策落实比较到位，纳税服务工作有特色。（李洪进）

“最强税务人”第二季春训趣味赛 6月3日，江宁局举办“最强税务人”第二季春训趣味赛，全局16个部门组成的4支联合代表队、共计52人次参加比赛，其余干部观摩比赛并参与比赛互动。整场活动由展现地税组织文化的配乐诗朗诵以及快速接龙、眼疾脚快和步步为赢三大环节组成。诗朗诵为税务干部自编自导的配乐诗《税月之梦》，讴歌江宁地税昨日辉煌、抒写今日奋发、展望明日美好。快速接龙环节的规则是每支参赛队队员在限定时间内轮流作答题目，以答题多少计分，通过题海战术检验干部春训成果。眼疾脚快环节集趣味性和知识性于一体，参赛选手需在指定区域、限定时间条件下，通过踩破对手捆绑在脚上气球数量来进行题目作答。步步为赢环节借鉴棋类比赛“前进后退”形式，选手需在特制棋盘内通过不同分值题目作答决出胜负，以此检验干部对征管流程和征管系统操作熟练程度。

（李洪进）

“强素质作表率”读书月活动 7月，江宁局以“建设书香机关、强素质作表率”为主题，开展读书月活动。活动内容包括两个方面：一是开展最受机关干部欢迎的好书推荐活动。组织党员、干部职工每人推荐1~2本“我最喜爱的图书”，并为推荐的图书撰写140字以内的“微感言”“微书评”。二是捐书共建活动。依托“万名党员干部带万户”（即江宁区组织区级机关、镇街/园区、村/社区近万名党员干部结对帮扶低收入农户脱贫的活动）、在职党员进社区等活动载体，以自愿为原则，组织干部捐出家中闲置图书，不限种类、数量，以共同办好农家书屋，带动帮扶和共建社区居民读书学习。

（李洪进）

李世贵对江宁地税工作提要求 7月31日，市委常委、江宁区委书记李世贵在全区财税系统调研座谈会上，就税务部门如何更好地为江宁“走在最前列”提供更加坚固有力的支撑提出要求。一是要把服务地方发展作为第一要务，顺应经济发展新常态，发挥好税收职能作用，确保完成全年目标任务。二是要把依法征税与促进经济增长结合起来，正确处理生财、聚财关系，发挥好税收政策“四两拨千斤”作用，增加可用财力。三是优化组织收入管理，强化税收征管，落实各项政策措施，促进全区税收收入稳定增长。四是把握全区产业经济发展脉搏，把税收服务更多聚焦到转型创新发展热点上。坚持促产培源，服务人才创业、项目建设、企业发展，为江宁培植更多税源增长点。五是提高办事效率，为纳税人提供快捷方便服务，维护纳税人合法权益。

（李洪进）

2015年4月20日至22日，江宁局在秣周路地铁站开展税收宣传服务活动

新一轮城乡结对共建文明工作启动 8月下旬，江宁局分别与江宁区汤山街道上峰社区、湖山社区，以及江宁街道司家社区、新铜社区、清修社区等五个社区签订城乡结对共建文明协议书，正式启动新一轮城乡结对共建文明工作。共建内容主要包括落实帮扶项目、完善基础设施、建设文体阵地、培育新型农民、深化创建活动等方面。双方以共同发展和共同提高为目标，共拟发展计划，共定发展措施。同时，该局与结对社区建立定期联络制度，实时掌握共建进展情况，及时对共建活动进行分析、协调和督促，推动城乡结对共建文明工作落实到位。

（李洪进）

建立税收风险应对过程把控与绩效管理机制 9月起，江宁局突出税收风险应对过程监控和绩效管理，率先在全市地税系统建立税收风险应对过程把控与绩效管理机制。该机制围绕“实现税收风险应对任务分解推送更加及时、环节衔接更加紧密、操作流程更加顺畅、风险应对更加高效”目标，推出以下举措：一是突出环节时长把控，从规范管理入手，实施对税收风险应对过程的全程监控，即明确户均风险分配用时、案头审核用时、税务约谈用时、审核用时、审议用时等各个具体指标的时间要求，控制户均税收风险应对总时长，保障税收风险应对工作均衡推进。二是突出效能管理，从全面、客观、准确评价一线风险应对工作效率入手，设置税收促收率、任务完成率和人均应对户完成率等3个具体评价指标，实施对税收风险应对工作的绩效管理。（李洪进）

“互联网+大数据”税收风险管理 9月起，江宁局推行“互联网+大数据”税收风险管理举措，确定专门人员定期主动采集与税收相关联的第三方数据：一是从国土局、改革和发展局、建工局、投资促进局采集土地出让、征地拆迁、重点项目建设和项目中标等涉税数据信息，比对分析地方税税源信息，并将存在差异的信息推送至对应的风险管理分局进行甄别，强化土地交易契税管理、征迁企业企业所得税备案管理、建筑业项目管理、房产税和城镇土地使用税管理、土地增值税清算等；二是从法院采集失信企业（个人）公告信息和企业破产资产清算公告信息，用于对相关企业（个人）欠税情况清理和纳税信用等级评定，实施信息监控、源泉管控，堵塞税收征管漏洞，防范税收执法风险。至年末，从政府部门外部网站收集各类涉税信息1100条，其中涉及重点项目、项目审批、招商引资等信息229条，土地出让、拆迁等相关信息315条。（李洪进）

外商及港澳台投资企业年报审核 10月，江宁局联合江宁区投促局、国税局、财政局、统计局等单位，对全区853家外商及港澳台投资企业的2014年度登记及经营情况开展年报审核。联合审核借助部门信息交互平台，以“互联网+”方式，实行全流程网上申报、审核，简化外资及港澳台资企业填写申报流程，减轻外资企业申报负担。同时，注重信息共享，相互协调配合，统一审核要求和审核标准，保证了审核意见的一致性和权威性。（李洪进）

南京地税税源管理任务推送平台启用 自11月1日起，江宁局在全市地税系统率先启用《南京地税税源管理任务推送平台》，对全局各层级税源管理事项完成情况实施过程跟踪、分类分析和全面评价。该平台分基础税源管理、风险应对和征收方向三大类，设置任务桌面、任务管理、绩效统计和系统管理四大模块。任务管理模块包括任务发起、统筹任务、待办任务、在办任务、已办任务和历史任务6个功能，由具有任务管理角色的人创建新的任务，定义好任务事项的层级属性，选择任务方向，把任务推送至指定部门。该平台与岗位信息平台整合，具备绩效统计功能，既可自动对税务人员工作量进行排名统计，又可对任务完成情况进行查询，还可细化到产生每个工作人员的分析报告。至年末，该局从平台中推送税务登记变更核实事项、征管指标异常核查事项、发票使用情况核查事项和企业涉税信息核实事项等共计90项任务，基层各税源管理和风险应对单位均在规定时限内完成了任务落实反馈工作。（李洪进）

2015年11月27日，江宁局开展送税法进校园活动，向金城学院空乘班的学生讲解税收法律知识

稽查积压案件前置管理 江宁局立足税收执法风险防范，按照“实事求是、有堵有疏”工作思路，实施税务稽查积压案件防范预案，将税务稽查积压案件风险管理防线前移。该局在对历年未结案件进行清理的基础上，区分形成税务稽查积压案件的不同原因，按检查企业（个人）失联无法实施税务稽查、案情复杂难以调查取证、被执行对象无缴纳税款能力且无可供执行的财产、涉及历史遗留问题或税收政策难以明确等情况，将在办案件逐一进行归类，通过与数据案源、征管法规等部门内部对接，以及与市场监督管理局、法院、公安等外单位协作，使税务稽查案件按期办结率达100%，实现税务稽查案件零积压。（李洪进）

通过“江苏省4A级数字档案室”验收 12月8日，江宁局档案室通过“江苏省4A级数字档案室”验收。该局把数字档案室创建工作任务细化分解到责任部门和具体人员，与税收业务工作同部署、同组织、同考核，推动档案目标管理工作落实。在制定档案管理规章制度基础上，按照架构合理、功能齐全、安全规范、便捷实用原则，推进室藏档案全部数字化，建立包括文书、照片、音视频等在内的多媒体档案数据库，形成集电子档案生成采集、管理备份、分析利用等功能为一体的综合性档案管理系统，实现档案电子化与网络化，全局人员根据系统授权即可网上查阅、浏览相关档案信息。建立相关税种、行风建设、文化建设等专题数据库，编制税源专业化管理、总部经济发展等十余种编研成果，为税收执法检查和案例评比等业务工作开展提供有力支撑。

（李洪进）

【责任编辑　秦蓓蓓】

浦口地方税务局

概　述　2015年，南京市浦口地方税务局（以下简称“浦口局”）紧紧围绕组织收入中心，安全履职、尽心尽责，各项工作取得了较好成绩。

组织收入稳步增长。2015年，面对宏观经济下行、减收效应叠加的不利形势，该局干部齐心协力，充分发挥主动性，加大内外协调，深入挖潜增收，努力攻克难点，全年组织各项收入49.3亿元，其中：税收收入34.99亿元，各项基金（费）收入14.31亿元。全年入库区县级一般预算收入29.32亿元。

税收征收管理打开新局面。结合实际，确定“2+1+2模式”的税源管理机构格局。一是加强征管基础工作。梳理《税源管理事项清单》和《税源管理事项补充清单》，整合、简并业务工作事项；制定《浦口局业务例会制度》，收集解决基层分局实际问题；整理《建筑业管理涉税事项部门职责》，明确管理部门涉税事项和职责。二是突出风险应对管理。2015年完成中度风险应对741户，入库税款9433.15万元，中等风险应对收入贡献率2.76%。

税收法治建设取得新进展。制定税务执法管理事项二级合议制度（即基层分局和区局两个层次的合议），将减免税等20项执法事项纳入合议范围，有效防范执法风险。开展执法案卷评查，纠正存在问题，堵塞管理漏洞，进一步明确业务操作规范和工作流程，降低执法过错率。主动适应高风险应对工作机制，促进稽查成效提高，2015年下达稽查案件31户，结案35户（含往年遗案4户），查补收入7553.66万元，入库收入1132.82万元，案件查实率97%。

纳税服务工作迈上新台阶。贯彻落实税收优惠政策，主动办理企业减免税670户，涉及税款9700余万元，受到纳税人好评。率先与民生银行合作，探索在银行征信体系和风控制度中引入诚信纳税指标，向诚信纳税人给予信贷政策支持，2户纳税人成功办理“税喜贷”新产品。建立为重点税源企业和小微企业服务的QQ群5个，服务纳税人257户。开展企业所得税汇算清缴、小微企业优惠政策等各类专题培训，参加者达1160人次。注重税收调研，9篇稿件被中办、国办采用，其中2篇得到国务院领导批示；30余篇稿件被省委、省政府采用。

队伍建设效能得到新提升。该局坚持问题导向，扎实开展“三严三实”专题教育、岗位能力培训、中层干部培训班，推行计划管理，修订绩效考评制度，推进“正和家园”文化建设（“正和”文化，“正”本为统一，“和”谓顺也，谐也，不坚不柔也），干部能力素质得到一定的提升。在能级考试中，有12人能级上升；在人才库选拔中，有1人入选国家税务总局大企业税收管理专业人才库，3人入选市地税局人才库；在职业资格考试中，有2人分别通过司法考试和注册会计师考试；在业务竞赛中，有7人获得系统能手称号。

安全履职工作得到新推进。该局将“安全履职”作为全年工作的重点，通过落实领导班子成员责任，健全廉政风险与税收、执法风险同步应对机制，完善作风行风建设督查机制，开展执法督察、“一案双查”、“三会一课”等措施，强化干部安全履职意识。2015年，该局执法督察发现问题33项，下达处理决定书20份；下达1519条税收执法疑点核查任务，发现问题343条；根据执法责任追究规定，批评教育38人次。（徐　瑶）

机构设置及负责人

办公室

主　任　　周　棣

副主任　　蔡建军

人事监察科

科　长　　王　莉

副科长　　张　菡

规划财务科

科　长　　高　宏

征管科技发展科

科　长　　肖　巍

税政法规科

科　长　　刘世佐

数据管理科

科　长　　许　军

副科长　　张小红（2015年6月免）

稽查局

局　长　　朱海平

副局长　　孙贤明

征收分局（纳税服务局）

局　长　　李　君

副局长　　张　伊

一分局

局　长　　龚维健

副局长　　戚　杰

二分局

局　长　　李荣松（2015年7月任）

　　　　　陈宗兵（2015年6月免）

副局长　　蒋　华（2015年7月任）

　　　　　孙启红（2015年6月免）

三分局

局　长　　陈宗兵（2015年7月任）

　　　　　刘宏荣（2015年6月免）

副局长　　孙启红（2015年7月任）

　　　　　邓　悦（2015年6月免）

四分局

局　长　　刘宏荣（2015年7月任）

　　　　　李荣松（2015年6月免）

副局长　　邓　悦（2015年7月任）

　　　　　蒋　华（2015年6月免）

五分局

局　长　　陈德虎

副局长　　张小红（2015年7月任）

　　　　　刘克林（2015年6月免）

（徐　瑶）

推行“三证合一”　自2015年10月1日起，组织机构代码证、工商营业执照、税务登记证实行“三证合一、一照一码”。为做好此项工作：一是加强人员培训。组织窗口一线人员学习“三证合一”制度及业务办理方法，为落实“三证合一”做好准备工作。二是加强宣传力度。采取现场宣传与电子宣传相结合模式，利用纳税服务QQ群、微信、微博等方式加大宣传力度，帮助企业理解新政。三是加强部门联合。抽调专门人员与工商、国税、市场监督管理局联合办理登记，通过加强部门的联系与合作，确保“三证合一”工作稳步推进。四是加强跟踪反馈。跟踪“三证合一”新政推行工作中税收管理风险转移情况，定期开展分析，研究对“三证合一”新户的事后监管措施，及时向上级反馈“三证合一”工作中存在的问题。（李　君）

税收宣传月活动　承办市地税局“2015最赞的税收微电影”微博评选活动，内容为：自4月13日起通过“@南京地税发布”微博（江苏省南京地方税务局的官方微博）展播八部原创税收微电影，每部电影选5名参与转发的网友获得50元移动话费，另选出5名评论精彩的网友奖励50元移动话费；4月21日，八部微电影展播结束后，通过微博投票选出一部最受网友欢迎的微电影。在活动开展的两周时间内，网友参与积极性高涨，“2015最

2015年4月10日，浦口局开办纳税课堂，举办小微企业优惠政策培训

赞的税收微电影”话题页面阅读量达到215.9万，网友参与讨论1.9万次，参与展播的八部微电影的转发评论数都达到千条以上。“@国家税务总局”微博（国家税务总局的官方微博）对此次活动表示肯定，发布相关微博予以宣传。（徐 瑶）

提升督察内审效能 按照省地税局、市地税局执法督察工作要求，结合自身实际，进一步完善税收执法督察工作机制。一是加强计划管理。建立税收执法督察过程控制机制，科学制定方案，严格执行工作流程，准确适用各种文书，对督察资料实行档案化管理。二是加强结果运用。建立税收执法督察通报制度和讲评制度，将发现的问题逐一反馈，并进行总结分析。三是加强执法督察工作的针对性。根据市地税局年初发布的执法督察年度工作要点，针对当前税收执法中反映突出的问题或税收征管薄弱环节选取重点执法事项、重点环节作为督察内容，通过“以点代面”的方式强化执法督察工作的针对性。（刘世佐）

文化和组织建设 深化“正和”文化品牌建设，通过思想政治教育、岗位能力培训、科所长专题培训班等手段，不断提升干部综合素质，营造和谐组织氛围。2015年以来，1人通过司法考试，2人通过税务MBA入学考试，1人通过会计师考试，1人入选“南京好人”，7名干部参加系统能手竞赛全部获得岗位能手称号。开展专业人才选拔工作，选拔专业人才8人。另外，1人入选国家税务总局大企业税收管理专业人才库，3人被入选市地税局人才库。建立区局内部网站，及时发布文化活动动态。开展“小蜜蜂”骑行、“我的浦口我的家”征文、“我代言·我分享”户外演讲、“青砚幽香”读书等活动，进一步推动了队伍面貌的转变。

（徐 瑶）

减免税调查 一是充分认识在当前形势下国家税务总局、省地税局组织开展减免税统计调查的重要意义，加强领导，明确责任，确定规划财务科为牵头部门，征收分局以及各管理分局协调配合，将工作分解落实到人。二是充分利用办税服务厅电子屏、税企QQ群等平台发布公告，宣传减免税统计调查工作的意义和要求，争取纳税人的配合和支持。三是帮助纳税人正确理解政策要求和填报口径，辅导企业认真、如实填报《减免税调查表》。四是认真审核校验上报数据，发现问题及时纠正，防止漏报、错报，确保《减免税调查表》和《减免税汇总表》项目完整、数据准确、报送及时。五是强化服务，把减免税调查与送政策上门及加强减免税管理结合起来。在调查过程中，积极主动为纳税人找政策、送政策，确保纳税人税收优惠享受到位。2015年贯彻落实税收优惠政策，主动办理企业减免税670户，减免税款9700余万元。

（刘世佐）

业务交流例会制度 建立业务例会制度，由分管业务工作的局长负责召集和主持，各业务科室负责人、基层分局分局长必须参加，相关业务负责人员列席。业务例会的议事内容涵盖了税法适用、征管流程、税收评定、收入预测等各类业务事项。通过定期开展业务例会，为基层分局搭建了反映问题的平台，为业务科室提供了与基层分局面对面交流的机会，疑难问题得到充分探讨，确保了政策法规及规章制度在全局范围内执行口径统一。2015年，召开了五次业务例会，讨论了33项业务问题，当场答复问题30项，会后请示并答复问题9项，所有提出问题均已作出答复。

（汤阳帆）

涉税违法举报管理 一是积极参与举报工作培训，提升办案水平。举报中心职能转移后，相关工作人员积极参加市地税局组织的培训，梳理各类规章流程，全面提升工作能力与水平；广泛公布举报电话，及时查看举报信箱，确保群众举报信息及时处理。二是细化举报案件处理要求，提升办案质效。全面梳理案件办理流程和期限，进一步细化处理流程，将举报处理各节点要求融入绩效管理。建立案件追踪、限时办结制度，及时跟踪查办案件进度，办结后告知举报人查处结果，促进查案效率的提高。三是加强部门联动，做好保密工作。加强征管、风评、稽查、数据等部门沟通衔接，联动开展工作。从办理的案件中汲取有效建议，研究应对措施，从源头上减少税务违法案件的发生。严守保密纪律，及时发放举报奖金，保障举报人的合法权益。（朱海平）

税种专项风险应对 针对2013年、2014年房产税、城镇土地使用税、城市维护建设税及附加费申报缴纳情况开展风险应对工作。一是规范制度落实。充分利用风险监控平台、大集中系统相关申报数据以及科学的风险管理理论和方法，识别税收风险点，规范中等应对流程、文书制作，完善风险应对工作机制。二是督促企业自查，堵塞税收征管漏洞。根据案头审核分析发现的涉税疑点信息约谈企业，解释相关税收政策，辅导企业自查，依法补缴税款。三是加强后续管理。主动提醒纳税人应注意的风险范围，使纳税人提高风险防范能力、主动防范风险，提高税法知识遵从度，降低涉税风险。（刘世佐）

国地税差异税户清理 在2014年度工作的基础上，继续开展国地税差异税户核查清理。一是数据分类，明确主体。针对国地税纳税人识别号、登记状态和法人信息不一致的情况，根据主管机关的不同确定清理的主体单位。对于地税有登记而国税无登记的，以国税主管税务机关为主进行清理，地税主管税务机关予以配合。二是案头预审，机内处理。对于纳税人识别号一致而名称不一致的情形，如果一方与工商登记户名一致，另一方则直接按照工商登记户名修改纳税人名称。对于名称一致而纳税人识别号不一致的情形，国地税主管税务机关要进行核对。对于纳税人识别号后九位（即组织机构代码）一致而前六位地区码不一致的情形，原则上以国税纳税人识别号为准，地税进行修改。对于其他户，由国地税主管税务机关通过核对税务登记证、组织机构代码证，共同确定正确的纳税人识别号，并按规定处理。三是沟通协作，实地清理。对于国税状态为开业、地税状态为正常户的而对方无登记的纳税人，由正常户主管税务机关将纳税人有关信息传递至未办理登记的税务机关，未办理登记的税务机关根据传递的信息对纳税人应办而未办税务登记的行为进行责令限期改正，正常户主管税务机关予以协助。（肖　巍）

"三严三实"专题教育活动 将"三严三实"专题教育活动与中心组学习相结合，在7月中旬召开三次座谈会，分别召集曾担任过中层干部的代表、45岁以上的老同志、青年干部代表开展座谈交流，向他们征集有关局领导班子建设，征管改革机构职能调整到位后区局各项工作运转、岗位适应情况、年度"争先进位"目标定位和中心工作等三个方面的合理化建议。参与座谈会的干部结合工作实际发表意见，提出建议。经过汇总，共整理意见23条，为浦口局征管改革后进一步改进工作提供了思路，对浦口局未来发展具有重要意义。

（王　莉）

【责任编辑　秦蓓蓓】

六合地方税务局

概　述 2015年，南京市六合地方税务局（以下简称"六合局"）深入学习贯彻中共十八届五中全会和习近平总书记系列重要讲话精神，按照"适应新常态、打造新模式、树立新形象、创造新业绩"的工作思路，完成全年各项工作任务。

中心工作实现突破。在组织收入形势日趋复杂的情况下，六合局围绕组织收入目标，做到主动性更强、税源状况更清、措施更实、重点和针对性更明确，并率先在全市、全省构建了由26家职能部门参与的区域社保费征缴预警联动机制。2015年累计征收各项收入33.82亿元，增幅为13.0%，首次突破30亿元大关。其中，征收税收收入23.68亿元，增幅为10.6%。征收社保基金费等非税收入10.13亿元，增幅为18.9%。

征管改革稳步推进。按照上级税务机关的统一部署，构建符合税收现代化发展要求、适应六合区域发展特点的现代化税收征管体系。探索建立"税街合作""国地税联席会议制度"等新机制，率先试点税收任务管理中心平台，强化主动税源风险管理，开发"中等风险应对积分管理系统"，撰写《中等风险应对基础技能手册》，在全市地税系统率先构建区域第三方数据交换平台。

依法治税再上台阶。参与六合区"六五普法"宣传教育，代表六合区接受市有关部门检查验收。加强与法院部门协作，累计征缴司法拍卖税收1461万元，追缴破产企业税收债权46万元。强化税收稽查，共查补入库税款1800余万元，入库率130%，消除积案2件。加大执法督察力度，累计发现问题119例，追究执法过错46人次，其中批评教育46人次，经济惩戒24人次，金额1200元。

服务职能有效发挥。全面落实总局纳税服务规范，不断拓宽网络办税渠道，全年共有4000余纳税人加入“税企E线通”服务平台，“六合地税”微博新增粉丝400余人。推进“三证合一、一照一码”（组织机构代码证、税务登记证、工商营业执照）工作，实现一窗式服务。处理纳税人各项诉求，累计受理各类诉求80起，结案率、满意率均为100%。组织“近三年区域税源状况分析”“近三年区域新增税源分析”和“营改增对我区税收收入影响分析”的调研工作，为地方党委、政府经济决策提供参考。

队伍建设迸发活力。构筑思想政治、教育培训、绩效管理、文化建设“四位一体”的干部管理机制，提升干部干事创业的能力和动力，增强组织发展的凝聚力、执行力和创新力，实现干部个人成长与组织发展的“同频共振”，徐维获南京市劳动模范荣誉称号。在2015年市地税系统业务能手竞赛中，取得入围人数和成绩排名“双第一”，并有7名干部入选江苏省南京地方税务局人才库，位列全市地税系统基层单位第一。

组织形象彰显新貌。把作风、行风、党风、局风建设工作放在突出的重要位置，和其他税收工作紧密结合，通过加强教育引导、制度约束、文化管束和监督管理进一步严明党的纪律、筑牢思想防线，确保干部忠诚履职、安全履职。深化“两个责任”落实，将其细化为7个项目，23项任务，层层分解，并对其落实情况开展跟踪和分析。落实“三个服务”工作要求，多形式、多渠道征集社会各界意见，接受多方监督。

行政效能得以提升。强化规范管理，认真执行值班、车辆运行、食堂管理制度等各项事务管理办法，加强舆情监控力度，全年未发生一起影响安全稳定的事件。审慎推进公务用车改革，有效保障各项工作的有序运转。宣传层级不断提升，在《中国税务报》刊登稿件1篇，《新华日报》《江苏法制报》和《江苏经济报》等省级媒体刊登稿件10余篇。信息质量持续增强，在中办刊登信息稿件3篇、国办刊登稿件15篇、省委省政府刊登稿件42篇，获中央领导批示稿件5篇。

（王小平）

机构设置及负责人

办公室

主　任　董承斌
副主任　史成娟（2015年6月免）
　　　　王小平（2015年6月任）

人事监察科

科　长　徐维荣
副科长　陈国芳（2015年2月免）
　　　　王小平（2015年2月任、6月免）

规划财务科

科　长　路　清

征管和科技发展科

科　长　王海啸
副科长　李海燕（2015年2月任）

税政法规科

科　长　王小永（2015年2月任）
副科长　董晓红

数据管理科

科　长　唐　昕

督察内审科

科　长　胡　东（2015年6月任）

第一税务分局

局　长　陈宏楼
副局长　许开勇（2015年6月免）
　　　　张　浩（2015年6月任）

第二税务分局

局　长　高　山
副局长　张　浩（2015年6月免）
　　　　许开勇（2015年6月任）

第三税务分局

局　长　阮俊峰（2015年6月免）
　　　　戴红军（2015年6月任）

第四税务分局

局　长　戴红军（2015年6月免）
副局长　张　萍（2015年6月免）

第五税务分局

局　长　仇家福
副局长　陈国芳（2015年2月任）

第六税务分局

局　长　胡　东（2015年6月免）
　　　　阮俊峰（2015年6月任）
副局长　张　萍（2015年6月任）

征收税务分局

局　长　　黄宝琴

副局长　　仇远龙

稽查局

局　长　　王传正

副局长　　高　强（2015年2月任）

耕地占用税和契税管理所

所　长　　黄宝琴

（王　锐）

组织收入突破30亿元　一是合理分解，加强过程监控。积极探索新征管体制下组织收入工作机制，出台《组织收入管理办法》，按照全职能、全过程、全口径的工作思路，构建机制完善、职责明确、运行顺畅的组织收入管理体系。二是挖潜增收，加大组织收入力度。重点加强建筑业、房地产业营业税管理工作，强化"营改增"过程中存量营业税税源管理。加强与工商部门合作，优化自然人股权转让税收征管。三是科学管理，提高组织收入质量。加强对重点企业、重点税种、重点行业税源的预测，提高预测准确性。加强税收分析，获取税收运行状况的税收指数，完善税收分析方法，加强区内税收专题分析。　（路　清）

税源专业化改革　一是充分准备。成立"深化征管体制改革领导小组"，科学研判、细致测算制定工作方案，最终形成适应区域发展特点，具有六合地税特色的深化征管改革方案。成立组织运维、人力资源、业务衔接、后勤保障四个工作组，分条线运作，制定预案，组织模拟测试。二是广泛宣传。对内做好发动，对征管改革工作进行全面动员、宣传、布置，统一思想，提高认识，明确要求。对外及时向六合区委区政府汇报改革情况，向相关街镇政府通报改革内容，争取工作支持。三是注重完善。做好新征管模式的运行跟踪，建立"征管改革运维群"加强工作交流，注重新征管模式运行中问题的收集和解决。研究出台《六合局征管改革有关职责及问题明确的通知》，充分发挥征管体制改革促进税源管理的功效。（李海燕）

建筑业税收征管　一是主动介入抓牢源头控管。加强与街道、园区、国土、建工等部门的沟通协调，及时将项目规划、立项、施工、竣工结算、房产付使用、发票开具等全部纳入税源监控范围。二是巡查督导规范发票管理。建立巡查制度，引导纳税人主动规范用票行为。三是规范核算强化项目清算。加大对纳税人财务核算的规范化管理，有效防止甲供材料不报和重复结算现象。四是完善服务制定长效机制。出台《六合地税建筑业管理办法》完善建筑业管理，定期举办重点建设项目纳税人培训，形成一套实效的建筑业监督管理长效机制。全年入库甲供材税收846万元，清算房地产项目8项目，清算税款4318.08万元。　（戴红军）

企业所得税汇算清缴　一是前馈管理增实效。通过"日通报、周总结、月反馈"的计划管理模式及时掌握任务进度，对申报过程中出现的难点疑点第一时间集中力量解决，确保汇算清缴任务进度不落后。梳理辖区内的重点户和优惠户，采取"集中培训，重点辅导，定点追踪"的方法将相关要求宣传落实到位。二是过程管理控效率。进行上门辅导，解答税收政策和征管环节等方面的疑问，搭建"导税员、涉税信息月报、自助办税区"为载体的一体化服务平台。将固定资产加速折旧等常见的企业所得税优惠政策主动告知企业，确保企业对于政策优惠应享尽享。三是反馈管理消风险。重点追踪有税户、优惠户和变动户，逐户应对，打造申报信息真实可靠的"保护伞"，依托微博、微信等平台及时把申报过程中出现的问题反馈给纳税人自查消除风险，对已经申报的问题户，疑难户"点对点"辅导，及时更正错误的申报信息。

（马君宇）

中等风险应对　一是突出组织收入职能。通过全员综合素质的提升，促进纳税人把少报的税款及时足额申报入库。出台《六合局自主税源税风险管理办法》，堵塞征管漏洞。二是突出降低风险职能。利用各种学联手段鼓励干部加强自身学习，降低潜在的执法风险，同时围绕纳税人自查，点对点指出纳税人存在的涉税风险。三是突出政策引导职能。收集整理风险案例，通过政策宣传、案例讲解，营造纳税人依法诚信纳税，争做依法纳税人的模范。2015年，共推送中等风险应对户801户次，入库税款及滞纳金10922.34万元，风险

应对人员19人，人均应对户42.16户。累计中等风险应对贡献率达到4.68%，居全市地税系统第一。（戴红军）

数据审计 一是通过扩大基础信息采集范围，提高数据信息采集全面性。围绕综合治理平台交流和互换，多渠道了解和收集纳税人信息，规范信息采集标准，统一信息口径，确保录入信息准确、全面和完整。二是通过强化数据审计工作力度，提高基础数据信息的准确性。强化数据质量过程监控，做到及时维护，提高数据的准确性，动静态分析确保基础数据的完整性。三是通过严格数据质量考核问责，增强全局税务人员质量意识。制订征管数据质量考核管理办法，完善征管信息采集和考核问责制度，完善数据后续管理，定期进行查漏补缺，切实提高征管数据质量。2015年共修改维护数据614条，其中省级规则141条，市级规则473条。（刘 杨）

“互联网+税务”深度融合 落实上级部门信息化应用要求，提升“互联网+智能检测”建设步伐，为提升征管质效提供信息化保障。一是重视宏观分析。利用大数据开展区域经济税源特征、税收效应、税收政策等分析，使税收分析更好地服务组织收入工作。二是突出微观检测。以大数据分析为支撑，通过对涉税大数据的分析挖掘，形成监控税收与适应经济社会的分析能力、展望税收经济发展趋势的预测能力和打击税法不遵从的执法能力。三是实现深度融合。开创涉税数据利用新渠道，通过巨潮资讯网、上深交所等上市公司信息公开平台，获取上市公司报表数据，与征管信息系统交税数据进行比对，强化对重点税源的监控管理。（李海燕）

个体税收集中管理 一是“信息基本面”精准化，成立个体工商户专项管理小组，按照“户籍信息精准、经营情况真实”要求，对非正常经营、变更税务登记、注销税务登记的个体户工商户进行严格审查，建立户籍档案清册，确保档案信息精准化、动态化及有效化。二是“纳税申报面”分级化。催报工作采取分级化管理，首先通过税企E线通进行申报的集中信息提示，其次通过短信群发的方式对办税人员进行二次信息提醒，最后对剩余的未申报户进行电话通知和上门提醒，通过催报手段的分层和分级化实现工作成本的最小化以及申报效率的最优化。三是“税源管理面”多元化。与六合区工商局、国税局等部门协商合作，实行信息互通，定期交换数据，并对个体工商户的营业执照和税务登记办理情况进行核实，对流动性较大的税源户重点进行监控管理，对税源变动情况进行全方位的跟踪和了解，并结合税源的分析进行工作的合理化调整，确保税源管理工作的有效性和精准性。（杨亮清）

税收法制建设 一是建立廉政教育阵地，打造阳光地税。增强法治意识，使干部形成办事依法、遇事找法、解决问题用法、化解矛盾靠法的思维方式，坚持用制度管权、管事、管人，坚持源头治理，促使地税干部在职务工作中提高警惕，增强风险防范意识。二是建立规范服务阵地，坚持依法行政。以提升税收执法的规范性为目标，增强税收执法人员的程序意识，加强税务干部法制培训，不折不扣落实各项税收优惠政策，提高执法统一性。三是建立税法宣传阵地，当好纳税参谋。以“12·4”法制宣传日、“六五普法”等宣传活动为契机，加大税收法制宣传、教育力度，开设“茉莉流动课堂”，为企业提供税收政策辅导。代表六合区行政机关接受省市“六五普法”检查验收。（华 东）

“税街合作” 一是明确地税部门与街道、镇园区的合作形式。成立合作领导小组，按季召开联席会议，加强沟通协调，提升工作效率，共同协助做

2015年7月9日，六合局成立“江北新区返乡创业流动服务站”

好税街合作工作。二是明确地税部门与街镇园区的合作内容。重点围绕纳税服务、税户税源管理、重大项目、信息共享、其他事项等五个方面合作进行明确。三是明确税源、税户管理合作要求,共同对招商引资户及税收贡献度进行梳理、分析和确认,制定清理意见。四是明确重大项目合作要求,根据地税部门推送的疑点,共同开展项目巡查。五是明确信息共享合作要求,按季交换推送股权、房土、建筑项目等涉税信息,2015年完成六合区内26家机关单位、80个数据模板、93309条涉税数据的采集工作。（王海洋）

助推重点群体创新创业 一是普惠政策帮创业就业者“筑梦启航”。拓宽宣传渠道,选派税收业务骨干组成流动服务站,深入人力资源市场、创业中心、街道社区开展政策宣传,主动帮助就业创业人员排除障碍,同时利用“互联网+”手段进行宣传。二是双向调研为重点群体“追梦护航”。与六合区人社部门合作,在税收工作过程中掌握重点群体的就业情况及诉求,并深入企业了解用人单位在招录员工方面的要求和想法。三是便民春风助更多民众“圆梦远航”。简化行政审批程序,印发《促进就业、创业优惠政策汇编》,设立就业创业人员“办税绿色通道”,快捷受理创业就业涉税事项,为就业创业者提供有力税收支撑。

（王来劭）

纳税服务“望闻问切” 望:科学研判国内外经济形势,组织有关人员及时收集国内外经济数据,对国内外经济形势进行科学研判,把握好企业发展的外部环境。闻:深入分析税收收入状况,采用大数据治税方式对近三年组织税收收入情况按年份、按行业、按税种进行分门别类分析,为有的放矢服务纳税人奠定坚实基础。问:广开言路听取纳税人意见,通过实地走访询问纳税人遇到的各种问题,收集纳税人提出的各种意见,通过沟通交流主动询问企业目前发展状况及存在的困难。切:对症下药解决企业存在困难,及时对问题及建议进行汇总分类,要求限期解决,并及时向上级机关反映并向纳税人反馈。（李 帅）

2015年6月19日,六合局为“大学生创客体验园”创业人员提供税收政策服务

干部管理新机制 即“思想政治管总、教育培训主建、绩效管理主抓、文化建设提势”。一是构筑政治思想新高地。自主开发党建标准化管理系统,制定《六合地税局党委关于实施党建工作标准化管理的意见》,出台《党建工作标准化管理考核细则》,将党建标准细化了8大类30个具体项目,形成具有六合地税特色的党建品牌。二是攀登教育培训新高峰。在培训中坚持将个人目标与组织目标结合,突出对新政策、新流程、新系统、新要求和专门岗位的“四新一专”业务培训,建立“日题、周学、月训、季考、年赛”常态化培训机制,发扬“传、帮、带”的优良传统。三是探索绩效管理新路径。形成85项122个指标的考核体系,构建以“一个考核细则”为核心、“三个办法”为配套的专业化绩效管理体系,实现干部个人成长与组织发展的“同频共振”。自主研究公务员积分考核管理系统。四是构建文化新坐标。打造“茉莉花·源”税务文化品牌,制式开展微故事、微电影、微讲堂等“微文化系列”活动,推进文化建设落地生根。2015年度该局被评为省级职工书屋、系统文化精品示范点。（汤德喜）

教育培训 一是扩围学习面,培训项目广泛实用。开展6次分部门个性化培训,干部每人参加培训不低于48个课时,参加集中培训不低于36个课时。同时,鼓励干部通过“互联网+”手段进行自学。二是依据干部需求,培训形式多种多样。创新开展科所长专题培训、青年干部定期培训、专门岗位集中培训等全新培训科目,突出培训针对性。三是牢记业务为本,培训内容突出重点。组织各类培训等41次,其中,全员集中培训12次,

专题小班化培训6次，“流动课堂”10次，专场测试9次，季度业务测试4次，干部队伍业务水平进一步提升。四是考练结合夯实所学，春训效果多重检验。以能手考试、税务师考试为抓手，成立23人的青年干部学习小组，定期开展集中学习、集中测试、集中讲评。（汤德喜）

“三严三实”专题教育 一是学习思考从严，交流研讨从实。坚持读原著学原文悟原理，认真研读原文，做到学深悟透。同时对每次交流研讨都精心组织安排，研讨前认真准备材料，研讨中坦诚发表心得，研讨后深刻领悟体会，确保专题研讨落到实处。二是服务要求从严，专题调研从实。结合“四解四促”和“三个服务”活动要求，深入企业一线，了解企业涉税需求，对辖区内南京钢铁集团冶山矿业有限公司、南京龙海土地开发有限公司等困难企业、支柱型企业、投诉企业展开专题调研。三是查摆问题从严，立行立改从实。针对查摆出的问题列出问题清单，建立整改台账，实化整改措施，坚持即知即改、边查边改，对能马上整改的问题立即改正，确保到位。（李　帅）

作风建设自查自纠 针对征管改革新格局，从源头上拓展“三险同防”（税收风险、执法风险、廉政风险）廉政风险管理，发挥各部门在监督管理和风险防控上的主体作用，形成反腐倡廉整体合力。一是深化宣传教育，提高思想重视。组织全局干部认真学习贯彻新修订的《中国共产党廉洁自律准则》和《中国共产党纪律处分条例》，并通过正反面教育相结合，让全局干部认识到作风建设永远在路上，提高自查自纠工作的思想重视。二是突出全面排查，强化整改结合。严格按照有关制度规定，扎实开展自查自纠工作，对自查情况形成问题清单、责任清单、整改清单，明确整改事项、整改措施和责任人，及时纠正办公房超面积等5类问题。三是严格跟踪监督，加强责任追究。各部门负责人充分落实党风廉政建设主体责任，层层传导压力，组织好各部门自查自纠工作，并对相关工作进行暗访抽查和内审和检查。（徐维荣）

“崇德守法”主题教育 以依法治税、以德修身、安全履职为主题，强化遵纪守法和廉洁从税意识，筑牢思想道德防线，增强抵御各类风险能力。一是“学理论、求真知”，拍摄微电影2部、编印《茉莉飘香》文化期刊3期，税务文化丛书4本，组织“茉莉讲堂之专家论坛”讲座3次，观看廉政警示教育片2次。二是“走出去，鉴经验”，广泛吸收社会教学资源，开展“茉莉讲堂之专家论坛”活动，同时持续开展廉政教育系列活动。编制税务廉政文化电子期刊24期、组织全体干部参观“渡江战役纪念馆”，参观纪念抗日战争胜利70周年红色教育图片展。三是“实讨论，诚交流”，多层面激发思想互动之火花，定期开办主题课堂、专题生活会，学论结合，同交流共提高。四是“学典型、创佳绩”营造清廉正气争创氛围，开展“党员微系列”采编和主题微型党课大赛。（郑　洁）

【责任编辑　梁晓玲】

溧水地方税务局

概　述 2015年是“十二五”收官之年，南京市溧水地方税务局（以下简称“溧水局”）主动适应经济发展新常态，坚定信心、克难奋进，各项工作取得新的成绩。

组织收入。设经济税源、政府平台、拆迁安置房、公共工程建设四个工作组，摸清税源情况。实施房地产、建筑业、证券公司等重点行业和个人所得税等税种“清单式”管理。2015年，共组织各项收入60.3亿元，首次突破60亿元，同比增收11.4亿元，增长23.31%。其中，区县级税收42.98亿元，首次突破40亿元，同比增收9.03亿元，增长26.61%；地方公共财政预算收入31.3亿元，首次突破30亿元，同比增收4.1亿元，增长15%。梳理落实促进产业转型升级、科技创新、保障和改善民生、下岗再就业等各项税收优惠政策，全年办理减免税3400万元。

征管改革。按照市地税局征管改革要求，7月1日起实施“1+2”税源管理格局，全面落实税源管理事项清单。落实“按天监控、按旬督查、按月通报、按季考核”的征管质量监控机制，2015年申报类、认定类等26个基础指标均达100%，清理入库2015年新欠税款380万元、陈欠税款6.9万元，陈欠清理率32.63%，列系统第二。制定方案，成立推进组，与国税、工商协调配合，“三证合一”（组织机构代码证、税务登记证、工商营业执照）“一证一码”顺利实施。坚持“按日审计，日审日清”、做好周统计、月总结、季考核，狠抓数据质量，日均差错数据占比始终低于全市平均差错占比。

依法治税。巩固省政府和省地税局依法行政示范单位两项荣誉创建成果，推进依法治税长效开展。加强与区法院协调，建立司法与税收联席会议和司法涉税信息共享和协作机制。做好土地增值税清算，入库税款1012万元。落实存量房一体化评估系统争议解决机制，办理二手房交易1298套，调整价格376户，调整面28.97%。参与稽查案例库平台创新，实施房地产业、建筑安装业等行业专项检查，申请法院强制执行深化积案处理，2015年查补收入3777.8万元，其中百万元以上案件4起，入库率100%，高风险应对面100%。

纳税服务。优化服务举措，坚持编好《溧水地税收入月刊》，定期向政府汇报组织收入情况。落实纳税服务规范，完善晨会制度，加强日常管理；建立“缺件备案”制度，方便纳税人办税；推出“微溧税”微信公众号，纳税人QQ群，强化政策服务。更新叫号显示屏，优化排队叫号系统，完善自助办税机刷卡缴税（费），提高办税效率。按月编制《税情分析》，严格实施纳税人诉求“各部门一把手负责制”，受理46件工单，均得到妥善处理。以省地税局系统为主，人工甄别为辅，受理、复核、修正，评定A级纳税723户。（狄洁琼）

机构设置及负责人

办公室

主　任　万　镔

副主任　潘小保

人事监察科

科　长　张显美

副科长　邢学好

规划财务科

科　长　朱杏宝（2015年1月任）

张　川（2015年1月免）

副科长　许青凤

税政法规科

科　长　邢华清（2015年1月任）

副科长　孙雪峰

征管和科技发展科

科　长　张川

副科长　陈　岚

数据管理科

科　长　吴永生（兼）

副科长　曾　辉

征收税务分局（纳税服务局）

局　长　朱杏宝（兼）

副局长　陈源忠

稽查局

局　长　朱杏宝

副局长　周和英

第一税务分局

局　长　徐生林

副局长　陈水篩

尹莹莹

第二税务分局

局　长　张显美（2015年7月任）

张才保（2015年7月免）

副局长　魏信民

第三税务分局

局　长　丁太平

副局长　倪雨村

（狄洁琼）

获“全国模范职工之家”称号　2015年，溧水局工会紧密围绕局中心工作，切实履行工会职能，为行政分忧、为职工解困，使工会成为职工会员的“民主之家、文明之家、幸福之家”，开创出工会工作新局面。大力开展群众性文化活动，统筹党群建设，推进“文明行业”“青年文明号”等条线各类争创，利用专题展板、公告板对先进典型进行宣传，营造树先进、学先进、赶先进的氛围，增强榜样示范效应。强化计划管理及过程推进，丰富活动内容，组织开展“自行车骑行”、春秋游、生日慰问等活动。组建羽毛球球、摄影等八个工会活动兴趣小组，制定各小组年度活动计划，做好日常活动开展，并参与全市地税系统及溧水区内各项文体竞赛，提升干部凝聚力。该局职工之家被中华全国总工会表彰为“全国模范职工之家”。

（张显美）

“三严三实”教育 按照市地税局统一要求，成立领导小组，制定实施方案，拟定专题学习研讨、专题调研两个计划，确定任务安排、党课及座谈、研讨三个安排表，并将教育范围扩大至全体党员干部。该局党组书记带头，班子成员开讲专题党课，各支部展开“安全履职，责任铸税大家谈”系列微型党课。着重在纪律执行和问题整改上下功夫，严格人员去向登记管理，继续严格实施干部下户报告制度，开展“涉税中介”自查自纠工作。班子成员深入基层分局调研，与干部交流谈心，做好25户重点企业大走访，到和凤镇孙家巷村走村入户，召开外部“两员”座谈会，广泛征求纳税人和市民的意见及建议，深入查找“不严不实”的问题，形成问题和责任清单，切实做好整改。（张显美）

征管体制改革 7月1日，按照市地税局征管改革总体要求，溧水局建立起“1+2”税源管理格局，全面落实税源管理事项清单。即第一税务分局为税源基础管理局；第二、三税务分局为中等风险应对局，负责管辖范围内的中等风险应对事项，其中第二税务分局为重点税源中等风险应对局，专司年纳税额30万元以上494户中等风险应对。落实“按天监控提醒、按旬督查、按月通报、按季考核”的征管质量监控机制，定期分析税源征管状况，查找征管问题和薄弱点，做到事前有效预防、事中及时督促、事后严格整改。申报类、认定类、登记类、发票类等26个基础指标均达100%。通过“催报催缴清、司法强制清、政府协助清”，加大欠税清缴力度，清理入库2015年新欠税款420万元、以往年度陈欠税款6.5万元，陈欠清理率32%，位列全市地税系统第二名。（陈　岚）

税源清查 制定税源清查方案，开展税源清查工作，明晰税源结构，增强组织收入主动性。一是强化组织领导。由组织收入工作领导小组具体指导，抽调职能科室业务骨干配合税源管理分局一道，下设经济税源组、政府平台组、拆迁安置房组、公共工程组四个工作组，明确具体的牵头科室和责任人。二是明确梳理重点。经济税源组负责对经济税源进行结构性分析及重点税源户的分析预测，政府平台组负责政府六大平台及各镇开发区平台税源的清理，拆迁安置房组负责全区拆迁安置房的立项、建设程度、安置交付程度等相关情况的了解及税源清理，公共工程组负责过境交通道路工程、水利工程、市政民生工程、新农村建设投资及税源的清查。设计制作税源清理统计表，各小组分成月中阶段性进展情况汇报和月末汇总情况，彻底摸清税源分布及构成。（狄洁琼）

企业所得税汇算清缴 2015年，溧水局征管的企业所得税应汇算企业税户共1509户，比2014年增加317户，汇缴率达到100%，正期申报率为100%，正期入库率为100%，年度汇算清缴入库企业所得税10453.51万元。为提升企业所得税管理质效，该局一方面开展新企业所得税申报表的上线辅导和内外部培训工作；另一方面，强化所得税政策管理，提升汇缴审核质量。在汇算清缴工作中，该局及时关注重点行业、重点税源纳税人的汇缴情况，对汇缴大户提供上门服务，解决纳税人汇缴困难。同时，开展企业所得税复审工作，通过清单的规范作用提高复审工作质量，2015年合计复审企业所得税638.02万元。此外，针对2014年度企业所得税预缴率不高的现象，在2015年盘清重点税源户，提醒企业及时申报。（沈　涛）

税务登记制度改革 10月起，根据市地税局统一安排，推进实施“三证合一”“一证一码”工作。溧水局制定工作方案，组织征管、数据、征收等部门骨干成立工作推进组，在推进过程组织、登记业务办理、数据审计等三方面统筹安排，确保推进进度。先后开展三次登记岗业务培训，同时安排科室岗位人员到行政服务中心窗口现场驻点辅导，及时解决工作初期遇到的问题，加强培训辅导。积极与区国税局、工商局配合，将办税服务厅登记窗口全部移至区行政服务中心，与区国税局联合制作《办理税务登记证友情提醒》，协调各乡镇工商所向办理个体营业执照的个体户发放，引导纳税人至区行政服务中心办理登记事项，实现登记窗口全面移出办税服务厅。2015年，共办理“三证合一”“一证一码”新办登记593户，变更登记429户。（陈　岚）

税收风险应对 一是建立风险应对纳税人基础信息核实确认、会审、案件审议、移送、处罚等五项机制，拟定自选案件具体范围和要求，做好评估计划下达工作。二是组织机关科室和分局业务骨干，集中学习风险应对管理办法、应对指引和操作指南，规范风险应对环节管理，对大要案及复杂案件强化团队化动作，拓展风险应对深度。三是加强与溧水区国土分局、国税局、住建局、发改局、交运局、水务局等部门信息交换，做好外部数据加工分析，全年取得项目数据761条，土地信息3000余条，房产信息7000余条，比对入库税款1000余万元。至2015年年末，完成中等风险应对618户，人均月评估户2.9户，入库税款1.35亿元，中等风险应对贡献率3.86%。（曾　辉）

税种管理　一是贯彻落实好“营改增”（营业税改增值税）工作，保证税收政策的平稳过渡。二是提升企业所得税管理质效，做好2015年度企业所得税汇算清缴工作，加强政策宣传力度，加强企业所得税后续管理。三是多举措开展个人所得税管理，强化高收入者个人所得税监控管理，落实外籍个人所得税管理要求，强化自然人股权转让个人所得税管理。四是加强土地增值税清算工作，提升干部土地增值税清算水平，加强土地增值税清算项目后续管理，入库税款1012万元。五是加强房产税、土地使用税两税管理，通过对房产税、土地使用税以往年度数据比对，强化疑点数据分析与筛选，提升管理水平。六是建立各税种管理专业团队，提升基层分局整体业务水平。（束晓华）

大要案查处　严格落实大要案专报制度，开辟重大案件快速办理渠道，提高应对突发性重大违法线索的办案效率与能力。2015年，溧水局查处并上报大要案5起，查补金额1480万元。提升大要案精细度，进一步细化、量化办结时间、上报时间，明确时间节点和办理时限。对案情复杂的大要案，要求审理环节提前介入。对大要案实行提前通报催办的制度，提升查办人员的责任感和积极性。提升大要案执行力，加强过程管控。检查前，要求检查人员主动分析大要案信息资料，研究检查方向和要求；检查中，深入一线，了解被查企业情况和检查进展情况，有针对性地进行案情分析，确保案件查办质效；检查后，加强痕迹管理，做到程序完备，定性准确，文书规范，数据无误。提升大要案规范性，统一标准，对什么环节填报什么内容，什么时点履行哪些手续，什么情况注意什么问题都详细列明，严格按规程操作，实现大要案办理的标准化，促进大要案的按时办结。（周和英）

社保费征缴　克服小微企业优惠政策落实等不利因素，坚持税费并重原则，切实做好社保费征缴。贯彻落实《江苏省地方税务局社会保险费欠费管理办法》，规范社保费分类管理，做好社保费催缴及风险管理工作，加强宣传、培训、辅导，规范社保费催缴和清缴操作流程，全年征收社会保险费148582.92万元，同比增加22169.53万元，增长17.54%，征缴率98.85%。坚持“税费并重”原则，做好包含全部自由职业者在内的社保费全面征缴工作，定期召开与溧水区法院、财政局、人社局联席会议，落实社保费清欠联动工作机制，对社保费征缴、非正常户认定、欠费强制执行等形成共。2015年，与溧水区社保局共同认定5户非正常户，已停止产生社保费应征数；清理往年欠费852.41万元，清欠率79.80%。（蔡行剑）

数据质量管理　围绕“夯实数据管理基础、提升风险管理效能”两条主线，制定12项全年数据管理工作要点，并在要点基础上细化34项分解举措及工作目标，平稳开展。一是严抓数据入口关，在运用审计系统过程中，针对审计任务发现的问题数据，举一反三，对照省地税局、市地税局的规则说明，做好问题数据的深入剖析，查找问题数据的出错根源。针对“三证合一”等重大改革事项，提前介入，分析可能产生的问题，提前布置做好数据审计防范。二是持续开展数据审计，按日审计，日审日清。按日审计出省地税局规则、市地税局规则的异常错误数据，区分和标注数据修改责任单位、主管业务科室、是否是重复差错数据后再推送至责任单位，并要求做到日审日清。三是按周统计，定期通报。按周统计出各责任单位错误数据发生的数量和各审计规则出现错误数据的频度，确定是否启动易发生错误提醒机制和重点单位督导机制。四是按月总结，常态管理。以数据审计联席会议、征管例会等形式，对数据质量审计情况进行总结，总结数据质量审计处理过程中好的做法，并整理编发对问题数据正确处理的方法，推动数据质量常态化管理。五是按季考核，责任追究。采取机考和平时记录相结合方式，按季重点对数据质量管理有效性、制度落实是否符合要求，严格追究未做到日审日清单位负责人及当事人责任。根据市地税局发布的通报情况，该局省市级差错数据情况控制良好。（曾 辉）

构筑司法协税机制 加强与溧水区法院协调配合，召开联席会议。建立司法与税收联席会议机制、司法涉税信息共享交换机制，同时对不动产司法拍卖税收征管以及司法对税收保障等问题进行沟通和交流，并达成初步意见。通过司法对税收执法的保障，进一步提升税务机关执法力度，堵塞税收征管漏洞，提高税务机关依法执法水平。加强与溧水区法院的对接，探索推进税收强制执行工作，同时落实税收执法权力清单制度，加强执法效能建设，确保执法安全。通过构筑司法协税机制巩固依法行政创建成果，按照全面依法治国和依法治税的要求，与时俱进提高法治意识，提高执法能力和执法水平。（沈 涛）

开通"微溧税"微信平台 11月6日，溧水国、地税局联合推出"微溧税"微信公众平台并正式上线，这是顺应"互联网+"时代以及国地税联合开展工作要求，溧水国、地税局在税企之间搭建起新的沟通平台。该平台充分发挥互联网交流工具灵活、智能、快捷、互动性强等优势，以图文并茂的形式向广大纳税人推送最新税收政策、办税流程、税收热点问题、税收动态、涉税通知等涉税信息，最大化地为纳税人办税提供便利。该局通过办税服务厅显示屏、《今日溧水》报、溧水电视台等媒介加大"微溧税"平台的宣传力度，提高纳税人知晓度及参与度。另一方面，强化组织领导，制定微信公众平台运行方案，组建运维小组，提高信息发布的及时性、准确性，提高可读性。（狄洁琼）

2015年5月28日，溧水局落实首问负责制，为符合条件的小型微利企业享受税收优惠提供全程辅导、咨询等事项

完善执法督察 一是重架构，机构精练化。6月新一轮征管体制改革到位，根据要求单设督察内审科，考虑干部管理和人力资源状况，挑选两名干部到督察内审科，形成一名科长和一名骨干的配置架构。同时按照"三险同防"（税收风险、执法风险、廉政风险）的要求，由各领导任领导成员，各科室及纳服服务局作为成员，成立督察内审领导小组。二是优基础，制度规范化。对督察内审工作的职责、思路以及工作事项进行明确和梳理，制定全年工作计划以及督审绩效考核指标。建立督察内审与其他部门的会商制度，主要是与法规、征管、征收等业务部门的协作配合，对一些督察事项以合议的形式来查过程、定结论。三是齐合力，运作团队化。成立"三位一体"的督审专业团队，以"基层、科室兼顾，业务骨干、青年干部搭配"为原则，抽选基层分局、业务科室的业务骨干和青年干部，组成常态复审、青年实践和重点督察三个团队。对三个团队职能定位不同，常态复审团队主要解决复审主体任务、开展内部执法督察；青年实践团队主要解决青年干部从事业务实践锻炼；重点督察团队主要应对重点任务、专项督察内审类的审核工作，从而实现骨干支撑、以老带新、运作顺畅、覆盖全面、效能优先。（邢华清）

干部分类管理 注重班子建设，持续做好群众路线教育后续工作，扎实开展"三严三实"专题教育，认真落实中心组学习制度；优化作风，采用问卷调查、集中座谈、基层调研等方式问需于民，突出部门统筹协作，提升服务质效；优化班子分工，清晰工作目标分解，发挥班子整体合力和龙头引领作用。强化中层管理，突出能力建设，开设中层培训班，建立中层干部与局领导挂钩联系制度，强化中层管理意识及能力。注重一般干部管理，结合征管改革优化人力资源配置，采取座谈、个别谈心方式，加强调岗人员沟通，增强岗位适应

性。强化青年干部培养,加强新进人员多岗位实践锻炼及培养,建立“1+1”定点帮扶机制,组织新进青年干部制定职业规划;规范人事管理,开展干部档案信息核查核对及确认,集中人员,历时三个月开展干部人事档案核查、外部调查及干部确认等工作,完成全局91名干部档案核查,确保信息准确无误;调整工资结构,贯彻上级精神,落实带薪年休假制度。(张显美)

干部教育培训 采取灵活教育形式,组织各支部开展“微型党课”,通过集中展示、现场评审等形式激励干部勇于提升、自我展示。采用全局、部门、个人三层结合方式推进“春训”工作,灵活授课形式,开展小班化互动式学习,组织春训测试,提升培训效果。注重提升青年干部理论和实践能力,开设“青年干部学习班”,按月开展财务、税收政策等知识培训。创新开展专业人才团队化建设,优化税务课题组组别及人员构成,围绕年度工作重点确定课题,规范小组日常活动。组织参加能级评定、全市地税系统能手竞赛、全市地税系统及溧水局人才库选拔等,进一步提升干部学习动力。2015年,3人被评为系统业务能手,6人入选市地税局人才库。(张显美)

纳税人信用评定 和溧水区国税部门联合,对辖区企业开展信用等级评定。按照新的纳税信用等级评定办法,从两年一评改为一年一评、人工评定改为人工与系统结合评定、纳税人自主申请评定改为符合条件的纳税人全部纳入评定。依托省地税局大集中系统中纳税人纳税信用级别评价模块,预设多级评价指标,经过数据采集、信用评价、交叉比对并结合企业实际情况等,经过受理、复核、修正三个步骤,对8440户企业纳税人进行评级,共评出A级纳税723户;B级纳税人7093户;C级纳税人294户;D级纳税人330户。为更好地服务重点企业,根据市地税局纳税服务局要求,于2月末建立了该局领导挂钩联系企业制度,开展重点企业贴近式服务。10月末前共走访25户重点企业,收集问题与建议12条,均已解决。(陈源忠)

廉政教育 组织开展“崇德守法”主题教育活动,从区局、部门、个人三个层面开展经常性学习,让干部廉政教育不离身。举办传统文化讲座及理想信念教育,开展领导干部上讲堂活动,实施涉税负面舆情应对及防控培训。选取工作实例,从执法正确性、工作要求落实规范性、风险应对有效性、党风廉政等角度分别进行分析,制作专门课件实施实例警示教育。聘请溧水区纪委人员开展专题廉政教育,组织干部参观廉政公园、观看警示教育片《迷失的坐标》,筑牢反腐倡廉拒腐防变的思想道德防线。结合机构职能调整,采取“一对一”“面对面”方式,分层次开展廉政谈话活动,围绕“查问题、找风险,讲廉洁”主题进行交流沟通、交换意见。(邢学好)

微型党课教育 9月起,溧水局根据市地税局关于在系统基层党组织中开展微型党课的要求,进一步推动全体干部深入学习,促进政治修养和综合素质的提升,按照“3341”工程目标分层推进开展微型党课交流展示活动。以支部为单位,分别开展党课宣传教育;以党总支为主体,集中开展党课宣传教育。在各支部微型党课的基础上,以党总支为载体,采取自行申报、总支确认、专题辅导的方式,确定了8名人员开展微型党课讲授。突出了人人参与,让普通党员成为上党课的主角,以党课促教育以党课促发展,促进党内生活的常态化、规范化、制度化,推进基层党的建设。围绕社会主义理论和税收中心工作开展,内容涵盖了政策、法制、生活、经济、生态、干部管理等方面。并在每一次党课中,做好事前主题确定,事中辅学讲学评学,事后认真总结。汇总提炼,交流提升。每次党课,授课人员都精心组织课件,制作简报和视频。并开展优秀微型党课评选,培养一批学习宣传党员骨干,在不同支部和全体干部中进行交流,以优秀评选为抓手,促进党课教育的相互交流。(邢学好)

廉政风险事前评估预防 围绕安全履职,探索实施廉政风险事前评估预防,提高廉政建设实效,实现“三个没有”:没有一起刑事案件,没有一起职务犯罪,没有一起严重违纪。制订廉政风险事前评估预防工作方案和办法,设计确定《廉政风险事前评估因素与定义分级表》,组织专业团队开展事前风险评估,根据评估结果明确防控要求,并由职能部门将具体工作任务及风险防控要求同步布置，形成风险防控的整体合力，实现廉政建设四转变：即由工作实施结束后的风险应对转变到工作实施前的风险防范，主观定性判断转变到定量与定性综合考量，全面防控转变到重点防范，人事部门主抓转变到主体职能部门牵头组织。（张显美）

纳税人诉求办理 建立快速响应机制，完善纳税人诉求办理，重大问题局长办公会、业务例会解决，共性问题形成会议纪要作为解决问题参考依据。根据《南京市"12345"政务热线成员单位工作绩效考核实施细则》，结合实际，修订诉求响应工作制度，完善考核办法，明确投诉处理各环节工作流程和职责，建立与诉求人顺畅的沟通联系机制。将诉求处理回访前移，每月纳税投诉情况通报、典型案例分析，制定针对性考核指标，提升诉求办理质效并纳入绩效考核。落实挂钩联系制度，建立局领导每人挂钩10户企业联系点制度，征集纳税人意见建议，了解需求，针对性完善纳税服务举措。解决行业税收问题，发挥"纳税人之家"作用，与溧水区工商联餐饮商会共同解决网开发票及火锅行业季节性税收定额。征集劳务性企业税收征管意见，完善管理办法。全年受理"12366"、"12345"纳税人诉求工单63件，满意率97%。（陈源忠）

【责任编辑 梁晓玲】

高淳地方税务局

概　述 2015年，南京市高淳地方税务局（以下简称"高淳局"）主动适应税收新常态，以中共十八届三中、四中全会精神为指导，以组织收入为中心，以安全履职为保障，以队伍建设为抓手，瞄准进位争先目标，狠抓年度工作要点落实，完成了年度各项目标任务，为服务区域经济发展做出贡献。高淳区委主要领导、区政府主要领导、分管财税工作领导先后三次对高淳地税局工作作出批示，肯定地税工作成绩。

一是打好收入硬仗。面对经济下行压力加大和多项减税政策影响，高淳局坚持以组织收入为中心，贯彻落实组织收入基本原则，依法征收，应收尽收，做到周盘、月评、季分析，把税收预测分析盘深盘细盘扎实，析透每一个增长动因和减收因素，提升收入质量管理。同时不定期开展各镇区走访，加强与地方党委政府的沟通联系，及时获取收入信息情报；运用征管评查各项手段，挖潜增收。2015年，共组织各项收入42.28亿元，税收收入34.27亿元，分别增长18.8%、18.3%。组织一般公共预算收入19.63亿元，增长0.12%。

二是深化征管改革。按照"基础管理属地化、纳税服务规范化、征纳互动网络化、风险应对专业化"的新型征管体系要求，实施了新一轮征管体制改革，将一分局设为税源基础管理机构，二、三分局设为中等风险应对机构，新成立督察内审科。突出风险管理职能作用，开展中等风险应对980户，入库税款8100万元，应对贡献率2.3%。加强税源监控指标管理，修订完善管理办法，瞄准弱项指标集中攻坚，税源监控指标管理水平实现提升。深入开展国地税合作，建立联席会议制度，联合发布32项"合作规范任务清单"，在非正常户认定、欠税清理、开业和注销登记等方面取得成效。10月1日如期实现"三证合一、一照一码"（组织机构代码证、税务登记证、工商营业执照）登记改革目标。创新项目"推进征管转型实现智能征管"，获得市地税局一等奖。

三是推进依法行政。贯彻落实《全面推进依法治税工作的实施意见》，按照"统筹推进、重点突破，内外结合、上下互动"的总体思路推进依法治税，便利纳税人、规范税务干部，加强税法遵从与税收共治，推进税收法治化。加强税种管理，开展营业税存量税源清理；做好所得税汇缴工作，汇缴入库企业所得税9035万元，同比增长89%；强化股权转让信息核查，征收个人所得税571万元；开展土地增值税清算，入库税款2300万元。完善督察机制建设，全面贯彻落实《税收执法督察规则》，积极推进执法督察常态化，对执法督察发现的问题，以风险提示的形式提醒干部防范执法风险。开展"规范执法示范岗"争创工作，2名干部被评为市地税局执法示范岗。全年稽查查处案件43起，入库税款2736万元。

四是优化纳税服务。融入区域发展大局，为地方经济发展提供税收政策支撑。为红太阳集团宝马发动机项目推进，红宝丽股份有限公司"走出去"发展，SAP跨境电商落户等提供上门政策指导和全程跟踪服务。编发《保障性住房税收政策解读》和多期税收专报呈送高淳区四套班子领导，并得到区领导批示肯定。落实税收优惠政策，为1200多户企业办理税收优惠，减免税款6000多万元。固定资产加速折旧政策让30%以上企业受益。开展常态化纳税服务现场检查，29件投诉无一件不满意工单，1名干部被评为市地税局纳税服务明星。

五是加强队伍建设。坚持问题导向，开展“三严三实”专题教育，班子建设进一步加强。召开干部座谈会，广泛征求意见建议，提高干部凝聚力和向心力。结合新一轮征管体制改革，开展干部轮岗，调优人力资源配置。深化税务文化建设，开展“书香地税 阅读越悦—寻找最美读书人”读书活动，创办《“淳和税悦”文化微刊》，开展微型党课，参与高淳区纪委微电影、微广告拍摄，扩大“淳和税悦”文化品牌影响力。加强党风廉政建设，签订党风廉政建设责任书，分解《党风廉政建设责任制工作任务分解表》，制订六个责任清单，形成横向到边、纵向到底、覆盖完整的责任体系。开展工会活动，乒乓球、羽毛球分获南京地税工会比赛活动第1名和第3名成绩。3名同志获得南京地税局优秀业务能手称号。

六是提升行政效能理。理顺公文管理，强化督查督办，提高政务工作水平。加强信息宣传管理，2015年省以上采用稿件40多篇，中办国办采用12篇，领导批示3篇。加强事务管理，完成了大楼庭院绿化和值班室改造，做好了办公室整合及办公桌椅更新工作。加强安全管理，完善值班制度，强化监督检查；加强涉税舆情监控，建立网格化巡防巡控制度，落实第一时间发现，第一时间上报，第一时间处置原则，未发生一起舆情事件。加强档案管理，及时全面做好了2014年业务档案的归档工作。（杨丽华）

机构设置及负责人

办公室

主　任　陈玉才
副主任　钱志英

人事监察科

科　长　陈月影
副科长　李小兵

征管和科技发展科

科　长　陈树华
副科长　杨剑龙

税政法规科

科　长　孔华梅
副科长　吕志浩（2015年6月免）
副科长　陈昆恒（2015年6月任）

规划财务科

科　长　孔令海（2014年10月免）
科　长　章　玲（2015年6月任）

数据管理科（税收风险评估分局）

科　长　章　玲（2015年6月免）
科　长　孔华梅（2015年6月兼任）
副科长　王红华

督察内审科

科　长　陈月影（2015年6月兼任）
副科长　吕志浩（2015年6月任）

稽查局

局　长　赵华龙
副局长　刘晓鸽
副局长　李爱彬（2015年6月任）

征收税务分局（纳税服务局）

分局长　邢建顺
副分局长　魏玲燕

第一税务分局

分局长　史天桢
副分局长　朱红华（2015年6月任）
副分局长　赵洁如（2015年6月免）
副分局长　李爱彬（2015年6月免）

第二税务分局

分局长　雍冬林
副分局长　韩炳新（2015年6月任）
副分局长　赵小明（2015年2月免）
副分局长　陈昆恒（2015年6月免）

第三税务分局

分局长　金淳生
副分局长　赵洁如（2015年6月任）
副分局长　韩炳新（2015年6月免）
副分局长　朱红华（2015年6月免）

（杨丽华）

组织各项收入42.28亿元　加强年度收入计划的分解落实，将全年收入计划分解落实到各税务分局，强化科室分局联动，提高收入计划执行的监督与管理。强化税收分析和预测，关注区域经济发展动态和企业经营形势变化，定期召开专题收入分析会，找准税源管理方向和重点。强化重点税源监管，做好重点税源直报工作，为税收预测提供支撑。加强收入质量管理，贯彻组织收入原则，将“内容真实性、手续完备性、程序规范性”作为税款入库的前提条件，严格依法征税。强化收入目标沟通协调，与各级政府加强经济税源信息的沟通，掌控第一手经济税源信息，为收入计划的预测、执行、分析提供支撑。2015年，组织各项收入42.28亿元，同比增长18.88%；组织税收收入34.27亿元，同比增长18.29%，其中：省级税收0.94亿元，同比增长14.46%；区本级税收33.33亿元，同比增长18.4%。公共预算收入19.63亿元，同比增长0.12%。此外，组织社会保险费入库7.02亿元，同比增长27.66%；各项基金收入1149万元。（杨丽华）

欠税清理 针对企业欠税不断增多的新情况，制定2015年欠税管理工作的意见并下发税务分局执行。一方面加强欠税实地核查，对所有欠税户开展上门实地催缴，与企业签定《欠税确认单》，并落实清欠计划，根根清欠计划加强日常跟踪管理，督促企业按计划要求及时缴纳欠缴税款。另一方面实施分类管理，在分析欠税税户的结构、行业分布的情况下，制定有针对性的清欠管理措施。对属于地税营业税业务的欠税企业加强发票控制，采取发票限额控制或暂停代开发票；对增值税企业，依托国地税合作，将欠税户名单提交给国税，通过国税部门采取必要措施协助清欠；同时与驻地税公安办加强联动，定期召开协调会议，

2015年12月4日，高淳局举办国家宪法日暨全国法制宣传日活动，向群众宣传普及税法知识

将拒不缴纳欠税的企业移送给公安办，借助公安办的力量进行追缴欠税。2015年，清理往年陈欠税款2.56万元，清理率8.66%；清理当年新欠税款808万元，加收滞纳金80万元。（杨丽华）

读书月活动 在“4·23”世界读书日之际，在全体干部职工中开展为期一个月的读书系列活动。活动以“加强社会主义思想文化建设，弘扬地税文化，打造精神高地，大力营造读书好、好读书、读好书的良好氛围，提高地税干部的思想文化素质”为指导思想，以“书香地税，阅读越悦——寻找最美读书人”为活动主题，以“推荐一本好书、写一篇读书心得、编一本小刊物、读书献一策”为主要内容。活动期间，该局向全体干部推荐了《中国古典文心》《狼图腾》《大清相国》等多部书籍，并要求每名干部每天坚持读书一小时，读书月至少完成一本书籍阅读和撰写一篇读书心得。读书月活动结束后，共征集读书心得100余篇，征集“读书活动金点子”10余条，在全局上下营造了浓厚的读书氛围。（杨丽华）

“微型党课”教育 从7月开始，紧扣“学习型党组织建设”要求，在全体党员干部中开展“微型党课”教育活动。“微型党课”以“崇德守法”和“三严三实”为主题，重点围绕中国特色社会主义理论及税收中心工作进行讲解，同时也可以讲身边人和身边事。在授课方式上，采取党员干部大家讲的形式，鼓励人人上讲台、人人当教员。据统计，该局2015年开展微型党课3期，12名党员干部走上讲台。其中《践行核心价值观 弘扬社会正能量》《健康生活 快乐工作》被推荐参加市地税局优秀微型党课课件评比。《践行核心价值观 弘扬社会正能量》被市地税局推荐申报南京市思想政治工作“精品课堂”。（杨丽华）

依法治税 高淳局坚持“三三制”，不断完善制度建设和平台建设，提升税收法治水平。7月，作为高淳区唯一一家行政单位代表区政府接受了全市“六五”普法终期考核验收，依法治税工作得到上级肯定。一是完善三项机制，强化制度建设。健全领导制度，成立普法领导小组，专设法制岗，负责税收法治工作和普法工作；建立健全执法责任

制，定期开展税收执法检查；完善教育宣传机制，制定年度普法工作规划，召开两次以上专题会研究部署依法治税工作。二是立足三大平台，强化学法力度。拓展网络教育培训平台，开展网上岗位练兵活动。依托制式脱产培训，开展专业化、递进式的培训；依托岗位培训平台，开展"每月一讲作点评、每季一测评明星、每年一考选标兵"活动。三是依托三个载体，推进税法宣传。以税收宣传月为载体，面向社会开展税法宣传；以纳税人讲堂为载体，推进纳税人学法工作；以"面对面、点对点"沟通为载体，开展"税干连百企、服务促发展""情系民生——税收帮扶行"等调研活动，提升纳税人诚信纳税意识。（杨丽华）

股权转让个人所得税管理　抓住关键要件，要求纳税人提供股权转让协议、股权原值、账面净资产、资产评估报告和最近一期财务会计报告等。严格审核认定，对于平价和低价转让的，若申报的计税依据明显偏低且无正当理由的，严格按照核定转让价格计税。对于超过税款追征期的，主动约谈财务经办人，深入了解原因，并进行纳税辅导和教育。协查各税申报，根据股权转让协议查补产权转移书据印花税，核实企业注册资本印花税的缴纳情况，及时提醒纳税人减少涉税风险。引导转让股权纳税人尤其是年所得12万元以上的纳税人进行自行申报，敦促扣缴义务人在受让股权支付所得时履行代扣代缴义务。2015年，共审核310户企业股权转让，核定调整79户次，共征收个人所得税580.94万元，其中核定个人所得税192.17万元。（杨丽华）

国地税联合开展税收管理服务　落实国家税务总局《合作规范（1.0版）》和南京市地税局《关于进一步深化和加强联合税收征管工作的意见》要求，成立国地税联合征管工作领导小组，召开联席会议，制定合作实施方案，将国家税务总局《合作规范（1.0版）》中明确的32项合作事项，具体落实到双方责任部门、责任人员，实现无缝对接。强化纳税服务联合，推进多证联办业务，实现"一个窗口、办两家事"。强化执法监管联合，统一自由裁量权，统一处罚标准，联合开展文书送达、开展风险应对、联合注销合作，减少对纳税人的重复检查。加强信息协作共享，建立征管数据交换机制，按期交换各类信息，充分利用国地税联合征管信息平台，实现国地税同步认定非正常户，联合开展国地税非正常户的清理清查工作，通过定期对相关涉税信息的比对和核实，进一步规范国地税共管户税收征管工作。（杨丽华）

2015年7月3日，高淳局组织税官与村干部对接，助力农村电商发展

纳税服务现场检查　8月，针对在市地税局组织的"纳税服务现场检测活动"中暴露出的问题，制定纳税服务现场检改进意见，落实责任强化监督检查。一是建立每日巡查制度。要求各部门负责人每天上班后开展一次巡查，并做好相关记录，对干部做好提醒和引导。二是建立每周督查制度。抽调纳税服务局、人事监察科、办公室人员，成立"纳税服务现场检测项目"检查小组，每周不定期对各办税场所、办公场所纳税服务、作风建设、环境卫生等开展联合检查，并将检查情况在全局通报，对同一部门同一问题屡次不改的，落实绩效考核措施。三是建立不定期抽查制度。委托外部或由局领导带队不定期开展抽查，并将抽查情况列入月度工作会议进行点评，对问题严重整改不力的，纳入到C级和D级绩效考核。自检查活动开展起，该局在服务现场检测活动中被查出的问题数量明显下降，纳税服务环境得到明显改善，服务水平明显提升。（杨丽华）

稽查风险应对效能　在市稽查局统一管理稽查案源的情况下，该局坚持完善案源需求机制，结合区域经济状况、税源结构及行业特点等，开展案源分析，提出案源需求，尽可能地提高风险应对

与稽查年度目标的契合度。一是坚持完善风险数据二次筛选机制。对市稽查局推送的高风险应对任务，实施风险数据二次筛选，通过与历史数据、行业总体状况及纳税人实际经营情况等多维度进行对比，对风险数据的有效性和准确性进行甄别，拟订检查方向和重点，提高检查工作的针对性，提升稽查效能。二是完善案源分配机制。在案源分配环节，结合二次筛选情况，根据每个检查组特点与擅长，优先找准切入点，合理分配案源，尽可能发挥各组优势。2015年，查处百万元以上大要案3起，稽查查补收入2736万元，其中案件查补2217万元，比2014年增长98%。 （杨丽华）

税收服务 该局立足服务形式和服务内容创新，打造纳税服务“新常态”。一是立足实际打造便民办税新常态。全面实现“窗口受理、内部流转、限时办结、窗口出件”一站式服务格局；推出午间值班、延时服务、应急服务、节假日预约、缺件备忘等多种贴近实际的特色服务，提高服务品质。二是顺应变化打造网上办税新常态。通过新办纳税人培训、自助办税厅实时辅导、微博、QQ宣传等渠道，全方位推广网上办税服务。三是贴近需求打造快捷办税新常态。联合工商、质监、国税大力推广多证联办业务，实现营业执照、组织机构代码证、税务登记证、刻制印制信息卡等多证联办。通过精简涉税资料报送项目，简化涉税审批流程，提高涉税审批速度，切实减轻纳税人办税负担。四是快速处理打造维权服务新常态。畅通“12366”、“12345”等各种投诉维权渠道，构建集纳税人诉求受理、处理、结果反馈为一体的快速反映机制，及时化解矛盾。2015年，受理各类投诉工单18件，综合办结率100%，满意率100%。 （杨丽华）

2015年8月5日，高淳局组建大学生创业税收服务团队，结对服务，为大学生创业提供税收政策咨询服务

党风廉政教育 一是强化“两个责任”落实。制定《党风廉政建设责任制工作任务分解表》，对重点任务和工作责任分解细化、责任到人，制订《党风廉政建设主体责任清单》《党风廉政建设监督责任清单》《党风廉政建设班子成员责任清单》《党风廉政建设第一责任人责任清单》《党风廉政建设纪检组长责任清单》《党风廉政建设科室、分局责任清单》等六个责任清单，厘清责任边界、明确责任内容，确保“党委主体责任、纪委监督责任”落实到位、贯彻到底。二是深化“三险”同防。从5月开始对月度工作计划分析排查风险点，找出存在的问题，细化落实防控措施及要求，制作《主要工作事项风险提示》表，与月度工作计划同步推送月度主要工作事项风险提示，提升干部责任意识及防控意识。三是开展反腐倡廉教育。落实廉政学习教育制度，做好“节日”期间党风廉政建设有关工作；开展“崇德守法”主题教育活动，组织干部参观廉政教育基地，接受警示教育。四是深化作风建设。开展《党风廉政承诺》活动，接受群众监督。开展作风建设“巩固深化拓展”主题活动，加大对各单位的监督检查，确保各项规定落到实处。 （杨丽华）

《“淳和税悦”文化微刊》 为深化“淳和税悦”文化品牌建设，拓宽载体，丰富内涵，传递正能量，从8月开始，该局创办内部刊物《“淳和税悦”文化微刊》，丰富干部职工精神文化生活。《“淳和税悦”文化微刊》包含“重要言论”“我的感悟”“小故事大道理”“微言微语”“我讲一课”“清风税廉”“养生保健”“身边人身边事”等栏目，“重要言论”主要反映当前重大整治理论观点以及税务系统重要言论；“我的感悟”主要反映干部职工对工作和生活的所思所想；“我讲一课”主要反映干部微型党课内容；“身边人身边事”主要反映干部身边的先进典型事迹。2015年，共创办《“淳和税悦”文化微刊》4期，通过公告版发送至全体干部职工。 （杨丽华）

【责任编辑 梁晓玲】

重要会议材料

适应新常态　实现新作为
推进南京地税事业迈上新台阶

——在南京地方税务工作会议上的讲话

柏　鹏

(2015年2月5日)

同志们:

这次会议的主要任务是,深入学习贯彻党的十八届三中、四中全会精神,认真落实总局、省局会议要求和市委、市政府决策部署,总结去年工作,部署今年任务。下面,我代表市局党组,讲三点意见。

一、2014年工作取得新成效

过去的一年,在省局和市委、市政府的正确领导下,全局上下坚持以组织收入为中心,深入推进“三大工程”建设,开拓创新,安全履职,较好地完成了全年各项目标任务。

(一)突出“一个中心”,税收职能有效发挥。全系统坚持组织收入原则,克服困难挑战,注重质量管理,充分挖潜增收,保证了组织收入稳定增长。全年累计组织各项收入1138.7亿元,增长11.7%。其中,税收收入703.1亿元,增长11.2%;市县级公共财政预算收入529亿元,增长9.7%(剔除上年超额完成的8亿元,增长11.6%),增幅位居苏南城市第一。牢固树立大局意识,认真落实各项税收政策,为促进民营经济发展制定并梳理23条服务举措、58条优惠政策,全年办理减免税92亿元。其中,促进和改善民生,为30万企业和个人办理减免税60亿元;服务转型发展,为7000户企业减免税收10多亿元;落实科技创新政策,为400多户企业减免税收6亿多元。加强税收分析,通过税收反映经济运行状况和产业、行业特点,积极向市委、市政府提出意见建议,上报材料多次受到市领导批示肯定。

(二)深化“三大工程”,改革创新取得实效。一年来,我们聚焦大事、把握重点,深入推进“三大工程”建设,提升了征管效能,促进了征纳和谐,增强了组织凝聚力,改革创新取得新成效。

一是大力加强税收征管。稳慎推进征管改革,优化征管机制,夯实征管基础。突出风险管理导向,全年完成风险应对12661户,实现风险应对收入21.5亿元。推行税源管理事项清单制,修订税收业务操作规程,明确7类778项涉税业务事项。与工商、国税等部门一道推进登记制度改革,在市政务大厅实现多证联办、并联审批。实施分级分类管理,推进发票改革,构建征管智能检测信息系统,做好税源与征管状况监控分析。优化运维机制,加强信息安全,发挥信息化支撑作用。规范业务档案管理,通过数字档案室验收。强化税种管理,贯彻落实营改增工作,加强房地产、建筑业营业税控管;所得税汇算清缴入库税款72.1亿元,12万元以上自行申报达15.7万人;开展境外上市企业税收调查,入库税款4.3亿元,占全省的53.4%;积极参与总局房地产税改革的调研和论证,加强房土两税管理,土地增值税清算入库税款23.4亿元。

二是深化社会治理创新。认真组织第四次全国纳税人满意度调查迎查工作,位列全国省会城市和计划单列市第三。开展便民办税春风行动,建立领导班子成员挂钩联系企业制度,走访761户次,帮助企业解决问题259个。创新宣传方式,通过微博、微信等手段提供涉税解答1万多条。与国税联合开展纳税信用等级评定工作,评定A级纳税人967户。贯彻落实《全国县级税务机关纳税服务规范》,推进办税服务厅标准化建设。“12366”全年咨询量112万次,在全国率先通过ISO 9001认证。转办政府“12345”工单1815件,综合满意率达97.3%,列全市千单以上职能部门第一。

三是推进税务文化建设。推广卓越同行文化品牌,编印下发《税务文化手册》,建立健全税务文化指标评价体系,构建一体多样文化格局。以局庆20周年为契机,开展“追忆历史·卓越同行”

征文演讲等系列文化活动，扩大品牌宣传。总局党校先后四次来我局开展税务文化现场教学活动，授予我局现场教学基地称号。加强思想政治工作，组织开展道德讲堂、志愿服务、结对共建等活动，深化文明创建，建邺局获全国税务系统先进集体称号，税收文化基地入选全国人文社会科学普及基地。

（三）抓好“三项建设”，各项工作扎实推进。一年来，我们着力推进“三项建设”，促进了依法行政，激发了队伍活力，提升了行政效能，确保了各项工作扎实有效开展。

一是抓好税收法制建设。深入开展依法行政示范单位创建工作，我局被省局评为依法行政考核优秀单位，直属一分局、溧水局被省局授予依法行政示范单位称号。探索建立税务争议案件提前介入和联动机制，成功化解20多起争议案件。深化行政审批制度改革，梳理4项行政审批权力、46项行政确认权力，形成行政权力目录清单。与国税部门联合发布行政处罚裁量基准，保持执法口径和尺度一致。加强与司法机关合作，做好行政听政、复议、应诉工作。开展专项执法督察和重点执法督察，创建《执法督察疑点规则库》。依法查处涉税违法行为，严厉打击发票违法犯罪活动，全年实施稽查1091户，查补收入6亿元。

二是抓好干部队伍建设。加强领导班子建设，修订完善领导干部选拔任用、非领导职务晋升、后备干部管理三个办法，构建有效管用、简便易行的选人用人机制。积极与省局和市、区协调，推荐输送2名正处级、5名正科级优秀干部到市级机关、徐州地税和区里担任更高一级职务。探索干部综合积分管理和有效激励机制。修订完善能级评定制度，有201人晋升能级。做好离退休干部工作。优化绩效管理办法和指标体系，完善绩效分析评价和交流制度，连续八年获省局综合考核第一名。加大教育培训力度，开展一站到底、最强税官等春训活动，在全国首创税务MBA人才培养模式，完成第一届学员招生并开班学习，全年举办制式培训38个班次，培训科以下干部1678人。全局“三师”比例达24.5%，位居全国税务系统前列。加强党风廉政建设，全面落实“两个责任”，制定《党风廉政建设领导责任追究办法》，推进“三险”同防，着力构建风险同步应对机制。抓好先锋行动、党务公开等党建示范点建设，开展微型党课活动。加强工会、妇联等群团组织建设，组织开展“阳光杯·与青奥同行”系列活动。贯彻中央“八项规定”，聚焦“四风”问题，推动作风建设常态化、长效化。

三是抓好行政效能建设。坚持以创新的思路推进工作，全年有11个创新项目在总局、省局交流并推广。加强工作统筹，切实为基层减负，去年全局性会议减少10%。强化涉税舆情管理，全年监控和处置涉税舆情68件。政务信息、科调研工作继续保持全省领先。加强内部审计，规范预算管理，认真执行厉行节约、节能减排、公务接待、公务用车等各项规定，全年“三公”经费减少39%。推进后勤管理改革，后勤服务保障水平进一步提升。

回顾过去一年的工作，成绩来之不易。这是省局和市委、市政府正确领导的结果，是社会各界和广大纳税人大力支持的结果，更凝聚着广大地税干部职工的心血和汗水。在此，我代表市局党组，向全系统干部职工表示衷心的感谢和崇高的敬意！

在肯定成绩的同时，我们也要清醒地看到工作中存在的不足：在经济新常态和税制改革大环境下，地税工作前瞻研究、主动适应不够，征管改革推进力度不大，有求稳怕乱的思想；工作统筹还需加强，对基层政策的请示答复不够及时准确，条口会议、考核指标和平台开发还须进一步简并；少数领导干部当老好人，不敢担当，管理松懈，一些干部责任心不强，缺乏工作激情，在岗不敬业，出工不出力，个别干部为税不廉、以税谋私、失职渎职。对于这些问题，我们要高度重视，切实加以解决。

二、准确把握今年工作新形势

2015年是深化财税改革的关键之年，也是新常态下推进地税事业发展的重要一年。从发展环境看，税收工作面临经济发展、依法治国、税制改革、从严治党“四个新常态”，对我们来说，既是机遇，又是挑战，需要认真研判、深刻认识、准确把握。一是经济发展新常态。新常态下经济发展主要以“中高速、优结构、新动力、多挑战”为基本特征，经济运行复杂多变。经济决定税收，一方面，随着经济增长从高速转向中高速，税收持续增长会受到直接影响，组织收入任务更加艰巨；另一方面，经济发展方式从规模速度型增长转向质量效率型增长，为税收质量的提高和税源结构的优化提供了新空间。二是依法治国新常态。四中全会作出了全面推进依法治国的重大决定，标志着法治中国建设进入新常态。税法在法治建设大局中扮演着重要角色，依法治税、遵法循法，必然成为税收活动奉行的基本准则。一方面，纳税人维权意识显著增强，对税务干部公正文明执法的要求越来越高，向税务机关提起行政复议、行政诉讼的案例越来越多，给税务工作带来更大压力；另一方面，全社会法治观念的进一步增强，税务机关执法能力的进一步提升，有助于提高税收依法征收率，进一步改善收入质量，打造高标准、法治化的税收生态环境。三是税制改革新常态。三中全会从推进国家治理体系和治理能力现代化的高度部署税制改革，使税收职能作用更加深刻地介入国家治理的各个方面，成为治国理政的重要基础和支柱。一方面，作为税制改革重头戏的营改增将全面推开，对地税工作产生深远影响，不论是营改增，还是房地产税、个人所得税改革，地税部门的管理对象、管理方式和管理手段都将发生新的变化，对我们形成了新的考验，也倒逼着我们不断提升税收管理水平；另一方面，随着税制改革的不断深化和推进，新的地方税体系逐步构建，一些新的地方税种也将陆续开征，为地税发展带来了新机遇。四是从严治党新常态。十八大以来，中央高度重视反腐败工作，以毫不含糊的实际行动表明了党要管党、从严治党的坚定决心。现在的形势是，监督之弦越绷越紧，制度之网越织越密，问责之剑越磨越亮。一方面，给我们加强干部管理、做好思想政治工作、调动干部工作积极性提出了新的课题，使我们带队伍难度更大、责任更大、挑战更大；另一方面，也为我们从严治队提供了制度遵循，通过坚持思想教育从严、作风要求从严、制度执行从严、管理监督从严，进一步锤炼干部，使地税队伍纪律更加严明、作风更加过硬、形象更加优良。

根据上级工作部署，结合当前形势判断，2015年全市地税工作的总体要求是：深入学习贯彻党的十八届三中、四中全会精神，深刻认识、主动适应、积极引领税收新常态，坚持以组织收入为中心，持续深入推进“三大工程”建设，稳中求进、狠抓落实，着重做好依法治税和深化改革两篇文章，提振干部队伍精气神，凝聚安全履职正能量，奋力推进税收现代化，为南京经济社会发展做出新的更大的贡献。

围绕上述要求，在今年工作中，要重点把握好以下“四个关键词”：一是定力。定力是一种坚定、坚持、坚守的力量。外部环境越是纷繁复杂，我们越是要保持清醒头脑，不因税制之改而迷茫，不因改革之变而波动，不因管理之严而不为，坚持走自己的路，做自己的事，瞄准目标不飘移，咬定青山不放松，认定方向走到底，始终保持清晰的判断力、果断的决策力、坚定的执行力，心无旁骛谋发展、推改革，集中精力抓收入、带队伍，奋发有为，砥砺前行，不断提升税收现代化水平。二是法治。法治是发展的助推器。我们要认真贯彻依法治国基本方略，全面推进依法治税，强化办事依法、遇事找法、解决问题用法、化解矛盾靠法的思维方式，时刻牢记权由法授、法外无权，有权必有责、用权受监督、失职要问责、违法要追究，要弄明白法律规定我们怎么用权，什么事能干、什么事不能干，更加注重用法律的准绳衡量、规范、引导税收工作，既要依法征收、依法减免、依法稽查，又要依法管理、依法服务、依法带队，建设更高层次、更高水平的法治税务。三是创新。时移世易，须因势而为，创新求变。面对税收新常态呈现的阶段性特征，我们不能因循守旧、墨守成规，要用创新的思维看待变化、适应变化，大胆冲破传统观念的束缚，打破惯性思维，形成与税收新常态相适应的思维方式、行为习惯。要进一步弘扬创新精神，把创新贯穿于税收工作全过程，特别是在推进征管改革过程中，要在省局顶层设计框架下，结合实际，凝聚共识，坚持方向，改创并举，蹄疾而步稳地开启新一轮征管改革征程。四是责任。责任胜于能力。对领导干部而言，要了解大势，把握大局，提高严于管理、善于管理的能力，落实党要管党、从严治党的要求，履行教育提醒、监督管理的责任。要敢于担当，面对矛盾问题敢于迎难而上，面对工作失误敢于承担责任，面对歪风邪气敢于坚决斗争，大事扛得住，小事做得好，难事拿得下。对广大党员干部来说，要始终保持昂扬向上的精神状态和工作激情，牢记为国聚财、为民收税的神圣使命和岗位就是责任的敬业精神，人心思进，在岗有为，踏踏实实，兢兢业业，一步一个脚印抓好工作落实。

三、奋发有为开创2015年工作新局面

新的一年，全局上下要咬定目标，创新举措，以更大力度狠抓落实，突出抓好以下六项工作：

（一）加强组织收入管理。一是提升收入质量。今年，市政府下达给我局的市县级公共预算收入任务是582亿元，增长10%，省局下达给我局的税收收入统筹目标是增长9.5%~10.5%。我们要坚定信心，扎实工作，确保完成收入任务。要认真贯彻组织收入原则，加强收入统筹管理，强化收入质量跟踪，定期开展收入质量通报。全面掌握重点税源税户变动情况，提高税收预测准确性，对涉房税收要做好分析预判、跟踪管理。要分税种、分事项研究制订挖潜增收的措施，有效堵塞漏洞，减少税收流失。二是深化税收分析。要着力打造税收分析拳头产品，更好地为上级决策和组织收入工作服务。密切关注国家税制改革动向，做好个人所得税、房地产税等税制改革的立法调研和政策建议，研究分析相关政策对南京经济发展的影响，为市委、市政府决策提供参考。三是强化税种管理。贯彻执行营改增各项工作部署，做好分析测算、数据传递等前期准备工作，分级分类，全面加强对存量税源的清理清查，研究做好营改增后相关附征税费征管的衔接。提升企业所得税应用新表后的汇缴审核质量，加强企业所得税后续管理。深化高收入个人直接管理，加强自然人数据库应用和股权转让跟踪，完善境外上市公司信息管理平台，构建具有南京地税特色的反避税工作体系。完善土地增值税清算管理机制，建立分区域的建筑成本参考标准。加强与房管及物价部门的协作，完善存量房交易价格管理体系。深化社保费欠费分类管理，规范各项代征基金费的征缴工作。四是落实税收政策。贴近党委政府决策，贴近企业百姓需求，用足用好促发展、惠民生各项税收政策。加强对混合所有制经济、江北新区建设、战略新兴产业发展等重点工作跟踪，关注小微企业、困难企业发展。结合税收优惠政策清理，及时维护优惠政策库，确保税收优惠政策执行准确、落实到位。

（二）全面推进依法治税。一是加强法治建设。深入学习贯彻党的十八届四中全会精神，在更高层面、更高水平上加强税收法治建设。更高层面是要加强对依法行政的组织领导，深入运用法治思维和法治方式推动工作，完善重大决策制度体系，健全税务执法与刑事司法衔接机制，制定全面推进税收法治建设的实施意见；更高水平是要推行权力清单制度，强化合法性审查，实施执法全过程记录，探索税收柔性执法，建立公职律师队伍。今年，要积极争创总局法治税务示范基地。二是强化执法责任。贯彻落实涉税争议提前介入管理、税务争议案件联动管理和税务强制执行管理办法。严格执行处罚裁量基准，公布行政审批改革后的事项清单，明确法无授权不可为，法定职责必须为。推进重大税务案件审理工作。三是提升稽查效能。开展专项检查和重点税源稽查，强化大要案查处，加大虚假发票整治力度，提高稽查打击的威慑力和准确性。推进依法稽查，完善制度流程，强化痕迹管理，健全关联企业检查、国地税联查、部门协查等工作机制。推进稽查信息化建设，全面升级应用查账软件。加强稽查结果增值利用，充分发挥以查促管的职能作用。四是强化督察内审。建立市、区两级督察的大督察工作格局，拓展督察广度和深度，针对重大风险事项，加大专项督察、专案督察和审计力度，充分发挥督察内审查错纠弊、防范风险的功能。严格责任追究，完善执法责任评价机制。加强内部审计，对重大事项强化专项审计，推进经济责任审计的规范化建设。

（三）着力深化征管改革。一是推进征管改革。按照基础管理属地化、纳税服务规范化、征纳互动网络化、风险应对专业化的思路，在征管改革上迈出更有力的步伐，进一步完善和丰富符合省会并副省级城市发展要求、适应南京区域发展特点的现代化税收征管体系。目前，我局方案已获省局批准，在改革的推进方面，要尽快完成机构和职能设置，制定好推进的工作方案，加强工作统筹，保证改革预期目标的有效实现。二是加强风险应对。建立以信息化为支撑的税收风险管理体制，是新一轮征管改革的重要标志，也是在新形势下大幅提高税收征管质效的有效途径。前两年，我们在搭建架构和理顺关系上做了大量探索实践，今年要结合征管体系的改革与完善，进一步提高风险管理的专业化水平，化解前期实践中反映出的结构性矛盾，全面提高风险管理质效。三是强化信息支撑。做好既有应用系统的有效保障，全面跟踪“金税三期”和省局相关信息化建设的工作安排。突出抓好在信息化条件下，系统和数据两个安全，确保支撑作用稳定有效。四是筑牢征管基础。抓好基础管理是推进改革、应对挑战、破解难题的重要保证，要立足征管实际，推行以属地为基础的管理方式。根据行政审批改革要求，全面梳理事前审核向事后管理转化工作事项。构建面向国地税各层级的合作督导工作机制，深入推进全方位的联合征管。推广应用省局新版电子档案软件，制定《税收业务档案管理办法》，规范业务档案管理。

（四）持续优化纳税服务。一是创建纳税服务新机制。进一步树立全心、全员、全程服务意识，探索办税服务全员体验制，推进重点挂钩联系企业贴近式服务。加强大数据支撑下的纳税服务分析，建立纳税人需求深度挖掘、联动呼应机制。完善快速响应、应急处理制度，强化服务保障。探索建立自然人税收失信平台，让涉税信用切实成为新形势下提高纳税遵从的新抓手。二是打造办税服务新平台。严格落实总局纳税服务规范化要求，深化办税服务标准化建设。推进网上办税，拓展自助办税功能，开发掌上办税平台，探索智能化、便捷化办税新途径。加强政务中心窗口管理，推进多证联办、并联审批工作，实行“三证合一”。三是拓展税收宣传新载体。加强税法宣传统筹，运用新闻发布、专家点评等新形式，协调媒体资源间配合与互动。推出微讲堂、微小说等微系列宣传产品。建设好税收博物馆。四是建立咨询服务新标杆。深入打造税收百事通咨询服务品牌。完善咨询标准化核心指标，建立全国领先的税收咨询服务行业标准。运用微信等新媒介服务方式，实现互动式咨询服务，开展重点企业定制服务，使“12366”服务平台综合化、品牌化，成为纳税服务新的风景线。

（五）大力提升队伍素质。一是强化思想政治工作。要科学认识和把握新形势下思想政治工作的特点和规律，围绕机构改革、职能调整、岗位变化、干部选拔，深入细致做好干部思想工作，加强正面引导。要注重倾情带队，关心爱护干部，落实好“五必访”制度，广泛开展群众性文体活动，多为干部职工办实事、解难题，切实维护干部职工的合法权益，确保思想稳定。二是加强领导班子建设。坚持德才兼备、以德为先的用人标准，适时开展领导干部选拔交流工作。强化领导班子配备、考评和监督机制，严格落实领导干部重大事项报告及抽查制度。完善领导干部基层联系点制度，深入基层调查研究，倾听基层呼声，认真解决基层反映最集中、最紧迫、最突出的问题，逐步改善从业条件，提高干部职业满意度。三是优化干部队伍管理。结合征管改革推进，调优人力资源配置。规范公务员考核，应用公务员考核管理信息系统，加大考核结果应用，实现与个人评先、职务晋升、疗养培训等相关联，真正发挥绩效考评的指挥棒作用和激励约束功能。加强科所长队伍建设，开展科所长任职和能力提升培训，提高科所长的履职能力。大力实施人才强税战略，着力打造专业人才队伍，组建系统内专家团队。四是提升教育培育实效。探索制式培训新模式，完善以税务MBA培训、业务普训等为构架的培训体系，分类别、多形式组织业务短训、在岗培训，大力开展岗位练兵、技能竞赛、能手比武活动，鼓励干部取得执业资格。五是推进税务文化建设。积极培育和践行社会主义核心价值观，深化卓越同行文化品牌建设，完善一体多样文化格局。优化卓越型税务文化评价指标体系，科学评估基层单位文化发展进程。研究新时期干部职工文化需求特点，推动文化落实在岗、在行、在人。开展金点子征集活动，加强“一局一品”及科所文化建设，评选文化精品示范点。深化精神文明创建活动，大力宣传先进典型，在全系统形成比学赶超的浓厚氛围。

（六）狠抓党风廉政建设。一是落实“两个责任”。各部门、各单位特别是“一把手”，要紧紧抓住党风廉政建设主体责任这个牛鼻子，牢固树立不抓党风廉政建设就是严重失职的意识，坚持以身作则，敢于动真碰硬，切实履行好第一责任人的职责。要细化各级党风廉政建设主体责任和监督责任清单，强化责任链条和捆绑机制，加强责任传导，严肃问责追究，以更严标准、更严措施要求党员干部特别是领导干部，形成人人担责、齐抓共管的党风廉政建设新格局。二是强化制度保障。全面推广廉政风险和税收风险、执法风险同步预防和联合应对机制，推动风险内嵌式监督管理，完善风险内控体系。各部门、各单位要守土有责，着力抓好内控机制建设，把内控的要求具体落实到每项业务、每个流程。探索网络廉政教育新机制，开展崇德守法主题教育活动，扩大清风税廉品牌影响力。三是严格监督检查。加强党的纪律和重大决策部署执行情况的监督检查，强化对制度执行和权力行使的监督检查，突出重点领域和重要环节，完善监督体系，实现关口前移，有效预防职务犯罪。加大纪检监察、税务稽查、督察内审和巡视工作的“四方联动”。强化预算管理，提高预算管理准确性和执行力。认真落实公务接待、公车改革有关要求。四是持续转变作风。坚决贯彻中央“八项规定”，狠抓“四风”不动摇，完善作风建设长效机制。大力开展党建工作，推进学习型、服务型、创新型基层党组织建设。深入推进作风品牌建设，抓好全市作风综合评议迎评工作。五是加强舆情管理。清醒认识税收新常态特征，想问题、做决策、干工作、带队伍都要有舆情意识，最大限度地防止负面舆情发生。完善涉税舆情快速处理机制，做好舆情监测研判，及时妥善处置舆情事件。

同志们，做好今年地税工作，任务繁重而艰巨。让我们在省局和市委、市政府的正确领导下，适应新常态，抓住新机遇，实现新作为，以昂扬斗志、务实作风、扎实工作，努力完成各项目标任务，为南京经济社会发展作出新的更大的贡献！

在党风廉政建设暨作风建设会议上的讲话

柏　鹏

（2015年3月10日）

同志们：

加强党风作风建设任务艰巨、责任重大，需要我们高度重视，摆在一个非常重要的、突出的位置，驰而不息、锲而不舍地抓紧抓好。过去的一年，全局上下深入推进党风廉政建设和作风建设，建机制、防风险、严监管、抓教育，取得了显著成绩。在全市万人评议机关活动中，我局以94.482分，列26个服务和执法部门第一，再次获人民满意单位称号。刚才，军辉同志作的工作报告，是经过党组研究审定的，我都同意，请大家认真抓好落实。下面，我讲三点意见。

一、充分认识党风作风建设面临的严峻形势

党风作风关乎人心向背，决定事业成败，我们要结合地税工作实际，深刻认识、认真把握党风作风建设的新形势、新要求，进一步增强推进党风廉政建设和作风建设的自觉性、责任感。

一是要深刻认识全面从严治党的新要求、新任务。党的十八大以来，中央反复强调党要管党、从严治党。习近平总书记在视察江苏时提出“四个全面”总体布局，突出了全面从严治党对于全面建成小康社会、全面深化改革、全面依法治国的根本保证作用。在中纪委五次全会上，总书记再次强调，要采取更加有力的措施从严管党治党。全局上下要深入学习贯彻习近平总书记系列重要讲话精神，学深悟透全面从严治党的新内涵。要深刻认识全面从严治党，贵在全面、重在从严，坚持对税收工作严、对地税干部严，把严的标准、严的措施具体地而不是抽象地、认真地而不是敷衍地落实到党风作风建设之中；要深刻认识全面从严治党，作于细、成于常，坚持持之以恒、一抓到底，绝不能管一阵放一阵、严一阵松一阵，切实做到持续用力、抓常抓细、久久为功；要深刻认识全面从严治党，既靠教育、又靠制度，坚持思想建党和制度治党紧密结合，从思想上拧紧总开关，从制度上形成硬约束，切实提高全面从严治党的针对性、有效性。

二是要深刻认识正风反腐形势的严峻性、复杂性。党的十八大以来，中央把党风作风建设的重要性和紧迫性提到了新的高度，坚持有腐必反、有贪必肃，实行无禁区、全覆盖、零容忍，决心之大、措施之硬、力度之强，前所未有。仅去年，全国就查处违规违纪问题5.3万起，处理党员干部7.1万人；全国税务系统查处违反中央“八项规定”问题60起，处理100人；全省地税系统有11名税务人员因职务犯罪受到追究。这都表明，从上到下，严厉惩治腐败和严肃整治“四风”的利剑时刻高悬，力度只会加大，不会减弱。在如此严格、明确的大气候、大形势下，全系统党员干部务必要提高认识，切实将思想和行动统一到中央正风反腐的决策部署和各项要求上来，端正作风、严格自律，坚决杜绝侥幸心理、观望情绪，坚决防止麻

木不仁、我行我素甚至顶风违纪，时刻紧绷反腐倡廉和作风建设这根弦。

三是要深刻认识狠抓党风作风的必要性、紧迫性。地税部门作为收税部门、执法部门、窗口部门，与广大纳税人打交道，联系千家万户，党风作风建设要求更高、反腐倡廉压力更大。从现实情况看，虽然我局党风作风建设取得了显著成绩，但仍然存在一些问题，需要引起我们高度重视，主要表现在："责" 的意识还不够到位，系统内还不同程度存在主体责任落实不力，监督责任落实不到位的问题，个别一把手认为班子是领导主体，不是工作主体，对党风作风建设只挂帅，不出征，当甩手掌柜。"治" 的方式还不够有效，有的领导干部满足于当太平官，怕得罪人、当老好人，在抓党风作风问题上失之于宽、失之于软，以致慵、懒、散等机关病仍不同程度存在，少数干部不想为、不作为，心生懈怠、消极应付。"严" 的自律还有所缺失，有的干部对党风作风建设面临的严峻形势认识不足，自我约束不严，对日常工作中的执法、廉政风险不以为然，执法不严，违规操作，甚至以权谋私，收受好处。"优" 的服务还有所不足，有的干部服务意识不强，责任心有待提高，对纳税人关心、关注的问题响应不及时，与纳税人的期盼和需求相比，税收服务方面仍有需要提升的空间。"常" 的机制还不够完善，少数班子和领导干部抓党风作风建设缺乏韧劲和耐心，严格执行制度的力度不够，使有的制度变成没有通电的高压线，成为纸老虎、稻草人，党风作风建设的常态化、长效化水平还要进一步提高。以上问题表明，解决 "四风" 问题没有休止符，作风建设永远在路上，抓好党风作风建设任重道远。

二、牢牢把握今年党风作风建设的工作重点

做好今年党风作风工作，关键要抓住主体责任这个牛鼻子，突出风险防范，强化监督教育，切实转变作风，重点要把握以下 "四严" 要求：

（一）*严肃责任追究*。一是要严格落实责任。各部门、各单位要自觉把统一领导、直接主抓、全面落实的主体责任抓在手上、扛在肩上，"一把手" 作为第一责任人，要对党风作风建设重要工作亲自部署、重大问题亲自过问、重点环节亲自协调、重要案件亲自督办，做到与税收业务工作两手抓、两手硬、两促进。班子成员都要认真履行 "一岗双责"，定期研究、布置、检查和报告分管范围内的党风作风建设情况。要层层传导压力，级级落实责任，真正把各级担子担起来，种好各自的责任田。二是要推行责任清单制度。分类逐条确定各层级、各事项主体责任和监督责任的清单，把笼统的责任变成具体的事项，使各项责任要求明晰、任务具体、有人承办、能够落地，确保各级各部门责无旁贷，各类违纪失职行为无处推脱。三是要进一步强化问责。坚持零容忍的高压态势，加强对税收各条线、各环节的监督问责。要敢于动真碰硬，对于顶风违纪的，不仅要查处当事人，还要追究有关单位和领导责任。认真开展税收违法案件 "一案双查"，既要查处纳税人的偷税行为，又要查处地税干部的失职行为。

（二）*严扎制度之笼*。一是要建立大督察工作格局。设立专门机构，配备专职人员，充分发挥督察查错纠弊、防范风险的功能。通过增强制度设计的科学性、系统性和整体性，查漏补缺，形成税收执法权力清单，使权力运行不出轨、不跑偏；通过信息化条件下的大数据分析、比对，发现并有效化解执法风险。要真正靠制度、靠科技来管人、管事、管风险，从机制上堵塞、防范执法风险。二是要突出重点。围绕征管改革，对新的制度、流程、环节进行风险评估，修订风险防控指南，提高风险防控的针对性和有效性；围绕依法治税，严格执行处罚裁量基准，推行权力清单制度，实施执法全过程记录；围绕干部选用，严格执行领导干部选拔任用工作条例和有关制度规定，真正把德才兼备的干部选拔出来。近期，人事部门按照上级要求，集中开展在职人员档案专项审核工作，严格审查干部基础信息，这是一项重要的人事制度安排，各单位要高度重视，认真组织核查。三是要全面推进内控机制建设。做到内控机制建设与岗责配置、流程重组、软件开发同步实施，廉政风险与税收风险、执法风险同步应对，抓好流程监控、痕迹管理，把内控的要求落实到每项业务、每个流程。

（三）*严管善待干部*。一方面，要严管干部。不怕得罪人，把上级管理、班子管理、自身管理结合起来，把思想管理、工作管理、八小时外管理统一起来。要依托绩效管理体系的持续优化、细化，用坚决的态度、严格的措施加强干部考核评价，解决好干与不干、干好干坏、干多干少一个样的问题。要围绕重点岗位、重大事项、重要环节，强化监督检查，进一步整合监督力量，使纪检监察监督与内审监督、执法监督、作风监督等多方联动，既各负其责、各有侧重，又资源共享、相辅相成。要加大案件查办力度，严厉惩治吃、拿、卡、要等损害纳税人利益的不正之风，严肃查处各种为税不廉行为和违纪违法案件，发现一起，查处一起，形成震慑，净化风气。要强化教育引导，坚持抓早抓小，对一些苗头性、倾向性问题，及早进行提醒和纠错，防范未然，治之未发，不时给干部套上紧箍咒。另一方面，要善待干部。注重倾情带队，关心爱护干部，呼应干部合理诉求，落实好"五必访"制度，多为干部办实事、解难题，切实维护干部合法权益。要创造机会，争取资源，为干部成长搭建平台、提供舞台，逐步改善从业条件，提高干部职业满意度。要加强税务文化建设，广泛开展干部职工喜闻乐见、健康有益的文化活动，提振广大干部职工的精神状态，增强组织的凝聚力、队伍的活力。总之，要通过对干部的严管善待，营造风清气正、心齐劲足的干事氛围。

（四）严防"四风"反弹。春节刚过，市委、市政府就召开全市机关作风建设大会，对今年全市机关作风建设提出了新的要求，市委黄莉新书记强调，要努力创建敢担当、善创新、重实干、扬正气的服务型机关，我们要认真贯彻落实。作风问题具有顽固性和反复性，抓一抓有好转，松一松就反弹，必须横下一心反对"四风"，常抓抓出习惯、抓出长效。一是根据市里部署，今年要开展全市处室和服务窗口作风迎评工作，评议活动重点是治理为官不为、推诿扯皮、效率低下、纪律松弛等作风顽症，我们要按照要求，对照标准，认真抓好落实。今天，我们特地邀请了作风、行风监督员代表到会指导，希望大家能够一如既往地关心、支持地税工作，继续加大对地税工作的监督，通过明察暗访等形式，多找问题和不足、多提意见和建议，便于我们及时抓好问题整改，持续优化税收服务，不断改进工作作风。二是要完善作风建设长效机制，紧盯"四风"新形式、新动向，开展"巩固深化拓展"活动，深化整改落实，强化正风肃纪，防止"四风"反弹。要严格落实中央"八项规定"，坚决防止和纠正铺张浪费、公款吃请、公款送礼、公车私用等问题，对顶风违纪行为，要严肃处理、点名曝光。三是要以群众呼声与期盼作为最好的尺子，满腔热情、优质高效地为纳税人服务、为基层服务，广泛开展联系基层、挂钩服务企业活动，经常听取基层意见，关注纳税人反映，对基层和纳税人提出的关于政策法规、征管纳服等方面的问题，要加强研究会办，及时解决回复，积极回应基层和纳税人关切。

三、着力打造守纪律、讲规矩的地税干部队伍

在中纪委五次全会上，习近平总书记强调，要加强纪律建设，把守纪律、讲规矩摆在更加重要的位置。党的纪律和规矩是党的重要生命线，全系统党员干部特别是各级领导干部，必须以更强的党性意识、政治觉悟和组织观念要求自己，切实把守纪律、讲规矩的要求内化于心、外化于行，成为自觉行动，落实到各项工作中去。今年，要着重在以下三个方面抓好落实：

一是要在推进改革中落实好守纪律、讲规矩的要求。今年将要做的一项重要工作，就是贯彻省局1号文要求，同步推进机构改革和征管改革，这是一件大事，涉及机构撤并、职能调整、人员分流、干部选拔和轮岗，牵涉面广、人员较多、情况复杂。如何对待？这是我们落实守纪律、讲规矩的要求在实际工作中的具体体现，是对我们的一次重大考验。各部门、各单位以及全体党员干部，要牢固树立大局意识、责任意识，切实摆正位置，做到"五个必须"：必须确保政令畅通，在思想上、行动上自觉与市局党组保持高度一致，对市局关于这轮改革的各项部署要求，要认真贯彻，坚决执行，令行禁止，不讲条件、不打折扣。必须加强团结协作，改革事项一旦推开，时间紧，任务重、要求高，各部门、各单位要加强协作配合，职能部门要过细制定好方案，牵好头，抓好跟踪落实，其它部门要积极跟进，通力合作，共同落实好党组的要求。过程中不能乱评乱议、口无遮拦，不能传播小道消息。必须遵循组织程序，各部门、各单位对改革推进中涉及的重大问题、重要事项，要按组织程序及时报告、及时请示，不能超越权限、先斩后奏，更不能隐瞒不报。特别是在干部选拔过程中，要严格执行有关组织程序，坚持民主、公开、竞争、择优，不跑风漏气，不拉票贿选。必须服从组织决定，机构职能调整会涉及干部轮岗、人员分流，党组将本着对事业负责、对干部负责的态度，统筹考虑，合理安排，但干部个人诉求多元，不可能都得到满足，对此，大家要正确认识、充分理解，摆正个人和组织的关系，一旦组织决定了，个人要愉快服从，不挑肥捡瘦，不讨价还价。必须加强思想引导，系统上下对这轮机构、征管改革关注度非常高，对干部选拔、人员交流非常敏感，各部门、各单位要注意掌握干部思想动态，强化有针对性的正面引导，保持干部思想稳定，确保各项工作平稳有序推进。

二是要在责任担当中落实好守纪律、讲规矩的要求。习近平总书记强调指出，是否具有担当精神，是否能够忠诚履责、尽心尽责、勇于担责，是检验领导干部是否真正体现共产党人先进性和纯洁性的重要方面。今年，税收工作面临经济发展、依法治国、税制改革、从严治党"四个新常态"，工作任务很重、压力很大，特别是组织收入工作，虽然我们1月份顺利实现了"开门红"，但到2月份就有所下降，同比基本持平，随着营改增的全面推进，加之经济下行压力加大，房地产税收的不确定性，全年组织收入任务依然非常严峻。各单位要加强对经济新常态下税收工作的研判，做好组织收入分析预测，强化收入质量管理，充分挖潜增收，保质保量完成全年收入任务。在当前这个时点，要确保完成好一季度组织收入任务。全局上下要强化担当的意识和能力，使敢于负责、勇于担当成为广大党员干部的鲜明品格。一年之计在于春，从现在起，大家要动起来、紧起来、忙起来，以饱满的精神状态，应有的责任担当，统筹兼顾，真抓实干，全身心投入到各项工作中去。

三是要在安全履责中落实好守纪律、讲规矩的要求。营造风清气正、有利于干事创业的政治生态，是党风作风建设的重要内容。全系统党员干部要时刻用党的纪律和规矩约束自己，始终保持坚定的政治信念，严守政治纪律和政治规矩。要坚持以上率下，从领导干部自身做起，把廉政勤政、公道正派作为立身之本，给自己立规矩、划底线、亮红线，老老实实做人、踏踏实实做事、清清白白做官。广大党员干部要筑牢思想上的堤坝，心有所畏、言有所戒、行有所止，时刻警钟长鸣、发条常紧，切实做到忠实履职、安全履职，心无旁骛、全力以赴地执好法、服好务、收好税、尽好责。

同志们，党风作风建设是一场攻坚战、也是一场持久战，我们要进一步振奋精神、鼓舞干劲、奋力拼搏，以良好的党风作风，为完成全年目标任务、服务南京经济社会发展提供坚强保证！

以问题为导向践行"三严三实"
争做忠诚干净担当的地税人

——在"三严三实"专题党课
暨专题教育部署会上的讲话

柏　鹏

(2015年6月8日)

同志们：

在党的群众路线教育实践活动结束不久，中央决定在县处级以上领导干部中开展"三严三实"专题教育，这是党的群众路线教育实践活动的延展深化，是持续深入推进党的思想政治建设和作风建设的重要举措，是严肃党内政治生活、严明党的政治纪律和政治规矩的重要抓手，也是我们打造忠实履职、安全履职干部队伍，推动地税事业发展的现实需要。根据书记带头讲党课的要求，我结合自己学习思考和地税实际，谈些认识和体会，并代表市局党组对全系统开展专题教育作部署。主要讲四个问题。

第一个问题　如何领会好"三严三实"内涵实质

党的十八大以来，习近平总书记以当代共产党人的全局胸怀和战略眼光，提出了全面建成小康社会、全面深化改革、全面依法治国、全面从严治党"四个全面"的重大战略布局。去年全国两会期间，总书记就加强作风建设提出"三严三实"，要求党员干部特别是领导干部严以修身、严以用权、严以律己，谋事要实、创业要实、做人要实。总书记的这一重要论述，质朴凝练、内涵深刻，直指时弊、振聋发聩，充分体现了新一届中央领导集体从严从实的执政风格，反映了共产党人必须具备的政治特质，抓住了修身做人的根本，明确了干事创业的准则，划定了为官用权的红线，为全面从严治党注入了新的时代内涵，为转作风改作风确立了鲜明导向。

我理解，"三严三实"的着力点就在严和实

上，聚焦在对党忠诚、个人干净、敢于担当三个方面。严，是慎独慎微的自律，是勤于自省的审慎，是严守纪律的敬畏，是坚持党性的觉悟；实，是脚踏实地的干劲，是敦本务实的精神，是当官不避事的态度。“三严”彰显了讲党性的核心价值，体现了讲纪律的独特优势，发扬了讲认真的优良传统；“三实”集中体现了我们党的思想路线，是党员干部的责任担当、工作方法、处世态度。“三严三实”相互融合、共为一体，体现了世界观与方法论、内在自律与外在约束、做人与做事、谋大事与干实事的统一，为加强新形势下党的思想政治建设、干部队伍建设和作风建设指明了方向，对于推动全面从严治党、确保我们党始终成为中国特色社会主义事业领导核心，具有重大现实意义。

地税系统队伍大、点多、线长、面广、要求高。人员多，在职干部职工近2000人，聘用劳务人员近700人；单位多，有17个处室、18个基层单位、近200个基层科所；层级多，从市局到区局、基层分局，对上还有总局、省局；服务对象多，包括24.5万企业纳税人、20.7万个体纳税人、380多万个人所得税纳税人和310多万社保费缴费人。我们既要为纳税人服务，又要为党委政府服务，更要为经济社会发展服务，各方需求不一，但要求都很高。如何做到带好队、收好税，关键要抓好领导班子和领导干部，特别是全系统117名处级以上领导干部。开展“三严三实”专题教育，就是抓住地税系统的关键少数，持续强化党性修养，进一步提升领导干部的党性、品格、素质和境界；就是坚持以上率下，用领导干部的实际行动感召和带动身边党员群众，使“三严三实”在地税干部身上深深扎根；就是严肃查处苗头性倾向性问题，抓早警示教育、抓实制度运行、抓严责任落实，培养造就忠诚、干净、担当的地税干部队伍，以严的品格，更好地履行为国聚财、为民收税的神圣使命，以实的态度，更多地赢得党委政府和纳税人的点赞。

“三严三实”的提出，丰富和发展了党的建设理论宝库，具有深刻内涵和重大意义，对我们广大地税党员干部提出了“五个新要求”：一是对思想素质提升的新要求。通过“三严”固根本，通过“三实”祛虚浮，在纷繁复杂的环境中保持思想定力、守住行为底线，使自身的思想素质更好地符合地税事业发展要求。二是对能力水平提升的新要求。通过坚持不懈的理论学习开阔思路、拓宽视野，通过永无止境的实践锻炼增强治税本领、提升从税能力，切实做到干事有想法、处事有章法、遇事有办法。三是对作风状态提升的新要求。通过专题教育，巩固和拓展群众路线教育实践活动成果，在此基础上，再添一把火、再加一把力，推动广大地税党员干部形成思想自觉和行动自觉，真正从根子上解决作风问题。四是对工作绩效提升的新要求。在经济新常态下，地税工作既面临难得机遇，又面临压力和挑战。开展专题教育，关键要落实到工作上，始终保持锐意进取、真抓实干的良好状态，

积极履行好工作职责，担当起地税使命。五是对做人境界提升的新要求。在修身做人上有更高的觉悟和标准，真正做到心中有党、心中有民、心中有责、心中有戒，更好地修炼人格、凝聚人心，形成推动地税事业发展的强大合力。

第二个问题　如何查找好“不严不实”突出问题

党的十八大以来，根据中央部署，我们持之以恒抓党建、改作风，特别是经过群众路线教育实践活动的洗礼，全系统广大党员干部深入查找“四风”问题，切实抓好问题整改，思想政治建设、作风建设和工作方面存在的问题得到较好解决，干部队伍的精神面貌、作风状况发生了新的变化。应该说，全系统广大党员干部在严、实方面总体是好的，是讲政治、顾大局、严用权、干实事、谋发展的。但与习近平总书记提出的“三严三实”的要求和群众的期望相比，还有不少差距，主要表现在以下六个方面：

（一）*修身不严方面问题*。一些干部律己不严，加强党性修养不够，参加组织生活、党课教育流于形式。有的干部纪律规矩意识不强，重大事项不请示、不报告，自行其是，是非观念不清，自我要求不严，热衷于传播小道消息。有的干部存在得过且过的思想，工作积极性、主动性不强。少数干部严格遵守中央和省、市委有关规定的自觉性尚未形成，迎来送往、酒光杯影等不良作风时有发生，庸懒散浮拖等机关病仍不同程度存在。

（二）*用权不严方面问题*。少数干部法纪观念淡薄，在税收执法上任性随意，在税款征收入

库上不按规定办事。一些干部在政策口径和业务流程上搞变通、打折扣，为企业涉税事项开小灶、留后门，存在人情执法的风险隐患。个别领导干部对工作中潜在的执法、廉政风险麻痹大意，不以为然，从严监督、从严管理不到位，出现问题借故推诿，敷衍塞责，不愿担责。极少数领导干部管理不严，内部制度流于形式，如有的单位现金管理不符合规定，有些物品未经政府采购程序，赞助费用支出未能得到有效控制，财权的使用和约束不够严格。

（三）律己不严方面问题。有的单位班子威信不高、凝聚力不强，不严格遵守班子议事规则，班子成员之间遇到问题不主动沟通，使下级无所适从，工作推进受到影响。极少数领导干部搞小团体、小圈子，对不属自己分管部门的人和事，事不关己、高高挂起。个别领导干部不严格落实廉政准则，在“四风”问题上重视不够，执行不严，以权谋私，变相收受纳税人好处，利用手中权力和工作影响，要求企业为子女亲属就业、办私事给予特殊照顾。个别干部八小时以外自身要求不严，处理个人或家庭矛盾不当，造成管理隐患和不良社会影响。

（四）谋事不实方面问题。有的领导干部面对经济下行、组织收入难度加大的情况无动于衷，坐等上级指示。少数领导干部服务社会经济发展的观念很淡，眼光较窄。个别领导干部搞形式主义、花架子，对纳税人的诉求缺乏过细分析、主动回应。有的领导干部对上级布置的工作敷衍了事，如在执法督察方面，有的单位对市局督察发现的执法问题未能有效整改，存在屡查屡犯的情况，有的单位按市局布置督察执法时，蜻蜓点水，走过场，只象征性找出一两个问题，做表面文章。

（五）创业不实方面问题。少数领导干部缺乏担当，习惯于当老好人，对干部中出现的歪风邪气不愿管、不敢管，听之任之。有的干部安于现状，满足于既有成绩，与创业初期相比，创业激情、争创一流意识不象以前那么强，开拓创新、敢闯敢试思想不象以前那么浓，存在激情减退、动力减弱的现象。有的领导干部面对新形势、新环境、新要求，不是主动适应、主动创新，而是按部就班、循规蹈矩，按自己熟悉的套路开展工作，求稳怕变，创新意识衰退、创新方法不多。少数领导干部一切围着考核转，不去实实在在地研究解决问题，创业创新不够，发挥领导表率作用欠缺。

（六）做人不实方面问题。有的领导干部对别人马列主义，对自己自由主义，在制度规定的落实执行上严以待人、宽以待己。有的干部不埋头做好本职工作，而是热衷走上层路线。极个别干部心术不正，不谋事，专谋人，勾心斗角，无中生有，造谣诋毁，搞得大家相互猜疑，相互提防，影响内部团结。有的干部年龄稍大一点，就认为船到码头车到站，该到享福的时候了，上班时心事不在工作上，大事做不了，小事不想干，出工不出力，把工作当副业，把私事当主业。

领导干部“不严不实”的种种表现，究其原因，既有客观因素，更多的是主观因素；既有外界因素，更多的是内部因素；既有体制机制上的因素，更多的是思想观念上的因素。唯有分层分类认清现象实质，厘清模糊认识，找准问题症结，才能寻求治本之策。如果不及时下大气力解决好，不仅会使一些干部从小错到大错、从一次到多次，断送个人前程，影响党风政风税风。

第三个问题　如何践行好“三严三实”内在要求

学习和践行“三严三实”，要坚持以知促行、知行合一，把学习教育和解决问题结合起来，增强思想自觉和行动自觉，使“三严三实”成为领导干部修身做人用权律己的基本遵循、干事创业的行为准则。如何更好地践行“三严三实”要求，我认为应当把握好以下六个方面：

（一）严以修身重在坚定信念，提升境界。古人讲修身、齐家、治国、平天下，修身排在首位。毛泽东同志在《纪念白求恩》中，号召共产党员做一个高尚的人，一个纯粹的人，一个有道德的人，一个脱离了低级趣味的人，一个有益于人民的人。习近平总书记常说的打铁还需自身硬，强调的都是要严于修身，勤于修身。严以修身，关键是立志、立德、立行。

一是立志。习近平总书记指出，理想信念是共产党人精神上的钙。大家都去过雨花台，牺牲在雨花台的很多先烈都出身世家，但他们放弃了原本安逸的生活，毅然投身革命、勇于牺牲，靠的就是对共产主义矢志不渝的信仰。对共产党人来说，共产主义信仰应该是不改的初衷、不懈的坚守、不变的承诺。我们要始终保持对共产主义的坚定信念，拧紧思想总开关，点亮人生明路灯。

二是立德。我们今天在选人用人上特别强调德才兼备、以德为先。当了官不等于品质就过关，一定要把立德、修德、践德作为立身之本，带头弘扬社会主义核心价值观，带头弘扬中华民族传统美德。要懂得，领导干部的生活情趣非小事，不仅关系本人的品行和形象，也关系党在群众中的威信和形象。要自觉远离低级趣味，抵制歪风邪气，始终保持共产党人的高尚情操。

三是立行。广大地税党员干部要切实把守纪律、讲规矩的要求变成自觉行动，落实好“五个必须”：必须确保政令畅通，决不有令不行，有禁不止；必须加强团结协作，决不拉帮结派，跑风漏气；必须遵循组织程序，决不擅自主张，我行我素；必须服从组织决定，决不讨价还价，阳奉阴违；必须管好亲属和身边工作人员，决不以权谋私，放任自流。要始终在行动上与市局党组保持高度一致，确保各项决策部署不折不扣贯彻落实。

（二）严以用权重在依法依规，公私分明。领导干部与普通百姓的区别就在一个权字上，干部出问题主要也是出在这个权字上。现在，生与死的抉择、血与火的洗礼少了，面临的最大考验不是炮弹而是糖衣。地税部门是执法部门，地税领导干部包括一线干部或多或少都有一定的权力，须知这些权力是人民所赋予的，一丝一毫都不能私用。

一是做到为民用权不偏向。习近平总书记指出，当共产党的官，只有一个宗旨，就是造福于民。县委书记的榜样焦裕禄，心中装着全体人民、唯独没有他自己，在人民心目中铸就了永远的丰碑。草鞋书记杨善洲，捧着一颗心来，不带半根草去，用生命为百姓留下了一片绿野。我们处在领导岗位，是组织和群众对我们的一种信任、一种重托，要牢记自己是公仆，把人民赋予的权力真正用来为人民服务。

二是做到依法用权不出格。孟德斯鸠曾说过：“权力具有天然的扩张冲动，人们行使权力遇到界限才会休止”。权力的边界就是法制，任何领导干部都没有法外之权。我们要牢固树立法治意识，坚持依法治税，注重用法律的准绳衡量、规范、引导税收工作。近年来，市局制定实施了干部提拔任用管理办法、干部监督管理办法、税收执法权力清单，加大执法督察力度，一个重要出发点就是规范税收权力运行，防止干部出问题。

三是做到秉公用权不越轨。毛泽东同志为自己定下三条原则：恋亲，但不为亲徇私；念旧，但不为旧谋利；济亲，但不以公济私。大家都读过他的《蝶恋花·答李淑一》，李淑一是烈士遗孀，又是杨开慧的朋友，有人请求毛泽东将她推荐到中央文史馆，毛泽东为此写信给秘书田家英说：“文史馆资格颇严，我荐了几人没有录取，未便再荐。拟以我的稿费若干为助”。党员干部为官用权，要心中有杆秤，注意处理好“三对关系”：公与私的关系，要严格界定公与私的界限，时刻牢记公权为民，一丝一毫都不能乱用。义与利的关系，很多人是冲着权力来的，表面上对你有义，实际上是为了谋利，关键时候会把你拉下水。上与下关系，既要坚决执行上级决策部署，又要自觉摆正同人民群众的位置，始终与人民群众同甘共苦、心心相印。

（三）严以律己重在以身作则，自重自省。领导干部只有严格自律、以身作则，大家才会向你看齐，这叫行胜于言。建国初期，周恩来搬进了中南海西花厅。西花厅潮湿阴冷，身边工作人员多次提出修缮，他说：“我身为总理，带一个好头，影响一大片；带一个坏头，也影响一大片。”领导干部是是标杆、是表率，要对自己高标准，严要求，做到“四慎”：

一是慎初。初之不慎，后患无穷。从许多腐败分子可以看出，在面对第一次拉拢腐蚀时，他们大多经历过犹豫和挣扎，但还是败了下来，一而再、再而三，最终滑向犯罪的深渊。我们一定要在思想上时刻守住第一道防线，在行为上牢牢把住第一道闸门，以善始求善终，走稳走好人生之路。

二是慎独。修身之难，在于养心；养心之难，在于慎独。有的干部在公众场合十分注重形象，但在私下里却放松了自我要求，总抱着侥幸心理。我们在任何时候、任何情况下，都要以党性原则和道德规范约束自我，做到人前人后一个样、台上台下一个样、公开场合私下场合一个样、有人监督无人监督一个样。

三是慎微。不虑于微，始成大患；不防于小，终亏大德。纵观一些干部的腐化堕落，都是由小节不拘，最终滑向大节不保的。我们要时刻提醒自己，把握好自己，见微知著、防微杜渐，做到心不动于微利之诱，目不眩于五色之惑，管好小事小节，守住大行大德，从点滴之处筑实筑牢为政清廉的防线。

四是慎情。从一些违纪违法案件看，干部手中权力被家人利用的情况不在少数，最终毁了自己，毁了家人。我们一定要牢记，亲情里面有底线、感情面前有原则，讲亲情不能错位、重感情不能越界，要加强对家人亲属和身边工作人员的教育管理，绝不能为感情所累、所伤、所误。

（四）谋事要实重在遵循规律，求真务实。习近平总书记对谋事要实提出了“三个符合”的指示，即符合实际情况、符合客观规律、符合科学精神。领导干部作为党和人民事业的骨干，想问题、做决策都要从这“三个符合”来考虑斟酌，坚持一切从实际出发，决不能脱离实际、搞花架子。

一是坚持科学发展。就是要牢固树立正确的政绩观。广大地税党员干部，要珍惜组织提供的干事创业平台和机遇，树立正确的政绩观、发展观，既注重当期业绩，更注重长远发展和整体发展，以踏石留印、抓铁有痕的作风和一张蓝图绘到底的精神，真正做到不动摇、不折腾、不懈怠，保持地税工作的科学性、连续性发展，坚定不移地走好既定的路、办好既定的事。

二是尊重客观规律。就是要坚持一切从实际出发，实事求是。今年，我国将国内生产总值增长预期目标定为7%左右，充分体现了实事求是的精神。南京市也提出，要以提高经济发展质量和效益为中心，充分尊重经济规律，努力追求实实在在、没有水份的速度。对我们来说，今年组织收入工作压力较大，目前面临“双过半”任务，我们要坚持组织收入原则，既要完成好收入任务，又要把收入质量放在重要位置，不收过头税，不寅吃卯粮。

三是结合自身实际。就是要把上级要求和自身实际紧密结合，不依样画葫芦、照抄照搬。华西村老书记吴仁宝善于吃透两头，一头吃透党和国家的大政方针政策，一头吃透华西的村情实际，值得我们很好学习。从我们自身来看，目前，我们正面临征管改革，既要落实好总局、省局要求，又要结合自身实际，倾听基层的呼声，走出一条具有南京特色的改革之路来。

（五）创业要实重在敢于担当，真抓实干。从焦裕禄到孔繁森，从郑培民到牛玉儒，尽管时代变迁，但真抓实干始终是优秀共产党人的本色。今天，组织上判断一个干部，关键还是看是否敢于担当，是否有责任心，那些始终埋头苦干、踏实肯干的干部，必能担起时代重任，也终究不会吃亏。

一是有守土尽责的担当。贯彻落实好上级要求，认真履行好税收职责，守土尽责、主动作为。比如，不论是抓收入、推改革、带队伍，还是党风廉政建设、作风建设、法治建设，我们一直强调一把手责任、强调班子责任，大到100多人的单位，小到几个人的部门，都要把主体责任抓在手上、扛在肩上，看好自己的门，管好自己的人，种好各自的责任田。要敢于担当、勇于负责，杜绝假大空，力戒庸懒散，以忘我的热情、辛苦的劳动，兢兢业业做好每项工作。

二是有马上就办的担当。习近平同志在福州工作期间倡导践行马上就办。马上就办，重在马上，贵在办好。我也听有的同志讲，现在比以前工作多了、要求高了、压力大了。但是，在全面从严治党新形势下，在上级要求越来越高的情况下，我们必须要敢于担当，倡导马上就办。要多问问自己，我们对上级的决策部署有没有马上贯彻落实？对基层的请示报告有没有马上研究回复？对纳税人的合理诉求有没有马上服务到位？要切实从现在做起，把心思用在干事业上，把精力投入到抓落实中，以真抓实干、立说立行的作风，确保各项工作落实到位。

三是有严管善待的担当。一方面，带队伍要强化教育引导，坚持抓早抓小，对一些苗头性、倾向性问题，及早进行提醒和纠错，防范未然。要不怕得罪人，坚决抵制各种歪风邪气，坚决查处各种为税不廉行为和违纪违法案件，形成震慑，净化风气。另一方面，要注重倾情带队，关心爱护干部，通过加强税务文化建设，提振广大干部职工的精气神，增强组织的凝聚力、队伍的活力。

（六）做人要诚实重在公道正派，表里如一。延安时期，毛泽东同志明确提出全党同志要当老实人，讲老实话，做老实事。邓小平同志认为，无论做官，还是普通公民，都要实实在在，实事求是，诚信为本。领导干部要时刻牢记自己的职责，始终坚持把诚实务实作为个人立身处世的基本准则。

一是做襟怀坦荡、光明磊落的表率。要涵养坦荡君子之风，对组织要真诚，不讲谎话；对同志要真诚，不讲假话；对群众要真诚，不讲空话。要有容人容事的气度，从善如流的雅量，善于听取各种不同意见，自觉接受群众监督和评判，做一个襟怀坦白的透明人。

二是做公道正派、坚持原则的表率。要坚持原则，不以私谊废公事，不因感情弃公道，不拿原则做交易，对违反原则的事，要旗帜鲜明反对、理直气壮抵制。尤其在选人用人上，要坚持公道正派，严格执行干部选拔任用有关规定，营造风清气正选人用人环境，让德才兼备的优秀人才脱颖而出。

三是做诚实守信、表里如一的表率。要把讲诚信作为每一名党员干部必须具备的基本政治品质和立言立德的起码要求，作为一种责任、一种底气，做到言行一致、表里如一，不投机取巧、不搞小动作，对组织诚实守信、遵规守纪，以行动验证表态、用实践兑现承诺。

第四个问题　如何开展好“三严三实”专题教育

在教育实践活动中，我们不仅取得了较好成绩，而且积累了不少经验，这次开展“三严三实”专题教育，要再接再厉、再上台阶，继续保持作风建设的良好态势，认真贯彻上级要求，精心组织，狠抓落实，确保实效。

（一）精确精准把握总体要求。坚持“三个突出”：一是突出问题导向。“三严三实”针对问题提出，专题教育也要针对问题展开。在群众路线教育实践活动中，我们聚焦反对“四风”落实了43条整改措施，效果非常明显。这次专题教育，要把发现问题、解决问题作为出发点和落脚点，使专题教育的过程成为校正“不严不实”问题的过程。二是突出从严要求。中央提出这次专题教育要努力在深化“四风”整治、巩固和拓展党的群众路线教育实践活动成果上见实效，在守纪律讲规矩、营造良好政治生态上见实效，在真抓实干、推动改革发展稳定上见实效。落实这“三个见实效”，必须坚持严的标准、严的要求、严的措施，以严促深入、以严求实效。三是突出以上率下。领导干部要自觉树立标杆意识、表率意识，一级做给一级看，一级带着一级干。特别是“一把手”，要当好示范，以自身的模范行动，推动学习研讨更深入、党性分析更深刻、整改问题更彻底、立规执纪更严格，带动专题教育有力有序开展。

（二）不折不扣做好关键动作。抓好“四专题一强化”：一是讲好专题党课，今天，我为大家讲专题党课，市局党组成员和各单位党组织主要负责同志，也要为党员干部讲好专题党课。二是组织好专题学习研讨，重点分3个专题学习研讨，每个专题安排2~3次互动式交流，使学习研讨更加深入、更有质量。三是搞好专题调研，把领导干部下基层“四解四促”作为专题教育的重要载体，面对面请群众帮助查找“不严不实”问题，做到察民情、知不足，受教育、明方向。四是开好专题民主生活会，年末要以践行“三严三实”为主题，召开专题民主生活会和组织生活会，拿起批评和自我批评有力武器，达到坚持真理、修正错误，统一意志、增进团结的目的。五是强化立规执纪，坚持边学边改，边查边改，把群众反映强烈、影响面大的问题，列出清单，专项整治，做好建制度、立规矩工作，不断拓展教育实践活动成果。

（三）从严从实抓好组织实施。做到“三个注重”：一是注重督查指导。市局将采取明察暗访等方式，加强督查指导，及时了解掌握情况，推动专题教育层层落实。市局党组成员将参加联系点中心组学习研讨和民主生活会。二是注重宣传引导。要深入宣传地税系统在以知促行、以行促知、知行合一和讲党性、讲纪律、讲规矩等方面的鲜活典型，发挥示范引领作用，营造良好舆论氛围。三是注重统筹兼顾。今年，税收形势非常严峻，改革任务十分艰巨。开展专题教育的根本目的，是为了促进地税事业更好发展。要把开展专题教育与贯彻落实省局和市委、市政府各项要求结合起来，与组织收入、依法治税、征管改革、纳税服务、队伍建设等各项工作有机融合、相互促进，以新的工作业绩，检验专题教育的实际成效。

同志们，开展“三严三实”专题教育，是全面从严治党的重要举措和有力抓手。广大地税党员干部要以“三严三实”为标杆，真正做到心中有党不忘恩、心中有民不忘本、心中有责不懈怠、心中有戒不妄为，以实际行动，争做忠诚、干净、担当的地税人，努力开创地税事业发展新局面！

柏鹏在半年工作会议上的讲话

（2015年7月29日）

这次会议的主要任务是，认真贯彻落实省局干部能力素质提升工程暨大数据治税工程推进会、市委十三届十次全会和市政府第五次全体（扩大）会议精神，总结上半年工作，部署下半年任务，动员全局上下坚定信心、奋发作为，全面完成全年和“十二五”规划各项目标任务，为实现市委全会提出的“六个新突破”做出积极贡献。

今年上半年，全局上下主动适应经济发展新常态，以组织收入为中心，以深化改革为重点，以安全履职为保障，坚持全面从严治党，深入推进“三大工程”，各项工作取得新的成效。

（一）税收职能有效发挥。全局上下积极应对复杂严峻的经济形势，坚持依法征税，注重收入质量，充分挖潜增收，顺利实现双过半目标，共组织各项收入648.6亿元，增长13.5%。其中，税收收入424.4亿元，增长14.6%；一般公共预算收入301.6亿元，增长11.1%，完成市政府目标的51.8%，超收10.5亿元。部分指标在全省和副省级城市中实现了领先或进位，一般公共预算收入增幅超全省平均水平0.7个百分点，在苏南城市位居第一、超平均水平3.1个百分点；税收总量在副省级城市中排第6位，比去年上升1位，增幅排第2位，比去年上升4位。组织收入持续稳定增长，为建设新南京提供了可靠的财力保障。围绕市委、市政府提出的“五型经济”发展，认真落实各项税收政策，梳理支持大众创业、万众创新和扶持小微企业发展的8类33条税收优惠政策，上半年办理减免税52.7亿元，其中，促进和改善民生，为6.2万企业和个人办理减免税24.7亿元；落实科技创新政策，为483户企业减免税收9.3亿元；服务转型发展，为61户企业减免税收1.1亿元。

（二）征管改革顺利完成。按照省局要求，结合实际，积极探索，在巩固完善前期成效基础上，围绕基础管理属地化、纳税服务规范化、风险应对专业化，初步构建了具有南京地税特色的现代化税收征管体系。强化属地管理，将直属局管辖的900多户重点税源企业全部下放到属地局，在属地局内部设立专业化的税源基础管理机构，全系统共设立26个基础管理所，分区域确定管辖范围，强化税源管理责任。整合征收职能，按照省局实行征收系列人、财、物、业务集中管理的要求，分步推进，于4月底前，将契耕两税纳入征收体系，实现平稳过渡。坚持风险导向，适应税制改革新的变化和要求，将基础管理和风险应对作了拆分，全系统共设立25个重点税源、31个一般税源中等风险应对所，体现抓大、控中、规小的原则。根据省局下发的250项税源管理事项清单，我局又梳理了212项，在基础管理和风险应对之间作了合理切分，使两者的工作任务和人力资源相匹配。7月1日，新的征管模式正式运行。

（三）人事改革有序推进。配合深化征管改革要求，结合年度干部人事工作安排，坚持以人为本，优化配置，人事相宜的原则，统筹推进人事改革。调整机构职能和岗位设置，对征收机构、督察内审职能、市局机关部分处室、属地局税源管理机构进行了适应性调整，为构建现代化税收征管体系提供了组织支撑。结合机构改革，选拔了5名正处、5名副处级领导干部，推荐1名领导干部到省局任正处职，进一步拓宽干部成长渠道。在干部选拔的基础上，对35名处级领导干部作了交流轮岗，调整面达30%。这种制度化、规范化、常态化的安排，进一步优化了班子结构，有利于激发干部积极性，有效规避岗位风险。加强年轻干部培养，针对市局机关干部缺少基层经验，基层干部缺乏广泛认知的现状，开展机关主任科员、基层正副科所长双向交流，一次性交流了24名干部，有利于干部多岗位锻炼，拓宽了干部成长空间。

（四）基础工作不断夯实。深入推进依法治税，推行行政权力清单，梳理行政权力130项，溧水局、直属局被评为全省地税系统依法行政示范单位。组织开展专项执法督察。加大稽查力度，上半年查补入库税款2.4亿元。夯实征管基础，推进多证联办、并联审批工作，跟踪三证合一落实情况。实施风险应对5567户，入库税款7.1亿元。完成16个信息化项目评审并组织开发。试点应用省局电子档案软件。加强税种管理，密切跟踪营改增工作，开展营业税存量税源清理；所得税汇算清缴补税22.6亿元，12万元以上自行申报19.2万人，实施跨境股权转让跟踪管理；加强房土两税管理，土地增值税清算入库税款7.1亿元。优化纳税服务，细化落实46条服务举措，评定17185户A级纳税人，“12366”咨询量达35.3万次，办理“12345”工单947件，综合满意率达97.6%，我局政务中心窗口被评为全市红旗窗口和先进单位。

（五）地税形象全面提升。根据中央部署，认真开展“三严三实”专题教育，把握总体要求，紧扣关键动作，抓好组织实施，市局党组成员带头讲党课，带头开展学习研讨，带头下基层调研，广大党员干部深入查找不严不实问题，努力践行“三严三实”。认真贯彻中央“八项规定”及厉行节约、公务接待、公务用车等各项规定，狠抓“四风”不动摇。加强党的建设，努力创建敢担当、善创新、重实干、扬正气的服务型机关。加强党风廉政建设，强化“两个责任”落实，制定主体责任与监督责任任务清单，完善风险防控体系建设，开展崇德守法主题教育，筑牢廉洁从税思想防线。优化绩效考评体系，我局再次获得全省地税系统综合考核第一名。组织开展春训，完成第二届税务MBA招生并开班学习。强化舆情管理，监控处置涉税舆情15件，同比下降60%。推进税务文化建设，打造“两个卓越”文化精品示范工程。加强工会、妇联等群团组织建设，组织开展自行车骑行等丰富多彩的文化活动，增强干部凝聚力。

总体上看，上半年面对挑战和压力，全局上下表现出了昂扬向上的精神面貌、主动作为的进取姿态、团结奋进的协作意识，各项工作进展顺利，为完成全年目标任务奠定了坚实基础。在肯定成绩的同时，我们也要清醒地看到工作中存在的不足：新一轮征管改革刚刚开头，还需要不断总结完善，有些基层干部对新征管模式的主动适应还不够，观念转变还不到位；党风作风建设永远在路上，一些干部作风飘浮，不严不实问题不同程度存在，吃拿卡要现象屡禁不止，个别干部以税谋私、失职渎职；少数领导干部为官不为，不敢担当，有多一事不如少一事的思想，对歪风邪气不愿管、不敢管，一些干部责任心不强，工作能拖就拖，能糊就糊，出工不出力。对这些问题，我们要高度重视，认真加以解决。

做好下半年工作，对于“十二五”发展圆满收官、“十三五”发展良好开局，至关重要。全局上下要认真贯彻落实省局和市委、市政府的部署要求，更好适应和把握经济发展新常态，既要看到经济发展下行压力带来的困难和挑战，更要看到国家宏观政策效应和全面深化改革红利不断释放的良好外部环境，保持定力，强化担当，攻坚克难，以马上就办的作风、一抓到底的精神狠抓落实，确保圆满完成全年目标任务。具体来说，要把握一个关键、贯彻三大任务、抓好四项工作。

一、牢牢把握全面从严治党这个关键

习近平总书记提出的“四个全面”总体布局，突出了全面从严治党对于全面建成小康社会、全面深化改革、全面依法治国的根本保证作用。全局上下要充分认识全面从严治党的重大意义，认真贯彻市委关于推动全面从严治党迈上新台阶的实施意见，以及推动党委（党组）全面从严治党责任的实施办法，下半年，要着重在“三突出三推动”上下功夫：

（一）突出“三严三实”教育推动作风建设。一是要聚焦对党忠诚、个人干净、敢于担当，精心组织专题学习研讨、专题调研、专题民主生活会和组织生活会等关键动作。教育引导广大党员干部加强自身修养，锤炼政治品质，改进工作作风，自觉践行市委下发的“三严三实”30条行为规范，在修身做人、为官用权、干事创业上作表率。二是要强化问题导向，聚焦问题查、对照问题改，使专题教育的过程，成为校正不严不实问题的过程。要以学习践行“三严三实”为强大动力，促进广大党员干部切实增强党的意识、纪律意识、责任意识、担当意识，不断提振精气神，以务实苦干、开拓创新的作风，在推进下半年工作落实中奋勇争先。三是要持之以恒严管作风，深入贯彻中央“八项规定”和省、市有关要求，任何时候都不能侥幸、不能麻痹、不能松懈，坚决防止“四风”反弹。要建立作风建设长效机制，认真开展“四解四促”，广泛听取基层意见，关注纳税人需求，及时回应基层和纳税人关切。下半年，要重点抓好全市作风综合评议迎评工作。

（二）突出为官不为防治推动担当作为。一是要深入贯彻市委关于防治为官不为、推动干部担当作为的实施办法。现在，我们的干部队伍中少数人存在不求有功、但求无过的思想，不违规、不违纪了，但也不干事、不担责了，这本身就是不良作风的表现，要坚决加以整治。要对照市委办法中列举的16种为官不为情形，坚决整治不思进取、得过且过、庸懒散拖、推诿扯皮、离岗脱岗等不作为行为，坚决整治拍脑袋决策、不依法行政等乱作为行为，坚决整治面对歪风邪气不坚决斗争、重大考验面前摇摆退缩、遇到困难矛盾绕着走、面对失误推卸责任等不担当行为。二是要强化追责，对为官不为问题，一经查实，坚决处理。情节较轻的，进行提醒、诫勉谈话，责令限期整改；情节较重的，通报批评、停职检查；情节严重造成恶劣影响的，要调离岗位、免职降职直至辞退。三是要进一步健全正向激励机制，加大对先进典型的表彰奖励和宣传力度，充分发挥先进典型的示范引领作用。要进一步鼓励探索创新，满腔热情支持干部解放思想、敢于负责、敢于担当、积极作为。

（三）突出党风廉政建设推动廉洁从税。一是要严格落实“两个责任”，牢牢抓住主体责任这个牛鼻子。各单位领导班子要把履行统一领导、直接主抓、全面落实的主体责任作为刚性之责，加强部署实施、检查考核。要落实好“一把手”的第一责任、班子成员的分管责任，进一步细化责任清单，加强责任传导，严肃问责追究。二是要坚决有力惩治腐败，强化对制度执行和权力行使的检查，突出重点领域和重要环节，加大查处力度，对故意刁难、吃拿卡要、以权谋私、侵害民利等行为要严肃查处。三是要建立健全惩防体系，全面推广廉政风险、税收风险、执法风险同步预防和联合应对机制，完善风险内控体系。要加强干部廉政教育，督促广大干部加强自我警醒、自我约束，自觉做到心有所畏、言有所戒、行有所止。

二、认真贯彻依法治税、干部能力素质提升和大数据治税三大任务

今年省局1号文，对全面推进依法治税工作作出了部署，年中会议，又对推进干部能力素质提升和大数据治税提出了要求，这三项工作是下半年和今后一段时期的重点，我们要认真贯彻落实。

（一）深入推进依法治税。省局明确提出，到2020年，基本形成完备的税收管理规范体系、高效的税收法治实施体系、严密的税收法治监督体系、有力的税收法治保障体系，基本建成职能科学、权责法定、执法严明、公正公开、廉洁高效、守法诚信的税务机关。我局提出到2018年率先实行这样的目标，使法治建设水平在全省地税系统领先、全国同等城市一流。根据总体目标，每年细化工作措施和任务，做到有布置、有要求、有检查、有落实。下半年，要重点抓好“三个强化”：一是强化法治建设。重点是根据法治税务示范基地建设实施办法和评价标准，积极争创省局、总局法治税务示范基地。要贯彻落实省局税收政策确定性管理办法，及时研究解决税收政策确定性问题，统一税收政策执行口径。探索税收柔性执法，做好涉税争议案件提前介入和联动管理。完善税务行政裁量规则，细化、量化裁量基准。探索建立公职律师制度。二是强化税务稽查。加大大要案查处，提高稽查打击的威慑力和准确性。推进依法稽查，完善制度流程，强化痕迹管理，全面推行106项稽查工作事项清单，进一步规范稽查案件实施行为。加强稽查信息化建设，升级应用查账软件，推广稽查案例库应用，充分发挥以查促管作用。三是强化督察内审。充分发挥市、区两级大督审格局的职能作用，拓展督察广度和深度，实现内部管理事项和管理环节的督察全覆盖。加大对重点岗位、重点执法环节、重要权力点及征管薄弱点的督察力度，充分发挥督察内审查错纠弊、防范风险的功能。加强内部审计，对重大事项强化专项审计，推进经济责任审计的规范化建设。

（二）建设高素质队伍。造就一支能力和素质更适应发展新要求、更具现代化特征的地税铁军，是一项长期的重要任务。要以能力素质提升为核心，以业务技能培训、岗位实践锻炼为抓手，着力打造政治坚定、业务精湛、勤政廉洁、团结和谐、作风优良的干部队伍。下半年，要重点把握“三个注重”：一是注重思想政治建设。坚持把深入学习贯彻习近平总书记系列重要讲话精神作为最重要的政治任务，把学习成果转化为对理想信念的坚守、对党绝对忠诚的行动。深入贯彻市局党组下发的进一步加强思想政治工作意见，更加注重采用贴近思想、贴近工作、贴近生活的思

想教育方式方法，更加注重层次化、对象化的教育引导，建立经常性思想动态分析机制，落实谈心谈话制度，准确把握干部思想脉搏。二是注重能力素质培训。要按照大规模培训干部、大幅度提高干部素质的要求，坚持分层分类、针对性强、效果好的思路，做到税收工作指向哪里、培训工作就跟向哪里。当前，要着重培训风险应对、督察内审、税务稽查三支队伍。这轮征管改革，许多一线干部岗位作了调整，转到了专门的风险应对岗位，亟需进行适岗培训。为此，市局制订了三年培训规划，今年的培训目标是夯实基础，下半年要通过培训和测试，帮助风险管理人员解决应知应会的基础技能，解决适岗问题；明年分类提升，解决会干问题；后年全面提升，解决能干问题。另外两支队伍，也要拿出三年规划，切实提高实战能力。三是注重严管善待干部。要严格落实市委关于推进落实从严管理干部“五个要”的实施意见，优化完善领导班子和领导干部考评机制，强化领导干部德的建设和考评结果运用，完善选人用人机制。要注重倾情带队，呼应干部的合理诉求，保障干部的职业权利，完善有利于干部发展的组织机制，为干部成长搭建舞台。推进税务文化建设，广泛开展群众性文体活动，激发广大干部职工的归属感，营造心齐劲足的良好氛围。

（三）强化大数据治税。运用大数据等现代信息化理念、方法和技术，实行更加科学、有效的税收服务管理，是推进税收现代化的新动能和新要求。要用大数据和信息化思维审视和改进税收服务管理工作，促进服务和管理理念、方式的转变。下半年，要按照省局阶段总体目标，重点实现“三个见成效”：一是在实施征管业务转型上见成效。要构建基于大数据的税务管理业务框架，进一步规范税源管理事项及业务规程，建立标准化、数字化、可视化岗责配置体系。扩大征管业务指标监测范围，加强对征管全过程、各环节的有效监控和智能分析。二是在提高风险管理质量上见成效。要拓展第三方数据渠道，丰富数据交换范围。强化外部数据抓取平台建设，实施风险指标动态管理，提升风险监控能力。细化中、高等风险任务推送及应对工作标准，完善风险监控平台对大数据的应用，加强案头分析，提升风险应对能力。三是在强化信息安全支撑上见成效。要完善安全体系和运维体系建设，实现与省局无缝对接的三级运维网络。统筹信息资源配置，实施信息安全加固体系建设，加强基础设施保障，为大数据管理提供可靠的系统支撑。

三、切实抓好组织收入、税收征管、纳税服务、行政管理四项工作

下半年，全局上下要咬定目标，创新举措，以更大力度狠抓落实，认真抓好以下四项工作。

（一）确保完成收入任务。下半年，组织收入形势依然严峻。全局上下要坚定信心，全力以赴，采取切实有效措施，确保完成全年收入任务。一是提升收入质量。要积极适应征管新机制，摸清区域税源状况，合理调配税收计划，加强收入跟踪，把握收入进度，保持组织收入的均衡性。要特别重视加强质量监控，优化收入质量监控评价体系，坚持依法组织收入，不收过头税，促进收入可持续、高质量增长。二是加强税源监管。要认真贯彻实施重点税源企业监控管理办法，加强对重点税源企业、重点项目、重大投资的跟踪监管力度，对涉房税收要做好分析预判、跟踪管理。要分税种、分事项研究制订挖潜增收的措施，有效堵塞漏洞，减少税收流失。三是落实政策服务。要聚焦“五型经济”，密切关注江北新区规划建设、苏南自主创新示范区建设，加强经济税收分析，落实好促进产业转型、科技创新、民生保障等各项税收优惠政策，积极服务地方经济发展。

（二）不断加强税收征管。一是跟踪改革进程。要按照巩固、完善、深化、提高的要求，跟踪征管新模式运行情况，把已经迈出去的改革走扎实。要统筹考虑外部条件成熟时机，实现市区办税大厅集中管理。要注意对改革推进中出现问题的梳理研究，对属地管理格局下，基础管理和中等风险应对的职能切分和运作情况，要重点关注。二是夯实征管基础。进一步优化征管质量指标体系，提高税户、发票、申报征收等基础管理质量。加快推进征管智能检测等平台建设，为基础管理提供有力支撑。深入推进国地税全方位的联合征管。推广应用省局电子档案软件。三是加强税费管理。要密切关注税制改革动态，积极做好营改增全面扩围各项准备，以及存量税源清理工作。强化企业所得税汇缴复审风险应对，加强自然人数据库应用和股权转让税收管理，完善境外上市公司信息管理平台，探索建立反避税专业团队。加强土地增值税清算及复审工作，规范房土两税、印花税等减免政策落实，强化存量房估价系统应用维护，确保契税征管平稳有序。加大社保费清欠力度，规范各项代征基金费的征缴工作。

（三）持续优化纳税服务。一是创新服务机制。要进一步树立全心、全员、全程服务意识，加强大数据支撑下的纳税服务分析，建立纳税人需求深度挖掘、联动呼应机制。完善快速响应、应急处理制度，强化服务保障。二是规范办税服务。要认真开展纳税人满意度回头看迎查工作。全面落实纳税服务规范，强化公共管理服务系统应用，实现办税服务厅业务、服务两个标准化。深入开展税银合作，开发掌上办税平台，探索智能化、便捷化办税新途径。三是拓展宣传渠道。要加强税法宣传统筹，推出微讲堂、微小说等微系列宣传产品，下半年，要重点建设好税收博物馆。四是完善咨询服务。要认真贯彻总局“12366”热线基本工作流程和作业标准，提升纳税咨询的准确性和权威性。落实好新的“12345”投诉处理考核办法，妥善处理纳税人诉求，提升纳税人满意度。

（四）着力提升行政效能。一是统筹内部运转。加大对年度30个创新项目的推进力度，做好项目全过程的跟踪管理。要加强统筹协调，提高办文办会质量和工作效率，切实为基层减负。做好后勤服务保障工作。二是强化舆情监控。要进一步强化舆情意识，最大限度地防止负面舆情发生。完善涉税舆情快速处理机制，加强内外部舆情监控管理，做好舆情监测研判，及时妥善处置舆情事件。三是编制“十三五”规划。要树立科学规划理念，认真研究地税系统面临的新形势，对接税收现代化目标要求，综合考虑中长期发展，科学严谨地编制“十三五”发展总体规划。同时，要按照省局要求，做好依法治税、纳税服务专题规划。

同志们，做好下半年工作，任务艰巨，责任重大。全局上下要按照统一部署和要求，凝心聚力，恪尽职守，扎实工作，确保完成全年和“十二五”各项目标任务，努力开创地税事业发展新局面！

【责任编辑　楚天佑】

2016年

南京地方税务年鉴

大 事 记

1月

1月1日 全市暂停征收防洪保安资金。

1月 组织开展2015年度绩效考评工作。授予建邺局等6个单位2015年度江苏省南京地方税务局先进单位一等奖，授予江宁局等6个单位2015年度江苏省南京地方税务局先进单位二等奖，授予浦口局等6个单位2015年度江苏省南京地方税务局先进单位三等奖。

1—2月 省地税局开展2015年度绩效考评工作。南京局获得全省地税系统绩效考评优秀等次，被表彰为“2015年度先进单位”。

2月

2月1日 小微企业教育费附加、地方教育附加的免征范围扩大到月收入10万元。

2月2日 全市地方税务工作会议在市地税局召开。会上，柏鹏局长系统回顾了“十二五”期间及2015年工作取得的成绩，对“十三五”目标任务及2016年工作面临的形势作了客观分析，明确了2016年工作的指导思想和工作任务。

2月 市地税局作为全省地税四家试点单位之一，在全系统开展数字人事改革试点。

3月

3月 按照最低管户数量标准对基层局重点税源风险应对机构管辖范围进行优化调整。

3月15日 召开2016年度系统党风廉政建设暨作风建设工作会议。党组成员、纪检组长刘军辉代表市地税局党组总结了2015年党风廉政建设和作风建设工作情况，对2016年工作进行了部署，党组书记、局长柏鹏作了重要讲话。

3—4月 与国税部门采取联合评价的方式，完成2015年度地税所属企业户信用评定工作，最终评定2015年度A级纳税人19720户，B级以上占总参评户的80%。

4月

4月 市地税局对2013—2015年连续三年考核优秀等次的54名人员给予记功表彰。

同月 开展“营改增”国地税征管业务衔接工作。

5月

5月1日 “营改增”试点工作全面推开。

5月12日 根据《中共南京市委　南京市人民政府关于通报表扬2015年度法治南京建设先进单位的通知》（宁委发〔2016〕27号），市地税局被评为2015年度法治南京建设先进单位。

5月 《南京地税税务文化研究与探索》专著在北京人民出版社正式印刷出版。专著共8章28节，24万字，系统总结了南京地税文化的发展历程、进一步确立了南京地税文化的战略地位，科学规划出南京地税文化未来发展蓝图。

同月 开始实施国税委托市地税局代征二手房和租赁房增值税税款和代开增值税发票工作。

同月 南京地税基于大数据框架下的服务策略系统平台开始试运行，该平台尝试通过大数据系统进行纳税服务领域的探索和研究，为地税系统开展大数据治税提供经验积累，为地方政府经济决策提供参考。

5—12月 在全系统组织开展“两学一做”学习教育，推动全面从严治党向基层延伸。

6月

6月1日 与市国税局联合发布《关于修订

〈税务行政处罚自由裁量基准操作标准〉的公告》（南京国税公告〔2016〕3号），自公布之日起施行。

6月15日 市地税局机关党委被评为全市先进基层党组织，征收局党总支被评为市级机关先进基层党组织。

6月16日 结合纪念建党95周年及“两学一做”学习教育工作，组织开展评比表彰，共表彰市地税局机关及直属党（总）支部的优秀共产党员57名、优秀党务工作者15名、优秀党组织书记9名、先进基层党组织10个。

6月28日 全市正式实施不动产统一登记制度，国土局位于中山路的办证大厅全面受理市区房产交易、登记业务，南京地税在中山路登记大厅同时开设办税窗口，方便纳税人申报纳税。

6月 市地税局在南京市机关2015年度绩效评估中被评定为优秀等次。

同月 开展2016年度优秀税收业务能手竞赛暨“岗位大练兵 业务大比武”活动，江宁局梁明霞等127名选手获得“南京地税系统优秀税收业务能手”称号。

同月 缴销地税监制发票共2349.13万份。

同月 通过省地税局手机APP平台，实现了南京地税的自然人纳税人个人所得税申报后可进行支付宝缴税，成为全国首家采用支付宝缴税的城市。

同月 与“我的南京”合作，实现了微税厅及自然人登记时采用“我的南京”作为第三方认证功能，通过“我的南京”实现了个人所得税查询。

6—8月 在全系统组织实施国有资产清查，全面贯彻落实省财政厅及省地税局关于开展行政事业单位资产清查工作的要求。

7月

7月4日 市地税局授予六合局、江宁局、高淳局、化工园局、雨花台局三家单位市级“法治税务示范基地”称号。

7月27日 中国人事科学院到市地税局调研公务员考核工作。

7月 开始简并征期管理，对增值税小规模纳税人随增值税、消费税附征地方税费，实行按季申报，简并纳税人申报缴税次数。

同月 市地税局在国家税务总局2016年度全国纳税人满意度调查中成绩优异，获全国省会城市地税部门第二名。

同月 在“机关好声音、颂歌献给党”市级机关庆祝建党95周年合唱大赛中，市地税局获“最佳机关好声音”奖，并作为优秀节目参加了市级机关“七一”表彰仪式暨庆祝建党95周年文艺汇演。

7—10月 在全系统开展“勤廉双优”典型选树、宣传工作，确定基层单位18名干部为系统“勤廉双优”典型人物。

8月

8月9日 根据《中共江苏省委宣传部、江苏省法制宣传教育工作领导小组办公室、江苏省司法厅关于表彰2011—2015年全省普法工作先进单位、先进个人和项目创新奖的决定》（苏法宣办〔2016〕13号），市地税局被评为全省“六五”普法工作先进单位。

8月3日 省地税局党组成员、驻省地税局纪检组长廖建明带队检查市地税局“两个责任”落实情况，市地税局党组书记、局长柏鹏，党组成员、纪检组长刘军辉分别就主体责任和监督责任落实情况进行了专题汇报，市地税局党组成员结合工作分工进行了“一岗双责”落实情况汇报。

9月

9月 组织13名地税干部到区国税局交流挂职，深化国地税合作。

同月 开展2016年度能级评定工作，全系统共209人申报能级，155人晋升能级。

同月 组织55位同志参加全省业务大比武活动，王华军等6人进入全省前100名；王华军被纳入“素质提升‘115’工程—专业骨干项目”人员名单；史成娟等26人被纳入“素质提升‘115’工程—岗位能手项目”人员名单，南京局获得最佳组织奖表彰。

同月 保障南京市房产交易厅涉税服务在“金税三期”上线系统停机期间照常服务，使南京成为全省乃至全国唯一一家在“金税三期”上线征管系统停机期间，房产交易税收征收不停的城市。

10月

10月26日　市地税局“银税互动”服务模式在国家税务总局“银税互动”工作调研会议上进行经验交流，获国务院银监会肯定。

10月27日　市地税局党组副书记、副局长郑良走进龙虎网开展视频网络面对面交流互动活动。

10月　“金税三期”系统在市地税局成功上线运行。

同月　全省统一的国地税共同委托代征系统在南京市上线运行。

11月

11月7日　根据《关于授予南京市六合地方税务局等单位“法治税务示范基地”称号的决定》（苏地税发〔2016〕103号），六合局、栖霞局被授予省级“法治税务示范基地”称号。

11月　组织开展事业单位参公管理人员套改工作，系统55名参公管理人员完成职务套改和工资套改。

同月　“南京地税微税厅”手机微信公众平台正式上线，在全省首创将办税网站浓缩精简为掌上的手机微信版“微网站”。

同月　南京地税局稽查局被评为江苏省文明单位。

12月

12月　组织开展处级、科级非领导职务晋升工作，9人晋升调研员职务、139人晋升主任科员职务、55人晋升副主任科员职务。组织系统三个事业单位开展岗位竞聘工作，晋升6名管理八级和1名管理九级人员。

同月　市地税局获2016年度中国“互联网+”社会服务最佳创新政务机构。

同月　在企业“五证合一”的基础上，个体工商户营业执照和税务登记证正式实施“两证整合”。

同月　建邺局、六合局获国家级级职工书屋示范点称号。江稽查局第一分局、鼓楼局、栖霞局、雨花台局获江苏省工会“职工书屋”示范点称号。

（王杉杉）

【责任编辑　楚天佑】

概　况

工作概况

概　述　南京地方税务局正式成立于1994年9月，负责南京地方税务征收管理。主要负责营业税（营改增后负责后续管理）、企业所得税、个人所得税、城建税、土地增值税、房产税、土地使用税、车船使用税、印花税、契税等12个地方税种的征管任务。此外，还负责社保费、地方教育附加、残疾人就业保障金等6项基金（费）的征收工作。截至2016年年末，该局共有干部职工1938人，平均年龄43.2岁，党员占77.6%，大专以上学历达99.5%。“三师”比例为24.5%，高于全省、全国税务系统平均水平。共有14个处室、4个事业单位、18个基层单位、215个基层科所。至2016年年末，南京地税管辖的纳税户有54.6万户。其中，企业31.1万户、个体23.5万户。

2016年，南京地方税务局组织各项收入1345.2亿元，同比增长5%。其中税收收入830.5亿元，同比增长4.5%；包括：中央级税收189.43亿元，同比增长23.41%；省级税收38.13.亿元，同比增长-16.53%；市县级税收602.96亿元，同比增长1.21%。组织入库社会保险费收入450.53亿元，同比增长6.6%；其他非税收入完成64.2亿元，同比增长1.48%。大力服务地方经济和社会发展，落实各项税收优惠政策，全年办理减免税费75亿元，做到应免尽免。

优化组织收入管理，确保收入稳定增长。面对实体经济下行、营改增、房地产税收大起大落等复杂形势，市地税局采取措施狠抓收入质量，组织收入实现稳定增长。一是狠抓收入质量管理。根据“营改增”等重大改革和政策变化，及时修订税收收入质量监控评价指标体系，开发收入质量指标监控预警系统。开展收入预算级次检查，有效保证收入质量。二是强化税收预测管理。把收入预测工作机制纳入税收收入管理办法，预测准确率居全省前列。三是加强社保和基金费管理。落实省地税局《社会保险费欠费管理办法》，全年清理入库往年欠费1.1亿元。建立社保费困难户办理缓缴联动工作机制，参与全市社会保险基金管理与监督情况检查。落实社保费基金费“减负降率”有关优惠政策。四是服务经济发展。强化税收分析，为市政府重大决策建言献策，编制《税制改革简报》，密切跟踪综合改革动向。向市委市政府报送《透过税收看经济》10期，4篇获主要领导批示；制定落实市委、市政府供给侧结构性改革实施方案，落实中央、省、市降低实体企业成本相关工作要求。

突出改革创新，提升税收征管效能。一是完成“营改增”工作。强化与财政、国税等相关部门的协调配合和衔接工作，做好营业税转出户的信息比对、甄别，确保14.9万转出户数据准确无误，实现国地税发票有序衔接，以及国税局委托地税局代征税款、代开增值税发票，地税局委托国税局征收涉及的地方税费工作顺利实施和平稳运行。二是持续深化国地税征管体制改革。转发省地税局征管体制改革方案，制定国、地税2016年重点合作事项表。印发贯彻《深化国税、地税征管体制改革方案》的意见，制定重点改革项目一览表，明确改革内容和职责分工，稳步推进改革深化。三是加快大数据治税和“互联网+税务”建设。落实上级“互联网+税务”行动计划，加快电子税务局建设，年内上线7个创新项目，其中3个被列入国家税务总局创新创意参选项目，通过手机APP平台在全国率先实现个税支付宝缴税，通过“我的南京”实现个税查询。优化拓展虚拟计算平台，为对接国家税务总局“金税三期”税收管理系统、推进大数据建设工程提供可靠的系统支撑。适时调整数据回流机制，持续优化数据回流策略，强化信息技术平台动态监控和网络防护，信息化支撑效能显著增强。四是强化税收风险管理。提高风险应对质效，完成风险应对15424户，实现风险应对税收收入29.03亿元，风险应对贡献率为3.5%；提升风险监控能力，优化风险指标和模型，实施风险指标动态管理，加大互联网信息采集与利用；加强数据质量管理，提升数据查询服务，强化第三方信息采集和应用，通过综合治税平台交换各类数据近100万条，全面提升数据管理水平。五是着力夯实税收征管基础。推进工商营业执照、税务登记证、组织机构代码证"三证合一"，办理"一照一码"设立登记9.9万户，变更登记6.1万户，换照8.4万户，"一照一码"登记总户数达24.4万户。推进税务档案电子化管理，全面应用省地税局档案软件，做好历史档案迁移和归档，在市档案局执法检查中被评为全市档案行政执法检查通报表扬单位。

突出规范执法，改善税收法治环境。一是全面推进依法治税。制定依法行政年度任务分解，开展法治创建，市地税局被评为法治南京建设先进单位、2011—2015年度全省普法工作先进单位；2家基层单位被评为省级"法治税务示范基地"，5家基层单位被评为市级"法治税务示范基地"。推进集涉税诉案库、大要案库、综合税政案例库、税收优惠政策库"四库一体"的税收法制综合知识库建设。加强规范性文件制定管理，清理规范性文件111件。梳理行政权力事项124项。强化重大案件审理，全年审理重大案件25件，涉案金额1.3亿元。预防化解行政争议，制定加强行政复议和行政应诉管理意见，全年提前介入争议案件15起，行政诉讼案件9起，行政复议案件9起，指导基层开展强制执行6起。二是提升督察内审质效。完善督察内审工作制度体系，推广使用税收执法督察管理系统，落实执法责任制，构建内控机制建设组织领导工作机制。创新运用执法督察工作平台，开发使用税收执法风险监控指标9个，深入开展税收执法督察、内部审计和风险应对质量检查等工作。做好内外部审计，全年审计涉及税款、滞纳金等636.83万元；完成审计项目6个，发现问题33个，被采纳审计意见建议32条；配合外部门审计2个，涉及税款1.28亿元。三是不断加大税务稽查力度。贯彻落实稽查"双随机"抽查制度，有序开展国家税务总局重点税源随机抽查工作，开展国地税联合稽查，探索协同执法。开展积案清理，清理率达94.3%。加大涉税案件查办力度，严厉打击发票违法犯罪活动，查补入库税款9.4亿元，同比增长147%。

突出便民办税，优化纳税服务。一是完善服务体系。开发基于大数据框架下的纳税服务策略系统平台，省地税避采纳并在全省推广应用。开展2016年"便民办税春风行动"以及"问需求、优服务、促改革"专项活动。深化税银合作，共建"税务+金融"服务项目，工作经验在国家税务总局交流。为诚信小微企业和个人发放贷款3623笔，累计放贷5.93亿元。做好全国纳税人满意度调查迎查工作，取得纳税人满意度全国第二的好成绩，连续4次在全国名列前茅。二是丰富服务手段。落实涉房交易税收同城通办，实现一小时办结目标。加大税收宣传服务力度，优化固定栏目，增设南京日报要闻版、南京电视台直播南京栏目税收新闻类宣传报道；打造"南京地税微税厅"微信服务号，拓展微税厅功能应用，全年推送消息714条，平台粉丝增加至2.8万人。实现传统媒体和新媒体的有效对接。4月全国税收宣传月期间联合国税局、共青团开展在宁高校大学生税收辩论赛，获"2016年南京网友节最佳人气奖"。南京税收博物馆有奖问答活动吸引1650人次参与。全年出版《南京日报》税务专版35期，制作播出南京电视台《地税直通车》专栏17期，制作播出电台专栏108期，网站全年访问量276.37万人次，刊发微博2278条。三是优化服务平台。深入贯彻上级部门纳税服务相关规范，做好业务标准的修订完善。做好掌上办税平台的推广和优化。编印2016版《轻松纳税》，发行5000本。全年组织纳税人学堂298场，为2.8万名纳税人提供免费培训。"12366"咨询总量达到57.28万次。转办"12345"工单1793件，综合满意率达90%以上，政务中心地税窗口获"全市红旗窗口和先进单位"称号。四是加强和完善国地税合作工作机制。制定《国税、地税2016年重点合作事项表》和《国地税合作联席会议制度》，理顺工作流程，9个办税服务厅派15人进驻国税窗口，鼓楼区国地税合作办税模式及联合办税成效，受到国家税务总局肯定。

加强作风建设，提升队伍素质。强化领导班子建设，开展学习型、法治型、效能型、廉洁型班子争创活动，开展对20名处级干部的个人事项报告抽样核查工作。加强干部队伍管理。制定选拔任用工作纪实规范，加强人才队伍培养建设，开展公务员分级分类考核和数字人事试点，在全国率先建立职业道德和行为规范体系，受到省公务员局和省地税局肯定。与市国税局互派13名优秀干部交流挂职，实现人才互动、能力互促。加大干部培训力度，1700名干部参加年度培训，209人参加年度能级评定。开展岗位技能竞赛，27名干部被省地税局表彰，市地税局获得“最佳组织奖”。南京地税系统“三师”比例达24.9%，居全国、全省税务系统前列。市地税局被评为2013—2015年度南京市文明行业，8家基层单位被评为江苏省文明单位。4名地税干部被评为“南京好人”，省、市级文明单位及“南京好人”数量均创历史新高。加强党风廉政建设，集中开展党风廉政专项治理和违规吃请专项整治。选聘廉政外部监督员，打造立体式监督格局。推进岗位廉政教育，开展“党纪条规学习教育月”活动，选树、宣传18名勤廉典型。2家单位被评为“市级机关廉政文化建设示范点”。扎实推进为纳税人为基层办实事活动，全年制定并落实10类29项计划。开展微型党课活动，全年结合“两学一做”学习教育，36个党（总）支部100多名党员走上讲台上微型党课，组织优秀微型党课到各个基层局开展巡讲。微型党课工作经验在全市党建会议做交流，被市委宣传部、市政研会评为市思想政治工作“十佳精品课堂”，并入选省机关工委党建案例专集。

（楚天佑）

人员机构概况

中共江苏省南京地方税务局党组成员名单

党组书记　柏　鹏
党组副书记　郑　良
党组成员　左　明
唐　跃
蔡建勋
刘军辉
王　超
陈　奇
钱家俊

中共江苏省南京地方税务局党组纪检组负责人

纪检组长　刘军辉

江苏省南京地方税务局机构设置和负责人

局　长　柏　鹏
副局长　郑　良
左　明
唐　跃
蔡建勋
纪检组长　刘军辉
总经济师　王　超
总会计师　陈　奇
总经济师　钱家俊
副巡视员　乔　彤
曹晓扬
夏玉霞
张祖贤
蔡金华（2016年8月退休）

办公室

主　任　王火生
副主任　黄　昀
何　欣
调研员　汪炼炼
查贵成（2016年6月退休）
副调研员　楚天佑

政策法规处

处　长　罗志刚
副处长　吴立亚

营业税处

处　长　陈　云
副处长　卓　越
副调研员　陈珊艺

所得税处

处　长　郭智华
副处长　张建强
副调研员　孙建忠

财产行为税处

处　长　赵建华
副处长　王佩福
副调研员　奚　雷

规划财务处

处　长　黎　凡
副处长　卞立群

叶　红

征管科技处

处　长　胡连强
副处长　杨霆钧
钟智宏
姜　进
副调研员　张　军
王琪玮

数据管理处

处　长　徐惠华
副处长　戴文新
顾长元
副调研员　明　靖

督察内审处

处　长　吴春高
副处长　戴迎新
李　玮

综合处

处　长　季志春
副处长　沈向民

人事处

处　长　徐贻璧
副处长　高永峰（兼）
黄晓兰
调研员　王　震

离退休干部处（与人事处合署）

处　长　高永峰
调研员　王浴宁（2016年12月任）
副调研员　张金川（2016年4月建邺局调入）

监察室

主　任　席宝庆
副主任　王　勇
调研员　朱淮民（2016年12月任）
副调研员　金　泓

机关党委

专职副书记　汪义娟
调研员　王　芊
副调研员　吴　红

电子税务管理中心

主　任　薛剑秋
副主任　朱　岚
周建伟
副调研员　张　斌

干部培训学校

校　长　王　勇
副校长　万利明
洒荣汶
副调研员　周卫国

机关后勤服务中心

主　任　朱中元
副主任　梁　钰
孔志刚
副调研员　任　军

档案管理中心

主　任　王　俊
副主任　承　蕾

稽查局（南京副局级建制）

局　长　王冬明（南京市副局级）
副局长　臧桂芹
张元年（2016年4月免）
调研员　张元年（2016年4月转任）
副调研员　朱基全

稽查一分局

局　长　费明华
副局长　程松敏
朱广生（2016年12月免）
调研员　朱广生（2016年12月任）
副调研员　李文军

稽查二分局

局　长　姜　健
副局长　董晓庆
吴跃发（2016年12月免）
调研员　吴跃发（2016年12月任）

稽查三分局

局　长　沈　勇
副局长　纪耀录
全　晓（2016年12月免）
调研员　全　晓（2016年12月任）
副调研员　匡翠光
朱玉梅

征收税务局（纳税服务局）

局　长　马雪玲
副局长　王　辰
张　捷

魏军波
张　锋
副调研员　高善平
姜志才
郑晓慧（2016年3月退休）

高新局

局　　长　谢海航
副 局 长　周　薇
任梦华
王德春（2016年4月免）

玄武局

局　　长　曾　翀
副 局 长　虞　华
洪　斌
沈永惠
调 研 员　林　斌
副调研员　王　玲
王小洪
魏　玮
步劲柏

秦淮局

局　　长　朱　延
副 局 长　王英姿
丁晓军
陈娟娟
调 研 员　孙爱萍
副调研员　闻　华
祁寅龙
陈旭东
张　铭
陈　兵
鲁　新

建邺局

局　　长　马玉宁（2016年2月任）
罗　斌（2016年2月免）
副 局 长　郝永宁
高文莉
王　颖
殷松涛（2016年7月起挂职一年）
副调研员　岳有铭
卜兴耀
赵　红

鼓楼局

局　　长　马学民
副 局 长　尤　克
陈卓兵
周　妍
周　斌（2016年12月免）
调 研 员　周　斌（2016年12月任）
副调研员　吴　兵
潘祥云
夏　莉
柳　峰
颜月平
鲁世君

雨花台局

局　　长　王桃之
副 局 长　吕　艳
邵龙喜
郭智怡
副调研员　夏恒志
郭菊霞
毕云亮

栖霞局

局　　长　殷壁峰
副 局 长　许晓燕
张登明
谢寒生
副调研员　陈　东
戴小龙
张兴才
周纪祺（2016年11月退休）

化工园局

局　　长　项　明
副 局 长　许　辉
丁厚祥
贾　婷
副调研员　许帮炎

中共江宁地税局党组

党组书记　罗　斌（2016年2月任）
马玉宁（2016年2月免）
党组成员　陆晓民
陶向武
周　密

业德瑞（2016年6月免）

江宁局

局　　长　罗　斌（2016年2月任）
马玉宁（2016年2月免）
副 局 长　陆晓民
陶向武
业德瑞（2016年6月免）
纪检组长　周　密
调 研 员　业德瑞（2016年6月任）
副调研员　王　平

中共浦口地税局党组

党组书记　王晓苏
党组成员　孙　猛
莫增华
周进达
佘风琴
何家奎（2016年7月起挂职一年）

浦口局

局　　长　王晓苏
副 局 长　孙　猛
莫增华
周进达
何家奎（2016年7月起挂职一年）
纪检组长　佘风琴
调 研 员　王德春（2016年12月任）
副调研员　吴玉华

中共六合地税局党组

党组书记　王桂祥
党组成员　刘明祥
李　军
魏　明
汪临清（2016年12月免）

六合局

局　　长　王桂祥
副 局 长　刘明祥
李　军
汪临清（2016年12月免）
纪检组长　魏　明（2016年6月挂职玄武区红山街道办事处副主任）
调 研 员　汪临清（2016年12月任）
副调研员　王成亮
单晓东

中共溧水地税局党组

党组书记　戴世敏
党组成员　刘德才
喻召双
张　健
丁建华

溧水局

局　　长　戴世敏
副 局 长　刘德才
喻召双
张　健
纪检组长　丁建华

中共高淳地税局党组

党组书记　张连静
党组成员　陈步荣
诸培苗
翁明祥
彭聿新

高淳局

局　　长　张连静
副 局 长　陈步荣
诸培苗
翁明祥
纪检组长　彭聿新

（徐　伟）

2016年12月正式人员基本情况统计表

表1

单位：人

项目	总计	女	少数民族	学历						政治情况				年龄									
				研究生	大学	大专	中专	高中	初中及以下	共产党员	共青团员	民主党派	无党派或群众	30岁以下	31~35岁	36~40岁	41~45岁	46~50岁	51~54岁	55~59岁	女	60岁	女
市局机关	202	71	7	43	143	16	—	—	—	184	—	2	16	7	31	41	52	25	34	12	2	—	—
稽查局	59	29	2	6	49	4	—	—	—	55	—	—	4	2	6	12	18	9	9	3	—	—	—
稽查一分局	47	19	—	5	35	7	—	—	—	36	4	—	7	2	6	5	12	10	11	1	—	—	—
稽查二分局	51	24	1	5	43	3	—	—	—	38	—	2	11	4	1	4	18	12	11	1	—	—	—
稽查三分局	53	27	1	3	47	3	—	—	—	40	—	2	11	1	4	9	12	10	13	4	—	—	—
征收局	73	34	4	9	56	8	—	—	—	59	—	1	13	8	16	15	14	8	10	2	—	—	—
高新局	52	19	—	13	36	3	—	—	—	43	4	—	5	10	5	11	14	1	9	2	—	—	—
玄武局	131	69	1	10	111	10	—	—	—	92	4	3	32	15	12	27	15	27	31	4	—	—	—
秦淮局	194	95	3	11	160	23	—	—	—	155	2	2	35	13	17	22	27	41	60	14	1	—	—
建邺局	107	49	2	15	84	7	1	—	—	85	1	3	18	11	9	19	28	11	22	7	—	—	—
鼓楼局	192	87	3	22	145	25	—	—	—	147	1	3	41	14	19	22	36	42	42	17	—	—	—
雨花台局	81	36	2	11	64	5	1	—	—	55	4	0	22	12	5	12	17	15	15	5	—	—	—
栖霞局	96	28	1	10	83	2	—	1	—	78	2	1	15	8	12	12	18	27	15	4	—	—	—
化工园局	58	21	0	7	49	2	—	—	—	40	6	1	11	13	6	8	10	14	7	—	—	—	—
江宁局	148	56	1	9	130	7	—	2	—	114	6	2	26	24	16	16	29	32	25	6	—	—	—
浦口局	98	45	4	10	77	11	—	—	—	78	8	—	12	22	13	14	15	9	18	7	—	—	—
六合局	94	28	1	8	78	5	3	—	—	81	7	—	6	21	11	18	12	14	10	8	—	—	—
溧水局	98	34	—	1	81	16	—	—	—	70	9	—	19	20	7	7	17	17	22	8	—	—	—
高淳局	104	29	—	—	90	13	—	1	—	60	11	—	33	16	2	12	23	27	14	10	—	—	—
总计	1938	800	33	198	1561	170	5	4	—	1510	69	22	337	223	198	286	387	351	378	115	3	—	—

2016年12月正式人员职务情况统计表

表2　　　　　　　　　　　　　　　　　　　　　　　　　　　单位：人

单位	合计	公务员														参公人员	事业编	行政附属编
		小计	局长	副局长	副巡视员	处长（局长）	调研员	副处长（副局长）	副调研员	科长	主任科员	副科长	副主任科员	科员	试用期（军转）			
市局机关	202	186	1	8	4	18	3	25	15	4	50	1	47	9	1	—	9	7
稽查局	59	56	—	1	—	1	1	—	1	8	18	8	16	1	1	—	1	2
稽查一分局	47	44	—	—	—	1	—	2	1	6	14	3	11	5	1	—	—	3
稽查二分局	51	50	—	—	—	1	—	2	—	7	20	6	10	3	1	—	—	1
稽查三分局	53	50	—	—	—	1	—	2	2	7	17	6	12	2	1	—	1	2
征收局	73	47	—	—	—	1	—	3	2	6	8	8	6	11	2	23	2	1
高新局	52	48	—	—	—	1	—	2	—	6	10	7	12	8	2	2	—	2
玄武局	131	121	—	—	—	1	1	3	4	13	41	13	22	21	2	1	1	8
秦淮局	194	177	—	—	—	1	1	3	6	17	82	21	29	15	2	3	2	12
建邺局	107	97	—	—	—	1	—	3	3	11	33	14	20	11	1	1	2	7
鼓楼局	192	180	—	—	—	1	—	4	6	13	76	20	36	22	2	1	4	7
雨花台局	81	75	—	—	—	1	0	3	3	12	21	7	13	13	2	1	—	5
栖霞局	96	89	—	—	—	1	—	3	3	12	32	9	13	14	2	3	2	2
化工园局	58	56	1	3	—	—	—	—	1	6	16	5	8	14	2	2	—	—
江宁局	148	136	—	—	—	1	—	3	2	14	33	15	37	27	4	6	—	6
浦口局	98	91	—	—	—	1	—	4	2	14	21	9	11	26	3	3	3	1
六合局	94	88	1	4	—	—	—	—	2	14	19	9	14	21	4	2	—	4
溧水局	98	91	—	—	—	1	—	4	—	12	4	12	30	23	5	5	—	2
高淳局	104	101	—	—	—	1	—	4	—	12	8	11	36	24	5	1	—	2
总计	1938	1783	3	16	4	34	6	70	53	194	523	184	383	270	43	54	27	74

江苏省南京地方税务局机构职能

一、内设机构及职能

1.办公室

承担机关文电、机要、信息、会务、督办、信访、保密、保卫和政务公开等工作；拟订有关工作制度；组织起草和审核重要文稿；承担全系统税收宣传计划的编制和面向社会的税收宣传、新闻发布工作；承办内部网站运行与管理工作；督办督查省局、市委市政府和局党组重大工作部署；负责税收理论及内部研究性资料的采编管理工作；承担创新管理工作；承担机关财务管理等行政事务工作。

2.政策法规处

拟订依法行政、依法治税工作方案并组织实施；参与起草有关地方税收法规、规章和规范性文件；组织协调涉及多税种、综合性税收政策文件的起草和贯彻落实工作；承办较大税收案件的审理工作和行政处罚管理工作；承担本系统有关规范性文件的合法性审核和备案备查工作；组织有关规范性文件的清理、评估、反馈和汇编工作；承办税务行政复议、行政诉讼工作；组织涉税反补贴案件的应对工作；承担本部门职责范围内风险管理、信息管税、数据管理及特殊事项专业化应对等工作。

3.营业税和基金管理处

组织实施营业税和法律法规规定及省市政府指定的基金（费）的税政管理工作；按照税收管理权限，制定具体征收管理办法，处理执行税收政策中的有关事项；参与有关税种的纳税服务工作；组织税种风险指标、模型的建设和优化；承担本部门职责范围内风险管理、信息管税、数据管理及特殊事项专业化应对等工作。

4.所得税管理处（国际税收管理处）

组织实施企业所得税、个人所得税的税政管理工作；按照税收管理权限，制定具体征收管理办法，处理执行税收政策中的有关事项；组织实施反避税调查；承担有关国际税收的综合协调工作；参与有关税种的纳税服务工作；组织税种风险指标、模型的建设和优化；承担本部门职责范围内风险管理、信息管税、数据管理及特殊事项专业化应对等工作。

5.财产和行为税管理处

组织实施财产与行为各税种（含房产税、城镇土地使用税、城市维护建设税、印花税、资源税、土地增值税、车船税、耕地占用税和契税）及教育费附加的税政管理工作；按照税收管理权限，制定具体征收管理办法，处理执行税收政策中的有关事项；参与有关税种的纳税服务工作；组织税种风险指标、模型的建设和优化；承担本部门职责范围内风险管理、信息管税、数据管理及特殊事项专业化应对等工作；牵头组织实施房地产一体化管理工作。

6.规划财务处

编制地税收入中长期规划，编制、分配年度税收计划；组织开展税收收入分析预测和重点税源监控管理；管理和应用税收收入数据；承担税收会计统计、票证管理和基金费核算工作；监督检查税款缴、退库情况；承担全市地税系统财务、经费管理和财务会计核算工作；承担全系统固定资产财务管理工作；承担本部门职责范围内风险管理、信息管税、数据管理及特殊事项专业化应对等工作。

7.征管和科技发展处

组织落实综合性税收征管法律、法规、部门规章及规范性文件，拟订具体操作办法；研究制定税收征管规程；牵头负责委托代征管理工作；组织协调综合治税工作；组织税务登记、纳税申报、催报催缴管理、税控器具推广应用等工作；统筹协调税收状况监控分析，承办征管质量考核工作；组织实施个体和集贸市场的税收管理工作；承担信息化建设规划、制度建设；承担项目立项、需求论证和项目验收；承担本部门职责范围内风险管理、信息管税、数据管理及特殊事项专业化应对等工作。

8.数据管理处（税收风险监控局与其合署）

制定涉税数据管理办法；涉税数据的日常管理、应用和运行维护；承担数据标准化和质量管理，涉税数据信息的采集、交换、专项应用分析和查询服务等工作；承担对涉税信息应用状况的测评和跟踪反馈工作；承担风险管理、风险应对管理、牵头负责风险指标和风险识别模型的建设；牵头负责第三方数据管理工作；负责实施外部门数据交换协调工作；牵头负责纳税人基础信息推送的发起、纳税人确认信息的校验审核；承担数据加工、数据整备、风险归集、风险识别、风险等级排序、风险推送和结果评价等工作；受理税务违法案件的举报、转办工作；组织实施定点联系企业的税收管理工作，承担大企业管理工作。

9.督察内审处

组织实施税收法律法规、规章及规范性文件执行情况的监督检查；承担地税系统税收执法检查工作；组织开展财务、基建、大宗物品采购审计和领导干部经济责任审计；配合开展巡视检查工作。统一履行税收收入质量检查、风险应对复审及相关质量检查等属于税收执法责任制内容的执法监督检查考核职能；负责牵头组织实施对其他执法监督类检查考核。

10.综合处

收集分析经济社会发展、税制改革与国内外税收管理信息动态，为领导决策提供资信支撑；综合分析研究全市经济税收工作，为领导提供决策支持；统筹地税系统发展规划及综合改革；统筹全市地税系统绩效管理和思想政治规划工作；承办局领导交办的其他工作任务。

11.人事处

拟订人事制度及人才队伍建设规划并组织实施；承担本系统机构编制、人事管理、劳动工资等工作；按照干部管理权限，承担机关、直属单位和系统有关干部管理工作；承担本系统各级领导班子建设工作；承办本系统工作人员出国（境）审查工作；组织开展巡视检查工作；组织实施本系统精神文明建设、税务文化建设；组织开展本系统先进集体、先进个人的评选表彰和基层队伍建设等工作；拟订人员培训、学历教育管理工作规划并组织实施；指导、检查地税系统教育培训。

12.监察室

承担本系统党的纪律检查和行政监察工作；承担本系统党风廉政建设工作；组织查处地税机关和工作人员违法违纪案件，办理有关人民来信来访；承担执法监察和行风建设工作。

党组纪检组与监察室合署办公。

13.机关党委

承担所辖党组织的管理和党员的教育管理工作；承担市局机关思想政治工作、精神文明建设和机关干部教育培训工作；承担系统和市局机关作风建设工作；承担系统工会、系统妇委会、机关团委、关工委等群团组织工作。

14.离退休干部处（与人事处合署）

承担本系统离退休干部的管理、服务工作。

二、直属事业单位及职能

1.电子税务管理中心

负责项目建设资金管理；建设项目招投标、应用软件的开发和运维工作，配合软件推广；参与项目立项、需求论证和项目验收；承担主机、网络、安全设备、机房等系统建设与维护工作；承担系统安全管理控制、网络安全、数据存储安全及防病毒工作；提供软硬件设备采购与调拨的指导意见；承担机关计算机设备维护和代维管理工作。负责全系统计算机类设备的采购、更新、报废及处置工作；负责审核各单位报送的计算机类固定资产购置计划和报废、处置申请；负责实施计算机类设备政府采购工作；负责对计算机类设备资产购置、变更、报废与处置情况进行资产信息的登记、维护管理；负责对系统计算机类固定资产实物实施日常管理工作。

2.干部培训学校

承担全系统干部职工初任培训和各类专业培训、更新知识、提高工作能力的在职培训的实施工作；承担系统兼职教师管理工作；承担本单位的内部经费、资产管理、后勤服务等行政事务。

3.机关后勤服务中心

承担全系统基本建设、固定资产实物、着装和接待服务管理工作；承担系统车辆、食堂、物业管理和物资保障工作；承担系统政府采购（除计算机类设备外）管理工作；承担机关办公用品、接待服务管理工作。

4.档案管理中心

承担全系统税收纸质和电子档案管理职能，负责全系统档案管理规划及制度体系建设；负责对全系统进行档案管理业务指导，组织开展档案法律法规宣传教育及档案业务培训；接受上级税务机关和地方同级档案行政管理机关档案管理工作的指导与监督。负责接收、保管全系统各门类档案；负责系统综合档案库的日常管理工作，做好库房“八防”，维护档案安全；负责系统综合档案库库存档案的数字化工作；提供系统综合档案库的查询、借阅服务，做好档案保密工作；组织系统综合档案库库存档案的鉴定及销毁工作；按地方同级档案行政管理机关要求做好档案移交工作；做好库存档案的开发与利用工作；负责机关档案管理工作。

三、直属行政机构及职能

1.江苏省南京地方税务局稽查局（副局级建制）

指导、协调和管理全市地方税务稽查工作；组织落实税务稽查法律、法规、规章及规范性文件，拟订具体实施办法；组织监督检查全市地方税务系统征管对象执行地方税收法规、政策及制度情况；负责全市稽查风险管理计划的汇总及编制工作；组织全市稽查高风险任务的应对，承担全市范围内一定规模以上税源户及上级督办、交办案件等其他案件的查处；组织全市地方税收专项检查、分级分类稽查、区域性地方税收专项整治工作；承担案件的转办、查办工作；负责市局稽查局第一、二、三分局一定税额标准案件的审理工作；协调公安、检察、审判等机关处理税务稽查有关工作；承担本部门职责范围内信息管税、数据管理及特殊事项专业化应对等工作。

（1）江苏省南京地方税务局稽查局第一分局

负责监督检查指定的高新、化工园区、鼓楼区范围内征管对象（除由市局稽查局管辖的对象外）的执行地方税收法规、政策及制度情况；负责编制本区域税收风险管理计划；负责承担税收专项检查、分级分类稽查、区域性地方税收专项整治等各项工作任务；负责管辖范围内的高风险应对以及上级督办、交办案件的查处；承担本区域内案件的转办工作；承担本部门职责范围内信息管税、数据管理等工作；承担交办的其他稽查工作。

（2）江苏省南京地方税务局稽查局第二分局

负责监督检查指定的玄武、栖霞区范围内征管对象（除由市局稽查局管辖的对象外）的执行地方税收法规、政策及制度情况；负责编制本区域税收风险管理计划；负责承担税收专项检查、分级分类稽查、区域性地方税收专项整治等各项工作任务；负责管辖范围内的高风险应对以及上级督办、交办案件的查处；承担本区域内案件的转办工作；承担本部门职责范围内信息管税、数据管理等工作；承担交办的其他稽查工作。

（3）江苏省南京地方税务局稽查局第三分局

负责监督检查指定的秦淮、建邺、雨花区范围内征管对象（除由市局稽查局管辖的对象外）的执行地方税收法规、政策及制度情况；负责编制本区域税收风险管理计划；负责承担税收专项检查、分级分类稽查、区域性地方税收专项整治等各项工作任务；负责管辖范围内的高风险应对以及上级督办、交办案件的查处；承担本区域内案件的转办工作；承担本部门职责范围内信息管税、数据管理等工作；承担交办的其他稽查工作。

2.江苏省南京地方税务局征收税务局（纳税服务局）

组织、协调和指导本系统各部门、各税种、各环节的纳税服务工作；组织实施纳税服务体系建设；组织全局纳税服务的规划、制度建设、组织管理和考核评价工作；拟订并组织实施面向纳税人的纳税服务工作规范和操作流程；管理纳税服务平台；组织实施面向纳税人的税法宣传、辅导咨询、办税服务、权益保护和税收法律救济（不含行政复议和行政诉讼）、社会协作等工作；承担市局外部网站、专版专栏宣传工作；组织实施纳税信用体系建设；受理纳税人有关纳税服务的投诉，指导税收争议的调解；负责注册税务师管理；承担全系统网上办税推广应用、办税厅同城通办实施工作；承担系统办税服务厅涉税业务事项的协调管理工作。

承担江南六区税种（基金、费）认定、税款（基金、费）的征收工作；承担税务登记、纳税申报、涉税审批等涉税事项的受理和办理工作；承担初次纳税鉴定、在纳税服务环节涉及的简易处罚工作；承担存量房、租赁房的税收征管工作；承担房产交易中涉及自然人税收情况的调查核实工作；承担本部门职责范围内风险管理、信息管税、数据管理及特殊事项专业化应对等工作。

3.南京市江宁、浦口、六合、溧水、高淳地方税务局

贯彻执行税收法律、法规、规章和规范性文件；承担辖区范围内纳税人的地方税收、基金、费的征收管理和相关涉税事项的管理工作；管理税收票证；组织实施纳税服务工作；承担辖区税源管理工作，编制、分配和下达税收计划并组织实施，承担税收会计、统计核算工作；承担税收稽查工作（除A级纳税人外），负责税务违法案件的查处；承担辖区范围内的税收风险管理工作；承担协税护

税的相关工作任务。

四、派出机构及职能

南京市高新技术产业开发区、玄武、秦淮、建邺、鼓楼、雨花台、栖霞、化学工业园区地方税务局

贯彻执行税收法律、法规、规章和规范性文件；承担辖区范围内纳税人的地方税收、基金、费的管理工作；承担纳税服务机构和风险评估部门推送的有关涉税事项的调查、确认和处理以及中等风险任务的应对工作；组织实施纳税服务工作；承担辖区税源管理工作，编制、分配和下达税收计划并组织实施；承担协税护税的相关工作任务。

（徐　伟）

各项收入概况

概　述　2016年，市地税局共组织各项收入1345.25亿元，同比增长5.03%。其中税收收入830.52亿元，同比增长4.47%；社会保险费收入450.53亿元，同比增长6.60%；其他非税收入64.20亿元，同比增长1.48%。1. 各级次收入完成情况。税收收入中，中央级税收189.43亿元，同比增长23.41%；省级税收38.13亿元，同比下降16.53%；市县级一般公共预算收入567.19亿元，同比下降3.38%，剔除"营改增"因素，同比增长24.39%。2. 主要税种收入完成情况。营业税入库224.40亿元，同比下降18.03%；个人所得税入库193.16亿元，同比增长15.89%，剔除营业税，个人所得税占市地税局总税收的比重为31.87%，后"营改增"时期第一税种的地位基本确立；企业所得税入库114.20亿元，同比增长29.46%；土地增值税入库95.42亿元，同比增长51.22%，增幅位居各税种首位；城建税入库87.09亿元，同比增长8.62%；房产税和城镇土地使用税分别入库33.39亿元和17.02亿元，同比分别增长7.76%和1.40%。3. 非税收入完成情况。教育费附加完成35.52亿元，同比增长2.33%，文化事业费完成0.05亿元，同比下降62.85%；地方教育附加费完成23.68亿元，同比增长2.23%；其他非税收入完成4.96亿元，同比下降5.77%。

（张　震）

税 源 概 况

概　述　截至2016年年末，市地税局在册登记户579005户，比2015年增加80918户，增幅16.25%。从登记注册类型来看，内资企业有318204户，占比54.96%；外商独资及合资企业有6049户，占比1.04%；非企业单位有6766户，占比1.17%；个体有247878户，占比42.81%。从行业来看，批发和零售业、租赁和商务服务业、制造业、住宿餐饮业、建筑业所占比重较大，户数分别是279312户、66470户、39560户、32445户、30574户，占比分别是48.24%、11.48%、6.83%、5.60%、5.28%。从税户状态来看，正常户有544746户，占比94.08%，非正常户有34259户，占比5.92%。从税户分布来看，江宁局、秦淮局、鼓楼局、栖霞局、玄武局税户总量较大，税户分别是109267户，80489户，76850户，52992户和43078户，占比分别是18.86%，13.89%，13.26%，9.15%，7.43%。

（刘　伟）

【责任编辑　楚天佑】

南京区域收入完成情况表——税种、级次（含省直属局）

表3　（2016年12月）　金额单位：万元

税种＼时期	月度累计					年度累计				
	本年	上年	同比±额	同比±（%）	占税收收入比重（%）	本年	上年	同比±额	同比±（%）	占税收收入比重（%）
各项收入总计	1073186	1508020	-434834	-28.83	—	16008685	15599142	409543	2.63	—
一、税收收入	444841	820534	-375693	-45.79	—	9296118	9280835	15283	0.16	—
（一）分级次完成情况	—	—	—	—	—	—	—	—	—	—
省直属	34819	94779	-59960	-63.26	7.83	990956	1331283	-340327	-25.56	10.66
中央级	87328	108104	-20776	-19.22	19.63	1894324	1535039	359285	23.41	20.38
省级	-126	10898	-11024	-101.16	-0.03	381250	456767	-75517	-16.53	4.10
市县级	322820	606753	-283933	-46.80	72.57	6029588	5957746	71842	1.21	64.86
（二）分税种完成情况	—	—	—	—	—	—	—	—	—	—
增值税	4533	0	4533	0.00	1.02	68972	0	68972	0.00	0.74
营业税	6234	331547	-325313	-98.12	1.40	2488067	3346258	-858191	-25.65	26.76
企业所得税	16091	46839	-30748	-65.65	3.62	1491970	1238564	253406	20.46	16.05
个人所得税	151343	162493	-11150	-6.86	34.02	2242519	1951569	290950	14.91	24.12
资源税	481	3059	-2578	-84.28	0.11	4627	8886	-4259	-47.93	0.05
城市维护建设税	134243	77982	56261	72.15	30.18	920717	849729	70988	8.35	9.90
房产税	8308	25157	-16849	-66.98	1.87	356243	327654	28589	8.73	3.83
印花税	12819	15969	-3150	-19.73	2.88	154963	137973	16990	12.31	1.67
城镇土地使用税	1615	2422	-807	-33.32	0.36	172572	169806	2766	1.63	1.86
土地增值税	20613	107510	-86897	-80.83	4.63	954830	631550	323280	51.19	10.27
车船税	4319	3493	826	23.65	0.97	68604	60067	8537	14.21	0.74
契税	82266	38503	43763	113.66	18.49	358318	524665	-166347	-31.71	3.85
耕地占用税	1976	5560	-3584	-64.46	0.44	13716	34114	-20398	-59.79	0.15
其他税收	0	0	0	0.00	0.00	0	0	0	0.00	0.00
（三）一般公共预算收入完成情况	—	—	—	—	—	—	—	—	—	—
省直属	16160	77204	-61044	-79.07	—	595106	946212	-351106	-37.11	—
市县级	315607	600571	-284964	-47.45	—	5671932	5870483	-198551	-3.38	—
市本级	67977	82336	-14359	-17.44	—	764317	724327	39990	5.52	—
区县级	247630	518236	-270605	-52.22	—	4907616	5146156	-238541	-4.64	—
二、社会保险基金收入	559845	620513	-60668	-9.78	—	6028947	5642428	386519	6.85	—
三、非税收入	68500	66973	1527	2.28	—	683620	675879	7741	1.15	—
教育费附加	36907	33948	2959	8.72	—	376454	367593	8861	2.41	—
地方教育附加	24499	22622	1877	8.30	—	250954	245290	5664	2.31	—
文化事业建设费	4	115	-111	-96.52	—	504	1357	-853	-62.86	—
其他非税收入	7090	10288	-3198	-31.08	—	55708	61639	-5931	-9.62	—

收入完成情况表——税种、级次

表4

（2016年12月）

金额单位：万元

时期 税种	月度累计					年度累计				
	本 年	上 年	同比±额	同比±(%)	占税收收入比重(%)	本 年	上 年	同比±额	同比±(%)	占税收收入比重(%)
各项收入总计	901724	1278385	-376661	-29.46	—	13452454	12808488	643966	5.03	—
一、税收收入	410022	725755	-315733	-43.50	—	8305162	7949552	355610	4.47	—
（一）分级次完成情况	—	—	—	—	—	—	—	—	—	—
中央级	87328	108104	-20776	-19.22	21.30	1894324	1535039	359285	23.41	22.81
省级	-126	10898	-11024	-101.16	-0.03	381250	456767	-75517	-16.53	4.59
市县级	322820	606753	-283933	-46.80	78.73	6029588	5957746	71842	1.21	72.60
（二）分税种完成情况	—	—	—	—	—	—	—	—	—	—
增值税	4533	0	4533	0	1.11	68972	0	68972	0	0.83
营业税	4164	269970	-265806	-98.46	1.02	2243956	2737580	-493624	-18.03	27.02
企业所得税	9659	39543	-29884	-75.57	2.36	1141965	882071	259894	29.46	13.75
个人所得税	128402	140497	-12095	-8.61	31.32	1931646	1666860	264786	15.89	23.26
资源税	481	3059	-2578	-84.28	0.12	4627	8886	-4259	-47.93	0.06
城市维护建设税	131832	75480	56352	74.66	32.15	870906	801809	69097	8.62	10.49
房产税	8255	25025	-16770	-67.01	2.01	333899	309857	24042	7.76	4.02
印花税	11954	14762	-2808	-19.02	2.92	144133	124781	19352	15.51	1.74
城镇土地使用税	1609	2393	-784	-32.76	0.39	170244	167889	2355	1.40	2.05
土地增值税	20572	107470	-86898	-80.86	5.02	954176	630974	323202	51.22	11.49
车船税	4319	3493	826	23.65	1.05	68604	60066	8538	14.21	0.83
契税	82266	38503	43763	113.66	20.06	358318	524665	-166347	-31.71	4.31
耕地占用税	1976	5560	-3584	-64.46	0.48	13716	34114	-20398	-59.79	0.17
其他税收	0	0	0	0.00	0.00	0	0	0	0.00	0.00
（三）一般公共预算收入完成情况	—	—	—	—	—	—	—	—	—	—
市县级	315607	600571	-284964	-47.45	—	5671932	5870483	-198551	-3.38	—
市本级	67977	82336	-14359	-17.44	—	764317	724327	39990	5.52	—
区县级	247630	518236	-270605	-52.22	—	4907616	5146156	-238541	-4.64	—
二、社会保险基金收入	425058	488519	-63461	-12.99	—	4505321	4226342	278979	6.60	—
三、非税收入	66644	64111	2533	3.95	—	641971	632594	9377	1.48	—
教育费附加	35893	32876	3017	9.18	—	355159	347056	8103	2.33	—
地方教育附加	23823	21908	1915	8.74	—	236759	231599	5160	2.23	—
文化事业建设费	4	114	-110	-96.49	—	503	1354	-851	-62.85	—
其他非税收入	6924	9213	-2289	-24.85	—	49550	52585	-3035	-5.77	—

财政、国税、地税收入完成情况表

表5　（2016年12月）　金额单位:万元

（一）市县级一般公共预算收入

	本年			上年		
	实绩	增幅（%）	比重	实绩	增幅（%）	比重
全市	11426007	12.0	100.0	10200310	12.9	100.0
财政	1857426	2.6	16.3	1811225	24.2	17.8
国税	3896649	54.7	34.1	2518602	10.1	24.7
地税	5671932	-3.4	49.6	5870483	11.0	57.6

（二）市本级一般公共预算收入

	本年			上年		
	实绩	增幅（%）	比重	实绩	增幅（%）	比重
全市	1611792	12.9	100.0	1427511	6.5	100.0
财政	813904	22.8	50.5	662655	16.6	46.4
国税	33571	-17.2	2.1	40529	-20.9	2.8
地税	764317	5.5	47.4	724327	0.5	50.7

（三）区县级一般公共预算收入

	本年			上年		
	实绩	增幅（%）	比重	实绩	增幅（%）	比重
全市	9814215	11.9	100.0	8772799	14.0	100.0
财政	1043522	-9.1	10.6	1148570	29.1	13.1
国税	3863078	55.9	39.4	2478073	10.9	28.2
地税	4907615	-4.6	50.0	5146156	12.6	58.7

税收收入完成情况表——地区、级次

（2016年12月）

表6 金额单位：万元

单位名称	合计			中央级			省级			市县级		
	本年	上年	同比±（%）	本年	上年	同比±（%）	本年	上年	同比±（%）	本年	上年	同比±（%）
全市总计	8305162	7949552	4.47	1894324	1535039	23.41	381250	456767	-16.53	6029587	5957746	1.21
城郊区小计	5363916	4889413	9.70	1260745	954764	32.05	340525	377727	-9.85	3762646	3556922	5.78
玄武	590403	577536	2.23	153798	116281	32.26	85108	125471	-32.17	351497	335785	4.68
秦淮	738970	727450	1.58	187829	166042	13.12	135559	125923	7.65	415582	435486	-4.57
建邺	889143	745792	19.22	146698	111307	31.80	6256	9442	-33.75	736190	625044	17.78
鼓楼	808523	842241	-4.00	256406	200195	28.08	67947	91054	-25.38	484170	550992	-12.13
化工园	356979	286976	24.39	59188	43496	36.08	30198	8350	261.64	267593	235130	13.81
栖霞	895550	757871	18.17	173083	128416	34.78	6356	11908	-46.63	716111	617547	15.96
其中：栖霞	420912	367190	14.63	86816	60019	44.65	3650	2974	22.71	330447	304196	8.63
新港	474638	390681	21.49	86268	68397	26.13	2706	8934	-69.71	385664	313351	23.08
雨花	727896	606003	20.11	221045	145499	51.92	7161	4510	58.76	499690	455993	9.58
高新	356452	345544	3.16	62697	43529	44.04	1942	1069	81.60	291813	300946	-3.03
契税所	149158	314235	-52.53	0	0	0.00	0	0	0.00	149158	314235	-52.53
五区小计	2792087	2745904	1.68	633579	580275	9.19	40725	79040	-48.48	2117783	2086589	1.49
江宁	1369985	1377566	-0.55	293794	243862	20.48	17359	39144	-55.65	1058832	1094560	-3.26
浦口	520845	349930	48.84	75735	45185	67.61	7235	11577	-37.50	437874	293168	49.36
六合	218826	236826	-7.60	31916	37366	-14.59	5484	9917	-44.70	181426	189543	-4.28
溧水	469404	438805	6.97	172676	116811	47.82	5444	8975	-39.34	291285	313020	-6.94
高淳	213027	342776	-37.85	59459	137051	-56.62	5203	9427	-44.81	148365	196299	-24.42

税收收入完成情况表——地区

（2016年12月）

表7　　金额单位：万元

单位名称	月度累计					年度累计				
	本年	上年	同比±额	同比±（%）	比重（%）	本年	上年	同比±额	同比±（%）	比重（%）
全市总计	410024	725753	−315729	−43.50	—	8305162	7949552	355610	4.47	—
城郊区小计	312166	440448	−128282	−29.13	76.13	5363916	4889413	474503	9.70	64.59
玄武	23354	53264	−29910	−56.15	5.70	590403	577536	12867	2.23	7.11
秦淮	42190	62928	−20738	−32.95	10.29	738970	727450	11520	1.58	8.90
建邺	126184	47747	78437	164.28	30.77	889143	745792	143351	19.22	10.71
鼓楼	38698	122789	−84090	−68.48	9.44	808523	842241	−33718	−4.00	9.74
化工园	11440	15784	−4344	−27.52	2.79	356979	286976	70003	24.39	4.30
栖霞	36647	43123	−6477	−15.02	8.94	895550	757871	137679	18.17	10.78
其中：栖霞	19398	19164	234	1.22	4.73	420912	367190	53722	14.63	5.07
新港	17249	23960	−6711	−28.01	4.21	474638	390681	83957	21.49	5.71
雨花	13861	59021	−45160	−76.52	3.38	727896	606003	121893	20.11	8.76
高新	19793	35792	−15999	−44.70	4.83	356452	345544	10908	3.16	4.29
契税所	4407	22999	−18592	−80.84	1.07	149158	314235	−165077	−52.53	1.80
五区小计	93450	262306	−168856	−64.37	22.79	2792087	2745904	46183	1.68	33.62
江宁	51469	110606	−59137	−53.47	12.55	1369985	1377566	−7581	−0.55	16.50
浦口	7301	22922	−15621	−68.15	1.78	520845	349930	170915	48.84	6.27
六合	6154	17777	−11623	−65.38	1.50	218826	236826	−18000	−7.60	2.63
溧水	21544	88818	−67274	−75.74	5.25	469404	438805	30599	6.97	5.65
高淳	6982	22183	−15201	−68.53	1.70	213027	342776	−129749	−37.85	2.56

中央级税收收入完成情况表——地区

（2016年12月）

表8　　金额单位：万元

单位名称	月度累计					年度累计				
	本年	上年	同比±额	同比±(%)	比重(%)	本年	上年	同比±额	同比±(%)	比重(%)
全市总计	87330	108105	-20775	-19.22	—	1894324	1535039	359285	23.41	—
城郊区小计	65576	65909	-333	-0.51	75.09	1260745	954764	305981	32.05	66.55
玄武	6565	8002	-1438	-17.97	7.52	153798	116281	37518	32.26	8.12
秦淮	18311	12883	5428	42.13	20.97	187829	166042	21787	13.12	9.92
建邺	4144	3056	1088	35.62	4.75	146698	111307	35391	31.80	7.74
鼓楼	15577	22715	-7138	-31.42	17.84	256406	200195	56211	28.08	13.54
化工园	2404	2563	-159	-6.20	2.75	59188	43496	15693	36.08	3.12
栖霞	6975	5673	1302	22.96	7.99	173083	128416	44667	34.78	9.14
其中：栖霞	3722	2713	1009	37.19	4.26	86816	60019	26797	44.65	4.58
新港	3253	2960	293	9.91	3.73	86268	68397	17871	26.13	4.55
雨花	7428	8009	-581	-7.25	8.51	221045	145499	75545	51.92	11.67
高新	4172	3008	1163	38.67	4.78	62697	43529	19168	44.04	3.31
契税所	0	0	0	0.00	0.00	0	0	0	0.00	0.00
五区小计	21754	42196	-20442	-48.45	24.91	633579	580275	53304	9.19	33.45
江宁	11161	11763	-602	-5.12	12.78	293794	243862	49931	20.48	15.51
浦口	2911	1079	1831	169.67	3.33	75735	45185	30550	67.61	4.00
六合	1221	1154	67	5.82	1.40	31916	37366	-5450	-14.59	1.68
溧水	3977	21366	-17388	-81.38	4.55	172676	116811	55864	47.82	9.12
高淳	2483	6833	-4350	-63.66	2.84	59459	137051	-77591	-56.62	3.14

表9

省级税收收入完成情况表——地区

（2016年12月）

金额单位：万元

单位名称	月度累计					年度累计				
	本年	上年	同比±额	同比±(%)	比重(%)	本年	上年	同比±额	同比±(%)	比重(%)
全市总计	-126	10898	-11024	-101.16	—	381250	456767	-75517	-16.53	—
城郊区小计	10	7216	-7206	-99.86	-8.11	340525	377727	-37202	-9.85	89.32
玄武	11	2276	-2265	-99.50	-9.10	85108	125471	-40363	-32.17	22.32
秦淮	0	1228	-1228	-100.00	0.00	135559	125923	9636	7.65	35.56
建邺	-4	1050	-1054	-100.38	3.14	6256	9442	-3186	-33.75	1.64
鼓楼	-1	893	-894	-100.13	0.95	67947	91054	-23107	-25.38	17.82
化工园	0	358	-358	-100.00	0.00	30198	8350	21848	261.64	7.92
栖霞	0	487	-487	-100.00	0.00	6356	11908	-5552	-46.63	1.67
其中：栖霞	0	156	-156	-100.00	0.00	3650	2974	676	22.71	0.96
新港	0	331	-331	-100.00	0.00	2706	8934	-6228	-69.71	0.71
雨花	0	589	-589	-100.00	0.00	7161	4510	2650	58.76	1.88
高新	4	334	-330	-98.83	-3.09	1942	1069	873	81.60	0.51
契税所	0	0	0	0	0.00	0	0	0	0	0.00
五区小计	-136	3682	-3818	-103.70	108.11	40725	79040	-38315	-48.48	10.68
江宁	29	2332	-2303	-98.75	-23.16	17359	39144	-21785	-55.65	4.55
浦口	0	220	-220	-100.00	0.00	7235	11577	-4342	-37.50	1.90
六合	0	1080	-1080	-100.00	0.00	5484	9917	-4433	-44.70	1.44
溧水	-165	18	-184	-1001.93	131.27	5444	8975	-3531	-39.34	1.43
高淳	0	32	-32	-100.00	0.00	5203	9427	-4224	-44.81	1.36

市县级税收收入完成情况表——地区

表10　（2016年12月）　金额单位：万元

单位名称	月度累计					年度累计				
	本年	上年	同比±额	同比±（%）	比重（%）	本年	上年	同比±额	同比±（%）	比重（%）
全市总计	322820	606750	-283930	-46.80	—	6029587	5957746	71841	1.21	—
城郊区小计	246580	367323	-120743	-32.87	76.38	3762646	3556922	205724	5.78	62.40
玄武	16778	42985	-26208	-60.97	5.20	351497	335785	15712	4.68	5.83
秦淮	23879	48817	-24938	-51.08	7.40	415582	435486	-19903	-4.57	6.89
建邺	122044	43641	78403	179.66	37.81	736190	625044	111146	17.78	12.21
鼓楼	23122	99180	-76058	-76.69	7.16	484170	550992	-66822	-12.13	8.03
化工园	9036	12863	-3827	-29.75	2.80	267593	235130	32463	13.81	4.44
栖霞	29671	36964	-7293	-19.73	9.19	716111	617547	98564	15.96	11.88
其中：栖霞	15676	16295	-619	-3.80	4.86	330447	304196	26250	8.63	5.48
新港	13995	20669	-6674	-32.29	4.34	385664	313351	72314	23.08	6.40
雨花	6433	50423	-43990	-87.24	1.99	499690	455993	43697	9.58	8.29
高新	15617	32450	-16833	-51.87	4.84	291813	300946	-9133	-3.03	4.84
契税所	4407	22999	-18592	-80.84	1.37	149158	314235	-165077	-52.53	2.47
五区小计	71833	216428	-144596	-66.81	22.25	2117783	2086589	31194	1.49	35.12
江宁	40278	96511	-56233	-58.27	12.48	1058832	1094560	-35728	-3.26	17.56
浦口	4390	21622	-17232	-79.70	1.36	437874	293168	144706	49.36	7.26
六合	4933	15542	-10609	-68.26	1.53	181426	189543	-8116	-4.28	3.01
溧水	17732	67434	-49702	-73.70	5.49	291285	313020	-21734	-6.94	4.83
高淳	4499	15319	-10820	-70.63	1.39	148365	196299	-47933	-24.42	2.46

一般公共预算收入完成情况表——地区、级次

（2016年12月）

表11　　金额单位：万元

单位名称	市县级			市本级			区县级		
	本年	上年	同比±(%)	本年	上年	同比±(%)	本年	上年	同比±(%)
全市	5671932	5870483	-3.38	764317	724327	5.52	4907616	5146156	-4.64
城郊区小计	3538262	3469659	1.98	615159	410092	50.01	2923103	3059567	-4.46
玄武	332107	335785	-1.10	75188	53523	40.48	256919	282261	-8.98
秦淮	404080	435486	-7.21	92419	50975	81.30	311661	384511	-18.95
建邺	711605	625044	13.85	195546	122080	60.18	516059	502963	2.60
鼓楼	480733	550992	-12.75	94725	77884	21.62	386008	473108	-18.41
化工园	228038	207672	9.81	0	0	0.00	228038	207672	9.81
栖霞	629925	557742	12.94	70256	49271	42.59	559669	508471	10.07
其中：栖霞	312575	304196	2.75	70256	49271	42.59	242319	254926	-4.95
新港	317350	253546	25.17	0	0	0.00	317350	253546	25.17
雨花	474670	455993	4.10	87025	56359	54.41	387645	399635	-3.00
高新	277104	300946	-7.92	0	0	0.00	277104	300946	-7.92
契税所	149158	314235	-52.53	149158	314235	-52.53	0	0	0.00
五区小计	1984512	2086589	-4.89	—	—	—	1984512	2086589	-4.89
江宁	1001907	1094560	-8.46	—	—	—	1001907	1094560	-8.46
浦口	407416	293168	38.97	—	—	—	407416	293168	38.97
六合	159333	189543	-15.94	—	—	—	159333	189543	-15.94
溧水	280351	313020	-10.44	—	—	—	280351	313020	-10.44
高淳	135504	196299	-30.97	—	—	—	135504	196299	-30.97

市县级一般公共预算收入完成情况表——地区

表12

（2016年12月）

金额单位：万元

单位名称	月度累计					年度累计				
	本年	上年	同比±额	同比±（%）	比重（%）	本年	上年	同比±额	同比±（%）	比重（%）
全市	315607	600571	-284964	-47.45	—	5671932	5870483	-198551	-3.38	—
城郊区小计	239367	361144	-121777	-33.72	75.84	3538262	3469659	68603	1.98	62.38
玄武	16778	42985	-26208	-60.97	5.32	332107	335785	-3678	-1.10	5.86
秦淮	23879	48817	-24938	-51.08	7.57	404080	435486	-31405	-7.21	7.12
建邺	122044	43641	78403	179.66	38.67	711605	625044	86561	13.85	12.55
鼓楼	23122	99180	-76058	-76.69	7.33	480733	550992	-70259	-12.75	8.48
化工园	6139	11060	-4921	-44.50	1.95	228038	207672	20366	9.81	4.02
栖霞	25355	32588	-7233	-22.19	8.03	629925	557742	72183	12.94	11.11
其中：栖霞	15676	16295	-619	-3.80	4.97	312575	304196	8378	2.75	5.51
新港	9679	16293	-6614	-40.59	3.07	317350	253546	63805	25.17	5.60
雨花	6433	50423	-43990	-87.24	2.04	474670	455993	18677	4.10	8.37
高新	15617	32450	-16833	-51.87	4.95	277104	300946	-23842	-7.92	4.89
契税所	4407	22999	-18592	-80.84	1.40	149158	314235	-165077	-52.53	2.63
五区小计	71833	216428	-144596	-66.81	22.76	1984512	2086589	-102077	-4.89	34.99
江宁	40278	96511	-56233	-58.27	12.76	1001907	1094560	-92653	-8.46	17.66
浦口	4390	21622	-17232	-79.70	1.39	407416	293168	114248	38.97	7.18
六合	4933	15542	-10609	-68.26	1.56	159333	189543	-30209	-15.94	2.81
溧水	17732	67434	-49702	-73.70	5.62	280351	313020	-32668	-10.44	4.94
高淳	4499	15319	-10820	-70.63	1.43	135504	196299	-60794	-30.97	2.39

市本级一般公共预算收入完成情况表——地区

（2016年12月）

表13 金额单位：万元

单位名称	月度累计					年度累计				
	本年	上年	同比±额	同比±（%）	比重（%）	本年	上年	同比±额	同比±（%）	比重（%）
全市	67977	82336	-14359	-17.44	—	764317	724327	39990	5.52	—
城郊区小计	63569	59337	4233	7.13	93.52	615159	410092	205067	50.01	80.48
玄武	8290	10723	-2433	-22.69	12.20	75188	53523	21665	40.48	9.84
秦淮	3583	4865	-1283	-26.36	5.27	92419	50975	41444	81.30	12.09
建邺	45033	10280	34753	338.05	66.25	195546	122080	73466	60.18	25.58
鼓楼	1276	19183	-17907	-93.35	1.88	94725	77884	16841	21.62	12.39
化工园	0	0	0	0.00	0.00	0	0	0	0.00	0.00
栖霞	10309	1771	8539	482.23	15.17	70256	49271	20985	42.59	9.19
其中：栖霞	10309	1771	8539	482.24	15.17	70256	49271	20985	42.59	9.19
新港	0	0	0	0.00	0.00	0	0	0	0.00	0.00
雨花	-4922	12514	-17436	-139.33	-7.24	87025	56359	30667	54.41	11.39
高新	0	0	0	0.00	0.00	0	0	0	0.00	0.00
契税所	4407	22999	-18592	-80.84	6.48	149158	314235	-165077	-52.53	19.52
五区小计	—	—	—	—	—	—	—	—	—	—
江宁	—	—	—	—	—	—	—	—	—	—
浦口	—	—	—	—	—	—	—	—	—	—
六合	—	—	—	—	—	—	—	—	—	—
溧水	—	—	—	—	—	—	—	—	—	—
高淳	—	—	—	—	—	—	—	—	—	—

区县级一般公共预算收入完成情况表——地区

表14

（2016年12月）

金额单位：万元

单位名称	月度累计					年度累计				
	本年	上年	同比±额	同比±（%）	比重（%）	本年	上年	同比±额	同比±（%）	比重（%）
全市	247630	518236	-270605	-52.22	—	4907616	5146156	-238541	-4.64	—
城郊区小计	175798	301807	-126009	-41.75	70.99	2923103	3059567	-136464	-4.46	59.56
玄武	8487	32262	-23774	-73.69	3.43	256919	282261	-25343	-8.98	5.24
秦淮	20296	43952	-23655	-53.82	8.20	311661	384511	-72849	-18.95	6.35
建邺	77011	33360	43650	130.85	31.10	516059	502963	13096	2.60	10.52
鼓楼	21846	79997	-58151	-72.69	8.82	386008	473108	-87100	-18.41	7.87
化工园	6139	11060	-4921	-44.50	2.48	228038	207672	20366	9.81	4.65
栖霞	15046	30817	-15771	-51.18	6.08	559669	508471	51198	10.07	11.40
其中：栖霞	5367	14524	-9157	-63.05	2.17	242319	254926	-12607	-4.95	4.94
新港	9679	16293	-6614	-40.59	3.91	317350	253546	63805	25.17	6.47
雨花	11355	37909	-26555	-70.05	4.59	387645	399635	-11990	-3.00	7.90
高新	15617	32450	-16833	-51.87	6.31	277104	300946	-23842	-7.92	5.65
契税所	0	0	0	0.00	0.00	0	0	0	0.00	0.00
五区小计	71833	216428	-144596	-66.81	29.01	1984512	2086589	-102077	-4.89	40.44
江宁	40278	96511	-56233	-58.27	16.27	1001907	1094560	-92653	-8.46	20.42
浦口	4390	21622	-17232	-79.70	1.77	407416	293168	114248	38.97	8.30
六合	4933	15542	-10609	-68.26	1.99	159333	189543	-30209	-15.94	3.25
溧水	17732	67434	-49702	-73.70	7.16	280351	313020	-32668	-10.44	5.71
高淳	4499	15319	-10820	-70.63	1.82	135504	196299	-60794	-30.97	2.76

税收收入完成情况表——注册类型

（2016年12月）

表15

金额单位：万元

项目 \ 时期	月度累计					年度累计				
	本年	上年	同比±额	同比±（%）	比重（%）	本年	上年	同比±额	同比±（%）	比重（%）
总计	410022	725755	-315733	-43.50	—	8305162	7949552	355610	4.47	—
（一）国有企业	125980	187663	-61683	-32.87	30.73	1752223	2100672	-348449	-16.59	21.10
其中：营业税	13	55308	-55295	-99.98	—	631996	724697	-92701	-12.79	—
城建税	75045	13877	61168	440.79	—	165783	182928	-17145	-9.37	—
房产税	5099	22123	-17024	-76.95	—	96502	140892	-44390	-31.51	—
个人所得税	34255	29122	5133	17.63	—	450301	359602	90699	25.22	—
（二）集体企业	549	6464	-5915	-91.51	0.13	51749	40584	11165	27.51	0.62
其中：企业所得税	4	41	-37	-90.24	—	8915	8612	303	3.52	—
（三）私营企业	33024	64174	-31150	-48.54	8.05	1040186	911634	128552	14.10	12.52
（四）个体经营	44041	21314	22727	106.63	10.74	311054	151680	159374	105.07	3.75
其中：个人所得税	6650	14573	-7923	-54.37	—	148015	66793	81222	121.60	—
（五）联营企业	25	112	-87	-77.68	0.01	1895	2240	-345	-15.40	0.02
（六）股份公司	134589	373247	-238658	-63.94	32.82	4236455	3915447	321008	8.20	51.01
（七）涉外企业	71619	72489	-870	-1.20	17.47	904799	818818	85981	10.50	10.89
其中：外商投资	34230	46043	-11813	-25.66	8.35	570672	544818	25854	4.75	6.87
港澳台	37389	26446	10943	41.38	9.12	334127	274000	60127	21.94	4.02
个人所得税	18690	15196	3494	22.99	—	232041	204360	27681	13.55	—
营业税	265	29093	-28828	-99.09	—	183328	249160	-65832	-26.42	—
（八）股份合作企业	195	292	-97	-33.22	0.05	6801	8477	-1676	-19.77	0.08
（九）其他企业	0	0	0	0.00	0.00	0	0	0	0.00	0.00

税收收入完成情况表——产业

表16

（2016年12月）

金额单位：万元

项目＼时期	月度累计					年度累计				
	本年	上年	同比±额	同比±（%）	比重（%）	本年	上年	同比±额	同比±（%）	比重（%）
总计	410022	725755	-315733	-43.50	—	8305162	7949552	355610	4.47	—
第一产业	42	23	19	82.61	0.01	1078	291	787	270.45	0.01
第二产业	141825	136131	5694	4.18	34.59	2009315	1981474	27841	1.41	24.19
采矿业	711	3170	-2459	-77.57	0.17	7278	11784	-4506	-38.24	0.09
制造业	125526	63145	62381	98.79	30.61	1018645	973281	45364	4.66	12.27
电力、热力、燃气及水的生产和供应业	3427	4509	-1082	-24.00	0.84	72681	63884	8797	13.77	0.88
建筑业	12161	65307	-53146	-81.38	2.97	910711	932525	-21814	-2.34	10.97
第三产业	268155	589601	-321446	-54.52	65.40	6294769	5967787	326982	5.48	75.79
批发和零售业	32992	23610	9382	39.74	8.05	403867	323431	80436	24.87	4.86
交通运输、仓储和邮政业	4194	-257	4451	-1731.91	1.02	72273	65734	6539	9.95	0.87
住宿和餐饮业	1076	10631	-9555	-89.88	0.26	73879	129405	-55526	-42.91	0.89
信息传输、软件和信息技术服务业	16497	13895	2602	18.73	4.02	271499	203919	67580	33.14	3.27
金融业	13801	45718	-31917	-69.81	3.37	795241	947424	-152183	-16.06	9.58
房地产业	122459	367881	-245422	-66.71	29.87	3454269	3111598	342671	11.01	41.59
租赁和商务服务业	16308	72447	-56139	-77.49	3.98	629604	485603	144001	29.65	7.58
科学研究和技术服务业	8916	7750	1166	15.05	2.17	141283	127238	14045	11.04	1.70
居民服务、修理和其他服务业	10115	24004	-13889	-57.86	2.47	114748	321846	-207098	-64.35	1.38
教育	7867	5252	2615	49.79	1.92	91540	68123	23417	34.37	1.10
卫生和社会工作	3452	2204	1248	56.62	0.84	41463	26300	15163	57.65	0.50
文化、体育和娱乐业	1337	2727	-1390	-50.97	0.33	39751	41779	-2028	-4.85	0.48
公共管理、社会保障和社会组织	26109	11747	14362	122.26	6.37	119488	80008	39480	49.35	1.44
其他行业	3032	1992	1040	52.21	0.74	45864	35379	10485	29.64	0.55

增值税收入完成情况表——地区

（2016年12月）

表17　　金额单位:万元

单位名称	月度累计					年度累计				
	本年	上年	同比±额	同比±(%)	比重(%)	本年	上年	同比±额	同比±(%)	比重(%)
全市总计	4533	0	4533	0.00	—	68972	0	68972	0.00	—
城郊区小计	3761	0	3761	0.00	82.97	42759	0	42759	0.00	62.00
玄武	213	0	213	0.00	4.70	3307	0	3307	0.00	4.79
秦淮	509	0	509	0.00	11.22	3483	0	3483	0.00	5.05
建邺	271	0	271	0.00	5.98	5791	0	5791	0.00	8.40
鼓楼	828	0	828	0.00	18.26	6107	0	6107	0.00	8.85
化工园	22	0	22	0.00	0.49	2137	0	2137	0.00	3.10
栖霞	47	0	47	0.00	1.03	6246	0	6246	0.00	9.06
其中:栖霞	42	0	42	0.00	0.92	6226	0	6226	0.00	9.03
新港	5	0	5	0.00	0.11	20	0	20	0.00	0.03
雨花	120	0	120	0.00	2.64	5419	0	5419	0.00	7.86
高新	1752	0	1752	0.00	38.65	10269	0	10269	0.00	14.89
五区小计	772	0	772	0.00	17.03	26213	0	26213	0.00	38.00
江宁	120	0	120	0.00	2.64	15209	0	15209	0.00	22.05
浦口	21	0	21	0.00	0.47	3573	0	3573	0.00	5.18
六合	10	0	10	0.00	0.22	3250	0	3250	0.00	4.71
溧水	337	0	337	0.00	7.43	3021	0	3021	0.00	4.38
高淳	284	0	284	0.00	6.27	1160	0	1160	0.00	1.68

营业税收入完成情况表——行业

表18

（2016年12月）

金额单位：万元

项目＼时期	月度累计					年度累计				
	本年	上年	同比±额	同比±（%）	比重（%）	本年	上年	同比±额	同比±（%）	比重（%）
各项收入总计	4164	269970	−265806	−98.46	—	2243956	2737580	−493624	−18.03	—
（一）建筑业	-33	47175	-47208	-100.07	-0.79	558391	600875	-42484	-7.07	24.88
（二）交通运输、仓储和邮政业	0	8	-8	-100.00	0.00	30	95	-65	-68.42	0.00
交通运输业	0	0	0	0.00	0.00	1	6	-5	-83.33	0.00
仓储业	0	9	-9	-100.00	0.00	28	87	-59	-67.82	0.00
邮政业	0	-1	1	-100.00	0.00	1	2	-1	-50.00	0.00
（三）信息传输、软件和信息技术服务业	19	380	-361	-95.00	0.46	960	1909	-949	-49.71	0.04
（四）住宿和餐饮业	-28	9051	-9079	-100.31	-0.67	46055	102656	-56601	-55.14	2.05
住宿业	5	2565	-2560	-99.81	0.12	12096	27643	-15547	-56.24	0.54
餐饮业	-33	6486	-6519	-100.51	-0.79	33959	75013	-41054	-54.73	1.51
（五）金融业	-239	10898	-11137	-102.19	-5.74	381748	456189	-74441	-16.32	17.01
其中：货币金融服务	-241	190	-431	-226.84	-5.79	343473	302112	41361	13.69	15.31
资本市场服务	0	1086	-1086	-100.00	0.00	8468	16607	-8139	-49.01	0.38
保险业	1	2684	-2683	-99.96	0.02	16780	38164	-21384	-56.03	0.75
（六）房地产业	3949	165981	-162032	-97.62	94.84	1018772	1207042	-188270	-15.60	45.40
（七）租赁和商务服务业	509	15421	-14912	-96.70	12.22	200377	109530	90847	82.94	8.93
租赁业	10	3833	-3823	-99.74	0.24	12125	19956	-7831	-39.24	0.54
商务服务业	499	11588	-11089	-95.69	11.98	188252	89574	98678	110.16	8.39
其中：广告业	0	4	-4	-100.00	0.00	18	62	-44	-70.97	0.00
知识产权服务	0	7	-7	-100.00	0.00	6	81	-75	-92.59	0.00
旅行社服务	0	241	-241	-100.00	0.00	1299	2765	-1466	-53.02	0.06
（八）科学研究和技术服务业	2	901	-899	-99.78	0.05	5742	10556	-4814	-45.60	0.26
（九）居民服务、修理和其他服务业	-19	18734	-18753	-100.10	-0.46	25332	234344	-209012	-89.19	1.13
（十）教育	0	0	0	0.00	0.00	0	0	0	0.00	0.00
（十一）卫生和社会工作	0	0	0	0.00	0.00	0	0	0	0.00	0.00
（十二）文化、体育和娱乐业	4	1421	-1417	-99.72	0.10	6549	14384	-7835	-54.47	0.29
（十三）其他行业	0	0	0	0.00	0.00	0	0	0	0.00	0.00

营业税收入完成情况表——税目

（2016年12月）

表19　　　　金额单位：万元

项目 \ 时期	月度累计 本年	月度累计 上年	月度累计 同比±额	月度累计 同比±（%）	月度累计 比重（%）	年度累计 本年	年度累计 上年	年度累计 同比±额	年度累计 同比±（%）	年度累计 比重（%）
各项收入总计	4164	269970	-265806	-98.46	—	2243956	2737580	-493624	-18.03	—
（一）建筑业	-33	47175	-47208	-100.07	-0.79	558391	600875	-42484	-7.07	24.88
其中：建筑	-32	42441	-42473	-100.08	-0.77	527057	552486	-25429	-4.60	23.49
安装	-1	1183	-1184	-100.08	-0.02	7410	12532	-5122	-40.87	0.33
（二）交通运输业	0	0	0	0.00	0.00	1	6	-5	-83.33	0.00
陆路运输	0	0	0	0.00	0.00	1	6	-5	-83.33	0.00
水路运输	0	0	0	0.00	0.00	0	0	0	0.00	0.00
航空运输	0	0	0	0.00	0.00	0	0	0	0.00	0.00
管道运输	0	0	0	0.00	0.00	0	0	0	0.00	0.00
装卸搬运	0	0	0	0.00	0.00	0	0	0	0.00	0.00
（三）邮电通信业	17	-1	18	-1800.00	0.41	22	3	19	633.33	0.00
邮政	0	-1	1	-100.00	0.00	1	2	-1	-50.00	0.00
电信	17	0	17	0.00	0.41	21	1	20	2000.00	0.00
（四）金融保险业	-260	10827	-11087	-102.40	-6.24	381487	455937	-74450	-16.33	17.00
金融	-261	8143	-8404	-103.21	-6.27	364707	417773	-53066	-12.70	16.25
保险	1	2684	-2683	-99.96	0.02	16780	38164	-21384	-56.03	0.75
（五）娱乐业	0	189	-189	-100.00	0.00	944	2315	-1371	-59.22	0.04
（六）服务业	-142	54385	-54527	-100.26	-3.41	323660	520670	-197010	-37.84	14.42
代理业	-9	6541	-6550	-100.14	-0.22	25238	50400	-25162	-49.92	1.12
旅店业	5	2565	-2560	-99.81	0.12	12096	27643	-15547	-56.24	0.54
饮食业	-33	6486	-6519	-100.51	-0.79	33959	75013	-41054	-54.73	1.51
旅游业	0	241	-241	-100.00	0.00	1299	2765	-1466	-53.02	0.06
仓储业	0	9	-9	-100.00	0.00	28	87	-59	-67.82	0.00
租赁业	43	15165	-15122	-99.72	1.03	64558	86029	-21471	-24.96	2.88
其中：房屋租赁	33	11332	-11299	-99.71	0.79	52433	66073	-13640	-20.64	2.34
广告业	0	4	-4	-100.00	0.00	18	62	-44	-70.97	0.00
其他服务业	-148	23374	-23522	-100.63	-3.55	186464	278671	-92207	-33.09	8.31
（七）转让无形资产	0	40	-40	-100.00	0.00	4672	1611	3061	190.01	0.21
其中：转让土地使用权	0	33	-33	-100.00	0.00	4666	1530	3136	204.97	0.21
（八）销售不动产	3916	154616	-150700	-97.47	94.04	961673	1139439	-177766	-15.60	42.86
（九）文化体育业	4	1232	-1228	-99.68	0.10	5605	12069	-6464	-53.56	0.25
（十）税款滞纳金罚款收入	662	1507	-845	-56.07	15.90	7501	4655	2846	61.14	0.33

营业税收入完成情况表——地区

表20

（2016年12月）

金额单位：万元

单位名称	月度累计					年度累计				
	本年	上年	同比±额	同比±(%)	比重(%)	本年	上年	同比±额	同比±(%)	比重(%)
全市总计	4167	269969	-265802	-98.46	—	2243958	2737580	-493622	-18.03	—
城郊区小计	-292	176306	-176598	-100.17	-7.00	1479150	1832877	-353728	-19.30	65.92
玄武	-75	19658	-19733	-100.38	-1.80	184342	259388	-75047	-28.93	8.22
秦淮	-49	28541	-28589	-100.17	-1.16	231286	304080	-72794	-23.94	10.31
建邺	55	21630	-21575	-99.75	1.32	295156	284480	10676	3.75	13.15
鼓楼	39	48265	-48227	-99.92	0.92	155132	300255	-145123	-48.33	6.91
化工园	-233	4415	-4648	-105.28	-5.59	85119	66197	18922	28.58	3.79
栖霞	-44	17456	-17500	-100.25	-1.05	248803	260148	-11345	-4.36	11.09
其中：栖霞	-7	10803	-10810	-100.06	-0.16	154030	185825	-31795	-17.11	6.86
新港	-37	6653	-6690	-100.56	-0.89	94773	74323	20450	27.51	4.22
雨花	7	21126	-21119	-99.97	0.17	188568	223626	-35057	-15.68	8.40
高新	8	15214	-15206	-99.95	0.19	90744	134704	-43960	-32.63	4.04
五区小计	4459	93663	-89205	-95.24	107.00	764808	904702	-139894	-15.46	34.08
江宁	4620	44928	-40308	-89.72	110.88	342824	467574	-124750	-26.68	15.28
浦口	5	10724	-10719	-99.95	0.12	207453	151466	55987	36.96	9.24
六合	-30	10595	-10625	-100.28	-0.72	89632	101842	-12210	-11.99	3.99
溧水	-291	20562	-20853	-101.42	-6.99	57843	112210	-54367	-48.45	2.58
高淳	155	6854	-6699	-97.74	3.72	67056	71610	-4554	-6.36	2.99

企业所得税收入完成情况表——行业

(2016年12月)

表21　　　　金额单位:万元

项目＼时期	月度累计					年度累计				
	本年	上年	同比±额	同比±(%)	比重(%)	本年	上年	同比±额	同比±(%)	比重(%)
总计	9659	39543	-29884	-75.57	—	1141965	882071	259894	29.46	—
(一)采矿业	0	-1	1	-100.00	0.00	0	310	-310	-100.00	0.00
(二)制造业	-3934	3902	-7836	-200.82	-40.73	94957	104702	-9745	-9.31	8.32
(三)电力、热力、燃气及水的生产和供应业	196	96	100	104.17	2.03	3736	3146	590	18.75	0.33
(四)建筑业	1022	4127	-3105	-75.24	10.58	146027	145531	496	0.34	12.79
(五)批发和零售业	9415	732	8683	1186.20	97.47	68121	48448	19673	40.61	5.97
(六)交通运输、仓储和邮政业	-40	-3089	3049	-98.71	-0.41	16139	17323	-1184	-6.83	1.41
(七)住宿和餐饮业	2	242	-240	-99.17	0.02	7255	6957	298	4.28	0.64
(八)信息传输、软件和信息技术服务业	537	-102	639	-626.47	5.56	7116	11624	-4508	-38.78	0.62
(九)金融业	3	81	-78	-96.30	0.03	10022	20978	-10956	-52.23	0.88
(十)房地产业	436	24316	-23880	-98.21	4.51	618259	349904	268355	76.69	54.14
(十一)租赁和商务服务业	1393	8277	-6884	-83.17	14.42	118594	117284	1310	1.12	10.39
(十二)科学研究和技术服务业	256	-44	300	-681.82	2.65	22820	20338	2482	12.20	2.00
(十三)居民服务、修理和其他服务业	59	787	-728	-92.50	0.61	16473	24336	-7863	-32.31	1.44
(十四)教育	16	68	-52	-76.47	0.17	3055	2661	394	14.81	0.27
(十五)卫生和社会工作	-12	5	-17	-340.00	-0.12	1033	1000	33	3.30	0.09
(十六)文化、体育和娱乐业	6	6	0	0.00	0.06	4629	3544	1085	30.62	0.41
(十七)公共管理、社会保障和社会组织	304	140	164	117.14	3.15	3729	3985	-256	-6.42	0.33
(十八)其他行业	0	0	0	0.00	0.00	0	0	0	0.00	0.00

企业所得税收入完成情况表——地区

表22　（2016年12月）　金额单位：万元

单位名称	月度累计					年度累计				
	本　年	上　年	同比±额	同比±（%）	比重（%）	本　年	上　年	同比±额	同比±（%）	比重（%）
全市总计	9659	39542	−29883	−75.57	—	1141965	882071	259894	29.46	—
城郊区小计	15640	35765	−20125	−56.27	161.93	756321	578611	177709	30.71	66.23
玄武	257	1286	−1029	−80.02	2.66	68379	43745	24634	56.31	5.99
秦淮	11346	5563	5783	103.95	117.47	108102	102004	6098	5.98	9.47
建邺	825	1463	−638	−43.62	8.54	136252	108250	28002	25.87	11.93
鼓楼	832	20734	−19902	−95.99	8.61	121113	99819	21294	21.33	10.61
化工园	896	1046	−150	−14.33	9.28	33795	27587	6208	22.50	2.96
栖霞	487	1507	−1020	−67.67	5.05	134698	97729	36968	37.83	11.80
其中：栖霞	287	1080	−794	−73.47	2.97	61493	47279	14213	30.06	5.38
新港	201	427	−226	−53.00	2.08	73205	50450	22755	45.10	6.41
雨花	600	2533	−1933	−76.30	6.22	114870	74362	40509	54.47	10.06
高新	397	1633	−1237	−75.71	4.11	39112	25115	13996	55.73	3.42
五区小计	−5982	3776	−9758	−258.40	−61.93	385644	303459	82185	27.08	33.77
江宁	−6116	861	−6977	−810.19	−63.32	214898	175433	39466	22.50	18.82
浦口	155	47	108	229.09	1.60	79348	39149	40199	102.68	6.95
六合	85	569	−484	−85.04	0.88	24692	36332	−11640	−32.04	2.16
溧水	−119	1123	−1243	−110.61	−1.23	23743	17081	6663	39.01	2.08
高淳	13	1176	−1162	−98.85	0.14	42963	35465	7497	21.14	3.76

个人所得税收入完成情况表——行业

（2016年12月）

表23 金额单位：万元

时期 / 项目	月度累计					年度累计				
	本　年	上　年	同比±额	同比±（%）	比重（%）	本　年	上　年	同比±额	同比±（%）	比重（%）
总计	128402	140497	-12095	-8.61	—	1931646	1666860	264786	15.89	—
（一）采矿业	138	34	104	305.88	0.11	834	748	86	11.50	0.04
（二）制造业	24271	15299	8972	58.64	18.90	287618	235624	51994	22.07	14.89
（三）电力、热力、燃气及水的生产和供应业	1611	1741	-130	-7.47	1.25	23175	20522	2653	12.93	1.20
（四）建筑业	6659	7845	-1186	-15.12	5.19	119477	112286	7191	6.40	6.19
（五）批发和零售业	9949	10649	-700	-6.57	7.75	166052	136301	29751	21.83	8.60
（六）交通运输、仓储和邮政业	2354	2166	188	8.68	1.83	30685	25629	5056	19.73	1.59
（七）住宿和餐饮业	803	768	35	4.56	0.63	8684	7424	1260	16.97	0.45
（八）信息传输、软件和信息技术服务业	11725	10535	1190	11.30	9.13	222519	150414	72105	47.94	11.52
（九）金融业	11676	32527	-20851	-64.10	9.09	323027	404860	-81833	-20.21	16.72
（十）房地产业	15189	9713	5476	56.38	11.83	186565	126288	60277	47.73	9.66
（十一）租赁和商务服务业	10665	25275	-14610	-57.80	8.31	215228	161894	53334	32.94	11.14
（十二）科学研究和技术服务业	6644	5554	1090	19.63	5.17	85803	77820	7983	10.26	4.44
（十三）居民服务、修理和其他服务业	6133	3000	3133	104.43	4.78	50419	47769	2650	5.55	2.61
（十四）教育	7705	5047	2658	52.66	6.00	85277	63811	21466	33.64	4.41
（十五）卫生和社会工作	3447	2191	1256	57.33	2.68	39583	24703	14880	60.24	2.05
（十六）文化、体育和娱乐业	1029	1019	10	0.98	0.80	23595	19965	3630	18.18	1.22
（十七）公共管理、社会保障和社会组织	7988	7111	877	12.33	6.22	60423	50511	9912	19.62	3.13
（十八）其他行业	392	0	392	0.00	0.31	2098	0	2098	0.00	0.11

个人所得税收入完成情况表——税目

表24

（2016年12月）

金额单位：万元

项目＼时期	月度累计					年度累计				
	本年	上年	同比±额	同比±(%)	比重(%)	本年	上年	同比±额	同比±(%)	比重(%)
总计	128402	140497	-12095	-8.61	—	1931646	1666860	264786	15.89	—
(一)工资、薪金所得	84683	69616	15067	21.64	65.95	1206600	958597	248003	25.87	62.46
(二)个体工商户生产、经营所得	3002	1891	1111	58.75	2.34	55156	43157	11999	27.80	2.86
(三)企事业单位承包、承租经营所得	1203	1954	-751	-38.43	0.94	28771	54935	-26164	-47.63	1.49
(四)劳务报酬所得	3857	2889	968	33.51	3.00	33849	26906	6943	25.80	1.75
(五)稿酬所得	127	79	48	60.76	0.10	1290	1104	186	16.85	0.07
(六)特许权使用费所得	2	0	2	0.00	0.00	828	281	547	194.66	0.04
(七)利息、股息、红利所得	9475	10285	-810	-7.88	7.38	166891	131867	35024	26.56	8.64
(八)财产租赁所得	494	323	171	52.94	0.38	2444	1943	501	25.78	0.13
(九)财产转让所得	24843	52512	-27669	-52.69	19.35	431100	442843	-11743	-2.65	22.32
(十)偶然所得	412	506	-94	-18.58	0.32	2803	2119	684	32.28	0.15
(十一)其他所得	0	0	0	0.00	0.00	0	0	0	0.00	0.00
(十二)滞纳金、罚款	304	442	-138	-31.22	0.24	1914	3108	-1194	-38.42	0.10

个人所得税收入完成情况表——地区

（2016年12月）

表25　　　　金额单位：万元

单位名称	月度累计					年度累计				
	本年	上年	同比±额	同比±（%）	比重（%）	本年	上年	同比±额	同比±（%）	比重（%）
全市总计	128404	140497	-12093	-8.61	—	1931647	1666860	264787	15.89	—
城郊区小计	90748	73953	16796	22.71	70.67	1294704	1005030	289674	28.82	67.03
玄武	10569	12051	-1482	-12.30	8.23	185029	150044	34984	23.32	9.58
秦淮	18784	15779	3005	19.04	14.63	200848	174157	26691	15.33	10.40
建邺	5810	3630	2180	60.06	4.52	100081	76981	23100	30.01	5.18
鼓楼	24408	17125	7283	42.53	19.01	300484	233536	66948	28.67	15.56
化工园	3287	3226	61	1.89	2.56	63154	44901	18254	40.65	3.27
栖霞	11135	7947	3188	40.12	8.67	147274	115600	31674	27.40	7.62
其中：栖霞	5887	3441	2446	71.09	4.58	77776	52733	25043	47.49	4.03
新港	5248	4506	742	16.46	4.09	69498	62866	6631	10.55	3.60
雨花	11674	10814	860	7.95	9.09	241207	162379	78829	48.55	12.49
高新	5080	3380	1700	50.30	3.96	56626	47433	9194	19.38	2.93
五区小计	37656	66544	-28888	-43.41	29.33	636943	661830	-24887	-3.76	32.97
江宁	20769	18739	2030	10.83	16.17	256024	230647	25377	11.00	13.25
浦口	4675	1752	2923	166.84	3.64	41596	34900	6696	19.18	2.15
六合	1744	1355	389	28.70	1.36	26447	25945	502	1.94	1.37
溧水	6710	34486	-27776	-80.54	5.23	260219	177386	82833	46.70	13.47
高淳	3759	10213	-6454	-63.19	2.93	52658	192953	-140295	-72.71	2.73

资源税收入完成情况表——地区

表26　　（2016年12月）　　金额单位：万元

单位名称	月度累计					年度累计				
	本年	上年	同比±额	同比±（%）	比重（%）	本年	上年	同比±额	同比±（%）	比重（%）
全市总计	481	3062	–2581	–84.28	—	4627	8890	–4263	–47.95	—
城郊区小计	364	2848	–2484	–87.23	75.57	3097	6251	–3154	–50.46	66.93
玄武	0	0	0	0.00	0.00	0	0	0	0.00	0.00
秦淮	0	0	0	0.00	0.00	0	0	0	0.00	0.00
建邺	0	0	0	0.00	0.00	0	0	0	0.00	0.00
鼓楼	0	0	0	0.00	0.00	0	0	0	0.00	0.00
化工园	0	0	0	0.00	0.00	0	0	0	0.00	0.00
栖霞	196	124	72	58.39	40.70	1308	1635	–328	–20.03	28.26
其中：栖霞	0	0	0	0	0.00	0	0	0	0.00	0.00
新港	196	124	72	58.39	40.70	1308	1635	–328	–20.03	28.26
雨花	168	2710	–2543	–93.81	34.86	1789	4602	–2813	–61.12	38.67
高新	0	14	–14	–100.00	0.00	0	14	–14	–100.00	0.00
五区小计	118	214	–96	–45.06	24.43	1530	2639	–1108	–42.00	33.07
江宁	85	105	–20	–18.86	17.67	878	1285	–407	–31.69	18.97
浦口	20	52	–31	–60.38	4.25	329	537	–208	–38.71	7.11
六合	4	11	–7	–63.95	0.84	45	311	–266	–85.39	0.98
溧水	8	46	–38	–82.60	1.68	273	500	–227	–45.36	5.90
高淳	0	0	0	0.00	0.00	5	6	–1	–14.62	0.11

城市维护建设税收入完成情况表——地区

（2016年12月）

表27 金额单位：万元

单位名称	月度累计					年度累计				
	本年	上年	同比±额	同比±(%)	比重(%)	本年	上年	同比±额	同比±(%)	比重(%)
全市总计	131830	75478	56352	74.66	—	870905	801808	69097	8.62	—
城郊区小计	113619	48910	64708	132.30	86.19	638152	579853	58299	10.05	73.27
玄武	2270	2998	-727	-24.27	1.72	39871	32799	7072	21.56	4.58
秦淮	4224	4770	-545	-11.43	3.20	58392	47276	11116	23.51	6.70
建邺	72311	9415	62896	668.03	54.85	112332	124953	-12621	-10.10	12.90
鼓楼	6155	6870	-715	-10.40	4.67	62806	56444	6361	11.27	7.21
化工园	9720	6309	3411	54.07	7.37	110627	90682	19946	22.00	12.70
栖霞	11615	11555	60	0.52	8.81	168876	155979	12896	8.27	19.39
其中：栖霞	1792	1663	129	7.75	1.36	27752	21672	6080	28.05	3.19
新港	9824	9892	-68	-0.69	7.45	141124	134307	6817	5.08	16.20
雨花	4862	4316	546	12.66	3.69	56876	48585	8291	17.07	6.53
高新	2460	2678	-218	-8.14	1.87	28372	23135	5237	22.64	3.26
五区小计	18211	26567	-8356	-31.45	13.81	232753	221955	10798	4.87	26.73
江宁	12747	19134	-6387	-33.38	9.67	151011	159269	-8258	-5.19	17.34
浦口	1730	1974	-244	-12.37	1.31	34861	22676	12185	53.73	4.00
六合	1400	2064	-664	-32.18	1.06	19882	17128	2754	16.08	2.28
溧水	1363	2542	-1179	-46.39	1.03	16167	14231	1935	13.60	1.86
高淳	972	853	119	13.91	0.74	10833	8651	2183	25.23	1.24

房产税收入完成情况表——地区

（2016年12月）

表28　　金额单位：万元

单位名称	月度累计					年度累计				
	本年	上年	同比±额	同比±（%）	比重（%）	本年	上年	同比±额	同比±（%）	比重（%）
全市总计	8254	25025	−16772	−67.02	—	333898	309858	24040	7.76	—
城郊区小计	7028	20149	−13121	−65.12	85.15	231410	228277	3133	1.37	69.31
玄武	1003	5211	−4207	−80.74	12.16	21021	32045	−11024	−34.40	6.30
秦淮	2724	3441	−717	−20.82	33.01	47268	48229	−961	−1.99	14.16
建邺	538	464	74	16.03	6.52	24517	15345	9172	59.77	7.34
鼓楼	1730	5897	−4167	−70.67	20.96	44205	50133	−5927	−11.82	13.24
化工园	−6	190	−196	−102.96	−0.07	21250	16582	4668	28.15	6.36
栖霞	335	391	−55	−14.18	4.06	39399	26519	12880	48.57	11.80
其中：栖霞	268	175	93	53.25	3.25	13723	7625	6099	79.99	4.11
新港	67	216	−148	−68.85	0.81	25676	18894	6782	35.89	7.69
雨花	534	4152	−3618	−87.14	6.47	21163	26935	−5772	−21.43	6.34
高新	169	403	−235	−58.17	2.04	12587	12490	97	0.77	3.77
五区小计	1226	4877	−3651	−74.87	14.85	102488	81580	20907	25.63	30.69
江宁	1065	3907	−2842	−72.75	12.90	70070	53460	16610	31.07	20.99
浦口	−99	330	−429	−130.13	−1.20	9064	7752	1312	16.93	2.71
六合	84	221	−138	−62.19	1.01	6703	6220	482	7.76	2.01
溧水	95	360	−265	−73.67	1.15	9647	9436	211	2.24	2.89
高淳	82	59	23	38.82	0.99	7003	4712	2291	48.62	2.10

印花税收入完成情况表——地区

（2016年12月）

表29　　　　金额单位：万元

单位名称	月度累计					年度累计				
	本年	上年	同比±额	同比±（%）	比重（%）	本年	上年	同比±额	同比±（%）	比重（%）
全市总计	12061	14761	-2700	-18.29	—	144133	124779	19354	15.51	—
城郊区小计	7891	10362	-2471	-23.85	65.42	99063	87208	11855	13.59	68.73
玄武	647	1039	-392	-37.72	5.37	10874	8961	1913	21.35	7.54
秦淮	808	941	-133	-14.13	6.70	9641	9530	112	1.17	6.69
建邺	1104	937	167	17.80	9.15	13716	8781	4936	56.21	9.52
鼓楼	1908	4848	-2940	-60.64	15.82	26402	26108	294	1.13	18.32
化工园	762	614	148	24.09	6.32	8070	7550	520	6.89	5.60
栖霞	1254	919	335	36.49	10.40	15092	13527	1565	11.57	10.47
其中：栖霞	578	419	159	37.87	4.79	6470	5082	1388	27.31	4.49
新港	676	500	177	35.34	5.61	8622	8445	177	2.10	5.98
雨花	810	701	109	15.59	6.72	9616	8692	924	10.63	6.67
高新	598	363	234	64.54	4.96	5651	4060	1591	39.18	3.92
五区小计	4171	4400	-229	-5.20	34.58	45070	37571	7499	19.96	31.27
江宁	2856	2809	47	1.68	23.68	24503	20943	3561	17.00	17.00
浦口	216	437	-221	-50.56	1.79	7880	4720	3160	66.94	5.47
六合	251	253	-2	-0.86	2.08	3322	3560	-237	-6.67	2.31
溧水	479	572	-93	-16.28	3.97	6090	5467	623	11.40	4.23
高淳	369	329	40	12.17	3.06	3275	2881	393	13.65	2.27

城镇土地使用税收入完成情况表——地区

表30　　　（2016年12月）　　　金额单位：万元

单位名称	月度累计					年度累计				
	本年	上年	同比±额	同比±(%)	比重(%)	本年	上年	同比±额	同比±(%)	比重(%)
全市总计	1610	2394	-784	-32.74	—	170244	167889	2355	1.40	—
城郊区小计	897	1632	-734	-45.00	55.72	85651	83752	1899	2.27	50.31
玄武	1	-149	150	-100.90	0.08	7746	7309	437	5.98	4.55
秦淮	12	138	-126	-91.49	0.73	5676	6267	-591	-9.43	3.33
建邺	-102	45	-148	-325.36	-6.35	4032	4069	-36	-0.89	2.37
鼓楼	182	73	109	148.72	11.29	8887	8521	367	4.31	5.22
化工园	80	50	30	59.48	5.00	20724	17737	2988	16.84	12.17
栖霞	33	531	-499	-93.85	2.03	20015	21174	-1159	-5.47	11.76
其中：栖霞	0	193	-193	-100.22	-0.03	4930	5301	-372	-7.02	2.90
新港	33	338	-305	-90.21	2.06	15085	15872	-787	-4.96	8.86
雨花	81	276	-194	-70.49	5.05	10817	11226	-409	-3.64	6.35
高新	610	667	-56	-8.45	37.89	7752	7450	302	4.06	4.55
五区小计	713	763	-50	-6.52	44.28	84593	84137	456	0.54	49.69
江宁	230	205	24	11.89	14.28	35185	34988	197	0.56	20.67
浦口	63	303	-240	-79.26	3.91	11899	9645	2254	23.37	6.99
六合	-52	118	-170	-144.17	-3.23	8149	7762	387	4.98	4.79
溧水	30	124	-94	-75.91	1.85	23947	27934	-3986	-14.27	14.07
高淳	442	12	430	3511.33	27.47	5413	3808	1605	42.15	3.18

土地增值税收入完成情况表——地区

（2016年12月）

表31　　　　金额单位：万元

单位名称	月度累计					年度累计				
	本年	上年	同比±额	同比±(%)	比重(%)	本年	上年	同比±额	同比±(%)	比重(%)
全市总计	20575	107469	-86894	-80.86	—	954176	630972	323204	51.22	—
城郊区小计	334	57788	-57454	-99.42	1.62	568875	375774	193101	51.39	59.62
玄武	-771	10877	-11649	-107.09	-3.75	41036	27761	13275	47.82	4.30
秦淮	2822	3704	-882	-23.81	13.71	53282	28860	24422	84.62	5.58
建邺	1263	9412	-8149	-86.58	6.14	136210	114345	21864	19.12	14.28
鼓楼	1905	18635	-16730	-89.78	9.26	77044	60585	16460	27.17	8.07
化工园	-3244	-249	-2994	1201.19	-15.77	6242	8512	-2269	-26.66	0.65
栖霞	4313	611	3702	606.05	20.96	97652	49635	48017	96.74	10.23
其中：栖霞	3277	1138	2139	187.94	15.93	52431	38387	14043	36.58	5.49
新港	1036	-527	1563	-296.37	5.03	45222	11248	33973	302.03	4.74
雨花	-5146	9528	-14674	-154.01	-25.01	68804	40529	28275	69.77	7.21
高新	-808	5271	-6078	-115.32	-3.92	88605	45547	43057	94.53	9.29
五区小计	20241	49681	-29440	-59.26	98.38	385301	255198	130103	50.98	40.38
江宁	14674	16947	-2274	-13.42	71.32	193192	126823	66369	52.33	20.25
浦口	221	5431	-5211	-95.94	1.07	122002	47725	74277	155.63	12.79
六合	2279	2281	-2	-0.09	11.08	25414	24109	1306	5.42	2.66
溧水	2348	23099	-20750	-89.83	11.41	32905	45624	-12718	-27.88	3.45
高淳	719	1922	-1203	-62.60	3.49	11787	10918	870	7.97	1.24

车船税收入完成情况表——地区

表32　（2016年12月）　金额单位：万元

单位名称	月度累计					年度累计				
	本年	上年	同比±额	同比±(%)	比重(%)	本年	上年	同比±额	同比±(%)	比重(%)
全市总计	4318	3494	824	23.58	—	68603	60067	8537	14.21	—
城郊区小计	2902	1990	912	45.81	67.22	53604	44995	8609	19.13	78.14
玄武	304	293	11	3.76	7.03	19857	15483	4374	28.25	28.94
秦淮	1015	52	962	1840.17	23.50	11967	7048	4919	69.79	17.44
建邺	294	750	-456	-60.82	6.80	8711	8589	123	1.43	12.70
鼓楼	712	341	371	108.51	16.49	6342	6841	-499	-7.30	9.24
化工园	127	125	3	2.22	2.95	1364	1510	-146	-9.68	1.99
栖霞	268	251	16	6.47	6.20	3334	3293	40	1.22	4.86
其中：栖霞	268	251	16	6.42	6.20	3229	3285	-56	-1.71	4.71
新港	0	0	0	313.74	0.00	105	8	96	1149.23	0.15
雨花	176	169	7	3.92	4.07	1920	2104	-184	-8.73	2.80
高新	8	9	-2	-18.56	0.17	110	128	-18	-13.96	0.16
五区小计	1416	1504	-88	-5.85	32.78	14999	15071	-72	-0.48	21.86
江宁	498	439	60	13.60	11.54	5345	5721	-377	-6.59	7.79
浦口	300	230	70	30.65	6.95	3045	2814	231	8.20	4.44
六合	252	226	25	11.18	5.83	3001	2707	295	10.88	4.37
溧水	182	163	19	11.79	4.21	1817	1878	-62	-3.28	2.65
高淳	184	446	-263	-58.81	4.26	1792	1951	-159	-8.16	2.61

教育费附加收入完成情况表——地区

（2016年12月）

表33　　　　金额单位：万元

单位名称	月度累计					年度累计				
	本年	上年	同比±额	同比±（%）	比重（%）	本年	上年	同比±额	同比±（%）	比重（%）
全市总计	35893	32877	3017	9.18	—	355159	347056	8103	2.33	—
城郊区小计	27701	20950	6751	32.22	77.18	251707	248363	3344	1.35	70.87
玄武	971	1284	-313	-24.40	2.70	16968	14046	2921	20.80	4.78
秦淮	1793	2040	-247	-12.13	4.99	24835	20239	4596	22.71	6.99
建邺	10066	4035	6031	149.47	28.04	27145	53544	-26398	-49.30	7.64
鼓楼	2626	2942	-316	-10.74	7.32	26760	24126	2634	10.92	7.53
化工园	4159	2703	1456	53.85	11.59	47345	38858	8487	21.84	13.33
栖霞	4964	4949	15	0.30	13.83	72242	66831	5411	8.10	20.34
其中：栖霞	759	712	47	6.57	2.11	11799	9277	2522	27.19	3.32
新港	4205	4237	-32	-0.75	11.72	60443	57554	2889	5.02	17.02
雨花	2072	1849	223	12.05	5.77	24283	20815	3469	16.66	6.84
高新	1051	1148	-96	-8.39	2.93	12129	9905	2224	22.45	3.41
五区小计	8192	11927	-3735	-31.31	22.82	103452	98693	4759	4.82	29.13
江宁	5463	8206	-2744	-33.43	15.22	64506	68170	-3664	-5.37	18.16
浦口	737	845	-109	-12.85	2.05	14874	9670	5204	53.82	4.19
六合	597	882	-285	-32.33	1.66	8493	7371	1122	15.22	2.39
溧水	816	1502	-685	-45.63	2.27	9446	8480	965	11.38	2.66
高淳	580	491	88	17.94	1.61	6133	5001	1131	22.62	1.73

契税、耕地占用税完成情况表——地区

表34　（2016年12月）　金额单位：万元

单位名称	契税				耕地占用税			
	本年	上年	同比±额	同比±（%）	本年	上年	同比±额	同比±（%）
全市总计	358318	524664	-166346	-31.71	11740	34114	-22374	-65.59
城郊区小计	106317	59241	47076	79.47	4815	7542	-2727	-36.16
玄武	8932	0	8932	0.00	9	0	9	0.00
秦淮	9025	0	9025	0.00	0	0	0	0.00
建邺	52344	0	52344	0.00	0	0	0	0.00
鼓楼	0	0	0	0.00	0	0	0	0.00
化工园	4498	5156	-658	-12.76	0	564	-564	-100.00
栖霞	9695	10800	-1105	-10.23	3159	1831	1328	72.53
其中：栖霞	9695	0	9695	0.00	3159	0	3159	0.00
新港	0	10800	-10800	-100.00	0	1831	-1831	-100.00
雨花	5595	0	5595	0.00	1250	2964	-1714	-57.83
高新	16228	43285	-27057	-62.51	397	2183	-1786	-81.81
契税所	149158	314235	-165077	-52.53	0	0	0	0.00
五区小计	102843	151188	-48345	-31.98	6925	26572	-19647	-73.94
江宁	60845	92585	-31740	-34.28	0	8837	-8837	-100.00
浦口	-204	20153	-20357	-101.01	0	8393	-8393	-100.00
六合	6989	6481	508	7.84	1169	4430	-3261	-73.61
溧水	30187	26120	4067	15.57	1703	939	764	81.36
高淳	5026	5849	-823	-14.07	4053	3973	80	2.01

社会保险费、其他非税收入完成情况表

（2016年12月）

表35　　金额单位:万元

社保费地区			社保费险种			其他非税收入	
单位	本月	累计	险种	实缴数		种类	金额
社保费合计	425058	4505321	—	本月	累计	全市合计	49550
市本级	311664	3477424	全市合计	425058	4505321	一、全省开征基金费	21068
区级小计	113394	1027897	养老保险	266404	2809826	防洪保安基金	568
江宁	69444	556729	医疗保险	129157	1379180	残疾人就业保障金	20219
浦口	10077	133076	失业保险	16584	183418	其他收入	281
六合	8760	93163	工伤保险	7466	73018	二、本市代征基金费	28482
溧水	16162	164163	生育保险	5447	59879	老干部医疗统筹金	3034
高淳	8951	80766	—	—	—	工会经费	25448

石化、钢铁、卷烟企业税收完成情况表

表36 （2016年12月） 金额单位：万元

纳税人名称	税收合计			营业税			城建税			个人所得税		
	本年	上年	同比±（%）	本年	上年	同比±（%）	本年	上年	同比±（%）	本年	上年	同比±（%）
中国石油化工股份有限公司金陵分公司	5991	105580	−94.33	514	41	1143.68	1043	102745	−98.99	1027	1915	−46.38
中国石油化工股份有限公司江苏南京石油分公司	103999	801	12880.71	18	30	−40.38	101066	403	24958.49	1878	69	2606.28
扬子石化——巴斯夫有限责任公司	1065	12489	−91.47	31	403	−92.21	551	5294	−89.59	159	3733	−95.75
中国石化扬子石油化工有限公司	7766	64043	−87.87	180	2383	−92.43	807	57742	−98.60	457	2222	−79.45
中国石化集团资产经营管理有限公司扬子石化分公司	75661	5357	1312.46	1313	361	263.93	69714	878	7836.50	2909	357	716.00
中国石化集团金陵石油化工有限责任公司	12891	6973	84.86	112	1299	−91.37	6460	1055	512.33	3215	1156	178.01
石化小计	207374	195243	6.21	2169	4517	−52.00	179641	168117	6.85	9644	9453	2.03
南京钢铁集团有限公司	827	1995	−58.57	368	581	−36.70	26	41	−36.04	5	526	−99.05
南京钢铁股份有限公司	8929	7966	12.08	24	3243	−99.27	3577	1061	237.30	1233	1158	6.52
南京钢铁有限公司	1075	734	46.39	2	11	−78.63	331	80	315.22	173	125	38.48
南京钢铁联合有限公司	28030	2633	964.75	24266	805	2912.55	1699	98	1624.69	16	17	−6.08
南京南钢产业发展有限公司	6889	5026	37.05	149	98	51.66	1152	1114	3.44	1890	1620	16.67
南京金腾钢铁有限公司	355	214	65.81	0	0	−100.00	161	29	459.71	55	45	21.86
上海梅山钢铁股份有限公司	13811	10966	25.94	134	140	−4.15	3726	3012	23.73	2015	1574	28.02
钢铁小计	59915	29535	102.86	24943	4879	411.25	10673	5434	96.41	5388	5065	6.37
中国烟草总公司江苏省公司（江苏省烟草公司）	1397	1385	0.89	0	0	0.00	1	0	0.00	1196	1190	0.50
江苏中烟工业公司南京卷烟厂	73019	96986	−24.71	0	0	0.00	70146	94317	−25.63	2002	1833	9.25
江苏省烟草公司南京市公司	6286	5504	14.21	3	0	0.00	4588	3665	25.20	1151	1290	−10.73
江苏中烟工业有限责任公司	2282	1991	14.57	0	0	0.00	5	0	0.00	2082	1790	16.35
卷烟小计	82983	105866	−21.61	3	0	0.00	74740	97981	−23.72	6432	6102	5.40
总计	350272	330644	5.94	27114	9396	188.56	265055	271533	−2.39	21464	20620	4.09

表37

江苏省地税税收收入完成情况表——地区

（2016年12月）

金额单位：万元

地区	税收收入				中央级				省级				市县级			
	月度累计		年度累计		月度累计		年度累计		月度累计		年度累计		月度累计		年度累计	
	金额	增幅（%）	金额	增幅（%）	金额	增幅（%）	金额	增幅（%）	金额	增幅（%）	金额	增幅（%）	金额	增幅（%）	金额	增幅（%）
全省合计	2385414	-58.2	49861601	-13.3	456078	-22.7	9715581	10.9	12625	-91.7	2320516	-40.7	1916711	-61.3	37825504	-15.7
省直属局	34819	-63.3	990956	-25.6	18659	6.2	395850	2.8	16160	-79.1	595106	-37.1	0	—	0	—
南京市	410022	-43.5	8305162	4.5	87328	-19.2	1894324	23.4	-126	-101.2	381250	-16.5	322820	-46.8	6029588	1.2
无锡市	177169	-72.0	5089604	-11.2	53474	-22.3	1097399	16.3	-46	-100.6	205370	-47.8	123741	-77.7	3786835	-13.8
徐州市	293812	-42.8	3419658	-14.7	15239	-20.7	344627	24.5	-319	-110.9	58844	-49.6	278892	-43.3	3016187	-16.6
常州市	116423	-76.8	3106413	-13.4	33695	-31.8	711464	19.9	-14	-100.2	142727	-37.7	82742	-81.4	2252222	-18.6
苏州市	488871	-49.6	10622605	-7.1	91851	-42.3	2538496	13.6	-696	-103.0	434412	-49.8	397716	-49.5	7649697	-8.3
南通市	182152	-63.4	4205323	-24.3	31469	-26.7	832634	-22.4	-161	-102.6	136507	-43.6	150844	-66.3	3236182	-23.6
连云港市	48028	-80.0	1310122	-40.7	8138	-44.7	154599	10.9	-267	-124.9	36946	-42.7	40157	-82.1	1118577	-44.2
淮安市	66921	-69.0	2089382	-24.1	9641	9.2	183764	9.4	-54	-104.6	34128	-46.9	57334	-72.2	1871490	-25.7
盐城市	62079	-82.8	2917481	-22.4	9039	-65.2	374206	4.5	-344	-105.1	61868	-44.5	53384	-83.7	2481407	-24.6
扬州市	209764	-37.1	2158913	-14.5	43977	121.8	319427	25.9	-568	-141.6	66838	-45.9	166355	-46.7	1772648	-17.5
镇江市	115702	-54.1	1925894	-18.3	21108	-19.4	286538	-4.3	-1	-100.1	65104	-42.6	94595	-57.8	1574252	-19.1
泰州市	119024	-52.7	2001073	-14.3	24186	47.3	316685	20.5	-678	-117.6	69932	-44.0	95516	-58.7	1614456	-17.0
宿迁市	60628	-45.8	1719015	-13.2	8274	-34.1	265568	13.0	-261	-135.2	31484	-46.4	52615	-46.6	1421963	-15.7

江苏省地税主要税种收入完成情况表——地区

表38　　（2016年12月）　　金额单位：万元

地　区	营业税				企业所得税				个人所得税			
	月度累计		年度累计		月度累计		年度累计		月度累计		年度累计	
	金　额	增幅（%）	金　额	增幅（%）	金　额	增幅（%）	金　额	增幅（%）	金　额	增幅（%）	金　额	增幅（%）
全省合计	5516	-99.8	15122860	-38.1	13165	-94.4	5982558	7.8	651945	-13.0	9559224	6.0
省直属局	2070	-96.6	244111	-59.9	6432	-11.8	350005	-1.8	22941	4.3	310873	9.2
南京市	4164	-98.5	2243956	-18.0	9659	-75.6	1141965	29.5	128402	-8.6	1931646	15.9
无锡市	379	-99.9	1568623	-37.2	-18631	-173.2	561944	2.4	104482	16.9	1237855	21.0
徐州市	-11978	-104.2	1249249	-37.2	1176	-90.4	207129	8.1	33186	67.3	311641	15.6
常州市	599	-99.8	759884	-44.4	4376	-69.8	473640	15.9	46351	-31.7	687034	18.5
苏州市	2027	-99.5	2378750	-39.8	-30213	-153.3	1440277	7.8	169084	-18.9	2625565	10.3
南通市	2328	-99.2	1323264	-42.5	4538	-1879.6	560325	-12.2	43066	-40.0	802418	-30.1
连云港市	154	-99.9	510110	-56.0	2182	-31.5	105390	11.6	10495	-50.9	136870	-0.5
淮安市	-3034	-102.7	881843	-37.2	4559	-22.1	116913	-7.3	13073	47.4	167122	8.7
盐城市	-1949	-101.1	1262909	-37.4	3244	-76.6	208371	4.0	12888	-56.3	349899	-11.7
扬州市	3186	-98.4	637573	-43.7	8506	-43.2	218767	13.8	21707	20.1	254782	10.7
镇江市	5925	-95.9	758837	-37.9	8106	-45.7	154084	1.8	14908	-48.1	290995	-16.3
泰州市	-1674	-101.1	702565	-38.3	7351	-39.5	207527	3.9	23191	52.5	303648	27.5
宿迁市	3319	-93.8	601186	-33.2	1880	-86.0	236221	4.6	8171	9.5	148876	-10.3

江苏省市县级一般公共预算收入完成情况表——地区

表39　　（2016年12月）　　金额单位：万元

地区	财政、国税、地税收入合计						地税收入					
	月度累计			年度累计			月度累计			年度累计		
	金额	增减额	增幅（%）	金额	增减额	增幅（%）	金额	增减额	增幅（%）	金额	增减额	增幅（%）
全省合计	7935672	-62707	-0.78	74738959	1291166	1.76	1909498	-3043075	-61.44	37467848	-7297534	-16.30
省直属局	—	—	—	—	—	—	—	—	—	—	—	—
南京市	1040863	22324	2.19	11426007	1225697	12.02	315607	-284964	-47.45	5671932	-198551	-3.38
无锡市	1093530	71577	7.00	8750005	450000	5.42	123741	-432076	-77.74	3786835	-608098	-13.84
徐州市	699262	55819	8.68	5160626	-146137	-2.75	278892	-212815	-43.28	3016187	-598997	-16.57
常州市	680296	-14033	-2.02	4802851	140051	3.00	82742	-361108	-81.36	2252222	-514211	-18.59
苏州市	1677173	287486	20.69	17300398	1692823	10.85	397716	-389884	-49.50	7649697	-691137	-8.29
南通市	746358	-9843	-1.30	5901793	-354576	-5.67	150844	-297392	-66.35	3236182	-1001772	-23.64
连云港市	80852	-193796	-70.56	2114677	-803021	-27.52	40157	-184107	-82.09	1118577	-885399	-44.18
淮安市	349690	47625	15.77	3155118	-347935	-9.93	57334	-148820	-72.19	1871490	-648839	-25.74
盐城市	385637	-230597	-37.42	4151808	-623187	-13.05	53384	-274905	-83.74	2481407	-808578	-24.58
扬州市	486865	5350	1.11	3453000	85538	2.54	166355	-145879	-46.72	1772648	-375600	-17.48
镇江市	246881	-88152	-26.31	2930110	-98355	-3.25	94595	-129395	-57.77	1574252	-370526	-19.05
泰州市	288893	-35939	-11.06	3211778	46190	1.46	95516	-135781	-58.70	1614456	-331802	-17.05
宿迁市	159372	19472	13.92	2380788	24078	1.02	52615	-45949	-46.62	1421963	-264024	-15.66

全国副省级城市地方税收收入及相关税种完成情况表

（2016年12月）

表40　　　　　　　　　　　　　　　　　　金额单位：万元

序号	城市名称	税收收入			营业税			城建税			企业所得税			个人所得税		
		本年	上年	增幅（%）	本年	上年	增幅（%）	本年	上年	增幅（%）	本年	上年	增幅（%）	本年	上年	增幅（%）
	合计	114004117	117178057	-2.71	23764743	38884387	-38.88	9915270	9255213	7.13	20331837	16740496	21.45	27221457	22435257	21.33
1	深圳市	24739190	22761804	8.69	3990781	6817568	-41.46	1492900	1359055	9.85	6792723	4980035	36.40	7578697	5561844	36.26
2	广州市	13813838	14694959	-6.00	2301848	4584476	-49.79	1280159	1248753	2.51	2371658	1973058	20.20	3859530	3332494	15.82
3	杭州市	10416251	9460507	10.10	2146084	2903983	-26.10	890183	793028	12.25	1584750	1240069	27.80	2887941	2302294	25.44
4	宁波市	6493628	7117174	-8.76	1250098	2126944	-41.23	813915	770543	5.63	1038709	1123810	-7.57	1562741	1330091	17.49
5	成都市	9004746	10029277	-10.22	2243616	3469159	-35.33	717375	631819	13.54	1150310	1071369	7.37	1669278	1402862	18.99
6	南京市	8305162	7949552	4.47	2243956	2737580	-18.03	870906	801809	8.62	1141965	882071	29.46	1931646	1666860	15.89
7	大连市	3689800	4204072	-12.23	746811	1470537	-49.22	438400	440723	-0.53	513796	524197	-1.98	771729	718521	7.41
8	武汉市	8939379	8861895	0.87	2423988	3312012	-26.81	840573	792203	6.11	1409113	1028722	36.98	1491127	1193653	24.92
9	沈阳市	3630375	4088616	-11.21	806063	1465221	-44.99	361509	334256	8.15	392592	379698	3.40	655539	581381	12.76
10	青岛市	5936348	6743352	-11.97	1152164	2051220	-43.83	554218	517992	6.99	1063463	1014218	4.86	909581	1179751	-22.90
11	厦门市	4542064	4399342	3.24	706282	1316852	-46.37	304128	294344	3.32	912887	712281	28.16	1073071	698232	53.68
12	济南市	4044946	4345873	-6.92	1044703	1717315	-39.17	359935	331973	8.42	575466	481492	19.52	703995	644035	9.31
13	西安市	4477704	5590403	-19.90	1332286	2392178	-44.31	338765	336153	0.78	477931	434434	10.01	986869	861093	14.61
14	哈尔滨	2829409	3315853	-14.67	704025	1232832	-42.89	230146	222288	3.54	431573	476036	-9.34	481734	419357	14.87
15	长春市	3141277	3615378	-13.11	672038	1286510	-47.76	422158	380274	11.01	474901	419006	13.34	657979	542789	21.22

南京市经济运行主要指标

（2016年12月）

表41

金额单位：亿元（除注明者外）

指标名称	月度 本月	月度 增长率（%）	年度 本年	年度 上年	年度 增长率（%）
规模以上工业总产值	1233.40	2.8	13026.90	12897.92	1.0
1. 国有及国有控股企业	433.43	10.5	4053.55	4021.38	0.8
民营企业	383.14	1.9	4020.02	3948.94	1.8
私营企业	212.88	-5.0	2392.13	2363.76	1.2
2. 大中型企业	843.94	1.9	8875.42	8778.85	1.1
3. 高新技术产业	301.73	3.8	3063.39	2977.06	2.9
电子及通信设备制造业	176.84	0.6	2140.00	2183.67	-2.0
医疗设备及仪器仪表制造业	79.81	60.2	393.43	340.63	15.5
规模以上工业销售产值	1242.69	7.0	12798.17	12633.93	1.3
出口交货值	136.00	-18.6	1690.78	1800.62	-6.1
全社会用电量（亿千瓦时）	47.12	-1.0	524.79	495.08	6.0
工业（亿千瓦时）	30.89	-1.9	310.81	300.59	3.4
第三产业（亿千瓦时）	10.99	-3.2	128.56	120.49	6.7
限额以上社会消费品零售总额	337.68	11.3	3271.21	2990.14	9.4
1. 批发零售	322.20	11.3	3119.82	2849.15	9.5
2. 住宿餐饮	15.47	10.8	151.40	140.45	7.8
海关进出口总额（按经营单位）（亿美元）	53.46	8.1	502.12	532.47	-5.7
1. 出口总额（亿美元）	29.85	-1.5	295.92	315.14	-6.1
2. 进口总额（亿美元）	23.61	22.6	206.20	217.28	-5.1
财政收入	177.64	-4.3	2198.54	2009.63	9.4
1. 中央收入	73.55	-12.2	1055.94	988.71	6.8
2. 一般公共预算收入	104.09	2.2	1142.60	1020.18	12.0
3. 一般公共预算支出	305.25	165.1	1173.79	1045.23	12.3
国内生产总值	**	**	10503.02	9725.02	8.0
1. 第一产业	**	**	252.51	250.01	1.0
2. 第二产业	**	**	4117.20	3909.97	5.3
工业	**	**	3581.72	3417.67	4.8
3. 第三产业	**	**	6133.31	5565.62	10.2
金融业	**	**	1241.76	1089.26	14.0
房地产业	**	**	711.47	697.52	2.0

指标名称	年度 本年	年度 上年	年度 增长率（%）
全社会固定资产投资	5533.56	5425.06	2.0
1. 第一产业	40.78	36.94	10.4
2. 第二产业	1784.22	2079.51	-14.2
工业	1761.65	2058.00	-14.4
3. 第三产业	3708.57	3311.22	12.0
房地产开发投资	—	—	—
1. 房地产开发投资额	1845.60	1428.48	29.2
2. 土地购置费	645.52	489.77	31.8
3. 按工程用途分	—	—	—
住宅	1392.76	1081.34	28.8
办公楼	96.68	86.79	11.4
商业用房	195.05	144.91	34.6
其他	161.11	116.32	38.5
4. 房屋建筑面积	—	—	—
施工面积（万平方米）	7691.41	7082.33	8.6
新开工面积（万平方米）	2281.02	1609.75	41.7
竣工面积（万平方米）	1241.33	1448.46	-14.3
5. 商品房屋销售面积（万平方米）	1558.18	1542.76	1.0
住宅（万平方米）	1406.29	1429.16	-1.6
6. 商品房屋销售额（万平方米）	2766.35	1773.30	56.0
住宅（万平方米）	2514.99	1609.08	56.3
规模以上工业综合能耗（万吨标煤）	3822.21	3675.20	4.0
电信业务收入	124.37	118.22	5.2
邮政业务收入	78.79	77.17	2.1
城镇居民人均可支配收入（元）	49997.28	46122.95	8.4
城镇居民人均消费支出（元）	29772.13	27798.44	7.1
金融机构本外币存款余额（月度数）	28355.89	26476.09	7.1
金融机构本外币贷款余额（月度数）	22268.94	18952.29	17.5
城市居民消费价格指数（%）	102.1（本月）	102.7（累计）	—
商品零售价格指数（%）	101.1（本月）	100.5（累计）	—

市县级税收完成情况表——税种、级次

（2016年12月）

表42　　金额单位：万元

税种	市县级 本年	市县级 上年	市县级 增幅（%）	市本级 本年	市本级 上年	市本级 增幅（%）	区县级 本年	区县级 上年	区县级 增幅（%）
总税收	6029588	5957746	1.21	764317	724328	5.52	5265271	5233418	0.61
增值税	34486	0	0.00	10	0	0.00	34476	0	0.00
营业税	1851659	2281391	-18.84	15056	18011	-16.41	1836603	2263380	-18.86
企业所得税	452162	346568	30.47	2442	3135	-22.11	449720	343433	30.95
个人所得税	772658	666746	15.88	11469	11325	1.27	761189	655421	16.14
资源税	4627	8886	-47.93	1789	4602	-61.13	2838	4284	-33.75
城市维护建设税	870906	801809	8.62	20220	12632	60.07	850686	789177	7.79
房产税	333899	309857	7.76	5941	5494	8.14	327958	304363	7.75
印花税	144133	124781	15.51	1773	1734	2.25	142360	123047	15.70
城镇土地使用税	170244	167889	1.40	42088	42693	-1.42	128156	125196	2.36
土地增值税	954176	630974	51.22	428770	310467	38.10	525406	320507	63.93
车船税	68604	60066	14.21	0	0	0	68604	60066	14.21
契税	358318	524665	-31.71	234750	314235	-25.29	123568	210430	-41.28
耕地占用税	13716	34114	-59.79	9	0	0.00	13707	34114	-59.82
其他税收	0	0	0.00	0	0	0.00	0	0	0.00

税 政 管 理

营业税管理

概　述　2016年，市地税局按照“顺应改革、落实政策、强化管理、提高绩效”的管理思路，围绕营业税改增值税（以下简称“营改增”）工作主线，稳步推进营业税工作。全年营业税收入224.39亿元，同比降低18.03%，占全部税收收入的比重27.02%。受理营业税减免税122369户次，减免营业税款71.21亿元。其中个人销售住宅营业税减免115572户，税款59.34亿元，占全市营业税减免总额的83%。该局针对全面推开“营改增”工作特点，把握节点，全程跟踪；制定工作方案及任务分解表，增设“营改增”绩效考评指标，严肃问责追究。全面开展营业税存量税源清理，对达到条件的建筑业项目进行清算，对尚未完成清算的项目倒排时间，加快清算进度；开展营业税欠税清理和风险应对工作，做好发票清理、委托代征的衔接工作。组织参加预防“营改增”中虚增空转、建筑业税收征管等专项调研，认真研究“营改增”政策、征管问题衔接和二手房委托代征等事项，理顺相关政策和征管措施，就税制改革、“营改增”对地方税收的影响作出初步分析，及时反映有关问题，提出应对建议；加强与南京市财政局等相关部门的配合，注重与南京市国家税务局（以下简称“市国税局”）的密切沟通、全力合作，联合召开国、地税征管业务协调会，就税户管理、发票管理、委托代征等方面的业务需求进行说明和回复，参加市国税局营改增建筑业调研，提供地税局建筑业管理经验和营改增后的管理建议。对省地税局下发的14.89万户移交营业税纳税人企业名单认真核实，认真梳理税户情况、发票信息、委托代征单位情况。落实委托代征工作要求，与市国税局签订委托代征协议，对到市国税局各办税服务厅（含自助办税机）申请代开增值税发票和建筑服务业预征增值税的纳税人代征地方税费，各区国、地税共同委托建管处等12家单位代征跨区从事建筑业服务所预缴各项税收，市国税局委托市地税局代征二手房交易和其他个人出租不动产税款和代开增值税发票工作，并做好存量房征收及房屋租赁委托代征系统改造上线工作。加强对各级地税干部、“12366”热线坐席人员的培训，做好宣传辅导；与国税局共同开展委托代征软件及相关政策培训，确保干部熟悉掌握营改增后开票系统的软件操作；开展风险防范评估，提前考虑各类突发情况，研究制定工作预案，防范和化解营改增过程中的舆情隐患、征管应急等问题。

（宋　昕）

“营改增”工作全面推开　针对全面推开“营改增”工作特点，一是强化责任落实。建立完善营改增工作领导和工作机制，按照分层管理、分级负责的原则，成立市、区两级营改增试点工作领导和工作小组；研究制定工作方案及任务分解表，明确6个方面26项工作内容，确保改革有序推进；增设营改增绩效考评指标，强化结果运用。二是抓好税源清理，按照组织收入原则，全面开展营业税存量税源清理，做到应收尽收。三是加强分析汇报，详细分析营改增行业税户、税收情况以及营改增对组织收入、部门职责、税收征管等产生的影响，摸清家底，提出应对建议，主动向党委政府汇报；多渠道收集问题建议，理顺相关政策和措施。四是密切沟通协作，做好工作对接，加强与财政、国税等相关部门的配合，研究部署落实营改增试点工作。经统计，核实移交国税共涉及营业税户14.89万户，其中正常户14.21万户（企业户8.24万户，个体户5.97万户）；非正常户0.68万户（企业户0.65万户，个体户0.03万户）。4月30日开展系统上线测试工作，5月1日大集中系统调整到位，申报窗口标识修改完成，顺利开出第一张测试税票。

（孙　鲲）

落实营业税税收优惠政策 坚持民生为先，关注民生需求，认真落实营业税税收优惠政策，跟踪政策落实实效。2016年，全市共受理营业税减免税122369户次，减免营业税款71.21亿元，其中个人销售住宅营业税减免115572户次，减免营业税款59.34亿元，占全市营业税减免总额的83%；医疗卫生类备案445户，减免营业税款3.79亿元；托幼养残等福利事业类备案259户，减免营业税款0.13亿元；保险公司一年期以上返还性人身保险81户，减免营业税款4.29亿元。 （宗 慧）

所得税管理

概 述 2016年，市地税局聚力税制改革、税收征管体制改革，坚持以组织收入为中心，不断深化所得税和国际税收管理，较好地完成了所得税、国际税收的各项工作。

加强企业所得税专业化管理。上下联动，全面开展企业所得税政策及申报表修订填报的辅导培训工作，顺利完成2015年度所得税汇算清缴工作。加强高风险、重点税源事项企业所得税专家团队化管理，完成应对并补缴企业所得税3318户，完成应对消除风险点10679个，入库企业所得税18688.36万元、滞纳金577万元。落实固定资产加速折旧、小微、高新技术企业等企业所得税优惠政策，全市享受企业所得税优惠政策户数为19259户，减免企业所得税额为31.16亿元。

深化个人所得税精细化管理。围绕自然人特点，充分利用社会化资源和信息化手段，进一步加强申报质量管理和高收入者税源的有效监控，全市共有233035名纳税人进行了年所得12万元以上自行纳税申报，自行申报人数为141955，自行申报率为61.31%。共有10157人办理多处工薪所得补申报，补缴入库个人所得税3621万元。进一步规范行政事业单位个人所得税扣缴管理，补缴入库个人所得税1.12亿元。加强自然投资者所得税管理机制，经核实调整入库个税的股权转让被投资企业1599户次，调整面为24.28%。积极落实科技成果转化税收优惠政策，建立税收服务科技创新的长效机制，完善促进科技创新优惠政策落实的联动服务机制，助力科技创新经济的发展，得到省地税局局长江建平的高度肯定，并以专题简报的形式将市地税局的主要做法和经验向全省推广。

加强国际税收管理。服务“一带一路”，做好“走出去”企业税收宣传，开展非居民税收风险核查工作，加强税收协定待遇管理。强化反避税工作管理，对反避税进行立案、调查，积极开展税收情报交换工作。推进境外上市企业税收管理，“走出去”企业管理服务平台成功上线运行；开展境外上市企业涉税专项服务工作，防范境外上市企业税收风险。深入分析涉税风险的成因，结合优秀案例剖析，归纳各类涉税风险，编写调研文章《南京境外上市公司税收风险分析》在《国际税收》期刊发表。 （张 黎）

2015年度企业所得税汇算清缴 全面开展企业所得税政策及申报表修订填报的辅导培训工作，进一步加强所得税汇算清缴管理，努力提高汇算清缴质量和效率。2015年企业所得税汇算户共67837户，其中，查账征收户51915户、核定征收户15922户，申报率为100%。汇算清缴应补税额总计29.9亿元，其中，查账征收为29.68亿元、核定征收为2188万元。对汇算清缴差错数据进行审核，审核通过率达到100%。 （徐瑛辉）

中高风险企业所得税汇算清缴复审 组织开展2015年度中高风险企业所得税汇算清缴复审，识别风险户为8752户，推送专项复审任务户3903户，涉及所得税疑点数26566个，完成应对并补缴企业所得税的有3318户，完成应对消除风险点10679个，入库企业所得税18688.36万元、滞纳金577万元。其中：专家团队参与并推送的风险点3122个，专家团队指导应对风险点数量1076个，指导应对入库税款8579.75万元。 （徐瑛辉）

落实企业所得税优惠政策 2016年，全市享受企业所得税优惠政策户数为19259户，与2015年同期相比，户数减少712户。其中：小微企业为18016户，高新技术企业为180户，研发费加计扣除为322户，软件企业为40户。减免企业所得税额为31.16亿元，与2015年同期相比，减免税额增加4.319亿元。其中：小微企业为1.137亿元，高新技术企业为5.048亿元，研发费加计扣除额为12.8

亿元，折合减免税额为3.2亿元，软件企业为3.066亿元。与以往年度相同，减免税额最大的仍为股息红利，免税收入达到67.31亿元，折合减免税额为16.827亿元。（孙建忠）

制作企业所得税汇算清缴实务系列微课程 承担国家税务总局微课程制作任务，结合新申报表，对企业所得税汇算清缴政策进行全面梳理，组织制作系列微课程《企业所得税汇算清缴实务》。课程内容由企业所得税汇缴工作中的难点、重点问题构成，由25篇不同内容课件组成，总时长251分34秒，平均每篇课件时长10分6秒。其中精品课程5篇，优品课程20篇。（徐瑛辉）

年所得12万元以上个人自行纳税申报233034人 2016年，市地税局创新申报方式，拓宽申报渠道，引导纳税人进行自主申报。在现有实体办税服务厅、网上办税厅基础上，率先研究并推广使用掌上办税平台，方便自然人通过手机实现自行纳税申报。率先开通自然人银联网上支付功能，实现方便快捷缴税。共有233035名纳税人进行了年所得12万元以上自行纳税申报，比省地税局下达任务142502人超出90533人，完成省地税局下达工作目标的163.53%，自行申报人数为141955，自行申报率为61.31%。申报年所得总额716.94亿元，应纳个人所得税109.29亿元，补缴个人所得税2.78亿元。（史伟莹）

行政事业单位个人所得税扣缴 市地税局从征管实际出发，规范扣缴义务人全员全额明细申报工作，提升行政机关和事业单位个人所得税扣缴工作质量。根据上级规范文件精神，与南京市财政局、南京市审计局联合下发《江苏省南京地方税务局 南京市财政局 南京市审计局关于深入推进行政机关和事业单位个人所得税代扣代缴工作的通知》（宁地税〔2016〕86号）。梳理个人所得税工资薪金相关税收政策，上门走访部分机关事业单位，引导和帮助行政事业单位按期正确履行代扣代缴义务。按照先市级后区级、先自查后评估的步骤稳步开展行政事业单位个税明细申报工作。以扣缴义务人100%登记为前提，以人均收入和税款大幅提升为重点，以数据异常户清理为难点开展工作。2016年度，共有1219户机关事业单位补申报，补缴入库税款1.13亿元。（史伟莹）

个人所得税风险评估 2016年，采取“统筹兼顾、同步进行”原则，开展个人所得税风险评估工作。年初将个人取得两处及两处以上工薪薪金所得风险纳入年度汇算申报工作，各基层单位结合工商前置对自然人股权转让个人所得税风险分析开展专项核查，将（省级）自然人股权转让个人所得税风险分析、（省级）重点行业工资薪金收入偏离全省分行业平均值指标、（省级）个人取得两处及两处以上工薪薪金所得未合并申报个人所得税风险和高净值纳税人个人所得税风险分析等4个指标纳入专项风险评估任务。专项风险评估任务中，重点行业工资薪金收入偏离全省分行业平均值指标涉及疑点175条，高净值纳税人个人所得税风险分析涉及285个人。通过评估共组织入库个人所得税4.89亿元，其中：通过专项核查调整入库股权转让个人所得税4.08亿元。（史伟莹）

股权转让个人所得税管理 2016年，市地税局按链条式管理工作思路，继续完善股权转让管理制度，建立起基于征、管、评、查体系下个人所得税股权转让征管体系。一是将资本利得税收相关个人所得税政策作为系统制式培训的重要内容，对股权交易核实事项相关岗位进行重点培训；引进外部师资开展系统“企业上市业务及财税处理”专题视频培训会。二是针对企业出资工商登记由注册制改为认缴制之后、大量出现未足额出资下的股权交易事项情况，制定了相关问题的处理意见并明确操作口径；对“新三板”挂牌前持有的股权交易等处理事项研究确定了相关口径。三是积极对接“金税三期”系统（金税工程是经国务院批准的国家级电子政务工程，是国家电子政务工程之一的税收电子工程，是税收管理信息系统工程的总称。自1994年开始，历经“金税一期”“金税二期”“金税三期”工程建设），配合省地税局积极提倡股权交易信息化管理建设；在日常工作中充分利用工商传递数据等信息，对信息进行加工、筛选、传递，结合风险应对向基层分局推送有质量的相关风险疑点，提升风险应对效能。全年入库股权转让个人所得税81821万元，其中对2354人次进行了调整，调整入库个人所得税43625.52万元，较去年同期增长1853.99万元，同比增幅4.44%。经核实调整入库个税的股权转让被投资企业1599户次，股权转让个人所得税调整面为26.68%。（杨 恬）

落实科技成果转让税收优惠 市地税局加强省市联动、用好政策杠杆、因地制宜推进，将科技成果转让税收优惠政策落到实处。一是深入调研非货币性资产投资分期缴纳税款政策的贯彻执行情况，结合工商数据交换、分析和典型调查等，形成调研报告《非货币性资产投资个人所得税政策落实面临的困境及建议》，获省地税局江建平局长表扬性批示并向国家税务总局专题汇报相关情况，推动了《关于完善股权激励和技术入股有关所得税政策的通知》（财税〔2016〕101号）文件的出台。二是承办省地税局召开的在宁15所高校座谈会，梳理科研机构、高等院校以及国有单位等上级主管部门的特殊管理要求，并与科技、教育、知识产权、工商等部门进一步沟通协调，完善联动服务机制。该项工作得到张敏华副省长表扬性批示和省地税局局长江建平的高度肯定，并以专题简报的形式将主要做法和经验向全省推广。全年共办理个人以非货币性资产投资分期缴纳税款计划备案事项152人次，涉及非货币性资产交易金额15.23亿元，个人所得税款4471.33万元；15家被投资企业涉及110人次转增股本个人所得税分期缴纳备案应纳税所得额1.58亿元，个人所得税款3165.59万元；个人取得股权奖励分期缴纳税款备案17人次，涉及应纳税所得额1.74亿元，个人所得税款3483.38万元。（杨 恬）

非居民税收管理 一是分析收入增减变化及其影响因素，预测收入变化趋势，提出非居民企业税收管理中存在的主要问题及应对措施。二是根据“入境登记、双向申报、年度申报、离境清税”的外籍人员管理方针，开展2015年度外籍个人年度申报工作。借助信息平台，定期通报申报进度，突出未登记与未申报人群的信息采集与催报催缴。全市共有8002名外籍人员进行了年度申报，应纳个人所得税5.06亿元，补缴个人所得税317.65万元。三是上线运用非居民合同信息系统。及时组织基层一线人员进行操作培训；强化运用，定期开展平台数据录入抽查工作。1月6日，非居民合同信息管理系统平稳上线运行，实现内外网信息采集以及纳税申报。（张 黎）

跨境税源风险管理 一是归纳“走出去”涉税风险指标。总结2013年—2015年境外上市企业专项调研核查工作经验，分析涉税风险的成因，结合优秀案例剖析，归纳形成各类涉税风险指标，获2016年市地税局优秀创新项目二等奖。二是编写上报《“走出去”企业涉税风险指标和工作指引》，其中《境外上市特定税收风险管理工作指引》被国家税务总局印发全国推广（税总际便函〔2016〕363号文），要求“将成果运用于跨境税收风险管理工作”。三是开发“走出去”企业管理服务平台，2016年2月在全省上线应用；开展风险管理入库税款11358万元，实现了风险疑点的查询输出和常态化管理。四是深入分析涉税风险的成因，归纳各类涉税风险，制定应对方法和征管措施，形成专题调研报告，撰写调研文章《南京境外上市公司税收风险分析》在《国际税收》期刊2016年第三期刊发。（金 东）

反避税工作 市地税局以建立管理、服务、调查三位一体、统一规范的反避税防控体系为目标，加强部门配合，加强关联申报审核、同期资料管理，不断夯实基础，重点关注股权转让、“走出去”企业离岸架构、房地产行业的土地增值税和房产税等领域的反避税调查，努力拓展反避税的广度和深度。层报国家税务总局一户特别纳税调整案件，目前已到立案审批阶段；完成一户反避税自行调整案件，补缴税款1010.48万元，加收利息共计20.56万元。（林大蓼）

财产行为税管理

概 述 2016年，市地税局着力于地方税种政策研究与服务基层工作相结合，税种管理机制与提升管理水平相结合，税制改革研究与服务上层决策结合，稳步有序开展财产行为税管理。

围绕年度工作计划，落实重点工作。抓好土地增值税清算管理工作及完善存量房交易价格管理体系，并按照风险管理的模式完善各个税种的风险指标，地方税收入同比明显增幅。

关注立法动向，注重税制研究。对契税立法调研、耕地占用税立法调研等做好了资料的收集和前期准备工作，并形成了相应的调研报告及数据分析测算表。在一定范围内开展了社会调查，专家论证，结合调查结果作了相应的测算分析。

强化税种征管，制定管理体系。强化土地增值税征管，开展土地增值税预警值建设工作，完成土地增值税政策调研工作，加强对清算进度的监控。根据上级要求，配合进行了印花税暂行条例实施情况评估调查。做好船舶车船税委托代征工作。加强与地方海事部门的联系，规范已开展的船舶车船税委托代征工作，制定税款申报流程和管理办法。完善存量房评估信息系统，建立存量房评估价格管理体系，实现估价系统中房地产类型和地理范围的全覆盖；完善存量房评估价格管理体系，统一了全市存量房评估流程，整合了存量房估价的流程和岗责体系以及风险的防范和应对，形成了一套存量房交易税收管理的规范体系。强化房产税、城镇土地使用税日常风险管理。做好风险管理工作，深化推广以地控税、以税节地工作。（张海霞）

征收财产行为税327.38亿元　2016年全市组织征收财产行为税费327.38亿元，比2015年同期增长26.37亿元，同比增长8.76%。其中土地增值税增长幅度超过50%，印花税和车船税增长幅度较大；资源税、契税和耕地占用税下降幅度较大，都超过了30%。市地税局通过开展风险应对、以地控税、数据交换等工作，从机制上堵塞征管漏洞，减少税收流失。同时加强房产税、车船税、土地增值税、印花税等委托代征工作，促进了临时、分散税收收入的征管。（朱国生）

土地增值税增长32.32亿元　2016年全市征收土地增值税95.42亿万元，比2015年同期增长32.32亿元，同比增长51.22%。土地增值税增长的主要原因是2016年南京市房地产市场发展较快，房地产销售量和销售价格均有较大幅度增长；市地税局加强了房地产项目的土地增值税清算工作，全年共完成62个项目的清算工作，补征税款13亿元左右。（朱国生）

资源税改革　2016年7月1日，资源税正式实施“从量计征”转为“从价计征”和“简费入税”（简化原有收费项目并入资源税）的改革，目的是使资源税税收负担与资源价格的变动保持一致，并进一步降低企业税收负担。一是开展从价计征资源税税率测算工作，与市财政局联合选择典型企业开展调研，测算2013年到2016年资源税税收负担，报由省地税局统筹确定全省资源税税率。二是逐户上门服务，为纳税人讲解新的资源税计算办法和新的申报表的填写方法，同时解决有关企业改革操作中的特殊问题。三是开展改革信息、工作问题反馈和统计工作。改革后，资源生产企业的税负基本下降，企业普遍反映税款计算办法更加合理。全年征收资源税4627万元，比2015年8886万元下降47.93%。（朱国生）

以地控税以税节地工作　市地税局坚持“局部试点、全面铺开”原则，与市国土资源局联合印发了《关于开展以地控税 以税节地工作的实施意见》《关于建立以地控税 以税节地工作协作制度的通知》，从机制上保障宗地信息交换共享，涉税数据增值利用，地税、国土联合执法等。国土部门负责向共享平台中整合土地登记、地籍调查、地图（非全要要素地形图、影像地图）等数据信息；地税部门负责向共享平台中整合纳税人用地、完税等数据信息；双方协同完成纳税人与宗地关联；共享平台支持宗地税源数据、电子地图定位和展示功能。以城镇土地使用税为切入点，通过土地自有及衍生税源为主要管理对象，不断延伸管理链条，提升税收征管工作的效率，实现城镇土地使用税等相关地方税种的全覆盖、无缝式管理。（严志敏）

房产税和城镇土地使用税风险管理　年初统筹形成全年风险管理工作计划，对日常管理中存在的高风险事项，推送稽查部门组织行业专项检查或采取税务专案稽查等措施消除风险，同时进一步完善管理措施和办法；对于中低风险事项，推送税源管理采取专项评估、日常评估或推送纳服采取服务提醒等措施消除风险，逐步实现风险常态化管理，最大限度地防范执法风险。全年通过风险监控平台应对房产税1169户，累计入库11270.95万元。应对城镇土地使用税618户，累计入库23679.83万元。（严志敏）

教育费附加减免2.18亿元 落实《财政部、国家税务总局关于扩大有关政府性基金免征范围的通知》（财税〔2016〕12号），通过外部网站、“12366”热线平台、征收大厅、《纳税须知》等多种途径，向销售额或营业额不超过10万元的纳税义务人宣传新的政府性基金优惠政策，让符合条件的纳税人最大程度的享受到国家减税政策的福利。全年该项政策共计免征教育费附加2.18亿元。

（李 丹）

建立存量房评估价格管理体系 一是完善存量房评估信息系统更新维护机制，做到定期维护与日常维护相结合，日常维护要对缺失及异常数据等进行每日处理，定期维护的周期以季度为单位调整更新系统内的基准价。二是完善存量房评估价格管理体系。结合“金税三期”系统的上线，统一了全市存量房评估流程，对全市存量房交易评估工作确定了统一的工作模式和流程，形成了一套存量房交易价格管理的规范体系。三是建立与物价部门合作的价格认证机制。强化了物价部门基准价格认证的职能，制定了相应的流程文书及工作要求。（张海霞）

社会保险费、基金费管理

概 述 2016年，市地税局突出规范公平的工作目标，落实好社保基金费征缴工作，认真履行征收职能，规范基金费征缴工作。全年组织入库社会保险费450.53亿元，同比增幅6.6%；入库各项基金费28.66亿元，同比增幅0.36%。贯彻落实省地税局《社会保险费欠费管理办法》，结合南京市实际情况，联合市人力资源和社会保障部门以及市财政部门出台《关于贯彻落实〈江苏省社会保险费欠费管理办法（试行）〉的实施意见》。根据省人力资源和社会保障等部门联合发布的《关于困难企业缓缴社会保险费有关问题的通知》，着手建立南京市社保费困难户办理缓缴联动工作机制。与市人力资源和社会保障局、市财政局、市卫生和计划生育委员会等部门联合开展社会保险基金管理与监督情况检查。贯彻全省残疾人就业保障金征管工作会议精神，在8月、9月两个月集中完成全年残疾人就业保障金征收工作。贯彻落实部分政府性基金扩大免征范围有关政策，对月收入不超过10万元的小微企业落实好免征教育费附加、地方教育附加政策；暂停征收防洪保安资金。贯彻落实好社会保险费“减负降率”有关政策，基本养老保险降低1%、失业保险降低0.5%、工伤保险按不同行业实行浮动费率，进一步降低企业成本，促进企业持续健康发展。做好社会保险费、基金费各项工作与“金税三期”的衔接，确保平稳上线。（宋 昕）

征收社会保险费450.53亿元 2016年，市地税局坚持依法治费，推进规范化、制度化、信息化建设，全年组织入库社保费450.53亿元，征缴率达99.32%，比2015年同期净增27.9亿元，同比增幅6.6%；清欠社保费1.1亿元，极大的缓解了财政压力，促进了社会稳定。（陈珊艺）

征收基金费28.66亿元 坚持服务民生、税费同征同管的原则，履行征收职能，突出重点费种征缴管理，做好基金费征缴工作，确保基金费收入稳步增长。全年共征收各项基金费28.66亿元，同比增幅0.36%。其中：地方教育附加23.68亿元，同比增长2.23%；文化事业建设费503万元，同比降低62.85%；残疾人就业保障金2.02亿元，同比增长5.68%；工会经费2.55亿元，同比增长11.7%，有力支持了南京地方经济的发展。（宋 昕）

落实《江苏省社会保险费欠费管理办法》 结合南京市实际情况，联合市人力资源和社会保障部门、市财政部门出台《关于贯彻落实〈江苏省社会保险费欠费管理办法（试行）〉的实施意见》，明确了南京市社会保险费欠费管理的操作流程，对社保欠费户的催缴、非正常户和失信户申请及上报提出具体工作要求。全年累计清理社会保险费欠费1.1亿元。（陈珊艺）

开展社会保险基金管理与监督情况检查 6月，为贯彻实施《江苏省社会保险基金监督条例》，由市人力资源和社会保障部门牵头，市财政局、市卫生和计划生育委员会、市地税局共同参与，开展社会保险基金管理与监督情况检查。此次检查按照全面自查、重点抽查的方式开展，召开全系统视频会议部署自查工作，梳理自查项目，明确上报表格的口径、信息渠道、工作要求和时间节点。在完成自查工作的基础上，四个部门联合对江宁、浦口、六合三个区开展重点检查，通过检查，梳理社会保险基金管理工作中存在的问题，进一步完善政策、规范管理。（陈珊艺）

落实部分政府性基金扩大免征范围政策 根据财政部、国家税务总局《关于扩大有关政府性基金免征范围的通知》，从2016年2月1日起，小微企业教育费附加、地方教育附加的免征范围扩大到月收入10万元。为确保政策落实到位，一是成立由营业税处牵头，财行税处、征科处、数据处、电税中心、纳服局等部门共同参与的工作小组，研究制定工作方案，明确各部门的职责分工、各项具体工作的安排及工作要求。二是通过南京日报专版、外部网站、办税服务厅、微信平台等多种渠道，及时发布政策和办税流程，确保纳税人对优惠政策应知尽享。三是及时开展多层面的业务培训，做好对纳税人的办税辅导，以及与各委托代征单位的衔接协调工作。四是做好纳税申报、门临征收、委托代证等环节系统功能的调整工作，确保不影响纳税人的正常申报。

（宋　昕）

做好防洪保安资金暂停征收有关工作 根据《江苏省政府关于降低实体经济企业成本的意见》（苏政发〔2016〕26号）以及《江苏省财政厅关于暂停征收防洪保安资金的通知》（苏财综〔2016〕22号）规定，从2016年1月1日起暂停征收防洪保安资金。市地税局通过外部网站、“12366”税收咨询热线做好对纳税人的宣传、政策解答，各局做好对纳税人的办税辅导。同时做好大集中系统相关程序维护工作，停用防洪保安资金征收项目。对企业已经缴纳的所属期为2016年的防洪保安资金，加强宣传、主动服务，及时做好退库工作。

（宋　昕）

【责任编辑　史忠民】

征收管理

概　述　2016年，市地税局围绕“金税三期”（金税工程是经国务院批准的国家级电子政务工程，是国家电子政务工程之一的税收电子工程，是税收管理信息系统工程的总称。自1994年开始，历经“金税一期”“金税二期”“金税三期”工程建设）上线、“营改增”（营业税改增值税，以下简称“营改增”）试点、“互联网+税务”、深化国地税征管改革等征收管理重点难点，进一步调优征管机制，夯实征管基础，推进大数据治税工程及电子税务局建设，切实提升税收征管质量。

一是推进改革深化，新征管体系功效明显发挥。按照风险应对专业化的思路，结合基层税务局工作实际，对重点税源风险应对机构管辖范围进行优化调整。顺应财税体制改革要求，“营改增”试点工作期间，多次与市国税局进行协调，确保相关工作有效衔接。重点做好国税委托代征税款和代开增值税发票工作，逐日对每个事项完成情况实时进行督导检查，确保整体工作完成进度，平稳、顺利地实现“营改增”工作转换。截至12月末，共受托代征纳税人销售不动产税款258262万元，代开增值税发票117985份；受托代征其他个人出租不动产税款20519万元，代开增值税发票213596份。梳理“金税三期”系统与现有制度规程差异，针对登记制度改革、“营改增”以及深化国地税合作等工作新要求，对现行税收业务制度规程和税源管理事项清单作相应调整修订和补充完善。修订后的税收制度规程包含19类业务事项202项业务规程，共35万字。

二是推进“金税三期”上线，系统支撑效能明显增强。周密组织上线启动工作，抽调业务骨干成立上线推广办，在全省最早实施集中封闭办公。有序开展上线前相关准备，清洗数据13.8万余条，确定24个特色业务软件衔接方案，组织编写业务操作指南三期，开展涉及干部1200余人的分层次、分批次业务培训。组织18家基层单位分三批逐月梯次推进全员、全量、全业务双轨试运行，组织完成三次人海仿真测试，大量开展对内、对外培训。加强工作统筹，保障南京市房产交易厅涉税服务在系统停机期间照常服务，使南京成为全省乃至全国唯一一家在“金税三期”上线征管系统切换停机期间，房产交易涉税服务不间断的城市。国庆加班开展tips三方协议、岗位和人员初始化、发票和票证初始化、业务功能等验证工作，国庆首日发放3大类票证电子流252.42万份，校验准确率100%；国庆期间共处理业务9600余笔，验证业务功能144项；逐点完成委托代征系统联调逐安装专线网络27个，发放票证实物和电子流28466份，完成52个私房出租税控盘和一体化开票软件的升级安装。建立“点、线、面”立体联动式保障机制，保障单轨上线及上线首个报缴期平稳运行。上线首日共处理13类业务12092笔，涉及纳税人11171户，征收税款4943万元。

三是实施“互联网+税务”建设，信息化应用能力明显提高。推进大数据建设及“互联网+税务”创新创意项目建设，牵头优化的掌上办税平台和第三认证支付交换项目分别被省地税局列为“互联网+创新项目”和“互联网+创意点子”并进入国家税务总局评选。探索实施新型电子税务局建设，通过省地税局手机APP平台，实现了南京地税的自然人纳税人个税申报后可进行支付宝缴税，成为全国首家采用支付宝缴税的城市。与“我的南京”合作，实现了微税厅及自然人登记时采用“我的南京”作为第三方认证功能，通过“我的南京”实现了个税查询，切实方便自然人办税。强化信息化项目管理，开展年度信息化项目计划拟定、需求收集、汇报材料撰写、需求评审、项目推进等工作，全年立项信息化项目9个，8个项目已上线运行。12月，市地税局被中国互联网协会评为2016年度中国“互联网+”社会服务最佳创新政务机构。

四是创新国地税联合征管，新型国地税合作机制明显完善。联合开展国地税共管税户差异信息集中清理，为“金税三期”上线和全面推行“营改增”试点工作做好准备。联合规范“三证合一”登记企业清税申报工作要求，为登记制度改革打牢基础。梳理国地税联合征管工作事项，拓展国地税联合征管平台业务功能需求，扩大国地税涉税数据信息交换范围。联合推进委托代征管理，对纳税人销售其取得的不动产，设立11个征收点、69个征收窗口征收地税税收，并代征增值税和代开增值税发票；对其他个人出租不动产，继续委托房产部门代征税收。共同开展委托代征单位清理，各区地税局全面委托各区国税局代征地方税费，签订代征协议，对市国税局委托第三方的代征单位，市地税局同步进行委托。做好国税大厅代征地方税费工作，全年国税大厅代征地方税费13627万元，开具税票40323份。

五是夯实征管基础，税收管理质量明显提升。配合全市政务中心在“三证合一”（即将企业核发的营业执照、组织机构代码证、税务登记证改为核发加载统一社会信用代码的营业执照）的基础上加入社保登记证和统计登记证，推行“五证合一”（即在“三证合一”的基础上整合进社会保险登记证和统计登记证，实行营业执照、组织机构代码证、税务登记证、社保登记证和统计登记证“五证合一”，核发加载统一社会信用代码的营业执照，实行“一照一码”）。全年办理“一照一码”设立登记9.9万户，“三证合一”登记总户数达24.4万户。深化税源与征管状况监控分析，根据“营改增”等工作实际，对指标体系进行修订完善。“金税三期”系统上线后，组织工作团队对监控分析指标进行适应性调整，基本完成考核评价类指标的开发。加强欠税清缴管理，加大催报催缴工作力度，对拒不配合清理入库的纳税人，实施阻止出境、强制扣款、法院强制等强制措施。加大非正常户管理力度，全年清理非正常户1942户。继续推进对非正常户法人多头注册行为的清理，处理非正常户多头注册户738户。结合国家税务总局下发的全国范围内非正常户多头注册清册，应对协查269户非正常户。（梁晓玲）

国地税共管税户差异登记信息集中清理 3月，为进一步规范税务登记管理，清理市国税局和市地税局共管纳税户登记信息，为国家税务总局“金税三期”税收管理系统在江苏省上线做好准备，市地税局联合市国税局组织开展全市国地税共管纳税户差异信息集中清理工作。清理工作的范围包括：2015年10月1日前已经办理税务登记的国地税共管企业或单位纳税人。清理差异登记信息包括：纳税人识别号与纳税人名称不一致信息、税务登记税户不一致信息、法人代表不一致信息、纳税人状态不一致信息等。该项工作由市地税局征管科技处和市国税局征管处联合牵头布置，市地税局各局与对口的各区国税局共同组织清理，此次集中清理的差异税户登记信息数据来源，以市国地税联合征管平台统计数据为依据，全部清理工作于6月末完成。（肖　湘）

贯彻落实省地税局深化国地税征管体制改革方案 5月24日，省地税局印发了《关于贯彻《深化国税、地税征管体制改革方案》的意见》（苏地税发〔2016〕43号）文件，文件明确在充分总结全省地税系统近几年征管经验和改革成果的基础上，推出一批重点试点项目和创新改革项目。根据该方案重点改革项目，市地税局征管科技处梳理了涉及本部门工作职能事项14项，其中牵头工作事项5项，参与工作事项9项。牵头的工作事项包括：国税、地税部门互相委托代征有关税收；推进涉税信息公开，方便纳税人查询缴税信息；实行纳税人涉税信息国税、地税一次采集、按户存储、共享共用；制定“互联网+税务”行动计划；对纳税人实施分类分级管理。上述工作事项均按照省地税局的方案要求贯彻执行并落实调整到位。（肖　湘）

联合实施国地税注销清税 1月，省地税局和省国税局联合印发了《关于规范“三证合一、一照一码”登记企业清税有关工作的通知》（苏国税发〔2016〕9号）文件，明确对纳入“三证合一、一照一码”登记范围、共同管辖的纳税人协同办理注销清税。根据该文件要求，市地税局和市国税局联合拟定了《关于规范“三证合一、一照一码”登记企业清税有关工作的补充通知》，于7月执行。补充通知结合省国地税局数据交换平台上线情况明确两个方面规范意见：一是省国地税局数据交换平台上线前的规范要求，具体包括受理申请、查验审核、清税处理、文书出具和资料管理等五个方面内容；二是省国地税局数据交换平台上线后的规范要求，具体包括受理、查验、清税、处理和反馈等五个方面内容。（肖 湘）

国地税共管户纳税人登记信息匹配核实 6月，省地税局和省国税局联合印发《关于联合开展纳税人信息匹配工作的通知》（苏国税发〔2016〕144号）文件，要求对国税局、地税局现有征管信息系统中，登记状态为正常户、停业户、非正常户和筹建户的纳税人，按照国税局、地税局双方纳税人身份信息（包括纳税人识别号或统一社会信用代码、组织机构代码、纳税人名称和个体工商户身份证件号码）开展纳税人信息匹配，要求对清册中国地税共管户纳税人匹配一致率不低于95%，其中正常户一致率要达到100%。根据文件要求，市地税局和市国税局联合拟定了《关于开展国地税共管纳税人信息匹配工作的通知》，共同开展国地税共管户信息匹配工作，截至12月末，全市国地税共管户56.25万户，共管户纳税人匹配一致率达到98%。（肖 湘）

修订完善税收业务新制度规程 11月7日至11月25日，市地税局抽调全市地税系统22名业务骨干组成制度规程集中修订工作组，对现有税收业务制度规范及业务规程进行修订和完善。经过工作组两轮次的集中修订，一是依据省地税局修订后的税源事项清单，结合“金税三期”系统操作要求，修订完善了市地税局补充税源管理事项清单。市地税局原有的税源事项清单共有212项，修订后税源事项清单共有221项，其中：保留原有事项153项，改名12项，取消47项，新增56项。二是市地税局原税收业务制度规程共有21类业务事项191项业务规程，修订后市地税局新的税收业务制度规程包含19类业务事项202项业务规程，共35万字左右。三是对新增的业务事项，设计了66个新增表证单书的表样。《市地税局税收业务新规程》（2016年11月暂行稿）于12月1日正式下发执行。（肖 湘）

企业“五证合一”和个体“两证整合”登记制度改革 2016年，市地税局继续推行“三证合一、一照一码”登记制度改革。“三证合一、一照一码”，即将企业核发的营业执照、组织机构代码证、税务登记证改为核发加载统一社会信用代码的营业执照；“五证合一”，即在“三证合一”的基础上整合进社会保险登记证和统计登记证，实行“五证合一、一照一码”。制订下发《关于推进“三证合一”进一步加强税户管理的意见》，明确加强税源税户事中事后管理工作要求。下半年，根据计划配合市政务中心在企业“三证合一，一照一码”的基础上加入社保登记证和统计登记证，10月1日起推行企业“五证合一，一照一码”。全年共办理“一照一码”设立登记9.9万户，变更登记6.1万户，换照8.4万户，“三证合一”登记总户数达24.4万户。11月，根据国家税务总局等相关部门的要求，市地税局与市工商局、市国税局加强协作，推行个体工商户营业执照和税务登记证的“两证整合”工作，即将营业执照和税务登记证整合为一个加载统一社会信用代码的营业执照。12月1日对个体工商户正式实施“两证整合”，全年共确认“两证整合”登记数据2415户。（刘 伟）

“金税三期”双轨试运行 一是制定《双轨试运行工作行动计划》，详细梳理双轨试运行期间的工作事项和工作职责。二是组织18个基层单位分三批逐月梯次推进双轨试运行，全员全量全业务开展预生产环境迁移数据的验证工作。双轨试运行期间共完成对登记、申报等12个业务域，144项业务功能的验证测试，计4万余户次；测试模块覆盖面超80%，总体测试通过率超92%，达到预期试运行目标。三是开发“问题分析采集平台”方便对各局验证情况进行统计分析，对验证问题进行上报和反馈。双轨试运行期间基层单位共上报各类问题689条，市地税局推广办逐条进行了反馈，其中107条提请省地税局处理后95条经跟踪得到解决。四是利用晚上和节假日时间，组织完成三次人海仿真测试。测试模块144个，业务覆盖范围为100%。测试量约4.5万户次，测试通过率约90%。（刘 伟）

国家税务总局调研“金税三期”上线准备工作 9月1日至3日，国家税务总局到南京调研江苏省地税系统“金税三期”上线准备情况。9月2日下午，国家税务总局和省地税局领导深入秦淮地税局调研基层单位“金税三期”系统测试运行情况。调研过程中，秦淮地税局税务干部在“金税三期”系统中进行了现场操作测试，调研组的领导就测试反映出的一些问题现场进行了指导，并了解市地税局“金税三期”各项工作的开展情况，目前存在的主要问题及建议。调研结束后，国家税务总局征科司苏小全副司长和省地税局领导对南京局“金税三期”双轨运行的组织保障工作、税务干部参与试运行工作的精神状态、“金税三期”双轨试运行期间取得的工作成果给予了积极评价和高度肯定。（刘　伟）

“金税三期”人海仿真测试　按照省地税局的统一部署，市地税局周密组织，先后于8月末、9月中旬，加班完成了三次“金税三期”人海仿真测试。测试过程突出“全、细、控、准”四个关键环节，即：测试人员安排上讲求“全”，测试准备上突出“细”，对测试过程强调“控”，对测试结果的分析反馈做到“准”。三次“金税三期”人海仿真测试共组织全市地税系统测试人员1300余人，占应测试人员比例超过95%，测试144个功能模块，业务覆盖面达到100%。测试量超4.5万户次，测试通过率达到91%，高强度、高标准、高质量的完成了人海仿真测试的任务目标。（刘　伟）

“金税三期”宣传培训　一是着力开展宣传发动。一方面第一时间联合市国税局，将“金税三期”上线及信息系统停机情况向市委市政府行文报告，各区地税局也分别向地方党委政府进行了专题报告。另一方面依托外部网站、办税厅、固定媒体阵地和现代传媒方式广泛开展对外宣传，编发六期《“金税三期”上线简报》，利用微信推送“金税三期”信息29篇，通过短信平台推送“金税三期”公告99万人次，对外报送各类信息报道117篇，刊发69篇。二是多渠道开展内外部培训。通过面对面授课方式对内培训112场次，培训税务干部5043人次。依托纳税人学堂，对纳税人现场培训251场次，涉及纳税人57210人次。提前省局一步制作了“金税三期网上申报系统辅导培训视频”，并及时在外部网站发布，点击收看数量达5万余次。印制培训手册10万余份，在办税服务厅发放，同时利用微信、短信等新型多媒体平台将相关培训内容广而告之，力求全覆盖。

（刘　伟　张宁泉）

房产交易税收征收系统顺利完成两次切换　5月，由于营改增因素，房地产交易税收系统完成了由原市地税局系统到省局大集中系统的切换。“金税三期”上线期间，恰逢南京市房地产交易高峰期。为保障南京市房地产交易涉税服务不间断，市地税局通过周密安排，在省地税局“金税三期”项目组的技术支持下，9月26日江苏省地税大集中系统全面停机后，全市所有房地产交易征收点可正常办理房地产交易业务。南京市成为全省乃至全国唯一一家在“金税三期”上线、征管系统停机期间，房产交易税收征收不停机的城市，对稳定南京市房产交易发挥了重要的稳定作用。同时在国庆期间通过系统整备、数据提取、数据验证、功能维护与测试，10月8日顺利完成了全市房地产交易业务税收管理系统的切换工作，得到广大市民、地方党委政府肯定及省地税局主要领导表扬。（张宁泉）

“金税三期”上线运行　10月，南京局“金税三期”系统正式上线运行，纳税人普遍反映程序变化不大，过渡平稳；税务干部普遍反映系统更加贴近管理，操作比较简便；整体上看由于前期准备充分测试到位，各项工作平稳，新系统平稳上线运行。上线当月南京局共组织各项收入85.29亿元，其中：税收收入52.17亿元，社保费收入28.01亿元，其他非税收入5.11亿元。当月随同“金税三期”一并上线的南京市国地税统一委托代征系统共代征税费1.04亿元；当月业务量较大的房产交易业务共征收税款10.7亿元，其中增量房1.46亿元，存量房4.78亿元，土地契税4.46亿元，纳税申报人次达到1.80万多人；当月南京“12366”热线咨询总量为6.10万人次，其中涉及“金税三期”问题共计4.60万人次，占比75.5%。（刘　伟）

国地税统一委托代征系统上线　根据《江苏省国家税务局 江苏省地方税务局关于印发〈互相委托代征税（费）实施办法〉的通知》（苏国税发〔2016〕94号）《江苏省国家税务局 江苏省地方税务局关于开发和应用统一委托代征软件工作的通知》（苏国税发〔2016〕145号）等文件精神，

为更好推进国地税相互委托代征工作，结合"金税三期"优化版的上线要求，省国税局、省地税局共同开发完成《国地税统一委托代征系统》，该系统也是"金税三期"系统单轨上线运行的重要内容。10月8日，该系统在市国税局、地税局同步上线运行。全市15家区国税局和13家区地税局签订了地税委托国税代征地方税费的协议，国地税共同委托代征单位244户，已全部在委托代征系统中建立了匹配关系。全年代征地方税费16594万元，开具地税票证34899份；国税大厅代征地方税费8152万元，税票19338份。（李清彬）

"营改增"发票数据信息整理和交接　在"营改增"工作进程中主动做好发票管理和发票数据信息的整理，完成与市国税部门在发票管理上的衔接。为保持政策执行的稳定性，提前将地税机关的所有相关发票管理规定整理成册，同时合理清点地税的领票户信息，将相关的信息传递给国税部门。为防止在发票管理权限转变的过程中出现的问题，做好发票应急预案，对"营改增"过程中有可能出现的发票开具及使用问题进行预判，并一一提出应对方案。对使用普通发票、使用冠名及套章发票的纳税人做好库存发票的使用衔接方案。对于使用税控收款机开票的纳税人，做好税控机具的更新升级使用方案，保证纳税人正常的发票使用不受"营改增"工作的影响。同时，跟踪和收集"营改增"工作中产生的发票问题，及时做出回应，保障工作顺利进展。（李静静）

"营改增"后地税发票库存清点和销毁　为确保"营改增"后南京地税监制各类发票的有序缴销，根据发票管理相关规定，市地税局对辖内各发票仓库的库存发票和征管信息系统中的发票库存数据进行了全面的比对、盘点、核实和销毁。发票缴销的对象是税务机关库存发票以及委托代征单位的库存发票，涉及到税务机关库存的所有票种，包括各联次和规格的平式网开发票、卷式网开发票、通用电子发票、医疗门诊发票以及1元、5元面额的定额发票、收费收据、各面额的定额发票、公路内河货运发票等。经盘点核实，2016年发票缴销工作共涉及到市地税局总仓、各区地税局总仓、征收所总仓、各发票发售岗零仓以及委托代征单位退回的发票库存电子记录2427条，共2349万份发票。6月30日前，完成电子清册及发票实物核对工作，办理监缴手续，并将实物发票进行统一的销毁处理。（李静静）

欠税清缴管理　一是紧盯欠税大户动向。对欠缴税款较多的纳税人，与纳税人签订还款计划，并紧盯欠税人经营现状、资金往来等情况，加大沟通力度。通过及时督促，清理入库往年陈欠1500余万元。二是紧盯联动部门近况。加强与国税、法院、工商、街道园区等部门的沟通联系，了解欠税企业的经营、资金、法院清算、房产、土地及车辆等情况，及时掌握企业近况，第一时间联系企业进行清缴。通过部门联动，清理入库税款200余万元。三是紧盯欠税企业法人动态。对发生欠税拒不配合清理入库的纳税人，引入阻止出境等强制措施。使欠税人感受到实实在在的威慑，督促其及时将欠税解缴入库。全年清理陈欠近50%，新欠控制在不足千分之一，欠税变动率在全省地税系统名列前茅。（梁晓玲）

办理延期缴纳税款超1亿元　2016年，市地税局进一步落实为纳税人办实事举措，为有特殊困难、不能按期缴纳税款的纳税人办理延期缴纳税款手续，切实保障纳税人权益实现。全年对收到的三户次纳税人提出的延期缴纳税款申请，经过调查核实，细致比对，确认纳税人当期货币资金余额在发放应付职工工资并缴纳社会保险费后，确实不足以缴纳应纳税款的情况下，及时向省地税局提出申请，为纳税人办理了延期三个月缴纳税款手续。共审批三户纳税人延期缴纳税款金额超过1亿元，解决了纳税人的资金周转困难。（梁晓玲）

首次实施阻止出境清理欠税　根据《中华人民共和国税收征收管理法》和国家税务总局、公安部联合下发的《阻止欠税人出境实施办法》相关规定，经税务机关调查核实，欠税人未按规定结清应纳税款又未提供纳税担保且准备出境的，税务机关可依法向欠税人申明不准出境，对已取得出境证件执意出境的，税务机关可函请公安机关办理边控手续，阻止其出境。2016年，市地税局依据上述规定，首次探索实施阻止欠税人出境这一强制措施，对溧水区一欠税企业法人实施阻止出境。经层报省地税局批准后，函请省边控部门共同办理阻止出境手续，控制该欠税人7月至9月间不允许出境，取得较好效果。并以此为基础，编写了阻止欠税人出境工作相关制度流程，为其他基层税务机关推广该项工作打下基础。（梁晓玲）

营改增后个体税收征管 一是做好营改增期间，个体税户的国地税交接工作。通过与市国税局共同磋商，并经过比对梳理，交接了22万户个体工商户，并对注册、定额等信息做了统一匹配。二是在营改增后进一步完善个体国地税联合征管机制，与市国税局共同拟定了营改增后个体国地税联合征管工作意见，为完善营改增后的个体联合征管提供政策指导。三是结合“金税三期”系统上线，对国地税个体工商户的相关征管数据，包括征收方式、定额信息等，按照“金税三期”统一规则进行了匹配确认。四是上线省级国地税联合代征系统，落实国地税个体工商户联合委托代征工作，通过联合委托街道、大市场等代征点，加强在营改增后的个体工商户征管力度。（徐楹弢）

非正常户多头注册清理 一是继续加大对非正常户的清理力度。通过扩大信息交互范围，拓宽非正常户相关信息获取渠道，加大对非正常户清理相关线索的追踪处理力度。全年共清理非正常户1402户，清理户数占全部非正常户比重达4.5%；二是继续推进对非正常户法人多头注册行为的清理。通过信息比对，并将全市范围内的非正常户多头注册户按相应规则进行了管辖权调整，全年共处理了全市范围内非正常户多头注册户706户，清理率达89.43%。同时按照国家税务总局和省地税局的要求，对省内非正常户多头注册户每月进行税务事项告知，要求其法人代表主动前来对其名下非正常户接收处理；三是结合国家税务总局下发的全国范围内非正常户多头注册清册，全年共应对协查269户非正常户。四是将非正常户清理的相关情况纳入考核，对完成情况较好的基层单位进行激励。（徐楹弢）

信息化软件项目立项和验收 根据《信息化项目管理意见》和“金税三期”系统推广工作的安排，2016年的信息化项目立足于保障“金税三期”对接、满足一线工作必需、探索以“互联网+税务”为核心的电子税务局建设三个方面。围绕上述内容范围，经过收集、多次沟通讨论、整合、论证过程，1月20日经市地税局办公会研究同意后，确定了“金税三期”对接相关的软件改造与完善、电子税务局建设、内网网上投票系统等6个项目列入实施计划，预算750万元。推进工作过程中，根据省地税局文件要求，增补了3个项目，预算42.8万元。9个项目合计预算总额792.8万元。截至12月末，9个项目招标金额272.98万元，已支付253.38万元，付款进度93%。合同8个项目完成项目招标、开发、测试、上线工作，“金税三期”对接相关的软件改造与完善项目的部分子项目根据“金税三期”上线后数据下发情况，结转2017年实施。（徐建国）

税务搜索平台推广上线 为积极开展大数据建设，为税务管理提供快捷、互助、高效信息搜索与知识分享工具，探索开发税务搜索平台，其功能主要有四大部分组成：一是搜索引擎，根据内容与关键词的匹配程度、关注热度、时间先后、用户兴趣等多方面，提供结果排序，把最符合用户要求的结果，优先呈现。二是内容组织，通过“我要提问”“我要分享”等生成新内容，同时税收年鉴、制式报表、公告通知等列入搜索，使用户知道南京地税的过去与现在。从税务登记、外部数据等外部纳税人的结构化数据进行搜索，多维度了解纳税人基本情况。三是即席查询，通过整合“金税三期”、大集中、“金力四期”等结构化数据，灵活构建与分享符合非制式的数据服务主题，快速实现与“金税三期”的对接，支撑复杂多变的税收业务工作。四是后台管理，统一的个人资料与系统管理，个人可清晰了解提问、分享、兴趣、足迹等信息，管理员可系统掌握参数设置、搜索热词、业务关注度、平台访问人次等信息。该平台自6月投入开发后，已进入试运行阶段，将于2017年正式推广上线运行。（徐建国）

在全国率先实现支付宝缴税功能 市地税局根据国家税务总局“互联网+税务”行动计划，立足于第三方支付尚未涉及的领域，确定支付宝作为第三方支付的平台。经省地税局同意并支持，于4月开始实施，6月正式上线，使南京成为全国第一个成功使用支付宝移动支付税款的城市。支付宝缴纳税款的功能，将原有的缴款方式从单一的网银支付扩展为网银、支付宝等多种支付方式，打通移动办税中的“缴款”瓶颈，受到了纳税人的欢迎。支付宝缴税功能支持个税自行申报或个税12万元申报时的税款缴纳，在省地税局网上办税平台及掌上办税平台中实现。从纳税人反馈的信息来看，支付宝申报缴纳税款功能符合用户的使用习惯，操作使用简单方便、支付安全、实用性更强。

（徐建国）

利用手机APP为南京市民推出个税查询服务　市地税局落实国家税务总局、省地税局关于“互联+税务”行动计划的要求，积极推进“互联网+公共服务”，强化部门协同，推动信息互联互通、提升公共服务整体效能。经过与南京市政府信息中心合作，通过南京地税的数据接口，南京市民借助“我的南京”手机APP自6月29日起可以查询本人的个人所得税缴纳情况。10月至12月中旬，在国家税务总局“金税三期”系统上线初期，个人所得税查询功能暂停。12月下旬，南京地税的数据接口完成与“金税三期”的数据对接，个人所得税数据查询恢复。（徐建国）

推进按季申报城建税、教育费附加、地方教育附加　根据《国家税务总局关于合理简并纳税人申报缴税次数的公告》的规定，增值税小规模纳税人缴纳增值税、消费税、文化事业建设费，以及随增值税、消费税附征的城市维护建设税、教育费附加等税费，原则上实行按季申报。为切实减轻纳税人办税负担，市地税局主动服务，积极作为，对“营改增”后部分纳税人的随增值税、消费税附征的城市维护建设税、教育费附加、地方教育附加（以下简称地方税费）等税费，原则上实行按季申报。截至2016年年末，累计将15.85万户增值税小规模纳税人的地方税费纳税鉴定从按月申报方式简并为按季申报方式，有效简并纳税人申报缴税次数，从而减轻纳税人的办税负担。

（张宁泉）

税源与征管状况监控分析　对税源与征管状况监控分析指标体系进行修订，一是重新确定纳入考核评价指标的标准值和监测分析类指标的预警值；二是停用质检登记数据差异率等39个指标，新增限时办结超期率等12个指标，调整后评价类指标由51个优化为31个，监测类指标由24个优化至12个，统计分析类指标106个优化为67个，调整后指标总数为110个。全年发布四期季度《税源与征管状况监控分析通报》，通报和分析各区地税局指标情况，指出存在的问题，同时选取31个指标对各区地税局进行综合计分排名，第二季度对指标数据不理想的两个区地税局开展督导工作，下发《税源与征管状况监控分析专项督办整改通知单》，帮助基层单位分析存在问题，及时改进和完善。“金税三期”系统上线后，核心业务的处理流程及数据表结构均有很大变化，为满足税源与征管监控分析工作的要求，对税源与征管监控系统在指标取数口径进行了调整，于12月末前将指标体系切换到“金税三期”系统环境。省地税局税源与征管状况监控分析通报中各项反映征管基础工作的指标，市地税局均名列前茅。

（李清彬）

委托代征管理　年初，全市征收局和各区地税局与166家代征单位续签委托代征协议。营改增工作后，完成国税委托地税局代征税款和代开增值税发票工作，对纳税人销售其取得的不动产，共设立11个征收点、69个征收窗口征收地税税收，并代征增值税和代开增值税发票；对其他个人出租不动产，继续委托房产部门代征税收，全市共设立19个代征点48个窗口代征增值税及地税税收并代开增值税发票。同时，全面落实省国税局、省地税局关于国地税相互委托和共同委托第三方代征税收工作，市国税局、市地税局共同组织开展委托代征单位的清理工作，各区地税局全面委托各区国税局代征地方税费，并签订了代征协议；对市国税局委托第三方的代征单位，市地税局同步进行了委托，共同委托的代征单位达到244户，代征地方税费16594万元，开具地税票证34899份。

（李清彬）

【责任编辑　朱　旭】

法 治 建 设

概　述　2016年，市地税局全面贯彻落实依法治税实施意见，紧紧围绕地方党委政府决策和系统内部法制建设两个服务核心，统筹推进税收法治建设，有效规范税收执法行为，积极预防化解税收争议，主动开展综合税政研究，努力提升政策法规工作综合服务水平。

强化税收法制职能作用，全面落实法治建设要求。按照推进依法治税的总体目标、具体任务和工作部署，制定年度分解任务和责任分工，对依法治税责任主体实施量化考核，发挥统筹协调职能。开展“依法治税示范单位”创建和“规范执法示范岗”创建，修订评价方法和评价标准，将创建工作作为全面推进依法治税工作的重要抓手。

强化政策法规基础建设，全力打造专项服务平台。建设包括涉税诉讼案例库、大要案案例库、综合税政典型案例库、税收优惠政策库“四库一体”的税收法制综合知识库平台。积极落实司法与税收执法协作意见，全年向法院申报破产案件税款申报18起，申报税款超过600万元；同时，受理法院申请数据查询452批次，推送明细数据合计15008条。与工商联签署专项协作意见，建立服务民营企业机制。

强化税收执法日常管理，严格规范税收执法行为。依托大集中系统和税务行政处罚信息管理平台，编写2015年度处罚工作报告。与市国税局共同梳理省局新旧裁量基准的变化点，修订《税务行政处罚自由裁量基准操作标准》。根据上级机关的统一部署，对市地税局2015年12月31日前的111件税收规范性文件进行清理。开展执法案卷评查，共评选日常管理优秀案卷7份、稽查优秀案卷6份、其他类别优秀案卷1份。制定《关于进一步加强复议应诉管理的意见》，切实加强对基层单位的服务和指导。

强化税收法制政策研究，实现综合税政深层拓展。积极落实政府重点工作，出台《江苏省南京地方税务局关于落实市委市政府供给侧结构性改革重要任务工作分解表》，办理液晶谷项目、市园林集团改制、雨润集团房产税、城镇土地使用税两税减免等个案，为南京市人才办提供并加工创新人才创业数据3188户次。做好综合税政日常工作，全年办理各项来文140件，参加和保障政府部门会议14次。

强化法治人才队伍建设，开展优质高效法律服务。加强内部法律人才培养，组织符合条件的4人申领公职律师执业资格证，9人参加复议应诉专题轮训，3人新领复议应诉资格证，127人换领复议应诉资格证。发挥法律专家支撑作用，法律专家全年代理行政诉讼案件4起，代理民事诉讼案件2起，为市地税局所属事业单位77件合同提供合法性审查。（秦蓓蓓）

复议应诉管理　市地税局制定并下发《江苏省南京地方税务局关于加强行政复议和行政应诉管理的意见》（宁地税发〔2016〕142号），建立复议诉讼案件报告制度、听证审理制度、分析通报制度。依法处理行政复议案件，全年共发生行政复议案件9件，其中，市政府共接到关于地税部门的复议申请3件，2件作出复议维持决定，1件正在审理中；市地税局共接到复议申请6件，申请人撤回申请2件，撤销2件，2件正在审理中。积极应对各类诉讼案件，系统全年共发生诉讼案件9件，其中行政诉讼案件7件，民事诉讼案件2件。

（夏亚非）

规范性文件清理　市地税局严格落实上级机关规范性文件管理要求，切实加强系统税收规范性文件的扎口管理，按规定的权限、规则、程序制定文件，2016年共制定税收规范性文件1个，并按时上报省地税局和市法制办备案。根据上级机关的统一部署组织开展规范性文件定期清理，对市地税局2015年12月31日前的111件税收规范性文件进行全面清理。经过清理,全文废止规范性文件33件,部分条款失效废止的规范性文件26件,9月30日将清理结果对外公告,并会同相关处室开展清理结果专题培训。 (夏亚非)

法治税务示范基地与规范执法示范岗创建 将法治税务示范基地创建作为推进依法治税工作的重要抓手,按照专业化管理模式分稽查、管理、征收、全职能四个序列开展"依法治税示范单位"创建,全面修订评价方法和评价标准,明确法治税务示范基地建设的组织领导、工作原则、建设程序、工作要求等。六合局、江宁局、高淳局、化工园局、雨花台局被授予"2016年度市级法治税务示范基地"称号,六合局、栖霞局被授予"2016年度省级法治税务示范基地"称号。开展"规范执法示范岗"创建,面向基层一线执法干部,根据不同岗位履职要求分类制定统一规范的创建评价标准,通过集中现场评估与日常依法行政工作情况相结合进行综合评定,确保评价结论客观公正;严格按照自主申报、平等竞争、严格审评、择优确定的工作流程组织实施,严格控制表彰对象数量。2016年,共评选税源管理、风险管理、纳税服务、税务稽查等四大类市级"规范执法示范岗"39名,发挥标杆带头、典型引路示范作用。

(夏亚非)

修订《税务行政处罚裁量基准操作标准》 市地税局贯彻落实省国税局、省地税局2016年4月发布的《税务行政处罚自由裁量基准》(以下简称"裁量基准"),结合实际情况,与市国税局共同对《税务行政处罚自由裁量基准操作标准》(以下简称"操作标准")进行修订。修订吸纳了《裁量基准》9个修改点,并秉持简化优化的原则,取消按处罚次数加重处罚的表述,适当调整各档次处罚幅度,重点修改13个大项35个小项内容。修订后的《操作标准》于2016年6月1日公布,并自公布之日起施行。 (秦蓓蓓)

税收法制综合知识库建设 市地税局加强税收法制综合知识库建设,涵盖涉税诉讼案例库、大要案案例库、综合税政典型案例库、税收优惠政策库。过程中全面收集各类案例资源,全年收集自2010年以来的法院判决书324个、法院裁定书363个、大要案16个、税收优惠政策条款1147条。对收集的各类案例资源进行加工处理,全年编写40篇涉税诉讼案例,梳理更新《服务供给侧结构性改革若干税收政策汇编》等23个优惠政策汇编。坚持问题导向,有针对性选取典型案例进行剖析,为基层单位提供经验参考,编写6期《涉税诉案简报》、5篇大要案案例、《PPP项目的运营模式》等5篇综合税政典型案例。 (秦蓓蓓)

行政权力清单标准化管理 市地税局密切关注国家税务总局、省地税局发布的关于行政审批改革及权力事项文件,根据权力清单动态管理制度要求,及时调整行政权力事项清单并予以公开,清单包含行政权力事项124项,其中行政许可3项、行政处罚57项、行政强制6项、行政征收18项、行政奖励1项、行政确认35项、其他4项。根据市机构编制委员会办公室、市政务服务管理办公室要求,市地税局组织编写124项权力事项清单的办事指南,按照市、县两级权力分别录入南京市政务服务事项管理平台。 (秦蓓蓓)

重大案件审理 市地税局加强重大案件审理过程控制,制定《关于进一步加强市地税局重大税务案件审理工作的意见》,强化环节管控,在提请受理环节加强对案件提请标准及报送材料的审查;在审理环节严格审委会各成员单位审理时间、反馈意见要求;加强重大案件审理进度跟踪,分户编制《重大案件审理跟踪表》,每月通报重大案件审理进展情况;加强重大案件审理保密和纳税人合法权益保护,对陈述申辩意见进行全面核实和重点审查。提升重大案件取证质量,制定高风险应对证据采集规范,区分不同税种、不同违法行为,明确应当采集的相关证据要求,提升稽查取证的规范性、充分性。优化重大税务案件审理流程,在"金税三期"(金税工程是经国务院批准的国家级电子政务工程,是国家电子政务工程之一的税收电子工程,是税收管理信息系统工程的总称。自1994年开始,历经金税一期、金税二期、金税三期工程建设)上线后,及时调整相关流程要求,开展重大税务案件审理。全年共审理重大税务案件25件,审理涉案金额1.3亿元。 (李 晶)

服务供给侧改革实效 市地税局积极落实市委、市政府围绕供给侧改革的8项重点工作，制定分解落实方案，提出46个具体举措，从强化政策支撑、细化征管措施、提升服务质效、加强内外部协同等方面着眼，狠抓落实，全面服务，降低企业成本。截至12月末，四个行业营业税改增值税企业实现顺利移交，涉及税款规模近270亿元。全年累计为企业减免税款75亿元，减征防洪保安资金6980万元，为1.5万户次企业减免教育费附加440万元、地方教育附加288万元，办理小微企业免征残疾人就业保障金1229户，减征社保费15亿元，办理缓缴税款1.11亿元。

（吕小军）

【责任编辑 唐 棣】

计划会计统计管理

概　述　2016年，市地税局以组织收入为核心，突出统筹与服务，深化收入管理与财务管理两方面职能，深入探索新的管理机制和方法，推动规划财务工作有序开展。

税收收入管理质效不断提升。一是促收履职，抓好收入管理。综合考虑全年税收形势与区域税收任务，科学分配年度计划；强化组织收入过程控管，确保税收收入稳定、均衡、协调发展。狠抓收入质量管理，根据营业税改增值税（以下简称"营改增"）等重大改革和政策变化，及时修订税收收入质量监控评价指标体系。开发收入质量指标监控预警系统，完成开发需求编写；开展收入预算级次检查，逐一排查问题，保证收入质量。强化税收预测管理，完善收入预测工作机制，优化税收预测平台。加大税收专题分析力度，加强行业税收与经济指标的关联性分析及税收政策改革效应分析，与市国税局继续开展税收联合分析。2016年，市地税局税收预测准确率继续名列各省辖市前列。二是服务大局，推进改革创新。在"营改增"工作中组织营业税清理，确保营业税按要求全部足额入库；修订新增8张会统报表，为"营改增"后的数据反映和监控工作打好基础；加强与中国人民银行的沟通和协调，确保税收入库和退库业务正常运行。做好"金税三期"（金税工程是经国务院批准的国家级电子政务工程，是国家电子政务工程之一的税收电子工程，是税收管理信息系统工程的总称。自1994年开始，历经金税一期、金税二期、金税三期工程建设）上线前各项准备，对票证、会统及税款缴纳等业务进行梳理，做好初始化准备，编写操作指南，对基层单位进行培训。10月1日正式上线后，税款入库、退税、会统核算等均正常运转。实施"互联网+税务"创新，完成手机APP项目上线，实现个人在手机端申报并缴纳个人所得税；完成支付宝缴税项目上线，与第三方支付平台支付宝合作，实现纳税人在PC端或手机端通过支付宝缴纳个人税款，在全国尚属首例。三是扎实推进，加强基础建设。汇编"十二五"数据，全面反映"十二五"时期组织收入工作成果。加强重点税源监控，将921户企业纳入市级重点税源监控，围绕国家税务总局及省地税局要求对重点税源监控报表内容、审核公式等进行修改，提高监控数据的全面性和准确性。全面梳理与收入规划核算业务制度，开展2015年度纳税人税收资料调查。

财务核算监督机制日益规范。一是突出抓手，继续加强财务预算管理。落实2016年预算管理规范要求，确定市级代征大户2016年三代手续费支付计划，稳妥移交市财政局市级代征大户清单；将编入部门预算的结余资金划入财政专户统一管理；做好开通城区单位纳入政府采购平台的相关准备，实现城区单位政府采购统一纳入全市平台；按上级统一要求做好2015年决算、2016年预算和"三公"经费等事项的公开及2014年决算的追加公开；对市本级新增资产严格按规定报外部门审批，并按照审批意见办理；拟定推行公务卡具体方案，成功推行公务卡。筹划2017年预算管理规范目标，明确城区单位作为独立财务主体单独编制和执行部门预算，确定三代手续费移交财政部门或市财政单独保障意见；全面梳理市地税局各项开支规范，划分出两类开支，分别采取不同资金保障方案；通过分析市地税局机关在纳入国库支付系统后的问题并结合过渡期的相关解决方案，确定基层单位纳入国库集中支付系统的可行性。调整2017年预算编制工作机制，调整重大事项论证上会时间、内部预算编制时间和流程、预算编制相关岗位职责分工，提高预算编制的严谨性；加快预算执行，对30万元以上重大项目定期公开执行情况表，召开分片区预算执行分析会议，帮助基层单位实施项目，按月通报预算执行情况。二是防微杜渐，逐步完善内控机制建设。迎接财政部津贴补贴专项核查；加强内部财务稽核力度，对"营改增"前后劳务费票据、差旅费制度下发后执行情况、招待费开支情况和财务票据使用进行检查，对检查出的问题及时整改到位。优化项目库软件的监控机制，增加“凭证录入功能”和“项目库软件和财务软件对账功能”；建立风险排查防控机制，对日常工作中存在的问题隐患和风险控制点进行梳理和汇总，提出应对防控措施。三是注重实效，不断巩固财务管理基础。规范财务科目核算，对2015年度部分会计科目核算内容进行调整和修改，将资金性质与相对应的支出进行重新划分，确定相关匹配原则，规范财务科目核算。更新完善部分财务制度，及时修订差旅费管理制度，及时跟踪执行过程中出现的问题，对有关内容进行完善补充，下发基层单位执行。（周　益）

组织收入突破1300亿元　2016年，面对实体经济持续低迷、“营改增”税制改革全面实施、房地产税收冲高回落等复杂形势，市地税局在省地税局和市委、市政府的领导下，认真贯彻落实组织收入原则，深入推进依法治税，切实加强税收征管，持续优化纳税服务，实现税收收入稳定增长，组织收入突破1300亿元。全年共组织各项收入1345.25亿元，同比增长5.03%，其中税收收入830.52亿元，同比增长4.47%；社保费收入450.53亿元，同比增长6.60%；其他非税收入64.20亿元，同比增长1.48%。（张　震）

税收收入量质齐升　市地税局在确保税收收入稳定增长的同时，狠抓收入质量管理，制定《江苏省南京地方税务局税收收入管理暂行办法》，为实现科学合理的立体化收入管理机制打下良好基础。加强统筹协调，采取突出重点、分级分档的方式，科学分配年度计划，明确目标，落实责任。在“营改增”政策落地后，根据经济税源发展状况和税款入库情况，对收入计划进行重新测算和分配。强化组织收入过程控管，加强与相关部门的沟通协调，密切跟踪各板块经济和税收收入形势，关注“营改增”等重大改革动向，及时掌握各级、各区域目标任务完成情况。结合各区域经济特色和发展情况，积极建言献策，服务地方经济转型发展。完善税收收入质量监控评价指标体系修订，根据“营改增”等重大改革和政策变化，及时修订监控评价指标体系，发挥收入质量评价效用，促进收入质量整体提升。（张　震）

税收收入预算级次清查　5月，市地税局根据省地税局要求，结合自身实际，在全局范围开展税收级次清查工作，重点对2014年、2015年入库税收的相关情况进行自查自纠，并对苏审财报〔2015〕23号审计结果发现的问题再次进行梳理。清查中，要求各基层单位由征管科技科、规划财务科牵头，收入岗和征收所相关岗位协同配合，按照相关规定逐项自查，并对非税因素产生的问题逐一进行更正和退库。清查结束要求各基层单位进行总结，杜绝同类问题再次发生。（张　震）

税收专题分析　市地税局强化税收专题分析，积极拓宽专题分析思路，加强行业税收与经济指标的关联性分析，围绕重点行业、新兴产业开展实地调研，加强税收政策改革效应分析并提出对策建议，全年在《透过税收看经济》刊发专题分析六篇，其中《从地方税收角度分析南京“五型经济”发展》和《前三季度我市地税收入增幅位居全省首位，后期政策调控影响逐步显现》分别被市委书记和市长批示；主笔省地税局课题《透过个税数据看江苏经济社会发展》在国家税务总局《税收分析报告》刊发；主笔《江苏“十二五”金融业税收分析及对策研究》和《从税收视角看江苏省制造业发展现状及存在问题》在省地税局《税收分析报告》刊发。（南冰峰）

国地税联合分析　市地税局注重部门协作，加强与国税部门的信息共享和数据交换，建立常态化国地税联合税收分析机制，强化经济税收关联性分析，为服务南京市“五型经济”发展建言献策。与市国税局合作完成《江北新区税源经济发展现状分析及建议》《“十二五”期间南京市新增税源发展状况分析及建议》《从税收角度分析南京战略性新兴产业发展》，其中《江北新区税源经济发展现状分析及建议》在《南京快报》专版和省地税局《税收分析报告》刊发。（南冰峰）

纳税人税收资料调查　市地税局根据《财政部国家税务总局关于做好2016年全国税收调查工

作的通知》（财税〔2016〕66号）文件精神，结合省地税局2016年税收调查工作会议提出的各项具体要求，优化调查过程，严格选户标准，创新调查服务举措，有序开展税收资料调查工作。与市国税局联合开展税收资料调查工作，双方精心组织，通力合作，共同完成了数据采集、审核汇总、应用分析等工作。共计调查1111户，其中重点调查户408户，抽样调查户433户，既是重点调查户又是抽样调查户270户，另集团企业10户。此次被调查企业实纳营业税150.92亿元，占2015年度营业税入库总额的55.13%。（张　明）

减免税统计调查　市地税局在全市范围内开展减免税统计调查，共调查企业户26.28万户，个体工商户18.22万户，2015年度减免税款总量43.39亿元。从分税种情况看，减免税主要集中在企业所得税和营业税；从分减免性质情况看，减免税主要集中在支持金融资本市场和鼓励高新技术；从分行业情况看，主要集中在房地产业、制造业、租赁和商务服务业。在调查的基础上分析研究减免税的政策执行效应，不断提高减免税政策管理水平。同时，规范减免税申报制度，通过告知纳税人税收优惠政策，接受减免税咨询，为纳税人服务。（张　明）

收入规划核算业务制度梳理　市地税局全面梳理与收入规划核算业务相关的文件、制度、办法、规程，在认真听取各基层单位意见的基础上，结合实际进行修改更新，共修改和新建制度规程文件近50个，如《江苏省南京地方税务局税收收入管理暂行办法》《关于进一步明确增值税营业税预算级次相关问题的通知》《关于印发2016年重点税源监控报表制度的通知》等，基本涵盖了收入规划核算工作全部内容，按照收入管理、重点税源管理、会统管理、票证管理等几个方面进行分类归集，并印制成册供各基层单位进行学习和培训，确保收入规划核算工作平稳有序开展。（张　明）

汇编“十二五”数据　2016年，市地税局对“十二五”数据进行汇编，将“十二五”时期南京地税的税收数据按照税种、级次、地区、行业、注册类型等多个维度进行展现，全面反映税收数据的内部结构，此外还梳理了税收与GDP、一般公共预算收入、省辖市和副省级城市相关数据。“十二五”时期，市地税局共组织税收收入3201.07亿元，年均增长13.7%；共组织一般公共预算收入2413.39亿元，年均增长13.1%，占全市一般公共预算收入的比重平均达58.7%。5年来，市地税局税收收入增幅在15个副省级城市中实现争先进位，一般公共预算收入增幅在苏南城市中排名榜首。（张　明）

票证管理　市地税局做好“金税三期”（金税工程是经国务院批准的国家级电子政务工程，是国家电子政务工程之一的税收电子工程，是税收管理信息系统工程的总称。自1994年开始，历经金税一期、金税二期、金税三期工程建设）与江苏省地方税务局大集中系统税收票证的衔接工作。根据国家税务总局关于“金税三期”推广上线的统一部署及省地税局有关通知及要求，市地税局组织各基层单位对大集中系统中所有库存未填用票与实物票进行核对确认，对经市地税局同意可暂不结报外的所有已填开税票税款全部解缴入库并作票证结报。“金税三期”单轨上线前各用票单位将空白票逐级上交至市地税局，系统切换时逐级下发至用票单位，对不允许迁入“金税三期”系统的税票按规定做相应处理，顺利完成大集中系统票证处理及“金税三期”票证初始化等相关工作，确保“金税三期”上线后正常开票。（蔡玉娟）

财务预决算公开　市地税局按照市财政局总体要求，于2月29日在南京地税外部网站上公布了2016年度市本级部门预算，内容包括预算编制说明和“部门收支预算总表”“一般公共预算支出预算表”2张报表。于9月26日在南京地税外部网站上公布了2015年度市本级部门决算及2016年度市本级部门预算补充公开信息，内容包括市本级部门决算公开情况说明和市本级部门决算12张明细表、预算公开“三公”经费增减说明和10张部门预算补充公开明细表。（吕忠云）

国库集中支付改革　市地税局继续推进国库集中支付改革，进一步落实市财政预算管理要求，将市本级部门预算的结余资金6161.60万元上缴财政专户；在2015年基础上新增5户市级代征单位，将其430万元的三代手续费移交市财政局支付；将城区基层单位统一纳入市政府采购平台管理，市本级资产新增报外部门审批；在城区基层单位中新增两家国库集中支付试点单位，规范财务管理。（周 益）

财务预算内部管理机制调整 市地税局落实地方财政体制改革和省地税局预算规范管理工作要求，继续调整规范预算内部管理机制。初步建立重大项目论证评审机制，由职能处室扎口管理全系统重大支出项目的前期论证评审，并以此为预算编制依据。全系统约180项重大支出项目约2900万元通过先立项后预算的程序纳入预算编制。将部门预算编制主体落实到基层单位，并重新界定划分了市地税局与基层单位、市地税局机关各部门以及单位内部各岗位间的工作职责。继续接轨市财政预算管理要求，预算编制时间从7月开始启动到12月下达指标，较以往年度提前3~4个月时间。（周 益）

国有资产清查 市地税局贯彻落实省财政厅、省地税局关于开展行政事业单位资产清查工作的要求，于6月至8月组织实施全系统国有资产清查。共盘点房产约24万平方米，盘点其他资产约4万余件，共计价值约14亿元。对清查发现的各类问题分别提出处理意见和建议，责令各基层单位尽快整改完毕，督促加强资产管理，并按月公布各基层单位整改落实情况，确保所有事项在年末前执行到位。通过资产清查盘清了全系统土地、房产类专项资产的家底，基本消除管理风险，规范国有资产日常管理。（周 益）

编写财务制度操作指南 市地税局根据外部管理的新要求、新情况、新问题，对全系统财务管理制度进行完善与补充，及时修订差旅费管理办法。发布《财务管理及实务操作业务指南》，以财务人员工作任务为主线，编写会计科目解释与实务操作规程，整理固定资产与非税收入两个专项工作要求，同时收录了14篇2011年以来市地税局印发的重要财务管理制度，涵盖日常业务各方面，覆盖财务管理全过程，为基层服务。（周 益）

【责任编辑 唐 棣】

信 息 化 建 设

概 述 2016年，市地税局围绕“金税三期”（金税工程是经国务院批准的国家级电子政务工程，是国家电子政务工程之一的税收电子工程，是税收管理信息系统工程的总称。自1994年开始，历经金税一期、金税二期、金税三期工程建设）上线工作，以大数据、“互联网+”为切入点，以服务税收中心工作为主体和核心，以大力使用和推进最新信息化技术为手段，以打造精品信息化项目为目标，按照“科学谋划、统筹推进、过程管控、强化执行”的工作方针，完善项目实施规范、优化工作管理流程、深入应用支撑平台、健全电子税务管理机制，提升市地税局电子税务管理整体水平，扎实有序开展各项工作。

一是以”金税三期”上线为核心工作，完善日常运维管理机制。以“金税三期”全面上线为契机，派出骨干人员配合省地税局、市地税局项目组和相关职能处室，完成“金税三期”上线推广、应用指导和技术支撑工作。完善软件开发和运维工作机制，建立开发和运维基地，规范驻场公司及人员的管理。加强省级运维问题上报管理，组织和要求各级技术人员层层严把审核关，区别处理、有效筛选，重点强化省地税局急需的建设性意见归纳和上报工作。

二是以进度和质量控制为抓手，提升软件项目开发管理能力。研究和分析软件开发过程管理迫切需要优化的问题，完善和健全现有软件开发管理办法和开发规范，提升软件项目开发管理综合能力。按照省地税局“互联网+”行动计划及市地税局电子税务局建设方案要求，申报和实施4个省、市级创新项目建设工作。开展市场调研，编制项目技术需求书，严格按照软件开发规范，推进软件项目建设工作。

三是统筹信息系统资源配置，夯实基础设施和系统保障管理水平。完善硬件基础设施建设，支撑市地税局信息化建设硬件要求，进一步加大硬件设备的统筹规划，拓展虚拟化计算平台，为各类软件平台提供可靠的系统支撑。密切监控省级大集中数据回流效率和回流质量，积极研究“金税三期”数据下发方案，适时调整数据回流机制，持续优化数据回流策略，为各个应用软件平台提供有效、可靠的数据支撑能力。优化视频会议管理模式，推进视频会议系统优化工作，充分利用现有硬件资源，继续丰富视频会议功能，提高会议保障及响应能力。

四是加强网络安全和机房环境管理，深化信息系统安全体系建设。夯实基础环境维护，继续实行机房环境维护外包方式，借助专业公司的技术和服务能力，改善和提升机房环境，保障办公环境的安全稳定。检查和服务相结合强化信息安全管理工作，提高网络应用和终端接入的安全性，持续监控网络安全的运行情况，提升安全管理质效。建设网络安全防护系统，加强对业务系统数据的保护，探索云计算技术下的安全防护模式，构建可靠的、可扩展的基础设施环境。

五是加强事务管理和绩效管理，着力做好督查督办和保障服务工作。拓展绩效和事务管理效能，定期推进督查督办工作，防范各项管理风险的发生。围绕科学配置、精细管理、保障运转、确保需求的工作目标，加大计算机类专项资产管理，大力推行公共财政要求与固定资产制度双轨并行的管理机制，提升资源配置使用效能。以合理控制信息化预算为抓手，科学做好信息化资金统筹规划，完善信息化预算编审过程管控，加大对预算采集、审核管理力度，确保预算编制全面性。扎实推进信息化档案基础工作，规范信息化档案管理流程和规范，完成历史信息化项目档案整理工作。做好市地税局软件正版化落实工作，开展正版化软件采购和配置工作，持续优化软件正版化长效管理机制，强力实施软件正版化不间断动态监管。

（周　晓　周凌宇）

“金税三期”推广 一是派出4名骨干参与省地税

局项目组工作，有2人分别担任项目小组组长和副组长，承担核心技术支持工作。二是派出4名骨干参与市地税局项目组工作，配合职能处室和基层单位做好数据初始化、软件接入、双轨运维等技术衔接和系统准备类支撑工作，确保“金税三期”系统平稳上线。三是牵头市级在用软件平台对接工作，对市级在用软件平台进行梳理，按照业务范畴和软件类别，逐项开展技术分析，区别制定对接策略，顺利完成“车船税、高校分税软件”“重点税源预测系统”“TIPS三方协议号生成软件”等自主开发软件的对接。（周 晓 周凌宇）

加强效能监控动态分析 一是对驻场公司及其人员进行集中化、统一化、规范化管理。依据开发和运维基地的实际情况，结合市地税局多年项目管理经验，制定软件开发和运维公司工作流程考核细则和软件驻场人员管理办法等规章制度。二是继续引入专业的第三方监理公司。以规章制度为准绳和依据，强化对驻场公司及其人员的考核与监督，推进项目进度监控合作，优化项目前期、中期和后期等各个阶段管理。三是聚合业务需求方、建设方、内部管理方和外部监理方等四方之力，对各类项目进度进行实时监控，加强对项目建设进程的阶段性管理，不断提升信息化项目管理水平。（周 晓 周凌宇）

优化运维服务手段 一是及时处理基层日常上报的各类运维问题，全年解决基层QC上报问题800多个，为网上办税、掌上办税等纳税人客户端信息系统提供支持服务。二是围绕“营改增”等相关重点工作，协调相关软硬件和网络资源，提供后台强有力的技术支撑。三是在半数软件运维人员被省地税局“金税三期”项目组抽调人力资源大大不足的情况下，改变原有按业务模块分工的方法，实行业务处室对口运维服务的模式，确保及时解决软件运维问题，有序开展软件日常修改和发布审批、软件效能监控平台定期分析等工作，全年完成70余个市级自主软件运维保障。（周 晓 周凌宇）

优化软件开发机制 一是促进和实现开发管理创新，适当简并工作流程，狠抓需求版本管理。加强对技术人员的工作规范培训，使用好、维护好、优化好信息技术管理平台，有效发挥平台载体的支撑作用。二是加大所有信息化项目安全扫描管控。所有信息化项目验收和上线前，必须借助专业安全检测机构和工具进行安全漏洞扫描，对发现的安全问题进行通报并限期整改，未按安全要求整改的项目坚决不予验收。三是与省地税局共同编写《江苏省税务行业信息化系统检测规范》，经省地税局和外部各级专家的评审，于2016年正式发布和实施，填补了国内税务行业信息化检测方面的空白。（周 晓 周凌宇）

项目管理 一是做好软件项目质量控制和进度控制。制定各个项目的总体计划和实施阶段计划，全力保障所有项目按照预定计划推进实施工作。二是借助大数据的先进理念和技术，加强对项目建设过程管理。严格把控阶段成果审核，严密监控项目进度和质量，做好合作公司行为轨迹数据的搜集和记录工作，为合作公司大数据画像做好数据支撑工作。三是协调内外部各方力量，完成软件项目建设工作。全年实施12个软件项目的建设（其中，上年度延续性项目3个、年度新增性项目9个），12个项目均已经完成或准备进行项目最终验收。（周 晓 周凌宇）

硬件基础设施建设 一是以虚拟化技术为基础，进一步优化拓展虚拟计算平台。定期跟踪、评估服务器虚拟资源的计算能力与存储能力，并根据各业务软件的需求完成资源分配工作。二是为市地税局自有软件与“金税三期”系统对接工作提供有力的基础资源保障。面对“金税三期”上线后市地税局自有软件的变化，提前做好资源预留，规划、整合即将结束生命周期的软件所占资源。三是服务基层单位，提供系统级技术解决方案和指导服务。配合完成征收局上海路办税窗口启用、征收局国土局不动产登记办税窗口启用、高新局新大楼搬迁、高新局红太阳契税点搬迁、新港局新大楼搬迁等5项专项系统工作。（周 晓 周凌宇）

优化视频会议管理模式 一是探索更加完善的视频会议管理机制。充分利用现有硬件资源，继续丰富视频会议功能，满足日益增长的视频会议需求，力求打造一个功能更加丰富、使用更加灵活的视频会议服务平台。二是继续做好全市地税系统视频会议系统统一联调、统一调度和统一运维。在市地税局视频会议召开数量与频率迅速增长的情况下，协助各基层单位解决本地系统运行过程中出现的问题，保障视频会议的顺利召开。三是积极创新会议管理形式进一步满足基层单位的个性化需求。改变以往仅以市地税局为主会场的模式，多次将主会场部署在基层会场，丰富视频会议的召开模式。全年市地税局参加全国视频会议19次、省地税局视频会议8次，组织召开市地税局视频会议34次。（周　晓　周凌宇）

信息网络防护体系建设　一是细化防护系统的建设目标，实现精准型防护。在“金税三期”系统全面上线的情况下，将“金税三期”系统列入防护范围，提升新、旧业务系统数据防护功能。二是实现和加强操作行为审计功能。通过生物识别（指纹）技术，确认终端用户身份，为操作行为的审计打下基础。三是实现对文件的安全保护功能。针对日益严峻的文件安全问题，实现“进不来、看不到、拿不走、看不懂、有追溯”的安全保护目标。四是继续加强二期项目实施管理。实行每周例会制度，并进行大量可靠性测试，确保系统的兼容性和稳定性，为全市地税系统推广打好基础。同时开展三期项目调研，有序推进三期项目的开展。（周　晓　周凌宇）

软件正版化建设　一是针对市地税局正版软件使用现状，制定和实施符合市地税局实际的采购方案。按照采购监管部门的指导和要求，邀请相关专家，完成采购需求和招标方式专家论证工作。二是按照年初采购计划，完成年度正版软件足额配值工作。采购一批质量优秀、价格合理、运行稳定、安全可靠的正版软件，全年采购正版办公软件1700套、正版服务器操作系统软件60套，满足市地税局正版化软件需求和上级管理要求。三是加强正版软件使用管理。严格遵照执行市地税局软件配置、使用、处置管理办法，建立完备的正版软件管理台账，将计算机软件使用情况逐台造册登记，将软件授权文本存档备案。（周　晓　周凌宇）

计算机类固定资产管理　一是认真贯彻省地税局、市政府、市地税局三级采购标准，保障和落实计算机设备配置更新工作。科学实施设备配置指标分类核定，量化资产管理与动态调配控制，从严控制超期超标采购与使用风险，有序组织系统各个单位按需分类分期足额采购。二是优化计算机类固定资产管理流程，健全资产计划审批监管机制。优化计算机类资产全过程的责任传导体系，规范操作流程，将资产管理与预算管理、财务管理、绩效管理有机结合。三是以国有资产清查为背景，深入开展全系统计算机类国有资产大清查专项治理活动。加大基层共性、疑点、难点问题分析力度，建立清查问题分类处理机制，大力提升国有资产管理工作质效。全年采购台式机527台、笔记本106台、打印机295台。组织全系统20家单位统一报废往年积压未清理的计算机类固定资产1853件，资产金额1916.88万元。（周　晓　周凌宇）

【责任编辑　韩粉英】

数 据 管 理

概　述　2016年,市地税局以提高风险管理水平为目标,进一步加强风险计划统筹,优化风险指标体系,加强数据质量监控,切实提高信息管税能力。

一是统筹风险计划及任务推送,突出大企业风险管理,强化过程监督和指导,完善风险指引,提升风险应对质效。全年推进完成风险计划19项,推送风险任务15791户次,计划按期执行率为100%。推送30万元以上任务7362户次,实现风险应对收入比重高达80%以上。制定年度风险管理培训计划,分9批对全市580余名风险应对人员开展4个风险管理的专题培训。做好稽查"随机抽查"异常户打标、黑白名单维护等工作,推送"随机抽查"任务444户次,同时做好省地税局稽查局区域检查、发票专项检查、国地税联合检查等任务遴选及推送。强化过程监督和指导,加强风险任务跟踪督办,强化风险任务终结、再次应对申请的审批管理,组织骨干人员开展集团性、复杂性案件集中应对,从全市选拔24名业务骨干成立市级大企业风险管理团队,开展千户集团应对,风险应对入库税收收入近1000万元。全年完成风险应对15424户,风险应对入库税收收入29.03亿元,风险应对贡献率3.5%。

二是优化风险指标和模型,实施风险指标动态管理,加大互联网信息采集与利用,落实举报管理,提升风险监控能力。全年整合存量风险指标,收集意见197条,修改指标15个。整合省地税局重点行业风险模型5个税收指标12个。全年新建指标39个(其中,千户集团风险程度测试指标12个、互联网涉税信息风险指标16个),优化调整指标19个,应用省、市两级指标252个,累计识别上传疑点6.97万个,税户疑点消除面62.62%。全年抓取互联网数据5大类28项,涉及信息90余万条,实现风险应对税款3974万元。全年各级举报中心受理检举案件329件,查结检举案件223件,查补税收收入3613.67万元。

三是加强数据质量管理,规范数据运维,提升数据查询服务中,强化第三方信息采集和应用。推送并维护省规问题数据4003条、市规问题数据4742条。面向"金税三期"(金税工程是经国务院批准的国家级电子政务工程,是国家电子政务工程之一的税收电子工程,是税收管理信息系统工程的总称。自1994年开始,历经金税一期、金税二期、金税三期工程建设)推送并进行维护数据9批21901条,并在后台统一运维数据12.68万户。结合"营改增"工作和税收政策变化优化数据审计规则14条。与12个外部单位交换数据100.12万条,进行风险识别加以应用后实现税收绩效12.07亿元。受理内部145个事项的数据查询申请,查询加工后台数据表339张,推送明细数据291万条。受理法院申请数据466批次,推送明细数据1.62万条。审核通过并上报省地税局完成530笔运维单的后台维护,修改记录约470余万条。

(羊　猛)

探索互联网涉税信息采集应用　一是从税源管理的角度发动基层分局收集需求,收集40余项互联网信息源,提高抓取针对性。二是对互联网信息进行主题分类,并明确数据标准和信息用途,建立高净值个人类、股权交易类、动产交易类、不动产交易类、文化传媒类等主题近30项互联网信息,并建设16个风险指标,覆盖"营改增"后所有管辖税种。三是建立《互联网信息抓取和应用工作规范》,规范互联网信息抓取行为,并将系统由外网映射至内网,抓取和应用的进程整合进入风险监控平台,将互联网信息抓取全面整合进入风险管理工作。全年抓取5大类28项互联网信息数据90余万条,实现风险应对税收收入3974万元。

(李　昆)

税收风险指标动态管理　一是围绕"营改增"整合和完善风险指标。在全面分析"营改增"等税制改革的基础上整合存量风险指标，收集意见197条，修改15个市地税局指标，并专门向省地税局书面汇报涉及省地税局风险指标的意见，不断完善风险指标体系。二是创建千户集团风险程度测试指标。按上级要求，针对千户集团中的计算机、通信和其他电子设备制造业，从税收风险、财务风险等角度设计10个税收风险指标，提高大企业税收管理的针对性和有效性。三是整合省级模型。梳理国家税务总局、省地税局布置的5个重点行业税收风险识别模型的业务描述文档，对税收风险指标进行筛选整理和优化，并对其中符合要求的12个税收风险指标进行推广，提高风险指标的本地适用性。四是探索经济税收数据中观分析。在做好风险识别的基础上，关注经济税收的紧密联系，参与省地税局上市公司涉税风险分析项目，并撰写《长三角城市群发展分析》，通过运用各项数据进行宏观中观分析，扩大风险识别的覆盖面。全年新建指标39个，优化调整指标19个，应用省、市两级指标252个，累计识别上传疑点6.97万个，税户疑点消除面62.62%。（李　昆）

税收风险任务统筹　紧扣征管改革应对机构设置情况，对中等风险任务量及管户范围提出优化建议；做好稽查“随机抽查”异常户打标、黑白名单维护等工作（推送随机抽查任务444户次），做好省地税局稽查局区域检查、发票专项检查、国地税联合检查等任务遴选及推送；强化风险任务终结、再次应对申请的审批管理，加强风险任务跟踪督办，组织骨干人员开展集团性、复杂性案件集中应对，确保“营改增”、省地税局千户集团等重点任务优先应对。2016年度19项风险计划均全部推进完成，累计推送风险任务15791户次，计划按期执行率为100%；推送30万元以上任务7362户次，实现风险应对收入比重高达80%以上。

（王文岚）

税收风险应对效能管理　一是下发《关于重申和进一步明确中等风险应对相关工作要求的通知》，强化工作要求，指导基层过程监督。二是紧扣风险管理三年培训规划，编印下发2015年税收风险应对优秀案例材料，将省、市两级风险工作及文书资料要求纳入春训，与干部培训学校联合开展土地增值税及地方税、所得税、大企业、骨干提升等4个风险管理专题班，分9批对全市580余名风险管理人员开展专题培训，开展2016年税收风险优秀应对案件交流评选活动等，逐步实现风险人员的“分类提升”。三是参与“金税三期”上线工作，结合改造内容及切换方案，制定风险管理及税收评定相应衔接及培训计划，按时间节点，梳理差异、组织测试、收集问题、及时反馈，做好各项上线衔接工作，帮助基层做好新环境中的风险应对工作。四是定期编发风险应对月度通报与季度分析，完善风险管理评价系统运用，做好“十三五规划”“‘营改增’等税制改革后的影响”等专项分析，参与电子税务平台“下户功能”开发及测试工作，为基层开展应对及监控分析提供有力支撑。全年完成风险应对15424户，应对入库税收收入29.03亿元，风险应对贡献率3.5%。

（王文岚）

大企业税收风险管理　一是从全市选拔24名业务骨干组成市级大企业管理专业团队，并选拔推荐5名业务骨干参加省级集中团队，通过集中案头审核、集中审议、专题讨论等承担重点和较为复杂的大企业风险管理专项工作，促进大企业管理质量的提升。二是运用大数据开展大企业税收服务与监管试点。完成朗诗集团等4户电子财务数据采集，对4户集团相关数据、信息进行采集并按季核实。开展全国千户集团信息核实，并对千户集团企业名册通过互联网在线采集。完成143户企业基本涉税信息审核比对反馈。三是在参加省地税局组织的大企业培训的基础上，组织开展全市大企业管理团队专题培训，根据近年风险管理工作成果，编写2篇代表性强、推广性高的典型税收风险管理案例报告上报。四是开展千户集团应对，组织完成95户成员企业的风险应对及2015年6户集团部分成员企业的风险疑点再核查工作，按时上报分户风险应对分析报告和分析情况表，入库应对税收收入（含调增应纳税所得额）近1000万元。（王文岚）

国地税税收风险管理合作　一是与市国税局联合转发省地税局《关于成立运用大数据开展大企业税收服务与监管试点工作领导小组的通知》，统一建立南京市国地税联席会议等一系列制度。二是与市国税局联合开展2批78户大企业税收风险提醒工作，提醒纳税人及时开展自查，预防和消除税收风险。三是与市国税局联合开展大企业走访，到“宏图三胞集团”等2户“千户集团”名册企业进行走访调研，深入了解情况。四是探索联合开展大企业风险应对工作，对5户“千户集团”名册企业开展联合风险应对，在案头审核阶段实现信息互享、在询问约谈阶段采取共同约谈、在结果审议阶段开展联合审议等，促进国地税风险应对合作深度的不断拓展与提升。五是参加省国税局、省地税局联合举办的“深化大企业税收服务与管理改革”座谈会、“长三角城市群发展分析”数据资料分析座谈会等，积极献言献策，交流互进。（王文岚）

第三方信息采集和应用 积极向市财政局提出第三方信息采集的需求并反馈信息采集的困难，在市地税局的建议下、在市国税局的配合下，由市财政局牵头就2012年以来的综合治税工作向市政府进行专题汇报，市领导批示再次下发通知明确综合治税工作各成员单位工作职责和工作要求。在做好已有第三方信息采集工作的同时，结合省地税局2016年度重点采集清单的要求，有侧重点地分别与市水务局、市知识产权局、市公安局、市城市费用征收处、市民政局等部门提出采集需求。对新加入综合治税工作的部门，主动帮助搭建交换平台，按要求签订涉密信息使用承诺书等。全年实现与12个外部门100.12万条的数据交换，风险识别加以应用后实现税收绩效12.07亿元。（李　星）

涉税违法案件举报管理 一是贯彻落实国家税务总局24号令及省地税局《税收违法行为检举管理暂行办法》，进一步完善和有效落实机构调整后税务违法检举案件管理制度。全年各级举报中心受理检举案件329件，查结检举案件223件，查补税收收入3613.67万元（其中，税款3230.33万元、加收滞纳金210.16万元、罚款173.18万元），入库率100%。二是加强对检举案件时效和质量监控，按月通报各单位举报案件查办反馈进度，及时编制《税收违法行为检举工作动态》，梳理分析涉税举报工作动向，提出征管建议。三是做好重点案件的全过程跟踪，稳慎处理社会关注的群体举报案件，加强重点举报人的矛盾化解工作。四是充分保障检举人合法权益，认真做好相关政策的宣讲和举报人信息的保密工作，受理和发放举报奖励11笔，支付检举奖励5.31万元。（郑立峰）

数据质量监控 一是加强基础数据质量监管。全年通过省级数据质量管理平台累计向基层局推送4003条省规问题数据，通过执行SQL脚本、机外推送清册的形式累计向基层局推送4742条市规问题数据，均实现准期整改。二是优化数据审计规则。结合“营改增”等税收政策变化和征管流程调整，梳理在用省、市两级规则，优化14条市级数据审计规则，并向省地税局反馈4条省级数据审计规则的优化建议。三是做好“金税三期”上线前数据准备。根据国家税务总局“金税三期”项目数据清洗规范和省地税局3版次清洗脚本及要求，执行SQL脚本并整理出市地税局疑问数据清册，统筹指导基层局开展9批次21901条数据的维护，在后台统一运维12.68万户问题数据，为“金税三期”系统顺利上线提供数据保障。（汪　洋）

数据运维及数据查询服务 一是做好数据运维及审核。全年审核通过并上报省地税局成功执行数据运维护单530余笔，无一笔被退回，涉及修改记录约470余万条，主要集中在登记、会统、申报征收、发票、风险等模块。二是做好数据查询服务。全年受理内部145个事项的数据查询申请，查询加工后台数据表339张，推送明细数据291万条，应用“法院司法查控系统”定期为法院提供数据查询服务，受理外部法院申请数据466批次，推送明细数据合计1.62万余条，为全市宏观经济分析、各项涉税工作以及公、检、法单位办案提供支撑。

（张少柏）

【责任编辑　韩粉英】

行 政 管 理

政务管理

概 述 围绕全局中心工作，主动适应新形势、新任务，强化统筹，完善机制，突出服务，提升效能，切实保证机关各项工作高效有序运转，促进全局工作任务顺利完成。

一是增强参谋助手能力。加强税收调研。围绕税制改革、经济税收热点，为领导决策提供重要参考。《江苏地税》全年采用稿件36篇，向省地税局、市委、市政府报送《透过税收看经济》10篇，受到上级领导肯定。南京国际税收研究会被评为“全国先进国际税收研究会”；提升文稿质量。提高办公室系统文字综合能力，准确把握领导的思路和意图；提高信息工作水平。修订完善市地税局政务信息绩效考核办法。落实信息约稿制度，抓住税收工作重点、难点、热点问题，确保信息报送数量、质量和时效，为各级领导科学决策提供依据。省局简报刊发市地税局6期专题，其中2篇被省地税局领导批示。在省地税局、市委、市政府以上信息刊物采用稿件约500条，其中，被国办采用13篇。

二是提升税收宣传效应。着眼于税收与经济发展、国地税融合发展，归宿于民生的高度上，精心构思，开拓创新，营造和谐的税收氛围。优化固定宣传栏目，增设南京日报要闻版、直播南京栏目新闻类宣传报道，在微博微信等新媒体同步发布报纸、电台内容，实现传统媒体和新媒体的有效对接。聚焦改革、突出热点，联合国税、共青团开展2016年在宁高校大学生税收辩论赛，活动获2016年南京网友节最佳人气奖。与南京银行联合召开“税银合作”新闻发布会，与市工商联组织开展“携手共建 服务民营企业”专题活动。在各级媒体宣传报道2900余篇，其中在中央电视台《新闻联播》刊登稿件3篇。加强舆情管理，严格规范和管控涉税信息的传播，发挥舆论导向作用。全年系统无重大涉税舆情事件的发生。

三是发挥综合协调作用。坚持立足全局，统筹协调，努力形成税收工作合力。抓好计划管理，修订完善督查督办管理办法，做到日常工作定期督办、重点工作跟踪督办，全面提高督查督办工作时效性。修订创新办法，精简立项数量，减轻基层负担。推进政务公开，积极开展“互联网+政务”创新尝试，探索构建“微税厅”，提高政务公开可读性及生动性。构建大信访格局，妥善化解信访矛盾，全年受理各类信访件441件，比2015年同期减少31%，高质量完成建议提案办理。今年以来共受理各类建议提案12件，满意率达百分之百。深化国、地税合作，完善国地税合作工作机制，在省级以上媒体开展国地税合作规范相关宣传57次。

四是健全完善运转保障机制。坚持按章办事，规范流程和运作，严格履行审核把关职责，形成科学严密管理链条。提高办文办会质量。严把公文质量关，规范办文程序，提高运转质效，确保文件流转及时、准确、安全、顺畅。完善会议管理办法，从严控制会议数量，规范会议审批程序，大力推广使用视频会议系统，全年召开视频会议44场，切实转变机关作风，减轻基层负担，提高工作效率。强化保密责任，全年未发生泄密事件。规范财务管理，严格控制“三公”经费支出，在机关推行公务卡，提高公务支付的透明度，保证支出信息更真实准确。全年办理机关报销事项约1900余笔。严格落实安全稳定各项工作，确保了系统安全稳定，较好地完成了综治、创建等各项工作。

（王杉杉）

综治工作 坚持“安全第一、预防为主、综合治理”的安全工作方针，完善监督管理保障体系，提升事故防范能力。按照“重基层、打基础、强监管”的工作思路，从头紧起、从快布置、从严管理，采取一系列措施落实中央、省、市要求，不断加大社会管理综合治理和安全维稳工作力度，有效履行综治职能，保证全系统和谐稳定。不断强化目标责任和考核机制，健全综治网络，细化安全保卫工作部署，各项措施落实到位，做好系统各项内保工作。组织全系统开展安全稳定工作月度自查，重大节日前飞行检查，层层落实责任，全面排查消除各类安全隐患，严防各类安全事故发生。不断提升突发事件应急处置能力；从源头预防，排查化解各类矛盾纠纷。全年全系统无刑事案件发生，无集体上访，未发生重大安全稳定问题或事故。同时，积极开展偷逃税查处、刑释解教人员安置、流动人口管理、出租房租管理、拆迁等综治工作。（叶　婷）

政务公开　一是狠抓工作落实。针对市政府2016年信息公开工作要点及有关要求，落实分解任务指标，按月及时向市档案馆移交主动公开信息及统计报表，准备并上报政务公开2015年度报告及有关数据，参与全市评比活动，获全市“2015年度政府信息公开工作先进单位”。二是强化公开质效。关注营改增、“金税三期”上线、房地产税政调整等税收热点，及时准确做好信息发布和配套解读，快速有效回应公众关切，提高公众参与权、知情权，确保政务服务质量。2016年，通过市地税局网站政府信息公开栏目主动公开信息163条，向市档案馆移交主动公开信息14条；受理依申请公开22件，按期办结率为100%。三是加强互动跟踪。对照市地税局2016年度工作计划及月度工作安排，梳理各阶段信息公开工作重点，及时做好公开提醒，听取意见建议，组织开展系统信息公开岗位人员业务培训，提高岗位人员业务水平。四是强化政务“微”服务。不断优化完善政务微博、微信宣传解读功能，积极开展“互联网+政务”创新尝试，探索构建“微税厅”，拓展政务公开新形式，打造政务服务“微”环境，提高政务公开工作及时性、可读性及生动性，切实做到政务服务更加便民利民。（付宪国）

信访维稳工作　一是总量下降明显，举报仍是主体。2016年，市地税局通过市长信箱、南京市和谐信访系统、局长信箱等网上渠道及局领导接待日、人民来信、人民来访等非网上渠道，共受理各类信访件446件，同比2015年减少204件，降幅为31.3%，其中，受理人民来信304件，网上信访106件，人民来访36件，涉及税务举报的案件309件，占信访总量的69.2%。二是规范办理程序。进一步规范信访件办理流程，明确办理环节及相关时限要求，落实办理责任，加强过程督办，确保按时办理答复。加强资料报送，做好数据统计，每月25日前向省地税局报送信访月报，月末前向市政府报送统计报表，按时向省地税局办公室报送信访情况分析报告，确保信访工作稳步有序推进。三是强化疏导督办。强化重点人员、重点信访件的跟踪督办，主动上门服务，对于缠访人员，加强沟通引导，妥善化解信访矛盾。强化信访疏导，认真记录和分析访民诉求，做好解释说明，引导其以正确的方式反映诉求，进一步提高办理质量和效率。2016年，主动化解上门信访案件20余起。（付宪国）

人大政协建议提案办理　贯彻全市建议提案办理会议精神，对市政府转交的全部建议提案逐件梳理登记，审核比对，明确分工，落实责任。建立建议提案办理工作责任机制，按照“谁办理、谁负责”的原则，建立“办理前联系、办理中征求意见、办理后跟踪回访”的机制。组织相关业务部门召开2016年建议提案办理工作交办会，根据各部门在初步交办时的反馈意见，逐件确定具体牵头部门及协作部门，分解任务、落实承办部门及承办人职责；明确由办公室扎口办理，对承办处室及人员明确任务和时限要求，确保办理工作按时、保质、保量、规范、有序地答复完成。确保建议提案的办成率和满意率。办理过程中，各承办部门和经办人员做好内外部沟通，特别是与建议提案人的沟通交流，通过电话等沟通方式，主动与代表委员联系，虚心听取反馈意见建议，主动汇报税收政策现状，共同协商解决办法。针对不能解决的C类办件，向代表委员做好宣传解释，争取理解和满意。全年办理建议提案12件，其中，人大建议5件，政协提案7件。通过建议提案办理工作深化调查研究，对建议提案反映的供给侧改革、收入倍增计划中的民营经济、物流企业、慈善事业等方面的税收问题，深入开展工作调研，梳理出促进民营经济、慈善事业、物流经济发展等方面的税收优惠政策，及时向上级反馈政策落实情

况，提出合理化建议，全力为南京经济发展营造良好的税收环境。（楚天佑）

保密工作

概　述　市地税局坚持把保密工作与税收中心工作同研究、同部署、同检查，严格落实保密制度，全面做好保密工作。一是突出抓好领导干部的保密教育。学习贯彻落实习近平总书记关于加强领导干部保密工作的重要指示精神，把学习保密知识和保密教育列入市地税局中心组年度学习内容。领导班子成员带头学习保密知识、坚持集中学习与个人自学相结合，重点学习《中华人民共和国保守国家秘密法》《保密法实施条例》《党政领导干部保密工作责任制规定》《党政机关和涉密单位网络保密管理规定》，采取中心组成员全体备课，组织开展领导干部讲保密党课活动。

二是推进保密培训常态化。通过制定信息安全管理相关制度，限制互联网用户，严格信息发布审核程序，组织学习计算机和网络安全保密法规及该局保密工作规章制度，将保密法制教育纳入该局干部制式培训内容，建立“分级分类”施训机制，实施专业化人才分级分类施训，各个岗位培训均融入保密知识内容。建立“自主选学”参训机制，各岗位自主选学不同的组合式套餐，满足不同职位、岗位类别干部之间的差异性学习需求。2016年，市地税局举办制式培训班9期，每期均安排四个学时的保密教育培训，累计459人次参加保密知识教育培训。

三是创新形式普及保密法规。贴近互联网+需要，主动创新保密宣传形式。开通微博、微信平台，以新载体、新视角，引导全局干部职工学法、用法。2016年，市地税局在全系统推广“微党课”微系列宣传活动，保密法制教育进入“微讲堂”，先后已有40余名税务干部走上讲坛结合岗位工作解读保密法规政策。保密法制教育走进微时代，关注度更高、认同度更高，“微系列”成为既是一堂保密知识、保密措施的培训课，又是一堂保密意识、保密责任的强化课。

四是开展保密人员分类评定。贯彻落实中共中央领导关于进一步加强保密工作的重要指示精神和中央保密委工作部署要求，推进涉密人员保密管理工作，开展保密人员分类评定。根据岗位涉密程度，将涉密岗位分别确定为核心涉密岗位、重要涉密岗位和一般涉密岗位，人事处和办公室按照“先审、严格把关”的原则，明确了9名干部为涉密重要岗位，5名干部为一般涉密岗位，并建立涉密人员保密管理档案。（黄静娟）

网络安全保密自查自纠专项工作　为贯彻落实习近平总书记关于做好网络安全工作的重要指示精神，根据国家计算机网络应急技术处理协调中心江苏分中心、国家信息安全测评中心江苏分中心的通报和“南京市信息安全监测预警平台”的监测，2016年南京市部分网站和有关业务系统存在网页篡改、SQL注入、弱口令、信息泄露、高危漏洞等较大安全隐患，易被黑客入侵，潜在危害严重。为有效消除系统安全隐患，遏止各类事件苗头，确保各业务系统安全平稳运行，三季度开展市、区机关（街镇）网络安全专项自查工作，市地税局同步开展此项工作。包括：网络边界安全防护，无线网络安全防护，网站安全防护，电子邮件安全防护，终端计算机安全防护，移动存储介质安全防护等自查自纠。自查工作由本单位组织落实。市地税局保密委充分认识到组织网络安全自查工作的重要性和必要性，成立自查工作领导小组，落实工作责任，做到不漏一个单位，不漏一个系统，不漏一个检查项，确保自查工作取得实效。通过专项检查，提高对各类安全隐患危害性的认识，强化安全防范意识，堵塞保密漏洞。（黄静娟）

事务管理

概　述　2016年，机关后勤工作坚持精细管理，增强服务意识，提高服务质量，为各项工作的开展提供有力保障。

做好预算管理。认真做好预算使用过程管理和调整工作，共组织录入5000余笔预算采购信息并完成校正。完成审核并论证全系统2017年资本性项目支出296项，其中大型修缮20项，共涉及8家单位；办公设备及专用设备等共276项，涉及全系统所有单位。

严格执行《固定资产管理办法》及其他相关规定，着重进行了资产清理盘点、类别划分、信息维护；顺利完成省地税局固定资产审计及专项资产审核工作。加强对办公楼设备维保公司管理，确保办公楼设备设施的完好，保障办公楼的正常、有序运行。对中央空调、消防设施、电梯等重点的专用设备加强监管，确保安全。

努力做好各类保障工作。强化落实三项保证措施，及时修订服务保障工作规范，把接待、会议保障工作作为服务地税建设和机关运转的有效手段，注重尺度，掌握标准。一是严格流程。接待、会议工作把握及时汇报、领导审批、协调安排的原则。订餐有客情、有审批，月末有统计、有登记。严格履行接待流程。二是严格标准。不随意更改或提高标准，认真落实中央及省市的各项规定。三是严格监督。在严格把关的基础上每月呈报一次接待情况，及时分析客情。及时与相关部门沟通，忙而不乱，手续齐备，程序规范、协调顺畅的工作关系，共同做好接待、会议保障工作。

强化政府采购管理。本着依法采购、提升效能、保障有力的宗旨，树立服务于税收中心工作的理念，认真有效地做好系统政府采购管理工作，全年2次邀请市财政局和市采购中心等相关方面专家，对政府采购现行政策、地方法规及实际操作进行现场培训和答疑；组织系统各单位采购人员学习《2016年—2017年南京市政府集中采购目录》中的采购预算限额、采购方式及限额标准，确保采购行为合法合规。

参与城市标准化建设。积极与市城治办保持联系，确保及时接受任务，及时上报各类信息数据及阶段工作。并按南京市城市治理标准，督促检查并确保系统各单位年度复检通过，在2016年度南京市组织的城市标准化工作复检中，取得优秀成绩，保持在南京市城市标准化工作第一阵营。

严格落实《中华人民共和国食品卫生法》，加强食堂日常监督管理和指导服务。一是增强工作人员服务意识，改进和调整菜肴结构，有计划的制订菜谱，提升食堂就餐人员满意度。二是贯彻《中华人民共和国食品卫生法》。把落实《中华人民共和国食品卫生法》作为食堂管理工作头等大事，做到责任到人，抓紧抓实。三是严格落实《中华人民共和国食品安全法》和A级量化管理指标，加强食品添加剂及采购索证的管理，不断完善和规范机关食堂管理工作。四是规范管理，确保安全。食堂是消防安全的重点部位，对食堂的液化气、油、明火等制定了相关的操作规程及使用办法。全年食堂就餐12.6万人次、面点18767份、净菜268份、热菜3122份、卤菜985份，未发生一起饮食安全事故。（王静靓）

固定资产管理　6月至8月，会同各职能处室组织实施全系统国有资产清查。对发现的各类问题提出了具体处理建议，责令各单位在年前整改完毕。一是严格执行《固定资产管理办法》及其他相关规定。自6月起，按照《江苏省财政厅关于开展2016年全省行政事业单位国有资产清查工作的通知》（苏财资〔2016〕33号）和省地税局工作要求，按规定聘请中介机构进行跟踪审计。对系统内所有固定资产进行了全面清理、核对和查实。对清查出的各种资产盘盈和盘亏、报废及坏账等损失按照资产清查要求进行分类，提出相关处理建议，各基层单位和两家事务所已完成资产清理与业务审计工作。截至2015年12月31日，全系统可移动固定资产50101件，价值4.14亿元，房产、土地379108.01平方米，账面价值12.12亿元。二是加强对办公楼设备维保公司的管理，确保办公楼设备设施的完好，保障办公楼正常、有序运行。对中央空调、消防设施、电梯等重点部位专用设备加强监管，确保安全，重点检查设备的安全隐患，为中心工作创造良好工作环境。针对冬天严寒造成空调、消防设施受冻情况，及时查找问题，对相关设备进行了维修，及时更换空调管道阀门，对空调水系统进行清理，以保证空调效果；对物业人员加强培训，强化应急措施，增强应对突发事件的能力。对办公楼部分会议室及休息区的破损及老化区域维修出新。（汪帮俊）

公务用车改革　根据省地税局及南京市关于行政机关公务用车制度改革的实施意见要求，市地税局深入学习有关文件，及时安排部署，先后完成了“数据上报、封存停驶、人员分流、拍卖处置”等各阶段工作任务。经评估，市地税局共有79辆车参与进行拍卖，评估总价130万元，于8月9日在南京图书馆进行了现场拍卖，拍卖成交总价452.85万元，拍卖过程全程录像，并由市地税局派人现场监拍，拍卖完成后所有影像、纸质等资料上报南京市公车改革办存档备查。同时，除拍卖79辆车外，评估公司认为无法过户及无拍卖价值，应予以报废处置的车辆有28辆，市地税局在9月全部予以了报废处置，报废处置所得0.56万元。此外，拍卖款452.85万元，以及报废车辆处置收益0.56万元，均已全部上缴市财政。（魏明达）

办公用房清理　严格执行、落实中央和省市办公用房管理规定和清房措施，加强维修改造项目审批可行性研究报告和项目过程控制。一是不折不扣落实清理办公用房各项措施，顺利通过上级纪委对市地税局领导干部办公用房抽查，确保全系统领导干部办公用房符合上级管理规定；二是建立内外相结合的专家评审机制，强化全系统维修改造项目可行性研究及立项审批；三是启动实施市地税局办公大楼部分区域及设备设施维修改造项目，落实政府采购和招投标规定，导入外部专家项目管理，强化项目建设过程控制。（陶文淦）

落实合同能源管理（LED照明）　贯彻落实国家、省市公共机构节能管理规定和要求，以推广合同能源管理为路径，创新市场化后勤管理机制，实现省、市级节能示范单位争创目标。一是加强合同能源管理（LED照明）创新试点成果运用，通过创新申报方式在全市地税系统12个基层单位实行LED照明合同能源管理。二是通过运行合同能源管理，强化LED照明节能改造，使全系统照明非节能设备替换面达到90%以上。三是争创节能示范单位，发挥节能先进典型示范作用。市地税局被江苏省评为节能示范单位，江宁局和征收税务局两个基层单位被评为南京市节能示范单位。四是强化节能减排工作经验总结和照明合同能源管理效能评估，初步创建起市地税局市场化节能管理新机制。（陶文淦）

政务信息工作

概　述　2016年，全市地税系统立足于发挥政务信息工作的“辅助决策”和“参谋助手”作用，着重在提高信息“含金量”上下功夫。一是突出组织管理。修订完善政务信息绩效考核办法和积分单项考评办法；加大信息约稿力度，及时组织省地税局和市委市政府信息，全面实施团队撰稿方式，加强基层单位自主合作，大幅度提高综合加工频度。二是突出两手抓两手硬。针对省地税局新的绩效管理办法，采取“两手抓”的办法，一方面继续抓好省级以上刊用及领导批示信息的组稿上报，重视省地税局专题简报和省地税局领导批示信息，工作难度和工作强度比上一年度年成倍增长。全年始终瞄准省级以上领导批示，积极提供决策参考，加大基层对新政反响、政策反馈和建议、行业税收、重点税源等信息报送。如《江苏企业对国务院修订〈高新技术企业管理办法〉反响热烈》《江苏省重点钢铁企业化解过剩产能的典型案例》《江苏调查反映电力直接交易试点为企减负效果明显但仍面临四个方面困难问题》等稿件被国办专报采用。《打好税收政策组合拳，助力科技创新加速跑》被副省长批示等。另一方面，抓住省地税局简报刊用及省地税局领导批示，全年刊发6期专题，2篇被省地税局领导批示。三是突出协调沟通力度。坚持每日与省地税局和市委市政府联系，做好基层信息上报协调工作，着重抓好重要信息推荐，确保报送路线畅通；坚持与省委、省政府、市委、市政府主管部门做好协作沟通，着重抓住省委和省政府两办重点选题，确保及时准确报送；坚持每日向基层推送信息上报情况，主动帮助落后单位，平衡基层信息报送数量和质量。四是突出内部刊物编发质量。坚持政务信息质量要求，在专题信息编辑中严格要求，用心指导，切实帮助各处室和基层单位提高专题信息写作水平。2016年，审阅报送信息稿件1200余条，在省地税局、市委、市政府以上信息刊物采用稿件约600条，其中，被国办采用16篇，省委、省政府采用72篇。2016年在全省地税系统和市委、市政府政务信息工作中均获得先进单位。（汪树强）

宣传工作

概　述　2016年，市地税局立足于税收宣传的整体效应，着眼于税收与经济发展、国地税融合发展，归宿于民生的高度上，精心构思，开拓创新，把税收宣传的触角延伸至学校、企业、网友中，努力打造宣传主题精品活动，确保了宣传的及时性和准确性，营造了和谐的税收氛围。2016年，微博“@南京地税发布”获“2015年度南京最具成长价值政策”微博称号、税收宣传月主题活动“在宁高校大学生税收辩论赛”获2016年南京网友节最佳人气奖、图片新闻《主动问需开展社区党课》获全国税收好新闻“图片好新闻”优秀奖、微电影《爱的税言》获全国税收好新闻“税收公益好广告”优秀奖、专题片《税苑巾帼映石城》获全国税收好新“广播、电视好专题”二等奖。

贴近考核要求，突出宣传实效性。结合省地税局新绩效考核办法，修订系统税收宣传考核办法，加大中央、省、市级媒体（要闻版）考核力度，将上级考核传导给基层，并结合新的考核要求，调整宣传报道方向，确保在完成上级考核要求的基础上，更好地营造税收宣传和谐氛围。2016年，全市地税系统在各级媒体宣传报道2900余篇，其中，在中央电视台《新闻联播》刊登稿件3篇；在《中国税务报》《新华日报》《江苏法制报》《江苏工人报》等省级以上媒体（要闻版）刊登稿件452篇。

优化固定阵地宣传，突出宣传针对性。为适应互“联网+税务”的新形势、新要求以及“营改增”等财税改革面临的新情况、新问题，结合宣传的新形势，将固定阵地中的“税务专版、地税直通车”等栏目进行优化，增加《南京日报》要闻版、南京电视台直播南京新闻类宣传报道。通过要闻版、直播南京栏目宣传报道“营改增”等专题重点工作，提升了宣传实效。同时，依托优化方案的落实，实现传统媒体与微博、微信等新媒体的同步和对接，通过在新媒体同步发布南京日报、南京电视台的宣传报道内容，进一步提升税收政策、税收动态的关注度。2016年，《南京日报》税务专版全年出版35期，电视台《地税直通车》专栏制作播出节目17期，制作播出电台节目108期，税务网站全年访问量280万次。加强与都市报、龙虎网等媒体的协作，积极组稿宣传。在《现代快报》《扬子晚报》等都市报刊发新闻稿件113篇，在《龙虎网》刊发新闻稿件223篇，利用微博刊发微博2618条。拍摄微电影3部，制作微动漫4部。

创新税收宣传形式，突出宣传品牌效应。在全国第25个税收宣传月期间，紧紧围绕“聚焦营改增助力供给侧改革”主题，聚焦改革、突出热点、注重互动、创新手段、结合实际，组织开展了一系列税收宣传活动，取得了良好的宣传效果和社会反响。为保证总体效果，年初，开展税收宣传月活动列入年度工作计划，并作为4月税收工作的重中之重来抓。3月初，加强工作调研，从组织领导、开展形式、计划安排、人员落实等方面及早统筹，为税收宣传月活动的顺利开展奠定良好的基础。成立宣传月活动领导小组，形成由办公室负责总牵头，其他各部门和基层单位密切配合的有力组织机构，做到上下联动。为了使税收宣传月活动有内容、有特色、有亮点，在2月前期统筹策划、广泛征求基层意见的基础上，于3月中旬形成了由市地税局主办，各部门和基层局配合并因地制宜宣传的共识。确定了与市国税局、市共青团共同开展“青年梦 税月情”2016年在宁大学生辩论赛、携手南京市工商联开展“携手共建服务民营企业”专题活动、与南京银行联合召开税银合作新闻发布会等三个主题活动。在宣传月期间，注重加强与宣传部门、新闻媒体的协作，积极组织好各项活动的宣传报道，及时向报纸、电视、电台等媒体提供报道线索，积极营造和谐宣传氛围，提升宣传实效。从宣传月活动成效来看，全市地税系统开展各类宣传活动20余项，在各类新闻媒体刊发133篇，其中，报纸专刊45篇，电台26篇，电视2篇，网站60篇，多篇稿件被新华网江苏频道、搜狐、凤凰网、江苏网、省局网站等多家网站转载，南京地税网站4月点击量达12.25万人次。

（于　群）

举办在宁高校大学生税收辩论赛　“青年梦 税月情——2016年在宁高校大学生税收辩论赛”作为2016年南京市税收宣传月的主题活动，由市国税局、市地税局和团市委共同主办。本次赛事自3月31日开始至6月4日，历时2个多月，经过初赛、复赛、加赛、半决赛和决赛，最终南京师范大学队获得冠军、河海大学获得亚军。该活动获2016年南京“网友节”最佳人气奖。为配合此次大学生税收辩论赛，组织开展了相关的配套活动：一是开展专题征文活动。征文面向南京地区各年龄段学生，分为大学组和中小学组进行有奖征文；二是邀请学校参与税收文化观摩。组织大、中、小学生参观税收博物馆，深入宣传税收文化、普及税收知识、传播税收文明；三是线上线下宣传。依托网站、微博和微信等宣传平台，及时报道辩论赛比赛进程，同时开展税收知识有奖问答、最佳辩手评选等活动。决赛期间还通过门户网站进行了现场图文直播。其中，开展的辩题征集活动得到了网友的积极参与，话题阅读量达19.2万次，征集到符合要求的辩题超300个。（于　群）

"税银合作"新闻发布会　4月12日，市地税局与南京银行联合召开税银合作新闻发布会，宣布双方携手拓展"互联网+税收+金融"税银服务新内涵，服务地方经济发展，同时促进纳税人增强诚信纳税意识，提高税收遵从度，推动社会信用体系建设。市地税局与南京银行主要在以下两个领域开展合作。一是将税务机关诚信纳税相关指标引入南京银行金融信用体系，面向诚信纳税人，推出无担保、纯信用的"鑫税融""鑫联税"信用贷款产品以及其他增值金融服务；二是利用南京银行网点拓宽办税服务资源。纳税人可以在南京银行网点接收税收宣传及辅导，在银行工作人员的帮助下实现自助网上办税，使纳税人体验获得感，实现税务、银行、诚信纳税人三方共赢。（于　群）

"携手共建 服务民营企业"专题活动　4月20日，市地税局与南京市工商联共同开展"携手共建、服务民营企业"专题活动。活动中，市地税局与市工商联共同签订服务南京市民营企业发展合作协议，明确开展"税商互动"的原则、目标。此项活动汇集全市15家民营企业代表，覆盖高新技术、房地产、电子商务、医疗保健等行业。与会代表一致认为，市地税局、市工商联的共建活动，切实体现两家单位为民营企业服务的决心，畅通了企业与税务机关的沟流渠道。通过税商联动，共享区域内民营企业的各项信息，有效促进民营企业依法诚信纳税，降低企业创业创新成本，使民营企业良好有序发展，实现民营企业、税务机关、市工商联三方共赢的良好局面。（于　群）

"诚信纳税 铸就发展"微系列宣传活动　开展"为税添彩"创意涂色作品征集活动。此活动共收到网友386幅作品，作品形式多样，设置的话题页面阅读量达到173.1万人次，网友参与讨论1.8万次。开展"税收知识有奖问答"活动。该活动已连续开展三年，网友参与度较高，活动共开展10天，粉丝数增长约8000，粉丝数突破11万人。推出的所有题目被转发、评论超千条。特意创建的话题页面，阅读量达到533.6万人次，网友参与讨论9.4万人次。依托微信开展税收博物馆及税收历史文化知识推广活动。以一个或一类税收博物馆内馆藏展品为主线，介绍税收博物馆馆藏和布展情况，制作4期图文内容，每期产生3道税收文化问答，通过开展有奖答题活动吸引关注者参与，以此推广和宣传税收历史文化。（于　群）

"税收动漫宣传周"活动　2016年，市地税局组织创意制作《猴赛雷办税记》《最美地税人》《一税一路》和《定格动画》4部动漫片和《三哥》《父子的约定》和《你的付出让世界更美好》3部微电影。利用办税服务厅、税收博物馆以及地铁、公交移动视频等平台，滚动播出《猴赛雷办税记》《父子的约定》等6部融宣教性、观赏性于一体的税收动漫片和微电影。公交动视按20次/天、地铁视频40次/天频度进行播放，累计受众人数超过500万人次。同时，将动漫片在外部网站、"龙虎网"等网络平台进行挂网，供网民点播。（于　群）

涉税舆情工作　2016年，全市地税系统无重大涉税舆情事件的发生。主要做好四个方面的工作：加强涉税信息跟踪管理，严格规范和管控涉税信息的传播；强化正面宣传效应，营造化解涉税负面舆情良好氛围；完善预处机制，提升涉税负面舆情的应对质量和水平；完善考核机制，加强涉税舆情处理、分析、媒体应对等方面培训。主要抓好"三个突出"：一是突出日常引导，强化"全防控"。加强日常新闻宣传，突出日常新闻舆论引导；强化以微博、微信、"12366"热线、网站专栏、税企QQ等平台架设的"防控网"作用，畅通民意反映渠道，占领网络舆论制高点，抢抓网络舆论主动权，发出主流正面声音，构建积极健康、平稳有序的网络舆论环境。二是突出分类预处，强化"全联动"。在内部程序上，规范按件、按事项推送制度；在外部合作上，与本地各主要门户网站、论坛建立合作关系，重点做好三个阶段的分类预处：起始阶段正视事实，及时发布；延续阶段全面关注，有效分析；结束阶段反思得失，发布结果。三是突出过程管理，强化“严考核”。将舆情办件纳入督查督办，严格按照“立项、承办、督办、反馈、报告”等程序进行办理，明确办结和反馈时限，加强过程管理，密切关注办理动态，化解矛盾。继续加大重点媒体、都市报、网媒的绩效考核力度；优化原有加分方式的同时，完善扣分项目及标准，突出舆情应对考核，根据舆情危机处理效果和对组织形象的影响实施考核。2016年，编发《涉税舆情专（快）报》45期，监控和处置涉税舆情26件，接受媒体采访32次，及时有效监控和处置涉税舆情。

（于　群）

档案管理

概　述　一是规范各项基础工作。根据省地税局税收档案管理办法和市地税局档案管理办法要求，明确档案归档门类、归档内容、装订标准、时限要求等。加强节点控制和业务指导，对中等风险应对等业务变化导致业务档案归档要求与原归档范围不一致情况时，及时与业务处室协调，统一要求，规范操作。二是优化档案移交工作。根据各基层单位实际拟定移交计划，明确移交流程。要求各基层单位移交之前开展自查、修正完善，以提高工作效率。对移交工作中发现的共性问题及时归纳分析，提醒尚在整理过程中的单位注意避免。移交之后按单位反馈存在的问题，便于各自对下年度档案进行整改。2016年各基层单位共移交2012年度文书档案1787件、业务档案31012卷。三是做好档案归档工作。严格按照市档案局要求和省地税局归档规范化考核标准进行立卷、归档。全系统共归档2015年度文书档案837件、业务档案17.8万户次；归档机关文书档案569件，其中永久类50件，长期类213件，短期类306件。四是创建省级中小学教育实践基地。5月，市地税局启动税收博物馆创建中小学档案教育社会实践基地工作。6月，完成实物档案梳理、基本情况统计、申报表报送等工作。10月，市档案局实地检查了创建工作，对申报准备工作表示肯定，向省档案局提交评审申请。

（郑　峻）

全面应用省地税局档案软件　1月，通过视频会议方式召开省地税局电子档案软件培训会，对各基层单位使用档案软件情况进行通报，现场演示档案软件的功能和操作技巧，将培训工作一贯到底开展到基层一线操作人员。3月，针对电子档案软件新增的大集中数据导入功能，编写了操作指南供各基层单位参考。10月，“金税三期”上线后，根据业务流程变化情况，重新对相关资料归档要求进行了明确。11月通过电子档案系统对各基层单位的档案归档质量及工作进展情况进行了检查，对存在问题的基层单位要求其及时整改，确保归档工作符合要求。

（郑　峻）

修订文件档案归档范围和保管期限　根据国家档案局第8号令的规定及《关于印发〈江苏省地方税务局文件材料归档范围和档案保管期限表〉的通知》（苏地税函〔2016〕48号）相关要求，修订市地税局文件档案归档范围和保管期限。修订后的归档范围按照内容分为3类99项，保管期限分为永久、30年、10年三类。12月，市档案局审核通过该方案。

（郑　峻）

通过市档案局执法检查　3月，根据市档案局开展档案行政执法检查的通知要求，从贯彻落实档案法律法规情况、档案基础管理情况、档案安全情况等七方面开展自查，对2013—2015年度归档工作情况进行梳理。4月，经市档案局实地检查，认定市地税局档案工作制度健全，档案收集、整理、移交、保管和利用等环节有效衔接，档案管理符合规范，发文予以通报表扬。

（郑　峻）

理论调研

概　述　2016年，市地税局强化“大兴调研之风”的工作导向，把提高税收科调研服务中心工作、服务领导决策作为关注焦点，在理论调研中着重抓好三个方面工作：一是树立精品意识，提高研究质量。根据省市重点调研课题，整合税务学会和国际税收研究会课题任务，科学确立课题，合理制定调研提纲，过程中加强各课题组沟通，定期通报完成情况。二是调优管理办法，提高调研能力。优化课题管理办法，规范课题经费管理，组织参与调研培训辅导，提升基层调研能力。尝试团队研究方式，如组织科研骨干与省钢铁协会合作撰写了《税收促进钢铁行业供给侧改革的研究》。三是调优考核方式，提高论文质量。细化科调研绩效考核要求，强化论文质量管理。对于质量较高的课题研究成果积极向税务学会、国际税收研究会和国家税务总局科研所推荐。同时，主动与省地税局科研所、省国际税收研究会等沟通协调，帮助基层单位完成重点课题任务。全系统在绩效考核指定的国家级期刊上发表论文10篇，省级期刊上发表论文28篇。《大数据环境下构建电子税务局的思考》被省税务学会评为2016年度优秀论文一等奖。《税收促进钢铁行业供给侧改革的研究》参加中国税务学会和中国国际税收研究会课题交流，并被市社会科学界第十一届学术年会评为优秀论文二等奖。（汪树强）

2016年南京地方税务局税收科调研成果（省部级以上）统计表

表43

序号	标　　题	单　位	作　者	刊物名称	日期/期数
1	某关联公司间公务机关无偿使用反避税案例分析	稽查局、所得税处	臧桂芹、林大蓼	国际税收	2016年第12期
2	常设机构课税的国际借鉴研究	江宁局	钱家俊、马玉宁、李洪进	税收研究资料	2016年第2期
3	无形资料转让定价制度研析	江宁局	钱家俊、罗斌、杨丽莉	国际税收	2016年第10期
4	互联网+筑起南京地税服务新格局	电税中心、征收局、办公室	薛剑秋、黄昀、张锋、于群	中国税务	2016年第11期
5	浅谈互联网+时代大数据在现代税收管理中的应用	电税中心、征收局	薛剑秋、朱岚、魏军波、宿萍、闫丽萍	税务研究	2016年第10期
6	南京境外上市公司税收风险分析	所得税处	柏鹏、郭智华、金东	国际税收	2016年第3期
7	我国当前个人所得税的劳动供给效应分析	综合处	沈向民	税务研究	2016年第2期

2016年调研论文选登

《税务研究》2016年第10期、《中国税务》2016年第11期发表：

浅谈“互联网+”背景下大数据在现代税收管理的应用研究

江苏省南京地税局课题组

【摘要】 2015年，随着国务院《促进大数据发展行动纲要》的下发，“大数据”正式上升为我国的国家战略，在推动经济转型和提升政府治理能力方面发挥其驱动作用。特别在当前“互联网+”的时代背景下，“云大物移”、人工智能等技术方兴未艾，大数据在社会各行业已成为一种战略资源。在税收领域，一方面，国家税收制度改革和国民经济的发展对税收管理现代化提出了更高要求，税收管理和涉税服务工作迫切需要创新；另一方面，尽管通过多年税务信息化建设已经积累了海量的涉税数据，但在实现数据的综合管理、利用数据资源支撑税收决策、运用数据分析支持治理和服务创新等领域仍有大量潜力可挖。本文从大数据的视角，分析了大数据比之传统的数据仓库和数据挖掘具有更适于当前背景下处理和分析海量异构多源数据这一优势，探讨了如何将大数据应用于税收管理和涉税服务等工作中，最后对如何使大数据服务于现代税收管理提出相关建议。

一、“互联网+”时代的大数据

第十二届全国人民代表大会第三次会议上，李克强总理在政府工作报告中提出制定“互联网+”行动计划，自此揭开了我国“互联网+”的时代大幕。“互联网+”的概念源自近年来在我国蓬勃发展的互联网公司和互联网战略，即利用互联网的平台和新兴的信息、通信、数据技术，将互联网与包括传统行业在内的各行各业结合起来，在新的领域创造一种新的生态。总理在行动计划中，特别指出云计算、大数据、物联网和移动互联网这几类新兴技术的重要地位和作用。2015年9月30日，国家税务总局印发《"互联网+税务"行动计划》，其中提出在社会协作、办税服务、发票服务、信息服务和应用服务五大板块中开展二十项行动，都与"云大物移"在税收治理现代化中的应用和创新有关。本文力求通过对国内外同行在税收大数据方面的应用，结合南京地税的实践，探讨"互联网+"背景下大数据对现代税收管理的影响。

（一）大数据的一般概念

大数据一般被定义为"无法在一定时间内用常规软件工具对其内容进行抓取、管理和处理的数据集合"[12]。其本质关乎"智力资本"，即"不仅仅是一种静态的无形资产，而且是有效利用知识的过程，是一种实现目标的依托。"[13]。因此，本文将大数据定义为由数量巨大、结构复杂、类型众多数据构成的数据集合，是基于云计算的数据处理与应用模式，通过数据的整合共享，交叉复用，形成的智力资本和知识服务能力。这种能力是在数据作为一种生产资料的时代，将人的智力创造和知识经验转化为经济和社会价值的最主要方式。

（二）互联网的快速发展与大数据的优势

中国互联网中心2015年发布的统计数据[14]显示，截至2014年底，我国上网人数达6.49亿。庞大的网民既是网络服务的消费者，也是网络数据的生产者。互联网公司利用大数据技术从用户数据中获取规律，进而将这些规律用于预测或优化，实现其服务的差异化创新。相比于传统数据分析和挖掘，大数据的优势体现在以下四个方面。

1. 灵活的去结构化思想

去结构化思想的目的是回归数据的本源，抛弃传统的关系模型和查询模式的束缚，将大量不同来源、不同结构的数据打散，在一定的规则下对其加以管理、处理和分析。如近年来涌现出的NoSQL风潮就是这一思想的代表，以键值对、JSON文本、对象、图形为模型的数据库已经在很多领域被验证并用来代替或补充关系型数据库。

2. 强大的分布式并行计算架构

以Hadoop为代表的分布式并行计算架构为批量处理海量快速增长的互联网数据提供了有力的工具。新架构通过数据分布和并行处理，最大限度利用架构中每个节点的计算和存储能力，并且这种能力随架构中的节点数量的增加呈线性增长。

3. 快捷的小模型大数量分析

大数据分析的另一个重要特点在于其所追求的并非精确不变的结果，而是发现不太精确但切实有效的规律[15]。这种规律不依赖已知的业务模型，而是基于数据本身所表现出的统计特征。相比于传统方法，由于大数据所处理的数据存在形式和质量上的缺陷，无法通过局部采样来得出可靠（高信度）的结论，因此需要将数据全集作为计算对象。这种小模型大数量的分析结果具有明显的时效性，需要持续跟踪数据的变化而非一次性得出结论。

4. 动态的数据驱动业务创新

传统数据分析方法是以历史数据为基础发掘数据规律和价值的过程，然而随着社会的发展和变化呈现加速趋势，从政府管理和公众服务的角度看，传统数据分析的结果常常滞后于现实的变化。所谓数据驱动的业务，是以数据为依据来制定政策和执行政策。大数据分析所得到的规律可以对动态复杂的系统进行持续的分析，用来进行风险评估、决策辅助、预案制定以及资源优化，使业务部门可以根据外部环境的变化而保持持续的应对和创新能力。

（三）互联网时代的税收管理需要大数据技术

首先，从我国财税制度改革的要求看，要建立起统一完整、法治规范、公开透明、运行高效，有利于优化资源配置、维护市场统一、促进社会公平、实现国家长治久安的可持续的现代财政制度。对于税务部门而言，深化税收制度改革的目标在于：优化税制结构、完善税收功能、稳定宏观税负、推进依法治税，建立有利于科学发展、社会公平、市场统一的税收制度体系，充分发挥税收筹集财政收入、调节分配、促进结构优化的职能作用。要实现这一改革目标，需要改变过去以人的经验为主，领导拍脑袋决策的粗放模式；转而成为以数据为基础，"循数而行，依数决策"的新决策模式，从而使整个决策过程科学、公平、统一、透明。

其次，新技术带来了新的挑战和机遇。互联网化进程在以批发零售、咨询服务、电子商务、社交网络等为代表的服务性行业中得到快速发展，新的经济模式和实体快速出现。从政府管理的角度看，运用新的互联网思维和技术，不仅能拉近政策制定与其受众群体间的关系，提高社会和市场参与管理的热情和深度，同时也进一步改善纳税服务的质量。

第三，我国税务系统数据管理和应用的现状需要大数据化。随着“金税”工程的建设，我国税务信息系统在数据采集和管理方面的能力有了质的飞跃，然而数据应用和数据管理之间仍存在较大脱节[19]。整体而言，当前税收基础数据数量庞大但质量不高，数据一致性、精确性、完整性普遍存在问题，数据收集不全、信息获取率低、信息重复率高，内外部数据间缺乏完整的逻辑关联使全系统的数据共享、对比、动态分析等难以实现。对于这样多源异构复杂而质量存疑的数据，大数据技术可以有效梳理数据与数据、数据与业务之间的关联，帮助税务部门提高数据管理和利用水平[18]。

二、大数据在税务系统中的应用场景

随着数据技术的长足发展，国内外税务部门运用大数据治税已成为税收管理现代化的最前沿，其主要应用在缩小税收缺口，强化数据采集和数据共享，以及提高税收征管效率。

（一）缩小税收缺口

欧洲委员会的报告显示，仅2012年，欧盟国家间接税收缺口估计在1770亿欧元[3]，而且这个缺口自2006年以来一直在增长[4]。为应对互联网数字经济带来的基础侵蚀和利润转移，世界各国都开始重视税务大数据的管理和分析，来发现异常和防止偷漏税行为[7, 16]。

在美国，覆盖全国的税收征管网络实现了从税收预测、税务登记、纳税申报、税款征收、税务稽查、税源控制，到纳税数据采集、存储、检索等一系列工作的信息化。美国地方和国家税务机构的信息化系统技术先进，能够处理和分析相对复杂的数据，用来提高其稽查能力和改善组织工作效率。2005年，美国在其征管系统中运用大数据技术来发现潜在的偷漏税行为并取得了良好效果。

在英国，税务部门运用大数据来提高对欺诈行为的检测和风险管理，例如防范循环骗税（Missing Trader Fraud）[6]，一种在增值税征管中极为典型的偷税行为。税务部门通过大数据对新的增值税注册者进行精确画像，然后管理部门从中鳌选出高风险的个人和企业并对其进行深入调查，从而减少他们做出循环骗税行为的可能。

运用大数据不仅可以发现来自纳税人的风险，也能及时觉察由纳税系统和管控上的失误而导致的税收流失。2011年起，新加坡税务局启动了一个名为“辅助性遵从保证行动”的项目，旨在通过独立第三方检查其消费税相关的内部管控情况[8]。行动通过大数据分析对消费税的管控过程进行严格审查，改进其消费税政策和流程，发现纳税人非故意的不遵从行为并给予其辅导和免罚[9]。该项行动对于消费税的执行和征收起到了积极的作用，使管理的过程更加透明，也使执法手段更有策略性，客观上提高了税务管理的社会效果。

国内外多年来的税收征管经验和研究表明，税务管理部门与纳税对象之间存在长期的博弈关系[22]。近年来各种隐匿不报、少报漏报、造假欺诈等行为高科技化，各种高学历、高智商、高收入群体的故意不遵从行为具有更大的隐蔽性和危害性[20, 21]，而大数据分析无疑是应对这类不法行为最有效的手段之一。通过搜索网络数据和关联比对，能够发现和企业法人、投资人、自然人的各种过往信息和彼此关系，帮助监管部门发现不法行为的蛛丝马迹，准确及时地圈定审计稽查对象，从而更好地制定监管策略，更快地发现潜在的税源或风险点。

（二）强化数据采集和共享

2013年7月，经济合作与发展组织公布了有关应对税基侵蚀和利润转移的行动计划[5]，其中指出：解决税基侵蚀和利润转移问题的唯一和长期的方法就是要建立一套先进的，可在全球税务管理部门之间交换信息的系统。为实现这一目标，各国的税务部门都需要进一步强化对其数据采集、管理和治理方面的管控能力。

目前，电子表格和电子发票的应用也使许多国家的税务管理部门得以将大幅提高其数据采集和管理水平，为税率的调整、税收的征管、多种管辖权限之间的策略制定等提供统一的数据基础和决策依据。如巴西政府的电子发票（NF-e）项目极大地改善了多个政府管理部门的管控流程，促进了当地中小企业的发展[10]。

然而，数据采集仍然是税务管理领域的一大难题。税务管理部门已积累的大量数据大多属于业务中产生的相关政策类数据，登记类数据和行为类数据。仅凭这些数据远远无法了解一个纳税主体的状态和需求。大数据在来源上称为“数据众包”或“数据外包”，例如，百度地图就利用广大的手机用户来提供其位置信息和街景资料，而淘宝则利用消费者反馈来为店家进行动态评级。对于税收管理来说，运用这种互联网模式，使管理者与纳税人之间产生数据互动；或与互联网平台合作，获取相应的数据用于更为广泛的分析，都是扩展数据来源的有效方法。

（三）提高税收征管效率

互联网模式不仅能扩展税务数据来源，也能提高税收征管的效率。

在新加坡和澳大利亚，税务部门正改进业务模式[8]，拉近与纳税人之间的距离。新业务模式要求纳税人（特别是企业CEO）主动参与对企业申报数据的管控，保证其数据的正确性与合规性，并鼓励纳税人通过互联网手段主动向税务部门报告发现的错误。这一方式实现了对纳税人数据的动态管控，提高了征管的效率。

在荷兰，一项叫做“水平监测”的计划[11]鼓励纳税人主动对其经营数据进行统计分析并将结果上报，作为回馈，政府相应地减少对其审计稽查和遵从性检查。

大数据对税收征管效率的提升来自外部和内部两个方面。

从外部看，大数据通过强化数据采集将纳税人的历史行为、最新动态和潜在需求通过大数据分析呈现在管理者眼前，使管理和服务的制定更有针对性，因而提升管理和服务的效果。

从内部看，大数据通过统计征管数据，可以对不同时空、不同部门、不同人员的工作情况进行评估，用于成本估算和绩效评价，从而使税务部门的管理和决策做到于数有据。

三、大数据在现代税收管理中的应用实践

南京地税从1994年成立之初，就提出了“科技兴税”思想；到2004年，通过四期的“金力”工程，陆续完成了税收业务自动化，数据采集和数据仓库，网上办公和网上办税为内容的信息系统建设，在全国率先实现税收管理业务的广域网化。2009年，随着江苏省地税大集中税收管理信息系统的开发和在南京上线，为南京地税在信息化应用方面提供了更广阔的空间。2013年南京地税提出大数据治税的构想，2014年在本市纳税服务领域开始了启蒙研究，其中纳税人行为偏好及需求的大数据分析成果得到江苏省地税局的肯定并将南京的大数据治税上升为省局战略，使得这项工作进入了新的发展阶段和新的平台。2015年，在江苏省地税局指导下，协同无锡地税和南通地税，开展了面向全省纳税服务的大数据平台的建设和开发工作。实践中大数据技术与现代税收管理的融进在4个方面得到了直观呈现。

（一）大数据技术完全适用于现代税收管理应用

采用Hadoop架构建设了集数据采集、存储、处理、分析于一体的大数据平台，并在其上实现纳税服务策略系统，包括深度数据分析，纳税人智能提示，纳税服务管理与监控和渠道监控预警四大功能。该平台通过与省大集中系统、“12366”语音客服系统等对接，每天可装载和处理超过10TB结构化和非结构化数据（含约100小时语音），体现了新技术架构在税务应用中的适用性。

（二）大数据技术支持全量分析和非结构化数据的应用

大数据的全量分析用于纳税人画像和需求提示，例如在分析纳税人逾期申报行为中，采用多次聚类（k-means clustering）[1]加AdaBoost（一种集成学习算法）[2]方法分析全部纳税人数据，涉及150多个属性特征，得到较为有效的弱分类结果，并将其应用在逾期申报提示中，体现了大数据全量分析的能力。

（三）大数据技术与传统数据分析相结合用于宏观分析和决策辅助

大数据用于宏观政策分析，研究税收政策在“大众创业，万众创新”环境中的作用。借助社交网络的分析思路[17]，对全省企业和个体工商户的经营行为（创立、开拓、转移等）进行分析，研究2014年以来，在省内不同地区、不同行业的企业和个体工商户行为变化，刻画出企业和个体工商户的行为轨迹；然后结合地区经济、政策、人口等情况，对全省的创业创新行为形成具有深度的宏

观分析报告，为后续不同地方鼓励和扶持创业创新，调整和优化经济结构，提供决策参考和依据。

（四）大数据对业务创新和资源优化的启发

结合业务部门的需求尝试数据驱动新模式。在“12366”客服坐席数据基础上，通过分析历史数据对来电咨询业务处理的难易度进行打分，在来电时用表情符号提示给服务人员；待通话结束后，服务人员对业务难易度打分，形成反馈。随着反馈的增加，每个来电人的评价也会动态的更新。这个评分系统为“12366”的业务创新带来很大启发：基于评分可以对来电人进行分类，为不同类型的来电人配置不同的培训内容和服务方式；基于评分可以将较难处理的业务优先派发给较资深的业务人员处理，可以提高事务处理的效率；基于评分可以对来电人整体咨询业务的处理难度做出分析，结合同一时段内的业务关键词，可以发现哪些业务导致处理的难度增加，如此等等，都为后续语音服务系统的功能升级和业务创新提供了方法和依据。

四、对大数据治税的一些建议

（一）面向税收制度改革与业务创新完善顶层设计。

税收制度改革不仅是一个拾遗补缺的工程，更是一个开拓创新的壮举。在“大众创业，万众创新”的大潮中，互联网的求新求变与传统政府管理一成不变的矛盾正是这个时代促使我们深化税收制度改革的痛点和动力。过去条块化网格化管理的方法使系统烟囱林立，数据孤岛丛生，已经不能满足税收治理现代化的要求。而现有的信息系统建设从模式到管理仍遵循传统惯性，条块分割仍然明显，并不利于后续数据的共享和利用。为此，建议面向改革和业务创新的需要，将税收数据作为最为重要的战略资源完善其顶层设计，打破从数据采集开始的条块分割，构建多层次，多维度，多部门间可管控、可共享的行业大数据平台。

（二）加强资源整合与共享，积极推动数据建设和综合治税。

结合“金税工程”的建设，大数据可以对存量数据进行质量分析和管理，对新增数据进行高效的采集和处理，并对所有数据进行业务导向的分析和应用。基于大数据技术的行业数据平台与各级公共数据资源进行对接，可以提供开放数据资源和服务，提高税务管理的透明度，形成社会共同参与的综合治税。

（三）鼓励发展互联网新应用，用小终端带动大系统的升级改造。

在有条件的地区和业务领域鼓励和发展互联网新应用，这些新应用具有架构轻，功能小，更新快，扩展灵活的特点。这种“轻小快灵”的应用可以从税收管理中最易于互联网化的部分（如纳税服务）率先与移动终端结合，探索新的业务模式。在鼓励创新的同时，要求把数据和基础环境构建在统一的大数据平台上，实现对系统集约化建设和数据资产化管理的目标，通过小终端上的新应用来带动大系统的升级和改造工作。

（四）加强产学研用合作，运用社会资源参与可持续的业务创新。

税收治理现代化需要构建可以持续创新的“大数据引擎”。如果说大数据本身是一种资源，那么人的经验和智慧就是将这种资源的价值充分发挥出来的引擎。相比于传统静态的管理模式，现代税收管理是数据驱动下的持续创新。当前，新的信息系统建设呈现出“产品化”的趋势，即从系统建设开始到其被最终停止的全生命周期内，系统所承载的业务内容需要根据数据的变化持续做出应变，系统的开发和使用是一个混合交替的过程，就像互联网公司的线上产品一样。因此，未来税收管理的业务系统需要整合各种社会资源，形成产学研用相结合的业务创新团队。这方面，国内外都已进行了有益的尝试，建议将这样的新模式纳入未来信息化项目建设和管理中。

五、总结

当前，大数据治税已成为全球范围内税务管理部门共同关心的话题和共同追求的目标。大数据的概念源于互联网的普及和互联网公司的兴起，其核心技术传承自统计分析、数据挖掘和机器学习，但是大数据相比于传统的方法具有去结构化和小模型大数量分析的特点，加之日益成熟的分布式并行计算架构足以支撑PB级以上的数据处理能力，使大数据成为互联网时代驱动业务创新的主要动力。

在现代税收管理中，大数据技术也得到了广泛的重视，发达国家和发展中国家都在运用大数据技术解决其不同阶段的问题。目前大数据在税收治理中的主要应用包括通过行为分析和风险识别来防止各种偷逃税犯罪,减少税收收入损失;通过与互联网结合,扩大数据采集面,提高数据管理和服务,实现多部门税务数据共享;以及运用数据分析结果,从外部和内部提高税收征管和服务的效率。

综合我国“金税工程”的建设进展来看,税收管理内部数据的采集和整合将有质的提升;而在数据分析与业务的结合方面仍有较大提升空间,数据质量、数据管理、数据利用的问题都可以运用大数据技术得到有效的提升。为进一步巩固我国税务信息化建设的成果,发挥税务数据在税收管理现代化中的作用,我们建议将大数据作为税收管理的一项战略资源,完善现有的顶层设计和平台规划,对内解决数据采集、管理和利用中条块分割的问题,对外建立产学研用相结合的可持续创新生态,从易于互联网化的业务先行,探索和建立起符合我国国情和财税制度改革要求的税收管理大数据创新体系。

参考文献

1.Gray RM, Neuhoff DL(1998)Quantization. IEEE Trans Inform Theory 44(6):2325-2384

2.Schapire RE, Singer Y(1999)Improved boosting algorithms using confidence-rated predictions. Mach Learn 37(3):297-336

3.European Commission, http://ec.europa.eu/taxation_customs/resources/documents/common/publications/studies/vat_gap2012.pdf

4.European Commission, http://ec.europa.eu/taxation_customs/resources/documents/common/publications/studies/vat-gap.pdf

5.OECD, http://oecd.org/ctp/BEPSActionPlan.pdf

6.Her Majesty's Revenue and Customs, How to Spot Missing Trader Fraud(April 2011)

7.Tim Gillis & Philippe Stephanny, Going beyond the data: tax data is big data, Bloomberg BNA, September, 2014

8.Australia's ATO 2013-14 Compliance Program and Singapore's Assisted Compliance Assurance Programme

9.Inland Revenue Authority of Singapore, GST Assisted Compliance Assurance Program(ACAP), available at http://www.iras.gov.sg/irashome/page04.aspx?id=12066

10.Newton Oller De Mello, Eduardo Mario Dias, Caio Fernando Fontana, Marcelo Luiz Alves Fernandez, The Evolution of The Electronic Tax Documents in Latin America, Proceedings of the 8th WSEAS International Conference on System Science and Simulation in Engineering.

11.Netherlands Tax and Customs Administration, Tax Control Framework-From a Focus on Risks to Being in Control: a Different Approach(2008).

12.http://en.wikipedia.org/wiki/

13.(美)帕特里克·沙利文(Patrick H. Sullivan),《价值驱动的智力资本》,2002年

14.中国互联网中心(CNNIC)《2015年第36次中国互联网络发展状况统计报告》

15.李薇,《大数据与统计学分析方法比较》,《现代商贸工业》,2015,36(11):52-53

16.姚键,王周飞,陈爱明,《基于大数据背景的税收风险管理》,《税务研究》,2015(11):64-66

17.张基恒,魏进武,张云勇,石祥路,《大数据时代的社交网络分析》,《邮电设计技术》,2014(7):1-5

18.余静,《大数据背景下推进税收治理的探索》,《税务研究》,2015(10):21-24

19.谈延华,《信息时代的中国税务信息化战略研究》,《华中科技大学》,2006

20.陆宁,《纳税遵从的成本——效益分析》,《税务研究》,2007(3):76-79

21.郑影,《纳税人税收遵从行为及其影响因素》,《公共经济与政策研究》,2014(1)

22.黄阳,周亚,李克强,《个人所得税纳税遵从行为的演化博弈分析》,《北京师范大学学报:自然科学版》,2011,47(4):437-440

课题组组长:唐跃、王超

课题组成员:薛剑秋、朱岚、魏军波、宿萍、倪巍、闫丽萍

课题组执笔:倪巍、唐跃、薛剑秋、朱岚、魏军波

《税务研究》2016年第2期发表：

我国当前个人所得税的劳动供给效应分析

沈向民

【内容摘要】 个人所得税作为税收体系中与纳税自然人关联最为紧密的税种之一，不可避免地会对纳税自然人的经济行为特别是劳动供给产生影响。个人所得税的劳动供给效应既是其能否有效发挥税收职能的基本前提，也是顺利推进个人所得税改革的重要依据。本文通过实证调查与分析，分析个人所得税要素变化对不同属性纳税人经济行为的影响，并给出了这种影响的原因和依据。

税收经过千百年的传承和发展，其职能已经发生一定延伸和异化，这与政府多向量的功利主义目标密切有关。个人所得税除了组织收入和调节分配的职能外，还在优化资源配置、激励要素供给和促进供需平衡等方面发挥出越来越显著的作用。如我国近年来对房地产市场的宏观调控就采取对房屋转让收入开征个人所得税的方法，并取得积极成效。这种情况在各个时期和很多领域都存在，我们试图通过个人所得税征收与否及数量大小来引导、限制和改变纳税人的具体行为，从而达到促进相应政策目标顺利推进的目的。要想实现上述功能，我们必须对个人所得税的行为效应有所了解，把握住具体税率或者免征额对纳税人行为的影响规律。

个人所得税对劳动供给的调节功能，主要是由于征收个人所得税或者调整对个人的税收数量，纳税人会因此对自己的工作时间和努力程度做出相应反映。一般来说，个人所得税对劳动供给行为主要产生收入效应和替代效应两方面影响。由于征收个人所得税减少了纳税人的可支配收入，个人所得税对劳动供给的收入效应就是人们为了维持以前的收入或消费水平，更加努力地工作，从而使个人所得税产生一种激励人们减少闲暇、增加工作的动力。这一效应包含两个前提：一是个人收入都是显性的，没有难以征管的隐性收入；二是个人收入性质仅为劳动所得，没有来自财产、偶然所得等其他性质的收入。否则，个人收入所得税的行为效应会被扭曲。收入效应在现实生活中容易发现和理解，纳税人如果存在刚性消费支出如用于衣食住行的基本生计支出和房贷等大额费用开支的话，一旦征税导致其可支配收入下降到无法满足上述这些刚性需求时，一般会通过兼职等各种方式加强劳动的投入，从而实现个人所得税对劳动供给的收入效应。替代效应首先对个体的行为进行了假设，个体不是处于劳动状态就是处于非劳动状态或者称为闲暇状态。如果将闲暇转化为劳动，可以获得一定收入；如果将时间用于闲暇，则放弃了这些时间用于劳动可获得的收入。个人所得税对劳动供给的替代效应就是指对劳动所得征税后，减少劳动者的税后可支配收入，使得闲暇相对于劳动的价格下降，从而使劳动的积极性下降，人们因此选择减少劳动时间，增加闲暇，即以闲暇替代劳动。

一、个人所得税影响劳动供给的效应分析

我国个人所得税对社会成员的行为效应程度有多大是研究税收行为效应的重要内容，也是进行税制设计和实施税收调节的重要依据。总体而言，我国个人所得税对社会成员劳动供给的影响程度不高，主要原因：

一是个人所得税总量和比重还都较小。我国目前仍以流转税为主体税种，尽管近年来个人所得税发展迅速，但占整个税收收入的比重还不高，随着工资薪金税前免征额标准提高和税率结构调整，个人所得税收入更是出现下降趋势。2012年全国税收收入完成100600.88亿元，同比增长12.1%，个人所得税收入实现5820.24亿元，同比下降3.9%，占税收总收入的比重仅为5.8%。其中，个体工商户生产经营所得税和工资薪金所得税大幅下降，同比降幅分别为12.5%和8%。税收影响的重要基础是其在社会成员利益分配中所占的比重，由于我国个人所得税纳税人占比极低，而且还有不断减少的趋势，所以其对社会成员的影响水平不高。这也是我国用税收政策调节社会成员行为时，经常使用流转税，较少使用所得税的重要原因。

二是我国劳动供给过剩导致税收弹性较小。我国的一个基本国情就是劳动力过剩，而且这种过剩的趋势还将延续。在劳动力供大于求的情况下，就业机会相对偏少，对工作岗位的竞争大大

削弱了个人所得税对劳动供给的影响。同时，我国政府机关、科研院所等事业单位和国有企业等的从业人员数量较多，工作时间相对固定，这部分群体的工作流动性较弱，大多数都是终身在同一家单位工作，所以不仅是个人所得税就是直接降低或者提高工资收入对其员工的劳动供给都不会产生较大影响。

三是个人所得税管理缺失导致行为影响不够。由于中低收入群体是劳动力过剩的主体，所以个人所得税的行为调节最有效的目标应该是高收入群体。高收入群体掌握的资源较多，可以选择的劳动供给程度和方式范围较广，受到税收影响从而改变具体行为的可能性最大。个人所得税对劳动供给的收入效应存在的前提条件是个人收入仅仅来源于劳动收入和劳动收入显性化，但在实际生活中，高收入者的收入主要表现为工资薪金所得以外的财产性收入和隐性收入，税务部门很难准确掌握，其结果导致高收入者实际纳税不足，使得我国个人所得税60%以上来自于工薪阶层，与经济学中的“二八定律”（20%的高收入者缴纳80%的个人所得税）相距甚远。个人所得税没有完全对高收入者的应税收入进行覆盖，从而导致税收效应下降。再从个人所得税对个体工商户课征情况来看，虽然税法规定实行累进税率征收，但限于征管难度，实践中基本上采用定额征收的方式，这使得个人所得税的实际税负低于名义税负，导致其对个体户劳动供给的影响也受到削弱。

个人所得税虽然总体弹性不高，但在对具体人群的影响上差异较大。比较直观的例子就是近年来两会期间的各种改革个人所得税的议案和声音，很多都是企业家发出的，如吉利汽车控股集团董事长李书福2010年3月向国家相关部门上交提案，建议个人所得税免征额从现有基础上提高到5000元，允许各地根据实际情况浮动上下1000元。宗庆后、董明珠等知名企业家也纷纷表示应该普遍提高个人所得税的起征点，并在实际征收中考虑家庭的不同情况。相反，低收入群体如工人、农民，还有离退休群体对个人所得税的关注较少。原因是个人所得税对他们的影响程度不一样。对企业家而言不仅关系自身的收入分配，而且还影响整个企业的用工成本，提高起征点直接可以扩大企业员工的实际或者可支配工资收入，从维持相同消费能力的角度无形中增加了企业原有工资薪金的效用，变相降低了企业的用工成本。而对上述工人、农民和离退休群体而言，基本上都在个人所得税缴纳范围之外，受到税收效应的影响极小甚至没有，所以关注也很少。

影响个人所得税劳动供给效应的因素很多，如性别不同，其对个人所得税的弹性也不一样。于洪（2004）通过实证研究提出相对于男性来讲，女性具有更大的劳动供给弹性，由此体现了在劳动供给弹性上的性别差异。年龄也是重要的影响因素，Watts（1973）绘制出的年龄和税收弹性的规律曲线是向后弯曲的，随着年龄的增加，税收弹性在不断递减。Hansson和Stuart（1985）对婚姻状况下的税收弹性进行了研究，发现已婚女性的税收弹性较大，特别是丈夫收入较高的女性，其工作时间较少。文化程度对税收弹性的敏感度较高，文化程度越高，工作机会越多、薪资水平越高，其劳动供给弹性越大，相反文化程度较低，工作机会就越少，劳动供给弹性也越小。其他还有单位性质、收入状况和收入占比等因素都会对个人所得税的劳动供给效应产生不同影响。

二、个人所得税影响劳动供给的实证研究

目前，我国税务部门对纳税人各种信息的掌握还很不充分，其中包括对纳税人税收行为反应的认识，而这些信息恰恰是完善现行个人所得税税制的首要前提和重要依据。因此，本节研究的重点就在于运用问卷调查数据和Logistic回归模型分析，揭示纳税人应税行为的劳动供给效应。

（一）问卷设计及模型选择

于洪（2004）、余显财（2011）等都做过相关调查和分析，本文研究的问卷调查以南京市为例，虽然没有覆盖我国其他省市地区，但作为东部沿海比较大的城市，南京既有北京、上海等特大城市的经济快速发展和产业结构调整的特征，又具备内陆很多城市工矿企业众多和城乡差别较大的特点，高校、科研院所林立，部队机关、国有企业、外资企业、民营企业众多，社会成员在收入结构上非常完整，收入分布上也符合我国当前的总体社会特征，所以选择南京作为样本具有一定的代表性和集中度。同时，本次问卷调查由税务部门组织，采取整群抽样和随机抽样相结合的方式，向政府部门、科研院所、国有企业、股份企业、民营企业、集体企业和自由职业群体等各类群体发放问卷1400份，基本覆盖了高、中、低收入群体，其中又以中等收入者为主，与我国个人所得税负担的群体分布基本吻合，可以比较真实准确地反映出社会各群体对个人所得税的劳动供给效应。问卷涉及劳动供给行为的问题有9个，其中7个问题是关于性别、年龄、文化程度等反映自然人基本属性和特征的因素，这些因素是个人所得税影响劳动供给的自变量，其余2个问题涉及税率和免征额两个方面，是影响劳动供给的因变量。

本次研究的因变量劳动供给属于分类变量，其结论通常以大或小、强或弱等特征进行描述，是二分类变量。因此，本文借鉴余显财（2011）等人对个人所得税行为效应的模型方法，采用Logistic回归模型进行分析，该模型可以很好地满足对分类数据建模的需要，同时也是目前处理分类因变量的标准模型。基本模型如下所示：

$$\mathrm{Logit}\ (P) = \beta_0+\beta_1\chi^1+\cdots\cdots+\beta_P\chi_P \qquad (1)$$

根据Logit变换的定义，即：

$$\mathrm{Logit}\ (P) = \ell n\,[P/(1-P)] \qquad (2)$$

［P/（1–P）］称为比值比或优势比，即某事件出现的概率与不出现的概率之比。将式（2）代入式（1）中可得：

$$P=[\exp(\beta_0+\beta_1\chi^1+\ldots\ldots+\beta_P\chi_P)/(1+\exp(\beta_0+\beta_1\chi^1+\ldots\ldots+\beta_P\chi_P))] \qquad (3)$$

由于因变量劳动供给是二分类变量，所以Logistic回归模型的误差项应当服从二项分布，模型适用最大似然法进行参数估计。

（二）样本数据统计描述和分析

本次调查共计在全市发放问卷1400份，收回有效问卷1331份，有效回收率达95.07%。对样本的描述统计如下：

1.税率和免征额的劳动供给弹性分析。对税率变化的反应中，共有1171人选择代表无弹性的选项，占总量的87.98%，共有160人选择有弹性的选项，占总量的12.02%。对免征额的反应中，共有1113人选择代表无弹性的选项，占总量的83.62%，共有218人选择有弹性的选项，占总量的16.38%。由此可见，免征额的劳动供给弹性大于税率的劳动供给弹性，但总体来说，个人所得税对劳动供给的影响缺乏弹性。

2.性别的劳动供给弹性分析。对税率变化的反应中，716位男性中有627位选择无弹性的选项，占男性总数的87.57%，其中265人选择选项Ⅲ（“视其他工作是否好找以及待遇高低而定”），占选择无弹性男性人数的42.26%；615位女性中536位选择无弹性的选项，占总数的87.15%，其中258人选择选项Ⅲ，占选择无弹性女性人数的48.13%。由此可见，女性选择有弹性的比例略高于男性，另外，在无弹性情况下选项Ⅲ的比重超过40%，说明这些人不改变劳动决策与寻找工作的机会及待遇有关，税率并不是绝对的影响因素。对免征额的反应中，716位男性中有600人选择无弹性的选项，占男性总数的83.80%，其中198人选择选项Ⅳ（视具体的兼职工作机会及其待遇而定），占选择无弹性男性人数的33%；615位女性中512位选择无弹性选项，占总数的83.25%，其中197人选择选项Ⅳ，占选择无弹性女性人数的38.48%。由此可见，女性选择有弹性的比例略高于男性，同样，选项Ⅳ的比重较大，说明这部分被调查者不改变劳动决策也不单纯是免征额调整的缘故。

3.年龄的劳动供给弹性分析。对税率变化的反应中，517位18~30岁的被调查者中439人选择无弹性选项，占比84.91%，30~40岁、40~50岁、50~60岁被调查者选择无弹性选项的比重分别为88.43%，89.12%，93.75%。各年龄段选择选项Ⅲ（“视其他工作是否好找以及待遇高低而定”），占选择无弹性人数的比重分别为59.68%，43.56%，25.82%，6.67%，由此可见，税率的劳动供给弹性呈现递减趋势，年轻人更注重税后收入，年长者更多地注重工作的稳定性。随着南京人口生育年龄的推后，处于50~60岁年龄段的群体仍承担着子女读书、就业等方面的责任，这部分群体仍然以保持稳定的工作和收入来源为重，对税率的调整关心较少。这一点从选项Ⅲ的比重也可看出，能否找到更好的工作及工作待遇更多地决定了40岁以下者的就业决策，而对40岁以上特别是超过50岁的人来说，工作稳定性处于第一位，他们不轻易更换现有工作。对免征额的反应中，各年龄段选择无弹性选项的比重分别为77.56%，95.96%，89.87%，93.75%，说明免征额的劳动供给弹性与年龄成反比，年轻者对税后收入的提高表现出积极的反应，而随着年龄增加，不同年龄阶段对税后收入增加的反应逐渐变小。其中，各年龄段选择无弹性选项的人群当中，分别有195人、143人、56人和1人选择选项Ⅳ（视具体的兼职工作机会及其待遇而定），占选择无弹性人数的比重分别为48.63%，31.57%，26.29%，2.22%，说明40岁以下选择无弹性的调查者不改变劳动决策的原因在于寻找工作的难易程度和待遇，而对于40岁特别是50岁以上的人来说，免征额的调整与否对他们的工作决策更是影响甚微。

4.婚姻的劳动供给弹性分析。对税率的反应中，419位未婚者中，352人选择无弹性，67人选择有弹性，比重分别占84%和16%；876位已婚者中，784人选择无弹性，92人选择有弹性，比重分别为89.5%和10.5%；36位离婚者中，27人选择无弹性，9人选择有弹性，比重分别占75%和25%，离婚者的税率劳动供给弹性最高，未婚者居中，已婚者最小。对免征额的反应中，419位未婚者中，331人选择无弹性，88人选择有弹性，比重分别占79%和21%；876位已婚者中，759人选择无弹性，117人选择有弹性，比重分别为86.64%和13.36%；36位离婚者中，28人选择无弹性，8人选择有弹性，比重分别占77.78%和22.22%，离婚者的免征额劳动供给弹性最高，未婚者居中，已婚者最小。

5.学历程度的劳动供给弹性分析。对税率的反应中，61个高中以下学历者中有4人选择有弹性占6.56%，359个中专、大专学历者中有37人选择有弹性占10.31%，784个本科学历者中有110人选择有弹性占14.03%，127个硕士及以上学历者中有17人选择有弹性占13.39%。可见，学历水平和税率弹性总体呈现正比例关系，本科学历者的弹性突出有一定特殊原因，高中及以下学历者劳动供给弹性最稳定。在选择无弹性的被调查者中，本科学历者因为担心新工作不好找或待遇高低而不轻易改变劳动决策的比例为50.30%，硕士及以上、大专生、高中以下学历者这一比例分别为39.09%，38.82%，28.07%。对免征额的反应中，总体趋势和税率弹性一致，高中以下学历者选择弹性选项的为28人，占比45.90%；中专、大专学历者选择弹性选项的为44人，占比12.26%；本科学历者选择弹性选项的为124人，占比15.82%；硕士以上学历者选择弹性选项的为26人，占比20.47%。高中以下学历者弹性较大的原因可能是由于免征额直接关系到其是否需要缴税，因此最为敏感。

6.单位性质的劳动供给弹性。对税率的反应中，国有企业和机关事业单位的劳动供给弹性较小，其中机关中有147选择有弹性的选项占比6.12%；事业单位中有10人选择有弹性的选项占比7.81%；国有企业中有34人选择有弹性的选项占比11.53%。其次是外资企业为24人占比14.37%，弹性最大的是自谋职业者和私营企业，其选择有弹性选项的人数分别是6人和85人，占比分别是19.35%和15.10%。对免征额的反应中，其情形与税率的劳动供给弹性分布不完全一致，机关单位职工弹性选择占比4.08%，弹性最小；依次递增，外资企业职工弹性选择占比12.57%，自谋职业者为12.90%，国有企业为13.22%，事业单位为18.75%，私营企业为20.96%。

7.不同收入的劳动供给弹性。为方便分析，本文在设计问卷时，将个人收入划分与工资薪金个人所得税不同税率次级相结合，共分为3500元以下、3500~5000元、5000~8000元、8000~12500元、12500元以上五个等次，不同收入层次对税率和免征额的劳动供给弹性情况如表所示。

不同收入水平的税率和免征额弹性分布情况

收入（元/月）	税率变化				免征额变化			
	无弹性		有弹性		无弹性		有弹性	
	人数	比重	人数	比重	人数	比重	人数	比重
＜3500	330	88.24%	44	11.76%	310	82.89%	16	17.11%
3500~5000	398	88.05%	54	11.95%	374	82.73%	78	17.26%
5000~8000	279	88.01%	38	11.99%	263	82.97%	54	17.03%
8000~12500	140	81.87%	31	18.13%	145	84.08%	26	15.20%
＞12500	13	76.47%	4	23.53%	16	94.12%	1	5.88%

8.不同家庭收入占比的劳动供给弹性。收入占比和收入两个因素之间有联系，也有区别，收入反映的是个人的收入绝对值，收入比则反映家庭收入情况，同样具有分析意义。收入比越小，说明个人的工作决策对家庭的影响越小，改变其决策的家庭成本越小，从逻辑角度看，此时的劳动供给决策应该会表现出较大的弹性。具体情况如表所示。

不同收入占比的税率和免征额弹性分布情况

占家庭收入比重	税率变化				免征额变化			
	无弹性		有弹性		无弹性		有弹性	
	人数	比重	人数	比重	人数	比重	人数	比重
≤20%	147	88.55%	19	11.44%	135	81.33%	31	18.67%
20%~40%	276	89.03%	34	10.97%	257	82.90%	53	17.10%
40%~60%	307	89.77%	35	10.23%	284	83.04%	58	16.96%
60%~80%	231	89.88%	26	10.12%	220	85.60%	37	14.40%
≥80%	231	90.23%	25	9.77%	222	86.72%	34	13.28%

从表中数据可以看出，个人收入占家庭收入的比重与税率、免征额劳动供给弹性成反比，比重越低，弹性越大，比重越高，表现得弹性越小。

（三）Logistic模型回归结果分析

1.税率劳动供给弹性的Logistic回归分析

在回归模型中，当自变量是多分类变量时，要对多分类变量设置哑变量进行解释。由于婚姻、单位性质的频数较高，符合哑变量的设置要求，本文中的自变量婚姻、单位性质均以第一选项为参照水平组，采用Indicator指示对比的方法设置哑变量。运用Spss自动生成哑变量的编码情况如下所示：

分类变理编码

		频率	参数编码				
			（1）	（2）	（3）	（4）	（5）
单位性质	1	295	.000	.000	.000	.000	.000
	2	167	1.000	.000	.000	.000	.000
	3	128	.000	1.000	.000	.000	.000
	4	563	.000	.000	1.000	.000	.000
	5	147	.000	.000	.000	1.000	.000
	6	30	.000	.000	.000	.000	1.000
婚姻	1	876	.000	.000			
	2	419	1.000	.000			
	3	35	.000	1.000			

本研究采用强迫进入回归法，将所有变量同时纳入模型进行分析，对于因变量税率弹性，Logistic回归结果如下表所示。由回归结果可以得出基于税率变化的劳动供给弹性拟合模型为：

P=-2.262-0.141*性 别+0.001*年 龄+0.160*文化程度+0.381*婚姻（1）+0.998*婚姻（2）+0.158*收入-0.188*收入比+0.197*单位性质（1）-0.445*单位性质（2）+0.274*单位性质（3）-0.859*单位性质（4）+0.497*单位性质（5）

方程中的变量

		B	S.E.	Wald	df	显著性	Exp（B）
步骤1	性别	-.141	.195	.520	1	.471	.869
	年龄	.001	.142	.000	1	.993	1.001
	文化程度	.160	.154	1.088	1	.297	1.174
	婚姻			7.777	2	.020	
	婚姻（1）	.381	.229	2.758	1	.097	1.464
	婚姻（2）	.998	.456	4.795	1	.029	2.714
	收入	.158	.108	2.124	1	.145	1.171
	收入比	-.188	.081	5.431	1	.020	.829
	单位性质			11.363	5	.045	
	单位性质（1）	.197	.293	.452	1	.501	1.218
	单位性质（2）	-.445	.397	1.252	1	.263	.641
	单位性质（3）	.274	.224	1.488	1	.223	1.315
	单位性质（4）	.859	.434	3.916	1	.048	.424
	单位性质（5）	.497	.549	.8717	1	.366	1.643
	常量	-2.262	.720	9.866	1	.002	.104

从模型的拟合情况看，模型的-2对数似然值较大，同时Cox$Snell R方值仅为0.026，模型拟合情况较差，但由于该模型引入的自变量中年龄、文化程度、收入均为连续变量，-2对数似然值和Cox$Snell R方值已不能真实反映模型的拟合情况，模型的Hosmer-Lemeshow检验结果如下，P值为0.106，模型的拟合结果较为理想。

Hosmer和Lemeshow检验

步骤	卡方	df	显著性
1	13.163	8	.106

婚姻、收入比和单位性质通过了显著性检验，其他各项在5%的显著性水平下没有统计学意义。这说明在税率变化的前提下，劳动供给的弹性是不显著的，在总体无弹性的情况下，按显著性值衡量，对税率劳动供给弹性影响大小的变量排序为：婚姻、收入比、单位性质、收入、文化程度、性别、年龄。

由生成哑变量的编码可知，婚姻（1）和婚姻（2）分别代表未婚和离婚，比较Exp（B）值，离婚=2.714>未婚=1.164>1，说明对于参照组已婚来讲，未婚者和离婚者的税率劳动供给弹性更大。

就单位性质而言，Exp（B）值大小依次为：自谋职业（1.643）、私营（1.315）、外资（1.218）、国有（1）、事业单位（0.641）、机关（0.424）。说明相对于参照组国有企业来讲，机关和事业单位的税率劳动供给弹性较小，外资企业次之，私营企业和自谋职业者的劳动供给弹性较大。

就性别而言，由于只有男、女两个选型，因而此项为二分变量。Spss在进行Logistic回归时自动将最后一项作为参照组，此时Exp（B）值为0.869<1表明，相对于女性，男性的税率劳动供给弹性较小，这与男性普遍在家庭中扮演主要经济地位的角色相关，男性变更劳动决策时的顾虑较多，因而行为更为慎重。

对于连续变量年龄、文化程度、收入、收入比来讲，变量的偏回归系数的正负即决定了该因素对税率劳动供给弹性的影响方向。自变量文化程度和收入的偏回归系数均为正值，说明文化程度和收入越高，税率劳动供给呈现有弹性状态的机率越大；收入比的偏回归系数为负，说明个人收入占家庭总收入比重越大，变更劳动决策的可能性越低，需要注意的是在四个连续自变量中，仅此项是通过显著性检验的；而年龄项的偏回归系数仅为0.001，说明年龄因素对税率劳动供给弹性的影响可以忽略不计。

2. 免征额劳动供给弹性Logistic回归分析

对于因变量免征额劳动供给弹性，Logistic回归结果如下所示：

方程中的变量

		B	S.E.	Wald	df	显著性	Exp（B）
步骤1	性别	-.043	.174	.061	1	.806	.958
	年龄	-.375	.131	8.255	1	.004	.687
	文化程度	.003	.136	.001	1	.981	1.003
	婚姻			5.473	2	.065	
	婚姻（1）	.140	.197	.503	1	.478	1.150
	婚姻（2）	1.010	.457	4.888	1	.027	2.748
	收入	.016	.096	.028	1	.867	1.016
	收入比	-.060	.069	.746	1	.388	.942
	单位性质			19.167	5	.002	
	单位性质（1）	-.083	.289	.083	1	.773	.920
	单位性质（2）	.383	.292	1.727	1	.189	1.467
	单位性质（3）	.459	.203	5.103	1	.024	1.583
	单位性质（4）	-1.061	.428	6.160	1	.013	.346
	单位性质（5）	-.057	.604	.009	1	.925	.945
	常量	-1.026	.639	2.575	1	.109	.359

由回归结果可以得出基于免征额变化的劳动供给弹性拟合模型为：

P=-1.026-0.043*性别-0.375*年龄+0.003*文化程度+0.140*婚姻（1）+1.010*婚姻（2）+0.016*收入-0.060*收入比-0.083*单位性质（1）+0.383*单位性质（2）+0.459*单位性质（3）-1.061*单位性质（4）-0.057*单位性质（5）

模型的Hosmer-Lemeshow检验结果如下，P值为0.106，模型的拟合结果较为理想。

Hosmer和Lemeshow检验

步骤	卡方	df	显著性
1	13.432	8	.098

由模型回归结果可以看出，自变量仅年龄和单位性质通过了显著性检验，其他各项在5%的显著性水平下没有统计学意义。这说明在免征额变化的前提下，劳动供给的弹性是不显著的，在总体无弹性的情况下，按显著性值衡量，对免征额劳动供给弹性影响大小的变量排序为：年龄、单位性质、婚姻、收入比、收入、性别、文化程度。

与税率变化的效果一致，比较Exp（B）值，离婚=2.746>未婚=1.150>1，婚姻项中离婚和未婚的劳动供给弹性要大于已婚者。

就单位性质而言，Exp（B）值大小依次为：私营（1.583）、事业单位（1.467）国有（1）、自谋职业（0.945）、外资（0.920）、机关（0.346）。说明相对于参照组国有企业来讲，私营企业和事业单位的免征额劳动供给弹性较大，机关单位、外资企业和自谋职业者的劳动供给弹性最小。

就性别而言，由于只有男、女两个选型，因而此项为二分变量。Spss在进行Logistic回归时自动将最后一项作为参照组，此时Exp（B）值为0.958<1表明，相对于女性，男性的税率劳动供给弹性较小，但与女性已经无明显区别。

对于连续变量年龄、文化程度、收入、收入比来讲，变量的偏回归系数的正负即决定了该因素对免征额劳动供给弹性的影响方向。文化程度和收入是正值，表示文化程度和收入水平越高，其对免征额的劳动供给弹性越大，反之越小；年龄和收入比是负数，说明年龄越大、收入比越高，其对免征额的劳动供给弹性越小，反之越大。

（四）个人所得税劳动供给效应的研究结论

经过对问卷调查结果的描述分析和模型拟合可以看出，个人所得税政策对劳动供给可能带来不同的影响，其影响的大小会因纳税人的不同情况而有所差异。总体上，无论是税率变化还是免征额的调整，个人所得税的劳动供给都缺乏弹性。在计量分析中，除年龄、婚姻、单位性质、收入比外，其他变量都无统计意义。在描述统计中，无论个人所得税政策如何变化，选择劳动供给无弹性的比例都在70%以上。另外，在有弹性的情况下，主要以替代效应为主。具体对应不同个体属性和特征的劳动供给弹性研究结论如下：

1.在有弹性的情况下，弹性大小与性别有一定关系。个人所得税税率和免征额的劳动供给弹性都表现为女性大于男性，免征额上的弹性水平基本接近一致。这一结论和我们在现实生活中的直观感受比较接近，主要原因是我国国民收入的快速增长和传统观念相互作用的结果。一是部分社会成员的收入增长较快，夫妻一方的收入已经足够支撑家庭开支。一方面当前在工作职场中，男性占据了相对女性较高的职位地位。有调查显示，家庭成员中，男性职位高于女性的比例占到73%，而女性成员高于男性的仅为8.3%。显然可以看出男性成员的事业程度和收入水平普遍强于女性成员，导致从家庭的收入和发展角度出发，女性相对男性更可能放弃工作全职在家；另一方面受传统“男主外、女主内”的思想观念影响，在双方事业和收入相当的情况下，让女方放弃工作全职照顾家庭生活更符合人们的习惯思维；二是近年来劳动力成本特别是与家政相关的用工成本急剧增加，在很多女方的工资薪金和其需要支付给家政人员的费用基本相当的情况下，部分女性选择放弃工作，全职在家照顾家庭生活。这也是我国近年来全职家庭女性比例不断升高的主要原因。

2.在有弹性的情况下，弹性大小与年龄有一定关系。税率的劳动供给弹性呈递减状态，年轻人较中年人更加注重税后净收入，中年人则更注重工作的稳定性。免征额的劳动供给弹性与年龄呈反比，年龄越大对税后收入的敏感程度越小。在我国当前时期这一结论的主要现实支撑有两个方面：一是劳动力供给依然大于需求，社会成员的就业难度依然存在，年轻人相比年长者的就业能力更强、用人单位也更愿意接受，所以其转换工作的难度比年长者要小。二是近年来我国的生计成本上涨较快，特别是住房成本居高不下。年长者大多在房价上涨之前已经获得单位分配或者自行购买，解决了住房问题。而年轻人刚进入社会，首先面临的就是微薄的工资和高额的房价，大多数采用的是按揭购房，背上了沉重的经济负担，由此必须保证一定的收入水平是其税收弹性较大的重要原因。

3.在有弹性的情况下，弹性大小与婚姻状况有一定关系。税率和免征额的劳动供给弹性最小的是已婚者、未婚者居中、离婚者最大。这可能是因为已婚者改变个人劳动行为特别是工作地点的决策往往要考虑家庭等方面的因素，而未婚者和离婚者则不受家庭因素的影响，寻求稳定性的已婚者在寻找新工作的能动性方面逊于未婚者和离婚者。这也是很多西方国家在个人所得税免征额设计上，为了减少税收超额负担，按已婚家庭设计的单位标准小于未婚或者离异群体的理论支撑。

4.在有弹性的情况下，弹性大小与文化程度有一定关系。税率和免征额的劳动供给弹性总体上随着学历的升高不断提高。在税率弹性方面，弹性最小的是高中以下学历者，之后依据学历水平不断提高，但本科学历者的弹性超过硕士以上学历者。这一结论跟我国的教育现状和用工环境直接相关。高中以下学历者大多出自职业高中或者技术学校，专业技能程度虽然不高，但是实用和专业，很多毕业就从事具体的操作工作。同时，由于其学历不高所以期望值不高，不会经常考虑为提高薪酬待遇而调整工作。硕士学历以上的群体，专业水平逐渐提高，同时其毕业后一般就业形势较好，可以找到相对比较满意的工作，没有太多转换工作的必要。本科学历者相对而言“高不成、低不就”，一方面我国多年来的大学扩招使得每年毕业的本科生数量不断增长，就业压力较大，很难找到非常理想的工作，所以很多本科学历者在就业起点上就是将就而为，受到收入因素影响选择转换工作环境的可能性最大。另一方面我国的本科教育比较基础，专业也层出不穷很不规范，导致本科生的专业能力广而不专，看似什么都能干，实际并非都能干好，干不好就又可能考虑通过换工作来寻找出路。在免征额的弹性上，比较特殊的是高中以下学历者，其弹性较大的主要原因可能是免征额标准与其现有工资水平比较接近，其相应调整直接影响到这部分群体是否需要纳税。可见，是否纳税比纳多纳少对纳税人的影响更大。

5. 在有弹性的情况下，弹性大小与单位性质有一定关系。总体而言，弹性大小与单位的稳定性成反比。工作的稳定性概念在任何时代和国家都存在，但在我国表现的更加突出。改革开放之前的中国各行各业基本都很稳定，人力资源客观上受到计划体制的束缚难以实现人员的自由流动。但改革开放和社会经济快速发展后，行业之间、部门之间的差别开始出现，计划安排和终身体制被打破让人力资源可以在部分领域实现自由流动。计划经济和市场经济并存使得政府机关、事业单位和国有企业的相对稳定性和民营企业、股份制企业的较大流动性形成鲜明反差。时至今日，公务员系统还没有建立与社会对接的进出通道，其终身制的传统依然没有被完全打破。实证研究显示的机关部门的劳动供给弹性最低就是这种终身制或者“铁饭碗”的直接体现。外资企业劳动用工管理规范且薪酬待遇较高，使得其成员的劳动供给弹性居中，私营企业的待遇水平普遍较低、工作压力和强度也较大，这是其员工劳动供给弹性最大的重要原因。自谋职业者由于其工作流动性较强，所以对税率弹性较大。同时，其工作形式多样，很多不是通过工资薪金形式取得的收入，所以其受工资薪金免征额影响较小，相应弹性显示也较小。

6. 在有弹性的情况下，弹性大小与收入状况有一定关系。高收入者的税率劳动供给弹性较大，随着收入的降低弹性也会不断减小。原因是高收入者的收入都在纳税区间内，税率直接决定了其税负水平。一是由于具备较高的能力素质或者是财富积累，高收入者对劳动收入的依赖程度相对中低收入而言较弱，一旦税负发生变化，其选择闲暇替代的可能性更大。二是高收入者收入来源渠道一般较多，一旦由于税负增加降低其劳动收入水平，其可能转向资本或者财产收益等方式而放弃或者减少劳动。而中低收入者的收入不完全在纳税区间内，低于3500元的收入者根本不用纳税，所以对税率并不敏感。但沈玉平等（2007）也提出对我国高收入者征收最高税率并不一定产生较强的替代效应。他将我国当前的高收入群体分为三类：演艺界人员、职业经理人和企业家，演艺界人员收入取得依靠的天赋类似于“准地租”，不会因为征税而受限制；职业经理人的工作技能专用性比通用性更强，而且其机会成本也较大；企业家可以在个人所得和企业所得中进行转换，从而避免和弱化了个人所得税的影响。上述观点虽然略显偏颇，但其从另一个角度说明，虽然高收入者比低收入者的弹性要大，但当前中国各个收入阶层的劳动供给都非常缺乏弹性。在免征额的弹性上正好相反，高收入者一般收入水平远远高于免征额标准，免征额的一般调整对其影响较小。而中低收入者的收入水平与免征额接近，免征额的变动直接关系其是否符合纳税范围，相对影响较大。

7. 在有弹性的情况下，弹性大小与个人收入占家庭收入比重有一定关系。个人收入占家庭总收入的比重越高，其劳动决策越接近家庭决策，考虑因素较多，劳动转换的风险和成本更大，所以劳动供给弹性就越低。这一特征性质的弹性结论跟婚姻特征情况比较接近。

《税收研究资料》2016年第2期刊登：

常设机构课税的国际借鉴研究

钱家俊　马玉宁　李洪进

【摘要】“常设机构”是为处理非居民跨国营业利润的征税权分配问题，以避免跨国营业利润被双重征税而产生的国际税收专门用语。本文试通过对常设机构与税收法适用的研究，通过对国际上两个协定范本常设机构确定规则的比较分析，借鉴国际相关经验，结合我国实际，提出我国常设机构确定规则及税收实践中的改进建议。

【关键词】 常设机构，国际比较，常设机构确定规则

常设机构是为处理跨国营业利润的征税权分配问题，以避免跨国营业所得被双重征税而产生的国际税收专门用语，常设机构的确定规则是

对不具有法人资格的外国企业及其分支机构加以认定而据以征税的规则。随着我国改革开放不断深化，参与国际经济一体化程序的加深和对外经济交往日益频繁，在华的外国企业及其分支机构也日益增多，对常识机构确定规则的研究就显得更为迫切，如何在对外经济交往中最大限度地维护我国的税收权益，如何在对外签订的税收协定中体现这一点，以及随着形势的发展变化如何进行必要的调整。这些都有待于进一步的研究，本文从两个国际范本比较分析出发谈几点粗浅的看法。

一、常设机构的税法适用

经济合作与发展组织下设的国际税务委员会于1963年公布的由税收专家小组起草的《关于对所得和财产避免双重征税的协定范本（草案）》中，首次正式引入了“常设机构”的概念。《经济合作与发展组织关于对所得和资产避免双重征税协定的范本》（2003版）和《联合国关于发达国家和发展中国家间避免双重征税协定的范本》（2001版）都将常设机构规则定义为“是指一个企业进行全部或部分营业的固定营业场所”，包括管理场所、分支机构、办事处、工厂、车间（作业场所）、矿场、油井、气井、采石场或其他开采自然资源的场所。“常设机构”概念的运用对解决由于税收管辖权的重叠而引起的国际重复征税问题具有很重要的意义。

根据以上表述可以看出，认定构成“常设机构”应具备三个基本要件：一是有一个从事营业的场所，如房屋、场地、机器设备等设施。这种营业场所并不一定是企业所有，有的可能是租用的；二是这种营业场所应具有固定性或永久性，足以表明它是常设。包括为长期目的而设立的但因特殊原因提前清理歇业或为短期目的而设立的但实际经营已超过临时期限的机构；三是这种场所应是企业用于进行全部或部分营业活动的场所，而不是为本企业从事为营业性质的准备活动或辅助活动，如仓储或样品陈列等的场所。

“常设机构”就其法律性质来说属于非法人性质。一切已经向所在国登记、具有法人地位的公司企业，不论其资本来源和管理人员的国籍，对所在国而言是其“公民”或“居民”，是本国企业，有义务承担无限的纳税责任，不属于常设机构。只有不具有法人资格的外国企业及其分支机构才可能被认定为常设机构[1]。

以常设机构原则解决跨国营业所得在来源地的征税问题，已成为一项国际公认的准则。常设机构认定标准的宽窄直接影响到居住国和收入来源国税收利益的划分。限于经济发展水平的差异，常设机构大多是发达国家设在发展中国家的。因此，发达国家多倾向为窄认定常设机构，而发展中国家多倾向从宽认定常设机构。“常设机构”一语最初并非运用于税法领域，也非国际法上的概念，而是在德国国内法中被抽象出来用于其它目的的概念。1845年德意志帝国的普鲁士王国颁布的《普鲁士工业法典》最早使用“常设机构”一语，以调整国内商业活动。“常设机构”一语运用于税法，则完全是为了避免双重征税。在19世纪中期，德意志帝国为了缓和普鲁士各邦联之间的双重征税的矛盾，引入“具有固定营业场所的贸易”的概念以解决各城市间双重征税的救济措施，即“具有固定营业场所的贸易在一城邦应被课税，即使它的主人住在另一个城邦”[2]。1869年普鲁士与撒克逊之间的税收协定确认了将“具有固定营业场所的贸易”具体化的必要性。其后大量关于界定“具有固定营业场所的贸易”的司法实践丰富了其适用的条件。直至1885年，“常设机构”一词出现在税法中，成为一个正式的法律用语。

常设机构原则被应用于国际税法始于19世纪末20世纪初。1899年普鲁士王国和奥匈帝国签订了世界上第一个避免双重征税协定。该协定第一次使用了“常设机构”原则解决跨国营业利润的双重征税问题，其后其他国家签订的国际税收协定也纷纷以1899年普奥协定为蓝本采用了“常设机构”原则。“常设机构”原则在早期国际税收协定立法实践中得到初步确立。由此可见，常设机构原则的产生和发展，乃至税收协定的产生和发展，是国际经济关系发展到一定阶段的产物，完全是为了解决国际税收关系中双重征税问题的需要。

“常设机构”与各国税收法的适用问题取决于各国如何将国际税收协定纳入本国法律体系之中。目前各国的做法不尽一致，但主要有三种途径：一是国际税收协定一旦签订后就直接成为国家法律体系中的组成部分，而无须将其转变为国内法的形式（如比利时、瑞士、荷兰等）。瑞士宪法第85条规定，条约不需经过立法行为，而只要在联邦政府的法令公报上颁布之后，即具有联邦法律的效力，约束本国人民和法院。这是因为条约在缔结过程中，就已经得到了缔约国国会的同意或准许。这种制度在国际法上称为并入；二是发布一个特别法令，将国际税收协定结合到国家法律体系（如英国、丹麦等）。在英国，凡条约必须先获得议会承认，由议会通过一项与条约相一致的法令后，该条约才能在英国具有法律效力，并适用于英国法院。这种制度主要是强调立法机关对立法行为的垄断权。这在国际法上称为转化；三是国际税收协定纳入到国家法律体系须得到国家权威机构如议会的特别赞同或批准（如德国、意大利等）。德国的法律规定，国际税收协定在德国境内的有效实施，必须有赖于联邦议会的批准。

我国目前采用的是上述第一种方法，即国内法中直接适用国际条约。我国《中华人民共和国外商投资企业和外国企业所得税法》规定："中华人民共和国政府与外国政府所订立的有关税收的协定同本法有不同的规定的，依照协定的规定办理。"[3]自2001年5月1日起执行的《中华人民共和国税收征收管理法》也规定："中华人民共和国同外国缔结的有关税收的条约、协定同本法有不同规定的，依照条约、协定的规定办理。"[4]

在判定常设机构并对其确定如何征税的问题上，国际税收协定是享有优先于国内税法的效力的。一是税收协定所确定的原则和所做出的规定，缔约国应当严格遵守，不能用国内税法的规定加以改变或否定，不能以本国法律规定为由拒绝履行缔约国本身所应承担的涉外义务；二是税收协定不能干预缔约国制定、补充和修改国内税法。但是，缔约国双方主管当局应将各自税法做出的实质变动，按照税收协定的规定通知对方；三是在处理税收协定与国内税法不相一致的问题时，税收协定应处于优先地位。以不违反协定的规定为准。凡是国内税法规定的征税条件、待遇或负担，严于或高于税收协定的规定，即应按协定规定执行。但是，如果国内税法规定的征税条件、待遇或负担，优于或低于税收协定的规定，则一般应按国内税法的规定处理。如中日税收协定第27条就作出如此规定："本协定不应解释为以任何方式限制缔约国一方根据缔约国法律或缔约国双方政府间的协定，已经给予或今后可能给予缔约国另一方国民或居民的免税、减税及其他扣除。"[5]这体现了我国在处理税收协定与国内税法的矛盾时税收负担就低不就高的精神；四是对执行协定所发生的困难和疑义，缔约国主管当局之间应当直接联系或进行磋商，以便尽快解决问题。

二、国际上两个范本的比较

目前各国在对外签署的税收协定中，都普遍援引了经济合作与发展组织颁布的《关于避免对所得和财产双重征税的协定范本》（以下简称DECD范本）和联合国颁布的《关于发达国家与发展中国家间避免双重征税协定范本》（以下简称UN范本）。经济合作与发展组织（以下简称经合组织）下设的国际税务委员会于1963年公布了由税收专家小组起草的《关于对所得和财产避免双重征税的协定范本（草案）》，这是DECD范本的第一个文本。1967年经合组织对草案进行了修订，并于1977年正式通过了修改后的范本及其注释。由于OECD范本强调居住国课税原则，注重保护居住国的税收利益，代表和反映了发达国家在处理国际税收分配问题上的利益和观点，因此不利于在国际税收分配关系中多处于来源国地位的发展中国家的利益。为指导发展中国家与发达国家签订双重征税协定，1967年，联合国经济和社会理事会专门成立了由发达国家和发展中国家的代表组成的税收专家小组，经过近10年的努力，于1977年拟定了《发达国家与发展中国家关于双重征税的协定范本（草案）》及其注释，于1980年正式颁布。在协定形式结构上，该范本与DECD范本相同，但有关条款强调来源国税收管辖权原则，更多地照顾到资本输入国的权益，较多地考虑了发展中国家的要求，因此，它出台以来得到广大发展中国家的普遍采用。

OECD范本和UN范本中通过设置"常设机构"这一门槛性要求，使得收入来源国只有在跨国纳税人的营业活动已达到构成常设机构的标准时方可行使其税收管辖权，实际上常设机构标准是通过对营业利润来源国税收管辖权的限制，以划分居住国与来源国的征税权。常设机构概念的理论基础在于经济忠诚原则，即无论谁从一个经济体中取得了利益都必须向这一经济体纳税。

由于OECD主要由发达国家组成，其范本当然主要着眼于发达国家的利益，而UN范本则考虑了发展中国家的利益，两个范本自然存在着一些的差异：

1. 认定建筑工地、建安工程等为常设机构的差异。UN范本第五条第三款规定："'常设机构'一语包括：(一)建筑工地、建筑、装配或安装工程或者与其有关的监督管理活动，但该工地、工程或活动以连续6个月以上为限；(二)企业通过雇员或雇佣的其他人员为上述目的提供的劳务，包括咨询劳务，但这种性质的活动以在该国内(为同一工程或有关工程)在任何12个月中连续或累计为期6个月以上的为限。"[6]在第一项中OECD范本不将装配及监督管理活动认定为常设机构，且期限为，"12个月以上为限"[7]，而第二项在OECD范本中则根本设有，即不将第二项认定为常设机构。显然，OECD范本缩小了认定为常设机构的范围，不符合发展中国家的利益，因此，我国对外签订的税收协定在此条款上主要采取了UN范本，但我国在6个月期限的把握上是比较灵活的，如在中以、中亚(亚美尼亚)、中牙、中匈、中伊(伊朗)等21个税收协定中采用了OECD范本，即以12个月为限，还有以8个月为限(如中与马耳他税收协定)、9个月为限(如中委、中与阿曼税收协定)、18个月为限的(如中与乌克兰、中与苏丹、中蒙、中俄、中与白俄罗斯税收协定)，最长期限的是在同阿拉伯联合酋长国签订的税收协定中，以24个月为限。

2. 关于交付货物或商品认定问题的差异。UN范本认为，为交付货物或商品的目的而使用的场所和库存构成常设机构，非独立代理人保存货物或商品的库存，并代表该企业经常从该库存中交付货物或商品，也应认定为常设机构，而OECD范本则认为上述都不应认定为常设机构，缩小了认定为常设机构的范围，我国在此问题上主要是采用了OECD范本的规定，只在中印(印度尼西亚)等税收协定中采用了UN范本，在中日、中泰、中科(科威特)税收协定中则规定：非独立地位代理人"代表该企业，或者为该企业以及为该企业控制或被控制的其他企业经常接受订货单"也构成常设机构，在中泰、中巴(巴基斯坦)税收协定中还在交付货物或商品的条文中加入了"经常代表企业从其库存中填写订货单"、在中澳税收协定中则规定非独立地位代理人"为本企业生产或加工属于本企业的货物或商品"也构成常设机构。另外，2001版UN范本在第五条第四款，即常设机构不应包括的范围中加入了第六项，即"专为本款(一)到(五)各项活动的结合而设有的固定营业场所，如果由于这种结合使固定营业场所全部活动属于准备性质或辅助性质"[8]，这就使得UN范本在这一款的规定除上述的差异外，同OECD范本已全部相同。

3. 关于保险企业通过非独立代理人收取保费或接受保险业务订定问题的差异。UN范本第五条第六款，即"缔约国一方的保险企业，除再保险业务处，如果通过本条第七款适用的独立代理人以外的其他人，在缔约国另一方领土内收取保险费或接受保险业务，应认为在该缔约国另一方设有常设机构"[9]认为此代理人构成了常设机构，强调了收入来源地管辖权，有利于维护发展中国家的利益，而OECD范本则无此款规定，认为不构成常设机构。我国在此问题上主要是采用了OECD范本，只在中埃、中斯(斯里兰卡)、中泰、中印(印度尼西亚)、中越等税收协定中采用了UN范本。

4. 关于独立地位代理人的活动全部或几乎全部代表企业是否构成常设机构的差异。2001版UN范本在此问题上同1980版UN范本相比，加入了"且该企业和该代理人之间的商业和财务关系存在或附带不同于独立企业之间的条件"[10]，即认为如果独立地位代理人的活动不仅要全部或几乎全部代表企业，还要在商务和财务关系中存在或附带不同于独立企业之间的条件，该代理人才不认为是独立地位代理人，才可认定为常设机构，此修改减少了代理人成为常设机构的可能性。而OECD范本则认为独立地位代理人的活动全部或几乎全部代表企业不构成常设机构，即独立地位代理人不应认定为常设机构。我国对外签订的税收协定在此问题上大多采用了UN范本，但我国在中埃、中日、中葡、中德、中马(马来西亚)等13个税收协定中采用了OECD范本的规定。

5. 关于电子商务常设机构的确定规则。在跨国电子商务的环境下，电子商务的交易可分为两种情况，一种是通过网络进行订货或者采购，最终仍要通过商品或货物的实物交割来完成交易，如网上超市、网上书店（不含电子图书销售）等，这种情况本质上类似于传统的商品销售，存在一个物流系统，其常设机构的确定也比较容易。另一种则是通过互联网销售数字化的商品或提供网上的服务，如网上订购、下载计算机软件并可及时得到更新；网上订购、下载数字化商品并获得该商品的版权，如专有技术、网上购买电子图书、网上提供专业咨询服务等等，这些交易不需要商品或货物的实际交割，通过互联网就可全部完成，企业或个人通过另一国的服务器或网址来从事交易活动，已不具有场所和固定性的特征，用传统的常设机构确定规则已难以完全界定电子商务常设机构的存在。对此问题，2003版OECD范本注释在第五条中增加了电子商务条件下常设机构确定规则的内容，仍将传统的“有形存在”规则运用于电子商务、该注释区分了服务器和网址，认为服务器的存在符合“有形存在”规则，可认定为存在常设机构，但认为通过网络服务商提供的网址进行的电子商务不具有场所特征，所以不构成常设机构[11]。

三、我国常设机构确定规则的改进

从以上可以看出，我国在对外签订的税收协定中常设机构的确定规则是借鉴了国际上的相关经验，依据实际情况加以灵活掌握，既采用OECD范本，也采用UN范本，还根据两国的具体情况增加了一些规定。目前，我国在对外签订税收协定或对原有税收协定加以修改时，应充分考虑到两国，尤其是我国经济的实际情况已经发生了很大的变化，不仅应考虑到外国企业或分支机构在我国的经营活动，维护我国的税收利益，还应考虑到我国的海外投资和对外劳务输出活动已经形成一定的规模，如何形成有利于我国的常设机构确定规则，已经成为一个很现实的问题摆在了我们面前。

1. 关于认定建筑工地、建安工程等为常设机构的期限问题。目前我国对于该认定问题大多是按照UN范本，以连续6个月以上为限加以确定，但也有一定的灵活性。我们当然应坚持这一标准，但我们还应考虑我国的劳动力资源丰富，就业问题突出，对外输出劳务是我国的比较优势。随着对外开放的日益深入，我国对外承包工程业务日益增多，根据商务部对外经济合作司统计资料，2013年，我国对外承包工程业务完成营业额1371.4亿美元，同比增长17.6%，新签合同额1716.3亿美元，同比增长9.6%。新签合同额在5000万美元以上的项目685个（2012年同期586个），合计1347.8亿美元，占新签合同总额的78.5%。其中上亿美元的项目392个，较2012年同期增加63个。截至年底，我国对外承包工程业务累计签订合同额11698亿美元，完成营业额7927亿美元。我国对外劳务合作派出各类劳务人员52.7万人，较2012年同期增加1.5万人，其中承包工程项下派出27.1万人，劳务合作项下派出25.6万人。年末在外各类劳务人员85.3万人，较2012年同期增加0.3万人。截至年底，我对外劳务合作业务累计派出各类劳务人员692万人。随着我国对外承包建筑工程量的增加和我国劳务输出目的国范围的日益扩大，对此常设机构的确定规则应根据两国经济交往的实际情况加以确定，该时间标准应灵活掌握。总体来讲，对发达国家应坚持6个月的时间标准，坚持该标准有利于维护我国的税收权益，而对我国劳务输出集中的国家或潜在的劳动力市场则可灵活掌握，即可加以延长或缩短。

2. 关于勘探或开采自然资源所使用的装置、钻井机常设机构的认定问题。目前我国对外签订的税收协定对此问题涉及很少，两个范本对勘探所使用的装置、钻井机或船只是否构成常设机构都没有明确，只在2000版OECD范本注释中提出，“缔约国双方可以商定加上某些具体条款加以解决”，并给出了可供选择的几种方案。中美税收协定第三款第二项中规定，“勘探或开采自然资源所使用的装置、钻井机或船只，仅以使用期三个月以上的为限”，对开采自然资源来说，这是一个较宽松的规定，因为按两个范本的第五条第六项及范本注释的规定，“矿场、油井或气井、采石场或任何其他开采自然资源的场所”均为常设机构，“‘其他开采自然资源的场所’一语的解释应广泛，例如，包括所有陆上或海上开采碳氢化合物的场所”[12]，而按该项规定则还需使用期达到三个月以上方可认定为常设机构，但该项规定明确了勘探所使用的装置、钻井机或船只也可认定为常设机构。有人提出自然资源具有耗竭性和不可再生性，主张将这一标准降低到三个月或一个月。而随着我国能源和矿产资源短缺程度的加剧，我国对外勘探或开采自然资源日益增多，在2001年同印度尼西亚签订，2003年生效的税收协定第三款第三项中规定“用于勘探或开采自然资源的钻井机或作业船，以其持续或连续六个月以上的为限”，这是一个有利于我国的规定。因此，对于此项规定，我国可根据缔约国双方经济交往和勘探、开采自然资源活动的实际情况，在签订或修改税收协定时加以考虑，适当加入该条款，期限可以灵活掌握，可以加以延长或缩短。在我国对外签订的税收协定中，上述期限为三个月的有中美、中澳、中丹等税收协定，期限为一个月的有中新（新西兰）税收协定，期限为六个月的有中印（印尼）、中巴（巴布亚新几内亚）等税收协定，期限为十二个月的有中牙（牙买加）、中克（克罗地亚）等税收协定[13]。

3. 关于非独立代理人收取保费或接受保险业务的认定规则问题。我国签订的税收协定中大多没有采用UN范本第五条第六款，即不认定其为常设机构。但是随着我国保险市场的不断开放，外国保险公司在我国的保险业务不断扩大，如不将该项规定纳入我国的对外协定会造成我国税收利益的流失。因此，我国应根据实际情况在签订或修改税收协定时加以考虑，增加该条款，以维护我国的税收权益。另外，外国银行通过我国的独立地位代理人（如我国银行）开展中间业务，收取手续费，保险企业通过我国的独立地位代理人（如我国的保险公司）收取保费和接受保险业务，由于是独立地位代理人，我国不能认定常设机构的存在，对其收益也就不能征收预提所得税，而中间业务是外国商业银行的重要业务之一，收益相当大，随着外国保险公司在我国保险业务的日益扩大，其通过独立地位代理人收取的保费收益也将日益增加，如不对其征税，则会造成税收权益的流失。从长远来看，随着我国经济的发展，这部分收益将会越来越大。因此，我国在对外签订的税收协定中应对此做出特殊的规定，认定其为常设机构，对这部分来源于我国的收益课税。

4. 关于交付货物或商品的常设机构确定规则问题。有学者认为，只要经常为企业保存货物或商品的库存，并代表企业经常从该库存中交付货物或商品，已具有盈利的作用，不再符合盈利性和辅助性的精神，所以应将该项内容纳入各个税收协定中，认定其构成常设机构并加以课税。但是，由于保存并交付商品或货物在企业实现利润的过程中作用很小，金额小且比较零散，在实际的税收征管工作中难以控管，税收征收成本很高。因此，我国对此问题采用了OECD范本的做法，即在同多数国家签订税收协定中不认定其构成常设机构，有利于税收征管的实际操作，是符合实际情况的。

5. 电子商务常设机构确定规则的改进。2003版OECD范本注释认为网址不构成常设机构。由于美国是电子商务的最大净出口国，发达国家电子商务发达，也多是电子商务的净出口国，而发展中国家多为电子商务的净进口国，如不将网址纳入构成常设机构的范围，有损于发展中国家的利益。而租用网址实质上是使用了服务器上的磁盘空间，应认为符合常设机构的标准，我国在对外签订的税收协定中可采取有条件地将网址认定为常设机构，如可设定一定的金额限制，达到一定的金额就应认定为常设机构，也可暂时规定免税或设置一定的免税期。

参考文献：

[1] 高尔森主编：国际税法[M].法律出版社，1993年版，第156页。

[2] 刘金枝译：联合国关于发达国家和发展中国家避免双重征税协定范本注释[M].中国财政经济出版社，1991年版，第86页。

[3] 中华人民共和国外商投资企业和外国企业所得税法[C].第28条。

[4] 中华人民共和国税收征收管理法[C].第91条。

[5] 中华人民共和国政府和日本国政府对关于所得避免双重征税和防止偷漏税的协定[C].第27条。

[6] 联合国关于发达国家和发展中国家避免双重征税的税收协定范本[C].（1980年中译本）第5条。

[7] 经济合作与发展组织关于避免对所得和财产双重征税的协定范本[C].（2000年版中译本）第1条。

[8] 联合国关于发达国家和发展中国家间避免双重征税协定的范本[C].（2001英文版）第5条。

[9] 联合国关于发达国家和发展中国家避免双重征税的税收协定范本[C].（1980年中译本）

第5条。

[10] 联合国关于发达国家和发展中国家间避免双重征税协定的范本[C].（2001英文版）第5条。

[11] 经济合作与发展组织关于对所得和资产避免双重征税协定的范本[C].（2003英文版）第5条。

[12] 杨斌.国际税收制度规则和管理方法的比较研究[M].中国税务出版社，2002年版，第121页。

[13] 苏宁华.我国跨国营业所得课税中常设机构的认定及完善[J].涉外税务1998（8）。

《国际税收》2016年第10期发表：

无形资产转让定价制度研析

钱家俊　罗　斌　杨丽莉

【摘要】 独占性、不确定性是无形资产的主要特点，税务当局在定价调整时不容易找到可比非受控交易，难以确定正常交易价格。所以，跨国关联企业以无形资产内部交易的方式避税，更具有隐蔽性，给税务当局的征管工作增加了难度和困扰。本文以美国和OECD的研究成果为参考，系统地分析了无形资产转让定价的税制，最后，论文阐述了无形资产转让定价领域在我国的立法沿革，发展现状和问题。在立足国情的基础上，综合国外成功的立法和实践经验，对完善我国的相关制度提出了可行性建议。

一、美国及OECD范本的素材参考

在素材参考方面，本文主要借鉴的是美国国会立法，财政部规章，相关判例以及OECD的转让定价指南和系列的相关报告。之所以选取美国和OECD的无形资产转让定价制度作为研究对象的规范，是因为美国是当今世界头号经济强国，并一直处于跨境受控交易的最前沿。OECD发布的转让定价指南和系列报告所反映的规则，被认为是同时为成员国和大量非成员国所接受的“国际标准”。

（一）美国转让定价税制的评价

1. 美国转让定价反避税制度的发展历程

美国是世界范围内最先制定转让定价制度，其转让定价制度的条文见于1917年。多年来随着陆续的补充和完善已经形成了一套系统的转让定价调整法律体系。（见表1）

美国转让定价反避税制度的发展历程

表1

时　间	法　　规	主　要　内　容
1917年	在战时收入法案中首次制定转让定价法规	准许国内收入署对关联企业的所得额和扣除额进行调整
1921年	美国国会授权	美国国会授权国内收入署署长决定关联企业和合伙公司间的应税项目是否合并申报
1928年	国内收入法典第45节	将汇总申报纳税条款以收入法令第45节独立分类
1954年	美国第二部《国内收入法典》	第482节授权税务部门在反避税斗争中可以在关联企业之间调整逃税企业的收入和费用，但当时这些只是原则性的规定
1963年	美国财政部内部章程	规定了有关如何计算转让定价下计算第三者价格的方法等
1968年	美国财政部颁布新法规	允许税务部门按三种方法（可比非受控价格法、再销售价格法、成本加利润法）来确定有形资产销售的转让价格。对无形资产的转让按可比非受控交易来确定公平交易价格
1986年	美国国会通过《税收改革法案》	在482节中增加了“超级使用费条款”，防止美国母公司以低价向海外子公司转让无形资产，逃避缴纳美国税款
1988年	美国财政部发表题为《公司间定价研究》的白皮书	要求公司之间无形资产的转让必须有沿革的定价文件，并建议对无形资产的转让或许可采取一些新的转让定价调整方法
1991年	美国首创预约定价协议	提出将转让定价的事后调整变为事先确认
1992年	美国财政部发表了涉及无形资产的法规草案	允许采用三种定价方法，但在使用中三种方法不能颠倒顺序
1993年	美国财政部发布了第482节的临时性法规	取消各种定价方法的严格排序，采用了所谓“最佳方法规则”，废除了92年法规草案中要求的强制性可比利润区间检查。对于无形资产的转让，允许使用可比非受控交易法，可比利润法以及其他适合的方法
1994年	美国税务书《国内收入法典》第482节规定的最终规定	对1993年临时性法规进行了多项修改，但是仍然十分强调调整中的可比性和灵活性。提出了三条强制性的指导原则：公平交易标准，最佳方法规则，可比性分析

2. 美国转让定价制度的特点

自美国转让定价制度建立以来，跨国关联企业之间的内部交易，应按独立核算企业之间的正常交易原则进行。关联企业的认定不单纯看股权比例或者控制和亲属关系，而是遵循"实质重于形式"的原则。其制度的具体特点有：

（1）法律法规体系健全。这体现在立法体系较全面，内容详尽，在转让定价税制的立法中既有基本原则的规定，又有具体的案例分析，以供实施转让定价调整时参照。

（2）适用性强。转让定价制度在美国弹性大，只要企业之前有实际控制关系就可以使用。这样一来，适用的企业多，灵活度大，针对每种方法进行可比性分析时，注意可比性的弹性处理，提高转让定价税务管理的灵活性。

（3）信息化程度高。美国税务当局非常重视对转让定价的信息处理，要求纳税人在关联交易前向税务当局报告拟采用的定价方法，在交易发生时报告具体的交易信息，并通过一定的程序筛选不合理的转让定价行为进行事后审计。

（4）监管严厉。美国对转让定价的税收监管比较严厉，力争用各种各样的方法调整转让定价，在举证上也赋予纳税人更大的责任。

（二）OECD转让定价税制的评价

1. OECD转让定价税制的发展过程

经济合作与发展组织，简称OECD，于1960年成立。OECD的转让定价定价报告对发展中国家和发达国家制定转让定价法规均产生了较大的影响。OECD转让定价税制的发展过程如表2所示。

表2

OECD 转让定价税制的发展过程

时 间	法 规	主 要 内 容
1963年	《关于对所得和资本避免双重征税的协定东西》，简称《OECD范本》	其本旨在于避免国际间重复征税，消除税收差别待遇
1977年	对1963年《OECD范本》的第九款的修订	确定正常交易原则，相应调整原则
1979年	OECD第一份转让定价报告《转让定价与跨国公司》	明确规定有形资产、资金、劳务、无形资产等方面正常交易价格的确定，内容收到美国《国内收入法典》第482节内容影响较大
1984年	OECD第二份转让定价报告《转让定价与跨国企业：三个税收问题》	第一个报告：转让定价中相应调整问题以及相互同意程序。第二个报告：跨国银行的税收问题。第三个报告：中心机构的管理和劳务费用的分配
1995年	《跨国企业和税务部门转让定价准则》（简称转让定价最后准则）	对1979年和1984年转让定价报告的修改和编纂。加入了成本贡献安排、无形资产和集团内服务的特殊考虑
1999年	转让定价最后准则的修订版	在补充修订的基础上，增加一条新内容"关于预约定价协议的相互协商程序准则"

2. OECD转让定价税制的特点

1995年OECD转让定价的最后准则的主要目标是"帮助税务当局和企业寻找到令双方都满意的方法，以避免高额成本的诉讼程序"。多年来，OECD引领着国际税收领域的共识。其发布的税收协定范本及其注释对其成员国乃至非成员国的国际税收实践，发挥着至关重要的协调和引导作用。

OECD转让定价税制的特点是：

（1）居于主导地位。OECD将正常交易原则作为转让定价调整的唯一原则，并在世界范围内积极的推广。一些非成员国在制定转让定价税制时都会借鉴OECD准则。

（2）内容体系完整。OECD修改报告非常频繁，定期或不定期。第一份报告是在1979发布，之后每年基本都会根据实际情况对准则进行调整。从内容上，已经形成比较完善，系统规范并具有可操作性的转让定价指导性文件。

（3）鼓励双（多）边机制。OECD通过做出各种努力，希望推动OECD成员国对转让定价问题的认识，无论是纳税人还是税务当局。双方都能对转让定价问题达成共识，即使遇到争议也能合理地磋商。

（4）不具有法律约束力。OECD是一个国际性的经济组织，其转让定价准则对其成员国只有指导作用，对非成员国可起借鉴作用，而并不是具有法律效应。

二、我国无形资产转让定价制度的现状及问题

表3、表4展示了转让定价在我国的立法沿革和现行规定。

我国关于转让定价的立法沿革

表3

时间	法规	主要内容
1991年4月	《中华人民共和国外商投资企业和外国企业所得税法》（现已失效）	我国关于转让定价的首次立法，第13条规定了转让定价的对象，基本原则，措施
1991年6月	《中华人民共和国外商投资企业和外国企业所得税法实施细则》（现已失效）	该法第52~58条对关联企业的税收处理作了具体规定。界定了关联企业，规定了转让定价方法
1992年9月	《中华人民共和国税收征收管理法》	该法第24条将转让定价调整的对象从外商投资企业和外国企业扩大到国内的内资企业
1992年10月	《关联企业间业务往来税务管理实施办法》（现已失效）	在1991年《细则》基础上，对转让定价做了更具体明确定的规定，如关联企业的认定更具体准确
1993年8月	《税收征收管理法实施细则》（现已失效）	该法第36条~第41条针对《中华人民共和国税收征收管理法》第24条，进行了深入阐释
1998年4月	《关联企业间业务往来税务管理规程（试行）》（现已失效）	具体内容包括：关联企业认定，业务往来的申报，关联交易额的认定，企业举证和税务机关对举证的核实和调整方法等。第48条规定企业可以采用预约定价的办法。这是我国首次提出利用预约定价方法来解决转让定价问题
2001年4月	《中华人民共和国税收征收管理法》修订	以法律形式规定，第35、36条反映了税务机关对转让定价的调整权力
2002年9月	《税收征收管理法实施细则》修订	在《中华人民共和国税收征收管理法》的基础上，进行了详细具体的规定。该法对关联企业之间的预约定价办法作出规定，第53条明确规定纳税人可以申请采用预约定价方法，将预约定价由解决转让定价的一种方法上升为一种制度
2004年10月	《关联企业间业务往来税务管理规程》修订	对1998年《关联企业见业务往来税务管理规程》进一步修订，对转让定价的原则、方法、征管程序和预约定价制度做了更为详细的规定，更加符合国际转让定价规则
2007年3月	《中华人民共和国企业所得税法》、《中华人民共和国企业所得税法实施条例》	专门单独设立“特别纳税调整”一章对转让定价问题进行规定，是我国转让定价税制历史性的突破。具体包括：首次引入了“独立交易原则”、“成本分摊协议”、“同期资料”等词，与OECD指南所使用的相关术语相吻合，提高了“利润法”的地位，要求企业准备关联企业的同期资料等
2009年1月	《特别纳税调整实施办法（试行）》	该法是目前为止，我国关于无形资产转让定价税制最新最全面的规定

我国对无形资产转让定价的现行规定

表4

主要内容	法律规定原文
无形资产的界定	《特别纳税调整整实施办法（试行）》第十条：无形资产的转让和使用，包括土地使用权、版权（著作权）、专利、商标、客户名单、营销渠道、牌号、商业秘密和专有技术等特许证，以及工业品外观设计或实用新型等工业产权的所有权转让和使用权的提供业务
转让定价调整原则	《中华人民共和国企业所得税法》第41条：企业与其关联方之间的业务往来，不符合独立交易原则而减少企业或者其关联方应纳税收入或者所得额的，税务机关有权按照合理方法调整。《中华人民共和国企业所得税法实施条例》第110条：企业所得税法第41条所称独立交易原则，是指没有关联关系的交易各方，按照公平价格和营业常规进行业务往来遵循的原则

续表 4

主要内容	法律规定原文
转让定价方法	《中华人民共和国企业所得税法实施条例》第111条明确规定了我国对转让定价的调整方法包括：可比非受控价格法、再销售价格法、成本加成法、交易净利润法、利润分割法和其他符合独立交易原则的方法。并且明确规定无形资产转让定价调整方法的是可比非受控价格法和交易净利润法。同时，认可了成本分摊协议对于共同开发、受让无形资产的适用
处罚条款	《中华人民共和国企业所得税法》第48条："税务机关依照本章规定作出纳税调整，需要补征税款的，应当补征税款并按照国务院规定加收利息。《中华人民共和国企业所得税法实施条例》第122条对此做了进一步的规定："企业所得税法第48条所称利息，应当按照税款所属、纳税年度中国人民银行公布的与补税期间同期的人民币贷款基准利率加5个百分点计算
追溯时限	《中华人民共和国实施条例》第123条："企业与其关联方之间的业务往来，不符合独立交易原则，或者企业实施其他不具有合理商业目的的安排的，税务机关有权在该业务发生的纳税年度起10年内，进行纳税调整
成本分摊协议	《特别纳税调整实施办法（试行）》第七章，规定交易双方共同开发使用无形资产所签订的成本摊销协议应符合成本与收益相当的原则。对具体的管理提出了规定要求

总的来说，目前我国形成了较完整的转让定价制度。然而，这些法律法规中对无形资产的特殊规定却比较少见，相关规定过于笼统，通常是在一般规定的基础上捎带提及到了无形资产的情况，不能应对无形资产的特点，无形资产转移定价调整的实践操作性也因此大大降低。通过比较分析，我国转让定价制度目前存在以下几个问题：

（一）对无形资产的界定不明确细致

我国对于转让定价领域的无形资产定义不是明确和完整的。与OECD指南将无形资产按类型分类的做法不同，我国采用的是正列举外延的形式。随着科学技术的日新月异地进步，无形资产的种类和内容也在不断更新，显然这种不全面的列举方式难以满足时代发展要求。虽然美国I.R.C中对无形资产也采用了着这种间接列举的方式，但是美国遵从的是英美法系的判例法，法官可以根据案件的审理结果造法，及时地适应经济和社会的变化，解决实践中遇到的问题，这是我国的司法系统不能实现的。我国的国税函〔2011〕167号文提出了"营销型无形资产"这一新概念，但目前没有规定如何具体判定营销活动是否创建了新的无形资产，或者增加了某种已有无形资产的价值，并量化该价值。

（二）对无形资产转让定价没有设定特别条款

虽然现有的《中华人民共和国企业所得税法》《中华人民共和国企业所得税法实施条例》对转让定价税制做出了阐述，但没有能够意识到无形资产的细化。特别纳税调整的对象包括有形资产、无形资产、劳务和融通资金。但是无形资产与其他三类相比有着很大的区别，尤其是与有形资产的差异更显著。显然这种将各类对象杂糅的混合规定，不能为无形资产转让定价提供严谨详尽的遵从标准，也不能适应实务中各种复杂情况。

（三）无形资产转让定价的调整不完全适用独立交易原则

目前的转让定价调整法规都以独立交易原则为基础，该原则要求关联交易中的转让价格要能反映可比非受控交易中使用的价格。但是这是适应一般资产转让定价的原则，尤其是针对有形资产和劳务方面，并不能很好地适用于无形资产转让定价方面。因为，一方面由于无形资产的独占性及特殊性，在市场中很难找到可比的非受控交易对象；另一方面，对于集团内关联企业联合开发并拥有的无形资产，关联的企业构成利益共同体，追求整体利益最大化，他们不是市场交易中的独立企业。因此，独立交易原则在适用于无形资产转让定价方面受到了挑战，基于该原则的传统转让定价调整方法也存在着实施困难。因此应进一步扩展适应无形资产交易特点的调整原则和方法。

（四）未单独规定无形资产转让定价调整的方法

目前我国转让定价方法有五种方法：可比非受控价格法、再销售价格法、成本加成法、交易净利润法、利润分割法。但只有可比非受控价格法和交易净利润法是适用于无形资产，其他的并没有强有力的针对性，这种一揽子规定的做法只会造成实务中操作的困难性。

与此同时，现行规定对基于价格的调整方法的应用进行了相对详细的说明和公式演绎，但对于基于利润调整方法的阐述偏于原则性，规范过于粗略。对于受到国际较为推崇的利润分割法，我国的现行规定只是介绍了定义和可比分析的因素，并没有针对无形资产的特殊性展开详细讨论。

（五）对取得可比数据及价值评估信息的投入不足

我国税务机关目前获得可比数据的主要来源是BVD数据库，但是其只能提供全球上市公司的财务数据，涵盖的公司数量有限，限制了其应用的广度。而且，该数据库不包括无形资产交易协议的披露信息，造成税务部门寻找可比信息时，在关于合同条款的可比分析方面找不到可以利用的信息。跨国企业利用转让定价避税行为一般涉及多个国家，特别需要他国的协查，但是税务机关通过该手段获取可比无形资产交易协议的信息时，会面临协查时间长，或由于对方国家非我国税收协定缔约国提供的信息不全面等问题。

（六）预约定价安排的应用有局限性

截至2012年12月31日，中国税务机关累计已签署56个单边预约定价安排和29个双边预约定价安排。尽管预约定价安排在各国受到越来越多的肯定推广，但对于无形资产的预约定价安排，还是有着显著缺点的。由《中华人民共和国征管法实施细则》第53条、《中华人民共和国企业所得税法》第42条、《中华人民共和国企业所得税法实施条例》第113条及《特别纳税调整实施办法（试行）》规定，可知企业必须同时满足三个条件才可申请预约定价安排：年度发生关联交易金额在4000万元人民币以上；依法履行关联申报义务；按规定准备、保存和提供同期资料。所以，在这三个条件的约束下，以及预约定价协议的评审程序繁多复杂，成本高等缺点，只有那些大中型资金雄厚的，管理相对完善的跨国公司才有可能对无形资产采用预约定价安排。

（七）未制定无形资产转让定价的事后回查制度

我国目前回查制度处于空白状态，而美国却规定了定期的无形资产转让定价回查制度。因为无形资产超额收益是预估值，这就会存在着估值与实际值不一致的情况。两者差距过大时，就会造成税负的滞后性或不公平。因为无形资产的特殊性，其价值在其年限内可能会因外界环境或报酬条件的变化而发生变化，若没有事后回查制度，无形资产的价格会偏离最初核定的价格，这将无法保证无形资产转让定价的长期准确性，也无法保证国家的财政经济利益和企业的公平竞争不受到影响。

三、完善我国无形资产转让定价制度的建议

（一）准确界定无形资产的范围

建议参考OECD的分类做法，将无形资产的划分明确，贸易性或营销性。除了定义方面，还应对两类无形资产的外延确切的范围进行列示，尤其是在怎样的条件下可以形成营销型无形资产，如何判定其归属等问题上给予明确的指引。例如，境外公司A许可境内的关联公司B适用某项商标，那么B从事的营销推广活动可能使该商标增值，对此这些营销活动在什么条件下能够形成境内本地的营销型无形资产，以及归属的定性，我国相关法规应该予以确认。对于多种类资捆绑交易的问题，我国还可以借鉴OECD的建议，按照无形资产的明确规定的范围，要将不同要素分离开来，并分别对其价值评估。

（二）对无形资产进行转让定价规定特别条款

伴随着经济全球化和知识爆炸时代的发展，越来越多的无形资产将以新的种类和形式出现，我国税务当局必须重视无形资产本身的独特性和变化性，改变将有形资产和无形资产杂糅一起作为规定适用对象的形式，将无形资产的部分单独加以规定，提高针对性的同时也增加了其立法层次及权威性。建议采用单独立法的形式，或在现行的《特别纳税调整实施办法（试行）》中特设一章，规定无形资产转让定价的相关内容。并按照无形资产的分类，对贸易型和营销型无形资产分别制定有针对性的条款。通过加以案例解释说明，提高税务机关工作人员在实务中应用的熟练度和操作性。

（三）拓展无形资产转让定价的调整原则

1. 补充功能、风险和收益配比原则

首先，应通过对关联交易的双方承担的功能和风险分析，确定其各自应该获得无形资产价值的份额，然后按照该比例分配无形资产产生的日

后价值。承担功能和风险低的而取得高实际收益一方应向拥有价值比例高反而实际收益低的一方支付转让差额。这个差额应该处于是一值域之中，若超出这个值域范围，税务当局有权进行调整定价。

2. 补充总利润原则

虽然总利润原则曾经一度受到OECD的批评，但考虑到中国国情，我国外商投资企业数量众多，跨国关联企业交易频繁，若遵从独立交易原则对每笔交易价格逐项审核，巨大的工作量对税务机关是不小的挑战。建议具体做法：独立交易原则适用于关联企业交易次数较少的企业；对与关联交易频繁且难以确定某些交易是否合理时，或前两种原则难以应用时，可采用总利润原则，且境内外关联各方的有关资料都需要掌握，并协商合理的分配标准将总利润重新分配给关联各方，然后据此征税。

（四）针对不同交易模式适用无形资产转让定价方法

1. 直接许可模式

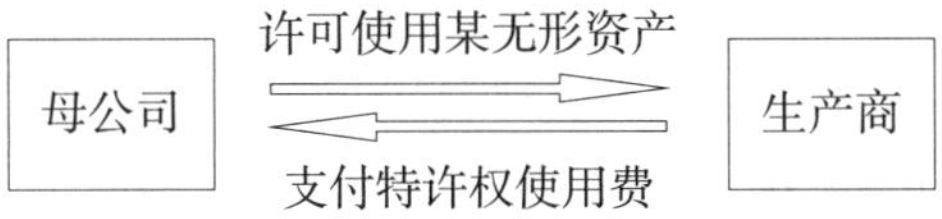

图1　直接许可模式

如图1所示，被许可的生产商使用被许可的贸易对象，支付特许权使用费。因为该类无形资产，如知识产权的价值难以通过成本量化，后续的价值变化更加复杂，但又为了使调整基本原则实现，推荐运用可比非受控价格法。对于营销型无形资产，建议灵活地运用剩余利润分割法。

可比非受控价格法应用中的关键就在于受控交易和非受控交易是否具有可比性。如果存在可比性，调整消除价格的差异。根据无形资产的特点，需要重点关注以下可比因素：（1）无形资产的属性，如用途；（2）转让条款，包括所授予的开发权、权利的排他性状况，使用限制或地域限制等；（3）升级、更改的权利；（4）资产的独特性；（5）被许可方将承担的经济和产品责任风险；（6）对被许可方生产商品的限制或出口限制等。如果许可的对象涉及专利，还应考虑到专利的性质，国家对其保护程度和期限，适用的生产流程以及生产流程对最终产品的价值贡献等。

2. R&D合同模式

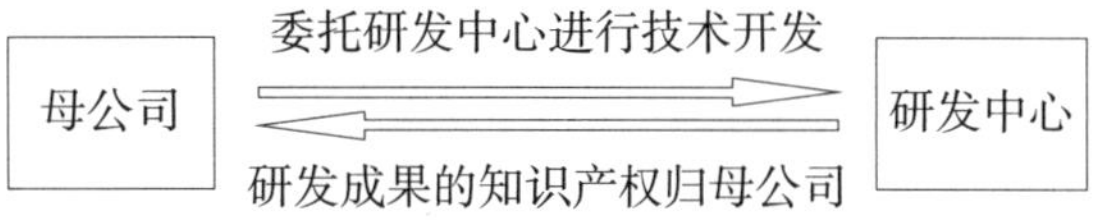

图2　R&D合同模式

如图2所示，母公司与研发中心签订R&D合同，委托关联的研发企业进行技术开发，研发中心向母公司收取一定的费用，母公司承担研究任务失败的所有风险，最终研发成果的知识产权及应用后带来的利益归属于母公司。由于两者的关联关系，所以转让定价判断的关键是技术开发中的成本承担问题。所以在该模式下，以成本加成法来确定转移价格较为合理。

应用的公式如下：

转让定价=成本+成本X成本利润率

成本利润率=（可比销售收入–可比成本）/可比成本

该方法的核心问题是确定准确的成本数据和可比的成本利润率。

成本确定的步骤如下：

第一步：确定直接研发成本；

第二步：将沉淀成本，固定成本（机器设备折旧等）在不同的研发项目之间合理分摊；

第三步：调整预算成本与实际成本之间的差异。因为研发活动的周期长，未来的盈利性和增长趋势都具有一定的不确定性。因此确定成本时应该以过去类似成本利润率的确定，即确定可比待定因素。此时需要进行可比分析中的功能分析，即对两者各自的职能、风险的分析，以寻找可比利润率。

根据以上可比分析的结果，在市场上寻找可比的R&D合同研发交易，以其成本利润率作为该受控交易的成本利润率，结合研发中心的成本，得出合理的转让定价。

值得注意的是可比的成本利润率是一个范围，不是一个准确数字。假设可比的成本利润率的范围为5%~10%，需要结合R&D合同的具体规定，对各类风险赋予权重，进行量化，匡算各方的风险指数。例如，若总风险指数是100，母公司承担的风险是30，研发中心承担的风险指数是70，则成本利润率可以取5%+（10%~5%）*70%=8.5%。

3. 联合开发模式

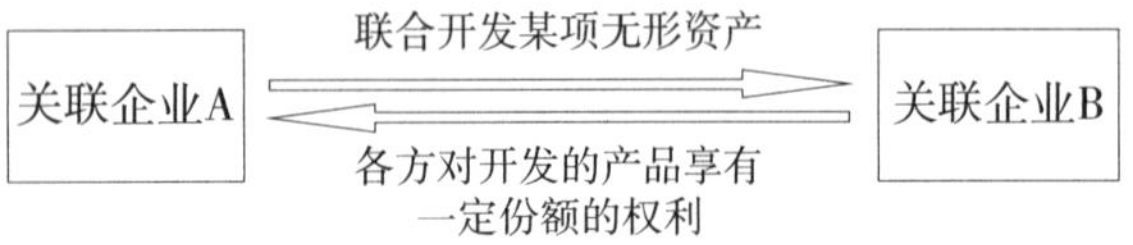

图3 联合开发模式

当两个关联企业采用将风险和成本分摊的联合开发模式进行研发无形资产时，如图5所示，关联企业A和B联合开发某无形资产，每个参与方对开发出的产品享有一定份额的权利。建议推广成本分摊协议方式进行事前调整。

这里，如果满足正常交易原则，各方分摊的成本应该与一个独立企业在相同情况下同意分摊的数额相同，各方分摊的份额也应该与预期得到的利益份额相同。成本分摊的关键是对出资比例或各方获得预期利润比例的确定。该模式与R&D合同模式的交易内容相似，多为技术研发，所以可比分析也主要强调功能分析。关联企业A和B共同履行制定研发战略与技术开发职能，共同承担的风险有战略和研发。据此寻找可比的联合开发交易，将可比对象的分摊比例作为可比出资比例。

由于各方的职责和风险会因为研发项目的长期性，外界因素的影响而变化。建议在协议中规定日后可以对分摊数额与分摊比例进行调整的规定。同时选择最佳的分配要素，如销售单位，雇员数量，投入资金数额，经营利润等，来反映各方获得预期收益的比例。该要素是否合适取决于研发项目的性质以及分配要素与利润之间关系的紧密性。对于涵盖了多项职能的联合开发，则可以利用多种分配要素计算。例如，如果成本分摊涉及三个关联企业A、B、C，其中受益方没有B，那么在无出资抵消的情况下，与该活动相关的成本费用需要A与C分配承担。这就可能会涉及分别针对ABC和AC参与的两类分配要素。

（五）建立可比数据资源库，加强国际情报交换与合作

今后，我国各地的税务机关应该根据本地企业的实际情况，积极利用所得税汇算清缴数据，互联网信息以及其他评估机构或特色数据库的信息，拓宽信息渠道，开发报分析软件，建立自己的转让定价信息数据库，实现数据管税。为谨防无形资产利用转让定价避税，我国可以继续购买能够获取国内的数据库，为税务机关提供可以获得可比的无形资产交易协议和数据的查询平台。此外，我国应鼓励建立像世界品牌实验室这样专业的研究评估机构，培养专业的经济，数量经济分析人才，建立品牌数据库，为无形资产转让定价调整提供数据信息。

2010年，我国核查外来税务机关申请的专项情报391余份，发出情报审核申请108份。我国通过使用外来情报查补的税款、加收滞纳金和罚款共计6.9亿元。可见，利用国际税收征管的协助力量，强化国际税收信息保障具有必要性。基层税务机关要对跨国公司与避税地企业的交易保持警惕，积极与税收协定缔约国建立情报交换机制，拓宽信息获取渠道，来查处国际避税行为。

（六）推广事前调整制度并调整其门槛问题

我国也应该顺应潮流，推广事前调整制度。对于各类无形资产的关联交易，预约定价谈判应该得到税务当局的支持。可以借鉴美国做法，只要不违反国家法律法规和协定规定，可以调整预约定价的相关要求，如时间限制等。推广成本分摊协议在中国的应用，可以规定，若成本分摊安排中的任一方在规定时期内获得的实际收益未偏离预期收益的20%，则无需调整。否则，不仅按照实际收益份额进行调整，还对以往交易具有相应的追溯力。

对于国内企业反映的预约定价协议的门槛过高问题，可以参考美国的做法，推出一系列措施来简化预约定价程序，降低门槛。第一，区分企业不同行业，不同情况，以适应不同程序，以合理分配税务机关工作人员和相关资源，提高工作效率。第二，对中小企业规定特别条款，对符合标准的中小企业降低其申请费用、压缩资料要求。第三，针对无形资产转让定价问题，降低关联交易额度要求，缩短谈签时间，增强预约定价的灵活性，这样企业的积极性也会大幅提高。

（七）对无形资产转让价格进行事后回查调整

鉴于中国目前税收征管力度薄弱，用于征管的人力物力有限的现状，如果每一年都对无形资产转让定价进行核定，工作量确实较大。我国可

以建立定期调整的事后回查制度，延长调整期限，针对不同行业或不同交易数额的大小，每隔三年或五年核定调整一次。定期评估制度可以得到借鉴，评估营销性无形资产的当期实际价值，及新型无形资产产生的增值，避免个别跨国公司以此转移利润，逃避纳税义务。同时实行不定期抽查调整的方法作为辅助，如果税务当局发现企业实际情况与原先核定的数额与有较大偏离时，可以立即进行调整。

参考文献：

[1]Bronson M, Ptashne D, Johnson M.Cost of Capital in Transfer Pricing[J].Cost of Capital: Applications and Examples, 2014:793-821.

[2]Dischinger M, Riedel N. Corporate taxes and the location of intangible assets within multinational firms [J]. Journal of Public Economics, 2011, 95（7）:691-707.

[3]Ernst & Young.2013 Global Transfer Pricing Survey

[4]OECD Transfer Pricing Guidelines for Multinational Enterprises and Tax Administration（OECD Guidelines）.1979

[5]OECD Transfer Pricing Guidelines for Multinational Enterprises and Tax Administration（OECD Guidelines）.1995

[6]OECD Transfer Pricing Guidelines for Multinational Enterprises and Tax Administrations（OECD Guidelines）.1996

[7]OECD Transfer Pricing Guidelines for Multinational Enterprises and Tax Administrations（OECD Guidelines）.2010

[8]Oestreicher A.Valuation Issues in Transfer Pricing of Intangibles: Comments on the Scoping of an OECD Project[J]. Intertax, 2011, 39（3）:126-131.

[9]Review of Comparability and of Profit Methods: Revision of Chapters I-III of the Transfer Pricing Guidelines.2010

[10]Revised discussion draft on transfer pricing aspects of intangibles.2013（7）

[11]Ulmer J, Ethridge J, Marsh T.Transfer Pricing In A Global Economy [J].Journal of Business Case Studies, 2013, 9（5）.

[12]陈燕.新所得税法中预约定价安排的利弊分析[J].时代经济论坛，2007（7）.

[13]陈智超.无形资产转让定价结构性分析：困境与出路——评Michelle Markham博士著《无形资产转让定价》[J].国际经济法学刊，2009（2）.

[14]朱青.国际税收（第四版）[M].中国人民大学出版社.2009

[15]国际税务总局关于企业所得税应纳税所得额若干税务处理问题的公告（国家税务总局公告2012年第15号）

[16]国家税务总局.2012中国预约定价安排年度报告

[17]国家税务总局.特别纳税调整实施办法（试行）（国税发[2009]2号）

[18]何隽.对预约定价协议程序的现实思考[J].涉外税务，2006（5）:34-36.

[19]胡勇辉."比较价格法"和"比较利润法"的适用性分析[J].企业经济，2004（4）.

[20]黄黎明.美国的无形资产转让定价税制及启示[J].涉外税务，2000（6）.

[21]李传喜.跨国公司转让定价避税——分析与治理[M].经济科学出版社.2007.

[22]李伟.国际转让定价：利益博弈与税制安排[J].西南财经大学学报，2007, 4.

[23]林国镜.科学化税源管理[M].中国税务出版社.2009.

[24]刘剑文.国际税收基础[M].北京大学出版社.2006.

[25]苏晓鲁、姜跃生等编译.跨国企业与税务机关转让定价指南[M].中国税务出版社.2006.

[26]杨锐，李堃译.美国国内收入法典[M].中国法制出版社.2010

[27]刘京城.无形资产的价格形成及评估方法[M].中国审计出版社.2008.

[28]刘永伟.转让定价法律问题研究[M].北京大学出版社.2004.

[29]罗伊·罗哈吉著.国际税收基础[M].北京大学出版社.2006.

[30]马蔡琛，余琼子.完善无形资产转让定价税收政策[J].理论探索，2012（5）:59-61.

[31]那力，臧韬.中国视角：收入来源国与跨国公司的税收博弈[J].税务与经济，2009（4）：90-96.

[32]彭扬，肖红波，吴晓燕.从无形资产受益角度透视跨国公司与东道国共赢之道[J].重庆工学院学报：社会科学版，2007（11）：41-43.

[33]杨鸿雁，贲韦华.企业会计准则第6号——无形资产[J].对外经贸财会，2006（5）：13-15.

[34]秦勇.无形资产转让定价的税法规制研究[J].经济经纬，2010（5）：143-147.

[35]饶尚.美国转让定价税则研究[M].武汉大学.2004.

[36]王红.基于税制的无形资产转移定价研究[D].天津财经大学.2008.

[37]萧明同.公平独立原则在转让定价中的尴尬处境及其启示[J].涉外税务，2006（12）

[38]徐勤.跨国公司转让定价反避税研究[D].同济大学.2007.

[39]薛晓波.无形资产转让定价法律问题研究[D].吉林大学.2008.

[40]杨洋.我国营销性无形资产转让定价制度现状及完善构想[J].经济视角：下，2012（1）：105-106.

[41]杨志清.国际税收[M].北京大学出版社.2010

[42]张玲.论无形资产转让定价中正常转让价格的确定[J].知识经济，2010（6）：57-57.

[43]张同青，杨洁.国外转让定价税制发展研究[J].涉外税务，2008（1）：36-39.

[44]张孝光.无形资产转让定价税制的现状及问题研究[J]，现代会计.2013（1）：44-48.

[45]张学斌.转让定价税制研究[D].西南财经大学.2002.

[46]张占红.浅谈利用利润分割法调整无形资产转移定价[J].经济技术协作信息，2006（28）：30-30.

[47]赵晋琳.转让定价中公平交易原则与交易净利润法[J].中南财经政法大学学报，2009（4）：131-134.

[48]朱青.对付国际避税：各国政府各有高招[J].中国税务，2003（11）.

学术会议交流、报市社科联：

税收促进钢铁行业供给侧结构性改革的研究

柏 鹏

（南京市国际税务研究会会长、经济师

南京 210002）

【摘要】 在当前经济下行环境中，钢铁成为我国供给侧结构性改革的重点行业，如何发挥税收职能作用促进钢铁行业“去产能、去库存、去杠杆、降成本和补短板”成为重要的研究课题。本文在全面分析我国钢铁行业现状的基础上，分析钢铁行业供给侧结构性改革的五大主要内容，指出了我国税收在钢铁行业改革存在的政策、体制、优惠等方面的问题，提出了税收促进钢铁行业兼并重组、产能化解、节能环保、转型升级、人员安置、出口退税和后营改增等方面的政策。

【关键词】 钢铁行业 产能过剩 兼并重组 税收优惠

钢铁行业作为我国国民经济的核心基础产业，在我国工业化、城镇化进程中发挥着极其重要的作用，钢铁行业的繁荣与否体现国家综合国力强盛与否的重要因素，其发展水平对各行各业都有着重要影响。随着近年来国内宏观经济各项投资增速的下滑，钢铁行业下游需求进入弧顶区，供需错配的矛盾较以往更为明显。从税收角度研究钢铁行业供给侧结构性改革，不仅有助于促进行业自身化解过剩产能，推进改革创新和转型升级，并对中国经济保持中高速增长的新常态及经济结构的优化具有重要意义。

一、我国钢铁行业现状

（一）钢铁产量总体过剩

2015年，中国内地全年生产粗钢8.04亿吨，比上年减产1917.98万吨，下降2.33%，成为近30年来首次下降（见表1）。当前，我国粗钢产能接近12亿吨，产能利用率不足67%，远低于全球粗钢产能利用率75%的标准，产能过剩现象严重。2015年钢材价格继续下跌，12月末钢材价格指数56.37点，较年初下降26.72点，钢材平均结算价2258元/吨，同比下跌816元/吨。从国际环境来看，2015年，世界66个主要产钢国家和地区共生产粗钢16亿吨，比上年下降2.86%，世界钢铁产能利用率66.2%，接近七年最低水平（64.6%）。全球钢铁行业产能总体供过于求的情况日趋明显（见图1）。

2015年全国粗钢产量千万吨以上企业排名

表1　　　　**单位：万吨**

排名	企业	2015年	2014年	同比（%）	排名	企业	2015年	2014年	同比（%）
1	河钢	4775	4713	1.31	13	日照	1400	1241	12.78
2	宝钢	3494	3586	-2.57	14	新武安	1346	1367	-1.52
3	沙钢	3421	3533	-3.16	15	方大	1321	1327	-0.43
4	鞍钢	3158	3435	-8.05	16	宝钢	1183	1072	10.38
5	首钢	2855	3078	-7.23	17	敬业	1132	969	16.75
6	武钢	2578	2759	-6.56	18	柳钢	1083	1139	-4.95
7	山钢	2169	2334	-7.05	19	安阳	1074	1088	-1.33
8	马钢	1882	1890	-0.44	20	纵横	1038	1032	0.6
9	渤海	1627	1846	-11.85	21	太钢	1026	1072	-4.36
10	建龙	1514	1526	-0.75	以上合计		41063	42171	-2.63
11	本钢	1499	1626	-7.81	重点企业合计		63358	64601	-1.92
12	华菱	1487	1538	-3.31	全国合计		80382	82300	-2.33

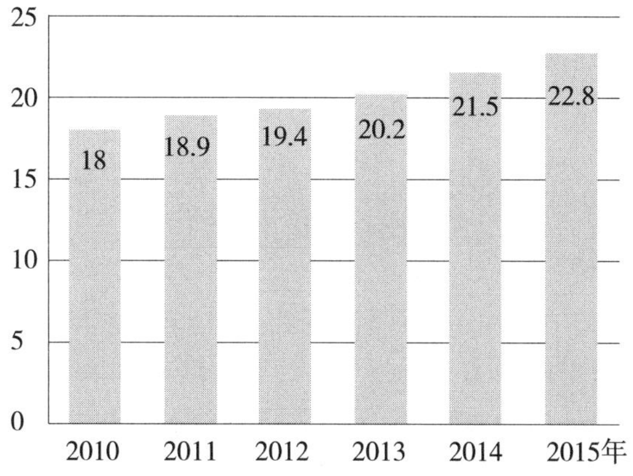

2010—2015年全球粗钢产能一览图

图1　　　　**单位：亿吨**

（二）市场需求持续下滑

20世纪90年代末，我国城镇化和工业化的步伐加快带动钢铁需求增加，全国粗钢产量仍在1.29亿吨的水平上，年增幅在5%上下，但是2000年后，固定资产投资出现大幅增加，带动粗钢年产量高速增长。自2005年我国国内总体钢材实现自给自足后，钢材表观消费量占钢铁产量的比重就逐年降低，2015年我国钢材表观消费量首次出现降低（折成粗钢表观消费量自2014年开始下降）。钢材表观消费量/产量的比值创历史新低（见图2）。随着我国经济进入新常态，钢铁需求进入峰值区，粗钢表观消费量2014年下降3.29%，2015年下降5.1%，预计未来若干年将在一定区间内波动，总体呈缓慢下降趋势。

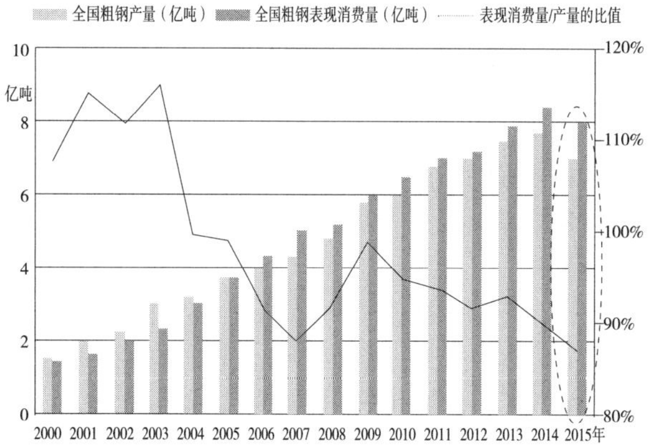

中国粗钢产量与表观消费量趋势图

图2

（三）行业亏损严重

2015年，国内钢铁工业（包括黑色金属矿采选业和黑色金属冶炼及压延加工业）实现销售收入

7.2万亿元，比上年下降13.9%，利润总额971.9亿元，比上年下降60%。从34家主要钢铁上市公司来看，2015年实现营业总收入9408.33亿元、主营成本9077.17亿元、净利润-585.67亿元，同比下降25.83%、22.35%、808.99%。（见图3）。同时，整个行业负债攀升至历史最高，2015年年末行业负债增至10184亿元，资产负债率达到67.43%，同比2014年上升1.44个百分点，均创历史新高（见图4）。

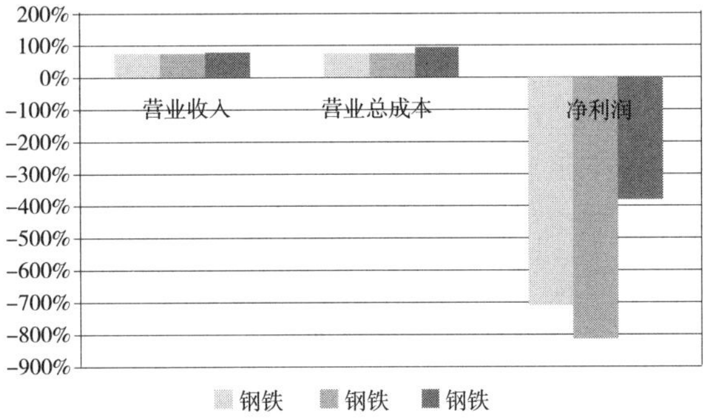

2015年钢铁行业收入、成本、净利润同比变化

图3

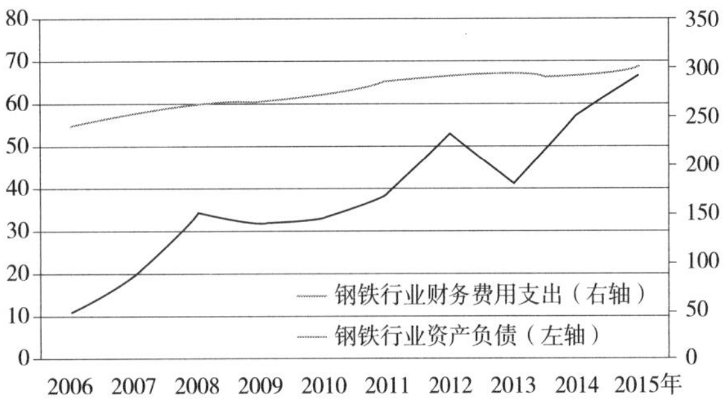

2006—2015年中国钢铁行业资产负债情况

图4

以钢铁行业第二大省的江苏省为例，2015年，江苏省钢铁行业保持了优于全国其他地区的运行质态，主要钢铁企业基本维持满负荷生产，产需衔接平衡，企业总体库存水平处于历史低位，总体产能利用率保持在85%以上，虽然企业总体盈利水平大幅下降，但大部分企业仍实现盈利，只有南钢、梅钢、苏钢等国企及少数中小企业出现亏损，总体亏损面占比较小（见表2）。江苏省钢铁行业能够保持逆市增长，其中一个重要原因便是企业发挥主体作用明显，国有企业占比较少，钢企体制转型较为成功，民营企业能够根据市场情况能够较好调整产量产能关系。

表2

盈利企业	
15亿元以上	沙钢（19亿）、兴澄（中信特钢1-11月18.79亿）
8亿元以上	永钢（利税13亿）、中天（9亿）
1亿元以上	龙腾、东亚、华宏、镔鑫、秦邮、天工、亚鑫、联鑫、东南（8家）
亏损企业	
南钢、梅山、苏钢	

（四）出口面临较大挑战

2010年开始，随着钢铁产能释放加快，中国钢铁出口量快速增加，出口目的地主要是东亚、东盟、西亚。2014年，中国钢铁的出口竞争力排名首次跃升世界，主要依靠价格优势，其中中低端钢材的比较优势最强。（见图5）

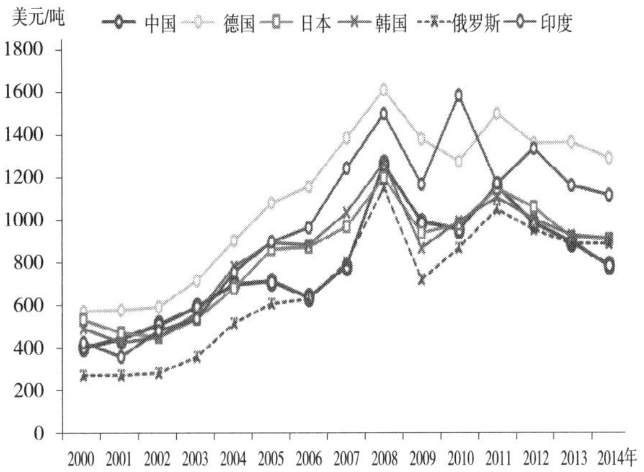

主要国家钢铁出口均价

图5

2015年，中国经济处在去杠杆的过程中，钢铁下游行业普遍低迷，出口成为缓解国内钢铁供需矛盾的重要渠道。2015年，我国钢材出口1.12亿吨，较上年同期增长1847万吨，增幅达19.9%。中国钢铁出口竞争存在高端产品竞争力不足、劳动生产率不高，以及技术创新力度不够等问题。与此同时，由于劳动力、土地等要素成本的上升，贸易摩擦案件的增多，以及全球总需求的放缓，国外对中国钢材出口的“双反”调查案件越来越多，部分国家还针对中国钢材提高保护性关税，中国钢铁出口面临较大的挑战。

二、我国钢铁行业供给侧结构性改革思路

对于推进钢铁行业供给侧结构性改革的认识，不能仅仅停留在联合减产、行政性强制退出等计划经济时期认识的层面上，而应该坚持市场化手段为主，发挥企业主体作用；切实转变各级政府职能，做好政策引导和服务监督工作；积极运用多种财税手段，助推行业结构性调整；重点改善要素供给，推动科技创新，发展核心技术，推动整个行业转型升级。

（一）明确钢铁行业减量化发展方向

坚持减量化的基本原则不动摇，尤其是钢企间的重组要确保产能实质性削减而非几家企业的简单加总，培育“重需、重质”的全新供应模式就不能走规模导向的老路。要在有减有增之中实现行业结构优化和供需再平衡，不能一味强调减少，不能“一刀切”式限制符合未来需求和结构调整要求的“量”。“减量”包括减少粗钢总产量、以“僵尸产能”为代表的低效产能、特困企业和富余人员；“增量”包括增加具有高标准、差异化、个性化特征的产品，以及高质、高效产能和更高素质的从业人员。

（二）组建跨省、跨中央和地方的区域型国有钢铁投资、运营公司

由于近年来产业集中度持续下滑（见图6），我国虽然钢产量位居世界第一，却缺乏世界一流的大企业。提高产业集中度，兼并重组是关键。

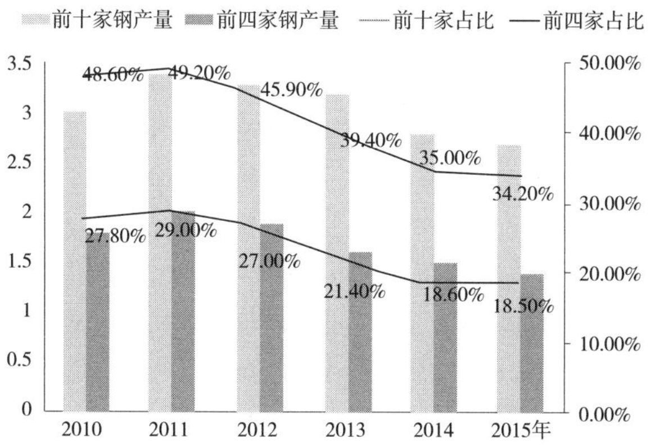

2010—2015年中国钢铁企业前十、前四产量及占比情况表

图6

可将钢铁结构调整与实施国有资本管理体制改革相结合，组建几家跨省、跨中央和地方的区域型国有钢铁投资、运营公司，同时，探索混合所有制改革。组建方案要做到两个充分，即充分考虑以“管资本”为主的组织架构设计，充分考虑组建后不良资产的统一处置问题，为组建后的进一步改革和结构优化调整打下良好基础。接下来还要推进国有性质的“僵尸产能”退出和大中型钢企的创新发展，打破省的界限和所有制的界限，在区域内进行资源优化配置，将有助于降低改革成本和形成全行业的差异化发展。

（三）支持民营钢企间以总产能缩减为特征的兼并重组

考虑到我国民营钢企数量较多，其中又不乏有较强竞争力的企业，应支持民营钢企间的兼并重组。充分发挥市场的决定性作用，对于低效产能不再以救助为主，而是支持有实力的民营钢企开展重组工作。政府的工作重点是保障重组过程的有序开展和政策引导。

（四）严格供和需两端监管

形成政府、市场与社会的多元化治理，在非法、违规钢材产能密集区建立不同政府部门间的协调监督机制。发挥行业协会在中央政府与企业间的沟通职能，形成正规企业联合抵制非法产能的行业风气。发挥新闻媒体等社会主体的舆论监督作用，形成广泛的社会监督体系。进一步规范废钢（“地条钢”原料）回收、加工、利用市场，严格监督农村建筑、具有公益性城市建筑（“地条钢”主要消费市场）等领域的钢材产品质量，有效打压非法、违规产能的市场空间。建立非法、违规钢铁产能集聚区“黑名单”，避免这些产能在关闭后“死灰复燃”。进一步完善生产环节监管体系，重点从动态环保监管、税收监管、用工监管三个方面整治违规生产。

（五）引导供需企业联合创新，攻克供应短板

财政资金支持的主体应以钢铁研发平台为主，可以是企业建立的研究机构，也可以是第三方建立的公共平台。鼓励钢铁下游消费企业与上游生产企业联合参与同一项技术的平台研发，以稳定的需求激励传统钢企开拓新兴市场。重点支持机械制造业核心零部件以及汽车、船舶、家电等行业必需的特钢和轧钢新产品的技术研发，突破高尖端产品国产化瓶颈。

三、钢铁行业供给侧改革涉及税收问题

（一）推进钢铁行业结构调整的税收政策针对性不强

我国钢铁行业产能过剩不论是国内市场还是国际市场，都存在结构性过剩问题。钢铁行业失衡的结构确立了我国税收政策调控的基本着力

点，税收调控在引导和调整产业结构、促进技术进步有两条途径：一是调整投资结构，增加对某种产业的投资以加快该产业的发展或减少对某种产业的投资以延缓其发展。二是改变现有企业的生产方向，即调整资产存量结构，促使某种产业转产或被淘汰。在生产环节，通过税收调控，可以激励或抑制生产者的积极性，从而直接影响投资结构和产业结构。例如，调整企业所得税，对不同的产业规定不同的折旧率，对某些产业给予所得税的优惠；调整出口退税的范围和出口退税率，来调控外向型企业的生产能力和生产规模。

（二）鼓励“走出去”转移产能的税收体制不健全

钢铁业是典型的高耗能行业，我国是钢铁（主要是粗钢）的生产和出口大国，近年来我国粗钢产量占到了全球产量的40%~45%，以低附加值初级钢铁及半成品为主的钢铁产品出口一直是政府重点调控的对象，其目标是通过差别性出口退税政策控制低附加值产品的出口规模。由于海关规定含硼量达到0.0008%及以上的钢材产品可按合金钢申报，享受出口退税政策，因此向普通钢材中添加硼元素使其达到退税标准，几乎成了钢材出口的通行做法。普钢中添加硼元素工艺简单、成本低廉，能享受到吨钢200元到300元不等的退税，但实际上，添加硼元素并不能真正使普通钢材变成合金钢，所以目前生产含硼钢的主要动力源于出口退税的利益驱动。2014年12月31日，财政部 国家税务总局发布《关于调整部分产品出口退税率的通知》，自2015年1月1日起，取消含硼钢的出口退税。短期来看，此次税则调整将抑制钢材出口，让一直处于微利时代的钢企面临更为严峻的生存压力。但长远来看，取消退税将促使钢铁优化出口结构、倒逼落后产能淘汰、减少国际贸易摩擦。上述情况说明，我国现在缺少支持“走出去”的机制和相应的准备，缺少支持“走出去”企业的税收法律体系，缺乏境外资税收优惠政策，包括国际通用的延期纳税、再投资退税、海外投资准备金制度等等，缺乏境内外税收政策和税收协定咨询、境外投资涉税风险提示、重点投资国或地区投资税收指南等。

（三）促进国有企业兼并重组税收优惠不充分

钢铁行业去产能的关键就是加强企业改组改制，尤其是国有企业的改革，在企业的兼并重组中，税收协同效应一直是关键因素。当前，我国税法主要在企业所得税有优惠政策，2009年的59号文《关于企业重组业务企业所得税处理若干问题的通知》和2010年国家税务总局4号公告发布了《企业重组业务企业所得税管理办法》，这两个文件对于各种形式企业重组使用所得税政策给出具体操作办法，是目前我国企业并购企业所得税的最权威规定。2015年国家税务总局发布的33号《关于非货币性资产投资企业所得税有关征管问题的公告》，明确居民企业以非货币性资产对外投资确认的非货币性资产转让所得，可自确认非货币性资产转让收入年度起不超过连续5个纳税年度的期间内，分期均匀计入相应年度的应纳税所得额，按规定计算缴纳企业所得税，这对企业并购重组行为是一个重大的优惠政策。这些优惠政策主要针对直接税，对于财产税和行为税的优惠比较欠缺，此外，对于集团内部居民企业之间转让股权或资产的交易缺少特殊性税收待遇，导致交易双方税收成本增加。

（四）资源再利用税收优惠不合理

目前我国环境税没有开征，对钢铁行业“三废”循环利用，环境达标改造等减免税优惠幅度也不多。在炼钢炉料用废钢贸易商毛利始终在50元/吨以下的的新常态下，2015年国家税务总局、财政部〔2015〕78号通知，指出将对于报废汽车、报废摩托车、报废船舶、废旧电器电子产品、废旧农机具、报废机器设备、废旧生活用品、工业边角余料、建筑拆解物等产生或拆解出来的废钢铁作为炼钢炉料，自7月1日起可以享受30%的增值税退税比例。这一政策有两个条件：一是纳税人需符合工信部的《废钢铁加工行业准入条件》的相关规定；二是炼钢炉料的销售对象应为符合工信部《钢铁行业规范条件》和《铸造行业准入条件》并公告的钢铁企业或铸造企业。也就是说，财税扶持从以往的全行业补贴，改为针对大中型合规的废钢加工企业补贴。然而目前符合要求的只有准入条例规定的160多家加工企业，虽然钢铁企业自身所配套的废钢铁加工设备、产业规模、规范程度远优于独立废钢铁加工企业，但绝大多数的钢企配套的废钢加工都不符合上述条件，因而不能享受这一政策。

四、钢铁行业供给侧改革税收政策建议

（一）鼓励钢铁产业兼并重组

一是支持钢铁业扩展延伸。通过设计有助于钢铁行业改善结构、提升品质、引导消费的税收政策，以项目为抓手、以集约管理为方向，探索以国家税务为主导、省级税务为核心，各市、县（区）局协同配合的新型管理方式，为这些类型的企业提供个性化、差异化的税收解决方案。二是支持兼并重组提级。对于僵尸钢企通过合并、分立、出售、置换等方式，将全部或者部分实物资产以及与其相关联的债权、负债和劳动力一并转让给其他单位和个人，可以纳入增值税的征税范围，其中涉及的货物转让，不征收增值税；将全部资产、负债和劳动力一并转让给其他增值税一般纳税人，并按程序办理注销税务登记的，其在办理注销登记前尚未抵扣的进项税额可结转至新纳税人处继续抵扣。三是支持企业改制上市。符合条件的国有钢企改制上市过程中发生的资产评估增值，应纳企业所得税可以不征收入库，作为国家投资直接转增该企业国有资本金。符合条件的国有钢企100%控股（控制）的非公司制企业、单位，在改制为公司制企业环节发生的资产评估增值，应缴纳的企业所得税可以不征税入库，作为国家投资直接转增改制后公司制企业的国有资本金。符合条件的国有钢企改制上市过程中经确认的评估增值资产，可按评估价值入账并按有关规定计提折旧或摊销，在计算应纳税所得额时允许扣除。

（二）引导过剩产能化解

税收政策要努力做好过剩产能转移的引导工作，有效实现降低生产成本、推进国内产业结构的优化升级。对钢铁企业利用预压余热发电，按规定享受资源综合利用税收政策；废钢铁回收利用在钢铁工业节能减排、转型升级方面扮演重要角色，建议合理利用税收政策激励，促进生产方式转型，对“三废”循环利用，环境达标改造、产品技术研发、企业技术改造项目继续给予更大幅度减免税优惠。建议《资源综合利用产品和劳务增值税优惠目录》规定：在符合相关技术标准和条件下，以钢渣为原料的资源化产品和劳务享受增值税优惠退税30%的政策调整为退税70%。

（三）鼓励节能环保项目

对于符合条件的节能服务企业实施合同能源管理项目中提供的应税服务收入免征增值税；对符合条件的节能、环保、循环项目钢企实施企业所得税“三免三减半”；对从事《环境保护、节能节水项目企业所得税优惠目录》所列项目的所得，自项目取得第一笔生产经营收入所属纳税年度起，实施企业所得税“三免三减半”；钢企购置并实际使用符合规定的环境保护、节能节水、安全生产等专用设备的，该专用设备的投资额的10%可以从企业当年的应纳税额中抵免。除此以外，扩展专用设备企业所得税优惠目录范围，加大对钢铁企业购建节能环保和安全生产设备的政策支持力度，凡属节能环保和安全生产项目的，均以全部设备投资额为基数抵免企业所得税。

（四）帮扶钢企转型升级

一是取消亏损五年结转时限。《中华人民共和国企业所得税法》第十八条规定：“企业纳税年度发生的亏损，准予向以后年度结转，用以后年度的所得弥补，但结转年限最长不得超过五年。”金融危机以来，国际、国内经济下滑，复苏缓慢，制造业部分企业出现大额、连续亏损，企业已开始进行转型升级，但成功转型需要较长的周期，期间必然经历阵痛，并产生相关损失。按照现行税法的规定，将出现亏损无法弥补的情形，加大制造业转型升级的代价。为支持制造业转型升级，建议国家取消企业所得税亏损只能在五年内弥补的规定，或对企业5年内未弥补完的亏损给予全额退税优惠政策。二是给予小税种税收优惠。针对现在钢铁企业经营困难的现状，建议适当调低印花税的征收比率，适当减征房产税与土地使用税，钢企行业效益转好后，再恢复按照税法规定缴纳印花税和房土两税。三是减轻融资负担。在钢价持续下行的背景下，企业现金流逐渐萎缩，还贷压力越来越重。截至2015年6月末，中国86家钢铁企业的负债总额为3.0189万亿元，其中银行贷款达1.3万亿元，行业负债率达69.47%。86家重点钢厂平均每家负债348.8亿元，支付了406亿元的银行利息，是钢厂上半年22亿元净利润的18倍。因此，建议对于金融机构向钢企融资的利息所得给予适当比例的税收优惠。

（五）支持钢企人员安置

为了避免钢企改制导致员工失业风险，税收政策应该积极鼓励创业、就业。一是扶持自主创

业群体。鼓励个体工商户创业，改进个人和个体工商户增值税起征点政策，鼓励失业人员创业，对持《就业创业证》的人员从事个体经营的，在3年内按每户每年9600元为限额依次扣减其当年实际应缴纳的增值税、城市维护建设税、教育费附加、地方教育附加和个人所得税，并在此基础上逐渐提高。二是鼓励吸纳就业的企业。税收对商贸企业、服务型企业、劳动就业服务企业中的加工型企业和街道社区具有加工性质的小型企业实体吸纳钢铁企业员工，给予一定税收政策奖励。对在新增加的岗位中，当年新招用在人力资源社会保障部门公共就业服务机构登记失业半年以上且持“就业创业证”人员，与其签订1年以上期限劳动合同并依法缴纳社会保险费的，在3年内按实际招用人数予以定额依次扣减增值税、城市维护建设税、教育费附加和企业所得税。

（六）优化出口退税政策

近年来，国外针对中国的双反调查案件增加，部分国家提高保护性进口关税，使中国出口面临较大阻力，因而有必要低钢材出口税率，对一些深加工、技术含量高的钢铁产品予以出口免税优惠，保证每年10%的正常出口量，增加企业出口竞争力。虽然2016年5月财政部发文要求，继续实行钢铁出口退税政策，取消加工贸易项下进口钢材保税。但针对钢贸的“双反”调查案件有增多的趋势，有必要有条件地降低或取消部分钢材品种的出口退税。从宏观层面反观，取消出口退税有利于减少财政负担，有助于人民币汇率回归至均衡水平，有助于倒逼国内制造业淘汰落后、转型升级，因而中长期内取消出口退税是国家政策必选项，钢铁行业应该提前做好准备。

（七）营改增后相关税收建议

一是取消增值税专用发票抵扣时限。税收法规规定了增值税专用发票最长抵扣期限（180天），过期则无法抵扣，最终只能由企业承担损失。从增值税抵扣链条的完整性看，上游的销项是下游的进项，增值税以票控税的管理模式有利于保证增值税不流失。但企业因为种种原因，造成发票超过180天仍未抵扣的情况发生。虽然从2011年开始税务机关对过期发票下发采取了宽限政策，并下发了逾期抵扣增值税发票的规定，也解决了部分过期发票抵扣问题，但此项工作流程长（从基层税务机关一直至国家税务总局）、效率低（一般周期1年以上），同时也加大了税务管理人员日常工作量，影响了企业资金周转。建议国家取消增值税专用发票抵扣时限限制，或下放逾期抵扣增值税发票的管理权限。二是进一步实施结构性减税。钢铁企业资产负债率平均在60%以上，但是占钢铁企业成本费用比重较高的金融保险业进项税额不能抵扣，使得钢企营改增后税负并未降低，建议允许抵扣金融保险业利息，使钢铁企业分享更大的结构性减税成果。

参考文献

[1]陈洪冰.2015年我国钢材出口分析及2016年预判.江苏钢铁，2016年第5期

[2]周健奇.五大建议促进钢铁业供给侧结构调整.中国钢铁新闻网，2016.4.27

[3]赵喜子.去产能脱困发展补短板转型升级.江苏钢铁，2016年第5期

[4]李新仁.2016全国钢企将何“去”何“从”.江苏钢铁，2016年第3期

[5]美国对钢铁行业扶持简述.黄文.冶金管理，2013年第1期

[6]张栋.企业价值链成本管理研究——以我国钢铁企业为例.山东财经大学硕士学位论文.2014年5月

[7]王晓坤.绝处逢生——透视美国钢铁企业技术改造.商业文化，2007年12月

[8]孙金霞，王仲尧.中外供给侧改革的比较及借鉴.宏观经济.2016年4月

[9]郑彩霞，汪五一，刘鹏.国外钢铁企业实施全球化战略的经验及启示.经济研究导刊.2014年第32期

[10]金婥婷.我国出口退税政策调整对钢铁出口贸易的影响分析.市场周刊.2015年第8期

[11]李晶.企业并购重组涉税问题及筹划研究.厦门大学硕士论文.2013年8月

【责任编辑　楚天佑】

干部队伍建设

队伍建设

概　述　2016年，干部人事工作围绕税收中心工作，从五个方面着力强化干部队伍建设。

加强领导班子和领导干部队伍建设。一是开展"两学一做"（学习共产党党章党规，学习习近平总书记系列重要讲话精神，做合格党员）学习教育。研究制定"两学一做"学习教育实施方案，成立学习教育协调小组，制定市地税局党组书记、班子成员、党支部书记、副处党员干部四个层面的职责任务清单，明晰任务要求；坚持以上率下、突出问题导向、强化边学边改，先后开展三个专题的学习讨论、"三比三争"（比党性争先进、比作为争贡献、比业绩争一流）和"立家规正家风"等活动，教育引导党员规范言行；结合"四解四促"（了解社情民意、破解发展难题、化解社会矛盾、力解机制束缚，促进干群关系融洽、促进基层发展稳定、促进机关作风转变、促进机关执行力提升）和"三个服务"（更大力度地为改善人民生活服务、为科技教育发展服务、为党政军领导机关工作服务）活动要求，深入基层一线和纳税人，帮助协调解决群众关心的实际问题，推动全面从严治党向基层延伸。二是开展学习型、法治型、效能型、廉洁型"四型班子"争创活动。研究制定争创"学习型、法治型、效能型、廉洁型"班子活动意见，明确目标和争创评比，拓展班子建设工作载体，激发基层班子建设整体活力，推进领导班子建设。三是完善班子运行机制。根据《中国共产党党组工作条例》和省地税局党组议事规则的有关规定，修订党组议事规则，完善党组议事工作原则、议事范围、议事程序和纪律要求等内容，提升党组科学民主决策水平。四是加强班子监督管理。按照省地税局要求，组织自查自纠，落实从严治党带队各项要求。对20名处级干部开展个人事项报告抽样核查，并对抽查核实结果进行分类处理。严格执行领导干部兼职管理、个人事项报告、干部婚丧喜庆等事项报告等各项监督管理规定。五是加强领导班子能力建设。开展处级领导干部培训工作，分两期组织全系统122名处级领导干部培训，提升领导干部统筹谋划、组织管理、团结奋进、依法行政四个方面能力建设。完成新提拔的10名处级领导干部试用期考核工作。

推进干部提升工程建设。一是加强人才队伍建设。制定年度人才工作推进方案，采取集中培训、实践锻炼、课题调研、重点工作、参与创新项目等方式培养人才。指导各局打造本级特色人才团队。建立完善团队建设主体项目评审和专业人才年度考评制度，开展人才团队年度工作情况评价。针对系统436名青年干部开展问卷调查，参与面93.8%，《地税系统年轻干部队伍状况调查及培养建议》在省地税局《决策参考专报》上刊登，并得到了省地税局主要领导批示。建立全市国地税系统互派干部挂职培养机制，互派13名优秀干部到对方纳税服务部门交流挂职，实现人才互动、经验互享、能力互促。二是提升干部能力素质。制定年度教育培训计划，统筹处室培训需求与干部学校制式培训项目。组织开展春训工作，指导基层开展春训活动。开展"岗位大练兵，业务大比武"活动，系统311名干部分五个岗位类别参加决赛，127人被评为业务能手。55名干部参加省地税局大比武活动，经五次集中培训学习、三次集中封闭和两次模拟测试，6人进入全省地税系统前100名人员名单，分别有1人、26人被纳入"素质提升'115'工程（1000名领军人才培养对象、10000名"专业骨干"和50000名"岗位能手"）——专业骨干项目"和"岗位能手项目"名单，市地税局获得"最佳组织奖"。三是开展能级申报评定。全市地税系统209人申报能级，其中免考人员24人，首次定级44人，轮中申报三级及以下51人，轮中申报四级及以上90人。185名干部职工参加了统一的结构化面试和笔试。四是完善干部选拔机制。研究制定领导干部选拔任用工作纪实规范，细化干部动议、民主推荐、能力素质测试、组织考察、讨论决定、任职管理六个关键环节的操作程序、标准要求、文书档案，提升领导干部选拔工作的规范化水平。五是实施税务干部挂职交流。市地税局与市国税局联合建立全市国地税系统互派干部挂职培养机制，在13个城郊区局（含2个开发区）中各选派1名干部到对方纳税服务部门进行交流挂职，实现人才互动、经验互享、能力互促，全力推进“营改增”和税收征管工作。六是组织开展系统处级、科级非领导职务晋升工作。依据非领导职务设置的政策规定，紧密结合干部队伍实际，在全系统组织开展处级、科级非领导职务晋升工作，9人晋升调研员职务、139人晋升主任科员职务、55人晋升副主任科员职务，进一步优化干部队伍结构，激发干部队伍活力。

规范干部队伍管理。一是推进考核机制建设。落实公务员考核管理要求，以岗位职责规范为基础，岗位绩效为重点，公务员考核管理信息系统为支撑，开展分级分类考核，全面推进公务员平时考核工作。强化考核结果的应用，组织53名连续三年考核优秀人员参加健康休养，充分发挥公务员考核激励导向作用。7月，中国人事科学院和省、市公务员局就加强公务员平时考核工作到市地税局进行实地调研，肯定了市地税局在平时考核工作的积极探索，并就今后健全和完善平时考核提出指导建议。二是推广应用地税系统公务员职业道德和行为规范。召开会议专题部署，印发《推广地税系统公务员职业道德和行为规范实施意见》，各单位结合工作实际创新形式，拓展载体，通过加强宣传教育、细化规定要求、推进文化建设、选树先进典型、强化考核监督等多种形式开展职业道德和行为规范学习宣传和实践应用，完善公务员管理相关配套制度，推进基层干部队伍建设。根据省地税局要求，向省公务员局申报开展“加强地税系统职业道德和行为规范建设”课题研究，通过总结该局经验做法，联合省内地税系统苏州地税局、淮安地税局、宿迁地税局等单位开展问卷调查，为推广应用提供意见建议。三是推进事业单位管理工作。组织开展事业单位参公管理套改工作，按照上级相关要求对系统55名参公管理人员完成职务套改和工资套改工作。开展事业单位岗位竞聘工作，晋升6名管理八级和1名管理九级人员，强化工作实绩导向，实施岗位激励，激发事业工作人员积极性。

加强职业道德教育。一是开展基层建设和思想政治工作。参与国家级荣誉的申报争创。推荐1家单位参加全国税务系统先进集体评选，推荐1家集体参加全国“青年文明号”评选。组织开展新一轮省、市级文明单位申报创建。全市地税系统被评为“2013—2015年度南京市文明行业”，征收局被评为“2013—2015年度南京市文明单位标兵”，市地税局机关等15个单位被评为“南京市文明单位”，市地税局机关等8个单位被评为“江苏省文明单位”，省级和市级文明单位数量均创建局以来新高。二是选树宣传先进典型。在公务员职业道德和行为规范的推广应用过程中，组织各单位大力挖掘和培育职业道德先进典型，用身边人和身边事来教育、引导和激励干部，积极营造良好氛围。系统内涌现出一批爱岗敬业、公正廉洁的职业道德先进典型，通过南京日报税务专版“南京好税官”栏目和政务微信、微博、外部网站进行宣传和推广。全年，5名干部被“南京好人365”进行全方位立体式宣传，6名干部被推荐参评“南京好人”。（徐　伟）

参加全省地税系统业务大比武　根据国家税务总局、省地税局开展“岗位大练兵 业务大比武”活动要求，市地税局在全市地税系统能手竞赛的基础上，选拔了55人参加全省地税系统业务大比武活动。在此次业务比武活动中，南京市建邺地税局王华军等6人进入了全省地税系统前100名。王华军被纳入“素质提升‘115’工程——专业骨干项目”人员名单，办公室史成娟等26人被纳入“素质提升‘115’工程——岗位能手项目”人员名单，市地税局获得“最佳组织奖表彰”。（金　星）

开展“岗位大练兵 业务大比武”活动　市地税局立足干部队伍实际，将市总工会、人力资源和社会保障局、共青团南京市委的要求与国家税务总局、省地税局关于开展“岗位大练兵 业务大比武”的活动要求相结合，在全市地税系统开展岗位练兵和税收业务能手技能竞赛活动。在各单位预赛的基础上，6月17日下午，在税务干部学校组织开展了竞赛决赛，决赛按照行征管评估、税务稽查、纳税服务、行政管理和信息技术五个岗位类别分别组织实施，共有311名地税干部参加决赛笔试，市总工会书记孙强、副主席陈慧男，市人社局巡视员周政学，市地税局副局长郑良等领导对竞赛进行了巡考。经过激励角逐，江宁局梁明霞、稽查二分局张超、六合局马君宇、市地税局机关办公室史成娟、六合局陈默等5人，分别获得五大岗位系列的第一名，共有127名选手获得"南京地税系统优秀税收业务能手"称号。市地税局紧密围绕省地税局教育培训工作要求，将开展岗位业务能手竞赛作为促进干部奋发进取、岗位成才的重要抓手，进一步加大对业务人才的培养力度，引导干部在业务比武中得到锻炼和提升，为地税事业发展提供人力资源保障。（金　星）

基层建设和思想政治工作　一是以责任落实为主线，强化组织领导，突出工作统筹，完善常态机制。二是以党建为引领，丰富学教模式，切实推进"两学一做"学习教育。三是以创新推动激发基层活力，推广应用职业道德和行为规范，确保"数字人事"平稳上线。四是强化教育培训，加强人才队伍建设，发挥中层干部的示范引领作用。五是通过完善领导班子运行监督机制、落实思想政治工作制度、健全绩效管理制度、加强内控机制建设，提升基层执行力。六是拓展文化建设内涵，深化精神文明创建，通过税务文化和典型示范的感召，增强基层凝聚力。（许　鑫）

4名干部当选"南京好人"　市地税局深化精神文明创建，加强干部思想道德建设，培育和践行社会主义核心价值观。2016年，该局推荐玄武局朱昌贵、稽查局曹木兰、高淳局谷孝平、稽查三分局王一晨4人参加"南京好人"评选活动。4人长期工作在税收一线，其爱岗敬业、追求卓越，热爱公益、奉献社会的点滴事迹，彰显了先进典型的社会影响力和道德引领力，被南京市精神文明建设指导委员会办公室评为"南京好人"。

（许　鑫）

基本工资标准调整及养老金改革　继2014年10月之后，2016年7月机关事业单位工资标准进行再次调整，在调高职务工资、级别工资标准的同时，工作性津贴、生活性补贴的标准略有下调。全系统1951人符合政策，人均月工资增加约300元。5名离休人员的基本离休费同步进行了上调。2016年该局落实机关事业单位养老保险改革的要求，开展了养老保险登记和核定工作。全系统共有在职人员1926人，退休人员218人参加了此次养老保险登记。（刘　颖）

年度能级评定工作　一是开展取得资格证书人员能级评定工作。共31人能级确定为四级，其中取得"六师"资格的25人，取得技师资格的6人。二是组织开展系统2016年科以下干部能级申报评定工作。全系统共209人申报能级，155人提升能级，其中五级4人、四级12人。本轮能级评定依据能级管理制度，坚持客观、量化、严谨的基本原则，做到客观公正和规范有序。（葛剑翀）

老干部工作　一是认真学习落实中办、国办及省、市《关于进一步加强和改进离退休干部工作的意见》建立健全党组织。全市地税系统14个单位建立了独立的离退休干部党支部，4个支部建制的单位成立了离退休干部党小组，离退休干部按照原单位隶属关系就近接受教育管理、发挥作用和参加活动。二是开展"两学一做"学习教育。将离退休干部"两学一做"同部署、同安排、同落实，切实提升老干部党员意识。三是开展红军长征胜利80周年纪念活动。教育引导老同志保持公仆本色，牢记党员身份。四是做好省地税局"夕阳红"摄影比赛作品征集。采取面上布置和主动向地税系统摄影俱乐部约稿方式，上报优秀摄影作品40幅。五是组织开展"立家规、正家风"主题活动。交流家风家训，征集各类家规家训40条。五是组织开展春、秋两季"老干部看南京"活动。亲身感受国家建设成就，地税系统老干部参与踊跃。秋季共组织地税系统17家单位，14批次，6条线路，273人参加了活动。（张金川）

公车改革驾驶员解除劳动关系　根据省、市公务用车改革有关要求，妥善做好劳务派遣驾驶人员处置工作。多次与劳务公司、法律顾问沟通了解工作流程，掌握重难点环节，理清法律风险。先后两次下发工作指导意见，提醒各环节工作步骤、注意事项及完成时限。依法做好经济补偿，积极协助家庭困难驾驶员再就业，顺利完成204名劳务派遣驾驶员解除劳务关系工作。（葛剑翀）

43名公务员招录及7名军转干部安置工作 一是做好公务员招录工作。严格按照招录政策规定和流程，把好报名审核、资格复审、录用考察三个关键环节，确保引入合格人才。组织43名新录公务员集中报到，参观税收博物馆、开展入职宣誓和廉政讲座，做实入职教育。跟踪分析近年招录情况，优化招录性别比例和岗位专业，编制完成2017年招录计划。二是完成军转干部安置工作。根据专业对口优先、相对年轻的原则，在充分考虑系统工作需要、基层需求的基础上，认真做好面试和分配工作，2016年共安置军转干部7名。

（葛剑翀）

数字人事改革试点 按照省地税局工作部署，该局承担数字人事改革试点任务。一是抓好上线推广。组织开展两次压力测试和功能模块测试，确保11月2日系统全部成功上线。二是加大宣传力度。在市地税局外部网站开设数字人事宣传专栏，刊发系统数字人事工作动态。在国家税务总局刊发信息1篇，编发数字人事工作简报5期，对各阶段亮点工作、特色作法进行宣传。制作操作提醒贴纸、书签和屏幕保护程序等宣传品，提高干部对数字人事的认知度、支持度和使用度。三是注重工作质量。细化操作规范和填写要求，提高模块使用率。发挥数字人事联络员队伍作用，每周两次定时提醒，提高干部参与率。建立了每日自查、每周复查和每月通报机制，提高数据合格率。干部参与率、数据合格率、模块使用率在省地税局四家试点单位中排名靠前。（葛剑翀）

绩效管理和文化建设

概　述 2016年，市地税局认真贯彻落实各项工作部署，紧紧围绕该党组提出的工作目标，坚持“团结奋进、争创一流”的工作定位，做精绩效管理、做优文化推广、做深综合调研，统筹推进各项工作，该局综合处被评为“先进基层党组织”，被市委、市政府表彰为“2015年度机关作风建设标兵处室和先进处室”。

在绩效管理方面，完善绩效体系，优化绩效管理制度和指标体系，健全绩效配套机制和组织保障，开展绩效管理信息平台的应用培训，加强台账规范化建设，完善绩效考评、过程管理、绩效沟通等台账和资料。关注绩效过程，开展系统绩效专题培训，定期召开绩效讲评分析会，分析绩效指标完成情况，将绩效督导结果纳入绩效考评，绩效运用与干部评先评优、教育培训、职务晋升等挂钩。加强绩效引导，开展南京地税干部绩效管理工作问卷调查，通过绩效案例、故事、感言征集活动营造绩效文化氛围，组织系统绩效管理和文化建设经验交流会，参加全省地税系统“一市一县推经验”绩效管理申报。创新绩效理论研究，深化绩效课题研究，提出“自绩效”文化理念。

在文化建设方面，开展文化品牌创新，结合地税工作实际，围绕文化发展脉络，组织文化理论研究专著的出版工作，5月末《南京地税税务文化研究与探索》在人民出版社正式印刷出版，系统总结南京地税文化的发展历程。推进文化品牌宣传，结合春训开展文化理念宣教，加强与系统内外单位之间、区域之间的税务文化交流学习活动，国家税务总局处级领导干部任职培训班先后10期累计500多名学员，到该局开展税务文化管理现场教学活动。广州市地税局、锦州市地税局、扬州市国税局、宿州市国税局等多家单位先后专程来该局学习税务文化建设。深化“一体多样”建设，依托各基层单位，探索科所文化、岗位文化建设，坚持文化建设长效机制，开展2016年度税务文化精品示范点评选工作。

在综合调研方面，开展专题研究，与省地税局综合处加强沟通联系，主动承接省地税局点题课题研究，整合调研资源，依托调研团队组织开展综合调研，全年向省地税局《决策参考专报》组织报送稿件13篇，被刊用5篇，其中4篇被省地税局主要领导批示。完善规划编制，根据意见征集开展三轮修改工作，通过党组会专题研究和税工会集体讨论，结合省地税局规划调整情况最终修改定稿，编印规划宣传册，在系统范围内广泛发放宣传。（张　洁）

被评为全省地税系统"2015年度先进单位" 该局围绕税收中心工作，积极促收履责，全力服务地方经济发展，取得显著成绩。一是强化税源监控，做好收入分析，保证了各项收入稳定增长。2015年，全局组织各项收入1280.8亿元，同比增长12.5%；其中税收收入795亿元，同比增长13.1%。中央级税收153.5亿元，同比增长22%；省级税收45.7亿元，同比增长16%；市县级税收595.8亿元，同比增长10.8%；组织入库社保费收入422.6亿元，同比增长12.1%；其他非税收入完成63.3亿元，同比增长7.8%。密切关注税制改革动向，大力服务地方发展。开展营改增课题调研。围绕市委、市政府提出的"五型经济"发展，全面梳理支持"双创"、扶持小微企业发展等10个方面税费政策，做好城建集团PPP等重点项目的专项服务，积极落实各项税收优惠政策，全年办理减免税费81亿元。二是深入推进征管改革，提升税收管理效能。围绕基础管理属地化、纳税服务规范化、征纳互动网络化、风险应对专业化，完成新一轮征管改革。调整重点税源、契耕两税征管方式。整合税收业务事项，对市地税局税收业务制度规程做适应性调整。强化税收风险管理，挖掘风险分析深度，提升风险应对质效。全年实现风险应对入库税款25.9亿元，贡献率达3.27%；深化数据质量监控，做好新数据质量管理平台上线，推进数据标准管理，提出对外数据交换需求137项，取得11个部门各类交换数据2284万条；通过三方数据风险指标，识别出有风险的纳税人9184户次，推送6644户次，共实现税款绩效6.34亿元。提档信息化建设，以国家税务总局《"互联网+税务"行动计划》为指导，拟定南京地方税务局《电子税务局建设行动方案》，以移动APP、第三方支付等项目为切入点，着力启动并推进电子税务局建设。提高信息化研发水平，完成13个信息化软件项目开发、上线工作。三是加强税种管理，提高税种管理精细化程度。开展营业税存量税源清理工作，突出房地产业、建筑业等重点存量税源清理，为全面推进"营改增"奠定基础。全年完成建筑业清算项目7425个，清算率达到89%，房地产业、建筑业入库营业税174.03亿元，占比营业税收入63.57%；强化所得税汇算清缴，所得税汇算清缴补税22.6亿元，深化应用自然人数据库，凸显自然人税收直接管理成效，12万元以上自行纳税申报19.2万人，同比增加22.42%，完成省地税局下达目标的160.23%；强化土地增值税征管，开展土地增值税预警值制定工作。全年企业自主申报项目92个，自主申报率55.76%，风险应对房地产项目69个，应对率72.63%。完善存量房评估信息系统，建立存量房评估价格管理体系。加强房产税、城镇土地使用税风险管理，合计补缴房产税、城镇土地使用税两税税款2.1亿元；加强国际税收管理，做好"走出去"企业税收宣传，继续实施跨境上市企业专项调研，2015年入库税收6440万元，累计入库税收2.4亿元。首次层报国家税务总局两户特别纳税调整案件，补税1000多万元，实现反避税调查新突破。四是优化服务举措，创新社会治理，构建和谐征纳关系。该局领导挂钩联系企业实地走访活动，走访企业414户，收集意见286条，为纳税人解决问题281个；建立市区两级走访企业QQ群，开展重点企业贴近式服务。加强纳税信用等级管理与运用，牵头实施全省"税银合作"推广工作；做好国家税务总局"满意度回头看"迎查工作，得分比2015年提高2.03分，位列全国第四。加强服务窗口建设，政务中心窗口连续三个季度获市"红旗窗口"和"先进单位"荣誉称号。拓展税法宣传新载体。拍摄税收宣传微电影3部，动漫片5部，"纳税人学堂"7部。升级改造"南京税收博物馆"，被评为全省"法治文化示范点"。创新"微"系列税收宣传产品。建立咨询服务新标准，开通延时咨询服务，"12366"年度咨询总量达62.54万人次，接通率为92.26%。转办南京"12345"工单1897件，综合满意率93.77%。强化一体化"纳税人学堂"建设，拍摄网络版纳税人学堂。与市国税联合组织纳税人学堂190场次，培训纳税人1.2万人次。五是推进税收法治建设，持续优化税收法治环境。制定《南京地方税务局关于推进依法治税工作的实施方案》。深化行政审批制度改革。推行行政权力清单，梳理行政权力127项；开展依法治税示范单位创建。市地税局被评为全市"依法行政示范点"；市地税局稽查局被评为"省级法治税务示范基地"；建立行政处罚信息管理平台，全面规范税收执法行为；市地税局审理重大税务案件18件，审理涉案金额约3亿元；积极预防化解行政争议，全年办理争议案件提前介入10起，被评为全市复议案件质量先进单位；在全省率先与法院共同构建司法与税收协作工作机制，建立数据查询、不动产司法拍卖税款征收、非诉案件强制执行、联席会议等四项制度；妥善应对行政诉讼，全系统全年发生行政诉讼案件14起，未发生败诉。加大税务稽查力度，全年税务稽查结案927件，查补入库税款5.85亿元。严厉打击发票违法犯罪活动，会同市国税局开展“5·16”虚开发票专项整治工作，自查入库税收9080万元。加强税收执法督察内审工作。完成市区两级督审格局构建，基层区局设立督察内审科，明确督审职责权限，优化人员配备；深入开展税收执法督察、内部审计和风险应对质量检查等工作，全年开展督察项目4个，查补税款及滞纳金2286万元，退还企业多缴税款102万元；开展中等、高等风险应对质量检查任务883户；完成各类审计项目8个，发现问题32个，提出管理性建议35条。经省地税局绩效考评考核，该局被表彰为“2015年度全省地税系统先进单位”。（魏振全）

获得南京市机关绩效评估优秀等次 2016年，该局主动申请纳入2015年度南京市机关绩效评估管理。面对经济下行压力，全力以赴抓收入，充分挖潜增收，2016年收入总量突破1300亿元大关，达到1345.2亿元，同比增长5%。一般财政预算收入增幅在苏南城市中名列第一。围绕市委、市政府提出的“五型经济”发展，参与全市62个文件制定，全面梳理支持大众创业、万众创新8类33条税收优惠政策，做好重点项目的专项服务，全年共办理减免税81亿元。主动为市委、市政府提供决策参考，加大对税收新政反响、政策反馈和建议、行业税收、重点税源等信息报送，全年上报信息稿件1400余条，在省地税局、市委、市政府以上信息刊物采用稿件约600条。围绕基础管理属地化、纳税服务规范化、征纳互动网络化、风险应对专业化，实施新一轮征管改革，制定推进大数据治税工程实施意见，拟定电子税务局建设行动方案，以移动APP、第三方支付等项目为切入点，启动并推进电子税务局建设。推行三证合一、一照一码登记制度改革，全面应用省地税局电子档案软件。制定全面推进税收法治建设实施意见，提出依法治税7类26项工作。开展依法治税示范单位创建。推行行政权力清单，梳理行政权力127项。落实《行政处罚自由裁量基准》，在全省率先与法院共同构建司法与税收协作工作机制。加强督察内审工作，调整机构设置，拉开大督审组织新格局。加大案件查办力度，全年结案927件，查补入库5.9亿元。建立局领导挂钩服务制度，全年走访企业414户，收集意见286条，为纳税人解决问题281个。加强服务窗口建设，政务中心窗口获市“红旗窗口”和“先进单位”称号。拓展税法宣传新载体，开展一带一路、楼宇经济等服务经济发展大局的主题宣传，拍摄微电影3部，动漫片5部，“纳税人学堂”7部。强化纳税信用等级管理与运用，牵头实施全省税银合作推广工作。建立国地税合作工作机制。开展咨询辅导服务，“12366”咨询总量达62.5万次。建成税收博物馆，10月对外开放。深入开展“三严三实”专题教育活动，制定推动地税系统全面从严治党迈上新台阶实施意见。建立“两个责任”清单和追究办法，深化廉政风险综合防控。制定干部能力素质提升工程建设实施意见，加大教育培训力度，建立专业人才团队。加强党建工作，创新微型党课教育模式。深化“卓越同行”品牌建设，推动文化落地。完善绩效考评体系，修订处级领导班子和领导干部考核评价办法，加强个人绩效管理软件应用，连续九年获得省地税局绩效考核第一名。2015年，南京地方税务局获中共南京市委和南京市人民政府颁发的“人民满意单位”称号，在全市作风综合评议中位列第一组26个单位第一。根据南京市市级机关绩效管理的有关规定和评估办法，该局2015年度绩效评估被评定为“优秀”等次。（王甜源）

获全省地税系统“绩效管理先进单位”称号 市地税局积极参加江苏省地税系统绩效管理“一市一县推经验”管理试点工作。一是突出“一个观念、两个体系、三个结合”。即倡导以能为本的绩效价值观，构建标准化岗责和分类分级管理两个体系，实现绩效管理与公务员考核、考评结果与干部成长、绩效建设与文化塑造三个结合，探索干部积分管理机制。江苏省公务员局在该局召开全省绩效考核工作现场会，肯定南京地税绩效管理工作经验。二是以制度规范为先，架构绩效管理体系。完善组织架构，配强绩效人员。规范制度体系，围绕战略目标制定绩效制度，组织层面强调规范高效、上下联动，个人层面鼓励结合实际、因地制宜。优化绩效指标，注重减轻基层负担，选取关键结果性指标和重要过程性指标，突出对重点任务和工作短板的考评。绩效管理工作经验在全省地税系统交流推广。三是以考评机制为要，畅通绩效管理全程。日常管理中突出绩效平台信息化、培训全员化、交流常态化，开发绩效微信公众号，编印《绩效管理动态》。讲评分析中突出定期召开、"一把手"主持、跟进分析等要求。"督考合一"中突出结果运用，将结果纳入绩效考评，形成持续改进良性循环。该局多个基层单位获得全国性绩效管理先进荣誉。四是以绩效文化为魂，激发绩效管理活力。凝聚共识增合力，该局内部83.67%的干部高度认同绩效管理的积极作用，有效促进组织和个人绩效的双提升。丰富载体添动力，通过绩效案例征集、文化专题交流、编印岗位文化手册、出版文化理论专著等活动，提炼形成"卓越同行"绩效文化品牌。创新理论挖潜力，提出"自绩效"文化理念，理论经验先后在《税务研究》《税官论坛》等学术刊物发表，接待国家税务总局办公厅、国家税务总局党校，河北、广西等30多家国税局、地税局调研和工作交流。在全省地税系统绩效管理工作"一市一县推经验"现场观摩评选活动中，该局被评为"绩效管理先进单位"。

（魏振金）

完善绩效管理机制　市地税局积极贯彻落实国家税务总局、省地税局绩效管理工作要求，结合实际开展2016年度全系统绩效体系优化工作，修订组织绩效管理办法，制定2016年基层单位绩效考评规则、B1级考评指标和加减分项目，机关处室绩效考评规则、B2级考评指标和加减分项目。开展干部绩效管理工作问卷调查，强化绩效管理培训，突出"督考合一"，将督导结果纳入绩效考评，注重过程管理和分析，健全沟通常态化机制，加强绩效文化理论研究，重视绩效交流宣传，完善绩效工作台账。

（魏振金）

综合调研工作　开展课题研究。加强与省地税局综合处沟通联系，主动承接省地税局点题课题研究工作，围绕"营改增"、国地税合作、税收法规政策、地方税源分析等情况进行深入调研，自主研究税收中心工作相关课题。聚焦热点研究。针对改革发展、创新发展、统筹发展的各项热点工作，坚持快介入、快调研。整合调研资源。加强与调研职能部门的交流配合，做好与税收学会、国际税收研究会的课题资源整合，及时共享课题研究成果。全年向省地税局报送《决策参考》《治税参考》稿件共计13篇，其中《苏、沪两地律师行业税收管理及行业发展比较分析》和《"营改增"后地税系统优化资源配置的对策建议》《非货币性资产投资个人所得税征管问题及建议》《地税系统年轻干部队伍状况调查及培养建议》等6篇被《决策参考》刊用，有4篇被省地税局主要领导批示。

（张　洁）

编制"十三五"规划　根据国家税务总局、省地税局"十三五"规划及有关编制要求，结合市地税局实际情况，市地税局以聚力"税制改革、征管改革"两大改革，持续深入推进"三大工程"建设，以依法治税为准绳，以大数据治税为依托，做大总量与提高质效并重，改革创新与科学发展同行，倾情带队与安全履职齐抓，主动适应发展新常态为指导思想，以落实省地税局"1+5"税收治理目标，巩固税收征管改革、社会治理创新、税务文化建设"三大工程"的建设成果，率先实现税收现代化，各项工作走在全省、全国同等城市地税系统前列为总体目标，形成了"1+4"规划纲要和专项规划，规划纲要包括发展基础、发展环境、发展思路、发展任务、保障措施五个部分，总领未来五年地税全面工作；专项规划从法治、征管、纳服、带队四个方面分门别类地提出了工作目标和任务举措，保证纲要有对应、能落地。在规划编写过程中，先后组织三轮修改，开展五轮意见征集，最终正式行文下发。为确保规划有效落实，该局广泛开展有关宣传，编印规划手册，在全系统范围内发放，同时加强规划执行监督，推动规划与日常工作的对接，确保规划自上而下落实到位。

（张　洁）

出版《南京地税税务文化研究与探索》专著　结合南京地税工作实际，围绕文化发展脉络，精心组织文化理论研究专著的出版工作。在多次与出版社沟通协调的基础上，按照书籍出版制式规定，组织部门骨干力量，从框架结构、章节篇幅等相关内容对专著进行校对修改，先后集中校稿工作2次，累计梳理修改建议191条，并及时向出版社沟通反馈。5月末，《南京地税税务文化研究与探索》在北京人民出版社正式印刷出版，专著共8章28节，24万字，系统总结了南京地税文化的发展历程，进一步确立了南京地税文化的战略地位，科学规划出南京地税文化未来发展蓝图。

（张　崴）

税务文化学习交流活动　2016年，市地税局组织税务文化学习交流活动14次。3月21日、4月18日、6月23日、11月4日，配合国家税务总局党校，组织处级领导职务人员任职培训班及税务文化建设实务高级研修班现场教学活动，接待研修班共8期累计500余名学员，通过参观税收博物馆、组织文化培训、开展文化交流等多种形式，引导学员了解南京地税文化发展脉络，感受南京地税文化建设氛围，提升现场教学活动针对性和有效性，现场文化教学活动得到了国家税务总局党校领导、教授和参训学员的一致好评。3月10日、5月16日、7月15日、8月29日、10月25日、10月27日、11月24日，先后接待安徽宿州市国税局、湖南娄底市国税局、河南安阳市国税局、广东广州市地税局、内蒙古乌兰察布市国税局、江苏扬州市国税局、辽宁锦州市地税局等7批次工作组到该局开展文化交流学习活动，通过实地参观、座谈交流等形式，介绍南京地税文化建设发展历程，同时学习兄弟单位在文化建设方面的好的经验做法。

（张　崴）

干部培训

概　述　2016年，干部培训工作围绕全局年度工作部署，服务中心工作，着力创新求变，锐意开拓进取，圆满完成了各项工作任务，全年实现培训总规模113批，27938人/天。

一是创新优化培训工作。做好培训策划，开展培训需求调研，完善制式培训体系，在课程编排上，更加突出岗位特色，贴近工作实务。加强对外宣传，内外部培训两翼推进，首次达到数量相当。开展第六届系统聘任教师选聘，充实师资力量，优化教研组设置。加强课程库、教材和实训基地建设；扩大税务MBA项目招生范围，精心组织税务MBA培养。加强税务MBA教学科研，多篇案例入选中国管理案例共享中心案例库和“全国百篇优秀管理案例”。编辑印发《税务MBA学刊》，为税务MBA学员搭建交流与展示平台。

二是加大培训管理力度。将《学员管理规定》贯穿学员管理全过程，培训秩序规范向好。制定《培训项目管理规定》，梳理细节、规范流程。通过汇总意见、填写意见表、微信平台打分和教学评估表等方式，做好培训效果评估，加强与学员的沟通和反馈，督促教师做好教学改进；组织开班前拓展训练，帮助学员快速进入培训状态。在学员中开展征文、摄影活动，活跃班级课外活动。完成2016年网络教育平台题库建设和上传工作，累计上线11大类70小类，2.2万道题目。

三是提高后勤保障水平。建立厨房、安保等重点部门“蹲点”机制，全方位跟进、监管和指导物业工作。针对外接班学员的学习、生活习惯，实施个性化管理。积极开拓市场，努力为基层、驻地政府服务，打响服务品牌；对中央空调进行改造，加装隔热玻璃窗，大幅缩减物业和弱电托管公司保障人员，节能减排成效明显；积极做好资产清查工作。规范物业各岗位应急预案，清点补充抢险物资储备。维修加固围墙、道路，调整优化园内绿色植物，加强排污管道疏通治理，美化校园环境。

四是着力提升工作效能。深入开展“两学一做”学习教育，组织“党员话党性，拓展当先锋”主题党日和“新时期共产党员思想行为规范”大讨论活动。调整优化教辅人员工资结构，加强和规范教辅人员的管理；开展“智慧校园”建设，开通“南京税校”微信公众号，在全校区域部署WIFI无线网络；制定《培训项目管理规定》《干部培训学校上下班管理规定》，开展党风廉政建设专项治理，强化日常费用及重大财务支出的审核监督，开展“营改增”专题培训，积极开展信息宣传和论文撰写工作，落实事业单位年度报告公示等常规性工作，确保学校有序运营。　（冯　骅）

“两学一做”学习教育活动 组织专题党课开展动员部署，学习系统“两学一做”学习教育实施方案，制定培训学校任务清单。开展“加强理论武装，增强四个意识”专题党课，廉政教育专题学习会和“党员话党性，拓展当先锋”主题党日活动，对照“四讲四有”合格党员标准，开展“党员话党性”大讨论，全体党员干部结合思想现状和工作实际开展讨论，对照党章谈感悟、立岗位、比规矩、找不足，进一步提升了党性修养和宗旨意识，明确了努力方向和目标，形成积极向上的组织氛围。

（冯　骅）

智慧校园建设 贯彻落实“互联网+税务”建设和大数据治税要求，探索移动互联网时代的管理变革，开展“智慧校园”建设。开通“南京税校”微信公众号，打造学校门户平台，通过集成展示、教研、服务、调查等功能，实现与学员的线上互动，为各类用户提供统一的信息服务平台。制定《微信公众号建设维护方案》，明确分工职责，确保微信公众号建设维护工作的规范性。通过向南京电信租赁无线“AP”数据发射点的方式，在全校区域部署WIFI无线宽带网络，完善学校无线网络功能，拓展教学服务保障，为“智慧校园”建设提供网络支撑。（冯　骅）

制定《培训项目管理规定》 以项目的形式，从教务管理、班级管理、服务管理、财务管理等模块，对各类培训实施全方位服务和全过程管理。由教学教务部项目责任人、学员工作部班主任及后勤部客服管家组成项目团队，共同做好项目教学和服务保障。根据培训班过程梳理细节、规范流程，理顺办班程序与部门职责，明确岗位工作要点和服务标准，探索项目责任制，实现项目闭环管理。要求全校各部门加强对培训项目的统筹和协作，把握成人教育规律，强化服务意识和责任意识，履行岗位职责，提高项目管理效率和服务水平。

（冯　骅）

教材开发 加强教材建设。选派师资参与国家税务总局教育培训系列教材编写，《房地产税务管理实务》和《企业会计税务版习题集》顺利出版发行。组建课件开发团队，经过基层调研、评议选取课程主题、制作修改审核脚本、录音美工制作、合成形成课件等阶段，完成国家税务总局《企业所得税汇算清缴实务》25篇微课程开发。在课件设计制作全过程中，注重构建微课知识体系，创设问题情境，关注知识盲区和改革热点，关注“营改增”改革动向，25篇微课有5篇被评为精品课程，20篇被评为优品课程。积极参加国家税务总局教材处组织的各类开发研讨班，现场制作、汇报演示的微课程受到国家税务总局领导和与会专家的好评。（高　月）

选拔聘任教师 根据《干部教育培训工作条例》和《江苏省南京地方税务局聘任教师管理办法》规定，开展第六届系统聘任教师选聘，进一步充实师资力量，续聘系统聘任教师25名，新聘系统聘任教师20名。围绕教学需要，优化10个教研组设置，发挥聘任教师在教学、科研中的主力军作用。邀请南师大教科院成人教育专家系统开展教育心理、教学设计与备课、教学流程与课堂管理等专题培训，提高聘任教师教学技能。（冯　骅）

税务MBA中心建设 调整优化中心理事会和领导成员，扩大税务MBA项目招生范围，同时在校学员113人（南京地税系统79人），占系统硕士学历人员的37%，干部总数的4%，为南京地税事业可持续发展储备高端专业人才。精心组织第二届专业学位课程授课、第三届基础学位课程授课。第一届税务MBA的22名学员顺利完成学业，获得学位证书，6名学员被授予“优秀毕业研究生”称号。

（冯　骅）

税务MBA教科研工作 加强税务MBA教学科研，第二届税务MBA学员开发的4篇案例入选中国管理案例共享中心案例库，入选率100%，其中3篇入选“全国百篇优秀管理案例”，“百优案例”入选数量列今年省内高校第一，全国第五。面向税务MBA学员和系统聘任教师征稿，编辑印发《税务MBA学刊》2期，推进税务MBA文化建设，营造浓郁学术氛围。省教委挂牌“江苏省研究生工作站”，推进政产学研合作，提升税务MBA研究教学工作服务地方税务工作的能力和水平。

（冯　骅）

廉政建设

概　述　2016年，市地税局紧紧围绕党风廉政建设新形势和新要求，以落实"两个责任"为引领，围绕执纪监督问责这个核心，着力在强化执纪氛围，注重机制创新，突出专项整治，加大信访查办和敢于问责追究上加强工作，为南京地税事业科学发展提供了有力的工作保障。

全面压实"两个责任"。完善责任机制，出台《"两个责任"追究办法》和《"两个责任"检查考核办法》，细化责任追究的范围、情形和方式，突出对责任落实成效的考察衡量，以考核、问责倒逼责任落地。增强制度纪律约束，制定、完善党风廉政建设相关制度6个，细化责任管理，固化责任体系，推动"两个责任"层层传导。强化责任落实，开展党风廉政和落实"两个责任"情况的分析检查，健全完善党风廉政建设情况分析、工作会商、述职述廉、责任传导、纪检监察监督与税收工作深度融合等责任落实机制，形成责任落实"全覆盖"的工作格局。

强化全员全过程监督。突出监督与税收工作的有机融合，分层级对机关处室、基层科所"一把手"实施廉政谈话，严格干部考核、任用廉的评价，强化个人重大事项报告和婚丧喜庆事项报告管理。构建立体式常态化监督机制，对外选聘外部监督员，探索运行廉政行风二维码评价、监督、举报平台，对内深化执法监察、执法督察、经济责任审计、绩效考核、班子考核和党风廉政责任制考核等监管手段的整体联动，有效提升监管效能。深入开展专项治理，组织基层党风廉政建设专项治理，开展违规吃请和公款吃喝专项整治，切实严明纪律规定。

构建"大预防"工作格局。深化廉政风险防范，探索廉政风险事前评估防范机制，推进"三险同防"向科所延伸。大力推进岗位廉政教育，在全年26期脱产轮训班中全部开设制式廉政课程，受训人员1700余人。依托"廉政大讲堂"教育平台，拓展廉政教育资源，丰富教育内涵。深入开展廉政文化创建和微系列文化作品创作，2个单位被评为"市级机关廉政文化建设示范点"。开展"党纪条规学习教育月"，开展选树"勤廉双优"典型活动，评选18名勤廉典型，在全系统深入组织学习宣传。

持续推进执纪查办。加大信访组织力度，集中优势办案资源，探索实施联合办案、提级办案。强化信访办理责任制，落实信访办理责任制、"一案双报告"和重要案情报告制度，积极推进信访办理规范化。开展"四风"问题专项整改，认真开展自主查纠和整改落实。强化执纪问责力度，对2人给予纪律处分，17人实施组织处理和诫勉谈话。对2个发生违反中央"八项规定"问题的单位，除对单位主要领导和分管领导进行处理外，还首次对分管纪检监察工作的领导给予了问责追究。对年内查实问题作出2次专题通报，剖析问题原因，加强警示教育。　　（李　欣）

"党纪条规学习教育月"活动　以《中国共产党廉洁自律准则》《中国共产党纪律处分条例》等党规党纪为主要内容，在全系统广泛组织党纪条规学习教育月活动。通过讲授专题党课、干部座谈讨论、专家专题讲座、编发简报墙报、对照检查等形式推进学习教育，市地税局党组开展中心组专题学习2次，市地税局机关2次组织全体干部观看警示教育专题片，全系统组织学习效果集中测试22次，制作微信二维码学习专题21期，制作廉政教育PPT、微视频、情景短剧36部、编发微信学习杂志1期，进一步提升干部的纪律规矩意识，切实强化遵章守纪的行为自觉。　　（朱淮民）

选树"勤廉双优"先进典型　在全系统广泛开展"勤廉双优"先进典型人物选树、宣传活动，积极挖掘整理各岗位、各年龄层次典型干部的勤廉先进事迹，通过层层申报评选、专题事迹展示、内网投票选拔等环节，最终推选稽查局陈虎等18名同志为系统"勤廉双优"先进典型人物。市地税局在"清风税廉"廉政内网开辟"勤廉双优"典型先进事迹专栏，编印《南京地税"勤廉双优"典型先进事迹选编》，各单位通过微信、RTX、办公内网等多种渠道广泛宣传勤廉事迹，形成人人学先进、赞先进、做先进的良好氛围。　　（朱淮民）

评选"优秀廉政文化作品"　开展廉政文化创建和微系列文化作品创作活动，各单位以群众广泛参与为目标，自编、自导、自演干部喜闻乐见的廉政文化作品，创作微电影、微视频、沙画、书法、动漫、微信课件100余部，集中展现了广大税务干部公正执法、廉洁从税的勤廉形象，扩大了“清风税廉”廉政文化品牌的影响力。经各局自荐、处室打分、专家推荐，共评选表彰优秀廉政文化作品11个，并在廉政内网开辟专题栏目进行宣传展示，积极弘扬廉洁从税的正能量。（朱淮民）

制定“两个责任”考核办法 市地税局党组制定《落实党风廉政建设“两个责任”检查考核办法（试行）》（简称《办法》），《办法》明确党风廉政建设8大类33项检查考核评分指标，对各基层单位落实“两个责任”情况实施百分制考核。检查考核工作设置自查评分、市地税局检查、全面核实等工作环节，客观全面反映各单位“两个责任”落实的整体情况，对考核中发现的相关问题，及时通报被查单位，制定整改措施，明确整改时限等工作要求。检查考核结果纳入年度绩效考核体系，作为评先评优和责任追究的重要依据。《办法》突出对“两个责任”落实成效的考察衡量，强化考核结果的综合运用，形成以考核问责倒逼责任落实的工作态势。（李　欣）

探索“科所三险同防”工作机制 完善廉政风险、执法风险、税收风险“三险同防”工作平台，定期召开联席会议、按季发布风险提示。在此基础上，以创新项目方式，突出基层科所这一重点，探索推进以市地税局、区地税局和科所在风险推送和应对管理有效衔接为目标的“科所三险同防”机制建设。建邺局、雨花局、秦淮局、溧水局和稽查局等创新试点单位针对实际，坚持把风险预防同税收业务工作同部署、同实施、同检查，制定“科所三险同防工作方案”，基层科所定期对工作中出现的风险点进行归集梳理、分析研讨，通过自行识别、交换识别和科室再识别，细化明确各类型风险的防范工作方式、预防举措和责任要求，发挥基层科所的风险防范主体作用，畅通风险管理路径，推动廉政风险“嵌入式”管理。该项目在2016年度系统创新项目评选中获二等奖。（李　欣）

执法监察 围绕税收执法中可能存在的违法违纪、失职渎职行为，组织市地税局、区地税局两级联动实施执法监察，通过分局对照自查、市地税局集中检查、重点跟踪督查等方式，对54个执法项目、1118份业务卷宗开展监督检查，对4户纳税企业延伸实施“一案双查”。各级通过深入实施执法监察，共查找税收政策执行不到位、违反廉政规定等疑点问题233条，对112人次给予绩效考核扣分，提出整改意见168条，监察建议53项，建章立制15，进一步堵塞了管理漏洞，消除了风险隐患。（金　泓）

机关处室廉政约谈 为全面压实“两个责任”，强化从严从紧的工作态势，市地税局党组纪检组牵头约谈机关处室、事业单位等17个部门的“一把手”。在听取各部门推进党风廉政“一岗双责”履行、廉政风险问题隐患和防控措施、经费管理使用等情况，以及落实廉政责任和任务的主要思路的基础上，市地税局纪检组长刘军辉代表党组对各部门“一把手”履行主体责任，落实廉政工作举措、加强机关党风廉政建设等提出了明确要求，进一步把党风廉政建设的压力传导到机关各部门和条线工作中去。基层单位“一把手”也同步开展了科所主要负责人廉政谈话，明确党风廉政建设形势任务和工作要求，形成狠抓党风廉政工作的强大合力。（金　泓）

“四风”问题专项整改 围绕正风肃纪和落实中央“八项规定”要求，深入开展“四风”问题自查自纠，聚焦购买商业预付卡、不当不实劳务发票和不当接待等突出问题，在市地税局职能处室认真梳理情况、推送疑似数据的基础上，全系统采取提出问题清单、整改清单、签字背书，党组逐一约谈基层单位主要负责人等方式，自上而下开展对照检查和纠错整改，自查整改11个方面的各类问题101个。对存在的问题，运用监督执纪“四种形态”进行处理，全系统共对25人给予批评教育、责令作出书面检查、通报批评的组织处理，10人通过专题民主生活会开展批评与自我批评。通过对问题隐患的有效处理，进一步消除了工作短板，形成了监督管理的工作闭环。（金　泓）

基层党风廉政建设专项治理 为认真贯彻中央“全面从严治党要向基层延伸”的要求，扎实推进基层一线党风廉政建设，9月，市地税局专门下发文件，开展了基层党风廉政建设专项治理工作。主要分为学习动员、对照检查、查纠整改、总结提高四个阶段进行，聚焦基层一线，坚持问题导向，重点围绕为税不廉行为、执法不公问题、侵害群众利益现象和违反中央“八项规定”精神情况等四大类15项问题开展查纠工作。各单位运用开门纳谏、对照检查和内部排查等方式，以纠正侵害群众利益的不正之风和腐败问题为重点，认真听取服务对象的意见建议，分析排查存在的突出问题和薄弱环节，开展了风险预警和防范，通过教育提醒、自查自纠、交叉互查、整改落实等活动，切实解决了一批突出问题，健全了一批制度规范，堵塞了一批滋生不正之风的漏洞，推进了从严治党向基层延伸，提升了基层党风廉政建设水平。（金　泓）

党风廉政建设外部监督员选聘　为深入推进系统党风廉政建设，提高外部监督的有效性，由市纪委等部门推荐，经市地税局研究决定，聘请陶佩芬等10人为系统新一届党风廉政建设外部监督员。市地税局进一步优化外部监督员工作机制，充分保障监督员行使工作职责，通过不定期组织外部监督员开展明察暗访、召开监督座谈会等方式，及时听取监督员对强化地税党风廉政建设的意见建议，逐条逐项抓好问题苗头的整改落实，进一步整合外部监督资源，畅通外部监督渠道。（欧阳颖）

制定《税务纪检信访办理程序及要求》　推进信访办理规范化，制定《税务纪检信访办理程序及要求》，对所有信访件统一办理流程，细化规范信访办理的环节、程序和工作要求，为各级信访办理提供工作指导。市地税局全年受理信访件36件。其中，省地税局交办10件，本级直接核查16件，向下级交办查报结果14件，全部按流程规范办结。信访工作在省地税局年度纪检培训班上作专题交流。（欧阳颖）

落实执纪问责　认真践行监督执纪“四种形态”，加大对违纪违规问题的组织处理力度。强化查实问题的问责追究，全年给予2人纪律处分，对17人实施组织处理和诫勉谈话。对发生违反中央“八项规定”问题的2个单位，除给予单位主要领导和分管财务的领导进行问责外，还首次对分管纪检监察工作的领导给予了问责追究。对年内查实问题作出2次专题通报，剖析问题原因，加强警示教育，明确工作要求，较好发挥预防警示作用。（欧阳颖）

执法督察内审

概　述　2016年，市地税局紧扣“强化监督、促进管理、防范风险、服务大局”的职能定位，认真履行督察内审职责，扎实开展税收执法督察、内部审计、执法责任制、风险应对质量检查等方面工作，成效明显，在推进地税事业发展中较好发挥了督察内审作用。

一是完善督察内审工作制度体系。根据税收征管改革和督察内审管理需要，逐步建立类别齐全、重点突出、务实管用的督察内审工作制度体系。畅通两级督审沟通渠道，通过分片区召开座谈会、定期报送工作总结等形式及时收集基层服务需求，对相关问题及时反馈响应；完善督审工作质量评价体系，编制《督察内审工作评价一览表》，细化绩效考核分档考评指标要求，客观有效评价各单位督察内审工作开展情况；强化信息报送和典型宣传，下发《关于做好督察内审工作信息报送的通知》，建立信息定期报送机制，编发《南京地方税务简报》督审专刊，择优转报外部门和上级机关。

二是发挥督审职能作用，服务地税工作全局。深入开展税收执法督察、内部审计和风险应对质量检查等工作，严格落实各项税收政策，有效防止了损害纳税人合法权益的行为发生，保障了税收任务的圆满完成。2016年，全系统共开展督察项目14个，查补税款及滞纳金560万元，退还多缴税款8.8万元；共开展中等风险应对任务418户，高等风险应对任务35户，补缴税款63.46万元，加收滞纳金19.97万元；完成各类常规审计和专项审计项目共7个，发现问题33个，提出管理性建议6条；配合完成各类信访、专案督察和外部门审计合计1个，涉及税款1.28亿元。（李　政）

税收执法督察 加强工作统筹规划，初步形成了以“跨区域、树标杆、常态化”为主要特点的税收执法督察新模式。一是科学确定督察重点。根据国家税务总局和省地税局工作要求，关注上级部门重大决策部署的贯彻落实，共选取14个项目作为年度执法督察重点。二是创新督察方式方法。探索分条线、分板块开展执法督察工作，把18家基层局分为五个片区，全市共成立了17个督察组集中办公，在各局自查基础上，组织人员封闭推磨式开展板块内互查，累计查补入库税款560万元，加收滞纳金55.9万元，退税8.8万元；三是深化督察结果运用。组织各局编写执法督察案例，开展案例评选，其中鼓楼局风险应对质量检查案例《聚焦小税种 防范新风险》获省地税局优秀案例评比二等奖。四是做好省地税局执法督察迎查工作。积极参与省地税局执法督察，对省地税局执法督察组推送的1241条疑点数据和21份工作底稿，征求业务处室管理意见，下发相关局限期核实逐条进行反馈。同时，抽调9人组成税收执法督察组，累计向镇江地税局推送需核实的疑点数据496条，电话回访纳税人5户，延伸督察企业10户，制定工作底稿81份。（徐 笑）

执法风险应对质量检查 一是组织常态化检查。优化检查选案环节，结合疑点指标权重、评估入库绩效等合理确定检查对象。按照中等、高等风险各2%的检查面要求分解工作目标，着力构建内容统筹、运转协调的市区两级检查模式。全年市地税系统共完成中等风险应对质量检查418户，检查面3.58%，高等风险应对质量检查35户，检查面6.08%，补缴税款63.46万元，滞纳金19.97万元。二是组织专项复查。合理确定复查重点，将评定贡献率较低，疑点数量较多，原质量检查结论为“无异议”的纳税人作为复查重点；注重发挥团队效能，从市地税局、各局督审科和风险应对所抽调人员组成复查小组，通过交叉互查的方式有效调配人力资源；按被查单位发布报告，对整改情况逐户跟踪到位，推进工作的完整闭合，实现一次检查，双向风控，考核整改，反馈预防；与相关处室联合下文明确工作要求，对案头审核等关键节点强化跟踪，从制度层面加强控制，减少执法风险发生。（王一骁）

内控机制建设 落实内控机制建设工作，完善机制信息化、源头防控的工作要求。一是强化权力制约制度保障。全程参与南京地税“金税三期”业务规程编写，综合基层实践经验和各处室意见反复修订完善，把权力制约的要求落实到所有岗位和业务流程，实现了风险防控的内嵌式管理。二是构建税收风险、执法风险、廉政风险同步预防工作体系。汇总各类监督、检查中发现的问题，按季发布风险同防提示，动态校正防控措施。定期召开内控联席会议，联合各部门制定预防措施，强化了部门间信息互通和协调配合。三是强化领导机制建设。在市、区两级分别成立领导小组，统筹研究、部署和推进内控工作，明晰各责任主体的责任内容，有效强化内控机制整体推进的组织领导和工作机制。（宋 珏）

税收执法责任制建设 一是探索建立个人执法责任档案。通过个人执法责任档案记录全部过错情况，对于屡查屡犯执法错误，从重追究，真正发挥执法过错责任追究作用，促进执法质量和水平的提高。二是加大税收执法问责力度。通过各层级、各类型的税收执法督察，开展全系统执法责任制考核，完善过错信息传递，对外部评议及各业务部门日常管理中发现的问题，严格进行责任追究。三是探索执法责任追究与绩效考核的有机结合。对执法责任制的经济惩戒在绩效考核中予以体现，全年系统共追究干部执法过错399人次。（董 静）

内部审计 一是优化审计组织方式。2016年，突破部门岗位设置，集中处室力量同步开展审计项目，通过分组进行、以老带新，开展3家单位的离任经济责任审计工作；二是突出审计规范化建设。在总结以往工作经验做法的基础上，结合国家税务总局、省地税局以及市审计局对于内部审计工作新要求，编写经济责任审计和内部财务审计两个操作规程，规范内审相关制度和流程，为工作开展提供指南，促进内部审计工作的科学化规范化，提高内审质量和效率。全年共完成5个任期经济责任审计项目，发现问题28个，被采纳审计意见建议26条；开展政府采购专项审计，发现问题5个，向相关管理部门提出审计意见建议6条；

配合系统内相关部门实施专案审计2个,配合完成系统9家单位2015年度工会经费专项审计。

(陈菊芳)

建立税收执法风险监控指标库 通过梳理执法督察、风险应对质量检查、专项审计中的各类执法风险,结合实际督察中疑点数据提取的经验和方法,编写税收执法风险监控指标20个,先期向市地税局电税中心及软件公司推送适合开发的指标10个,在正式环境中上线指标7个,成为执法风险防控的有效工具。该项目获2016年度系统优秀创新项目评选二等奖,《对构建信息化执法督察的思考》一文获中国税务学会论文评选一等奖。(何旭芳)

南京地方税务局2015年光荣榜

(2016年通报表彰)

一、2015年度江苏省南京地方税务局标兵科所

(一)标兵科

稽查局案件审理科

建邺局办公室

征收局税收宣传科

高淳局税政法规科

六合局人事监察科

秦淮局办公室

稽查二分局业务管理科

雨花台局征管和科技发展科

高新局税政法规科

稽查三分局案件审理科

(二)标兵所

稽查一分局检查执行一科

征收局第四税务所(建邺局)

征收局第五税务所(鼓楼局)

征收局第八税务所(契税所)

江宁局征收税务分局

化工园局第一税务所

溧水局征收税务分局

栖霞局第二税务所

浦口局第三税务分局

玄武局第五税务所

二、2015年度江苏省南京地方税务局"地税标兵"(按姓氏笔画排序)

丁　伟　王　冬　刘德坤　朱　丽
张显美　陈潇潇　陈　虎　徐维荣
戚宁炫　翟　景

三、2015年度江苏省南京地方税务局"系统先进个人"

宋　昕　张　黎　张海霞　尹治鹏
陈　光　韩粉英　谷燕舟　叶　峥
徐　敏　殷建宁　史忠民　苏爱军
傅红华　马德斯　张红兵　许超群
韩晶晶　卜庄海　黄　清　焦文渊
商　进　王霄霄　李　阳　马婷怡
夏宏娟　胡　俊　郑拥军　孟洁洁
邓志宁　骆光军　阎长峰　史新浩
瞿建峰　苏妍红　沈忠斌　胡　红
张文娟　傅　斌　吴明芝　邹玉宝
徐　志　王　强　王　琼　钱　敏
龚维健　周　棣　李　君　黄宝琴
方久军　方洪奇　孙　琳　杨剑龙
吕志浩　朱代全

四、南京市先进模范

南京市五一劳动奖章:李　阳

南京市技术能手:李　阳　孙　慧　秦　鑫

南京市五一创新能手:

李　阳　孙　慧　秦　鑫　马君宇
丁　君　王进军

南京市2015年度机关作风建设标兵处室:

综合处

(许　鑫)

【责任编辑　付宪国】

党建及群团工作

党建工作

概　述　2016年，市地税局围绕“五型机关”（学习型、服务型、责任型、创新型、勤廉型）建设和“服务零距离 满意在地税”作风品牌建设，按照纳税服务规范化、内控机制信息化、绩效改进持续化、监督检查常态化要求，制定推动全面从严治党迈上新台阶实施意见，重点抓好“党建+机制、党建+品牌、党建+能力、党建+服务、党建+创优、党建+群团”等方面工作，发挥“党建+”整体效应，推进机关作风建设，使机关党建工作科学化、规范化水平实现新提升。

开展“两学一做”（“学党章党规、学系列讲话，做合格党员”）学习教育，市地税局党组成员带头讲党课，机关处室和基层单位利用腾讯通和微信搭建交流平台，做好“三专题、一评议、四突出”（围绕专题学习讨论、讲好支部专题党课、召开专题组织生活会；开展民主评议党员；突出争先创优、突出家风建设、突出领导带头、突出制度保证）关键动作，推进亮身份、树形象“三比三争”（比党性争先进、比作为争贡献、比业绩争一流）活动。开展“领导干部立家规 共产党员正家风”及“微型党课”活动，凝聚思想共识，明确目标方向。加强党风廉政建设，压实“两个责任”（党委负主体责任，纪委负监督责任），运用好监督执纪“四种形态”（第一种：党内关系要正常化，批评和自我批评要经常开展，让咬耳扯袖、红脸出汗成为常态。第二种：党纪轻处分和组织处理要成为大多数。第三种：对严重违纪的重处分、作出重大职务调整应当是少数。第四种：而严重违纪涉嫌违法立案审查的只能是极少数），持续开展反“四风”回头看查纠工作。市地税局获全市争创无职务犯罪单位优秀组织奖。

挖掘和培育先进典型，用身边人和身边事来教育、引导和激励干部。开展“公务员职业道德示范岗”创建，以及“建五型机关 做五好干部”先进典型宣传活动，推荐6名干部参加“南京好人”评选。鼓楼局制作“恪尽职守、爱岗敬业”作风建设先进典型微视频。溧水局编印《溧税印象》队伍建设专刊。浦口局制作部门展板，打造文化长廊，举办“我推荐身边的感动”主题活动。加大先进典型宣传推广力度，凝聚和弘扬正能量。全年在地税网站、微信平台等途径宣传先进典型18名。综合处获市委市政府颁发的作风建设“标兵处室”称号，电税中心获全市作风建设“先进处室”称号。

增强管党治党责任意识和“抓好党建是最大政绩”理念，发挥党建工作指导小组和党员教育联席会议制度作用，履行第一责任人职责，层层落实责任，增强机关各党（总）支部、党组织书记抓党建的主体责任意识。发挥机关党委“协助、推进、教育、监督、引领”责任和党支部“落实、统筹、教育、监督、管理”责任，层层压实责任，加强党建机制落实。开展机关作风专项整治工作，对外部作风监督员明查暗访和综合评议中评议人反馈的信息，逐条提出整改意见和整改措施，做到件件有落实。抽调人员进行集中性明查暗访，检查税容风纪、办公环境、劳动纪律等各项制度落实情况，持续推进作风建设。

贴近市委、市政府重大决策，出台《落实市委市政府供给侧结构性改革重要任务工作分解表》，用好用足税收优惠政策，主动服务供给侧改革。具体实施过程中，加大税收宣传力度，细化落实优惠政策，并研究开发相关软件，提高减免税申报效率，同时，加强优惠政策落实内部督察，实现应免尽免，全年累计减免税费75亿元。

建设电子税务局，开发掌上办税平台，利用支付宝缴税平台完成年所得12万元以上个人所得税申报缴税工作，与“我的南京”平台合作提供个人所得税查询服务等，打造普惠税务、智慧税务，依托信息技术手段实现多元化服务。创新税收宣传途径和方式，征收局加快智能平台运用，利用微信公众号和APP推送涉税信息，探索在线网络直播等税法宣传新捷径。栖霞局组织开展“众创空间·税收创咖啡”税法主题漫谈会、大学生税收模拟法庭等形式的税收宣传工作。“地税直通车”品牌创建工作在全市作风建设“双创”（创新工作标准，创建工作品牌）大会上做交流。

制定10类29项为基层、为纳税人办实事计划，并加强过程跟踪问效，把实事办实。开展党员干部下基层“四解四促”（了解社情民意、破解发展难题、化解社会矛盾、力解机制束缚，促进干群关系融洽、促进基层发展稳定、促进机关作风转变、促进机关执行力提升）和“三个服务”（更大力度地为改善人民生活服务、为科技教育发展服务、为党政军领导机关工作服务）工作，市地税局领导共走访36个企业、基层社区和基层站所，收集问题41个，并提出针对性解决措施。与六合区马鞍街道218户贫困农户结对帮扶，实施精准扶贫。（杨沉壁）

开展“两学一做”学习教育　2016年，市地税局制定关于“两学一做”学习安排具体方案，以及关于在全市地税系统党员中开展“学党章党规、学系列讲话，做合格党员”学习教育的实施方案等，及时将党章、党规、习近平总书记“七一”讲话和系列重要讲话等学习内容印发给每名党员干部，扎实开展“两学一做”学习教育。市地税局机关及直属各党（总）支部也制定了本党（总）支部的学习方案。市地税局党组成员带头制定个人自学计划，机关处级以上党员领导干部共制定个人学习计划81个，讲党课66人次。同时，落实“三会一课”（支部党员大会、支部委员会、党小组会、党课）制度、“三比三争”、“8+X”（“三会一课”、民主评议党员、组织生活会、统一活动日、发展党员、党员教育培训、党员记实管理、党费收缴和管理）等工作要求和制度，开展“五查摆五解决五强化”（一要查摆信仰信念是否动摇，解决对“举什么旗、走什么路”认识不清、对共产主义缺乏信仰、对中国特色社会主义缺乏信心、精神空虚迷茫、组织或参加封建迷信活动、信仰宗教、推崇西方价值观念等问题，强化政治定力。二要查摆纪律规矩是否松弛，解决看齐意识不强、犯政治上的自由主义、发表和传播同中央决定相违背的言论、当“两面人”、顶风违纪搞“四风”、拉帮结派、搞团团伙伙，在党不言党、不爱党、不护党、不为党，组织纪律散漫、不按规定参加党的组织生活、不按规定交纳党费、不完成党组织分配的任务、不按党的组织原则办事等问题，强化党的意识。三要查摆宗旨意识是否淡薄，解决漠视群众疾苦、为群众办事不上心不主动、在人民群众生命财产安全受到威胁时临危退缩、与民争利、执法不公、吃拿卡要、优亲厚友、假公济私、损害群众利益等问题，强化群众观念。四要查摆精神状态是否懈怠，解决安于现状、精神不振、不作为、不会为、不善为、只求过得去不求过得硬、逃避责任、工作和学习上得过且过、不起先锋模范作用、大是大非面前不敢亮剑、矛盾问题面前不敢迎难而上、危机面前不敢挺身而出、失误面前不敢承担责任、歪风邪气面前不敢坚决斗争等问题，强化担当精神。五要查摆德行表现是否缺失，解决不注意个人品德、讲奉献讲公德讲诚信不够、违反社会公德职业道德家庭美德、价值取向扭曲、情趣低俗、贪图享受、奢侈浪费等问题，强化道德修养）、“七查摆七解决七强化”工作（处级以上党员领导干部在落实“五查摆五解决五强化”要求基础上，还要紧密联系职责要求和工作实际，深入查摆新发展理念是否树立和落实，解决认识、行为、做法不适应、不适合甚至违背新发展理念，把新常态当作避风港、把工作没做好没干好的原因都归结于新常态、为不干事不发展找借口，不落实好省地税局和市地税局党组确定的各项工作任务等问题，强化践行新发展理念的思想行动自觉。深入查摆落实管党治党责任是否不力不严，解决不认真践行好干部标准和“三严三实”要求、党建意识淡漠、党建工作缺失、主体责任和“一岗双责”落实不到位、不落实市委“三强两好”要求、不按“亲、清”原则正确处理政商关系等问题，强化全面从严治党责任），排查问题强化整改，推动“两学一做”学习教育常态化、长效化。（汪成池）

微型党课教育　2016年，市地税局印发《关于实施微型党课内部辅导员制度的意见（试行）》《做好2016年系统微型党课教育学习的实施意见》等文件，首批聘请9名内部辅导员。市级机关工委实地观摩指导微型党课开展工作，省地税局党组党建工作指导小组以党建专辑简报形式报道微型党课活动，6名党员的党课被南京市委宣传部和南京市职工思想政治工作研究会评为“精品课堂”，1人作为“十三五”宣讲名嘴参与全省“我与新发展理念”百姓名嘴风采展示初赛活动。微型党课活动在全市机关党建工作会议上作交流发言。此外，组织开展微型党课品牌征集活动，市地税局机关及18家基层单位共1210名干部职工进行网络投票，参与面达60%，共征集到22个品牌名称，2个LOGO，初步确定“I-WE爱微党课”品牌。全年，共有297名党员走上讲台，摄制视频课件87个，编发40期电子版微党课简报供学习，巡讲系统13家基层单位，听课1112人次，评比表彰系统32个优秀微型党课课件。

（汪成池）

党建创先争优工作　2016年，市地税局机关党委依托“先锋行动”建设载体，推进党建创先争优工作。“先锋行动”品牌被省级机关工委评为创新创优奖，机关党委被表彰为全省创先争优先进基层党组织。在市级机关党组织书记述职暨机关基层服务型党组织建设考核中成绩优秀，予以通报表扬。机关党委被评为全市先进基层党组织，征收局党总支被评为市级机关先进基层党组织。此外，开展“七一”评比表彰工作，共表彰市地税局机关及直属党（总）支部优秀共产党员57名、优秀党务工作者15名、优秀党组织书记9名、先进基层党组织10个。（汪成池）

党建基础工作　2016年，市地税局机关党委规范党建基础工作管理，做好党员发展工作，全年发展4名预备党员、2名预备党员转正，安排1名入党积极分子、5名发展对象、1名新党员参加市级机关工委及党校培训。同时，做好党员年度统计工作，完善市地税局机关及直属24个党（总）支部、524名党员信息。完成党组织关系调动工作，全年调入党员9名，调出党员5名。完成党费收缴工作，根据《关于在“两学一做”学习教育中开展党费收缴工作专项检查的通知》（宁组通〔2016〕50号）开展党费缴纳专项检查，市地税局机关及直属各党（总）支部共补缴2008年至2016年党费154.54万元，返还市地税局机关及直属各党（总）支部离退休党员党费1.29万元。（汪成池）

万名党员干部帮万户　2016年，市地税局机关党委按上级部门要求，开展了两次扶贫帮扶活动。在春节前夕，市地税局机关党委组织部门党员干部，与江宁区横溪街道西岗社区128户低收入农户开展了牵手帮扶行动。下半年，按照南京市委市政府开展“万名党员干部帮万户”“百企挂钩帮百村”结对帮扶活动推进精准扶贫工作意见，落实“工作到村、扶贫到户、责任到人、措施到位”要求，制订帮扶计划，与六合区马鞍街道的218户贫困农户开展帮扶对接工作，实行“定人定责，稳定不变”，把218户帮扶对象落实到具体责任人，不漏一户，不漏一人。（杨沉璧）

机关作风建设综合评议迎评工作　2016年，市地税局机关党委在作风建设综合评议迎评工作中，重点抓好三方面工作：一是组织领导。召开作风建设动员大会，做好动员部署，梳理7大类25项评议重点事项，明确工作重点，理清工作思路。市地税局领导亲自带队，到各基层和直属单位开展调研，强化工作指导，形成作风建设压力传导机制。二是查找问题。开展两次内部明查暗访，并以“三严三实”（既严以修身、严以用权、严以律已，又谋事要实、创业要实、做人要实）为标尺，制订评议“整改清单”，提出45条改进服务的措施和意见，整改规范日常作风。三是沟通交流。以请进来、走出去等形式，加强与作风监督员沟通联系，主动接受监督。此外，走进龙虎网开展视频网络面对面交流互动活动，接受网友评议，收集问题需求，听取群众对税收管理服务工作意见与建议。（杨沉璧）

工会、妇联工作

概　述　2016年，南京地税系统工会、妇联发挥工会、妇联组织的桥梁、纽带和服务、保障作用，参与地税书香机关、活力机关、文化机关建设，提振干部队伍精气神，为实现“十三五”地税事业良好开局服务。

建设“三型工会”（文化型、创新型、服务型）。

制订“阅读税月”主题活动建设书香地税工作的实施意见，成立南京地税全民阅读活动领导小组，以“双十计划”（每天最少读十页，一年最少读十本书）、主题征文、特色读书活动、阅读争创、书香地税书画摄影征评五项内容为载体，坚持“四促”工作法（以示范促进推进，以建设促进争创，以争创促进阅读，以党建促进群建），引导和鼓励干部职工养成良好阅读习惯，主动投身书香地税、书香机关、书香南京建设。“阅读税月”建书香地税作为创新工作被市地税局立项。

开展争创活动。按市级、省级、国家级三个级次，逐项排出重点争创计划，重点对“模范职工小家”“模范职工之家”和“职工书屋示范点”国家、省、市三级争创工作，排出计划，并点对点落实到有关基层局，及时做好争创工作指导与跟踪，建邺局、六合局被评为国家级职工书屋；稽查一分局、鼓楼局、栖霞局、化工园局被评为省级职工书屋；稽查三分局、征收局、高新局、六合局，分别被评为市级职工书屋和优秀阅读组。市地税局获“南京市群众体育工作先进集体”称号。

丰富文体生活。加强“阳光家园”品牌建设，发挥“阳光家园”特色俱乐部作用，举办了系统“阳光杯”乒乓球、羽毛球、三人篮球和游泳比赛。书画俱乐部举办了中国画培训，文学俱乐部开展了阅读交流活动、摄影俱乐部举办了体育摄影讲座等活动。同时，组队参加市级机关工委、市总工会和省地税局等组织举办的各类文体活动。此外，市地税局代表队浦口局组织方队参加了全程4.5公里、以“开启十三五、建设新江北”为主题的南京市第三十四届元旦健身长跑活动。（尹治鹏）

庆“三八”女子体育舞蹈比赛 2016年，南京地税系统妇联以庆祝第106个“三八”国际劳动妇女节为契机，对接南京市第二十一届职工运动会（职工部）暨南京市第十五届工人运动会举办项目，于3月下旬举办系统体育舞蹈比赛，鼓楼局、雨花台局、市地税局机关、稽查局（稽查二分局）4个单位代表队获最佳表演奖，江宁局、征收税务局、玄武局、六合局4个单位代表队获最佳编排奖，溧水局、秦淮局、稽查一分局、建邺局4个单位代表队获最佳效果奖，化工园局、栖霞局、高新局、稽查三分局4个单位代表队获最佳风采奖。（尹治鹏）

参加市级机关工委庆祝建党95周年系列活动 在市委市级机关工委、市文联联合举办的“忆征程、看发展”全市机关庆祝建党95周年书画摄影大赛中，刘勇获绘画类三等奖，黄华获绘画类佳作奖；华森林、黎凡、赵滨获书法类佳作奖，莫增华、张启琴获摄影类佳作奖，市地税局获得优秀组织奖。在全市机关庆祝建党95周年“党旗在机关飘扬、党徽在岗位闪光”征文活动中王启明、周衮获一等奖，市地税局获优秀组织奖。（尹治鹏）

参加市级机关庆祝建党95周年合唱大赛 “七一”前夕，南京地税系统工会挑选弘扬主旋律的优秀合唱曲目《四渡赤水出奇兵》，组队参加市级机关庆祝建党95周年合唱大赛，在全市37个参赛单位的10个大合唱演唱中获得了9.88的最高分，并进入第二阶段决赛。在市工人文化宫参加“机关好声音、颂歌献给党”市级机关庆祝建党95周年合唱大赛决赛中，经专家评委当场打分，南京地税系统工会代表队获“最佳机关好声音”奖。此外，该大合唱歌曲还参加了南京市市级机关“七一”表彰仪式暨庆祝建党95周年文艺汇演。（尹治鹏）

参加市级机关工委第四届运动会 市地税局组队参加南京市市级机关第四届职工运动会，获团体总分第一及突出贡献奖。其中，系统乒乓球代表队获女双第一名，羽毛球代表队获男团第一名、女团第一名、女双第一名，棋牌代表队获男子组第一名、女子组第一名，趣味运动会众星捧月获单项第一名，共获7个项目冠军。由市地税局机关、稽查局、稽查二分局、秦淮局、鼓楼局、六合局组成的太极拳代表队参加了开幕式展演。在南京市市级机关第四届职工运动会上，市地税局代表队共获各类奖项和名次26个。（尹治鹏）

俱乐部活动 2016年，南京地税系统工会以俱乐部为载体，开展文体活动，丰富职工文体生活。乒乓球俱乐部：4月，由雨花台局乒乓球俱乐部承办的第三届“雨花杯”乒乓球比赛在奥体中心乒乓球馆落下帷幕。系统17支代表队、172名运动员，就竞技、趣味两个团体组共八个项目展开角逐。最终，鼓楼局、雨花台局代表获一等奖，高淳局、稽查三分局、栖霞局代表队获二等奖，秦淮局、溧水局、征收局代表队获三等奖。羽毛球俱乐部：6月，由鼓楼局羽毛球俱乐部承办的第四届“阳光杯”羽毛球比赛在奥体中心举行，系统19个代表队和和省地税局代表队共20支队伍、230余名运动员参赛。经过1天半激烈角逐，市地税局机关一队、稽查一、二分局联队获一等奖，江宁局、雨花台局代表队获二等奖，征收局、秦淮局、溧水局代表队获三等奖。游泳俱乐部：8月，由建邺局游泳俱乐部承办的第三届“阳光杯”游泳比赛，在南京军区机关文体活动中心游泳馆举行。比赛设个人单项和集体接力两大类共8个比赛项目，系统16支代表队、64名运动员参加比赛。经过半天时间紧张竞赛，有38人（次）分获7个单项比赛一、二、三等奖，秦淮局、高淳局、市地税局机关、建邺局、江宁局和鼓楼局代表队，分获集体4×50米混合接力前6名。太极拳俱乐部：10月，由稽查局太极拳俱乐部承办的“阳光杯”太极拳比赛在南京市第九中学体育馆举办，系统11支代表队93名选手参加比赛，比赛分集体展演和个人比赛两部分，其中7个代表队进行太极拳、太极剑展示，29名选手参加陈式和杨式太极拳男、女组个人项目比赛，25人次分获一、二、三等奖。棋牌俱乐部：11月，由江宁局棋牌俱乐部承办的第四届“阳光杯”争上游扑克比赛在江宁局信息楼6楼举行。市地税局机关、各基层单位参赛队员、教练员、裁判员共计150余人参加比赛。经各单位选拔出的60对选手分成A、B、C三个小组捉对厮杀。经过全天六轮激烈较量，高淳局选手获一等奖，栖霞局、雨花台局、市地税局、稽查二分局、化工园局、高新局选手获二等奖，雨花台局、溧水局、稽查二分局、江宁局、高淳局、征收局、建邺局、稽查二分局选手获三等奖。（尹治鹏）

“阅读税月”微讲堂活动 2016年，南京地税系统工会以开展“阅读税月”主题活动为载体，围绕“双十计划”“阅读税月”主题征文、“书香地税”特色读书和积极争创等内容，在全市地税系统开展全民阅读活动。在此基础上，组织开展“阅读税月”微讲堂交流分享会，各单位选送的19名干部职工参加了“阅读税月”微讲堂交流分享，分别评出了一、二、三等奖。同时，组织开展了2016年我最喜爱的十本书网络投票活动，推进“书香机关”建设。（尹治鹏）

获全省地税系统男子篮球赛冠军 南京地税系统工会组建代表队参加省地税局举办的全省地税系统男子篮球赛。此赛事由南京地税系统工会筹备，玄武局系统工会篮球俱乐部承办具体事宜。经过19场训练，在8—11月4个月跨度中，经过南北片区、6场激烈角逐比赛，南京地税局代表队先后战胜南通地税局、常州地税局代表队闯入半决赛。11月半决赛中再胜苏州地税局代表队，决赛对阵苏北第一名徐州地税局代表队。经过紧张竞赛，南京地税局代表队以55∶45获胜，最终获得2016年度全省地税系统男子篮球赛冠军。（尹治鹏）

荣誉榜

一、俱乐部工作先进单位

羽毛球俱乐部（承办单位：南京市鼓楼地方税务局工会委员会）

篮球俱乐部（承办单位：南京市玄武地方税务局工会委员会）

文学和阅读俱乐部（承办单位：江苏省南京地方税务局稽查局第三分局工会委员会）

棋牌俱乐部（承办单位：南京市江宁地方税务局工会委员会）

二、工会工作先进集体

江苏省南京地方税务局市局机关工会委员会

南京市六合地方税务局工会委员会

南京市建邺地方税务局工会委员会

江苏省南京地方税务局征收局工会委员会

南京市秦淮地方税务局工会委员会

南京市栖霞地方税务局工会委员会

南京市雨花台地方税务局工会委员会

江苏省南京地方税务局稽查局第二分局工会委员会

三、系统荣誉工会积极分子

柏鹏、郑良、左明、唐跃、蔡建勋、刘军辉、王超、陈奇、钱家俊、王冬明、费明华、姜健、沈勇、马雪玲、谢海航、曾翀、朱延、马玉宁、马学民、王桃之、许晓燕、项明、罗斌、王晓苏、王桂祥、戴世敏、张连静。

四、系统优秀工会干部

张斌、章孙、陆莹、罗柏官、安晋军、薛必龙、全晓、张紧莉、史忠民、张涵、李明明、毛雨婷、梁国林、刘涛、郝永宁、沈旭升、周妍、罗玲、毕云亮、肖鸣、刘德坤、吴明芝、李柄政、周密、徐志、王燕、汪临清、潘小保、朱红华、周平。

五、系统优秀工会积极分子

金泓、丁伟、宋昕、周益、李静静、张崴、许鑫、尹治鹏、陈菊芳、王亮、季华、边燕、杨蔚芳、吴蔚、刘青、董淑艳、戴捷、刘劼、顾婷、顾民、王一晨、王海霖、潘学胜、潘树鸣、张伟、王赟超、王大川、韩银安、刘雅菁、陈涛、巫晓帅、沈义林、张永华、解成龙、徐向民、范佳伟、谢地、夏善康、佘蕊、李帅威、毛晓宇、李云洁、徐雷、赵滨、王佩宏、周建国、刘垚林、金志红、刘云、曾程、王怀民、周旭初、李秋璟、徐浩波、王吉平、陈从义、王蓉、徐毅、王云华、郑岚、翟刚、王健、朱红、沃秀、陈日进、吴巍、谢健平、李琦、黄娅铃、张兴才、邵雷田、朱玉富、王洪锦、张怀江、韩玉萍、李涛、陶向武、陶磊、杨峄、张曦文、杨万俊、周俊、刘苏、钟慧、周进达、戚杰、孙贤明、张轩、邵跃成、王小平、王传正、张浩、胡东、李晓峰、刘林川、王锡琴、黄文慧、王飞、周杰、荆凯、钱志英、王明星、赵长明、赵华华、陈晓娟。

六、系统巾帼文明岗

江苏省南京地方税务局规划财务处

江苏省南京地方税务局稽查局检查管理科

江苏省南京地方税务局稽查局第一分局业务管理科

江苏省南京地方税务局稽查局第二分局检查执行四科

江苏省南京地方税务局稽查局第三分局检查执行三科

江苏省南京地方税务局纳税服务局咨询服务科

南京市玄武地方税务局征收局第二税务所

南京市秦淮地方税务局征收局第三税务所

南京市建邺地方税务局人事监察科

南京市鼓楼地方税务局督查内审科

南京市雨花台地方税务局人事监察科

南京市栖霞地方税务局人事监察科

南京市化学工业园区地方税务局第一税务所

南京市江宁地方税务局税政法规科

南京市浦口地方税务局规划财务科

南京市六合地方税务局征收税务分局

南京市溧水地方税务局征管科技科

南京市高淳地方税务局规划财务科

七、系统巾帼岗位明星

钱爱武、史伟莹、查倩倩、刘楚文、吴添、周懿、金天、曾李炜、马冬冬、任佳、张丽华、余向红、孙菲菲、户丽华、徐越、常炜、王秋影、潘亭洁、芮燕、殷金婵、侯祥萍、黄瑶、谷杉杉、张丽敏、狄洁琼、宋青妹、林桑。

八、系统三八红旗手

章苏红、汪洋、史晶、钮蓉、王慧、韩小玲、朱丽、夏菁、朱凡璐、邹群、戴娜、周玚、吴琦、胡源芳、丁楠、李鉴、汤海燕、邱蔚、戴丁香、周衮、吕璐、邢彦、韩云、何林、郑洁、陈宣好、章艳、程燕鸣。

九、系统文明家庭

汪炼炼、殷非、魏明达、承蕾、石寿明、董小松、吴跃发、纪耀录、冯可兰、张秀斌、卞峥、孙晓文、徐仁才、谭素娟、许超群、邬一鸣、丁晓军、鲁新、严峻、祁寅龙、陈建、薛庆福、尤克、谭永军、李克强、李颖、吕艳、邵龙喜、陈鸣、侯诗松、乔文平、潘国义、邹玉宝、张志、孙猛、娄光辉、高山、阮峻峰、杨益斌、周序忠、赵小明、王树平。

【责任编辑　李洪进】

基层单位工作

稽 查 局

概　述　2016年，稽查局紧紧围绕中心工作，进一步巩固深化稽查管理改革成果，规范稽查行为，强化稽查队伍建设，为全面推进稽查现代化建设夯实基础。全年稽查系列累计检查户数525户，已完成稽查入库收入9.05亿元，查处百万元案件9件（含“查中”入库1件），其中千万元案件4件。

发挥稽查作用。贯彻落实双随机抽查工作，拟定配套制度，启动三批次的双随机案件流程，合计自查入库税款7700万元。开展国家税务总局重点税源随机抽查工作，全市重点税源随机共抽查补税款合计456万元。进行历年积案清理，共清理税户132户，清理入库税款6.8亿元，积案清理率93.6%。严厉打击发票违法犯罪活动，自查涉嫌发票违法企业59户，自查税收税款308万元，查处发票违法户数301户，查出非法发票1165份，查补税款275万元。

提升稽查效能。全面梳理税务稽查工作台账，对现有的台账进行归类、整合、优化及设置，构建起“行政类、人事类、业务类”的分类分级台账。组织开展案头分析，配合双随机户的下达，对纳税企业开展案头分析。做好“金税工程”上线的各项工作。加强国、地税稽查合作，联合开展重点税源企业随机抽查，合力打击发票违法犯罪活动，加强专项稽查工作合作力度。

严格稽查控管。深入贯彻落实《依法行政工作要点分解表》的相关内容，积极做好行政执法和行政司法的衔接，保障行政相对人的救济权。组织了2起案件听证，2起行政案件诉讼，3起案件复议。积极参与市地税局法规处的创新项目，做好高风险应对证据采集，深入推进依法治税。组织执法督察及高风险应对质量检查，对检查发现的问题及时督促整改到位。组织开展市地税局2016年执法督察自查工作，及时堵塞漏洞，防控执法风险。

提高干部素养。强化干部队伍常态管理，拓宽干部队伍的管理途径，提升干部能力素质建设。推进绩效管理，完善绩效考核规则和指标，科学运用绩效管理办法。日常考评中坚持问题和目标导向，做到鼓励先进、鞭策落后。强化党风廉政和作风建设，强化党组织建设，扎实开展“两学一做”教育活动。2016年，稽查局评为江苏省文明单位和南京市文明单位，获2013—2015年度秦淮区“争创无职务犯罪先进单位”，曹木兰被评为“南京好人”。稽查局党支部被市地税局评为2013—2015年度优秀基层党组织。

加强行政保障。完善政务管理，推进政务公开，完善权力阳光运行机制，加强印信管理，强化调研工作；加强信息宣传，积极完成上级考核任务，宣传积分在稽查系列位居前列；强化事务管理，开展全系统国有资产清查工作，做好固定资产报废工作，规范政府采购；规范财务管理，加强重大财务开支管理，完善财务重大项目的跟踪管理机制，完成往来款项的清理自查工作和工会财务经费自查；组织开展群团活动。（朱　旭）

机构设置及负责人

办公室

主　任　李　娟
副主任　曹木兰

人事监察科

科　长　陈　虎
副科长　史　晶

检查管理科

科　长　沈晓青
副科长　沈小钧

案件审理科

科　长　吉琳娟
副科长　查倩倩

检查执行一科

科　长　　王　琛

副科长　　把光尧

检查执行二科

科　长　　李　璐

副科长　　石　亮

检查执行三科

科　长　　瞿海深

副科长　　陈　春

检查执行四科

科　长　　王茂林

督察内审科（检查执行五科）

副科长　　王　亮

（史　晶）

税收风险应对　一是继续坚持并强化风评导向，除上级临时交办风险平台无法识别的外，其他所有户，包括举报案件的下达都纳入了风险平台管理。2016年度共下达有效风险案件504件，包括南京高等风险专项任务、南京稽查随机抽查专项任务、南京受票单位高等风险任务以及南京“营改增”企业高等风险专项任务等任务推送。二是在高风险户的接收、应对、反馈和归档工作中，进一步规范相关流程，对于高等风险撤案事项进行严格把关，严格审核，降低撤案率。三是做好全市案源扎口管理，继续坚持统一报送、识别、推送、下达。四是将高风险应对完成率的考核和通报纳入日常稽查管理，做好风险应对准期率的管理。五是提高强化风险应对效率，强化风险应对日常管理。年度高等风险应对收入7.83亿元，应对贡献率为0.95%。（胡　蓉）

重点税源企业检查　稽查局根据国家税务总局的统一安排，在省地税局稽查局的有力指导下2016年对国家税务总局重点税源企业成员单位开展随机抽查工作，共组织企业自查63户，自查入库税款826万元。重点检查工作阶段，稽查局承担国家税务总局重点税源企业成员单位抽查户共47户。在重点税源企业检查中，稽查局严格按国家税务总局规定的序时安排，与国税稽查部门形成合力，查出各类税收268.56万元，顺利完成重点税源企业检查任务。（陈　光）

开展国地税联合稽查　以《国地税合作规范（2.0版）》为依托，与市国税局稽查局联合完善合作机制、优化流程，实现优势互补，整合执法资源，形成工作合力。在各项专项稽查工作中密切合作，统筹下达案源，协调各类工作事项。在省级重点税源联合检查中，分两批联合检查14户企业，查补各类税收收入105.15万元。在对炼企业专项检查工作中，联合组织3户企业的自查工作。在“营改增”高风险企业专项检查中，联合检查4户企业，查补各类税收收入3.29万元。在国家税务总局2016年40个集团检查工作中，联合组织对206户企业的自查工作，较好的发挥国地税联合稽查工作实效。（陈　光）

专案和大要案件查处　一是加强大要案的指导督办，严格落实大要案专报制度，促进大要案上报的规范与及时。二是对重大政策问题及时请示及时反馈，提高应对突发性重大违法线索的办案效率与能力。三是注重挖掘大要案，实现对大要案的查深、查细、查透，充分发挥大要案的示范效应。2016年，稽查系列累计稽查案件检查户数525户，稽查查补入库9.43亿元。其中百万元以上案件9起，千万元以上案件7起。（吉小华）

“金税三期”项目推广应用工作　根据省地税局和市地税局统一部署，全面做好稽查系列的“金税三期”推广应用工作，严格按计划方案和任务标准执行，确保在市地税局规定的时间节点内贯彻落实规定的工作事项。为了更好做好这项工作，对各个部门的工作开展情况列入绩效考核，通过考核强化项目推广应用。同时，对外积极做好对纳税人的宣传解释工作，加强正面引导，争取纳税人的理解和支持；对内加强系统“金税三期”宣讲和培训，提高全体税务干部的对“金税三期”上线的认识和学习运用系统的积极性、主动性。（王　宁）

往年稽查积案清理　一是制定积案清理工作方案，以B1级考核指标为工作目标，跟踪推进各单位积案信息清理工作。二是要求各稽查部门一案一报，一户一策，每个案件列出解决方案，实时监督清理进度，并定期通报。三是加强内外部工作联系，共同促进未结案件处理。对内积极与税政、法规进行工作沟通，催促相关政策部门尽快回复政策不明确的事项。对外加强与公安部门、相关政府部门的配合，对无法查找被查对象的积案，请公安部门帮助查询人口信息等。2016年积案清理率93.6%。（沈小钧　华　兰）

参与省地税局稽查局区域检查工作　一是整合资源，强化组织。市地税局选派12名经验丰富、责任心强的干部组成4个检查小组，专门安排检查科科长任组长，同时抽调审理部门的骨干，提前介入案件检查实施环节，专人负责案件检查过程中的政策解答。二是按照省地税局稽查局相关工作要求，开展15户企业自查工作，逐户进行税收辅导，并就自查情况书面报送省地税局。三是组织业务骨干，参加省地税局专项检查业务培训，并开展全员培训。四是创新机制，制定工作方案，成立协调组、保障组、审理组、检查组，针对不同需求和稽查工作特点，在业务需求、办公设备、住宿、餐饮、交通等方面，为省地税局稽查局区域检查工作做好全方位服务保障。（华　兰）

税务稽查案件随机抽查工作　2016年，市地税局稽查局通过摇号等方式，从税务稽查对象分类名录库和税务稽查异常对象名录库中随机抽取稽查待查对象458户。其中，从异常库税务稽查异常对象名录库中抽取428户，抽取比例为93.4%。对随机抽查对象，全市采取直接立案检查或者先自查、再实施重点检查两种检查方式。全市随机抽取省、市重点税源企业225户，抽取比例为71.2%，查补收入为9747.47万元；随机抽取非重点税源企业254户，抽取比例低于3%，查补收入为14404.3万元；随机抽取非企业纳税人11户，抽取比例低于1%，查补收入3.6万元。实施抽查的执法检查人员，通过摇号方式，从税务稽查执法检查人员分类名录库中随机选派到检查部门，检查部门的人员采取竞标方式选派。（胡　蓉）

税务稽查案头分析工作　根据国家税务总局“深改方案”和新稽查工作规范，该局在4月和6月开展两次案头分析工作。第一次案头分析，抽取66户重点税源企业作为对象，行业涵盖房地产业，制造业，服务业等行业。第二次案头分析，抽取10户较大规模的房地产开发企业作为对象。两次分析在全系统抽调10余名业务骨干参与，采取集中封闭和集中讨论的方式。从查结的案件情况来看，案头分析结果对指导案件查办起到积极作用。76户被查企业案头分析提供的疑点为237个，经案头分析疑点查补的税款为2011.6万元，滞纳金514.3万元，罚款168.7万元。（胡　蓉）

税务稽查优秀案例评比　为积极拓展稽查增值服务，提升稽查案件综合效应，稽查系列共报送27篇案例，共评选出《巧设账户，故弄玄虚》《房地产开发企业应注意区分分期开发项目土地增值税的缴纳》《土地增值税清算方法“小”错铸成纳税“大”错》等10篇优秀案例。其中，筛选出的《缜密调查科学界定破解关联公司间消化利润减少企业所得税问题——内资企业内关联交易反避税调查实践》《借助外部信息 破解收入隐匿难题——某置业有限公司少缴营业税、土地增值税案例》上报省地税局。被评选出的案例在查前分析、办案思路、检查预案制定、检查方法手段、查账技巧、取证技巧等方面有较高的质量，对稽查实践具有一定的指导作用。（华　兰）

税务稽查台账管理　全面梳理税务稽查工作台账，以税务稽查管理要求为依据，按照“统一实用、简约规范、持续改进”的原则，对现有台账进行归类、整合、优化及设置，构建“行政类、人事类、业务类”的分类分级台账。对账台明确使用要求，促进税务稽查管理规范化和精细化水平迈上新台阶。各职能部门立足管理要求，信息技术的变革及基层的建议，做好税务稽查工作的台账持续改进工作。该局已启用规范的税务稽查工作台账，后期将在稽查序列全面推广实用统一规范的税务稽查工作台账。（华　兰）

干部队伍常态管理　积极推广应用《南京地税系统公务员职业道德和行为规范》，严肃工作纪律，有效防范风险，全面推动稽查局各项工作提速、提质、提效。量体裁衣，实行各类人员的分类管理。对中层干部强化责任传导。初任科所长强化管理能力培养，一般干部强化制度执行，参加省地税局区域检查干部强化集中管理。以点带面，拓宽干部队伍的管理途径。一方面不断加强教育，强化意识、严格监督和责任追究；另一方面注重人文关怀，关注干部需求，领导带头开展太极拳、瑜伽、手工编织、串珠等系列活动，帮助干部释放压力，调整心态、放松心情。（陈 虎）

干部能力素质建设 一是稽查系列全面部署，整体推进春训工作。稽查局统一制定稽查序列春训工作方案，按照五个统一项目，一个自选项目的“5+1”模式分系列开展，做到有统有分，既将稽查系列作为整体，协同开展春训工作，又可根据自身特点开展有特色地个性化动作。二是突出重点，统筹做好“大比武”工作。通过广泛动员，专题辅导，测试选拔，营造了一个学知识、练技能、比业务、看能力的学习氛围。在测试中有3人进入税务稽查系列前10名。三是积极参与上级各项调研和封闭工作。由于工作出色，1人被国家税务总局发函表彰，5人被省地税局发函表彰。（陈 虎）

稽查局加强稽查业务学习，努力提高稽查效率。图为2016年12月21日，该局调账检查情景，在实战中提高业务技能

绩效管理 一是完善绩效考核规则和指标。发挥风向标和指挥棒作用，制度制定时采用双倍加分方式，倡导和认可部门间的相互协作，做好部门间重点工作的参与度、配合度和贡献度的发挥。二是加强绩效管理。开展绩效培训和讲评工作，细化考核要点，规范考核操作，透明考核信息，提升绩效考核效能。三是科学运用绩效管理办法。日常考评中坚持问题导向和目标导向，绩效考评部门间最大差距9.12分，个人最大差距78分，真正做到鼓励先进、鞭策落后，有效促进整体工作推进。（陈 虎）

党风廉政和作风建设 一是细化科所长“主体责任”清单，推进落实党风廉政建设。二是全面、深入、彻底开展作风建设专项自查整改工作。三是创作“行为规范宣传片”“廉政对联集”等廉政文化作品，开展廉政提醒、警示教育、专家授课等教育活动，强化日常风险防控。四是积极开展各类创建活动。稽查局被评为江苏省文明单位、南京市文明单位；2013—2015年度秦淮区“争创无职务犯罪先进单位”；曹木兰被评为“南京好人”。（陈 虎）

党组织建设 一是把握内在要求，突出实践特色，扎实开展“两学一做”教育活动。通过书记讲坛、微党课、学习谈论等形式，使全体党员清晰认识“两学一做”要学什么，做什么，怎么做，以及学习教育的职责任务。二是健全组织生活，完善班子议事规则，党员议事规则。发挥支部战斗堡垒作用，广泛开展各项组织活动，专题组织“立家规、正家风”“走进美丽乡村，参加劳动实践，树党员先锋形象”等系列主题活动。三是积极开展第五轮城乡文明共建活动。该局班子多次深入共建单位，开展送政策、送温暖活动，“六一”期间专题组织了为留守儿童集体庆祝节日活动。2016年，该局党支部被市地税局评为2013—2015年度优秀基层党组织。（陈 虎）

税务稽查案件审理 稽查人员检查过程中对疑难问题提前反映，审理人员及时解决；特殊案件采取提前介入的形式，包括提前介入稽查分局疑难案件，进行政策、程序、取证各方面的把关。拓宽审理外延，通过“查前政策提示、查中政策答疑、查后政策反馈”的方式实现政策支撑和稽查实施无缝对接。完善落实三级会商制度，为进一步提升重大案件审理质效，多次邀请市地税局重大案件审理委员会办公室经办人到稽查局，现场会商稽查系列遇到的疑难政策问题，让市地税局政策专家提前介入疑难案件中，进一步提升案件审理质效。2016年，共受理案件120户，审结案件97户，

组织稽查局重大案件合议25次，合议案件45户次，报送市地税局重大案件审理委员会审理案件5户。 （查倩倩）

法律救济工作 深入贯彻落实依法行政工作要求，保障行政相对人的救济权。严格依照法定程序，保障纳税人的陈述申辩权、知情权。注重陈述申辩意见的审核，有异议的慎重对待，严格核实，妥善处理，化解稽查风险。实施集体合议、案件会审等制度，保障执法准确性。积极应对行政复议、诉讼。2016年，共组织2起案件听证、3起案件复议应对、2起行政案件诉讼应诉。为确保纳税人的复议权利，尝试配合纳税人做好不动产抵押等各类税款纳税担保手续，在法律专家的帮助下，充分听取纳税人的陈述申辩，积极应对，切实保障纳税人的合法权益。 （查倩倩）

稽查案件审理指导服务工作 强化对口负责，确保政策有支撑，风险有防范，过程有服务。及时梳理审理中发现的典型案例、特殊问题及上级部门的政策答复，坚持按季度整理下发政策解答和审理工作要求，贯彻落实税收政策确定性管理办法，统一政策执行口径。在省级法治税务示范基地创建成功基础上，强化基础工作规范性管理，统一审理人员对检查实施、文书签报等实体和程序方面的工作要求，进一步提高案件和卷宗质量，促进执法行为规范性提升。 （查倩倩）

税收执法督察 将执法督察与高风险应对质量检查工作相结合，根据上级布置的督察要点，结合稽查局实际情况，确定督察重点，定期开展。采用自查与抽查结合的方式，检查面覆盖到全部检查组。采用抽调业务骨干组成督察小组等方式，开展检查前，对督察内容作专门培训，明确要求、实施步骤、督察方法等，做到统一要求，统一标准，统一口径。对发现的问题及时督促整改到位。对督察发现的问题进行梳理归类、分析总结，找出日常管理和政策执行过程中存在的问题或不足，提出完善制度、加强管理等工作建议，通过多种手段加强成果运用，及时堵塞漏洞，防控执法风险。 （王 亮）

【责任编辑 于 群】

稽查局第一分局

概 述 2016年，江苏省南京地方税务局稽查局第一分局（以下简称“稽查一分局”）按照市地税局的总体部署和稽查局的工作要求，以“规范行政、依法稽查”为核心，以提升稽查质量和效率为重点，以深化党风廉政建设为关键，以推进干部能力素质提升为保障，充分发挥稽查职能作用，取得较好的成效。2016年，接收各类案件81件，查结案件89件，查补入库收入2.78亿元。其中，百万元以上案件1件，千万元以上案件1件。

提升工作成效。对65户“双随机”选案产生的纳税人举行3场企业自查集体送达见面会，自查查补收入223.53万元；全年查处发票违法企业46户，查获问题发票167张，查补合计329.52万元，对省地税局下发涉嫌接受虚开发票的6户企业开展自查辅导，查补收入15.93万元。联合国家税务局完成10个集团48户国家税务总局重点税源户的自查辅导和重点税源随机抽查等工作。

提升执法效能。大力开展大案疑难案件工作，多项措施突破日常和常规工作。将法制要求融入到具体案件中，持续抓好每一个环节、证据、政策点的核实，对不同纳税人同等对待，切实维护纳税人权益。严格按程序制作文书、进行案卷归档。两份案卷参加南京市政府优秀执法案卷评比，一份参加省地税局优秀执法案卷评比。

提升干部素质。以“土地增值税加强年”为重点，开展针对性业务培训。举办第二届“精技扬帆”稽查业务大比武，提升实战水平。以税收政策“研学小组”为平台，开展经常性政策研讨。加强业务骨干培养，1名干部在省地税局大考试中受到表彰，2名干部获得南京地税业务能手称号，1名干部通过注册税务师考试。

提升队伍活力。强化税务文化引领，推广公务员职业道德和行为规范，受到人事处肯定。以完善制度为支撑，优化绩效管理体系，实现B1级考核指标在基层科所、岗位落地。推进数字人事工作，参与宣传手册编写、撰写数字人事与现行制度差异性分析材料、完成《角色分析指南》编写工作。在工会活动中，与稽查局第二分局联队获得系统羽毛球比赛团体一等奖，女子体育舞蹈展演获得最佳效果奖。

提升服务水平。围绕国、地税稽查全面合作机制开展务实创新，推进创新项目在局内率先落地试行。加强资产管理，对资产进行逐件盘点，对达到报废年限的资产，按要求进行报废处置。推进城市标准化建设制定安保、环境卫生、食堂管理等管理标准和制度。推进公车改革，制定《执法执勤用车管理操作办法》，全年共出车169台次，行驶6000公里。（杨　光）

机构设置及负责人

综合行政科

副科长　谷燕舟

　　　　刘楚文

业务管理科

科　长　钮　蓉

案件审理科

科　长　李　文

副科长　周粉根

检查执行一科

科　长　韩粉英

副科长　安晋军

检查执行二科

科　长　高黎黎

检查执行三科

科　长　戴旭东

检查执行四科

科　长　赵国堂

副科长　刘　辉

（杨　光）

案件质效管理　制定《案件效率考核管理办法》，规范稽查案件各环节办理时间，严格控制案件延期，将案件检查实施时间与绩效考核挂钩，超期案件严格扣分、提前结案给予加分，着力提高案件办理效率。2016年，高等风险选案准确率（查实率）100%，案件结案率、入库率、风险应对收入等指标位列稽查系列局前列。出台《案件质量管理办法》，案件报送均附有执行科科长签字的《检查执行科案件报审要求对照表》，构建明晰的案件质量管理责任体系，形成同心协力抓质量的良好格局。（钮　蓉）

重大案件　大力推进大案、积案、疑难案件办理，实行科长负责制，规定完成时间，做好全方位的指导和跟踪，实现八个"首次"：首次执行亿元税款，单笔入库2.5亿元；首次向国家税务总局请示政策，定案入库土地增值税1134万元；首次追查十几年前交易形成的大额税款，该案件获得系统优秀风评案例第一名；首次开展税收强制执行、非诉执行工作，获法院支持并已终结执行；首次检查非经营性纳税人大额税款，入库收入165万元；首次采取核定征收的方式确定税款，对复杂案件中的房产原值、土地增值税扣除项目进行评估；首次涉及跨境业务，调增应纳税所得额1046万元；首次探索公正送达，与公安办共同送达复杂案件。（李　文）

积案清理　成立积案清理工作小组，明确目标和责任，每周通报和汇报清理进度，就税收政策、执行方式、清理方法等问题进行统筹协调，推进案件办理；按照积案来源不同、处理目标不同、积案矛盾点不同对案件进行分类，有针对性采取清理手段，引导检查人员采取更加科学有效的方法，多角度、全方位地处理问题；积极与市地税局相关处室和稽查局保持信息交流，加强案情的发展变化、涉及的政策请示和需协调的工作情况等及时进行沟通，共完成积案清理8户。（钮　蓉）

"金税三期"上线　抽调分管副局长参与"金税三期"对接工作，完成市地税局13万条历史申报数据的甄别清理，清理垃圾欠税1.13亿元。参与省地税局关于稽查业务的业务流程梳理和衔接方案的设计，为稽查业务的顺利上线做出应有贡献。制定《"金税三期"工程单轨上线切换关键任务时序表》，明确具体工作时间、工作要求、责任部门、责任人员和后勤保障要求，详细分解、落实各时间段、各事项的工作责任，在双轨试运行期间，圆满完成3次人海压力测试，共测试50户次，在正式环境补录35户。（钮　蓉）

税政管理　及时收集汇编税收新政，做好政策解答，指导稽查工作；针对大要案、疑难案件，从政策支撑、取证指导、协调沟通等方面实施全方位跟踪指导，推动案件进展，做好大要案的政策指导、案件审理、执行工作；针对检查取证过程中，涉及的政策难点，实施案件三级会商制度，分层次展开会商，必要时邀请市地税局税政处室、法规处、稽查局业务部门专家参会讨论，形成会商结论，确保政策执行准确性；制订《案件审理过程记录表》，对案件实施电子化管理，定期归集报审案卷存在的问题，针对典型性、普遍性问题及时推送、落实整改，并在绩效考核中进行加扣分体现。

（李 文）

依法治税 落实市地税局《关于全面推进依法治税工作的实施意见》，严格执行处罚裁量基准，深入开展法治创建工作。结合案件需要，积极与地方相关部门加强沟通联系，采取与公安办共同送达文书、与司法机关协作开展移送和强制执行、非诉执行等方式强化协调配合，有力地推进案件办理。积极联合属地局贯彻落实税收优惠政策，协助2户企业办理减免税等税收优惠手续，减免、缓征税款1000余万元。2016年，稽查一分局获得市地税局“执法案卷评查优秀单位”称号，《用好应对策略把好税收优惠最后一道关》案例在市地税局督察优秀案例评选中获得优秀案例三等奖。

（李 文）

执法督察 根据案件税种查处情况、案件查处金额等因素，按季抽取稽查案件卷宗及风险应对资料，采取业务管理科统一把关、案件审理科在政策上支撑、检查执行科交叉互查、全局重点抽查等形式，以行政处罚、文书规范性、风险疑点反馈是否合理详细等为重点，进行督察以及高等风险应对质量检查，发现问题及时总结、整改。严格开展年度重点执法督察，对5户高新技术企业有关“双创”疑点进行核实，未发现问题。针对“企业所得税复审风险任务应对情况”的重点执法项目，结合市地税局名单开展自查，对于重点抽查阶段反映的问题，已全部整改完毕。对稽查业务工作中存在的执法、案卷、风险应对等问题进行分析，结合优秀案例交流评审会进行宣讲，落实执法责任制，建立长效机制，推动规范执法。（钮 蓉）

“两学一做”学习教育 一是坚持集中学习。先后开展“认真学习党章维护党章权威”专题讲座、《顶天立地谈信仰》等集中学习。二是强化典型示范。开展支部书记上专题党课和班子成员分阶段、分主题讲党课活动，班子成员以普通党员身份参与党小组专题学习研讨，充分发挥班子的示范作用。三是坚持整改贯穿教育全过程。班子成员认真按照作风建设专题整改要求，进行专题自查自纠，共查摆主要问题16项，制定整改措施15条。稽查一分局代表机关直属支部，接受省市委组织部“千组万支”集中督查、现场观摩和个别访谈，受到市委督查组的充分肯定和好评。（张荣根）

“一科一特”文化建设 立足于“扬帆”文化品牌，以科所文化建设为重点，引导各部门结合部门职能、人才结构、兴趣特长等方面，深入分析、提炼，构建具有部门特色的科所文化，形成了行政保障“聚力”助航、业务管理“效力”领航、案件审理“智力”护航、检查执行“能力”远航的具有鲜明部门特色的文化品牌。该文化品牌在市地税局税务文化精品示范点创建活动中被评为2016年度税务文化精品示范点。一是加强物态文化建设。将各部门文化主题、发展理念和工作目标进行整合提炼，利用办公室、约谈室等墙面空间制作专题展板，并将部门以往争先创优的成效、干部工作面貌和参加文体活动的风采进行展示。二是强化文化宣传交流。将科、所文化建设与“微课堂”相结合，定期开展部门内部文化建设交流，倡导部门文化主题和理念的传播宣传，促进科所文化入脑入心。三是鼓励部门创新工作方法。选取较好的部门开展经验交流，将部门成果转化为全局的精神财富。（杨 光）

2016年8月25日，稽查一分局岗位技能培训——税务稽查案例交流会

"一三一"教育规划 实施"一三一"教育规划："一"是明确一个主题，即，以"土地增值税加强年"为年度主题，邀请市地税局专家开展2次专题培训，深入讲解政策和实务操作，提升土地增值税稽查业务能力水平。"三"是培养三个群体：一是中层干部群体。优秀科所长进行经验交流，每季度开展"一本书、一次交流、一篇体会"的读书活动，提升科、所长的综合素质。二是业务骨干群体。以"稽查取证、税收法制、沟通技能"为突破，分专题组织授课培训；以"案例交流会"为平台，组织优秀稽查案例和风险应对案例交流评审会。三是信息宣传群体。成立信息宣传工作小组，邀请鼓楼局信息宣传岗位人员开展培训交流。"一"是组织一次大比武。组织"精技扬帆"稽查技能大比武，检查执行科业务骨干，通过模拟稽查的方式，比拼实战技能，检验培训成效。

（杨　光）

创建省工会"职工书屋"示范点 构建以图书馆、阅览室、多媒体室为主体的职工书屋，馆藏图书达3000余套，报刊杂志30余种，电子音像制品90余套，收纳电子书籍2000多册，每年与鼓楼图书馆交流图书600本。组建"扬帆读书社"，开展"阅读税月"主题活动，积极参与市地税局"阅读税月"分享交流。成立书画、摄影、演讲、微视频创作等兴趣小组，开展主题征文、"微系列"廉政作品征集等活动，每季度评选阅读明星，使全局洋溢着浓厚的书香。在市地税局系统工会组织开展的2016年"阅读税月"交流分享评比活动中，董淑艳同志主讲的《中国震撼——一个"文明型国家的崛起"》获得一等奖。（杨　光）

党风廉政建设和作风建设 制定年度党风廉政建设和作风建设工作计划及责任分解意见，细化党风廉政责任体系和目标要求，全面落实"两个责任"，签订"一岗四责"责任书，将责任目标层层传导落实。组织干部参观江苏党风廉政建设警示教育展览，观看警示教育纪录片，提高抵御腐败侵蚀的能力。建立政府采购、财务管理等方面的立项管理和审批报告制度。在案件检查中实行查前教育提醒、查中纪律监督、查后一案双报制度。科长结合检查和廉政情况进行讲评和回访等创新做法，推进"三险同防"向科所延伸，完善稽查特色内控体系建设，提升风险防控效能。（杨　光）

支部建设 严格落实"三会一课"（支部党员大会、支部委员会、党小组会、党课），党小组集中学习等制度，促进党员参与组织生活，提高基层党组织的战斗力。积极开展微型党课教育，先后14名党员干部走上讲台讲党课，同时，选取优秀党课参加市地税局评选。结合纪念建党95周年活动，开展优秀党员、优秀党务工作者和先进基层党组织等评选活动，上报建党95周年征文6篇、老干部摄影作品4幅、书法作品2幅。深化"先锋行动"品牌建设，组织党员干部为"6·23"盐城龙卷风受灾群众捐款捐物、开展"慈善一日捐"活动，与小桃园社区结对进行"关爱家园"社区共建，切实为人民群众做好事、干实事，获得群众好评。

（杨　光）

2016年5月30日，稽查一分局微型党课

退休干部专著荣膺"国家出版基金项目"奖 退休干部傅兴亚出版的《中国赋税文物图记》专著，获国家新闻出版总署"国家出版基金项目"奖。本书由中国税务出版社于2016年6月出版，第一次全面系统提出"中国赋税文物"概念，内容由文物实录、图片、故事、缀联等形式组成，精选102件珍贵的赋税文物，配有168幅实物图片，分为九个部分445页44.8万字。此前，傅兴亚已出版三本专著，其中《民国时期苛捐杂费票据图史》一书亦获"中国出版基金项目"奖，成为税收历史和文化研究学习以及丰富税务干部文化生活的经典书目。

（傅兴亚）

【责任编辑　于　群】

稽查局第二分局

概　述　江苏省南京地方税务局稽查局第二分局（以下简称“稽查二分局”）在市地税局党组的正确领导下，深入贯彻中共十八届五中、六中全会精神，按照市地税局稽查局的工作部署，紧紧围绕“坚持三轮驱动，确保三措并举，实现三个提升”（即：坚持依法稽查、文明稽查、效率稽查三轮驱动；确保夯实基础、绩效管理、文化引领三措并举；实现效能建设、队伍素质、现代化水平三个提升）的年度工作思路，聚焦稽查管理改革，突出法治引领、文化引领，不断创新工作方式方法，提高风险应对、案件查处、专项工作成效，充分发挥稽查职能作用。

目标驱动，发挥稽查职能作用。一是落实稽查改革任务。启动国、地税联合检查，开展国家税务总局重点稽查对象自查工作。参加全省区域检查，对常州的两家重点企业进行检查。二是严管风险应对质量。严格执行应对反馈、延期申请等要求，全年应对并消除高等风险疑点316条，查证或延伸疑点查补收入1410.82万元，入库2472.40万元。三是加强重大案件管理。制定查前预案，做好预案落实情况的督查，增强检查的计划性。加强案件查办的过程管理，破解案件查办中的难题，确保案件的按期完成。四是推进专项业务工作。先后开展国家和省、市级重点税源企业、第三批一般税源，以及“营改增”等自查和专项检查工作。

统筹兼顾，持续提升稽查质效。一是强化案件过程管控。坚持月度局务会、双周案件推进会制度，全年共检查各类案件114件，查补入库各项收入2472.40万元；全年完成积案清理8件，追缴积案查补收入1863.08万元，累计完成清理27件，积案清理率达96.43%。二是加强信息安全管理。严禁内外网违规互联，做好电脑的定期巡查和病毒查杀工作。确保信息技术对业务工作的支撑，及时解决故障问题。积极为改进信息系统功能，增强技术与业务融合度提出建议。三是落实“金税三期”上线工作。制定上线方案，做好工作动员，组织人员培训3场112人次；参与人海压力仿真测试，模拟制作文书1596件，办理虚拟业务流程780件，办理虚拟审批事项328项，涉及测试案件样本62个，分5次提交操作中的问题共35件。

依法稽查，持续增强执法效能。一是锤炼依法治税能力。组织稽查人员参加行政复议案件听证和行政诉讼案件庭审旁听，积极参加江苏省法制办组织的行政复议、行政应诉人员轮训，以及“万人学法”法律知识竞赛。二是营造公平公正的税收环境。全面落实税收法定原则，规范实施税务行政强制措施，增强案件执行力度，全年自行、申请强制执行3户。三是提高税政服务水平。及时将规范性文件清理视频会和“企业上市业务及财税处理”等会议精神传达到位，定期编制“政策答疑”，按周归纳问题解答，供业务部门学习。四是确保执法责任落实。积极参与全系统的督察内审工作，加强“三险同防”体系建设，对在督审和日常巡查中发现的问题严格追究问责。

严管善待，提高干部履职能力。一是坚持工作部署、宣传培训、过程监控、反馈考核四个到位，确保数字人事系统稳定顺利运行，逐步建立干部职工职业发展的电子档案。二是开展稽查系列“全员加速”网络测试，在干部中形成“比、学、赶、超”的良好氛围。三是融入岗位职责、责任落实、督查整改和正负激励，制定二级绩效考评办法、考评规则和考评指标，进一步增强绩效管理工作的科学性和导向性。四是制订《2016—2018年文化建设规划》，将文化规划各项目标有机融入到工作中，编印《“知行”文化在科所》文化手册，深化部门文化理念的理解和运用。

从严治队，加强党风廉政建设。一是继续压实“两个责任”。依托廉政教育宣传的“四微”（微党课、微报纸、微杂志、微信群）平台，开展廉政教育，增强廉政教育成效。2016年获市级“廉政文化示范点”称号。二是持续转变作风行风。修订完善《作风行风建设有关要求》，加大日常检查力度，获“南京市文明单位”的荣誉称号。三是不断加强党群工作。开展“书香地税”创新活动，获2016年市总工会“职工书屋”示范点。组织部分会员参加系统的羽毛球、乒乓球等文体比赛。

（蔡　薇）

机构设置及负责人

综合行政科

科　长　　薛必龙

副科长　陈潇潇

业务管理科

科　长　叶　峥

副科长　王　慧

案件审理科

科　长　张　超

副科长　陈健健

检查执行一科

科　长　孙国松

检查执行二科

科　长　茅钟驰

副科长　夏兴明

检查执行三科

科　长　王相群

副科长　顾　婷

检查执行四科

科　长　吴克军

副科长　李京琳

（陈潇潇）

稽查效能管理　一是坚持大要案督办、专报、跟踪，收集大要案查处素材形成稽查指导范本。二是实行案件分级负责制，明确主查、科长、审理、审委会各自职责，分别对案件处理定性负责。三是严格依据实体法和程序法审理，进行重大案件合议，确保证据材料充分完整。四是运用征管法赋予的执行手段，将待执行案件分类，分别监控、重点突破，切实解决“入库难”问题。五是普及信息查账软件，优化稽查移动软件操作功能，强化信息管税对稽查的实践支撑。（陈潇潇）

专项稽查工作　一是根据上级稽查局部署，结合本辖区实情，先后开展国家和省、市级重点税源企业、第三批一般税源，以及营改增等自查和专项检查工作。二是持续开展打击发票违法犯罪行动，制定方案、分解任务，发布发票违章的常规问题，坚持“四必查”（查案必查票、查税必查票、查账必查票、查户必查票），加大发票违法行为的打击力度。三是加强与属地局的协作，及时发现和上报重点违法信息，积极向征管部门提出建议，为净化税收环境做贡献。全年完成专项自查130户，自查补缴入库359.71万元；专项检查50件，查补收入709.04万元；查处打击发票违法案件41件，查获违规发票、票据2169份，涉票金额7799.52万元，查补收入411.76万元。（叶　峥）

稽查案卷管理　通过实现三个百分百，确保税务稽查案卷质量。一是风险疑点应对百分百。坚持优先效能与全面统筹原则并行，将高风险应对与案件检查一同部署、推进、审理、检查、考核，实现高风险疑点得到百分百应对消除。二是稽查文书规范百分百。根据卷宗归档、风险应对和稽查取证、文书要素等要求，制定卷宗样板，促进执法标准和文书制作相符，通过卷宗质量评查，实现文书制作得到百分百规范。三是执法责任追究百分百。建立督查内审、执法监察、绩效考核“三位一体”的执法检查体系，对检查中发现的税收执法过错行为进行考核评议和过错责任追究，实现执法责任得到百分百追究。（陈潇潇）

稽查成果应用　一是以查促改，精准推送疑点。按季开展无效疑点应对分析，形成“风险推送适应性报告”，提出风险指标修订建议，并推送给风险管理部门，为完善税收风险模型不断提供实据。二是以查促管，筑牢征管防线。完善落实稽查、征管建议制度，透过稽查分析提出征管部门加强税源管理的建议，及时推送相关职能部门，推进征、管、查交互工作，深化稽查成果增值利用。三是以查促查，提高税法遵从。结合专项检查、行业检查，召开纳税人案件点评会，通过“以案说法”的形式剖析典型案件和大案要案，对纳税人开展税法宣传，提高纳税遵从度。（陈潇潇）

“四型”稽查服务　一是公示明责，打造“阳光型”稽查。检查前，向纳税人发放“税务稽查事项公示卡”，告知征纳双方的权利义务，税务人员廉政纪律规定，确保税务稽查的公开透明。二是培训提效，打造“效能型”稽查。思想道德教育和岗位技能培训常抓不懈，不断增强稽查人员纳税服务意识和依法稽查能力，快速、精准查处案件。三是辅导促改，打造“和谐型”稽查。归集整理税务稽查中发现的问题，对纳税人进行提醒服务。在案件检查后，跟踪辅导纳税人纠错情况，规范纳税人的财务行为。四是回访束行，打造“廉洁型”

稽查。通过以向纳税人发放“廉政监督反馈卡”、电话回访等形式、了解检查人员执纪情况，保护纳税人的合法权益不受侵害。（陈潇潇）

高等风险质量检查 一是指定与随机相结合，选取被查对象。随机抽取各部门应对质量有待提高检查人员的案件，发现并指出风险应对中存在的问题，促使人员应对质量的提升。二是自查与互查相结合，加强学习交流。在检查方式上，采取各部门先行自查自纠的基础上，然后部门间进行互查，加强相互之间的交流学习。三是辅导与整改相结合，切实解决问题。对检查中发现的问题，点对点的反馈、辅导，并要求落实整改，确保每一个问题都得以解决。四是问责与规范相结合，促使持续改进。对发现的问题一一追究岗位人员、审理人员和部门责任，同时拟定下发《风险应对关注事项》，避免类似问题再次发生。（陈潇潇）

“四型”班子建设 积极创建“学习型、法治型、效能型、廉洁型”班子。一是突出学习重点。紧紧围绕政治理论知识、管理学、税收业务等重点内容，采取“讲学、述学、评学”的形式，不断完善知识结构，提高综合素养和管理水平。二是坚持依法稽查。自觉遵守法律法规，认真执行各项税收法律、法规、政策，增强遵章守纪的自觉性，提高法治意识，推进税收法治建设。三是围绕实现税务稽查现代化的目标，解放思想、拓展思路，创新性地开展工作，充分发挥创新的杠杆作用。四是自觉参加各类党风廉政教育，树立正确的地位观、利益观和政绩观，时刻做到自重、自省、自警、自励，坚持理想信念不动摇，坚守道德操守不滑坡。（陈潇潇）

“数字人事”上线运行 一是提醒上突出“勤”。每个工作日早晨，岗位人员提醒当日任务数字人事，通报任务完成情况，对未完成的及时提醒，保证在岗人员“数字人事”任务得到100%完成。二是管理上突出“严”。对数字人事完成情况逐一进行检查，对质量不高、记录不全的列入考核或通报批评，同时，对部门的工作纪实情况进行通报，督促干部职工对工作的重视程度。三是工作上突出“准”。结合周计划，通过“推送任务”及时部署工作提出要求。通过审核“自拟工作任务”，查看工作任务有无遗漏，工作措施是否完整有效，确保目标任务得到有效落实。（陈潇潇）

教育培训工作 一是稽查系列共同举办“公务员职业道德”专题讲座，制作《稽查干部行为规范》动漫片、开展公务员宣誓、签订勤廉承诺书等活动，培育理想信念。二是将业务培训与稽查工作开展情况紧密结合开展卷宗评查、执法监察问题讲解等培训交流活动，不断提升稽查工作质效。三是按照因需施教的原则，组织干部学习国地税联合检查技巧、“金税三期”等内容培训，不断适应新形势下对税务稽查干部的业务素质要求。四是解读通用知识，开展公文写作技巧、绩效管理等内容的培训，增强干部的综合能力，提升队伍凝聚力。（陈潇潇）

党风廉政建设 把打造具有时代特色的“清风税廉”地税廉政文化品牌作为党风廉政建设的重要内容，以“习廉、宣廉、承廉、述廉、督廉”的“五廉”建设为核心，依托廉政文化的“四微”平台（微党课、微报纸、微杂志、微信群），建立“一刊一室一长廊”（《清风税廉》专刊、廉政活动室、办公长廊）的廉政文化场所，开展主题教育活动和廉政文化创建活动，充分发挥廉政文化春风化雨、润物无声的作用。6月，稽查二分局被授予市机关“廉政文化建设示范点”荣誉称号。（陈潇潇）

党风廉政专项治理 稽查二分局立足于工作部署细、学习教育深、查找问题全、整改思路清四个方面，开展党风廉政建设专项治理工作。一是召开局长专题会议，明确贯彻落实专项治理主要措施和具体要求，拟定工作方案，制定工作任务表。二是学习教育活动与“两学一做”、节前廉政教育等工作相结合，采取网络学习、党课、纪检日活动等形式，组织干部系统学习廉洁自律各项规定，重点学习《中国共产党问责条例》。三是围绕专项治理四个方面的重点内容，对内，采取召开部门自查会、局领导与科所长谈话、中央“八项规定”回头看；对外，采取电话回访、走访纳税人等形式，深入广泛地查找问题。四是针对查找出的问题制定详细的“整改计划表”，明确整改措施、责任领导、责任部门、完成时限、完成进度，确保各项措施得到有效落实。（陈潇潇）

作风行风建设 一是落实好作风建设自查自纠专项整改工作要求，强化组织领导、集体研究决策、明晰工作事项，全面核查市地税局推送的疑似问题。二是开展“五看五查五强化”活动。看是否存在“庸懒散”问题，查组织纪律，强化忠实履责；看是否按规矩办事，查廉政纪律，强化安全履责；看是否严格落实政策，查政治纪律，强化依法履责；看是否耐心细致，查群众纪律，强化文明履责；看是否按时完成任务，查工作纪律，强化效率履责，不断转变干部工作作风。三是根据行风评议的要求，修订完善《作风行风建设有关要求》，加大日常检查力度，切实做好迎评工作。

（陈潇潇）

“两学一做”学习教育活动 一是制定《活动实施方案》和《学习笔记记录要求》明确学习教育活动时间、人员、内容、要求等，干部个人制定《个人学习计划》报各科所存档，作为序时学习序时进度参考依据。二是在“面对面”教室授课的基础上，丰富教学形式，借助网络平台，定期推送自主学习文本和音频资料，利用微信群开辟学习讨论园地，通过交流互动加深学习。三是开展“两学一做”学习成果“大比武”，各科所通过知识测试、心得感悟交流进行初选，推荐学习先进典型，再从全局层面进行最终评审，通过现场演讲，由所有干部投票选出“学习标兵”，以及“学习标兵科所”。

（陈潇潇）

开展“暖冬行动” 稽查二分局党支部组织党员志愿者开展“暖冬行动”。一是传承“扶贫济困”的优良传统，在春节前，为南京六合区横梁村5户贫困家庭送去节日问候和生活必需品。二是关怀农业生产，局调研南京周边草莓种植户的生产经营情况，送农业生产税收相关政策下乡，为村民答疑解惑。三是心系“大众创业、万众创新”，针对社区创客群体的需求，组织青年干部志愿者到大光路尚书巷社区开展税法宣传，普及企业所得税、个人所得税、发票等相关知识。（陈潇潇）

获2013—2015年度“南京市文明单位”称号 稽查二分局坚持“围绕中心、注重过程、务实有效、全员参与”的原则，以道德讲堂、志愿者服务队、科所园地等为创建载体，开展公务员“勤廉承诺”宣誓、“瞄准目标、奋勇争先”“团结协作、挑战自我”等主题活动，获2014年度市地税局税务文化建设争创工作先进单位等荣誉称号。立足“稽查业务”中心工作，围绕“依法、文明、效率”的工作要求，落实“三险同防”，确保干部忠实履职和安全履职，被省地税局、市地税局授予2015年度“法治税务示范基地”。2016年，获2013—2015年度“南京市文明单位”称号。（陈潇潇）

绩效管理 稽查二分局紧扣稽查工作特点，科学建立绩效考评体系。一是在该局二级绩效考核指标中，提高关键指标和量化指标的占比，并制定《绩效考评补充办法》和《绩效定额考核办法》，明确考核奖励加分项和干部管理考核规则。二是绩效考核的侧重点从“考核”转向“管理”，以局务会、绩效推进会、业绩通报会等形式，对科所业务“回头看”，针对考核中发现的工作薄弱环节，进行督办整改。三是应用绩效考核结果，部门考核结果占部门负责人个人绩效的60%以上，一级绩效、二级绩效加、扣分项目，直接落实到部门负责人和主要责任人。（陈潇潇）

“知·行文化”建设 一是在“知·行文化”的引领下，各科所结合岗位实际创部门特色，行政部门倡导“综而有序、政实清廉”，业务部门践行“正于心、忠于事、敏于行”。二是“知·行文化”电子报贴近工作实际，着重展示个人风采，从一般干部中寻找“闪光的萤火虫”、选树“勤廉双优”模范。三是文化建设融入教育实践活动，加强社会主义核心价值观和理想信念教育，围绕社会公德、职业道德、家庭美德和个人品德，开展“四德”教育讲堂，提升干部思想道德素养。（陈潇潇）

获市级“职工书屋”称号 围绕系统建设书香地税工作总体要求，开展市级“职工书屋”创建活动，狠抓在采编、借阅、阅览室开放、发放书籍等工作，建立“职工书屋”管理制度、图书管理员岗位职责制度。现总面积30平方米，藏书2600多册，供职工书屋上网学习的电脑1台、音像制品80多套（件）、报刊杂志20余种。配备管理员专（兼）职2人，借书流程科学规范管理。2016年，被评为市级“职工书屋”。（陈潇潇）

“I-WE爱微”微党课工作 以党支部为基本单位，以“三会一课”为基本形式，以落实党员教育管理制度为基本依托，积极响应市地税局“I-WE爱微微党课”品牌活动。一是每季度召开一次全体党员会议，围绕“新时期共产党员思想行为规范”“学习系列讲话、强化‘四种意识’”“做‘四讲四有’合格党员”等专题开展大讨论。二是联系个人思想、工作、生活实际，突出互动交流，每名党员主讲一期“微党课”，相互启发，共同进步。三是开评比交流，鼓励干部创新形式、精心组织选题。其中，通过选拔报送的《从中国古代诗词中看廉政》微党课，获市机关微党课一等奖。

（蔡　薇）

【责任编辑　于　群】

稽查局第三分局

概　述 2016年，江苏省南京地方税务局稽查局第三分局（以下简称“稽查三分局”）以案件稽查为中心，以依法治税为灵魂，以“固本强基、提效创优”为主题，突出“讲规矩、守纪律，强技能、提质效”工作主线，大力推进稽查现代化建设，坚持依法治税、从严治队，确保了各项工作任务的圆满完成。

狠抓重点，提升稽查质效。随着国家税务总局稽查“双随机”抽查制度（检查对象随机抽取，检查人员随机抽定）的贯彻落实以及“金税三期”系统的上线，稽查工作的要求也日益提高，该局始终坚持依法稽查，狠抓稽查业务质效。强化风险应对，加强案件管理，打击发票违法，加强积案清理。2016年，稽查三分局累计完成稽查案件检查户数108户，完成稽查收入6921.75万元，其中2016年案件查补3761.9万元，2015年以前（含）积案查补1184.33万元，2016年企业自查入库1975.52万元。

创新改革，提升综合效能。持续深化稽查业务国地税合作。遵照国家税务总局关于加大国、地税合作的指示精神以及《国、地税联合稽查工作办法》的通知要求，探索确立案情联合分析研讨和通报制度，确保2016年推送的3户联合检查案件顺利检查完毕。全面保障落实“金税三期”上线。创优案件应对管理方法，实行稽查案件“两级合议”（稽查案件科所、分局“两级合议”）、“三线把关”（科长、审理人员、合议小组“三线把关”），提高案件质量，降低执法风险。积极落实服务举措，注重落实查前见面、稽查案件讲评、以案说法、查后回访等制度，全力维护纳税人的合法权益，提高检查对象对检查结果的认可度。

规范执法，提升治税水平。开展督查内审。成立专门执法督察工作领导小组，负责统一部署。以注重税务督察流程及税务督察文书的规范管理为切入点，2016年先后开展三批次税收执法督察，共督察审理22户税务稽查案件，有2人次受到过错责任追究。实施依法稽查。贯彻落实省地税局、市地税局《税务行政处罚自由裁量基准》，开展业务培训，更新业务文书模板。积极参与市地税局“税收法制综合知识库”建设，编写涉税诉案例。抓好制度建设落实，加大查前准备、限时办结、案件延期、重大税务案件审理管理规定等制度的执行力度。

强化技能，提升队伍建设。提高干部能力，坚持把狠抓教育培训与干部能力建设、工作绩效提升和干事创业发展紧密结合，眼盯实效，试行小班化、点对点在岗培训模式，有效提升干部综合素质和业务能力。全面落实“数字人事”系统，通过大数据、“互联网+政务”全方位记录干部日常工作，提升干部工作自觉性、自主性。2016年度稽查三分局“三师”（注册会计师、税务师、律师）人员新增1名，“三师”人员比例达28.3%。强化组织文化引领。获“2013—2015年度南京市文明单位”称号，获评市级“职工书屋”，2016年有4人分别获得“南京好人”、“勤廉双优”先进典型、“业务能手”、“职业道德模范人物”等荣誉称号。

挺纪在前，提升拒腐防变能力。开展“党风廉政视频季季看”活动，组织党纪条规学习，集中开展测验和竞赛答题，要求党员干部逐条学习领会，逐条对照检查，确保党纪条规内化于心、外化于行。重点围绕为税不廉、执法不公、侵害群众利益、违反中央“八项规定”等四个方面，开展基层党风廉政建设专项治理，抓苗头、抓漏洞、抓督查。落实“三险同步预防”（税收风险、执法风险、廉政风险同时做好预防）机制，加大“一案双查”工作力度，加强税收执法的监督制约和责任追究，促进依法履职尽责。（骆静思）

机构设置及负责人

综合行政科

科　长　王志宏

副科长　赵小亮（2016年2月任）

徐　敏（2016年2月免）

业务管理科

科　长　张紧莉

副科长　林　勇

案件审理科

科　长　彭昕宁（2016年2月任）

邵立华（2016年2月免）

副科长　徐　敏（2016年2月任）

检查执行一科

科　长　余晓祥

副科长　杨　滢（2016年2月任）

柏寅昊（2016年2月免）

检查执行二科

科　长　邵立华（2016年2月任）

副科长　柏寅昊（2016年2月任）

杨　滢（2016年2月免）

检查执行三科

科　长　谈翠华（2016年2月任）

副科长　索荣荣

检查执行四科

科　长　徐桂花

副科长　谈翠华（2016年2月免）

（骆静思）

稽查业务管理　贯彻落实国家税务总局稽查“双随机”抽查制度，始终坚持依法稽查，狠抓稽查业务质效。强化风险应对，根据风险点制定应对预案，规范对风险点的取证及反馈要求，要求风险疑点“逐一分析、逐一审理、逐一消除”，提高风险应对准确率。加强案件管理，建立案件责任制和案件通报制，坚持每周疑难案件讨论会、每半月稽查计划推进会、每季绩效讲评分析会，加强案件过程监控力度。（林　勇）

发票管理　根据省地税稽查局推送的国税发票违法企业信息数据，辅导企业做好自查自纠。企业自查发现问题5户，涉及发票54份，自查补税金额86.4万元。在下达的108户检查任务中，查处发票违法企业43户，涉及发票份数112份，涉及发票金额6108.34万元，补税合计163.26万元。积极开展案件协查。共接收市地税稽查局下达协查案件7件，涉及发票协查企业4户、税务协查企业3户，已有6件案件直接回复。（林　勇）

督查内审　成立专门执法督察工作领导小组，负责统一部署。以注重税务督察流程及税务督察文书的规范管理为切入点，全年先后开展三批次税收执法督察，分别以内部自查及市地税局稽查系列互查等方式进行，检查重点为任务时效性、程序合法性、文书规范性、应对有效性、证据完整性和处理准确性等方面，共督察审理22户税务稽查案件，有2人次受到过错责任追究。对所有在督察中发现的问题进行归类总结，形成规范性要求在该局执行，杜绝类似错误的发生。

（林　勇）

稽查专家团队建设　发挥“稽查专家团队”作用，为稽查三分局重大案件集体审理充当智囊团，进行政策把关，参与“四联动”执法检查（执法督察、执法监察、绩效考评、重点事项实时督察），参与确定疑难案件的检查方案，对于各检查

2016年4月27日，稽查三分局开展“税收宣传进社区”活动，发挥税收职能，构建诚信社会

执行科发现的疑难户，由检查执行科制作书面案件简况，提交给案件审理科，由案件审理科牵头召集稽查业务专家团队共同讨论案情，商量检查方案。对该局组织的业务培训进行需求分析，选择合适的组员担任培训教师。组织开展G3（即“稽查三分局”，取谐音）沙龙活动，分别就不同主题开展经验分享式培训会近10场，有效发挥老同志“传、帮、带”作用，提升解决实际问题的能力。

（彭昕宁）

国地税稽查合作 一是联合开展案件检查。根据国家税务总局关于国地税合作的工作部署，首次开展国地税联合检查。该局与国税第一稽查局多次联合召开业务洽谈会和稽查工作研讨会，研究商讨联合检查工作方案，探索确立案情联合分析研讨和通报制度，做到同步进户检查、同步调取账簿、同步调查取证，确保今年推送的3户联合检查案件顺利检查完毕。二是联合开展业务培训。为更好地增进了解、加强合作，双方各自挑选具有丰富经验和执法资历的老同志，进行联合培训，分享查案技巧和查账经验。三是联合开展自查辅导。根据开展重点稽查对象随机抽查的工作要求，与国税第三稽查局通力合作，开展对62户重点企业的自查辅导，统一了稽查尺度，提高了工作效率，切实服务纳税人。（林 勇）

“金税三期”上线 制定“金税三期”上线方案，做好工作动员，组织人员培训4场155人次。在“金税三期”系统中补录原大集中未执行完成的案件，根据市地税局要求开展预生产环境迁移数据验证的要求，组织参加市地税局三次人海仿真测试。实施稽查全业务流程试运行，确保上线初期的平稳运行。根据案件查办的实际要求，及时补录未结束案件，准确申报使用中出现的问题，并对业务事项在“金税三期”中的运行规则提出建议。（林 勇）

税务稽查案件应对管理 全面实行稽查案件“两级合议”“三线把关”，提高案件质量，降低执法风险；试行“人对科”“科内研讨”“分局政策例会”三级研讨制度，有效缩短政策疑难问题的答复时间，提高工作效率；实施“审理人员提前介入”机制，建立《案件跟踪表》制度，提高审理通过率，降低检查更正率。积极落实服务举措。注重落实查前见面、稽查案件讲评、以案说法、查后回访等制度，力争帮助检查对象规范纳税申报，规避涉税风险。在检查过程中，认真倾听纳税人的合理诉求，维护纳税人的合法权益，提高检查对象对检查结果的认可度。（彭昕宁）

绩效管理 印发《绩效分析讲评会议实施细则》，完善绩效考核管理办法，突出绩效考核的针对性、差异性和导向性，着重加强了对案件查补进度、退审率、延期率、入库率以及廉政作风建设等关键指标的考核力度，充分发挥绩效管理量化考核、奖优惩劣、促进提升的积极引导作用。借助“查账之星”和“税收依法行政示范科（岗）”等评选活动，充分发挥绩效管理量化考核、奖优惩劣、促进提升的积极引导作用。着重开展“绩效文化”和“科所、岗位文化”建设，通过开辟“绩效之窗”、制作“绩效图册”、明确“一科一训”、征集“一岗一铭”，根植绩效管理理念，促进干部履职尽责。

（骆静思）

“书香机关”建设 一是结合省级“职工书屋”和“书香机关”创建活动，开辟学习园地。改造图书阅览室，新增面积70平方米，达110平方米；丰富馆藏书籍，新增各类图书400册，达到1500余册。二是以系统工会文学俱乐部会员为主要班底，成立“沁房书香”读书兴趣小组，以点带面，充分发挥该局各类阅读群组力量，创新形式和载体，积极开展干部职工喜闻乐见的读书活动，培养干部职工自觉阅读的习惯，使阅读成为一种生活态度，一种生活方式。三是在办公室、会议室、文化长廊等办公区域，张贴相关名言警句、书画条幅，让“全员阅读”入眼入心，大力营造浓郁的读书尚文机关氛围。稽查三分局获2016年“南京市职工书屋”称号。（骆静思）

廉政机制建设 建立健全廉洁自律和民主监督等方面的制度，不断完善分局“清风廉韵”廉政文化品牌（风清气正、廉洁韵律常动）。组织开展了“迎新春廉政灯谜大家猜”“微沟通、心互廉——廉政微信大家发”，提醒广大干部严守廉政红线。

开展“党风廉政视频季季看”活动，组织“党纪条规”学习，坚持“逢大会必看廉政视频”，2016年组织观看党风廉政视频近10次；组织干部到法院旁听案件庭审，用真实的案件警醒干部善用手中权力，确保在岗讲廉、在岗促廉、在岗守廉。

（徐　敏）

获“2013—2015年度南京市文明单位”称号　牢固树立求真务实、争先创优、奋发进取、努力开拓的争创意识，开展文明单位创建，将文明创建活动与工作紧密结合起来，以打造“法正、清廉，家和、业兴”美好家园为目标，围绕中心工作，大力开展依法行政、干部队伍、组织文化、党风廉政、民主管理和综合效能建设，培育文明风尚，确保安全履职，使文明创建成果体现在该局发展上，有力促进了精神文明和物质文明建设双丰收。获“2013—2015年度南京市文明单位”称号。

（骆静思）

获秦淮区“争创无职务犯罪单位活动先进单位”称号　制定《关于开展预防职务犯罪教育活动实施意见》，召开全体干部大会进行动员部署，要求每个干部都要树立风险的防范意识。通过组织家庭助廉活动，签订“家庭助廉承诺书”，形成助廉的良好氛围。建立“参事会”制度，成立由基层一线干部代表组成的参事会。突出岗位监督，以“预防职务犯罪先进单位”和市级机关“廉政文化建设示范点”争创工作为抓手，不断强化党风廉政建设，营造文明高效的执法氛围。获得秦淮区“2013—2015年度争创无职务犯罪单位活动先进单位”称号。（骆静思）

党群工团工作　深入开展微型党课教育。2016年有6人次讲授微党课，2人获评市地税局党总支优秀微党课。组织党员干部参观建党95周年图片展；开展“重温入党誓词”“践行‘两学一做’，争做合格党员”倡议；组织全体在职干部和退休党员干部开展“立家规、正家风”主题活动，征集家风家训50余条；退休干部“春秋两季看南京”活动，“包进甜蜜、裹住幸福”搓元宵、“庆三八·包饺子”、“登高赏秋”方山秋游以及“迎新年——玄武湖环湖竞走”等活动；组队参加系统工会“魅力康乃馨”女子体育舞蹈、“阳光杯”羽毛球和棋牌比赛，获得“雨花杯”乒乓球比赛二等奖，营造风清气正、团结向上的家园氛围。（骆静思）

2016年6月24日，稽查三分局组织党员干部到国防园开展“两学一做”专题教育活动

（赵小亮/摄）

王一晨获第十五届“南京好市民”荣誉称号　王一晨是稽查三分局一名热衷于公益和慈善事业的年轻党员。她积极参与该局妇委会组织的“春蕾助学”“爱心妈妈”等活动，主动为孩子们购买学习用品、书籍、衣服。6年来，她从无间断地坚持向四川贫困地区捐赠衣物。2011年开始每年两次进行无偿献血，直至被查出患有难以治疗的免疫系统疾病。2015年，她匿名资助青海的一名特困学生读完高中三年。在“腾讯公众号”里给急需筹款的对象捐款，前后共计上万元。2016年她牵头建立起该局职工书屋；代表市级机关参加2016年全市机关运动会，获得团体第八、个人第五的好成绩。2016年，王一晨被评为第十五届“南京好市民”。

（徐　敏）

【责任编辑　王甜源】

征收税务局

概　述　2016年，江苏省南京地方税务局征收税务局（以下简称“征收局”）深入贯彻落实中共十八届五中、六中全会精神、以提高纳税人满意度为主线，以“互联网+税务”为助力，持续提升纳税人“获得感”和税法遵从度，齐心协力、攻坚克难，圆满完成了工作任务。获得了“江苏省文明行业”、“南京市文明单位标兵”、市级机关“先进基层党组织”、市级机关“廉政文化示范点”、“南京市书香机关”等荣誉称号，在2016年全国纳税人满意度调查中市地税局获全国地税系统省会城市第二名。

抓统筹，促协调，建设需求型服务体系。以全国纳税人满意度调查为抓手，以纳税人需求为引领，运用大数据管理平台，提升管理水平，优化服务举措，提升系统纳税服务质效。深入开展2016年“问、优、促”专项活动（“问需求、优服务、促改革”专项活动），贯彻落实国家税务总局“便民办税春风行动”，针对纳税人的“痛点”“难点”完善服务制度，与多家银行共建“税务+金融”税银合作服务项目，推出税银合作产品，强化“全心、全员、全程”的纳税服务。启动“纳税服务效能监测系统”开发工作，落实纳税人需求统计调查、需求编写等工作，提升纳税服务管理水平。与国税联合评价，完成2015年度地税所属企业户信用评定工作，做好复评和补评等信用动态管理工作。按要求完成行政许可和行政处罚“七日双公示”（行政许可和行政处罚事项在7个工作日内在政府部门门户网站进行公示）信用信息归集报送工作，加强与市信用办数据交换，积极参与全市信用示范城市考核迎查。

重规范，拓渠道，构建高效型办税网络。围绕国家税务总局《纳税服务规范》，按照简政放权的要求，通过规范“两个标准化”（即办税服务厅制度标准化和业务标准化）建设，创新办税服务渠道，有效实现了服务质量目标化、服务方式多元化、服务渠道便捷化和服务功能个性化。推广、优化掌上办税平台，完善自助办税功能。根据“营改增”“金税三期”上线等重要工作变化，对办税服务厅工作进行全面梳理，删除或修订部分办税业务并及时修订信息化系统。每月分析公共管理服务系统相关数据，提高办税服务厅标准化和科学化管理水平。与市国税局纳税服务部门充分沟通，加强国地税合作工作。加强政务中心窗口业务指导和沟通协调，做好支撑和保障，连续四个季度在全市42个窗口单位、129个服务窗口的评比中均获得“红旗窗口”和“先进单位”荣誉称号。

优合作，强基础，创新分众型税法宣传。突出宣传重点，丰富宣传内容，适应宣传环境，创新宣传方式，努力提升税收宣传实效，努力营造和谐、融洽的税收环境。适应新形势、新要求，优化与南京日报社、南京电视台宣传合作方案。在南京地税外网纳税人学堂的基础上，创新开设在线直播课堂，帮助纳税人掌握税收政策和办税流程。务实开展税收宣传月活动，加强网站更新维护，全年共拍摄微动漫5部、微电影4部、宣传片11部，不断强化宣传基础。南京税收博物馆于2016年4月1日起正式对外开馆，内设组织文化陈列馆、税收文化陈列馆两个主题馆，藏有文物1720件（枚）、图片千余幅、光电场景模型13组。除恢复日常接待参观外，还开展了丰富的社教活动，充分发挥南京税收博物馆传播税收文化作用。

重日常，谋创新，打造综合性咨询平台。积极拓展咨询渠道，创新服务手段，扎实做好日常咨询服务，全面打造“六能型”（“能问、能查、能看、能听、能约、能办”）综合咨询平台。编印2016版《轻松纳税》，依托微信服务号，以“微税厅、大服务”为建设理念，创新建设“南京地税微税厅”，开发具有涉税信息推送、查询、办税等功能的手机微信服务平台，拓宽了服务渠道。承担省地税局对全省各地的“12366”咨询电话的抽检、省地税局知识库的维护、省地税局网站的在线咨询、全省新进咨询员培训等工作。

履新政，促改革，规范房地产交易的税收征管。2016年，“2·22”契税新政（根据国务院部署，自2016年2月22日开始调整房地产交易环节契税、营业税优惠政策）、“营改增”全面实行、不动产统一登记带来的税收前置和“金税三期”上线四项新的工作接踵而至，加上南京房市的持续火爆，房地产交易的税收征管工作压力空前巨大。征收局群策群力、全力保障征管工作，2016年该局共办理各类房地产交易的税收业务158086笔，日均632笔，再创历史新高。共组织各类房地产交易的税收89.95亿元，其中，契税收入65.49亿元，同比增长56.92%。同时加强统筹协调，做好各项保障；运用多种形式，分类宣传培训；整合资源渠道，优化服务举措；紧跟新政热点，强化执法督察，确保各项新政及时准确落实到位。

抓规范，重激励，打造专业型干部队伍。落实“两学一做”要求，加强党风廉政建设，打造“规范、专业、效率、敬业”的干部团队，为工作提供组织和人力保障。围绕市地税局“两个卓越”

文化,进一步推进“三叶草”文化建设(即以“人本、专业、创新”为内涵的征收局组织文化),组织丰富多彩的人文活动,落实带薪休假制度,做好困难干部帮扶工作。深入开展文明创建活动,做好文明网站内容维护。加强领导班子建设,规范干部管理,启动数字人事管理,提升干部履职能力。

严落实,重保障,坚持集约型行政管理。以服务征收局工作为目标,严格落实上级相关要求,规范行政管理,保障工作正常运行。加强计划、公文、信息和舆情的统筹管理,全面落实新档案管理系统上线工作,加强对档案采集工作指导、跟踪以及考核,规范档案调阅利用,完成2016年度创新立项工作,全面提升政务管理质效。落实后勤内控机制和后勤管理规范,规范固定资产、基建项目、办公用品等管理,层层落实安全值班、信访、维稳系列任务。根据市地税局要求节点,按时完成公车改革各项工作,并执行新的车辆管理使用办法,促进事务管理规范化。严格落实中央“八项规定”,严守厉行节约、防止铺张浪费有关规定,严格执行财务制度,加强预算管理,提高预算执行力。强化落实和督查、督办,严格审批重大费用支出。(王赟超)

机构设置及负责人

办公室

主　任　史忠民

副主任　夏　菁(2016年2月任)

人事监察科

科　长　潘叔鸣(2016年2月任)

副科长　金　天

制度业务科

科　长　邱萌宇

副科长　曾李炜(2016年2月任)

办税服务科

科　长　朱　丽

副科长　张　伟(2016年2月任)

综合管理科

科　长　徐　雷

副科长　王　平

税收宣传科

科　长　丁　兴(2016年2月任)

副科长　陈晓菁

咨询服务科

科　长　袁　锋

副科长　唐　恬

副科长　周　洁(2016年2月任)

督察内审科

副科长　陈春骏

第八税务所

所　长　戴道贵

副所长　董　天

副所长　何　南(2016年2月任)

第九税务所

所　长　王守江

(王赟超)

“银税互动”模式创新　深化拓展“银税互动”,助力诚信企业融资发展,通过开发“税收信用信息平台”,与各合作银行共享涉税信用信息,提升涉税信用信息影响力。参与编写完成“银税合作”“税收信用信息”工作规程、操作说明,实时做好平台测试及运行问题跟踪,开辟线上线下“银税互动”模式,有效对接互联网“税务+金融”。与民生银行、江苏银行、南京银行、招商银行等金融机构开展银税合作,服务诚信纳税人,2016年已为诚信小微企业和个人发放贷款3623笔,累计金额5.93亿元。(邱萌宇　曾李炜)

纳税服务大数据平台项目建设　2016年,征收局开发基于大数据框架下的服务策略系统平台,尝试通过大数据系统进行纳税服务领域的探索和研究,为地税系统开展大数据治税提供经验积累,为地方政府经济决策提供参考。该平台自2016年5月起开始试运行,为配合平台的上线,累计为省地税系统各单位、市地税局和基层局宣讲15场,基于大数据平台的“双创”(大众创业,万众创新)课题成果多次向省地税局进行专题汇报,得到省地税局肯定,被认为具有可复制、推广性,相关稿件先后在省地税局《信息专报》《决策与参考》以及国家税务总局《税务研究》刊登。(曾李炜)

获全国纳税人满意度调查第二名　市地税局在国家税务总局2016年度全国纳税人满意度调查中

成绩优异，获全国省会城市地税部门第二名，综合得分87.38分。2016年，市地税局始终坚持“始于纳税人需求、基于纳税人满意、终于纳税人遵从”的理念，强化树立“全心、全员、全程”的纳税服务意识，开展“便民办税春风行动”以及“问需求、优服务、促改革”专项活动，深化“银税合作”，推进大数据建设，深度开展国地税合作，广泛开展税法宣传和辅导培训，积极响应纳税人需求，突出便民办税服务，全面落实各项服务举措，纳税人满意度持续提升。（邱萌宇）

获南京市信用体系建设考核二等奖 与国税部门通力合作，采取联合评价的方式，顺利完成2015年度地税所属企业户信用评定工作，最终评定2015年度A级纳税人19720户，B级以上占总参评户的80%。积极参与全市信用示范城市考核迎查，强化涉税信用信息归集，加强数据交换。共梳理并向市信用办报送行政许可行政处罚目录12条，数据清单20项，应用清单16项，以及行为清单21项。做好“红、黑”名单报送，报送重大税收违案件3户，双公示处罚信息9户，欠税信息3405条，A级纳税人名单19720户。向市信用办报送正面守信案例和负面失信案例累计11个，各类信用相关工作意见反馈6篇，向“诚信南京”网站报送92户A级诚信企业承诺公示。2016年，市地税局信用体系建设工作在全市考核中获二等奖，排名全市各部门第五。（曾李炜）

国地税纳税服务合作 根据国家税务总局、省地税局合作规范要求，明确市地税局、市国税局合作工作方向，建立联席会议制度，商讨办税服务厅合作模式，组织联合基层实地调研4次，解决基层合作困难。全市13个政务中心均已实现国、地税共同进驻服务窗口，统一开展三证合一及税务登记相关业务。13个办税服务厅中共有9个办税服务厅派驻15名工作人员在国税办税服务厅受理与增值税代开票相关的地税税款征收业务。同时，紧密结合营改增等重点工作携手国税积极展开宣传，共报送合作范例6篇、合作工作总结2份、合作工作典型经验2篇、先后在省级以上媒体宣传报道25次，成效明显。

（羊明理）

市政务中心进驻窗口连续4个季度获得“红旗窗口” 该局对市政务中心地税进驻窗口加强业务支撑，制定《关于保障驻市政务中心地税窗口绩效考评工作的方案》，明确各方工作职责。同时，顺畅各部门联动机制，形成有效合力。多次开展实地调研，现场解决窗口矛盾，协调处理各类问题。政务中心进驻窗口2016年共办理“三证合一”业务10250次，打印银行三方协议2178次，接受咨询3287人次。在市政务中心对42家窗口单位、129个对外服务窗口组织的季度绩效考核中，连续4个季度取得“先进单位”和“红旗窗口”光荣称号。

（羊明理）

掌上办税平台 2016年，征收局正式在全市推广应用掌上办税平台。按照省地税局掌上办税平台相关推广要求，在对其他地市进行工作指导的同时，顺利对接“金税三期”相关功能。解决推广中发现的各类问题近40个，并在前期运行成熟的基础上进行二次功能开发及优化，调优增加预约服务、支付宝扣款、个人所得税自行申报三项功能。2016年，自然人注册用户已达4529户，共办理登记业务1286笔，个税12万元申报3711笔，合计金额326161.6元；发票查验798笔。企业注册用户达56户，办理社保费申报20笔，金额2321624.21元。从用户反馈的情况看，掌上办税平台达到了预期开发目标。（羊明理）

办税服务厅建设 征收局围绕国家税务总局、省地税局对办税服务厅工作要求及税务审批改革有关工作要求，把握“营改增”“金税三期”上线等变化节点，对办税服务厅工作进行全面梳理，完善两个“标准化”内容，优化掌上办税平台，完善自助办税功能，及时修订信息化系统，删除或修订部分办税业务，并做好各类督促和检查，确保办税服务厅工作有据可依，有序开展。同时，通过每月分析公共管理服务系统相关数据，为全市网上纳税人做好服务保障，特别是在“营改增”“金税三期”上线等特殊时期强化管理，大力提升办税服务厅标准化和科学化管理水平。（羊明理）

税收宣传月活动 与市地税局办公室配合，统筹组织安排，积极开展全国第25个税收宣传月系列宣传工作。一是开展“青年梦，税月情”2016年在宁高校大学生税收辩论赛活动。二是筹划拍摄了“诚信纳税 铸就发展”微电影、微动漫，通过网站、税收博物馆、办税服务厅、地铁公交等平台播放。三是开展走进企业、走进校园等系列宣传活动。四是组织大学、中学学生、企业以及晨报小读者等参观税收博物馆。五是开展“携手共建 服务民营”专题活动。（史忠民）

开设在线直播课堂 征收局在网上开设纳税人学堂的基础上，创新开设在线直播课堂。通过调研确定在线直播课堂的功能定位和实际运作办法，经过与计算机公司的协调、研讨以及直播课堂软硬件的多轮测试，于5月30日开展了第一期直播课堂。第一期直播课堂采用国地税合作，联合授课的形式，以营改增相关政策解读为主题，为广大在线纳税人上了一堂面对面的营改增政策培训辅导课。直播课堂的开设，进一步提升了纳税人对税收政策的关注度和参与兴趣，更好地帮助纳税人掌握税收政策和办流程。（史忠民）

税收夏令营活动 为关爱春蕾班孩子健康成长、快乐学习，丰富农村留守孩童的暑期生活和社会实践活动，充分发挥税收博物馆的宣传教育作用，征收局组织了2016年度“税收文化夏令营”活动。夏令营活动在南京税收博物馆举行开营仪式，市地税局党员代表和博物馆讲解员向夏令营营员发放捐赠书包、文具等纪念品。组织学生参观南京税收博物馆和江宁织造府，向参加夏令营的学生介绍我国税收发展历史和城市文化，宣传税法政策，培养大家的税法意识，受到参加师生的广泛好评。（史忠民）

第十三届税收征文活动 征收局与南京市教育局联合主办了南京市第十三届“税收·国家·文明”征文活动。经过有关专家的严格评审，最终评选出获奖文章96篇，其中：特等奖1篇、一等奖15篇、二等奖30篇、三等奖50篇。在本届征文活动中，市地税局与区教育局强化组织、密切配合、广泛动员、大力宣传，全市有111所中小学生和部分高校学生，以及省内外市民积极参与投稿，共收到27926篇参赛作品，征文数量和质量都比往年有所提高。（史忠民）

“12366”热线咨询服务 2016年，“12366”咨询总量为57.28万次，咨询接通率为92.09%。网络咨询12.79万人次，其中在线实时咨询11.71万人次。全系统全年组织纳税人学堂276场，累计为2.6万名纳税人提供了免费培训。2016年，向市地税局办公室报送舆情52篇，反映热点问题182个。按月编写税情分析报告，共向基层局提供建议9条，向市地税局机关提供建议4条。收集热点问题438条，制作政策汇编132条，热点问题集3期。同时做好知识库建设，加强“12366”对全系统业务的支撑作用，全年维护知识库系统224条。（唐 恬）

“南京地税微税厅”手机微信服务平台上线 2016年，“南京地税微税厅”手机微信公众平台正式上线，在全省首创将办税网站浓缩精简为掌上的手机微信版“微网站”。纳税人通过该平台，可随时随地获得税法政策查询、在线咨询、税款试算、表单下载、个人所得税信息查询等纳税服务。纳税人还可以通过注册登录，获得更多个性化的政策订制服务，如根据纳税人企业类型，点对点地定时推送有关税收优惠政策信息。根据纳税人以往咨询习惯，分不同申报时点，向纳税人提前推送有关申报提醒等，实现对纳税人更为精准的个性化纳税服务，真正做到让纳税人随时随地获取地税机关的纳税服务，进一步实现了纳税人体验感从舟车劳顿上门、到足不出户居家、再到如影随形移动办税的转变。（唐 恬）

《轻松纳税—你必须知道的税收热点和办税技巧》（2016版）出版 2016年，为方便纳税人及税务干部更好地掌握税收知识，征收局继续开展《轻松纳税》系列丛书的编辑、出版工作。成立丛书编辑小组，将平时咨询服务中遇到的现实税收热点、难点，投诉意见收集起来，进行系统梳理与规范解答，突出时效性、指导性和操作性三个特点，出版《轻松纳税——你必须知道的税收热点和办税技巧》系列图书，图文并茂、简洁易懂地为纳税人明确纳税义务、准确进行申报提供指导。《轻松纳税》系列图书已发行至第三版，经过多次审稿、修改，本版内容更为详实，排版更加合理，共发行2万余本，为促进税法遵从度提高发挥了积极作用，得到纳税人的一致好评。（唐 恬）

“12345”专版工单处理综合满意率列全市高派单组第一 2016年以来处理“12345”热线转办工单1794件，按时办结率100%，综合满意率90.51%，综合满意率在政府机关高派单组排名第一。创新机制，以“五个一”（一个指挥中心、一套高效工作体系、一把手负责、一套电子信息系统、考核一票否决的诉求处理机制）提升诉求响应高效化水平。创新管理，以“三统一”（工单处理流程统一、人员岗位职责统一、绩效评价指标统一）规范诉求办理标准化，引入ISO 9001质量管理体系标准化理念，赢得纳税人满意。创新方法，以“源头控管”实现诉求办理优质化，立足源头管控，对群众反映多、意见大的问题采取早期干预、早期预防的方式，采取区分行业管理、拓宽宣传渠道、开展针对性预防等手段，减少诉求发生。（唐 恬）

落实房地产交易税收新政 2月22日起，房地产交易环节契税营业税优惠政策进行调整。征收局快速反应，精准、快捷地解读新政内容，落实省地税局、市政府有关要求，统一关于新政各类问题解答口径，及时处理执行新政过程中遇到的难题，耐心处理纳税人误解，化解征纳矛盾，对前台做好支撑。充分利用已有的平台，引导纳税人更多地利用网站、微信等方式获取信息，打造新型的房地产交易征纳互动平台，方便纳税人，减轻前台办税窗口的压力。同时，加强风险防控，按照《关于调整房地产交易环节契税营业税优惠政策的通知》及操作口径，针对新政涉及的房地产交易契税、营业税征收环节，围绕分档优惠税率，新旧政策适用标准，相关证明材料等关键点，统筹做好风险控制。结合新政的新要求，调整风险监控点，梳理发布风险提示。对窗口一线新调入人员做好“一对一”个性化风险提醒，并对调出人员的账号管理进行规范，为新政落地夯实基础。加强数据监控，按天统计反馈疑点数据，筛查申报记录2000多笔，并做好推送和跟踪。及时了解情况，快速反馈问题，对操作中的模糊点当场联系业务部门加以明确，对风险问题坚持随时查，随时纠，日日清。（王赟超 丁 兴）

参与全市不动产统一登记改革 2016年，市地税局积极配合国土、房产部门，全面参与全市不动产统一登记改革，保证相关工作的平稳对接和落实。一方面，根据不动产统一登记改革相关政策要求，积极与国土、房产等部门沟通研究，深入一线窗口调研，合理调整房地产交易办税规程，适应不动产统一登记改革带来的相应变化。另一方面，合理增加办税窗口设置，6月28日起，全市正式实施不动产统一登记制度，国土局位于中山路的办证大厅全面受理市区房地产交易、登记业务，市地税局在中山路登记大厅同时开设办税窗口，方便纳税人申报纳税。（徐 雷）

市区房地产交易税收执法督察常态化建设 2016年，征收局全面加强市区房产交易税收执法督察常态化建设。采取发布风险提示、问卷调查、现场调研座谈等多种方式，对新业务、新规程、新到岗人员进行专题风险预告，促进规范执法。加强日常监控，对税率、计税价格、税款结报、票证管理等重点环节做好日常筛查和现场检查，及时推送问题数据，将房产局接口数据异动纳入每日筛查范围，将“满五唯一”（个人购买住房取得房产证已满五年或超过五年，且是个人唯一住房）个人所得税减免作为每周现场抽查项目。按月组织对房产交易税收案件的分类复核，并发布情况通报。突出重点防控，针对“营改增”试点工作，及时对《市区房地产交易税收业务风险监控点》进行修订，并下发《营改增试点初期风险控制预案》《“营改增”涉及的风险监控点调整预告》等文件。（丁 兴）

涉房税收“营改增”工作 “营改增”工作期间，征收局成立专项工作领导小组，“一把手”负总责，各部门协作参与，及时落实各项工作。根据国税委托地税代征的二手房、其他个人出租房屋等业务范围，按时完成了代征点风险评估，税控专用设备领用、安装及测试，信息系统上线，相关业务和政策培训，办公设备保障，代开发票仓库安全改造，一窗式整合以及应急预案制定等准备工作。新设上海路办税厅对外办税，有效地缓解了华侨路办税厅的压力。完成了“营改增”全面试点后发票缴销，持续跟踪和发现解决“营改增”后的各类问题，确保“营改增”的顺利实施和平稳运行。（徐 雷）

人事工作 征收局优化人力资源配置，大力推进廉政作风建设和精神文明建设，全面打造"规范、专业、效率、敬业"的纳税服务团队。规范领导干部联系基层制度和重要情况报告制度，5月"营改增"和10月"金税三期"上线期间，做好人员应急预案。积极开展"岗位大练兵 业务大比武"竞赛活动，组织参加2016年能级评定工作。推广应用公务员职业道德和行为规范，修订绩效考核办法，完善干部考核评价内容，加大绩效结果运用。做好参公管理人员职务套改工作，组织开展科所级副职竞岗工作，组织对1名科级领导干部试用期满转正考察工作。妥善完成了聘用驾驶人员的合同解除工作。推进"三叶草"文化建设，组织丰富多彩的人文关怀活动。启动数字人事管理工作，通过数字人事系统对干部进行全员、全程、全面管理，转变干部管理方式，进一步激发干部活力。推进廉政文化建设，开展"勤廉双优"先进人物的评选，做好廉政文化示范点现场验收工作，创作拍摄廉政微电影。积极参加"税务文化示范点""标兵科所""青年文明号"和"巾帼文明示范岗"等创建活动，突出科所的部门文化，实现履行处室职能科室的"名牌文化"、面向纳税人前台的"温暖文化"和机关内部科室的"和谐文化"，使得"三叶草"文化的内涵得以延伸和扩展。2016年，征收局获得"江苏省文明单位""南京市文明单位标兵""南京市机关先进基层党组织""市级机关廉政文化示范点"等多项荣誉称号。

（潘叔鸣）

行政事务管理 该局加强统筹协调，严格管理制度，提升行政管理效能。统筹管理计划、公文、会议、信息以及科调研等工作，修订完善《信息及科调研考核办法》，成立信息工作团队，组织信息工作培训，关注"营改增"相关信息报送，共有一篇信息被国办专报采用，一篇信息被江苏省地方税务局信息专报采用。合理分配科调研工作任务，按时完成各重点课题的撰写。在《江苏地税》发表三篇论文，在《江苏税苑》发表一篇论文。严格落实舆情管理规定，完善预警机制。加强涉税舆情日常跟踪，及时应对处置。处理市地税局局长信箱来信4件，市长信箱来信1件。全面落实新档案管理系统上线工作，加强对档案采集工作指导、跟踪以及考核，规范档案调阅利用。按市地税局要求，完成2012年文书档案规定工作以及2015年契税业务档案归档工作。共整理2015年契税业务档案2009卷，转让方业务档案1332卷。征收局牵头的"基于大数据框架下的服务策略系统""南京地税微税厅"项目，与征科处共同牵头的"落实'互联网+税务'行动计划"，"探索新型电子税务局建设"项目，均正式立项并申报省地税局"互联网+税务"计划项目。

（王赟超）

【责任编辑　王甜源】

高新技术开发区地方税务局

概　述 2016年，南京高新技术开发区地方税务局（以下简称"高新局"）面对"十三五"开局，税制改革步入深水区等新形势，新任务，始终牢记使命、勇于担当，大力组织收入，不断强化征管，狠抓大项工作，圆满完成全年各项工作任务。

围绕中心，组织收入能力进一步增强。面对"营改增"及"金税三期"上线带来的挑战，高新局在夯实总量基础上，持续围绕企业所得税、个人所得税及土地增值税下功夫，取得比较理想的成绩。从总量上看，2016年组织入库税收收入35.65亿元，同比增收1.09亿元，增幅3.16%，圆满完成市地税局和高新技术开发区管委会的收入计划。从结构上看，土地增值税增幅达94.53%，企业所得税增幅55.73%，个人所得税增幅19.38%。对三个主要税种的征管能力持续加强，直接税比重较2015年提高17.54%，保持了结构持续优化的态势。从财政收入占比情况看，营改增后，高新局收入占比仍然保持在62%的较高水平，高于年初40%的预期，也高于全市约50%的平均水平。更为可贵的是，整体收入中税收占比从2015年的81.4%提升到94.7%，大幅改善了收入质量。

夯实基础，国地税合作进一步加强。根据《国家税务局 地方税务局合作工作规范（1.0版）》要求，高新局对涉及区县合作层级的五大类32项内容认真进行梳理，在票证管理、差异数据清理及个体户联合征管上下硬功夫、真功夫，不断打牢联合征管基础，初步建立起涵盖纳税服务、征收管理、税务稽查、信息共享等环节的标准化合作事项。仅清理差异数据工作一项，全年就达

1111条之多，为“金税三期”上线和全面推行“营改增”试点工作做好了准备。

锐意改革，完成重大工作能力进一步加强。面对“营改增”和“金税三期”上线两项重大任务，全体干部不等不靠，积极投入相关工作。在3月国家宣布“营改增”时间表以后，大家能够克服时间紧、任务重、人手少等困难，主动与国税部门进行对接，确保相关工作有序展开。在“金税三期”上线期间，为保证系统顺利切换，除按照市地税局要求组织全体干部进行功能测试外，还能针对测试及系统上线初期的各种反馈，及时梳理上报，及时解疑释惑，最终确保“金税三期”系统平稳上线。在完成以上两项工作过程中，各科室所齐心协力，涌现出李荣义、阎小南等一大批优秀干部，为高新局今后执行大项任务积累了更多经验。

强化意识，纳税服务进一步优化。随着纳税服务的不断细化，高新局坚持多措施并举，线上线下融合，不断创新纳税服务方式。通过高新税收“云服务”平台的税企QQ群和“高新税苑”微博，广泛宣传税法和税收政策，为纳税人提供便捷、高效的涉税服务。于此同时，不断加强投诉回应速度，建立投诉办结情况通报及奖惩制度，加强对办结数、及时办结率、服务对象满意率等指标的考核力度，取得较好效果。

强化法治，税收执法行为进一步规范。面对江北新区成立后对规范执法的更高要求，高新局坚持以依法治税为出发点，以能力建设为立足点，不断强化规范执法意识，确保将2014年度《江苏省地方税务局税务行政处罚实施办法》及《税务行政处罚自由裁量基准》等重要文件要求落到实处，实现税收执法法律效果与社会效果的有机统一。在加强执法规范性意识的同时，高新局还一贯注重督察内审的监督作用，深入开展督审工作数据利用平台的综合应用和风险监控，创新风险数据的相关性协同分析。2016年，14个重点（专项）督审项目所涉税收执法督察问题，共计完成整改补税256.63万元。

严管善待，干部素质进一步提升。2016年，高新局将思想教育作为年度教育培训先导工作，将公务员职业道德融入春训课程设计中，通过“听、说、读、写、测”多环节强化思想教育。在日常培训中，注重结合实际，选取契税新政、二手房交易涉税问题和“营改增”政策变化等工作难点，不断拓宽干部的知识面。2016年，高新局共评选出9位职业道德模范，30岁以下的非“三师”人员全部参加税务师的考试，1人顺利通过税务MBA考试，成为系统第三批税务MBA学员。1人获得系统业务能手称号，3人通过能级考试。

注重践行，党风廉政建设进一步加强。在认真落实“两学一做”过程中，面对暴露出的问题苗头，坚持标本兼治、综合治理、惩防并举、注重预防的方针，反复学习消化《中国共产党廉洁自律准则》和《中国共产党纪律处分条例》等重要文件要求，将纪在法前、纪严于法贯穿于执纪监督全过程。与此同时，下大力气打造廉政文化长廊、开设“高新一家亲”微信公众号并持续推进员工帮助计划（EAP），坚持以文化正能量引领廉洁从税自觉性的提升。

协调兼顾，综合保障能力进一步加强。适逢公车改革，高新局在稳慎推进车辆封存、驾驶员遣散等工作的同时，加强对遣散驾驶员的心理疏导，确保“送走一群同志，留下一片情谊”，圆满完成公车改革各项工作。经过多方努力，高新局办公场所于2016年也进行了搬迁，在搬迁过程中，大家能认真准备，充分考虑每个细节，确保搬迁不影响业务工作、不增加纳税人负担、不流失国有资产，顺利完成搬迁各项工作。（韩银安）

机构设置及负责人

办公室

主　任　徐小琴
副主任　韩银安

征管和科技发展科

科　长　陆　军
副科长　王　波

税政法规科

副科长　刘　烨
副科长　陈　涛

人事监察科

科　长　王加龙
副科长　马德斯

督察内审科

副科长　肖孙熹

第一税务所

所　长　　丁　勇

副所长　　周嫦娥

第二税务所

所　长　　许大青

副所长　　沈义林

第三税务所

所　长　　汤明明

第四税务所

所　长　　王振宇

（徐小琴）

办公场所搬迁　随着高新局2012年扩编，高新局干部由25人增加到51人，下辖税户由1054户增加到2.4万户（含个体1.3万户），而办公场所却一直是位于高新区新科3路2号、总建筑面积约2200平方米的3幢低层楼房，在房屋布局与面积等方面看，距离标准化办公要求都有差距。2016年11月，在市地税局和高新区管委会关心下，高新局迁往高新区高科1路2-2号的北园大厦。在整个搬迁过程中，该局周密组织、协调推进，100%做到不影响纳税人办税、不造成国有资产流失、不产生不良影响，顺利完成搬迁工作。（韩银安）

组织收入29.72亿元　2016年，高新局基于“抓大管小”原则，在做好中小税户管理的同时，强化重点税源数据应用。根据市地税局及高新技术开发区管委会收入计划，结合实际税源现状，及时编制、调整全年税收收入计划，并通过预测平台和四联动平台，优化收入分析方法，对30万元以上的税户按月按税种进行预测跟踪管理，及时掌握重点税源企业税收入库进度，强化促收措施的跟踪问效，确保年度收入任务按序时进度入库。在克服“营改增”等因素影响的同时，完成公共预算收入29.72亿元，剔除“营改增”等因素影响，增幅可达18.68%，圆满完成市地税局和高新技术开发区管委会的收入计划。（李　玮）

“营改增”工作　“营改增”工作启动后，高新局及时拟定营改增工作方案，并注重在推进过程中主动与高新国税进行业务对接，保证相关工作有序开展，在国地税机关间形成良好互动，深度融合的关系。鉴于存量房税收仍由地税部门征收等情况，为保证契税窗口平稳过渡，第一时间展开相关培训，确保前台办理人员在5月3日系统上线前熟悉整个流程。与此同时，高新局积极进行国地税差异户数据清理工作，对地税登记信息差错数据进行修改，共核实修改登记差异数据476户，保证了国地税登记的一致，为“营改增”顺利推进打下坚实基础。（王　波）

“金税三期”上线　“金税三期”上线时间紧、任务重，头绪众多。高新局结合自身实际情况，三项措施确保“金税三期”平稳上线。一是深入宣传“金税三期”上线的重要意义，让纳税人了解新系统上线可能会触发的问题，争取纳税人的支持与理解。二是扎实进行上线测试，制定并下发了“金税三期”系统切换工作方案，在双轨运行和单轨上线后，按照市地税局的工作要求，组织全体业务干部按工作要点分部门分类别进行了功能测试。三是做好问题的反馈沟通工作，及时将工作中遇到的难点及纳税人反映较多的问题向技术部门反馈，为优化“金税三期”功能提供数据。（王　波）

纳税服务　根据《全国县级税务机关纳税服务规范》2.0版具体要求，高新局认真落实纳税服务责任制，一是建立快速反应机制，确保“件件有落实”。维权服务责任到人，第一时间维权岗将投诉工单转交给有关责任部门，并根据投诉内容迅速制定出应对处理方案。二是及时反馈查处结果，确保“事事有回音”。高度重视，切实维护纳税人合法权益，对纳税人提出的问题力争在规定时间

2016年1月15日，组织干部走进企业开展调研服务

内提前办结，将处理结果及时反馈告知纳税人。三是完善考核机制，确保“处处见成效”。建立工单办结情况通报制度及奖惩制度，每月通报各部门办理诉求事项的办结数、及时办结率、服务对象满意率等各项指标，努力提升“12345”工单满意率。（凌　洁）

电子税务局建设　高新局作为市地税局系统电子税务局建设试点单位，努力做好电子税务局的试点推广工作。一是通过“纳税人学校”，对企业需求进行专项定点辅导，2016年共培训85户新办企业；二是积极推广掌上办税APP。通过高新税收“云服务”平台的税企QQ群和“高新税苑”微博、服务大厅发放宣传页等形式进行广泛宣传，引导纳税人使用掌上APP自主申报，极大的方便了纳税人涉税事项的办理。此外，针对推广过程中出现的问题及纳税人建议，该局积极向市地税局提供反馈，为该软件的优化提供了帮助，为征管工作建言献策。（巫晓帅）

个人所得税征管　面对高新区高收入人士较多，股权交易日渐频繁等特点，该局从三方面入手，确保个人所得税管理规范有序：一是紧抓重点工作，根据上级部门关于做好年度所得12万元纳税人自行纳税申报的通知要求，该局在明确任务分工，职责划分的基础上，通过科所联动，加强对纳税人的指导服务，促进了12万元申报工作的提前完成，纳税人共申报8000多人次，入库税款53.76万元，全面完成工作任务。二是关注日常工作，积极配合税务所做好个人所得税的管理工作，日常明细申报率99%以上。三是积极探索创新工作，关注资本交易个人所得税的审核控管，特别是股权转让交易，全年完成股权转让前置审核153人次，入库税款26.47万元，在办重大疑点案件2家，涉及税款200余万元。（陈　涛）

土地增值税清算　江北新区概念带火了高新区楼市，房地产开发市场活跃，高新局将土地增值税作为加强税收征管的重要抓手，做了以下工作：一是统筹安排，跟踪管理。建立房地产项目管理台账，对纳税人项目立项、规划设计、施工、预售、竣工验收、工程结算、项目清盘等房地产开发全过程情况实行跟踪监控，做到税务管理与纳税人项目开发同步。二是组建专业团队，加强项目监管和开发清算。依据“新老搭配，以老带新”原则，由各部门业务骨干组成的近10人的高新局土地增值税专业管理团队，在2016年共完成了8个项目的土地增值税清算，清算评税6.18亿元，分别占据当期全市项目数的12.9%和累计清算税款的55.37%。三是部门联动，堵塞征管漏洞。对尾盘销售管理引入督察内审跟踪抽查，2016年对房地产尾盘项目销售督审补缴土地增值税清算税款250.4万元。（朱凡璐）

基金费征收　高新局秉持依法征收原则，不断强化基金费征管力量。一是加强和规范社保费征缴工作，强化社保费的欠费管理。全年共入库社保费15.4亿元，征缴率达99.6%，社保费当期欠费（金额超过1万元）的月催缴率达100%。二是重视基金费工作，强化部门协作，推进征收工作。在执行上，严格按照市地税局和相关部门工作要求，落实好规范基金、费征收的相关规定，推进基金费依法、合规征收。2016年，基金费总任务1922万元，其中工会经费为1070万元，残疾人保障金为852万元。截至12月，工会经费入库1131万元，完成进度为105.7%；残疾人保障金入库855.63万元，完成进度为100.4%。（傅红华）

依法行政工作　不断强化干部对税收政策的培训及运用，通过《中华人民共和国行政处罚法》《中华人民共和国行政诉讼法》《中华人民共和国税收征收管理法》等法律法规的专题学习交流，提高了干部的依法行政能力。加强对执法行为的规范，严格执行2014年度《江苏省地方税务局税务行政处罚实施办法》及《税务行政处罚自由裁量基准》。通过对各所行政处罚案卷的检查，规范行政处罚，确保行政处罚程序、违法事实的调查取证、法律法规依据合法。公平、公正开展执法示范岗评选，充分发挥依法行政先进典型的示范带头作用，并将争创“规范执法示范岗”工作列入年度法制重点工作，评定的执法示范岗与年度优秀公务员评选挂钩，以此影响和带动更多一线干部规范执法，努力营造文明、规范、高效的执法氛围，实现税收执法法律效果与社会效果的有机统一。（刘　烨）

人才队伍建设 组织“学习型、法治型、效能型、廉洁型”班子争创活动，进一步提升班子履职尽责能力。选拔敢于担当的优秀年轻干部充实中层干部队伍，2016年共选拔正科级干部1名，副科级干部2名。加强日常管理。修订绩效考核指标和考核办法，推进绩效持续改进。探索“数字人事”管理，全面记录和科学运用税务干部“德、能、勤、绩、廉、评、基”等各方面数据信息，促进税务干部全面发展。推广应用“公务员职业道德和行为规范”。加强人才团队建设，提高综合素质。发挥人才团队的作用。春训课程中，鼓励人才团队成员上讲堂。2016年1人成为系统第三批税务MBA学员。1人获得系统业务能手称号，3人通过能级考试。

（马德斯）

廉政制度建设 抓好主体责任落实，落实科所级廉政责任传导，推进从严治党向基层延伸。加强廉政教育，深入开展党纪条规学习月，认真学习贯彻《中国共产党廉洁自律准则》和《中国共产党纪律处分条例》。认真落实监督责任。认真把握和落实监督执纪“四种形态”，加大查办力度，规范信访举报处理；落实干部选拔过程中的监督职责；开展执法监察，纠正执法过程中存在的苗头性问题；实施一案双查，完善监督链条。开展专项治理工作。重点围绕为税不廉行为、执法不公问题、侵害群众利益现象、违反中央“八项规定”精神情况四个方面展开查纠工作，同时组织向勤廉双优先进典型学习。（马冬冬）

作风行风建设 高新局以“两学一做”教育活动贯穿全年，将“两学一做”要求作为考察干部的标杆，一是注重把专题教育融入日常工作学习中，坚持每周组织集中学习，开展集体讨论，先后四次开讲微型党课，并结合活动进度开展“树家风、立家规”活动一次。二是加强内部管理，推动作风建设进一步做实，优化纳税服务，促进征纳关系和谐，宣传作风建设新成果，全年共开展各种税收主题宣传活动6次，通过纳税人学堂等平台开展税务培训20余次，共培训企业财务人员300余人次。三是是完善作风行风建设督查机制，定期组织明察暗访，加强对各项政策、措施落实情况、反映问题整改情况、群众投诉办理情况的监督检查，全年共通过督查机制堵塞漏洞十余次，有效提升了办税效率及纳税人满意度。（许　洁）

2016年7月1日，高新局组织党员干部参观雨花台烈士陵园，开展爱国主义和革命传统教育

税务文化建设 一是开通“高新一家亲”微信公众号平台，定期向全体干部推送组织文化、党风廉政建设相关文章，增强组织凝聚力。二是统筹党、团、工、妇文化建设活动，提升干部凝聚力和认同感。配合节庆氛围先后组织了“三八”节活动、端午节包粽子等活动，同时积极引导大家参加系统羽毛球、篮球比赛，增强集体荣誉感。三是持续推进员工帮助计划（EAP），深化人文关怀。关注干部身心健康，组织召开夏季养生讲座，推广使用职工心理健康教育服务室。四是推进科所文化建设。以“幸福高新”（该局构建的组织文化，目的在于营造健康、和谐、进取的工作氛围）为引领，鼓励科所积极创新。五是开展文明创建活动。高新局以创建市级文明单位为载体，积极发挥先进典型示范和带头作用。2016年，高新局被评为“2013—2015年度市级文明单位”，树立了良好的社会形象。（马德斯）

【责任编辑　王甜源】

玄武地方税务局

概　述 2016年，南京市玄武地方税务局（以下简称“玄武局”）践行“互联网+税务”行动计划，落实“大数据治税和干部能力素质提升”工程要求，坚持以组织收入为中心，深入推进征管改革，不断优化纳税服务，狠抓作风廉政建设，加大工

作落实力度，全面提升工作质效，各项工作稳步推进。充分利用重点税源企业预测管理系统、收入质量监控系统和“四联动”管理平台（“四联动”管理平台指收入分析、税源监控、纳税评估、税务稽查四个平台），加强与工商、国税、当地政府及部门的沟通与联系，全年共组织入库各类税收收入58亿元，入库工会经费入库1376万元、残保金2234万元。征管改革落实有力，有序平稳完成“营改增”“金税三期”上线等重大事项。落实非正常户分类管理措施，加大非正常户清理力度，全年共清理多头注册非正常户28户，清理跨局迁移非正常户22户。多项措施推进企业所得税汇算清缴，截至汇缴申报期结束，共有6575户企业所得税征管户完成汇算清缴，比2015年增加29.17%，其中查账征收户5131户，核定征收户1444户。确保税收优惠落实到位，全年共给符合政策规定的10种类型（不含小微企业）的65户次企业办理了企业所得税减免税备案手续，减免税款2.8亿元。全年共核实认定高新技术企业3批12户，审核上报非营利组织资格资料12户。做好个税风险应对和股权转让核查工作，全年共发现个税风险企业745户，查补税款1.16亿元；完成850户股权转让个税核查工作，入库税款1.06亿元。围绕“四型班子”（“四型”指学习型、务实型、效能型、廉洁型）和“两学一做”要求，全面提升班子成员的党性修养和综合素质，运用集体审议方式解决基层遇到的问题。玄武局年内先后获玄武区“书香机关”及2013—2015年度区级、市级、省级文明单位称号。（刘小伟）

机构设置及负责人

局　长　曾　翀
副局长　虞　华
副局长　洪　斌
副局长　沈永惠

办公室

主　任　何　晋
副主任　刘小伟

人事监察科

科　长　杨　阳

征管和科技发展科

科　长　张红兵
副科长　邬一鸣
副科长　汤婷婷

税政法规科

科　长　于　婧
副科长　许超群

督察内审科

科　长　戚宁炫

第一税务所

所　长　徐　卫
副所长　徐　萍

第二税务所

所　长　李良银
副所长　季玮玮

第三税务所

所　长　孙　慧
副所长　李明明

第四税务所

副所长　曹　珊

第五税务所

所　长　徐　黎
副所长　范海涛

第六税务所

所　长　梁　俊
副所长　陈　东

第七税务所

所　长　沈龙兵
副所长　朱　斌

第八税务所

所　长　朱宝钢
副所长　丁　枫

江苏省南京地方税务局征收税务局第二税务所

所　长　刘　锋
副所长　徐海玲

（韩晶晶）

组织收入58亿元　2016年，玄武局紧紧围绕组织收入中心工作，全面盘查税源，加强税收征管，克服区域税源增长乏力、“营改增”等因素的影响，认真落实各项组织收入措施。全年累计组织入库税收收入581427万元，较2015年同期（578266万元）增收3161万元，增幅0.55%。入库市县级公共预算342612万元，同比增收6574万元，增幅

1.96%，完成市地税局年度计划的97.17%；入库区级公共预算304192万元（含教育费附加及地方教育费附加），较2015年同期减收788万元，减幅0.26%，完成区政府人代会必成目标的91.51%，期成目标的89.86%。入库工会经费入库1376万元，残保金入库2234万元。（翁懋懋）

“营改增”工作 根据上级统一部署，玄武局制定“营改增”工作分解责任表，明确工作事项、内容、时间节点和责任部门，做好系统切换相关准备。跟踪国税委托地税代征税款和代开增值税发票工作开展情况，组织业务骨干对各开票点的情况进行现场保障和业务辅导，协调解决相关问题，确保国税委托地税代征税款和代开增值税发票工作顺利进行；对“营改增”后地税发票和代征税款进行清理，重新签定委托代征协议，并完成相关初始化工作和业务测试，确保“营改增”工作业务衔接顺畅，平稳过渡。同时，根据《国家税务总局关于进一步加强营改增后国税、地税发票管理衔接工作的通知》要求，协调企业做好与市国税局发票的衔接工作。“营改增”期间，玄武局共缴销各类发票13个品种，缴销份数1169814份，其中：纳税人缴销发票共计408户，775356份，税务机关缴销发票394458份。（张红兵）

“金税三期”上线 制定“金税三期”上线双轨试运行工作方案，做好人员岗位初始化和票证初始化以及相关培训，全面落实“金税三期”双轨试运行各项工作责任。双轨运行期间，组织人海仿真测试共11次，测试模块61个，测试数据4377条，反馈问题904条。在做好双轨运行的基础上，扎实做好“金税三期”单轨上线工作，加班加点完成单轨上线切换各项关键任务实施工作；组织保障小组，明确分片包干职责，形成“点、线、面”三维立体式的联动保障机制，为重点场所（办税服务厅、各代征点）在重点时段和后续时段提供无缝对接保障，确保“金税三期”上线后报缴期各项工作的顺利推进。（刘　锋）

风险应对 加强风险应对任务统筹，完善环节控制，强化日常推进率的监控。全年，玄武局推送风险应对任务1792户，累计完成应对1784户，入库税款18576万元，贡献率3.22%。开展税收风险识别模型（指标）的整合优化工作，成立模型整合和优化任务项目组，参考省内其他市县模型，进一步细化和优化现有的风评模板，建立适合南京实际情况的土地增值税风险模型。开展“千户集团”风险应对工作，完成南京国铁电气有限责任公司等5户大企业风险应对工作。（戴　娜）

国地税合作 全面落实《深化国税地税征管体制改革方案》，定期召开国地税征管联席会议；加强联合办税服务，在办税服务大厅、区政务中心设立联合办税窗口，国地税互派干部、统筹协作办理涉税事项，提高办税效率；全面实行“三证合一、一照一码”登记模式，实现工商、质监登记信息的实时交换和应用；规范委托代征管理，结合“金税三期”上线，全面清理委托代征登记，与30家单位重新签订委托代征协议，实现个体、市场、重大工程国地税共同委托代征全覆盖。每月与区国税局联合开展新办纳税人培训，全年累计培训236户。此外，还联合完成辖区内1.8万余户企业2015年度纳税信用评定工作，并做好信用等级复评、补评等动态管理工作。（邬一鸣）

依法治税 规范税收执法行为，强化内部流程控制，推进监督检查常态化，有效防止执法风险。强化税收执法督察，重点关注易发生执法问题的薄弱环节，推动税收政策有效落实，对严重违规执法行为予以通报。加大执法监察和效能监察工作力度，增强对税收执法、行政管理重点岗位和关键环节的监督制约。探索行政强制措施实行的刚正性、有效性。重新制定玄武局重大税务案件审理委员会制度，拟定《拟采取税收强制执行合议表》，对日常征管中的疑难问题实行审理合议制度，为基层所明确处理意见和操作方法。结合省地税局、市地税局《税务行政处罚自由裁量基准操作标准》，进一步规范基层所行政处罚自由裁量权，全年共办理行政处罚案件1138起，未发现一起自由裁量权或引用条款错误。（许超群）

税种管理 多项措施推进企业所得税汇算清缴，

截至汇缴申报期结束，玄武局共汇缴6575户企业所得税征管户，其中查账征收户5131户，核定征收户1444户，比2015年增加29.17%。确保税收优惠落实到位，全年共给符合政策规定的10种类型（不含小微企业）的65户次企业办理企业所得税减免税备案手续，减免税款2.8亿元。全年共核实认定高新技术企业3批12户，审核上报非营利组织资格资料12户。做好个人所得税风险识别和股权转让核查工作，全年共发现个人所得税风险企业745户，查补税款1.16亿元；完成850户股权转让个人所得税核查工作，入库税款1.06亿元，是2015年的6.3倍。（于 婧）

执法督察 扎实开展日常和专项执法督察工作，完成玄武局《2016年税收执法督察工作任务梳理》，就14项内容从检查要求、检查内容、业务管理、涉及部门等多个方面进行梳理确认。在自主开展执法督察和迎接上级督察的自查中，扩大检查面，提升覆盖面。全年共完成督察相关税务登记资料24份、“三代”手续费（“三代”手续费指代扣代缴、代收代缴和代征税款的手续费）支付资料163份、行政处罚90份、股权转让个人所得税核查资料84份、大厅备案资料65份、后续管理风评资料32份、小微企业疑问数据161条、土地增值税清算项目14份、金融保险企业入库信息核对28户、外地来宁施工企业在宁项目19个以及其他重点事项，补征税款及滞纳金25.5万元；共抽查风评案卷43份，补缴税款、滞纳金6.3万元。借助全系统联合执法督察平台，积极与兄弟单位开展互动检查，涉及34份纸质案卷资料、市地税局推送的疑点数据和机内查询比对的数据763条，共提出48类问题，及时反馈整改被检查问题22条。此外，还完成外部审计疑点核实共计75条，涉及企业54户，所有疑点均核实清楚、及时反馈和整改到位。（戚宁炫）

纳税服务 进一步完善纳税服务体系，推行“网上办税为主，线上线下相融合”的多元化办税服务体系建设。进一步探索大数据在纳税服务中的应用，积极参与创新项目“大数据框架下的纳税服务策略系统”的建设，完成需求编写、软件测试、情况反馈、系统完善工作。不断优化纳税服务方式，培训和推广纳税人掌上办税平台，及时汇总反馈使用问题，持续优化掌上办税平台的使用；开通税款网银支付，为纳税人创造更为方便快捷的体验方式；推进“税银合作”项目，进一步深化与南京银行、民生银行、江苏银行的的合作深度和广度，直接惠及全区3000余家企业，提升税、企、银三方的关联度；优化举报投诉处理，畅通投诉维权渠道，规范投诉处理流程，强化跟踪督办，全年共受理投诉112起，全部办结，回访满意率100%，受理举报24起，处理22起，处理率91.67%。（汤婷婷）

2016年3月11日，玄武地税局结合科技创新，为科技园区企业送上最新创新、创业税收政策解读，开展政策解读辅导

班子建设 围绕“四型班子”和“两学一做”要求，开展各种形式的中心组学习，提升班子成员的党性修养和综合素质。健全完善“一把手负总责，分管领导各负其责，班子成员齐抓共管”的领导体制和工作机制，做实工作的指导性研究和问题的预见性应对，工作统筹在实践中不断完善。强化对“三重一大”事项（“三重一大”事项指重大问题决策、重要干部任免、重大项目投资决策和大额资金使用等事项）的监督管理，重大决策、重要项目、干部任免、大额资金使用等事项均通过班子集体研究决定；坚持落实合议制度，集体研究依法行政、依法治税工作重大问题，运用集体审议方式解决基层遇到的问题。坚持联系基层、联系重点税源户、联系群众，深入开展调研走访活动。建立街道社区基层联络制度，将税收服务网络布到辖区内的7个街道、58个社区，定期收集基层群众对税收政策的需求。（杨 阳）

廉政建设 有效落实“两个责任”。一是认真履行主体责任。建立定期形势分析和情况报告制度，局班子主动加强对廉政和作风建设的动态分析、情况处置、矛盾化解和问题查处，班子成员与14个基层部门建立联系点制度，实行联系点工作连带负责制，并细化责任追究办法，使主体责任明确化。二是持续落实监督责任。不断完善内外监督同防共建机制，对内强管理，制定各项标准化规定，规范干部日常行为，以廉政回访、执法监察为主要手段建立严密的内部监督防控网；对外强监督，加强与区纪委、检察院等专业职能单位沟通协调，通过工作配合、走访、函询、一年两报告等措施，畅通投诉维权渠道，努力构筑多层面外力监督防范平台。 （杨 柳）

作风行风建设 继续完善廉政风险事前评估机制，开展经常性的廉政提醒和节假日廉政教育，抓住公务接待、婚丧嫁娶等关键事项，采取多样形式对关键人员、关键岗位及时提醒教育，努力实现风险防范关口前移，确保将廉政风险减少到最低程度。始终围绕反“四风”和转作风的要求强化思想教育，坚持跟踪落实，确保中央“八项规定”“十个严禁”的要求和各项制度规定执行不松劲，推动作风建设常态化和长效化。建立联系反馈机制，组织干部定期走进社区，有针对性地深入开展走访座谈、咨询辅导、政策宣传等纳税服务活动；围绕“聚焦营改增试点、助力供给侧改革”的主题，与社区纳税人积极开展互动，着力构建和谐共进的征纳关系，有效促进玄武局作风整体建设水平的提升。 （邹 群）

基层建设 进一步拓展“阳光团队”文化品牌内涵，全面融入基层建设，积极打造开放式文化驿站，利用现有文化展厅场地设备，播放《鉴史问廉》《习近平用典》《永远在路上》等视频和共享自制的微系列作品，大力营造风清气正的文化氛围。以“阳光团队”文化为引领，深入开展“三型”党组织（“三型”指学习型、服务型、创新型）建设，带动工青妇建设，联合开展党员先锋行动、阳光家园活动、巾帼建功活动和青年文明示范活动，增强组织凝聚力。积极开展结对帮扶、城乡共建，为玄武区7个街道和大圣村居民排忧解难；定期开展“牵手行动”慰问67户社区困难户；先后开展向盐城灾区捐款，“慈善一日捐”等慈善义捐共募集捐款近6万元；认真开展党员义工活动，组织党员先锋走上街头为社区群众开展税收志愿者服务活动，弘扬雷锋精神；组织巾帼先锋开展“蓝色康乃馨”志愿服务活动，关注“码上公益”献爱心；积极参与“与文明同行”交通协勤志愿服务活动，全年党员协勤近300人次。 （邹 群）

2016年4月15日，玄武局获玄武区全民阅读“书香机关”荣誉称号

干部队伍建设 严格执行各项干部管理规定，积极开展公务员职业道德推广活动，以职业道德的自律和行为规范的他律双向引导，规范干部日常行为。加强优秀人才培养，对专业人才库进行人员的更新和补充；充分盘活和优化人才资源，强化人才数据分析和运用，发挥专业人才的支撑、引领和带动作用。开展分类岗位培训，春训期间，共完成40课时的培训时间，组织各类培训、讲座、研讨等形式的春训活动8次，测试4次，效果较好。年内有9名干部在市地税局“业务大比武”活动中获得业务能手称号，2名干部被纳入省地税局“素质提升‘115’工程——岗位能手项目”。 （韩晶晶）

行政管理 结合经济热点、行业特点和社会关注点，抓好信息、宣传和科调研工作工作，抓好省级以上媒体、刊物的组稿撰写工作，全年共完成各类稿件300余篇，省级以上采用各类稿件40余篇。积极做好省地税局新档案系统的学习与运用，做好2015、2016年度档案归档和2013年度档案移交工作。严格执行财经纪律，准确做好2016年经费

预算的编制、上报工作，确保经费支出有渠道；增强预算执行力，关注预算执行进度，跟踪经费使用情况，定期通报项目预算落实情况，严格按照序时进度执行好年度预算。做好公车改革移交、环境清理、值班安全等方面的制度梳理和定期巡查，全方位做好安全保障；规范招标、安全施工，顺利推进天桥、电梯等零星工程改建；严格落实中央“八项规定”，规范接待管理；严抓食堂卫生安全管理，及时收集干部服务需求，全面做优后勤服务。（何　晋）

【责任编辑　羊　猛】

秦淮地方税务局

概　述　2016年，南京市秦淮地方税务局（以下简称“秦淮局”）在市地税局和秦淮区委区政府的正确领导下，围绕组织收入中心工作，打赢“营改增”和“金税三期”上线两大攻坚战，发挥绩效管理和文化建设两轮驱动作用，完成全年各项工作任务，为建设“强富美高”新秦淮做出应有贡献，先后被评为“南京市文明单位”“秦淮区优秀基层党组织”和“秦淮区综合治理先进单位”等荣誉称号。

抓好组织收入。对全区税源情况预分析，加大对区域重点楼宇、重大经济项目和重点企业的税源监控管理；针对企业所得税、个人所得税等重点税种详细分析。强化节点控制，按月、按季分析收入进度，对存在的问题及时采取措施加以解决，提高组织收入的效率，2016年组织各项收入134.09亿元。在完善税收常规性分析的基础上，分析税收与其他部门、其他领域的数据关系，深挖各种数据间的相关性，排查风险，掌握组织收入主动权，促进税收收入量质提升。推进欠税管理，采取公安部门配合约谈、加强风险评估等方式进行催缴，有效遏制欠税产生。

提升征管水平。全面推进“营改增”试点，针对金融保险业、建筑安装业、房地产业、生活服务业四大行业抓好税源清理，顺利实现发票衔接、委托代征等业务事项，实现“营改增”税户转出衔接的“零缺失”。贯彻落实《深化国税、地税征管体制改革方案》，明确国税局、地税局五大类十七项重点合作事项，在数据交换、税种鉴定、纳税申报和税收宣传等方面定期开展合作，避免纳税人办税多头跑、多次跑，让纳税人有更多获得感。配合10月1日“金税三期”全面上线，做好上线前的各项准备工作，对2万条数据进行清洗和迁移。深入开展征管质量监控分析，加强数据比对、数据分解、结果反馈、回看检查等各个环节相互衔接。推进风险应对，加强注销检查及风险管理的规范和指导，全年完成风险应对任务2435户，组织风险应对收入16856万元。

推进依法治税。严密税种管理，组织2015年企业所得税汇算清缴，围绕高新技术企业、研发费用加计扣除等内容开展企业所得税复审，全年企业所得税组织入库9.89亿元，其中查账征收税款9.60亿元，查账征收的税款比重进一步加大。继续强化高收入者个人所得税征管，完成1045户个人独资企业年度纳税申报，完成34390人年所得12万元以上、多次工薪个税自行申报工作，共补缴个人所得税1433.76万元。加强土地增值税项目日常管理工作，规范项目后续管理工作，完成3个项目土地增值税自行申报。完善督审工作模式，按照《督察内审工作规定》的职责、权限和程序，对督审环节各要素明确职责分工，责任到人。优化督审团队化运作模式，做到常态督审、联合督审、内部督审和征管日常管理工作有机结合，建立督审工作定期通报机制。推进专项、重点、日常税收执法督查，完成年度重点执法项目督查。

推进纳税服务。搭建服务快通道，深化便民办税春风行动，开展“问需求、优服务、促改革”专项活动。增加自助申报台位，加大辅导人力投入，满足日益增长的自助申报需求。大力推广使用掌上APP，指导纳税人进行掌上申报，充分利用线上资源，缓解自助办税区压力的同时提高办税效率。保障纳税人合法权益，强化各类投诉办理。开展纳税信用等级评定，通过处罚记录、投诉举报情况以及国税局资料比对，对纳税评定分数开展两轮核定，给出地税纳税等级建议。严格按照举报案件受理处理要求，规范受理、立案、查处、回复各环节的流程操作，对举报中涉及的政策问题，多部门沟通协调和全力解决，全年共受理举报案件53户次。落实企业改组改制、技术创新、小微企业、“双创”等优惠政策，做好“走出去”企业服务，共减免营业税2669.35万元、小微企业所得税1875.74万元。

提升干部履职能力。开展科级领导干部竞争上岗，选拔3名正职，4名副职，强化科所长队伍建设，完善责权匹配、导向鲜明的培养考核制度，充分发挥科所长在基层建设中的骨干作用。规范严谨组织能级评定，鼓励干部提升素质，利用业余时间开展职称考试、学历提升等工作，4名干部实现能级提升。扎实开展春训工作，分岗位类别组织实施，采用全员培训、部门培训、骨干小班化教学和干部自学灵活施教。与系统内兄弟单位开展联动视频教学，自编自导6集公务员行为规范微视频，以生动活泼的形式引导干部树立正确价值取向。建设组织文化展厅、基层科所文化墙、文化创作长廊，丰富书画室，编印文化手册，制作文化电子期刊，开展“月阅读”“悦读分享会”等活动，推进组织文化落地生根，激发组织的内生动力。优化绩效考核实施细则，开展个人绩效考评工作。深化基层创建活动，选出示范科所、职业道德标兵、优秀党员等先进典型，增强干部凝聚力和集体荣誉感，1个部门获市级青年文明号，8人获系统业务能手称号。

推进安全履职。开展“两学一做”专题教育，组织总支书记上党课、最佳党员示范岗争创、微型党课等活动。积极开展实践活动，与对口社区“双结对、双提升”，“七一”组织全体党员重温入党誓词，组织新党员到雨花台革命烈士纪念碑宣誓。参加南京市纪念建党95周年书画摄影赛和征文比赛，通过形式多样的宣教活动营造浓厚氛围，增强教育引导正能量。加强党风廉政建设，构建“两个责任”清单，加大检查考核和结果运用。组队参加秦淮区《中国共产党廉洁自律准则与纪律处分条例》知识竞赛。完善“三险”同防和联合应对，优化内控机制，稳步推进内控管理信息化，提升风险防控综合效能。坚持内部巡查制度，严格考核，每周两次以上局领导带队巡查，对在岗情况、办公环境、秩序等方面着重监督。发挥外部监督员作用，深入开展“四解四促”“三服务”等活动，畅通沟通渠道，听取意见建议，深化评议机关活动，主动为民办实事、解难题。

提升行政效能。积极开展信息调研，加大行业税收、重点税源等信息报送，落实信息约稿制度，实施团队撰稿方式，提升稿件组稿质量。组织开展钢铁行业、银行业“营改增”税收调研，4篇论文在市税务学会、国际税收研究会论文评选中获奖。稳妥实施公车改革，制定《执法和通信应急车辆使用管理规范》，规范公车使用。开展城市标准化综合治理，加强广场车辆管理，维护广场停车秩序。加强固定资产管理，在自查基础上由审计事务所进行盘点清查，对达到报废年限的资产进行疏理、报废。（张志芳）

机构设置及负责人

办公室

主　任　梁国林
副主任　张志芳

人事监察科

科　长　赵立扬
副科长　叶　娜（2016年2月任）

征管和科技发展科

科　长　姚　剑
副科长　肖宁宁（2016年8月免）
　　　　洪　盛（2016年8月任）

税政法规科

科　长　董　麟
副科长　蒋　森（2016年8月免）
　　　　李婷婷（2016年8月任）

督察内审科（第十二税务所）

科　长　王　冬
副科长　朱　莹

第一税务所

所　长　卜庄海
副所长　胡　亮
　　　　王　延

第二税务所

所　长　王宝林（2016年7月免）
　　　　肖宁宁（2016年8月任）
副所长　葛建峰
　　　　李　洋

第三税务所

所　长　刘　勇
副所长　范　华（2016年2月免）
　　　　刘　涛（2016年8月免）
　　　　黄　清（2016年2月任）
　　　　黄　清（2016年12月免）
　　　　周建国（2016年8月任）

第四税务所

所　长　冒慧云

副所长　何　彦

第五税务所

所　长　侯冬梅（2015年6月任）

副所长　周建国（2016年8月免）

蒋　森（2016年8月任）

第六税务所

所　长　翟小荣（2016年6月免）

杨　剑（2016年8月任）

副所长　蒋　梅（2016年12月免）

第七税务所

所　长　姜卫宏

副所长　武丽芬

第八税务所

所　长　姚丽杰

副所长　王宇梅

第九税务所

所　长　范　华（2016年2月任）

副所长　范凌华（2016年12月免）

黄　清（2016年2月免）

第十税务所

所　长　陆　菁

副所长　杨　凛

第十一税务所

所　长　王进军（2016年7月免）

翟小荣（2016年6月任）

副所长　王　萍（2016年1月免）

商　进（2016年2月任）

征收税务局第三税务所

所　长　杨　剑（2016年8月免）

刘　涛（2016年8月任）

副所长　洪　盛（2016年8月免）

孙菲菲

尚佑涛（2016年8月任）

（欧　悦）

组织各项收入134亿元　通过“四联动”立体化运行机制，对税收收入统筹目标的编制、分配、执行和调整，明确各部门组织收入执行责任。加强与区国税局、住建委、拆迁办的沟通协调和信息交换，强化对建筑业工程税收、房屋出租等税源监控。在完善税收常规性分析的基础上，分析税收与其他部门、其他领域的数据关系，深挖各种数据间的相关性，排查风险，掌握组织收入主动权，促进税收收入量质提升。全年累计组织各项收入134.09亿元，其中，税收收入73.9亿元，同比增长1.16亿元，增幅1.59%；社保费59.63亿元，同比增幅13.49%，各项基金0.56亿元。

（王霄霄）

“金税三期”上线运行　“金税三期”是国家税务总局在全国税务系统推广运行的集征管业务、行政管理、外部信息、决策支持为一体的管理信息系统。根据市地税局工作安排，该系统于10月1日正式上线运行。为确保顺利按期上线运行，该局积极做好基础税户数据的维护工作，对2万余条税户数据进行清理，实现税户信息全部准确导入。开展“金税三期”和省地税局大集中系统的双轨测试、压力测试以及电子税务局、预约业务录入等专项测试，累计各类网报测试8356户，各类处罚、评估申报257户次，顺利实现该系统10月1日正式对外运行。（吴　聪）

欠税管理　一是建立催缴机制，实施科所联动。对欠税超过1万元的大额欠税纳税人和长期拖欠税款的纳税人，科所联动开展集中政策宣讲，从税收法律规定、税收执法制度和企业法律责任等多个方面对纳税人进行辅导教育，督促纳税人尽快组织税款。二是建立合作机制，实施辖区联动。对在该局有欠税的企业，如在市内其他分局进行代开票等涉税业务，由此分局督促纳税人先清缴欠税再代开票。三是建立欠税档案，实施征信联动。对个别拒不配合缴清税款的企业，建立欠税档案，在一年一度的税收信用等级评定中定为D级。对于失联户，通过与公安办联合执法，核实企业负责人地址，确保国家税款颗粒归仓。全年完成欠税清缴审批473户次，清理陈欠52806.24元，陈欠清理率5.07%。（纵　薇　周　玚）

涉税举报管理　严格按照举报案件受理处理要求，规范受理、立案、查处、回复各环节的流程操作，对举报中涉及的政策问题，及时与法规部门沟通协调，寻求支持；对于拨打系统登记的联系方式无果，上门核实找不到的困难户，积极求助公安办，查询最新联系方式，再联系沟通解决，确保举报案件件件有核实，事事有回音，且处理得当。全年共受理举报案件54户次，结案53户次，结案率在全市名列前茅。（张雨婷）

委托国税部门代征地方税 5月1日“营改增”后，以增值税为计税基础的城建税、教育费附加等地方税由地税部门委托国税部门代征，秦淮局以团队化运作的方式确保委托代征工作的顺利过渡和衔接，代征税款按时足额入库。一是分工负责，协调运作。由分管副局长任组长，各相关部门负责人任成员，成立委托代征应急领导小组。征科部门负责委托代征系统的运行、维护和培训，税政部门负责代征相关税种的政策辅导和支撑，办公室负责委托代征相应的后勤保障工作，征收部门负责过渡期代征税款的指导、操作，各部门协同保障委托代征工作。二是驻点指导，现场督导。成立委托代征应急巡查小组，分派工作人员驻点区国税局白下路办税大厅和马道街代征点，开展委托代征督导和检查，并协助区国税局窗口人员代征工作的现场督导。同时建立委托代征微信群，一线人员遇到问题在群里及时反映，相关岗位人员快速应对，实现国税委托代征工作的有效开展。三是合力合为，精准服务。成立委托代征应急工作小组，在过渡期间，向区国税局白下路办税服务厅和马道街代开票点分别派驻一名精通业务的录入员，协助国税部门代开票窗口办理委托代征税款的征收，在区国税局办税大厅为纳税人提供地税部门的精准服务，并每天跟踪代征情况，确保委托代征工作中遇到问题能够及时化解。

（彭　云）

年所得12万元以上个人所得税申报 一是集中培训自行申报。对区域内50多家单位、3万多名自然人分场次进行集中培训，有针对性地宣传和引导自行申报，“以点带面”普及自行申报的方法和流程。二是推广网络和手机申报。鼓励纳税人从江苏地税的官网自行申报，并依托南京地税手机APP，加大宣传力度，引导更多自然人通过APP自行申报。三是强化纳税服务。抽调专门人员入驻12万元申报VIP室，负责接听咨询电话并接待上门申报、咨询的纳税人，共完成32851人年所得12万元以上个税申报，补税金额787.88万元。

（曾　程　胡　琪）

两处以上收入个人所得税自行申报 针对两处以上取得收入自行申报环节多、工作量大、时间短的特点，将基础税源所和风险应对所均纳入任务承担范围，合理分配工作量。制作两处以上取得收入未申报人员清册及各人应补税额进行任务推送，制作《多处收入补税额度计算表》，帮助纳税人快捷算出应补税额。根据纳税人信息，综合比对其申报收入额、补退税额等。面对面指导两处以上收入人员填写申报表并现场审核，加速办事流程，通过各项措施有力保障两处以上取得收入自行申报工作快速高效推进。共计2642人纳税人申报缴纳多处工薪个人所得税，涉及税款843.60万元，其中补税2000元以上的959人，税款531.63万元。（范　华　童庆文）

企业所得税汇算清缴 2015年辖区企业业所得税查账征收8813户，核定征收2645户，汇算清缴总户数达到11458户，比2014年增长10.9%。面对税户数量巨大的严峻考验，一手抓汇缴进度，一手抓申报质量。对申报进度多跟踪、勤反馈，前期通过周报、后期通过日报的形式下发未申报户名单，并组织催报工作，对大户逐户掌握申报情况，做到心中有数。在税户全市最多的情况下申报进度一直名列前茅。对申报过程中出现的问题及时解答，并定期总结常见问题下发至管理所，以便高效地服务纳税人。同时对小型微利企业、固定资产加速折旧等优惠政策进行重点宣传，并确保小微优惠100%享受。汇算清缴申报率均达到100%。（李婷婷）

房产税、城镇土地使用税管理 根据《城镇土地使用税管理指引》文件规定，结合实际认真贯彻执行，提升服务意识，通过大厅的公告栏、一对一辅导、纳税服务群等多种形式加强房产税、城镇土地使用税两税政策辅导工作。依托明细申报软件，及时更新软件登记信息，加强数据采集工作。规范减免税相关政策执行。对享受减免税备案和审批条件的企业严格跟踪减免税实施条件和落实情况，通过风险评估等方式实施减免税后续管理工作。全年入库房产税、城镇土地使用税3.77亿元。

（张　勉）

自然人投资者股权转让管理　修订《秦淮局非上市公司自然人股权转让管理规程》，进一步优化非上市公司股权转让流程，继续实行个人股权转让工商前置，推进自然人股权投资管理制度，实行分级分流管理。针对个人股权转让重点任务量大的特点，将应对部门由原来3个税源管理所的基础上增加了4个风险评估所，大幅增加个人股权转让重点任务应对的人力。法规部门实行双岗审核制，明确两人分工负责个人股权转让审核并提供政策指导，提高政策研究的水平和审核质量。将个人股权转让相关考核指标纳入绩效考核机制，并坚持按月、按季通报，共计受理股权转让4033人次，对509人次进行个人所得税核定，入库股权转让个人所得税5572.63万元。

（童庆文）

扩大基金费征缴面　开展费源调查，切实加强基金费费源调查分析，准确把握费源结构的分布变化情况、费源增减趋势，适时开展基金费费源普查活动。加强费源比对工作，及时分析掌握费源的变化。对重点费源户加强管理，严格按照市地税局相关要求，实行动态监控；改进重点费源运行机制，认真分析各项基金费费源分布情况及经济发展趋势，严格按照相关文件规定的征收范围和费率征收各项基金费，统筹做好各项基金费征收工作。切实贯彻落实相关基金费政策，对不符合减免政策的单位均纳入征缴范围，尤其对于上年度缴纳税款50万元以上的重点户，做到征缴面100%。2016年度征收基金费总计5639.87万元。其中，工会经费及筹备金2922.09万元，残疾人就业保障金2717.78万元。

（李云洁）

规范执法示范岗评选　依据市地税局《2016年关于开展争创“规范执法示范岗”的通知》，制定《南京市秦淮地方税务局2016年规范执法示范岗评选方案》，根据基层所管理职能的不同，区分基础税源所和风险应对所，细化评选标准，按照综合素质、执法规范、效能评价、学习创新等4大类35项内容，个人自评、部门评价、区局评价3个环节综合评分，选取参评人员主持办理的风险应对、行政处罚、注销检查和退税等资料，从税政法规科、征管科技科、督察内审科、税务所抽取6名骨干人员组成3个小组进行案卷评查，为避免评分标准不统一，由法规科法制岗根据案卷评查底稿统一评分。同时结合督察内审科日常督审结果综合评分，避免重复评价。共评选规范执法示范岗16人，其中推荐参加市地税局评比3人。

（李婷婷）

执法督察常态化管理　明确年度执法督察内容，将日常执法督察融入税收业务工作中，业务科室共同开展相关税种后续管理的审核与整改，有序推进专项税执法督察、重点执法督察、日常执法督察，涉及“三证合一、一照一码”登记制度改革相关配套文件执行情况、小微企业税收优惠政策落实情况、征收“过头税”情况、土地增值税征收管理、股权转让个人所得税管理、税款混淆入库级次情况、行政处罚管理、行政审批改革后续管理贯彻落实情况、外地来宁施工企业在宁项目未按核定征收方式征收个人所得税的涉税事项政策落实情况、个人所得税补扣缴申报等具体内容的执法督察，提出整改建议87条，查补税款362433元，滞纳金58825元。

（徐　雷）

2016年6月3日，秦淮局回访辖区内“营改增”建筑企业，了解企业近两个月来业务开展情况，为其提供涉税咨询服务，解决企业涉税难题

提高风险应对质量检查选案准确性　通过“四结合”不断提高选案准确性，进而提升督察效能。一是结合推送疑点消除情况和评估入库绩效进行选户；二是结合被评估企业年度入库税款和推

送疑点权重进行选户；三是结合企业解释可信性和大数据规律趋势性分析等因素进行选户；四是结合各风评估所完成工作量和人员结构进行选户。检查过程中注重执法督察全过程控管，启动交叉互查，提高税收执法问题发现的能力。在后续整改中编制《税收风险应对质量检查整改反馈表》逐户落实整改。全年共计对56户的纳税人风评卷宗进行质量检查，发出46份整改建议书，涉及补税10954.1元，滞纳金1225.64元。

（严　峻）

执法责任制落实　构建执法责任传导模式，由科所向督察内审部门反馈税收执法责任追究对象的运作模式，提高科所长责任心，以及执法责任追究的准确性。传导执法责任追究，强化全体人员风险防范意识。在税收执法过程中，对于执法责任易发事项实时提醒执法风险点，规避执法责任。建立台账实现个人税收执法责任的汇总，对违规行为进行横向纵向分析，是普遍性还是个性，从而有针对性采取整改。对多次重复发生的，采取加重惩戒，提高责任追究的有效性。全年累计发现执法过错42人次，其中批评教育42人次，经济惩戒42人次。

（纪　芳）

数字人事系统推广运用　做好数字人事系统的个人账户基础信息采集，全面学习数字人事“1+8”制度体系要求，录入干部的个人基本情况、家庭成员情况、学习教育、任职经历、专业技术、考核奖惩等情况数据。完成数字人事系统的前期数据维护调整和评鉴关系维护，分批次开展上机演示及操作流程培训。完成国家税务总局8项制度与系统现行制度的差异性分析报告。完成10月17日的数字人事平台压力测试和10月24日的上线预演工作。年底推送年终测评、下半年现实表现测评等数个测评，并统计出测评得分，计入个人成长账户。每天提醒完成自拟任务、工作纪实和推送任务，按要求自拟任务每周需完成190篇，工作纪实310篇，每周五统计上报完成情况。

（欧　悦）

科级领导干部竞争上岗与非领导职务晋升　根据市地税局领导职务与非领导职务晋升工作实施意见和秦淮局工作方案，成立工作领导组，下设工作小组，人事监察科负责选拔的具体工作。根据工作需要和职数情况，班子研究形成选拔工作方案，报市地税局审批同意，召开动员大会，公布拟任用及晋升职数、资格条件、程序和方法等。通过民主推荐、面试、组织考察等程序，2月选拔1名正职、2名副职，8月选拔2名正职，2名副职。12月，针对德、能、勤、绩、廉情况和综合积分排名和组织考察情况，晋升主任科员11人，副主任科员3人。

（欧　悦）

参公管理事业单位人员工资套改　根据《省公务员局关于同意省地方税务局王辰等同志予以参照公务员法管理单位工作人员登记的复函》（苏公局函〔2015〕54号）和市公务员局关于事业参公管理人员职务套改有关规定，进行参公管理事业单位人员套改工作，涉及到3名干部，与参公人员进行政策宣讲和思想沟通，积极向市地税局反馈沟通情况，按干部管理权限和有关规定确定职务，任职时间从2015年7月起算。根据上级政策要求，从工作时间开始，按照行政工资要求对参公人员工资进行一步的套改，同时相对应的养老保险的应缴数也根据套改后的工资进行调整。

（欧　悦）

干部能级申报评定　依据《江苏省南京地方税务局能级管理暂行规定》与市地税局2016年能级评定实施意见，开展2016年能级申报评定工作，设立能级评定工作领导小组，研究制定2016年能级评定实施意见，通过召开工作布置会，开展能级评定动员工作。人事监察科负责具体实施工作；各部门负责传达部署。共有10名干部报名参加，报考五级1人，报考四级4人，报考三级3人，报考二级1人，报考一级1人，其中2人是注册会计师，行政管理类别3人，征收管理类别7人。通过资格审查、民主测评、组织考核和能力测试等阶段，得出综合成绩，4人重新定级，一、二、三、四级各1人。

（欧　悦）

组织文化建设　传承市地税局“卓越同行”精神，深化自身“税悦情怀”文化体系建设。建立税务文化展厅、科所文化墙、文化长廊，创新文化平台载体，丰富内涵，全方位系统化展现税务文化成果。强调基层科所文化，促进队伍融合，增强干部凝聚力，为组织发展提供精神动力和文化支撑。编印文化手册，建立“两学一做”“书香汇”微信群，开展“悦读分享会”等活动，依托工会组织，定期开展篮球、乒乓球等各种文体活动，通过潜移默化的日常引导，激发内生动力，获市地税局“税务文化精品示范点”称号。（俞宏姗）

秦淮地税响应全民阅读号召，通过“税阅秦淮”读书会筹备形式多样的读书活动，引导干部多读书、读好书，提升干部思想道德素质。图为2016年4月21日，秦淮地税局工作人员利用空余时间，在图书阅览室与企业纳税人进行阅读交流

春训工作 一是普训与强化相结合。在春训形式上，全员集中培训与青年骨干小班培训相结合，对骨干人员和青年干部提高要求，发挥带头引领作用。二是自学与培训相结合。在春训内容上，一方面普及最新业务流程及政策法规和党风廉政规定、公务员职业道德、依法行政廉洁自律等内容，同时结合个体实际，要求干部根据自身业务短板，制定个人学习目标，鼓励和引导干部利用业余时间积极开展自学。三是应试与应知相结合。在春训重点上，针对春训的变化点和新增要素，明确行政管理、征管评估、税务稽查、纳税服务和信息技术等应知应会内容，安排随堂测验及定期抽考。组织干部参加全市地税系统“岗位大练兵、业务大比武”活动，5人获得系统业务能手称号，1人获得省地税局竞赛优胜。（俞宏姗）

党总支换届选举 召开党总支换届选举大会，应到有选举权的党员155名，实到155名，大会听取并审议通过了上一届党总支书记朱延的工作报告，按照规定选举产生新一届党总支委员会委员。大会采取无记名投票、差额选举方式选举产生新一届党总支。新一届党总支部委员会由朱延、王英姿等9人组成，大会选举朱延为总支书记、王英姿为总支副书记，丁晓军、陈娟娟、赵立扬分别为纪检委员、宣传委员和组织委员。朱延按照要求对各委员进行具体工作分工，作了履职表态发言，并对新时期、新形势、新环境下的税收工作做了新要求。（杨 翔）

“两学一做”学习教育活动 积极引导全局党员干部参与到“两学一做”学习教育中，组织总支书记上党课、最佳党员示范岗争创、微型党课等活动，请南京航天航空大学能源与动力学院党委副书记徐川为党员授课；创新教育形式，组织党员干部关注“共产党员”微信号，学习动漫版本《中国共产党廉洁自律准则与纪律处分条例》微课，积极参加南京市纪念建党95周年书画摄影赛，利用宣传展板、短信平台、微信读书群等方式进行全方位宣传。以支部为单位召开党员会议，组织党员开展民主评议。结合民主评议，支部班子成员与每名党员谈心谈话。2016年获秦淮区优秀基层党组织称号。（杨 翔）

国地税合作 按照国家税务总局征管体制改革要求，根据市地税局部署，以“依法治税、便民办税、科学效能、协同共治、有序推进”为原则加强国地税合作。一是着眼“管理+服务”，实现合作共管。由青年业务骨干组成志愿者服务队，着重针对高新技术产业园、南京国家领军人才创业园、金蝶大学科技园和中航科技城等重点园区、项目，联合开展企业调研和税法宣传，提供公益性、个性化和专业化的涉税服务。二是着眼“团队+平台”，实现窗口共建。在秦淮区政务大厅服务窗口设立国地税合作专席，利用政务大厅平台联合开展登记户数迁入、税种鉴定及纳税申报问题的处理，联合开展变更登记信息的核实和确认。联合开展“互派干部挂职培养”工作，区国税局纳服科与秦淮局征收所互派1名副科级干部进行交流挂职，互相学习借鉴经验做法。三是着眼“互联网+税务”，实现资源共享。合作成立征管小组、税政

小组和宣传小组,并建立微信、QQ工作群组,定期交换涉税数据,向企业发送税收新政、涉税提醒和事项告知,第一时间让企业掌握国地税双方的涉税信息。对税务登记信息、纳税人状态信息、欠税信息等内容开展数据交换,堵塞税收漏洞,减少税收漏征风险。 (张志芳)

第25个税收宣传月系列活动 围绕税收中心工作,针对社会关注和公众需求,组织和策划系列主题活动,广泛深入地宣传税收法律、法规和政策,进一步提高全社会依法诚信纳税意识。4月18日与区国税局联合南京市建筑安装管理处,开展"聚焦营改增试点,助力供给侧改革"秦淮国地税青年志愿者联合服务站成立仪式暨建筑企业营改增政策专场解读宣传活动,联合推出建筑企业营改增针对性的服务举措,开展相关政策规定和征管办法的宣传和解读,15家建筑企业代表参加了现场活动。4月21日组织开展"地税开放日"活动,邀请涵盖建筑、零售、金融、服务等多个行业的13家企业代表共计20余人走进秦淮局办税服务厅,参观、体验税务人员办税过程。开展"税收·国家·文明"税收文化教育征文活动,共收集征文超过1400篇。 (张志芳)

【责任编辑 羊 猛】

建邺地方税务局

概 述 2016年,南京市建邺地方税务局(以下简称"建邺局")深入学习贯彻中共十八届六中全会精神,坚持以组织收入为中心,大力推进依法治税,稳步推进征管改革,科学提升管理效能,不断优化纳税服务,深入推进干部队伍和党风廉政建设,各项工作继续保持了齐头并进的发展势头。

强化组织收入工作,税收职能有效发挥。在收入计划管理上重在"有序",开展税收数据分析、利用预测模型,积极研究税制改革,分析"营改增"等因素对税源结构、税收收入的影响;在完成收入任务上重在"应变",加强对房产、土地等重点行业、重点项目、重点税源的征管力度,对年纳税100万元以上的纳税人实行定点包干联系制;在收入分析上重在"联合",加强与国税、工商、财政、经济功能园区的信息交换,发挥社区、街道的护税协税作用,加大对个体、市场、建筑业等零散税源的征管力度。全年组织各项收入110.78亿元,同比增长7.27%。

推进改革创新工作,征管水平稳步提升。完善征管改革体制,优化工作流程,理顺工作职能,完善岗位设置,提高信息运用效能;梳理排定"营改增"25项改革试点工作任务,做好税户衔接、委托代征等事项;稳步推进"金税三期"上线,严格落实各项工作部署,试运行期间报送各类表格近300份,编写各类分析超过50篇;探索联合征管机制,实现国地税之间的信息共享最大化;推进电子税务应用,规范数据运维,加强风险计划统筹管理,全面提高风险管理质效,组织风险应对收入31480万元;夯实征管基础工作,进一步规范注销登记管理,加大非正常户清理力度,加大陈欠清理力度。

深入推进依法行政,权力运行有效规范。加强税种管理,密切关注"营改增"后情况,做好未来地方主体税种的调查研究和政策建议;提升企业所得税精细化管理水平,严格所得税优惠政策备案管理的复审工作;12万元以上个人所得税申报14415人,外籍个人年度申报609人;优化个人股权转让税收管理,委托代征税款5054.9万元。落实税收执法责任制,狠抓税收执法行为规范,深化税收风险、执法风险、廉政风险"三险"同步预防、联合应对机制。

坚持优化纳税服务,纳税遵从持续提高。加强办税服务厅规范化和标准化建设,推进"互联网+税务"多元化服务;加强政务中心窗口建设,积极应对"三证合一"登记制度改革,被评为年度"红旗窗口""先进单位"。根据重点企业、不同行业和特定纳税群体的税收政策需求提供个性化分类式纳税服务,召开纳税人座谈会、组织第三方满意度调查等形式多渠道收集、科学化分析纳税人需求,建立区级挂钩联系企业QQ群开展贴近式服务。维护纳税人税前、税中、税后的合法权益,对投诉案件核实从早、处理细致、反馈及时,全年高效解决"12345"和"12366"转来的各类投诉案件61起。

全面加强队伍建设,健全机制凸显活力。落实民主集中制、民主生活会、联系点制度、局长谈心日制度等，加强班子成员与基层联系。加强科所长队伍建设，增强队伍凝聚力、执行力和创新力。进一步建立健全责任机制、考评机制和奖惩机制，用完善的责任传导机制来规范干部动作、约束干部行为、奖励工作成效。构建与岗位能力适应的培训内容和制度安排，参加系统岗位练兵、技能竞赛、能手比武等活动，鼓励干部取得执业及学历资格。通过“人和兴邺”文化建设（以完善文化体系、强化科所文化、提升文化效能为主线，将科所文化建设工作与部门的基础工作、重点创新工作以及文化生活紧密结合，通过各类文化建设活动不断丰富科所文化内涵，将具有建邺特色的“人和兴邺”文化建设继续在基层有机融合、创新发展。）的推进、党工青妇团作用的充分发挥，激发干部事业心和积极性。

坚持原则规范运作，综合保障效能提升。优化信息宣传工作机制，加大组稿力度，宣传得分位列系统第一梯队，1篇电视新闻被央视《新闻联播》采用播出，4篇新闻被《新华日报》刊用，7篇信息被国办采用。与建邺区教育局联合组织税收征文活动，获优秀组织奖。加大日常事务管理力度，规范公务接待、车辆运行管理、物业管理、食堂管理、推进节能减排工作；细化财务管理，不断强化预算执行力度，严格财务制度，完善内控机制，为中心任务的完成提供可靠的财务保障。

（王明静　江　玲）

机构设置及负责人

办公室

主　任　桂乃耀
副主任　王明静

人事监察科

科　长　马婷怡
副科长　李秋璟

征管和科技发展科

科　长　叶桂玲
副科长　王华军

政策法规科

科　长　张　波
副科长　丁　楠

督察内审科

科　长　徐浩波

第一税务所

所　长　胡源芳
副所长　苏振汉
　　　　赵　兴

第二税务所

所　长　张　平
副所长　李庆新
　　　　张　堃

第三税务所

所　长　齐文娟
副所长　杨　远

第四税务所

所　长　夏宏娟
副所长　户丽华

第五税务所

所　长　陈　建
副所长　王红梅
　　　　滕宏全

第六税务所

所　长　王志勇
副所长　米　玲

征收税务所

所　长　陈　伟
副所长　陈　烨

（王明静　江　玲）

组织各项收入110.78亿元　一是加强目标管理。科学分解税收收入计划，按月通报收入完成进度，加大考核力度。二是加强质量管控。强化预测管理系统、收入质量监控平台应用，提高税收预测准确率；拓展重点税源监控风险模型应用，加大对组织收入工作的统筹力度。三是加强协作管理。对外加大与公安、国税、工商、经济功能园区、代征点的协调沟通，对内加强部门间的协作配合，按季对税收形势和税源开展综合分析，建立数据分析模型，实现税源信息的动态管理。四是加强精细管理。结合区域房产、土地等税源特点，开展建筑业专项治理；推进大企业互动式管理，搭建税企沟通平台，对年纳税100万元以上的纳税人，实行科所长和局长定点包干联系制。2016年，共组织各项收入110.78亿元，同比增长7.27%，其中税收收入84.61亿元，同比增长13.68%。税收收入中，市县级税收63.70亿元，同比增长2.09%；区财政总收入64.36亿元，同比增长19.59%；区公共预算收入43.10亿元，同比增长2.55%，实现税收的均衡入库。（王明静　江　玲）

获"全国职工书屋"称号　开展读书知识竞赛、读书演讲、读书论坛、读书会等丰富多样的活动，努力为干部提供健康向上的精神文化产品，引导干部爱读书、读好书；在现有的职工图书室基础上增加投入，改善设施装备，并根据干部需求、书店排行榜有计划的更新图书；制定建邺局"职工书屋"建设规划，建立健全"职工书屋"的借阅制度、财务管理制度和图书管理员责任制度，探索实行网络化管理、流动服务的新模式，把"职工书屋"打造成内聚人气、外树形象的职工文化品牌。2016年，建邺局获"全国职工书屋"称号。

（王明静　江　玲）

服务区域发展　一是服务经济发展。有效完成收入任务，为地方经济发展提供有力保障；结合区域特点，进言献策，编印八期《建邺地税税情直报》，及时将税制改革、"营改增"政策等梳理后送呈建邺区班子主要领导和相关部门，完成课题调研《深化产业转型，防范运行风险》，为地方经济发展提供政策建议。二是服务企业发展。贯彻落实税收优惠政策，鼓励小微企业、高新技术产业、现代服务业的发展。办理退税234户次，退税金额9099.16万元；办理减免税1794户次，减免金额1926.96万元。三是服务民生改善。与劳动局、残联加强沟通联系，认真落实下岗职工、残疾人等低收入群体就业税收优惠政策。征收社保费及各项基金20.6亿元。（王明静　江　玲）

推进"营改增"　一是强化组织构架。成立各部门共同参与的工作领导小组及办公室，负责"营改增"推行工作的组织领导，每周召开例会，实地指导，统一协调解决工作中出现的困难和问题。建立分工负责、密切合作的工作机制，建立相关台账，及时做好信息传递和反馈，掌控推行进度。二是建立联动机制。联合国税处理好纳税人资料数据移交、发票管理、定额管理、欠税管理等事项的衔接与过渡；联合市场监管局开辟"营改增"绿色通道，做好"三证合一"营业执照换发工作；联合财政局核实涉及"营改增"企业税源、税户、收入等变动情况；联合房产局做好房屋租赁代征税款的衔接与跟踪分析工作。三是强化宣传培训。联合国税梳理"营改增"重点税源户，分别对房地产业、建筑业、金融保险业等重点税源户召开专场培训，内容涉及税收新政、发票领购缴销等。同时建立国地税"流动服务站"，开展"聚焦'营改增'国地税在行动"活动，走进社区、走进园区、走进企业，提供现场咨询服务。四是完善保障机制。国地税办税服务大厅专设服务窗口，业务骨干一线服务，做好现场解答、专业对接；分管领导轮流带班，一线指挥，及时协调解决推进过程中的问题。（王明静　江　玲）

征管基础工作　一是规范税务登记管理。严把税户受理关，做到逐户甄别，辅导前置，理顺税务管理思路；严把非正常户认定关，积极组织多头非正常户清理，全年清理非正常户106户，清理率4.85%；严把陈欠清理关，提高陈欠清理率。联合区国税开展共管户差异信息清理，对1381户纳税人信息进行核实、修改维护。二是强化征管质量监控。建立指标分类监控机制，实现征管状况监控的制度化和常态化；38个常用指标全部纳入考核范围，明确考评值和扣分方法，明晰责任。2016年一、三季度征管质量监控分析综合排名全市第一。三是深入推进合作治税。坚持国地税联席会议制度，制定合作清单，明确全年合作事项21项。与国税信息共享，加强个体税收征管，全年数据交换调整定额9527户次，及时掌握附加税费的征缴。

（王明静　江　玲）

"金税三期"上线　一是严密组织统筹。成立"金税三期"双轨试运行领导小组，下设三个保障团队，对工作事项、工作要求、计划时限、责任主体等做详细安排，并纳入绩效考核严格责任追究。二是加强业务培训。组织业务骨干参加前期测试任务，参加全省"金税三期"上线师资力量的培训；总结梳理"金税三期"业务设置规则，提高全员的业务熟悉程度和操作技能。测试期间推行AB岗制度，做到"真实业务，全员全业务全量"，完成14个域、129项测试业务，真实业务测试模块覆盖率94.85%，全部测试模块覆盖率100%。加强过程监控，及时反馈信息，双轨运行期间报送各类表格近300份，编写各类分析超过50篇。三是务求上线实效。按时完成“金税三期”正式上线前各项初始化准备工作，制定应急预案，保障新系统在10月8日正常对外办理业务，办税服务厅平稳有序。完成国地税联合委托代征单位扩面，增设9个街道和7个大市场代征点、统一代征新系统联调测试、国地税互相委托代征等工作。

（王明静　江　玲）

风险管理　一是加强计划统筹。按照风险推送计划，统筹任务分配；按周通报工作进度，月结月清。2016年完成风险应对1104户，补缴税款31480万元，风险应对贡献率3.76%。二是提高应对质量。疑点指标上传前，组织人员进行专项验证，从源头控制风险识别质量；任务结束后，及时反馈风险疑点，并撰写风险指标分析报告，提出优化建议。重点突出对房产税、城镇土地使用税两税指标的梳理，上报风险指标90条；完成8户千户集团风险应对。三是创新优化流程。参与市地税局业务流程创新，上报互联网风险信息采集需求6条，被采纳1条并在互联网信息采集系统中应用；编写配套风险指标2条。1户中等风险应对案例获系统一等奖，并被市地税局推荐到省地税局参加优秀案例评选。（王明静　江　玲）

税政管理　一是抓实企业所得税汇算清缴。制定汇算清缴工作方案，利用报纸、短信平台等多种方式宣传税收政策，做好对内对外培训，提供个性需求服务。汇算清缴申报率100%，其中查账征收户4008户，核定征收户632户，入库税款4.06亿元。二是抓好个人所得税管理。12万元高收入个人申报14415人，完成市地税局下达目标的100.80%；其中自行申报8526人，完成市地税局下达目标的59.15%。加强个人股权转让税收管理，入库税款5054.9万元；推进行政机关和事业单位个人所得税代扣代缴专项工作，134家单位完成自查补税工作，自查完成率97.81%，其中122家有补税入库，补税率89.05%。三是抓紧土地增值税跟踪管理。与区国土资源、住房建设等部门进行信息交换，加强土地增值税项目的清查梳理，建立项目登记、预征管理、已清算项目后续管理台账，探索项目清算法律流程步骤。全年完成12个项目清算自主申报，3个项目实地审核，共组织入库土地增值税税款合计8.67亿元。（王明静　江　玲）

内部督察审计　一是强化问题导向。坚持“评讲议”（“评”是指选取专业团队人员组成复审小组，统一政策把握，统一评判标准。“讲”是指复审后开展风险复审讲评会，结合本次复审问题提出要求，对风险应对中的关注重点和市地税局工作要求进行细化。“议”是指在讲评会上就实际工作中的难点及部分指标设置的问题进行了交流沟通，形成分局规范处理意见。）三步骤推动风险应对质量检查成效，全年复审28户次，复审率3%，复审疑点消除率74%。跟踪问效，开展执法督察“回头看”，着重加强个人所得税代扣代缴手续费支付、土地增值税已清算项目后续管理的督察。二是强化质量导向。坚持以质量导向和问题导向贯穿日常督察工作，强化结果运用。将督察工作转化风险防控的闭合、循环和提高的工作流程。通过上述机制的健全完善，与“三险”同防相衔接，初步实现事前、事中、事后的全程防控和持续改进的动态管理，加大对同类风险连续性、常态化的日常监管和防控力度。2016年，1份税收执法督察案例被评为系统优秀案例一等奖。

（王明静　江　玲）

纳税服务　一是强化全员服务理念。推进办税标准化建设，健全纳税服务联动机制，加强办税应急处理和重大事项应对。市政大厅地税窗口积极应对“三证合一”登记制度改革，在市政务中心组织的季度绩效考核中，全年连续获得“先进集体”和“红旗窗口”双先进；在市政务中心成立5周年庆典评比中再次获“先进集体”“先进个人”称号。二是强化纳税宣传咨询。调整优化“纳税人之家”，从以行业为主向以自然人为主过渡，依托互联网开展活动；举办新企业辅导班6场、培训200余人次，举办专题培训5场、培训300余人次。三是强化合法权益保护。加强纳税人权益维护宣传，引导支持纳税人进行合理合法的维权。及时处理市政府“12345”热线、“12366”转办工单，高效解决各类投诉案件61起。四是强化国地税合作。开展国地税互相委托代征税（费）工作，联合个体征管，依托街道、国税局推进联合办税，切实做到“进一家门办两家事”。2016年，建邺局委托区国税局代征地方税费2820.30万元。（王明静　江　玲）

队伍管理　一是强化思想引导。深入开展“两学一做”学习教育，严格落实“三会一课”要求；举办公务员职业道德和行为规范微型党课活动，就自觉遵守道德规范、加强党性修养谈感受、说看法、讲感悟，激发干部工作积极性和主动性；通过自学、专题座谈讨论、大会宣讲、警示教育等多种形式，全方位、多层次、有重点地加强廉政纪律教育。二是畅通交流沟通渠道。围绕“营改增”“金税三期”上线等重点工作，把握税收新常态下思想政治工作的特点和规律，落实工作联系点制度，领导干部深入科所听取干部意见，关心关爱干部成长和工作生活状态，关注干部思想苗头和动态，及时化解矛盾。三是宣传树立先进典型。坚持用身边事教育身边人，编印《2012—2015年建邺局能手》宣传手册，发挥优秀干部的示范带动作用，形成比学赶超的良好氛围；以建党95周年为契机组织开展以“加强道德修养，争做勤廉表率”为主题的“党员示范岗”评选活动，推动形成崇尚奉献、勤勉努力的地税正能量。2016年获建邺区“文明单位”“先进基层党组织”称号。

（王明静　江　玲）

2016年6月21日，建邺局开展进社区讲传承活动，巩固深化“两学一做”学习教育活动效果

文化建设　一是深化“人和兴邺”建设。以完善文化体系、强化科所文化、提升文化效能为主线，将科所文化建设工作与部门的基础工作、重点创新工作以及文化生活紧密结合。改造党员活动室，制作《清风廉韵》电子相册，创意设计《小家、大家》廉政沙画作品，精心布置“笑脸墙”“文化林”，开展“迎新春，跨越2016”“水墨大埝—小蜜蜂骑行”等丰富多彩的文体活动，营造和谐文化。二是落实绩效管理要求。修订完善建邺局绩效管理办法、C级考核指标，制定个性考核指标，形成具有部门特色并与实际工作紧密结合的指标体系；制定绩效讲评制度，通过月度讲评、季度点评、年终总评，加强对指标完成情况的讲评、过程把控以及持续改进的要求，强化基层对指标完成的经验分享和努力方向的知晓，确保考核内容全面完整，考核结果公平公正。三是开展基层创建活动。开展“志愿服务”活动，与结对帮扶的江宁小彭村进行座谈，了解需求；组织“六一”儿童节慰问特师附小、端午节看望敬老院老人、公益献血、文明交通执勤等学雷锋活动；围绕“书香税月”及端午节活动，开展“小米有约”活动，分享读书感想，感受传统文化；开展“万步有约、活力建邺”主题活动，倡导日行万步的健康理念，引导干部关注自身健康，培养良好习惯。（王明静　江　玲）

党风廉政建设　一是全面落实“两个责任”。强化组织领导，“一把手”负总责，制定建邺局党风廉政建设实施意见及责任分解表，各部门定期开展自查，落实到绩效考核中；细化“三层二级”网络化党风廉政责任体系和目标要求，签订“一岗四责”责任书，将责任目标层层落实，确保思想政治工作运行顺畅。二是从严监督聚焦一线。坚持执纪问责更加从严，对党员干部违反纪律的苗头性、倾向性问题早提醒早制止，对违反纪律的人和事及时纠正，加以警醒，以刚性的问责确保纪律和规矩落实到位、执行到位。落实中央“八项规定”，开展经常性监督检查和自查整改，强化正风肃纪，防止“四风”反弹。三是创新推进“三险同防”。确立科所“三险同防”工作必须“贯穿主体业务、同步联合预警、同步联合应对，同步监督评估、同步持续改进”的工作定位，强化科所廉政责任传导，突出科所风险长效防控管理。在963户风险应对、注销登记和减免税审核中，对接触纳税人的岗位进行“三险”同步警示，并向纳税人发放监督征询单，电话回访抽查未发现问题。（王明静　江　玲）

“两学一做”学习教育 一是强化学习认识。结合“两学一做”学习教育启动和纪念建党95周年活动开展两次专题党课，由总支部书记带头讲，普通党员参与讲，党员领导干部示范讲，引导党员加深理解。通过组织党员参观金陵廉政文化馆、建邺区预防职务犯罪教育基地，开展“阅享税月”活动，观看话剧《雨花台》和电影《马本斋和他的母亲》，进一步强化党员干部的理解认识。设立“两学一做”党员学习室，以党总支学习园地、“两学一做”主题书架、全局团队笑脸墙、五个支部学习教育风采展示等内容，做好党员阵地建设，发挥思想引领作用。二是强化内外联动。联动区国税局开展“两学一做”学习教育，联合组织“两学一做”党务干部培训班以及《中国共产党纪律处分条例》《关于新型势下党内政治生活的若干准则》专题培训，邀请市委党校的教授和专家讲课，进一步学习党章、“两规”，把握“四个全面”战略布局，了解新常态和我国宏观经济，拓展党员干部思路。联动结对共建中胜社区开展党员示范日活动，走进社会主义核心价值观教育基地“宣德堂”，与中胜社区党员就“新时期共产党员行为规范”为主题联动学习讨论。邀请退休先进老党员就家风建设开展深入交流，开展“老党员家风进社区”主题活动，把合格党员的要求融入家庭文化建设，形成良性互动。三是强化学以致用。在学习教育活动开展过程中，既筑牢“学”这一基础，又抓实“做”这一关键，从而让干部真学真懂，真懂真做。开展“党员挂牌上岗”“党员服务在身边”活动，结合税制改革工作实际，通过深化纳税服务、践行合格党员标准，以集体宣誓、发放党员政治生日卡片等形式为党员过集体生日，老党员为年轻党员佩戴党徽，挂牌上岗，亮明身份，请群众监督评判，树立良好形象，增强服务意识和内生动力。以纪念建党95周年为契机，“七一”前夕开展“党员示范岗”评比活动，共推选出12名党员示范岗，发挥先进典型示范引领作用，积极营造“党员能做、敢做有为”的良好氛围。

（王明静　江　玲）

房屋出租增值税发票新闻在央视《新闻联播》播出 “五一”前夕，组织代开点操作人员开展业务培训，使每一个人都熟练掌握开票要求和流程；对委托代征系统进行全面测试，将机构配置、人员岗位、相关菜单、税控盘读取等全部验证到位，并利用测试数据在国税税控系统中成功进行试开税票和发票。5月1日晚，“为纳税人成功开出全市首张房屋出租增值税发票”电视新闻被央视《新闻联播》采用播出。

（王明静　江　玲）

【责任编辑　羊　猛】

鼓楼地方税务局

概　述 2016年，南京市鼓楼地方税务局（以下简称“鼓楼局”）瞄准“新鼓楼新形象”目标，立足“强化管理转形象，优化机制提质效”工作定位，积极促收履责，服务发展大局，推进依法行政，加强队伍建设，为地方经济、社会发展做出贡献。

各项改革推进有序。全力推进“金税三期”上线，双轨试运行期间测试模块覆盖率100%；完成个体委托代征单位扩面、其他行业性委托代征单位新系统联调测试，确保单轨成功上线运行。全面完成“营改增”试点，抓好营业税存量税源清理，顺利完成发票衔接、委托代征衔接和增值税发票系统对接等业务事项，确保转出户数据准确无误。持续深化国地税合作，各条线丰富合作内涵，将合作范围扩大到联合注销、联合教育培训、联合宣传等方面，受到国家税务总局财产行为税司肯定。

组织收入稳中有升。狠抓重点税源，完善重点税源户联系制度，定期召开工作例会，强化收入进度和质量跟踪监控；加强税源税户管理，开展风险应对，入库税款及滞纳金1.65亿元；加强征管质量监控分析，将40个常用指标全部纳入考核范围，一、三季度征管指标排名全市第一；联合鼓楼国税共同与辖区13个街道和24个市场签订委托代征协议，确保国地税个体管理无缝对接。全年组织市区级公共预算收入48.22亿元，组织区级公共预算收入42.54亿元，圆满市地税局和鼓楼区委、区政府下达的收入任务。

依法治税规范有章。深化个人所得税管理，完成12万元、多处工薪、外籍个人申报42994人次；做好企业所得税汇算清缴，申报率100%、入库3.31亿元、同比增长76%；强化土地增值税清算，清算税款2800多万元。加强执法责任制建设，落实新税务行政处罚自由裁量权标准，规范执法行为，开展案卷评查，评选“规范执法示范岗”。发挥督察内审效能，开展年度重点和日常性执法督察，查补税款及滞纳金59.63万元。一个案例在优秀督察案例评比中获全省二等奖和全市一等奖，一个创新项目获市地税局年度创新工作二等奖。

纳税服务建设有效。推进办税服务厅提档升级，加强国地税联建办税服务，在全市率先实现一个叫号系统、一个窗口、一个岗位、一台电脑办理两家业务，北京、重庆、福建等外省市兄弟局前来观摩学习，征收所获市地税系统“优秀办税服务厅”，并推荐参加南京市“五一巾帼标兵岗”评选。组织做好全国纳税人满意度调查迎查，取得较好成绩；评定A级纳税人2928户，组织大企业、高校等25家单位参加“地税开放日”活动。加强税收优惠政策落实，全年办理各类税收减免税额1.41亿元。

干部队伍奋发有为。深入开展“两学一做”（学党章党规、学系列讲话，做合格党员）学习教育，抓好专题党课、学习研讨、专题民主生活会等关键动作。夯实人事管理基础，顺利推进“数字人事”上线，加强公务员职业道德和行为规范教育，选拔7名科级领导干部，13人晋升能级。狠抓教育培训，与鼓楼国税联合举办“中国经济形势分析”和“团队文化建设”专题讲座，完成27期制式培训173人次培训任务。加强绩效管理，按季召开绩效分析讲评会，定期分析反馈。制定第二个“同心文化”（上下一心、和谐聚力、攻坚克难、争创一流）三年规划，加强科所文化建设，丰富文体活动，发挥工青妇团的群团纽带作用。

党风作风提升有力。认真学习《关于新形势下党内政治生活的若干准则》和《中国共产党党内监督条例》(以下简称《准则》《条例》)，建立“两个责任”履行情况汇报讲评制度，通过编发“同心同廉”微课件、邀请省纪委领导辅导、参观预防职务犯罪警示教育基地等形式，加强廉政教育监督。推进“三险同防”和联合应对常态化管理，落实中央“八项规定”，做好超标办公用房整改工作。严明考勤、请销假等规定，加强外部监督，对征集的50条意见逐一分析并落实反馈。被授予“鼓楼区机关作风建设先进单位”称号。

行政保障统筹有方。政务信息和税收宣传双双位列系统第一，1篇新闻在中央电视台《新闻联播》播出，8篇信息在国办刊用，在宁高校大学生税收辩论赛中获2016南京网友节“最佳人气奖”。做好省地税局档案管理软件推广应用，零差错完成2012年档案移交，获市地税局好评。深入推进城市综合治理标准化建设，完成固定资产全面清查，积极稳妥做好公车改革，规范后勤管理服务。加强财务预决算，行政管理效能有效提升。

（唐　棣）

机构设置及负责人

办公室

主　任　郑拥军

副主任　唐　棣

人事监察科

科　长　王　蓓（2016年5月任）

周立红（2016年4月免）

副科长　叶华应

征管和科技发展科

科　长　张　恒

副科长　王　晨

税政法规科

科　长　阮春芳

副科长　王　蓉

督查内审科

科　长　孟洁洁（2016年5月任）

第一税务所

所　长　郑　岚

副所长　吕晓全

承　曦（2016年5月任）

第二税务所

所　长　惠　庆

副所长　张　铭

谭彬彬（2016年5月任）

第三税务所

所　长　邱　蓓

副所长　姚　群

蒋　辉（2016年5月任）

丁一宏（2016年5月免）

第四税务所

所　长　戴旭峰（2016年7月免）

副所长　姜　燕

第五税务所

所　长　丁一宏（2016年5月任）

　　　　侯连富（2016年2月免）

副所长　张文庆

第六税务所

所　长　吕晓莉（2016年5月任）

　　　　丁祥龙（2016年2月免）

副所长　孙　辉（2016年5月任）

第七税务所

所　长　董　怡（2016年12月任）

　　　　曹　健（2016年9月免）

副所长　王　彬

第八税务所

所　长　贾东升

副所长　刘　俊（2016年6月免）

第九税务所

所　长　邓　谦

副所长　范　莉（2016年5月任）

　　　　孟洁洁（2016年5月免）

第十税务所

所　长　戴国民（2016年9月免）

副所长　赵　新

第十一税务所

所　长　夏继云（2016年11月免）

副所长　张小军

第十二税务所

所　长　张翠霞（2016年12月免）

副所长　范徐林

征收局第五税务所

所　长　董　怡（2016年12月免）

副所长　王云华

　　　　杨　红

（唐　棣）

组织税收收入超80亿元　2016年，鼓楼局抓分析预测，每月对全局收入进行统计分析和预测，对大户税收预测和实现情况进行监控，加强专门督导和跟踪问责，把控收入完成进度，全年平均收入预测差错率控制在5%以内。抓重点税源，“营改增”后重新确定重点预测户，将990户企业纳入重点监控，占全部税收的80%以上；以重点税源直报系统为抓手，每月采集136户重点税源户财务数据，加强提醒和催报；完善重点税源户联系制度，通过上门走访、座谈会等方式，加强大企业、集团企业、国家税务总局、省地税局定点联系企业的服务与管理。抓综合治税，加强与区政府、街道联系频度，及时掌握相关税源信息，加强与国税联合收入分析，提升收入的把控精准度。全年组织各级税收收入80.76亿元。（唐　棣）

组织社保、基金费66.29亿元　2016年，鼓楼局做好社保、基金费的征缴、培训、宣传和管理工作，科学分解各项代征基金费征收任务，按月通报入库进度，按季纳入绩效考核；加强与特困、破产、“死户”等企业的协调沟通，认真开展社保费清欠。全年入库社保费65.72亿元，综合征缴率为99%，当期征缴率为99%，合计清欠1285.21万元，清欠率为29.33%；做好代征基金费征集，全年入库基金费5847.62万元，完成上级下达的征缴任务。

（唐　棣）

首批“金税三期”上线试点　作为全省首批“金税三期”上线试点单位，鼓楼局做好组织统筹，成立领导小组和执行小组，制定系列方案，对工作事项、时间计划、工作标准、责任主体、绩效考评、反馈监督细化安排；定期召开例会，9月下旬每日两会，把控工作进度。做好“金税三期”双轨试运行，所有税收业务在大集中和“金税三期”双轨处理，测试12个域、121项业务，模块覆盖率100%，测试业务16910笔，汇总、编写各类表格近300份、分析50余篇，圆满完成双轨运行任务。做好“金税三期”单轨上线，完成个体委托代征单位扩面、其他行业性委托代征单位新系统联调测试和委托国税代征等工作，全局共计261人次参与加班，累计加班时长2088小时，确保10月8日正式上线成功。

（唐　棣）

“营改增”试点顺利转换　梳理排定25项“营改增”改革试点工作任务，配合国税做好税户移交，梳理统计税户清册、个体定额清册、营业税征税信息等资料，共计移交国税30890户次企业信息。做好委托代征单位“营改增”前后的衔接工作，做好信息平台的安装、培训，完成增值税发票系统对接、系统初始化、数据导入、票证发放、票证开据等工作；与国税联合组织培训6次，深入挹江门、建宁路等代征点和南京市国土资源管理局、鼓楼区建设房产和交通局等现场服务15次。实施发票集中缴销，将分散在零仓、发售仓的发票统一退回总仓，与机内库存进行比对，涉及发票288.6万份，做到零差错。加强存量营业税管理，对165个项目实施清算，应补税款1680万元；加强后续管理，办理营业税退税71户税款31816万元，及时将享受营业税优惠政策的纳税人情况与国税沟通，保证“营改增”有序推进。

（唐　棣）

2016年12月6日，国家税务总局财产和行为税司司长蔡自力（左二）一行深入鼓楼国地税联合办税服务厅调研

国家税务总局调研国地税合作情况　2016年，鼓楼局持续深化国地税合作，联合制定《国地税合作工作方案》，构建国地税合作的总体框架和合作方式，细化制定《2016年度国地税合作清单》，明确当年合作事项28项。坚持国地税联席会议制度，定期召开各个层面、条口的国地税工作例会，商讨合作事宜。重点推进个体税收联合征管和联合注销工作，共同规范个体税收联合征管，加强数据交换与分析，借助数据交换调整定额数据132户；开展国地税联合注销，对于申请注销的共管户发放国地税同步注销提醒函，纳税人信息由国地税内部流转，开展联合注销核查，统一出具注销批复。丰富合作内涵，合作范围由税收征管、纳税服务向干部队伍建设和税法宣传扩展，实现全方位合作。12月，国家税务总局财产行为税司对市地税局国地税合作情况进行实地调研并予以充分肯定。

（唐　棣）

风险应对税款1.65亿元　2016年，鼓楼局做好风险管理年度和季度统筹，按季编订应对户数、名单，做好任务分配；定期召开风险工作例会，集中研究疑难案件，开展案例讲评；制定风评案件过程跟踪管理办法，加强风评案头审核管理，加强质量把控。做好大企业风险应对，落实省地税局大企业暨集团专项风险应对计划，应对16户千户集团任务，应对税款及滞纳金136.33万元，及时跟进确保风评大额税款按组织收入要求入库。开展风险绩效评价，完善风评工作绩效评价指标，开展风险应对明星及优秀案例评比。全年共接受风险应对任务2496户，应对税款及滞纳金1.65亿元。

（唐　棣）

自然人个人所得税管理　2016年，鼓楼局深入开展个人所得税管理，重点加强高收入、多处取得收入和外籍个人自然人管控，完成2015年度12万元自行申报41302人、多处工薪补税789人次、外籍个人年度汇算申报903人；个人独资合伙企业查账征收户应汇算379户，申报率100%；加强股权转让个税核查，全年共受理股权转让895户，股权转让税款1.12亿元；做好“金税三期”上线个人所得税客户端培训；落实行政机关个人所得税补扣缴工作要求，联合财政召开补缴个税动员大会宣讲政策，省、市、区三级机关单位补缴税款1173.34万元。

（唐　棣）

地方税管理　2016年，鼓楼局强化土地增值税清算及复审，推送22个清算项目，搭建清算小组，将土地增值税清算任务落实到绩效考核中，全年企业自主申报、清算2800多万元；加强车船税代征管理，与海事局协调解决代征中的政策和程序问题，代征车船税1135.24万元；结合“以地控税”摸清税源，加强培训宣传，提升房土明细登记质量，加强数据比对与筛选，通过风险管理及时发现问题，改正问题，提升房土两税管理水平。（唐　棣）

国际税收管理　2016年，鼓楼局强化国际税收管理，建立国际税收人才队伍，认真学习国际税收法律法规，提高政策水平；开展多轮“走出去”企业基础信息核实工作，完成对53条信息的核实和采集，做好9户“走出去”重点企业建档工作，核实34条疑点数据信息,核查特许权使用费等数据120条;对传递来的1条国际税收情报展开核查,制作128份自动交换情报交换信息,加强对跨境税源的有效监控。 (唐 棣)

执法督察 优化督审选案制度,采取"专业化培训+实战"的方法,加强督察内审团队建设;采取编制情况通报、建立问题数据库、开展问题点评和督审效能分析等措施,实时展现督察工作进度和成果;从关注各项税收制度执行、业务流程合理性以及执法工作效能等维度提出督审工作建议,累计发布各类通报13次,推送督审工作建议19条。探索执法疑点指标在线督察,结合征管监控指标和中等风险应对疑点指标,运用税收执法督察监控平台,研究信息化税收执法督察模式的实现路径。参与"建立税收执法风险监控指标库"创新项目,获市地税局年度创新工作二等奖。 (唐 棣)

获省地税局优秀督察案例二等奖 2016年,鼓楼局做好省地税局税收执法督察推送问题的反馈和整改,核实资料110户,反馈疑点数据150条,查补税款及滞纳金46.59万元;将独立督审和团队督审、区域互查与常态督审相结合,围绕7个方面开展年度重点税收执法督察,查补税款及滞纳金13.04万元;选择"行政处罚""企业所得税核率征收""股权转让""土地增值税后续销售管理"等4个项目定期自主开展日常性执法督察,及时发现薄弱环节和执法隐患;提升选案针对性和检查覆盖面,对重复发生的文书类问题加大整治和考评,组织开展"回头看",强化问题的整改落实和后续跟踪。《聚焦小税种 预防新风险》案例在优秀督察案例评比中获全省二等奖和全市一等奖。 (唐 棣)

国地税综合办税窗口建设 深入推进办税服务厅提档升级,重点加强国地税联建办税服务,结合征管税种的关联性,优化整合资源,多次召开专题联席会议,明确委托代征的范围、责任和权限,探索互相委托代征机制,在10个窗口直接实施国地税"共派人员、共建窗口"模式。强化国地税税收征管系统的信息共享、互联互通和技术支持,实现同一个窗口既能代开增值税发票,又能代征相应地方税费,使纳税人在办税服务厅同一窗口同时办理国、地税两家涉税业务。重点强化窗口人员对于国地税业务知识和操作技能的培训,采取互派骨干一对一教学的方式,提高服务质量和水平,加强政策宣传,引导纳税人便捷办税,实现一个窗口、一个岗位、一台电脑办理两家业务,为全市首创。 (唐 棣)

全国纳税人满意度调查迎查 拓展服务渠道,优化QQ群网络服务对象,扩大对中小企业的服务面,建立个人所得税服务微信群、南京科技广场纳税服务微信群等,结合纳税人实际需求开展针对性服务,实现交流零距离。优化和丰富"纳税人之家",联合科技局、街道开展5场专题培训,240家企业参加;组织大企业、高校等25家单位参加"纳税人之家"和"地税开放日"活动,加强对纳税人培训辅导力度。组织做好纳税人满意度调查,结合"便民办税春风行动""问需求、优服务、促改革"专项活动要求,精心筹划,强化责任,细化目标,跟踪落实,做好4046户企业的点对点沟通,最终在国家税务总局满意度调查中,鼓楼局取得较好成绩,为市地税局获得第二名做出贡献。 (唐 棣)

减免税款1.41亿元 2016年,鼓楼局做好营业税优惠政策延续、小微企业所得税税收优惠、残疾人个人所得税优惠、小微企业免征有关政府性基金、房产税、城镇土地使用税减免税备案优惠等落实工作,确保纳税人切实享受政策红利。围绕非货币性资产投资、股权奖励、转增股本分期缴税等优惠政策,开展政策咨询和辅导,确保政策落实横向到边、纵向到底。全年共办理各类税收减免434户次,合计减免税额1.41亿元。 (唐 棣)

"两学一做"学习教育 梳理党员基本信息,增补党总支和支部委员,配齐配强领导力量;成立"两学一做"工作组,制定"两学一做"工作方案、责任清单和检查清单,总支按"季"检查党员自学情况,按"月"督导支部活动,支部按"周"组织集中学习讨论,周密部署推进。落实"两学一做"规定动作,支部和党员结合自身实际制定个性化学习计划,各支部严格按照专题和进度推进集中学习和个人学习；班子成员分别为全体党员及支部上党课，14名干部以“微型党课”形式进行授课。开展党员亮身份、树形象“三比三争”（比党性争先进、比作为争贡献、比业绩争一流）活动，选树三名先进典型自制拍摄“恪尽职守、爱岗敬业”微视频，两名党员先后被系统推选为“五好干部”（坚定信念，做头脑清醒、心明眼亮的好干部；淡泊名利，做清正廉洁的好干部；敢于担当，做求真务实的好干部；保持虚心，做团结协作的好干部；热情热心，做为民服务的好干部）、“勤廉典型”，一名党员先进事迹入选市机关工委“繁星—党员微故事”。对照查摆要求，深入进行党性分析，找准找实思想、组织、作风、纪律等方面的突出问题，分析问题原因，强化长效管理。先后编写活动专刊四期，展示活动成效。（唐　棣）

中国人事科学研究院调研组调研　7月，中国人事科学研究院调研组到鼓楼局调研，在听取该局公务员考核工作开展情况汇报后，观摩了考核操作流程演示，并进行各层面座谈，对该局公务员考核工作予以充分肯定。在公务员考核管理工作中，鼓楼局运用KPI（关键绩效指标）技术，建立符合区局工作实际的绩效指标体系，按照科级领导和一般公务员两个层级分层考核，量质双考，品绩并重，重点加强绩效指标建设，将考核任务落实到各对应岗位和人员，形成任务指标化、指标责任化、责任全员化的责任传导链条。（唐　棣）

职业道德和行为规范“情景式”教育　5月，鼓楼局举办“崇德立行　恪尽职守”春训成果展示活动，采取干部自己演、同事说、领导评的方式，通过一名纳税人申请注销过程中在征收所、管理所、风评所、征科科所遇到的一系列情景，生动再现日常税收工作中面临的岗位职责和要求，通过科、所和基层不同岗位干部心得交流，结合实际引导干部明确价值导向和行为红线，促进干部行为自律和他律。外部邀请南京市人力资源和社会保障局、鼓楼区机关党委以及市地税局人事处领导，从不同角度阐述目前公务员职业道德和行为规范建设面临的新形势和新要求，结合税务工作实际明确干部在工作中可以干什么、不可以干什么，引导干部知职、尽职、守职。（叶华应）

干部队伍建设　夯实人事管理，加强选人用人各环节规范操作和监督，选拔3名正科级、4名副科级领导干部；组织干部参加能级评定，13人晋升能级。狠抓教育培训，组织分岗位专题培训，11名干部获得系统业务能手称号，全市排名第三；新选送2名干部参加税务MBA学习，11名干部攻读在职研究生，2名干部通过税务师考试。加强绩效管理，分层次组织绩效培训，修订C、D级绩效考核指标体系及管理办法，优化《专项业务竞赛评比办法》和7个评比项目，表彰69人次；按季召开绩效分析讲评会，定期分析反馈。（唐　棣）

文化建设　注重税务文化建设延展创新，明确“同心文化”的“传承、延展、创新”的发展方向；加强科所文化建设，提炼部门文化主题，将科所文化建设内容收集制作电子文化手册，进行推广宣传；丰富文体活动，参加系统女子体育舞蹈展演比赛获第一名，参加区唱歌比赛获二等奖，组织工会春游、秋游活动，发挥工青妇团的群团纽带作用；组织多名党员干部无偿献血，在盐城龙卷风灾情后第一时间发出“特殊党费情系灾区”倡议，号召党员干部以交纳“特殊党费”的形式向灾区捐款捐物，弘扬爱心正能量。（唐　棣）

特色党风廉政教育　强化主体责任和监督责任意识，进一步学习责任清单和党风廉政建设领导责任追究办法，落实从严治党工作要求；加强廉政教育监督，依托手机微信平台，以微课件、微动画等形式创新开展党风廉政教育，先后编发“同心同廉”等微课件18个；结合党纪条规学习教育月要求，邀请省纪委领导对《中国共产党纪律处分条例》《关于新型势下党内政治生活的若干准则》进行专业解读，组织参观检察院预防职务犯罪警示教育基地，组织《准则》《条例》专项网络测试，引导干部筑牢思想防线；抓住节假日等关键时点重点防控，开展春节廉政谜语竞猜、“两节”期间廉洁自律自查等工作，组织开展廉政回访，加强干部监督管理。（唐　棣）

作风建设　加强日常行为管理，定期对干部工作纪律、着装、按时办结等作风情况进行检查，按月进行党风廉政和作风建设情况通报讲评，严格落实绩效考核。积极征询外部意见，结合纳税人满意度调查与纳税人电话联系8503户次，对征求的15条意见建议逐条梳理反馈；召开外部监督员会议，征求外部监督员意见和建议4类12条；发放党风廉政和作风建设调查表，回收747份，反馈意见23条，逐一分析并回复落实。完善管理制度，严明考勤、请销假等制度规定和审批流程，转变工作作风，以治庸治散正风气。（唐　棣）

“简政放权，我来@国务院”新媒体推广　作为南京市唯一参与单位，鼓楼局办税服务厅精心部署落实，广泛宣传动员，于10月正式启动“简政放权，我来@国务院”新媒体推广活动。在自助办税区、等候休息区摆放活动展架，张贴宣传海报，在咨询辅导区放置宣传台卡，方便纳税人通过手机扫描活动资料上的二维码了解参与活动；在办税服务厅的电子显示屏上滚动播放“简政放权”活动短片，吸引纳税人广泛参与互动；运用微信公告号、纳税咨询QQ群等网络平台，线上线下双渠道对活动进行宣传，扩大宣传力度和影响力。办税大厅工作人员及时用文字及图片记载活动开展情况，通过平台反映民意、表达民心，进一步强化“互联网+政务服务”，达到深化简政放权、助力放管结合、优化政务改革的效果。（徐一峰）

建立南京市科创企业税收服务联盟　3月29日，鼓楼局联合鼓楼国税局、南京鼓楼国家大学科技园管委会在南京国际服务大厦联合举办高新技术企业专题培训，共同揭开第25个税收宣传月序幕，同时也标志南京市科创企业税收服务联盟正式成立。科创企业税收服务联盟分业务搭建国地税服务微信群和QQ群，通过整合国地税双方的税政骨干力量，确保园区企业的政策疑问能够获得及时解答，为“营改增”过程中政策服务无缝衔接提供机制保障；在各创业园区摆放办税指南二维码，园区企业通过扫描二维码快速了解涉税事项办理流程和资料要求；建立定期调研走访制度，帮助企业化解税收风险，确保税收政策落到实处。（唐　棣）

2016年3月29日，鼓楼国地税在南京国际服务大厦成立全省首家科创企业税收服务联盟

8篇信息在国办采用　加强政务信息组稿力度，积极开展信息培训，通过修订信息宣传工作意见、优化信息宣传考核办法、建立月度点题制度、加强外部网络沟通等，不断提高政务信息稿件的针对性和实效性。2016年，上报各类信息243篇，被上级采用146篇次，信息积分801分，位列系统第一。其中《民间资本进入文化产业存在的“三难一不确定”问题》等8篇信息被国办采用，其中国务院领导批示1篇。（唐　棣）

8篇新闻稿件在央视《新闻联播》等国家级媒体刊用　认真开展新闻宣传活动，全年被各类媒体采用新闻222篇次，新闻宣传积分1169分，位列系统第一。在国家级刊物刊用8篇，其中中央电视台《新闻联播》刊用1篇、国家税务总局微信1篇，《基层税务局长谈合作》《南京地税建立个税微信》等6篇在《中国税务报》刊用，《新华日报》等省级媒体刊用93篇次。精心组织税收宣传月主活动，在11家媒体报道；做好税收征文活动，征集征文2247篇，获3个优秀组织奖和21个个人奖项。（唐　棣）

在宁高校大学生税收辩论赛　5月5日—6月4日，“青年梦·税月情”2016年在宁高校大学生税收辩论赛在南京举办，来自全市18所高校的90多位辩手参加辩论，158名学生参加征文活动。辩手们围绕“中高收入人群所得税征收，主要靠个人诚信，还是靠税收征管”“依据信用等级评定结果，实行差别化管理，是否符合税收公平正义的要求”、减税对企业“降成本”是否有显著作用等辩题展开了16场对决，累计1800多名师生观赛。鼓楼局联合鼓楼国税承办辩论赛半决赛和决赛，

正方河海大学和反方南京师范大学围绕“税收对促进‘大众创业，万众创新’是否有显著作用”这一辩题展开辩论，最终南京师范大学代表队获冠军，张琪获最佳辩手奖；河海大学代表队获亚军，郭聚铎获最佳风度奖。南京审计大学、南京中医药大学代表队并列季军。此项活动获2016南京网友节“最佳人气奖”。（唐　棣）

资产清查　规范和加强国有资产管理，在市地税局的安排部署下开展资产清查和变更维护，将实物盘点同账务核实结合起来，保证清查程序环环相扣、不重不漏，经过清查的固定资产，按照要求建立健全账卡，完善各项管理制度。共计对738件计算机类固定资产进行梳理盘查，完成标配、特配、超配分类，并对数据进行完善；对1879件一般类固定资产进行盘点，做到账实相符、账账相符，全年共报废14批次，报废各类资产529件275.11万元。（唐　棣）

获江苏省“省级职工书屋示范点”　2016年，鼓楼局加大“职工书屋”建设力度，改善干部职工学习条件，以“职工书屋”为文化阵地，引导干部职工养成“爱读书，读好书”的良好习惯，营造“勤学、善学、乐学”的浓厚氛围。职工书屋占地30平方米，设有联网电脑1台，书架4组，拥有藏书3000册，报刊20种，电子音像制品80张；上线电子书屋，搭建起一个集合电子图书、报刊阅读，网络学习，廉政教育的综合服务平台，为干部职工提供更为便捷的阅读渠道，累计点击量超过1800人次，被评定为江苏省“省级职工书屋示范点”。（唐　棣）

【责任编辑　汪城池】

雨花台地方税务局

概　述　2016年是“十三五”规划的开局之年，是经济发展新常态下持续推进地税工作的重要之年，更是税制改革下全面推进依法治税开辟地税发展新起点的关键之年。雨花台地方税务局（以下简称“雨花台局”）围绕“第一职能”（组织收入），聚焦“两大改革”（税制改革、征管体制改革），深化“三大工程”（税收征管改革、社会管理创新、税务文化建设），突出“四个引领”（目标引领、创新引领、法治引领、文化引领），强化“五个税务”（安全税务、法治税务、创新税务、服务税务、廉洁税务），圆满完成了各项任务，为地方经济、社会发展做出了积极贡献。

一是组织收入稳步攀升。2016年，雨花台局探索适合本区管户特色的税收机制，最深程度“挖存量”，最大限度“盯增量”，最强力度“开新源”。深化第三方的涉税信息运用，加强同国税、工商、国土等部门的协作，建立起长期信息交换机制，强化资源共享、优势互补。加强对重点区域、重点项目、重点行业、重点税种的预测分析，强化收入节点控制，提高全年税收增幅排名市地税局系统前列。

二是全面推进征管改革。坚持改革前摸底预测、改革中做好与区政府和国税的沟通协调、改革后强化后续管理，营改增全面完成。努力做好“金税三期”上线工作，雨花台局制定应急保障措施、开展业务培训、人员全面到位、后道衔接跟上，“金税三期”顺利上线。建立国地税常态化联系机制，从联合税收宣传、联合培训、联合税收分析、联合纳税信用评价、联合大厅办税和共享涉税信息等方面开展合作，得到雨花台区政府和纳税人的赞誉，也得到国家税务总局督查组的肯定，提升了纳税服务水平。

三是夯实依法治税基础。牢固树立以法律为准绳，法律至上的观念，做到规范执法。统筹协调好各项税收征管基础工作，强化税种管理、风险应对等，推进依法行政基础性工作。扎实推进企业所得税预缴、股权转让个税征管、“营改增”前项目管理、土地增值税清算项目等工作。维护纳税人合法权益，积极落实优惠政策，顺利完成企业所得税及各类税收的优惠政策落实申报工作。完善税收执法督察，重点对税收优惠落实情况、注销税务登记、三证合一、行政处罚、风险应对等几个方面依法依规开展执法监督检查，力求做到“督查一项、规范一类、整体提高”。

四是规范纳税服务管理。健全、落实首问负责制、提醒服务制、限时服务制、延时服务制、服务承诺制等服务规范，全面落实“一站式”（国地税进一家门、办两家事）服务模式，积极尝试国地税互设办税服务岗位，力争让纳税人进一家门办两家事。定期走访华为、中兴大型企业，与企业分析经济走向、政策效应，实现纳税服务与税收征管融合，推动税企共赢。2016年10月，在国家税务总局发起由第三方组织的全国纳税人满意度调查中，雨花台局得分位列全省被抽查的14个市（区、县）之首，为市地税局获得全国纳税人满意度调查第二名做出贡献。

五是推进干部队伍建设。完善干部考核机制，以岗位职责规范为基础、岗位绩效为重点、考核管理信息系统为支撑，深化平时考核。把干部队伍建设与“两学一做”（学党章党规、学系列讲话，做合格党员）学习、中央“八项规定”紧密结合起来，按照“抓常抓细抓长”的要求，严格落实从严治党各项要求，着力推进作风建设常态化、长效化。有计划地开展业务知识测试、竞赛活动，丰富载体。定期开展党团妇工活动，通过活动展示大家的兴趣爱好，激发对组织的忠诚和贡献热情。坚持文化引领，强化基层导向，发挥科所建设动力，推动个人与组织的互促共进。

六是提升行政管理水平。严格规范行政管理，落实政府采购、后勤管理、“三公经费”（财政拨款支出安排的出国境费、车辆购置及运行费、公务接待费）等有关要求；强化预算分析和制度落实，提高预算执行力，推广使用公务卡；强化信访、舆情管理，防患于未然；认真贯彻落实中央“八项规定”及公务接待，严格执行市地税局关于节能减排的要求，厉行节约，杜绝浪费；做好车辆改革后续相关工作，妥善细致处置好相关人员，带着感情做工作，确保平稳、有序、到位。对于保留车辆，建立全新的管理使用办法，规范车辆信息登记管理车辆使用审批制度。（张淑卿）

机构设置及负责人

办公室

主　任　　李　勇

副主任　　葛广银

人事监察科

科　长　　苏妍红

征管科技科

科　长　　王　旭

副科长　　方　玉

税政法规科

科　长　　瞿建峰

副科长　　甘　岳

督查内审科

科　长　　纪为林

第一税务所

所　长　　李　琦

副所长　　薛　娜

第二税务所

所　长　　谢建平

副所长　　张伟娟

第三税务所

所　长　　曹　波

第四税务所

所　长　　赵　鹏（2016年2月任）

副所长　　赵　鹏（2016年2月免）

第五税务所

所　长　　杨　林

第六税务所

所　长　　邱　蔚

副所长　　谢景海

征收税务局第六税务所

所　长　　焦让春

副所长　　劳　莉

（张淑卿）

组织税收收入72.2亿元　2016年，雨花台局在面临“营改增”减收10亿元的基础上，共组织税收收入722169万元，同比增加116168万元，增幅19.17%。从分级次情况来看：省级收入完成7161万元，同比增加2651万元，增幅58.77%；市县级收入完成715008元，同比增加113517万元，增幅18.87%；市县级公共预算收入完成469117万元，同比增加13124万元，增幅2.88%；完成公共财政预算收入（含教育费附加，地方教育费附加）428303万元，与2015年同期相比减少6030万元，减幅1.39%，完成区政府下达计划425000万元的100.77%。（张淑卿）

中国（南京）软件谷税收总量57.57亿元　2016年，中国（南京）软件谷实现全口径税收入库57.57亿元，同比增加8.01亿元，增幅达16.16%，其中实现营改增税收收入4.53亿元，同比增收1.4亿元，增幅达44.7%。实现一般公共预算收入

29.04亿元，同比增加2.67亿元，增幅达10.13%。从软件企业来看，中兴全年实现净入库一般公共预算收入7.65亿元，同比下降0.33亿元，降幅4.2%；华为全年实现净入库一般公共预算收入6.17亿元，同比增加0.77亿元，增幅14.3%。中兴、华为两户龙头企业贡献的公共预算收入占全谷的47.59%。（张淑卿）

风险应对入库税款5476万元 雨花台局以贯彻落实为抓手，深入推进税收风险管理工作。按照省地税局风险管理办法和市地税局风险管理工作指引的要求，重新梳理了《雨花台局风险应对流程》。加强风险应对统筹管理，在应对户的选择上加强自选户的引导，充分发挥风险应对人员主动性，对市地税局每次推送需统筹户均落实到所。加强风险应对过程管理，按周通报风险应对工作进度，督促各所按序时进度完成。2016年，风险应对入库税收5476.03万元，贡献率0.76%。

（张淑卿）

股权转让个人所得税1.26亿元 发展节能低碳、高新技术，推进企业并购，进行股权转让已成为软件谷经济发展的新常态。雨花台局强化税种管理促进组织收入，以税种管理为主线，对此项工作采取“风评所核查、工商委托代征”的方式。2016年，股权转让共453户，核定补税企业283户，共计入库股权转让个人所得税1.26亿元，成为新的税收增长点。（张淑卿）

入库社保费27.66亿元 各项基金2592.76万元 雨花台局建立社保、基金费监控长效化管理机制，组织开展费源普查及调查工作，健全较大型单位的费源档案，掌握费源总体状况，分段监控重点企业社保、基金费缴纳情况，根据企业经营收入和基金缴纳状况，定期进行分析，保证税费同步缴纳。在国家不断降“五险一金”为企业降成本的背景下，2016年，入库社保费27.66亿元，与2015年保持持平；入库各项基金2592.76万元，同比增长25.04%。（张淑卿）

营业税改征增值税 雨花台局区国、地税联合成立雨花台区国地税合作工作领导小组，由双方局长任组长，副局长为成员。领导小组下设工作组作为日常工作牵头机构，雨花台区国、地税局各职能科室负责人为工作组成员。营改增前，雨花台局加强开票人员素质配备，优化开票办事流程效率，落实开票服务举措，确保了营改增工作的平稳顺利推进，仅4月，共代开发票2316张，同比增加64.6%。5月1日营改增后，国税部门委托地税部门征收二手房交易和个人住房出租的增值税，雨花台局提前介入、加班加点、积极调试，在五一节假日后的营改增首个工作日，首张发票顺利打出，较好地完成“营改增”阶段性工作。国家税务总局总经济师宋兰在5月1日视察雨花台局“营改增”工作给予较高评价。（张淑卿）

“金税三期”上线运行 细化落实市地税局关于“金税三期”上线的各项工作要求，制定相应应急保障措施。运用数据审计手段，清理自2009年大集中上线以来垃圾数据，规范各类数据，为“金税三期”系统上线做好准备。夏恒志参加了省地税局“金税三期”系统封闭工作，常年在江宁项目组，为“金税三期”系统上线做出重要贡献。“金税三期”上线过程中，全员参与确保按期运行。中秋节和国庆节，雨花台局加班做好“金税三期”上线测试，及时解决运行中出现的问题，确保“金税三期”平稳上线。（张淑卿）

2016年10月8日，“金税三期”在南京市上线后，雨花台局顺利开出全区首张新办个体税务登记证

服务型税政建设 顺利完成企业所得税及各类地方税收的优惠政策落实申报工作。完成46户次企业所得税的减免工作，办理了20户企业的

研发费用加计扣除的备案。应享受小微(小型微利型)企业税收优惠398户,减免税额293万元,实际受惠享受面100%。受理减免备案申请房产税5户、土地使用税14户,土地使用税困难性减免2户,合计减免房产税407.3万元、土地使用税2834.3万元。为136名残疾人办理了个人所得税减免退税23.3万元。全年合计退还税款2021.33万元,为服务雨花台区经济社会发展做出积极贡献。

(张淑卿)

2016年10月12日,组织干部深入小微企业走访调研,开展针对性服务

督查内审管理 完善税收执法督察顾问、督察预告、督察联席分析等制度,依托雨花台局《税收执法综合督察管理办法(试行)》,立足执法一线和工作重点,做好统筹、横向配合,不断深化条块式督察。2016年,重点对税收优惠落实情况、注销税务登记、"三证合一"、行政处罚等几个方面依法依规开展执法监督检查,力求做到"督查一项、规范一类、整体提高",发现问题14项(不含现场知会项),均按要求进行整改落实,整改面100%。对小微企业、"双创"优惠政策落实、税务登记改革等方面涉及的近4000条数据开展核实自查,对自查中发现的问题按照业务管理主体责任的口径,由业务管理部门明确口径、统一要求、落实整改。

(张淑卿)

雨花台区国地税合作 雨花台区国地税在税收宣传、联合培训、税收分析、联合纳税信用评价、联合办税、共享涉税信息等多方面开展合作。2016年,双方联合对区内税收收入形势进行深度分析,形成《2015年度雨花台区国税、地税税收收入完成情况报告》《2016年一季度雨花台区国税、地税税收收入完成情况报告》。至2016年年末,双方正在筹划对辖区内拟上市公司进行专题联合分析。全部实现纳税人信用等级的互评互通,联合开展纳税信用补评、复评、动态调整等工作,共同对纳税人信用等级进行管理。雨花台地税局在区国税局办税厅设立委托代征、发票代开窗口,代征地方税税费。共同委托第三方代开发票、代征税款。在区政务中心、板桥街道共同委托区住建局代开个人房屋租赁发票、代征税款。致力于涉税征管信息的分析运用,重点关注非正常户管理。2016年,区国地税累计交换数据达5000多条,其中非正常户认定数据约3000条。 (张淑卿)

绩效管理 坚持共进、合作、卓越的文化理念。在体系中突出与市地税局同行。制定下发雨花台局2016年度绩效管理办法、考评规则及C、D级考评指标和加减分。C级指标重点强化B级指标及重点工作的落实,D级指标侧重部门管理突出岗位个性和岗位差异,中层干部重点考评"一岗四责"的履职成效。在考核过程中突出卓越。加强绩效培训,规范考核程序,增加考评分析点评,积极引导干部关注岗位基础指标,突出各项争创目标,积极争取省级以上荣誉。在改进中突出合作。绩效办法对考核偏后的部门给予建议,帮助改进提高。部门负责人将沟通作为D级绩效辅导的工具,帮助干部分析问题、明确整改方向及要求。

(张淑卿)

"两学一做"学习活动 雨花台局将"两学一做"作为重点工作来抓,并贯彻到全年的干部队伍建设中来。一是深入开展"先进基层党支部""党员示范岗""党员服务窗口"创建活动,以纳税人满意为标尺,对服务措施、服务礼仪、服务态度开展全方位查缺补漏,党员干部亮牌上岗,公开职能职责、涉税政策、征管流程,着力打造阳光地税。二是开展争做"四讲四有"(讲政治、有信念;讲规矩、有纪律;讲道德,有品行;讲奉献、有作为)合格党员活动,引导党员干部转变作风,带头开展业务学习,开展《中国共产党问责条例》的学习,提升执法能力和责任意识;引导党员干部认真落实税收执法责任制,做到规范执法、严格执法、文明执法，使所有纳税人都能享受到公平公正的税收待遇。三是组织党员志愿服务队，及时检查维护纳税服务大厅防暑降温设施，提供免费直饮水源，保证在炎热的夏天纳税人能够感受到清凉；积极开展企业帮扶，对近百户企业上门走访调研，整理研究政策为企业发展排忧解难，实现征纳沟通零距离、无障碍，营造高效优质的服务环境。

（张淑卿）

2016年3月31日，雨花台局以微型党课形式，开展“两学一做”学习教育活动

获江苏省文明单位、南京市文明单位称号 近年来，雨花台局积极促收履责，推进依法行政，加强队伍建设，把文明创建作为推动各项工作的有效载体，不断丰富创建形式，拓展创建内涵，有效地促进了各项事业全面协调发展。该局创建工作如下：一是服务发展。2016年，组织税收收入72.22亿元。顺利完成企业所得税及各类地方税收的优惠政策落实申报工作，完成46户次企业所得税的减免工作，软件企业减免所得税14户，高新技术企业减征所得税21户，办理了20户企业的研发费用加计扣除的备案。全面做好小微企业所得税的优惠政策的执行，享受小微企业是398户，减免税额293万元，实际受惠享受面100%。做好房土两税的减免工作，减免房产税407.3万元、土地使用税2834.3万元。为服务民生、支持区域经济的发展做出了积极贡献。二是依法治税。该局把依法治税作为队伍建设的指导理念，把廉政建设作为队伍建设的重要保障，2016年，在雨花台区群众评议机关活动中获得执法组评议第二名。三是奉献社会。2016年募集慈善捐款2万余元，提供志愿服务约50小时，共资助15户困难家庭，资助金额1万元。2016年，该局获江苏省文明单位、南京市文明单位称号。

（张淑卿）

业务学习和业务大比武 “点线面”结合开展多项实战课程培训，开设“精品课程”“实战课程”“联合课程”三大课程，定期开展风险应对案例交流。联合兄弟单位开展真情讲述、科所长培训班、涉税舆情应对讲座等，不断提升干部职工岗位业务能力。立足干部队伍实际，着眼税收现代化建设需要，积极参加国家税务总局组织的税收业务能手竞赛活动，通过以赛促学，以学促专，为税收事业科学发展提供了坚强的人才保障和智力支持。2016年，组织10人参加市地税局业务大比武，5人获税收业务能手称号，其中1人进入省地税局业务大比武，并获业务岗位能手称号。

（张淑卿）

获“江苏省工会‘职工书屋’示范点建设单位”荣誉称号 以求实效为出发点，以职工得实惠为着力点，把“职工书屋”建成全局员工学习知识、获取信息、提高素质、丰富文化生活的重要平台。一是硬件设施齐全。在办公空间紧张的情况下，单独辟出近100平方米房间，购置各类图书3200余册，订阅报刊杂志26种，电子影像制品100余张，并配电脑、DVD等阅读观看的多媒体设备。配备专职、兼职图书管理员2人，确保书屋运转的规范、顺畅。二是制度保障。建立健全“职工书屋”管理制度、“职工书屋”管理员岗位职责、“职工书屋”借阅制度等图书管理制度，对“职工书屋”按照“管而不死，放而不乱”的原则实施管理。每年从工会经费中拨出不少于3万元专项资金用于“职工书屋”建设，确保书屋各种硬件设施保持良好的运行状态。三是提升干部素质。电子书屋的建设和开放，在职工中掀起了网络读书的新热潮，大大提升了干部职工的知识层次，现有的正式干部81人中，有注册会计师6人，税务师27人，律师1人，人力资源师4人，占全局人数的46.9%。2016年，5人在种类业务竞赛中获奖，撰写各种税收调研论文20余篇，有9人次在系统各类征文中获奖。全局撰写各类新闻信息稿件1000余篇，在省级以上各大报刊杂志发表各类作品近100篇。被中办、国办采用的信息稿件9篇，1名同志成功考上东南大学、南京师范大学MBA在职研究生。2016年，获“江苏省工会‘职工书屋’示范点建设单位”荣誉称号。 （张淑卿）

纳税人满意度调查获全省14市之首 强化咨询辅导，选拔优秀人才充实到导税台，为纳税人积极答疑解惑；开展温馨提醒服务，对新办登记纳税人发放提醒函，特别是“三证合一”后在区政务中心发出书面通知，告知申报征收、网上办税等后续流程。提供全天候服务，将“高效、便民”放在工作首位，落实早午间值班岗、延时服务、节假日预约服务。运用软件谷“纳税人之家”，定期与辖区内软件企业交流，为纳税人答疑解惑。通过QQ群、短信、微信公众号，定期发送最新税收优惠政策，公告涉税信息，为纳税人提供服务便利。定期走访华为、中兴大型企业，与企业分析经济走向、政策效应，实现纳税服务与税收征管融合，推动税企共赢。2016年10月，在国家税务总局发起由第三方组织的全国纳税人满意度调查中，雨花台局得分位列全省被抽查的14个市（区、县）之首，为南京地税获得全国纳税人满意度调查第二名做出贡献。 （张淑卿）

2016年3月30日，雨花台局在全市地税系统三八节“女子体育舞蹈比赛”中获最佳表演奖

多篇调研信息被采用并被国务院领导人批示 充分发挥信息写作团队的力量，多渠道挖掘工作中的亮点和特色，广泛深入企业开展实地调研，加大对基础税收数据的采集和归纳，力出精品。2016年，信息积分708.5分，江苏省调查显示节后用工呈现三大新变化、南京等地春节前后房地产市场情况比较、江苏反映民间资本进入文化行业的情况、存在困难及建议等8篇信息稿件被国办，江苏反映民间资本进入文化行业的情况、存在困难及建议的稿件被国务院领导批示，江苏调查反映欧盟光伏双反“日落复审”对企业出口影响较大期盼尽早结束“双反”、南京市对华东最大劳务市场调查反映节后服务业岗位需求旺盛薪酬上涨等多篇稿件被省委省政府、省地税局采用。

（张淑卿）

【责任编辑 汪城池】

栖霞地方税务局

概 述 2016年南京市栖霞地方税务局（以下简称“栖霞局”）在市地税局和栖霞区委区政府的领导下，深入学习贯彻中共十八届五中、六中全会精神，聚力税制、征管改革，以组织收入为中心，以依法治税为灵魂，以党风作风建设为保障，以条线争先、整体创优为目标，坚持“准起跑、快发力、强冲刺、不犯规”工作要求，圆满完成全年各项任务目标。

税收改革平稳落地。决胜营改增试点、奋战“金税三期”上线，与改革抢时间、抢效率，各项收入实现平稳增长。全年组织各类收入139.13亿元，其中税收收入88.59亿元，同比增长17.57%；社保费入库37.66亿元，征缴率99.2%；其他收入入库12.88亿元；征管质量指标连续三个季度位列系统首位。

依法治税深入推进。将“崇法依法护法，公开公平公正”作为组织文化核心内容，深化税种精细化管理，规范土地增值税清算、股权转让、行政事业单位个人所得税征缴等重点工作，全年受理纳税人减免税1087户，减免金额计共5297万元；发挥执法监督效用，通过各类督察活动补征税款及滞纳金272.44万元，追究过错责任35人次，依法治税成效显著提升。2016年，栖霞局以同类别最高分的成绩获省级法治税务示范基地称号。

服务民生成效显著。深化国地税合作，定期组织国地税联席会议，确立六大领域29项具体合作项目；优化“栖税争锋”服务品牌，开展税收创咖啡、“问需求、优服务、促改革”税务沙龙等主题活动，让创业者享受“税收+科技+金融”的深度融合服务；注重发挥社会效应，组织党员先锋队应对入夏长江汛情，完成辖区防汛部署，开展栖霞区大学生税收模拟法庭、中学生税收文化节等活动，参与组织全市大学生税收辩论赛获评“南京市网友节最受欢迎奖”。

队伍管理严优并济。完善绩效管理制度，以数字人事系统上线为契机，关注组织与个人绩效双提升；强化税务职业道德引导，开展我思我想—岗位体验、业务大比武、风评案例交流会等岗位适应性培训，有7名干部被授予系统税收业务能手称号，2名干部入选江苏省素质提升“115”工程——岗位能手项目；丰富组织文化内涵，组建马拉松兴趣小组，开展“栖税争锋”微讲堂、“品儒家经典”读书沙龙、“温馨家园，青春记忆”农家厨艺比拼等活动；栖霞局职工书屋获评2016年省级职工书屋示范点称号。

党风作风常抓不懈。对照“两个责任”（主体责任和监督责任）清单，落实全面从严治党要求，对为税不廉、执法不公等四类问题全面开展自查自纠和彻底整改；组织“两学一做”（学党章党规、学系列讲话，做合格党员）学习教育，对照“五查五改”（一要查摆信仰信念是否动摇，解决对“举什么旗、走什么路”认识不清、对共产主义缺乏信仰、对中国特色社会主义缺乏信心、精神空虚迷茫、组织或参加封建迷信活动、信仰宗教、推崇西方价值观念等问题，强化政治定力。二要查摆纪律规矩是否松弛，解决看齐意识不强、犯政治上的自由主义、发表和传播同中央决定相违背的言论、当“两面人”、顶风违纪搞“四风”、拉帮结派、搞团团伙伙，在党不言党、不爱党、不护党、不为党，组织纪律散漫、不按规定参加党的组织生活、不按规定缴纳党费、不完成党组织分配的任务、不按党的组织原则办事等问题，强化党的意识。三要查摆宗旨意识是否淡薄，解决漠视群众疾苦、为群众办事不上心不主动、在人民群众生命财产安全受到威胁时临危退缩、与民争利、执法不公、吃拿卡要、优亲厚友、假公济私、损害群众利益等问题，强化群众观念。四要查摆精神状态是否懈怠，解决安于现状、精神不振、不作为、不会为、不善为、只求过得去不求过得硬、逃避责任、工作和学习上得过且过、不起先锋模范作用、大是大非面前不敢亮剑、矛盾问题面前不敢迎难而上、危机面前不敢挺身而出、失误面前不敢承担责任、歪风邪气面前不敢坚决斗争等问题，强化担当精神。五要查摆德行表现是否缺失，解决不注意个人品德、讲奉献讲公德讲诚信不够、违反社会公德职业道德家庭美德、价值取向扭曲、情趣低俗、贪图享受、奢侈浪费等问题，强化道德修养）要求，进行党性分析；推行经常性谈心制度，走访挂钩企业40户次，开通廉政微信群和讨论组，开展线上党纪条规测试，组织干部参观检察机关警示教育基地，营造风清气正的组织氛围。2016年，栖霞局获评区完成“五个建设”工作目标有功单位和机关作风建设先进单位称号。

（周　袤）

机构设置及负责人

办公室

主　任　刘德坤

副主任　周　袤

人事监察科

科　长　徐振栩

副科长　李珊珊

征管和科技发展科

科　长　刘立峰

副科长　刘新鸿

税政法规科

副科长　彭蓓蓓（2016年3月任，主持工作）

副科长　张　杨（2016年3月任）

督察内审科

科　长　陈小林（2016年3月任）

第一税务所

所　长　胡　红

副所长　谭清峰

第二税务所

所　长　黄峰巍

副所长　张忠安

第三税务所

所　长　庄森亭（2016年3月任）

第四税务所

所　长　尹德胜

副所长　张文娟（2016年3月任）

第五税务所

所　长　沈家明

副所长　周　海

第六税务所

所　长　　周国强

副所长　　徐连海

第七税务所

所　长　　王　玉

征收局第七税务所

所　长　　孟　菲

副所长　　李森林

组织各项收入139.13亿元　2016年，栖霞局面对经济下行和“营改增”税源缩水等不利因素影响，积极开展房地产等行业税收调研，有效化解“营改增”存量税款去库存压力，统筹安排好市县级和区县级两个口径任务平衡，确保收入进度平稳。2016年，共组织各类收入139.13亿元，其中税收收入88.59亿元（其中，市县级一般预算收入62.04亿元，同比增长11.70%；组织区县级一般预算收入65.70亿元，同比增长10.55%），同比增长17.57%；社保费入库37.66亿元，征缴率99.2%；其他收入入库12.88亿元，各项指标均创下历史新高。

（吕秀杰）

营业税改征增值税　2016年，栖霞局严格落实上级决策部署，以5月1日全面完成营业税改征增值税税制改革（以下简称“营改增”）为时间节点，有序推进“营改增”，确保改革前后各项工作平稳有序。改革前期做好“营改增”事项衔接，清理存量税源，完成委托代征系统的测试运行，调研并编撰“营改增”专题分析和建议，为各级政府和对口国税局提供决策参考；充实一线队伍，应对“营改增”前建安代开票高峰，安排业务骨干到办税服务厅现场答疑解惑；过渡期间派员驻委托代征点，跟踪辅导代征窗口开展业务，安排专人巡场辅导，及时协调反馈处理运行中遇到的问题，实现“营改增”后纳税人委托代征业务的无缝对接。

（吕秀杰）

“金税三期”系统上线　2016年，栖霞局落实征管体制改革要求，探索新型电子税务局的互联网架构建设。栖霞局制定责任分解表，按日明确工作事项、执行单位、操作要求和注意事项，开展全员、全业务的仿真压力测试；广泛宣传辅导，共组织开展20余场个人所得税客户端、电子税务局等内容的培训，覆盖纳税人5000余户次；全力保障“金税三期”上线过渡期间纳税服务秩序，安排税务骨干轮流值班征收服务厅，开设全功能电子税务局辅导专区，增设自助办税设备，开通24小时对外公开值班咨询电话服务专线，按照专人、专岗、专线保障，落实电子税务局首问解答制。10月8日，“金税三期”系统顺利实现单轨制运行。

（吕秀杰）

风险应对管理　2016年，栖霞局坚持风险导向，加强风险应对过程管理和质量监控。制定《栖霞局风险应对绩效评价办法》，将应对质效与绩效考核挂钩，打破任务分配对应关系，均衡各所任务，通过集体约谈、集中应对等方法，机关科室直接参与疑点所涉及税收政策分析；强化科、所业务技能学习，组织《财务分析——在风险应对中的运用》专题培训，按季开展案件讨论，并组织年度风险应对案例评选会，点评并交流优秀风险应对案例的工作经验。全年入库风险应对收入2.13亿元，同比增长20%，应对收入贡献率2.41%，人均应对户次、准期完成率、人均应对收入、户均应对收入等指标均进入市地税局前列。（戴　飞）

国地税合作　2016年，栖霞局落实《国家税务局地方税务局合作工作规范（1.0版）》要求，建立国地税定期联系会议制度，联合栖霞国税局、南京经济技术开发区国税局共同组织对合作事项梳理分析，按照可行性与操作性分层次明确国地税合作时间表，确立涵盖纳税服务、税收执法、大数据治税等六大领域的29项具体合作项目。2016年，国地税先后在风险应对、纳税服务等方面进行常态化合作：开展联合风险应对，比对风险应对和税户清册，在案头审核疑点信息交换、约谈举证、结果运用等环节进行合作；协同解决营改增后委托代征业务，建立委托代征单位国税档案号和地税管理码的唯一对应；互设办税窗口、互派干部交流，促进国地税在服务、执法等资源方面的互联互通。

（周　袤）

征管质量指标管理　2016年，栖霞局夯实税收征管基础，推进征管质量指标管理“四步法”，即“数据分析查问题—剖析问题找原因—针对问题定措施—督促落实抓成效”；把好指标管理的质量关，加强税户基础信息进口管理，在国地税基础数据互通基础上，提升基础信息数据准确度；注重征管指标跟踪应对，按月梳理征管指标排名后进选项和当月征管质量排名后进科所，分析指标落后的原因并针对问题对症下药，对接绩效考核，明确指标管理和责任主体，采取“思想上引、方法上清、过程中盯”等措施，敦促主动监管的源动力。2016年，栖霞局征管质量指标连续三个季度位列市地税局系统首位。（吕秀杰）

“众创空间”纳税人服务联盟 2016年，栖霞局以小微企业服务平台为依托，融入社会化服务资源，联合地税、国税、银行等职能部门，建立“众创空间”纳税人服务联盟，全力为辖区中小型科创企业保驾护航。联盟立足小微企业服务平台大数据技术和“众创空间”需求调查的“精准抓取”，对接服务线上线下窗口，先后在南京经济技术开发区、紫东创意园等平台组织多场“问需求、优服务、促改革”税务沙龙，提供权威的国地税联合税收政策解读；同时，开展多层次的“税银合作”，推出“鑫联税”“鑫税融”等信贷产品，帮助企业降低融资成本，共同打造“税收+科技+金融”的跨界服务合作的新模式，深受纳税人好评。（周 衮）

2016年4月15日，栖霞局启动众创空间纳税人服务联盟，为中小型高新技术企业的创业者和财务高管，提供涉税政策咨询和互动服务

“栖税争锋”微视频 2016年，栖霞局针对区域面积大，税户数量多，涉税业务广泛的现实需求，梳理纳税人常用常问的涉税事项，推出“栖税争锋”涉税事项系列微视频及二维码一次性告知服务；立足纳税人视角，贴近实际操作，将涉税流程、步骤和注意事项制作成图、文、音并茂的系列微视频，涵盖“金税三期”系统、办税登记，房产税、城镇土地使用税申报、个人所得税代扣代缴委托等13项内容，并以二维码形式通过办税大厅、QQ群、微信以及各种培训会提供给纳税人，方便纳税人快速、便捷地获取规范、准确的税收业务办理指南，有效减轻了人工解答、培训工作量，实现了纳税人与征收一线“双减负”目标。（周 衮）

税收文化进校园系列活动 2016年，栖霞局以税收宣传月为契机，面向辖区青少年群体，普及税收知识。在省内首次组织大学生模拟法庭，在税务专家一对一辅导下，选取真实经典的税收行政诉讼案件，真实呈现庭审全程，使在场观众身临其境的感受到税务行政诉讼的庭审过程和税收法律法规，坚定依法诚信纳税的决心；与南京市税收博物馆、栖霞区教育局合作，联合组织中学生税收文化节开展了税收文化进校园、“栖税先锋杯”栖霞区高中生五四税收辩论赛、税收征文等活动；参与组织全市大学生税收辩论赛，精心为参赛高校提供赛前税收辅导，最终，辖区高校南京师范大学获得冠军，该项活动获评“南京市网友节最受欢迎奖”。（周 衮）

2016年4月20日，栖霞局举办南京市首届大学生税收模拟法庭

获江苏省法治税务示范基地 2016年，栖霞局以“树立法治意识、运用法治思维，恪守法治准则”为思想引导，全面推行规范执法标准化工程，分岗位梳理、编印执法事项标准化操作指南和文书

示例模板，实现执法事项业务流程化、操作标准化、模版格式化；建立“月度专项、季度重点、年度全面”的常态化执法督察机制，将执法督察与日常税收业务工作同计划、同布置、同推进，既注重事后监督，也开展事前、事中的伴随式监督；并积极运用行政指导柔性手段，落实告知等各项程序制度和陈述申辩等各项法律救济措施，依法维护纳税人正当合理的权益，依法治税成效显著提升，2016年以同类别最高分的成绩获省级法治税务示范基地称号。（薛梦影）

个人所得税自行申报管理 2016年，栖霞局主动转变个人所得税直接管理的工作思路，将重点放在序时申报进度和个人自行申报比率上，对个人所得税自行纳税申报工作实行全过程跟踪管理；强化宣传发动，分行业、分类型、分梯度开展针对性政策辅导，并注重向重点企业和重点人群倾斜，确保政策宣传全覆盖；强化工作上下沟通，妥善处理相关咨询及诉求，突出未申报户管理，及时反馈处理申报工作中发现的问题，促进均衡、有序、高效完成个税自行申报工作。2016年，全年共完成年所得12万元以上申报人数20020人，超目标任务数3个百分点，其中自行申报率89.7%，自行申报率位居市地税局系统前列。（薛梦影）

行政事业单位个人所得税专项核查 栖霞局成立工作领导小组，主动与外部单位对接，邀请管委会、区财政等5家单位召开行政机关事业单位个税代扣代缴联席会议；汇编行政机关事业单位个人所得税的税收政策，制作个税明细数据申报操作微视频，组织行政机关事业单位个税申报辅导培训，指导行政机关事业单位按期正确履行代扣代缴义务；按月跟踪记录各行政机关事业单位个人所得税当月申报的扣缴明细，分析每月的申报收入、税款及人均税负率，及时解决涉税风险疑点。2016年，共受理栖霞区104家行政机关事业单位个人所得税补报工作，补报个人所得税总计282.45万元，人均补税1118.21元。（薛梦影）

企业所得税汇算清缴 栖霞局深化企业所得税精细化管理，制定年度企业所得税汇算清缴工作方案，召开专题工作推进会议，立足税源税户特点，分模块分事项分群体开展6场针对性培训和政策指引，制作并发放企业所得税汇缴申报表申报操作演示视频，实现查账征收户培训面的100%；盘清税户税源，摸清汇缴清缴的税户，2016年企业所得税汇算申报率达到100%，企业所得税汇算清缴缴纳税款13.35亿元；建立企业一户式和跨年度台账，实现企业所得税的动态监控，完善税负分析和管理分析，严格复审，分级分类进行走访、核查，加大政策执行的有效性和规范性，完成企业所得税复审218户次，入库税款及滞纳金163.04万元。（李　萌）

土地增值税清算 栖霞局引入团队模式，发挥互补效应，集合全局“三师”（税务师、注册会计师及律师）及业务骨干组成土地增值税清算专业团队，分别应对资料分析、实地审核等环节，并对清算进度和成效到个案清算情况进行定期通报，针对项目的前期管理到清算及后续管理各环节，加强过程管控，提高管理精细化水平；同时，进一步加强土地增值税培训工作，邀请多位专家对清算人员开展土地增值税培训，开展案例式教学，提高风险应对人员理论和实战操作水平，2016年栖霞局共审核完成房地产项目4个，补征税款1.12亿元。（朱　锐）

行政执法事项督察复审 栖霞局借助信息化手段，成立专业化团队，汇聚优势资源，强化督审职责，在事项上横向到边，在人员上纵向到底，实现督审事项条块化、执法督察专业化、协作互动一体化：全年开展各级税收执法督察补征税款86.75万元，加收滞纳金6.07万元；中等风险应对质量检查补征税款1.69万元，加收滞纳金3687.18元；上级推送审计疑点数据核查涉及纳税人责任补征税款162.06万元及加收滞纳金15.48万元；追究税务机关过错责任35人次，均纳入绩效考核及评优评先，在栖霞局范围内进行通报，充分发挥了督查复审工作预防与矫正的效能。（陈小林）

“我思我想”岗位体验 开展“我思我想”实践式教学。以年轻干部为主体，选取部分岗位事项，以结对的形式跨部门开展岗位体验。通过科室和基层所岗位交叉，帮助干部切实感受其他工作事项的难度与强度，并结合自身工作了解工作衔接上的矛盾点，通过典型案例讲授，流程参与、案卷查询等形式巩固岗位知识，提升干部的学习热情。参与活动的体验人员共22名，体验岗位指导人员13名，体验岗位7个，部门覆盖面为100%，形成体验评价表和体验报告各21篇，有效促进工作难题的相互沟通与解决，提高全局的凝聚力和向心力。（徐振栩）

"两学一做"学习教育 栖霞局深入落实"两学一做"学习教育要求，"真"字当头，"严"字贯穿，开展"五色"教育：红色情怀宣讲，解党纪条规，行签名承诺，营造争做"四讲四有"合格党员氛围；黑色警示教育，参观警示教育基地、观看预防职务犯罪电影，引导干部筑牢思想防线；橙色青春感悟，组织青年廉政微党课讲评，分享岗位体验、工作认识、历史感悟，倡导干部以史为鉴，从严律己；金色法庭实训，开展税收模拟法庭演练，灌输依法行政、规范执法的自觉；白色交流启迪，开展廉政微信学习，撰写党纪条规的心得体会，确保全面从严治党要求走脑、入心。（徐振栩）

2016年7月6日，栖霞局组成防汛先锋队，冒酷暑暴雨24小时值守大堤，完成区长江防汛抗洪任务

绩效管理改革 以绩效管理为抓手，坚持落实顶层对绩效管理总体系设计，关注营改增、"金税三期"上线推广等改革工作的影响，按照"抓住关键、导向突出、管用有效"要求修订绩效考核指标，建立起量化考核与分档考核相结合、工作成效评价与工作量比较相结合的绩效考核体系；促进"互联网+绩效"相互融合，认真运用省地税局绩效管理信息平台，加强督查督办，按季开展绩效讲评会，对绩效的整体情况、排名情况，进行通报讲评制订；强化绩效结果应用，对干部选拔、年度评先评优、教育培训等方面与绩效结果密切挂钩，切实发挥绩效的正向引导作用。（徐振栩）

数字人事上线 推进落实数字人事试点，召开数字人事上线动员会，编印下发数字人事操作手册，制定每日任务，形成精细化的工作任务书，严格全程督导，制定考核指标，建立问责机制。结合数字人事系统上线，做好干部信息摸底梳理，导入数字人事各子集内容，完善干部数字档案，健全干部成长信息，为栖霞局人才库建设、专业资格培养等提供一手资料；开展现实测评、年终考核等工作，汇总干部考评成绩，计入干部成长账户，确保各部门落实自身责任实现与个人绩效双提升。（徐振栩）

获评江苏省职工书屋示范点称号 以打造学习型地税组织为抓手，大力推进干部素质提升和职工书屋建设工程，在整合利用现有办公场所的基础上，陆续开设"百廉园"读书室、"税苑书香"阅览室和"枫林书舍"电子阅览室，逐步建设起功能设施齐全、阅读条件完备、集阅览、藏书、电教于一体的"职工书屋"；依托栖霞局职工书屋，以打造书香地税为契机，成立"税苑书香"阅读组织，为职工思想交流提供园地平台。2016年，栖霞局开展了"读儒家经典 观孔门学行 参处事之道"主题读书沙龙、"阅读税月"微型党课、"阅读英烈故

2016年8月27日，栖霞局组队代表南京地税参加全市职工运动会，获得女子象棋比赛全市第一，拔河比赛全市第四

事，弘扬雨花精神”全民阅读日等活动，“职工书屋”获评省级示范点称号。（周　袤）

12篇政务信息被中办、国办采用　2016年，栖霞局围绕小微企业优惠政策、创业创新、简权放政等热点深入调研，全年22篇调研信息被中央办公厅和国务院办公室采用，完成信息总分1474.4分，信息考核分668分，排系统第三。其中《江苏省十大龙头企业对经济形势预判》《江苏省重点钢铁企业化解过剩产能的典型案例》《江苏各界高度评价第二个“国家公祭日”》等被中办、国办采用，其中部分稿件得到国务院领导批示；86篇信息稿被省委、省政府采用，为政府出台相关涉税政策制定提供了参考依据。（柴逢国）

【责任编辑　汪城池】

化学工业园区地方税务局

概　述　2016年，南京化学工业园区地方税务局（以下简称“化工园局”）在市地税局党组的正确领导下，深入学习贯彻中共十八届五中、六中全会精神，按照“以组织收入为中心，紧紧围绕依法治税和文化兴税，着力提升管理能力、服务质效和队伍建设水平，努力实现争先进位”的工作思路，税收收入稳定增长，征管机制愈发完善，法治工作日趋规范，服务水平明显提升，干部队伍突显活力，廉政建设不断深入，行政效能显著增强，全面完成了年度各项目标任务。

做好组织收入。围绕组织收入中心工作，以税源监控为重点，强化分析预测，强化税源管理，落实政策服务，把握组织收入的主动权。全年共组织入库税收收入35.7亿元，同比增长24.39%，其中：市地税局计划口径公共预算税收收入22.78亿元，同比增长9.7%。组织入库“三费”（教育费附加、地方教育附加、文化事业建设费）收入7.9亿元，同比增长21.58%。

坚持依法治税。化工园局成功创建市级法治税务示范基地。全面完成“营改增”4685.83万元。立足化工园区特点，积极参与国务院环保费改税项目组调查研究。

深化征管改革。“金税三期”平稳过渡，“信息管税”广泛运用于基层一线；国地税合作不断深入，落实宣传“同声”，服务“同力”，数据“同步”，共识“同心”的“四同计划”，通过互派干部、互助培训、互办业务，实现税收管理深度融合。

优化纳税服务。充分利用“互联网+”，实现二维码新政速递、公众号直播答疑、“营改增”预约通道、大数据按需宣传，上半年纳税服务现场检测全市排名第二。提升纳税服务规范化，推进办税服务标准化和品牌化建设，加强办税礼仪培训，在简化流程的基础上，做到服务指引一站式、办税流程一体化。

加强队伍建设。定期开展由“今天我主讲”“微型党课”“优秀案例品评”“阅读分享会”组成的“每周主题课堂”。7人次获得市地税局系统能手，占全体干部人数的13%。数字人事有序开展，绩效考核体系进一步完善。打造“进取”文化品牌，文化建设深入人心。创设廉政行风监督二维码，深入开展“两学一做”（学党章党规、学系列讲话、做合格党员）学习教育活动。分局图书室成功创建省级职工书屋。（吕　璐）

机构设置及负责人

办公室

主　任　李　骞（2016年6月免）
主　任　傅　斌（2016年6月任）

人事监察科

科　长　边　伟（2016年10月免）
副科长　王启明（2016年10月任）

征管和科技发展科

科　长　胡恒辉

税政法规科

科　长　傅　斌（2016年6月免）
副科长　侯　玫（2016年6月任）

督察内审科（第七税务所）

科　长　陈　阵

第一税务所

副所长　殷金婵

第二税务所

副所长　吴鲁怀

第三税务所

副所长　许兴鹏

第四税务所

所　长　何栋章（2015年7月任）

副所长　王启明（2016年2月任）
（2016年10月免）

第五税务所

所　长　黄志宝（2016年10月免）
所　长　边　伟（2016年10月任）

第六税务所

所　长　李　骞（2016年6月任）
科　长　侯　攻（2016年6月免）

（吕　璐）

组织各项收入59.81亿元　2016年，化工园局共组织入库各项收入59.81亿元，其中：税收收入35.7亿元，同比增长24.39%，入库市地税局计划口径公共预算收入22.78亿元，入库区政府计划口径公共预算收入29.26亿元，圆满完成市地税局、化工园区管委会下达的收入任务。组织社保费收入15.8亿元，同比增长32.8%。组织“三费”及基金费收入8.3亿元，同比增长21.58%。在组织收入过程中，一是落实《化工园局收入预测管理办法》，明确工作目标、工作方法和考核标准，利用大数据进行收入预测，有效提升收入预测准确率。二是进一步完善欠税管理，修订《化工园局欠税管理办法》，从制度层面督促规范税源征管。三是进一步规范税务登记注销。制定《化工园局税务登记注销管理规范》，结合税务登记注销复审情况，规范税务登记注销的流程、文书、进一步明确核查要求。（胡恒辉）

税源管理　全面完成“营改增”，抓好营业税存量税源清理，做好发票衔接、委托代征等各项业务工作。加强分级分类税源管理，强化区域重点税源监控，优化收入分析预测，收入预测准确率全市排名前5名。加强非正常税户管理，非正常户清理率超过11%，对非正常户多头注册的清理达到100%。实施欠税联管机制，采取以票控欠、以欠抵退等多种方式实施追缴，全年清理陈欠入库169.74万元，往年陈欠清理率达到50.19%，新欠发生率低至0.14%。加强税源征管指标监控，对15个A类指标和35个B类指标进行跟踪和规范管理；实施科所联动，及时解答和协助解决各税务所在征管质量监控上的问题；按周推送需要处理的征管数据，并对每周完成情况进行点评。2016年，征管难度较大的“未按期申报处理率”“个人所得税全员全额明细申报”均通过积极应对达标。

（胡恒辉）

创新项目入选全国税务系统创意点子奖　积极实践“互联网+税务”和“大数据治税”理念，参与的“基于大数据框架下的服务策略系统”创新项目，被省地税局推荐入选全国税务系统创意点子奖，入围全市改革创新优秀案例，并获得市地税局优秀创新项目一等奖。该项目是基于大数据和互联网的一项纳税服务的革新尝试，通过数据分析，让纳税服务的服务制定更贴近纳税人需求，实现纳税服务的自我创新和进步。化工园局参与的另一个创新项目—“探索新型电子税务局建设”也被评为市地税局优秀创新项目一等奖。电子税务局是“金税三期”上线后征管发展的主要方向，新型电子税务局包含官方网站、手机APP、微信公众号等多渠道的线上配合，通过对纳税人需求调研、申报流程统计分析等方式，进一步完善网上办税操作界面，提高纳税人满意度。

（吕　璐）

2016年11月23日，化工园局参与了互联网、工业制造、服务业等众多企业家汇聚一堂的“企业家创业聊”活动，为与会的企业家送去最新的小微企业优惠政策解读

创建市级“法治税务示范基地”　2016年成功创建市级“法治税务示范基地”，并获区“法制宣传先进集体”称号。一是建立重大执法事项集体研讨会制度，统一政策执行标准。二是加强法制宣传教育，编制《新政速递》，开展涉税案例讲评会。三是制定执行常态化督察内审工作制度，加强内控机制建设，通过执法督察补征税款80余万元。

四是开展风险应对质量检查，检查整改问题户15户次，补税17余万元。五是严格落实《税务行政处罚自由裁量基准操作标准》，执行减轻处罚集体审议规定，制作行政处罚操作模板，分类整理行政处罚操作要点，按季开展行政处罚案卷评查。五是开展税收执法示范岗评选，通过优秀执法人员在工作岗位上的示范作用，带动税务干部公正文明执法。（傅 斌）

"掌上办税"APP应用 拓展"互联网+税务"服务举措，依托"掌上办税"APP，推广二维码政策查询、掌上申报、支付宝缴税、催报催缴查询等服务。拓展网络平台应用，在积极利用化工园局博客、微博、税收志愿者QQ群等服务平台为纳税人提供办税规范查询、办税提醒等服务的基础上，着力研究开发微信平台，打造集税务通知、政策查询、纳税人学校等功能于一体的服务新模式。开展涉税风险"微"提示，纳税申报"微"提醒，税收新政"微"解读的"三微"线上服务。增设手机"廉政行风二维码评价""监督、举报平台"，及时收集纳税人办税过程中的反馈意见，实现纳税人对税务干部的常态化监督评价。（胡恒辉）

税收政策服务 推动"营改增"、小微企业和困难企业减免等各项税收优惠政策落地，全年共办理减免税备案和核准987户次，小微企业优惠享受面达100%。针对园区事业单位改制重组、房产土地划转等事项积极做好政策服务，主动研究税收政策与化工园区产业结构的对接点，深入挖掘有利因素和新兴热点，为区域创新发展做好政策服务。针对辖区内重组改制企业增多的情况，整理汇编相关税收政策，深入企业现场解决重组改制过程中的股权分置、定向增发、非货币性资产投入等具体业务问题。成立专家团队，主动参与清江石化、中旗作物、悦力集团等企业重组改制过程，为企业提供"嵌入式"税收政策服务。

（傅 斌）

"金税三期"上线 细化分解"金税三期"推广工作步骤，合理调配人力资源，有力保障"金税三期"上线运行的各项工作。抓紧节点控制，建立测试问题日报、突发事件应急、领导干部轮值等制度，科长、局长坐镇一线办税服务厅，亲自为纳税人答疑解难，确保问题解决在一线，事故处理在开端。设置"金税三期"网上税务局辅导专区，在醒目位置处张贴"金税三期"的指导海报。建立"早协调、早宣传、早安排、早辅导"的"四早"服务机制，使纳税人提前准备，及时应对，确保"金税三期"平稳上线。化工园局干部的先进事迹被南京作风建设官微以"最美金三人"专题报道。

（胡恒辉）

税费管理 深化国地税合作，加强增值税委托代征管理，确保城市建设维护税、教育费附加及时入库。对契税、房产税、土地使用税，实施"以证控税、以地控税"。扎实开展土地增值税清算，做好对3个房地产项目的清算申报审核。立足化工园区特点，积极参与国务院环保费改税项目组调查研究。夯实社保基金费征管基础，坚持税费统管、全面征收、公平负担的原则，突出对非税收入分析比对，做好征收管理、催报催缴、强化考核等措施，力保年度任务完成。（傅 斌）

中韩学生税收文化交流活动 接待中韩姐妹城市学生交流团一行60位师生，组织来自韩国大田广域的中学生们和南京旭东中学的学生们到南京税收博物馆参观学习，一起体验了一次别开生面的中国税收历史文化之旅。南京税收博物馆是全国人文社会科学普及基地，陈列着从大禹治水至今1000多件税收历史文物。此次交流活动将课堂搬进博物馆，通过一件件展品和互动体验，将税收的演变和发展，税收与国家、民生的关系和作用生动的展现出来。此次活动增强了中韩学生彼此的了解和友谊，大田市青少年管理科宋仁丘先生表示，这样的博物馆在韩国是没有的，很有特色，收获很大。

（吕 璐）

国地税合作 制定《南京化学工业园区国地税合作章程》，明确责任机构，建立点对点联系制度、定期召开联席会议制度，建立常态合作机制。制定"金税三期"上线纳税人操作联合培训预案，分门别类开展"金税三期"上线操作培训。开展新办户联合培训，每月末由国地税的培训人员共同为纳税人讲解办税流程、新政新规、疑难杂症。

互派业务骨干进行学习交流，实现人员互派挂职锻炼零的突破，充分发挥业务优势，互相学习借鉴经验做法，既推动了双方工作的开展，又促进了挂职干部的成长进步，实现了双赢。（吕　璐）

7名干部获得“业务大比武”能手称号　探索构建以“自主学习、组织培训、互助帮学、考试竞赛”为支撑的“四位一体”教育培训机制。开展“进取讲堂——今天我主讲”活动，共有16名干部走上讲台授课，实现“被动听课型”向“主动讲课型”的转变。开展主题教育和专题活动，推进“青蓝工程——师徒结对”活动，助推青年干部加速成长，营造共享知识、共享经验、共同提高的学习氛围。鼓励干部参加“三师”（税务师、注册会计师、律师）及能手考试，积极备战“业务大比武”考试，提升干部专业素质和业务能力。建立“训前教育、训中跟踪、训后回访”的岗位练兵模式，组织好制式轮训。今年共有7名干部获得“业务大比武”能手称号，2名干部代表市地税局参加省地税局大业务考试。（王启明）

“进取文化”建设　建设“进取精品工程”，通过精品工程潜移默化的进行文化传播和渗入。挖掘“进取文化”基因，清理“进取”文化资产，整合“进取文化”资源，确立以“进取”为主题的绩效文化理念。建设“精品培训工程”“精品科所文化”“精品制度建设”，根据职责岗位的不同，创立有特色的文化建设口号，开展“一科（所）一训”和“一岗一铭”主题文化活动。“进取文化”建设目标层层分解、人人践行，激发干部持续探索创新的工作热情。通过开展“进取文化”建设，化工园局在全市的排名明显提升，先后获得市级“法治税务示范基地”、区“法制宣传先进集体”“作风行风先进单位等称号，有效发挥文化引领对工作质效提升的推动作用。（王启明）

创建“省级职工书屋示范点”　实施数字化管理，采用专业图书管理软件和大数据分析，确定职工喜好、购书方向，有针对性的扩充藏书。建立职工书屋内部网站，形成容量达12万册的电子书库。开通中国知网和中国税务报电子版，与区图书馆的“掌上书馆”联通，实现扫码下载阅读。充分发挥内部教学平台作用，拥有13类近1000门学习培训课程。搭建读书交流微平台，依托微信公众号，实现随时随地阅读。实施“双十”计划，倡导干部坚持每天最少读十页、一年最少读十本书。举办多场“学思践悟”主题分享会，搭建干部交流心得的平台。开展税廉微语学习活动，通过公众号推送、二维码监督，大力提倡清风税廉的团队风气。（傅　斌）

数字人事与绩效管理结合　完善绩效考核办法，制定下发化工园局2016年度绩效考核办法和考核指标体系，规范公务员考核内容、标准、程序。开展部门、岗位个性化考核，修订《绩效奖金分配办法》，提升考核效能。按季召开两级绩效分析讲评会，通报分析绩效情况与问题，及时制定整改措施。向被考核对象公开透明地反馈考评结果，引导干部挖掘潜力。坚持综合运用、持续改进，形成长效管理机制。大力推进数字人事运用，通过培训宣传、责任清单、测试运用等管理内容，将数字人事工作落实到位。实行绩效管理和数字人事双轮驱动，将考核结果与评优评先、干部选拔等工作挂钩，体现结果运用，增强干部自我评价、自我改进、自我提升的动力。（王启明）

获“化工园区机关作风建设先进单位”　深入开展“两学一做”学习教育，开展微型党课300余人次，撰写学习笔记480篇。制定下发《2016年党风廉政建设工作责任分解意见》，“一把手”与各科所负责人签订“一岗四责”责任书，实现分解细化、责任到人。开展“党纪条规”学习月教育活动，落实“三会一课”（定期召开支部党员大会、支部委员会、党小组会，按时上好党课）制度，编发《税廉微语》等教育刊物。完善“三险同防”（廉政风险与税收、执法风险同步预防）体系，建立部门间风险同步预防与联合应对机制，规范一案双查。创新监督渠道，开通廉政行风二维码评价监督举报平台。2016年，获园区机关作风建设先进单位和园区先进基层党组织称号。（王启明）

阳光房改造　为了给职工营造更加优美和谐的工作环境，化工园局就地取材，将六楼废弃的露天平台改造成阳光花园房。在施工过程中，设计、预算、监理人员共同对工程施工进行设计交底和图纸会审，预控小组全面负责施工进度安排和协调，在劳动力、机械设备、周转材料上实行周密的调配，保证重点难点的施工进度。经过历时两个月的精心建设，建成了拥有简单的人造草坪、几处座椅、一湾清泉以及职工们自己购置的绿色植物的阳光房，虽然简单但用较少的花费为单位职工营造了一个业余时间休息的好场所。化工园局干部张启琴用自己的照相机记录下了六楼露天平台每天的变化，并自发的将阳光房的变迁编制成电子宣传影像，得到全局干部职工的一致好评。

（吕　璐）

【责任编辑　秦蓓蓓】

江宁地方税务局

概　述　2016年，南京市江宁地方税务局（以下简称“江宁局”）深入学习贯彻中共十八届五中全会精神，以干部能力素质提升工程和大数据治税工程建设为载体，聚力税制改革，紧抓组织收入，强化依法治税，优化作风行风，发挥职能作用，服务发展大局，使全局各项建设取得新成绩。被市地税局授予“2016年度先进单位”称号，被区委、区政府授予“2016年江宁区机关作风建设先进单位”称号。

服务发展大局。围绕江宁区重大发展战略，切实履行税收职能，为区域经济发展提供财力支撑。组织各项收入204.15亿元，其中完成区政府下达的公共一般预算收入110.95亿元，完成市地税局下达的区县级一般收入100.06亿元。同时，关注新兴产业、特色创业园区发展动态，加强重大投资项目和重点工程跟踪服务，全面落实技术创新、小微企业、促进就业等各项税收优惠政策，为2336户次纳税人减免税收4.65亿元。

加强税收管理。完善“基础管理属地化、纳税服务规范化、征纳互动网络化、风险应对专业化”征管体系，构建起税收业务事项和任务统筹模式，建立“对口承接、统一下达、责任明晰、科学高效”的任务管理机制。通过制定试点工作方案、应急预案，建立工作领导机制，加强与国税合作等，使“营改增”和“金税三期”试点工作平稳过渡、高效推进。落实“互联网+税务”和“大数据治税”要求，实施风险应对全程跟踪管理，推送中等风险任务1595户次，入库税款4.55亿元。落实随机抽查制度，加强与国税联合稽查，稽查案件共计34户，查补收入4451.71万元，以查促收收入1570万元。

优化纳税服务。健全联动机制，加强谋划统筹，形成齐抓共管纳税服务格局。通过增设窗口、增加人员、加强办税应急处理和重大事项应对，实现“一小时办结”目标。利用媒体、网络、手机APP等服务手段，加大涉税事项宣传。开通针对老年人、孕妇、残疾人等特殊群体的“营改增”绿色通道。推进办税标准化建设，全面应用掌上办税平台，优化自助办税功能。开展网络化办学，与区国税局和民生银行联合举办“纳税人之家”活动，与区国税局联合举办纳税人学堂12期，培训纳税人1320人次。办理“12345”服务工单398件，结果满意率（含基本满意率）94.22%。

推进依法治税。实行行政首长负责制，实现一级抓一级，逐级抓落实的良性互动机制。依托省法宣办网上学法平台、“法宣在线”移动客户端开展法制学习，组织全员参与“万人学法”网上竞赛，实现年内在线学习时间不少于900分钟、学分达3000分以上的目标。严格执行《江苏省地方税务局税务行政处罚实施办法》及《税务行政处罚自由裁量基准操作标准》等制度，规范实施税务行政处罚，推行行政执法全程控制，被评为“法治江宁建设先进单位”。落实税收执法督察规则，开展“三证合一”后续管理规范化工作、高新技术企业优惠政策落实情况、小微企业优惠政策落实情况、定率户开票数与申报数有差异问题等专项督察，核查相关信息491条。

强化队伍建设。围绕“重在统筹，贵在实干”，加强科级领导干部能力建设。通过举办青年干部座谈会、组建青年骨干风险应对团队等形式，加强青年骨干力量培养。举办公务员职业道德和行为规范专题培训，成立“采读”读书会，创建微信交流会，举办“心中的航标—硬笔书法比赛”，开展“领导干部立家规、共产党员正家风”主题活动，以及“地税巾帼助春蕾，传统教育进校园”活动等，推进文化常态建设。统筹条线教育培训，注重专业、创新能力培养，开展春训和能手竞赛等活动，举行所得税政策等专项培训12场，举行4

次测试,参加培训总人次1260人次,人均42学时。以开展“两学一做”学习教育活动为推动,参与全区“作风建设提升年”主题活动,巩固群众路线教育实践活动和“三严三实”专题教育成果,推进作风转变长效机制落实。（李洪进）

机构设置及负责人

办公室

主　任　张学银
副主任　邢　彦
人事监察科
科　长　徐　志(2016年6月任)
副科长　朱士祥

规划财务科

科　长　欧小浩(2016年6月免)
张　健(2016年6月任)(兼)
(2016年9月免)
副科长　周帮金(2016年9月任)
(主持工作)

征管和科技发展科

科　长　徐　志(2016年6月免)
张　健(2016年6月任)
副科长　陈　程

税政法规科

科　长　盛晓根
副科长　韩　云

数据管理科(与税收风险评估分局合署办公)

副科长　王　勇

督察内审科

科　长　潘国义

第一税务分局

分局长　邹玉宝
副分局长　罗友明

第二税务分局

分局长　陶家祥
副分局长　王力生

第三税务分局

分局长　张　志
副分局长　沈继承

第四税务分局

分局长　戴祖祥(2016年8月免)
副分局长　周　俊

第五税务分局

分局长　张　健(2016年6月免)
欧小浩(2016年6月任)
副分局长　孙　毅

第六税务分局

分局长　潘家贵
副分局长　王　强

第七税务分局

分局长　蒋松荣
副分局长　梁明霞

第八税务分局

分局长　沈　勇
副分局长　钟　慧

征收税务分局(与纳税服务局合署办公)

分局长　卢毓炎
副分局长　黄　瑶
江海涛

稽查局

局　长　经　波
副局长　周帮金(2016年9月免)

（李洪进）

风险应对专题培训　1月15日,江宁局举办税收风险应对专题培训班,全体税收风险应对岗位人员参加。专题培训侧重于税收风险应对工作的针对性和实用性,围绕应对入库总税款、贡献率、人均应对户次、人均应对税款、户均应对税款等指标,分析上年度风险应对过程中存在的问题与不足,梳理可能存在的风险点,并针对企业税务登记、发票管理、税款申报缴纳以及房产税、城镇土地使用税登记信息和第三方信息查询等方面,分步演示税收风险监控平台应用操作流程,明确具体步骤和方法。同时,针对税收风险应对需要制作的约谈通知书及送达回证、自查通知书及送达回证、约谈笔录、税收风险应对报告等文书,逐项讲解制作要求,规范文书使用。（李洪进）

规范管理委托代征税收　一是对全区27家委托代征单位逐一进行审查,重点内容为内部管理制度是否健全、专职代征人员是否明确、各项代征义务是否落实,以及税收政策是否正确执行和代征税款是否及时解缴等方面。二是围绕委托代征范围和期限、委托代征税种及附加、计税依据及税率、票证及税款结报缴销期限和额度，以及违约需要承担的责任等内容，对全体代征人员进行技能培训。三是抓好税款结报制度落实，加强代征税款管理，及时足额入库代征税款。四是抓好票证领发、保管、使用、缴销环节管理规定落实，全程跟踪监督票证领用，确保票证安全管理。全年委托代征税款1050万元。（李洪进）

落实税务稽查"双随机"抽查机制 自1月起，江宁局落实国家税务总局对税务稽查工作的新要求，推行随机抽取稽查对象、随机选派执法检查人员的"双随机"抽查机制，改变过去"要查谁、谁去查"全由税务机关直接指定的方式。在机制落实中，一方面从税务稽查管理流程和检查取证规范等执法基础知识入手，逐项梳理归类，组织集体学习。另一方面，针对税收政策热点和税收征管难点，举办专题培训，对以往检查的重点税源企业和税务典型案件进行点评讲解，提升全体稽查人员管理重点税源企业、查办大案要案和典型案件的能力。全年检查税户34户，查补收入4510万元，以查促收收入1570万元。（李洪进）

"岗位大练兵、业务大比武"活动 2016年，根据国家税务总局开展"岗位大练兵、业务大比武"活动实施方案，一方面，江宁局围绕年度税收工作重点任务，以"干什么练什么"为原则，组织开展行政管理、征管评估、税务稽查、纳税服务、信息技术等类别共计12场次培训练兵活动。另一方面，以"练什么比什么"为原则，在每场次培训结束后对全体参训人员进行业务测试，巩固专题培训成果。全年参加培训总人次达1260人次，人均42学时，并有8人获全市地税系统"税收业务能手"称号、5人获"南京市青年岗位能手"称号。（李洪进）

2016年4月22日，在江宁高新园科创平台开展"优化纳税服务 助力创新创业"主题活动

（李洪进/摄）

微型党课教育 2016年，江宁局以"强素质、严执法、敢担当、善作为"为主题，举办微型党课活动。活动中，不同年龄和工龄、不同岗位和职位的党员代表走上讲台，分别围绕保持积极乐观心态、新形势下如何提升自身修养、规范依法行政等主题，在15分钟左右的时间里分享感受体会。有的通过数据和身边的例子阐述保持积极乐观心态的重要性；有的从历史渊源到大政方针，从正面典型到反面教材，诠释提升自身修养的丰富内涵；有的结合自身工作体会，阐释规范依法行政，推进依法行政、防范风险的成功经验等，全年开展微型党课活动5场。（李洪进）

重点税源企业税收自查集中辅导 4月14日，江宁局组织首批两家重点税源企业——菲尼克斯亚太电气（南京）有限公司和南京新联电子股份有限公司的财务负责人和财务人员，开展税收自查集中辅导。这两家企业是市地税局推行税务稽查随机抽查制度后，首次从分类名库中随机抽取的重点税源企业。为帮助企业做好在稽查待查期间的自我涉税风险排查工作，该局针对企业生产经营实际和行业特点，梳理制作了批发零售业和制造业企业自查提纲，并根据近年税务稽查中发现的企业容易遗漏和疏忽问题，向企业财务人员列

2016年4月12日，开展首批重点税源企业税收自查集中辅导服务（李洪进/摄）

举在个人所得税、印花税、房产税、土地使用税、城建税及教育费附加方面可能存在的风险点，讲解各税种政策规定和具体政策点把握，为企业开展自查提供指导服务。（李洪进）

"优化纳税服务 助力创新创业"主题活动 4月22日，江宁局根据"大众创业、万众创新"国家战略实施，借助国家级开发园区——江宁高新园科技孵化创新平台，以召开税收政策宣讲座谈会的形式，开展"优化纳税服务 助力创新创业"税收宣传主题活动。一是梳理创新创业相关税收优惠政策和最新征管规定，向科技孵化创新基地内的企业、创新创业人才和孵化创新基地管理人员宣传相关税收法律法规和税收优惠政策。二是以经典案例、政策解析、涉税提醒、以图说税等形式，讲解创新企业和创新创业人才应该知道的税收热点和办税技巧。三是以一对一、点对点互动交流方式，逐一解答创新企业和创新创业人才提出的关于高新技术企业认定、企业研发费用加计扣除、个人所得税缴纳等个性化的涉税问题。（李洪进）

江建平调研江宁局"营改增"工作 4月28日下午，省地税局局长江建平到江宁局调研基层一线"营改增"工作推进情况。调研期间，江建平首先到江宁市民中心地税办税服务厅，察看办税服务厅功能设置情况，听取涉税事项办理业务流程介绍，现场询问纳税人涉税事项办理情况以及意见建议；随后听取江宁局"营改增"工作推进情况汇报。调研结束时，江建平就进一步做好"营改增"工作提出要求：一要突出目标化管理。积极应对"营改增"后的新常态，以纳税人满意为目标，换位思考，完善措施，尽最大限度缩短纳税人办税时间，努力为纳税人提供标准化、高效率的纳税服务。二要突出精细化管理。认真分析工作趋势，区分常态化工作和阶段性工作，把握时间节点，掌握工作节奏，注重环节管理，抓好系统切换、应用培训、后勤保障等各方面工作。三要突出科学化管理。把"营改增"工作作为当前首要任务，从人、财、物三方面向其倾斜，要根据"营改增"后窗口工作量情况，加强部门协调，增设服务窗口，选派精干力量，统筹安排好各类资源，特别是在"营改增"正式实施的初期阶段，区局领导、机关科室负责人都要到征收一线，做好对纳税人的引导、政策宣传解释等工作，及时化解矛盾，现场解决问题。四要突出人性化管理。对窗口人员加班加点工作和新系统、新业务的学习要给予肯定，对他们要给予更多人文关怀，适时安排好休息，帮助他们解除工作压力，调动好、保护好工作积极性，保障"营改增"工作顺利推进。（李洪进）

大学生税收辩论赛江宁片初赛 5月7日至8日，江宁局联合江宁区国税局和江宁经济技术开发区国税局承办"青年梦·税月情"在宁高校大学生税收辩论赛江宁片区初赛。经过激烈角逐，南京河海大学、南京航空航天大学和南京晓庄学院三所大学代表队晋级复赛。参加江宁片区初赛的有南京河海大学、南京航空航天大学、南京医科大学、中国药科大学、金陵科技学院、南京晓庄学院等6所高校，辩题为"中高收入人群所得税征收主要靠个人诚信还是靠税收征管"。为组织好此次比赛，一是赛前选派税政法规方面业务骨干，就辩题涉及的税政知识与辩手们进行面对面辅导、点对点交流，解决选手们的政策疑惑和在辩论中可能涉及的税收问题，增加辩论专业度；二是选派具有注册会计师或注册税务师资格的岗位能手，与高校专家教授共同担任比赛评委，现场点评辩论表现，帮助观众解读税收政策，从专业角度对辩题进行解释，增加比赛知识性；三是设置趣味税收问题，以有奖问答形式，与观众进行互动，增加活动参与度。（李洪进）

推行一线工作法 2016年，江宁局改进工作作风，推行一线工作法，确保问题在一线解决、工作在一线落实、成效在一线检验。在服务发展上，关注区域发展动态，落实局领导联系重点项目、重点企业制度，将区内重大投资项目和重点工程纳入区局领导服务范畴，适时到重大项目建设一线开展点对点纳税服务，并安排基层分局负责人实施跟踪式全过程服务，积极落实技术创新、小微企业、促进就业等各项税收优惠政策。在服务基层上，制定机关服务基层工作计划，对基层工作实施分类指导，主动为基层排忧解难，提升基层纳税服务工作效能。在服务纳税人上，通过开展执法示范岗位、党员示范岗位、巾帼文明岗位等

创建活动，强化全员服务理念；同时，健全纳税服务联动机制，构建多元化办税平台，完善与国税等部门的合作机制。（李洪进）

2016年3月11日，江宁地税干部落实一线工作法深入企业开展服务（李洪进/摄）

公务员职业道德和行为规范推广活动 2016年，江宁局结合文化建设和作风行风建设，多措并举开展公务员职业道德和行为规范推广活动。一是与“书香地税”建设结合，依托“全国工会职工书屋示范点”载体，开展读书月活动，引导干部精读马克思主义经典著作，选学人文科学书籍和业务书籍，营造良好学习氛围，推进学习型机关建设。二是与作风建设结合，以守纪律、讲规矩为重点，教育干部以更强的党性意识、政治觉悟和组织观念要求自己，顾大局、促工作，促使公务员职业道德和行为规范推广活动落到实处。三是与党风廉政建设结合，把学习执行公务员职业道德和行为规范与全面落实从严治党、推进依法治税有机融合，从道德与行为规范角度构建廉政风险、税收风险和执法风险同步应对机制，实现公务员职业道德和行为规范推广活动与日常工作“两不误、双丰收”。（李洪进）

“阅读税月”主题活动 2016年，江宁局根据市地税局建设书香地税工作实施意见，开展“阅读税月”主题活动。活动内容包括三个方面：一是开展书籍推荐。利用微型党课平台，举办“我最喜爱的书籍”推荐会，让读书爱好者走上讲台，推荐经典图书。同时，增加图书室开放时间，新购置部分图书，供干部阅读。二是开展读书征文。围绕职工书屋在促进干部建设和个人素质提升等方面的成效以及干部阅读推荐书籍的收获，开展“党旗在机关飘扬、党徽在岗位闪光”主题征文活动。三是开展经验交流。结合全国工会职工书屋建设成果，把读书过程中的先进事迹整理成文，在局域网、橱窗等平台宣传展示。（李洪进）

城市治理标准化建设工作 2016年，江宁局被南京市城市治理委员会和江宁区人民政府分别授予“南京市城市治理标准化示范单元”和“江宁全区城市治理标准化建设先进单位”称号。在城市治理标准化建设工作中，该局对照城市综合管理指导标准，以规范、精致、长效为目标，建立科学规范的绩效评价体系和工作考核机制，以及常态高效的监督体系和巡查机制。切实加强外包物业管理，将单位责任区管理标准与物业公司各岗位人员责任目标结合起来，制定工程、保安、保洁等岗位日常巡查制度，以及物业管理百分考核办法。同时，加强对责任区范围内空调、消防、监控、电梯等专业设备，以及外场基础设施的督查，保障设施安全。（李洪进）

“金税三期”试点 7月1日起，作为全省地税系统“金税三期”上线首批双轨运行试点单位，江宁局通过制定双轨工作实施方案，成立“金税三期”双轨试运行工作领导小组、业务保障工作组、人力资源保障及后勤保障工作组，建立AB岗双轨试运行工作制度，制定考核办法等方式，保障双轨工作全量全业务运行。在双轨运行期间，该局共测试了14个域138项和4个特色模块，累计测试19645户次。在国庆节放假期间，该局组织173人次加班，重点是对纳税人端业务组织175笔税收业务进行测试，涉及税务登记、税种认定、退税、行政处罚、纳税申报、契税征收、税务注销和电子税务局等业务领域，为“金税三期”系统10月8日起正式单轨上线运行做好保障。（李洪进）

“两学一做”暨廉政警示教育活动 7月5日，江宁局组织全体干部到江宁区人民检察院上峰预防职务犯罪教育基地，开展“两学一做”学习教育暨廉政警示教育活动，用身边事警示身边人。活动中，预防职务犯罪教育基地负责人以近年来侦办的典型案件为例，通过介绍案件侦办过程中发现的问题、播放案犯忏悔录等，多维度解剖经济罪犯如何从一名优秀的国家公务员成为阶下囚的蜕变过程。同时，组织干部分批参观了基地内设置的警示篇、原因篇、预防篇、文化篇和成果篇等5个警示教育展厅。 （李洪进）

李世贵表扬地税工作 7月22日，南京市委常委、江宁区委书记李世贵对江宁局工作做出批示，对该局2016年上半年认真履行税收职能，着力深化税制改革，不断创新工作举措，有力推动江宁税收结构优化和财政盘子做大等方面的工作给予肯定，并对该局全体干部职工所付出的努力和取得的成效点赞。同时，就下半年地税工作提出要求，希望该局紧贴江宁转型发展脉络，以供给侧结构性改革为抓手，更加精准贴心服务项目、企业、人才和群众，为“走在最前列，建设新江宁”提供更加有力的财税保障。 （李洪进）

行政事业单位个人所得税扣缴自查自纠 7月，江宁局在全区行政事业单位中开展个人所得税自查自纠专项工作，查补税款496.87万元。工作中，首先通过税收征管系统导出2014—2015年两年共计64208条个人所得税记录，通过筛选对比分析，锁定应扣未扣、同比差异较大、同类单位人均税负差异较大、人均税负不符合常理等疑点信息，并安排管理分局对相关行政事业单位申报信息进行核实。其次，向全区228家行政事业单位发送个人所得税代扣代缴情况自查通知书，并规定在7月1至7月25日期间完成自查。再者，根据自查反馈情况，对部分单位明显低于平均水平的，由基层管理分局对相关单位进行约谈。在此基础上，以稽查或风险应对形式，开展重点抽查，推动行政事业单位自查纠工作落实到位。 （李洪进）

市地税局微党课巡讲团巡讲 8月12日上午，市地税局微党课巡讲团围绕加强廉政监督、坚持道路自信、培养优良家风和适应大数据时代要求等主题，为江宁局全体党员干部开展巡讲。巡讲团成员首先从北欧各国廉政建设入手，总结提炼廉政建设先进经验，剖析当前廉政监督存在问题，并就加强廉政监督提出对策建议。其次介绍世界范围内国家和地区中的社会主义、共产党和共产党员现状，讲述共产主义运动历经苏联和东欧剧变后的新进展、新趋势，并对不同制度下共产党执政，以及无产阶级与资产阶级的矛盾作了分析，从而提出进一步增强“道路自信、理论自信、制度自信”的理论依据。再次，从什么是家风、党员干部必须重视家风建设和党员干部如何构建良好家风三个方面，解读干部家风不是简单的家庭私事，深入浅出地阐述家风连着党风的深刻道理。然后，巡讲团成员还以热点词汇“大数据”为切入点，系统介绍大数据的理论内涵和现实应用，并结合地税工作实际，对大数据时代电子税务进行展望。 （李洪进）

召开青年干部座谈会 9月8日，江宁局举办青年干部座谈会，就“如何发挥青年干部骨干作用，提升组织向心力、凝聚力、发展力”议题开展座谈，参加座谈会的15名优秀青年干部来自机关科室和基层分局不同岗位。青年干部结合岗位工作实际，围绕青年干部如何规划职业发展、青年干部发展如何与岗位需求和地税组织发展相结合、青年干部发展如何利用好锻炼平台和空间等议题，从不同视角、不同侧面，畅谈对做好税收工作的认识和体会，抒发与组织共奋进、与时代齐发展的青春感受。同时，也分析了青年干部在发展过程中遇到的困难和所需要的条件。该局主要负责人在座谈会上对青年干部们在实际工作中的表现给予肯定，并表示将创造条件为青年干部发展提供平台和空间。同时，从坚定理想信念、练就过硬本领、加强思想修养、勇于担当责任、善于开拓创新、增强自律意识等方面提出了希望和要求。

（李洪进）

“地税巾帼助春蕾 传统教育进校园”活动 10月11日，江宁局组织党员女干部到江宁区铜井小学，开展“地税巾帼助春蕾，传统教育进校园”活动。活动中，该局党员女干部结合“两学一做”，围绕庆祝红军长征胜利80周年主题，为地税春蕾班女童们上了一堂传统爱国主义教育课。课堂上，以播放幻灯片、历史影视资料等形式，生动形象、深入浅出地介绍了国旗、党旗、少先队队徽等相关知识，与女童们一起重温红军长征的光荣历史，并通过讲解革命先烈英雄事迹，鼓励孩子们从我做起、从现在做起，争做社会有用之人。为巩固教育成果，还以有奖问答形式，与孩子们进行互动交流。在专题教育课之后，女干部们还与孩子们共同开展了文艺表演活动。此外，该局还为孩子们送去价值1.3万元的足球、篮球、羽毛球、乒乓球等文体用品。（李洪进）

网上学法　11月，江宁局根据南京市和江宁区普法教育工作部署，结合地税工作实际，组织开展网上学法活动。活动中，该局专门下发关于网上在线学法和普法考试工作通知，明确规定网上在线学法的组织、内容、学分及考核办法。一方面，依托江苏省法制宣传办公室网上学法平台、“法宣在线”移动客户端，组织领导干部开展法制学习，重点学习中共十八大文件精神、习近平总书记系列重要讲话、宪法、公务员法、税收相关法律等，并规定年内在线学习时间不少于900分钟，学分达3000分以上。另一方面，依托市地税局网上教育平台组织全员学法，规定在线测试不少于10套试卷，年学分达30分以上。此外，组织在职公务员参与了江苏省机关第五届“万人学法”网上竞赛活动。（李洪进）

2016年5月11日，江宁局会同市场监管部门到江宁滨江开发区装备制造企业调研服务

（李洪进/摄）

试行国地税联合稽查　2016年，江宁局落实《国家税务局、地方税务局联合稽查工作办法（试行）》，与江宁区国税部门联合对8户共管企业进户稽查，查补税款48万元，平均每户检查时间较独立检查户缩短10天。一是搭建共享信息平台。建立联合稽查共享信息制度，定期维护随机稽查对象名录库，并从共管户名录库中选取联查对象，若稽查中发现涉及对方管辖税种，主动将疑点信息向对方推送。在接受协查任务时主动为对方提供发票查询、税款申报、历史稽查等信息，并定期召开日常联络会、情况通报会等。二是分类协商选定稽查案源。根据联合稽查管理要求，对检举案源、协查案源中同时涉及国、地税共同管辖纳税人较为明显的违法行为线索，协商确定为联合进户稽查对象；对交办案源、督办案源、转办案源，根据案件需要，协商确定为联合进户稽查对象；对安排案源、自选案源、推送案源和其他案源，通过随机抽查方法确定联合进户稽查对象。三是抽调复合骨干联查。在确定联查人员名单时，将有较长资历、较强业务，特别是通晓国、地税全税种征、管、查业务的复合型人才，优先确定为联查人员，确保联查工作质效。（李洪进）

数字人事工作　自11月起，江宁局贯彻落实国家税务总局决定，全面推行数字人事工作。一是将数字人事工作推进情况作为绩效考评重要考核项目，列入年度部门和个人绩效考核之中，以考核提升“自拟任务”“工作记实”“任务推送”任务模块完成率。二是明确具体工作要求，建立统一记实模块和工作标准，规定全局干部必须按条文式全面、及时、准确记录每天工作状态，规范干部记实内容。三是利用周例会、月度局务会以及“腾讯通”群公告等形式，通报数字人事工作阶段性各项指标完成情况，推动数字人事工作制度化、常态化。四是对数字人事软件系统开展分级分类培训，适时发布工作提醒，开展针对性辅导和应用情况分析，并建立问题受理和管理工作群，及时解决相关问题。（李洪进）

权力清单标准化工作　12月，江宁局根据全省政务服务“一张网”工作要求，对区县级地税系统权力事项进行梳理，梳理出行政许可、行政确认、行政处罚、行政征收等10大类共计124项行政权力事项，并针对每个事项编制了办事指南。工作中，一是推行行政业务部门与政策法规等业务部门联动，成立专项工作组，并组织工作组全体人员学习《行政权力事项办事指南编制规范》等会议材料，熟悉内容，明确要求，厘清思路，整理出

权力清单填报注意事项。二是分梳理归类、合规审核、修改校对、上传入库等步骤，对权力事项涉及法规政策、征管流程、时间地点、咨询监督等内容进行全面审核与补充修改，把任务分解到人，设置时间节点稳步推进，确保权力清单各项内容按期入库。三是与上级部门和区政府及时沟通，主动对接，根据市地税局要求以及相关文件规定，在省设、市设两级清单以外，新增区县级“行政征收”事项一项。（李洪进）

【责任编辑　秦蓓蓓】

浦口地方税务局

概　述　2016年，南京市浦口地方税务局（以下简称“浦口局”）坚持问题导向，全体动员、全面行动，突出组织收入、征管改革、税制改革、“金税三期”、数字人事、党风整改、绩效管理、纳税服务等任务目标，重点在抓收保收、深化改革、优化服务、创新管理、提质增效等方面上下功夫、做文章，较好地完成了全年各项工作任务，被授予市级文明单位、南京市职工文化示范基地、南京市“书香机关”建设示范点、浦口区预防职务犯罪先进单位等荣誉称号。

组织收入实现持续增长。面对经济发展增速放缓、重点税源减收的双重压力，注重加强税源监控管理，努力提高风险应对成效，组织收入创历史性新高。2016年，累计组织各项收入69.64亿元，同比增收20.35亿元，增长41.28%。其中：税收收入52.08亿元，同比增收17.09亿元，增长48.84%；其他各项非税收入完成17.56亿元，同比增收3.26亿元，增长22.78%。区县级一般预算收入40.74亿元，同比增收11.42亿元，增长38.97%。完成市地税局下达的全年任务的126.33%，完成区政府下达的全年任务的120.53%。

征管质效得到提升。以征管指标为抓手，明确各部门征管考核指标项及标准值和预警值，采取定期推送、按月通报、按季分析等形式跟踪督查完成情况。制定清理欠税办法，加大陈欠清理力度，陈欠清理率达到10.37%，为近五年来最高。与区财政、审计等部门加强协作，开展机关事业单位扣缴个人所得税专项自查，补税995.28万元，行政机关人均月税款达到281元，位居全市前列。制定《浦口局土地增值税管理流程》，清算8个房地产项目，入库税款1911.73万元，退税3913.64万元。加大稽查力度，结案14户，稽查组织收入7053万元。开展小微企业、股权转让个人所得税管理、行政处罚等20多项执法督察，发现问题14项，执法过错数量同比大幅度下降。

风险应对能力不断提高。扎实开展交流评比和案例教学活动。整理编制应对指引530户，为应对人员提供业务指导，提升案头审核效率。建立风险团队化运作模式，根据应对团队要求，灵活组配多个支持合作部门。创新风险信息采集渠道，从全市招投标网进行数据采集，获得了市地税局的肯定。2016年，完成中度风险应对户736户，入库税款7796.38万元，中等风险应对收入贡献率1.56%，户均应对税款10.59万元，人均月应对收入38.22万元。剔除其他因素，风险应对户数、入库税款、人均月应对收入与往年相比，均大幅提高。

纳税服务规范有效。落实制度规范，根据国家税务总局纳税服务规范和省地税局税收职责清单，制定辅导、调查、宣传咨询等六类纳税服务专岗规范。完善流程衔接机制，对办理事项实行“一次性告知”、业务“一站式办理”、资料“一卷式管理”。强化管理规范，建立自助办税服务监控机制，专人负责对纳税人自助办税过程中的问题进行现场处理。优化非接触式提醒，对网络、电话、短信、办税厅LED公告栏等四类涉税提醒渠道，推行专人扎口、统一管理。拓展非接触式咨询，每月归集整理纳税人咨询问题，并将热点问题发布至QQ群等各类平台，促使电话咨询量呈下降趋势。建立重点企业咨询服务QQ群，采用实名认证，使纳税人享受“一对一”在线咨询服务。与浦口区国税局开展深度合作，联合举办5期培训，共计300余人次参加。与南京银行合作，出具信用证明98单，50户纳税人成功办理了税收信用贷款。开展优惠政策落实情况督察，确保落实面100%，为756户纳税人减免税收1.25亿元。

依法治税、廉政工作实施新举措。一是完善内控机制。探索干部规范执法积分制管理，结合其他税务机关的工作经验，制定《浦口局干部规范执法综合积分制管理办法》；推行税收执法事项二级合议制度，加强内控；强化廉政责任落实，签订党风廉政建设责任书，明确责任部门和责任人。二是筑牢内部防线。在纠错防线上，开展税务行政执法案卷评查，关注税务执法轨迹，发现问题及时提醒、辅导；在核查防线上，加大执法督察力度，以案头督察、网络督察为主要形式；在问责防线上，加大执法、廉政责任追究力度，强化廉政制度执行。

队伍建设稳步实施。搭建税务干部成长新平台，积极主动开展各类岗位业务培训，年度集中培训时间超过10天，春训参训人数达430人次，组织全体干部到汤山干部培训学校进行岗位轮训8批次。开展“岗位大练兵，业务大比武”活动，以赛促学，以学促专，3人纳入省地税局“素质提升115工程—岗位能手项目”，5人获得市地税局能手称号。鼓励干部参加学历教育和“三师”考试，2名干部获得研究生学历，4名干部取得“三师”资格。 （王　友）

机构设置及负责人

办公室

主　任　周　棣（2016年2月免）
主　任　李　君（2016年2月任）
副主任　蔡建军

人事监察科

科　长　王　莉
副科长　张　菡

规划财务科

科　长　高　宏（2016年2月免）
科　长　戚　杰（2016年2月任）

征管科技发展科

科　长　肖　巍
副科长　滕　琳（2016年2月任）

税政法规科

科　长　刘世佐（2016年2月免）
科　长　朱海平（2016年2月任）
副科长　祁　静（2016年2月任）

督察内审科

科　长　刘世佐（2016年2月任）

数据管理科

科　长　许　军

稽查局

局　长　朱海平（2016年2月免）
局　长　周　棣（2016年2月任）
副局长　孙贤明

征收分局（纳税服务局）

分局长　李　君（2016年2月免）
分局长　邓　悦（2016年2月任）
副分局长　张　伊

一分局

分局长　龚维健
副分局长　戚　杰（2016年2月免）
副分局长　张小红（2016年2月任）

二分局

分局长　李荣松
副分局长　蒋　华

三分局

分局长　陈宗兵
副分局长　孙启红

四分局

分局长　刘宏荣（2016年2月免）
分局长　高　宏（2016年2月任）
副分局长　邓　悦（2016年2月免）

五分局

分局长　陈德虎
副分局长　张小红（2016年2月免）

（王　友）

组织税收收入52.08亿元　面对经济发展增速放缓、重点税源减收的双重压力，坚持以组织收入工作为中心，强化风险应对成效，积极采取措施挖潜增收，确保税收收入在上年高增幅、高基数的基础上继续保持平稳增长态势。2016年，共组织税收收入52.08亿元，同比增收17.09亿元，增幅48.84%；区县级一般预算收入40.74亿元，同比增收11.42亿元，增幅38.97%；完成市地税局下达的全年任务的126.33%，完成区政府下达的全年任务的120.53%，完成了组织收入工作目标。主要做法：一是发挥税收预测作用。在对税源充分调查摸底基础上，结合浦口区收入目标，对全年收入走势进行研究、预测，撰写《近年来浦口地税税收结构分析与2016年税收状况及税源结构预测》，针对税收增减因素，合理采取组织收入措施。二是加强收入过程控制。落实局领导与分局、科室与分局挂钩联系制度，通过对收入预测、收入分析、组织收入考核办法等一系列制度措施的优化，实现从预测监控、收入跟踪到最终考核体现的闭合管理。三是强化组织收入目标考核。编制收入计划，细化组织收入考核细则，按月通报完成进度，跟踪组织收入进度，有序实现组织收入目标。

（王　友）

“营改增”工作　2016年5月1日起，全面实施“营改增”，试点范围扩大至建筑业、房地产业、金融业、生活服务业。为做好“营改增”工作：一是制定方案明要求。各业务部门加班加点对“营改增”涉及的征管事项工作方案进行讨论研究，明确各环节的衔接要求。二是多措并举促推进。设立“营改增”专区、绿色通道、一站式咨询服务台；实行一把手主抓，值班局领导现场带班制度；从各业务科室抽调10多名业务骨干、20余名工作人员分组开展营改增纳税人税务登记、税种核定、发票领购和税控发行等工作。三是最后关头不放松。4月30日晚上，为了“营改增”后存量房交易税收的顺利过渡，莫增华、周进达两位副局长带队，由征管科、法规科、规财科、一分局、征收分局负责人、经办人以及委托代征单位窗口人员等组成的30人测试组连夜加班测试，完成对新上线委托代征系统的模拟业务测试和初始化，以及对窗口人员的政策辅导。四是做好清查工作。摸清涉及“营改增”委托代征单位税收情况，开展委托代征单位自查和检查，清理停用3户委托代征税号；摸清“营改增”税户信息、领票信息，完成征收点和代开票点风险评估，并按增值税发票管理要求完善软硬件。成立督导小组，点对点做好运维保障，确保新系统顺利衔接。

（王　友）

2016年5月3日，浦口区第一张二手房交易增值税发票诞生

“金税三期”系统上线运行　一是强化组织领导。召开专题会议研究此项工作部署，成立“金税三期”工作领导小组、推广工作组和运行保障团队，制定《南京市浦口地方税务局“金税三期”上线双轨试运行工作方案》。二是加强培训演练。业务干部预先学习相关培训材料，积极参加上级举办的专项培训，并在全局范围内分岗位分职责进行分类培训，熟悉掌握各功能模块、操作流程和操作方法。9月27日—9月29日，举办了六场“金税三期“网上办税系统专项培训会，共培训纳税人1500余人。三是做好前期准备工作。组织做好初始化配置工作，对涉及的登记、认定、证明、申报征收、票证、社保、优惠、法制、个人所得税、稽查等上线模块进行初始化验证。开展数据清理和匹配工作，依托国地税联合征管平台，清理国地税差异数据13020条。四是做好系统运行保障工作。要求各部门确立专人收集试运行工作情况和相关记录，定期编制上报双轨试运行测试报告。成立试运行保障团队，明确内部分工，统一受理、处理试运行过程中各类问题，确保“金税三期”系统顺利上线运行。

（王　友）

风险管理　一是以指引运用为核心，提高标准化应对能力。举办各类培训8次100余课时；整理编制应对指引530户，为应对人员提供业务指导；创新风险信息采集渠道，从全市招投标网进行数据采集，获得了市地税局的肯定。二是以分局转型为目标，优化团队化应对机制。对重点纳税人和重大风险纳税人，浦口局组建了跨分局、跨科室的项目应对团队，有效提升了风险应对效率和质量。三是以案例评选为载体，追求最优化应对效能。扎实推进风险应对优秀案例评选活动，落实抽查制度，通过评选优秀案例、优秀部门、优秀人员等方式，促进应对效能的提升。2016年组织了两次风险应对优秀案例评选活动，共评选出10个优秀案例，其中“南京XX投资发展有限公司税收风险应对”案例被市地税局评为2016年度税收风险应对优秀案例二等奖。

（王　友）

土地增值税清算管理 为做好此项工作，浦口局成立专项工作小组，制定《浦口局土地增值税管理流程》，采取以下措施：一是加强学习，提高风险意识。组织土地增值税业务骨干学习政策，分析典型案例，进一步提高风险意识。二是明确责任分工，梳理风险指标。由专人负责对相关疑点进行核实，认真开展风险排查，逐项对历年税收征管资料和项目进展情况进行核对，促使风险排查有力度、有深度。三是加大惩戒力度。对存在重大涉税问题的企业，加大处罚力度，情节严重的依据相关法律程序移送公安机关处理。2016年，土地增值税清算入库税款3403万元，清算户数及入库税款与2015年相比，均大幅上升。（王　友）

机关事业单位扣缴个人所得税专项自查 通过开展机关事业单位扣缴个人所得税专项自查工作，入库税款995.28万元，行政机关人均月税款达到281元，位居全市前列。为做好此项工作，浦口局采取以下措施：一是高度重视、全面宣传。将该项工作列入年度重点工作，向区政府分管领导进行专题汇报，赢得上级部门的工作支持。组织召开机关事业单位专场政策培训会，向200家参会单位宣讲个人所得税政策，辅导相关单位开展自查。二是开展调查分析，明确问题所在。梳理浦口区区机关事业单位清册，对多家单位进行摸底调查，掌握收入分配情况和个人所得税扣缴工作存在的问题。三是加强合作、形成合力。与区财政局、审计局建立合作机制，联合发布《关于深入推进行政机关和事业单位个人所得税代扣代缴工作的通知》，明确纳税义务和各方工作职责。与财政局、卫生局、教育局对接，由各主管单位召集系统内单位开展自查工作。（王　友）

依法治税 一是以建设省地税局法治税务示范基地和浦口区预防职务犯罪先进单位为目标，落实“税收职责清单”，深化与之相配套的岗位操作规程应用，明确每个节点的标准、规程和要求，形成覆盖税收执法和行政管理的岗责体系。二是落实税收执法事项二级合议制度，2016年，局层面合议事项8项，分局层面合议事项200多项，有效防范税收执法风险。三是开展小微企业、股权转让个人所得税管理、行政处罚等事项执法督察，及时处置148条外部审计疑点数据。四是加大执法、廉政责任追究力度，强化廉政制度执行，结合中央“八项规定”落实、基层党风廉政建设专项治理等开展自查，排查出15个薄弱环节和风险点，并针对性地制定了整改措施27条。（王　友）

2016年7月10日，浦口局绿色通道为台积电（南京）有限公司办理涉税事项

干部人事管理 一是有序开展数字人事试点工作。成立试点工作领导小组，建立联络员制度，开辟数字人事专栏，保障数字人事试点工作的工作联系、任务执行和问题反馈。二是修订完善《组织绩效管理办法》《C级绩效考评指标》等制度。既保留了2015年度考评、奖惩、责任等方面好的做法，又在考核权重设置、指标融合等方面有所优化。三是队伍建设有了新起色。在省地税局组织的业务大比武中三名人员纳入省地税局“素质提升115工程——岗位能手项目”。在市地税局组织的岗位能手竞赛中，5人获得能手称号。鼓励干部参加学历教育和“三师”资格考试，2名干部取得研究生学历，4名干部分别取得了注册会计师、税务师、律师资格。四是开展“正和”文化（“正和”文化，“正”本为统一，“和”谓顺也，谐也，不坚不柔也）系列活动。对内开展以“正和”文化为主题的绘画、摄影、作品征集活动；对外组织纳税服务进社区、“奉献社区，服务群众”等活动。全年累计开展各类志愿服务活动6次，参加人员150余人次。（王　友）

精准扶贫工作 浦口局响应浦口区政府“开展结对帮扶、推进精准扶贫工作”的号召，与浦口区桥林街道明因寺社区结对帮扶。明因寺社区共有30

个村民小组，其中低收入农户有81户，低收入人口为155人，低收入群体中有劳动能力农户37户，有劳动能力个人为45人。通过调研，该社区低收入农户最需要帮助的是子女的教育问题和家庭的经营问题，浦口局有针对性的给予帮扶：一是物质上的帮扶，给予一定的帮扶资金，帮助困难群众解决创业启动资金不足与子女入学困难的问题。二是政策上的支持，为社区群众提供创业税收优惠政策方面的帮助。三是感情上的慰藉，在传统节假日，上门走访慰问帮扶对象，送去节日的问候与祝福。2016年帮扶贫困户81户，帮扶款共计8.1万元。（王　友）

广场普法活动　4月18日，浦口局牵头联合浦口区国税局、财政局、科技局、星甸街道司法所，在星甸街道市民广场开展“18”广场法律咨询活动，“18”取谐音“要法”之意。活动现场，工作人员热情接待每一位来咨询的群众，认真听取群众的诉求意见，耐心细致地解答群众提问的法律法规适用问题。对一些复杂问题，几个部门联合解答；对现场不能直接答复或解决的问题作好记录，待下一步会同相关部门核查协调解决，并对群众做好解释工作，给出解答的期限。此次活动中，浦口局向群众发放纳税服务手册、环保宣传袋等税收宣传普法资料300余份，现场单独接受法律咨询10余人次，联合其他部门解答问题3人次。

（王　友）

获南京市“书香机关”建设示范点荣誉称号　8月24日，浦口局被中共南京市委市级机关工委办公室、南京市全民阅读活动领导小组办公室授予“2016年南京市‘书香机关’建设示范点”称号。该局深入实施文化建设，建设“书香机关”：一是鼓励干部树立终身学习的理念，使阅读成为干部的一种生活方式。二是坚持以“职工书屋”为主要阵地，以“人才战略”为支点，开展“技能培训”“周末学校”“注册税务师培训”等办班活动，营造浓厚学习氛围。三是采取“走出去”与“请进来”的方式，邀请多类型专家举办讲座培训；与重点工作相结合，到检察机关学习，不断提升全局干部业务能力的科学化、专业化水平。（王　友）

【责任编辑　秦蓓蓓】

六合地方税务局

概　述　2016年，南京市六合地方税务局（以下简称“六合局”）围绕税收管理现代化目标定位，全面落实“营改增”“金税三期”上线等税制改革重大任务，加快推进法治税务建设，认真履行全面从严治党主体责任，较好完成了各项目标任务，实现了“十三五”发展良好开局。2016年，六合局获“全国职工书屋”、“省级文明单位”、南京地税系统“税务文化建设精品示范单位”、南京市“法治文化宣传教育基地”、南京市“职工优秀阅读组织”等荣誉称号，连续十一年获“六合区人民满意单位”称号、连续八年获南京市地税系统先进单位，1人获南京市“五一劳动奖章”。

税收职能充分发挥。2016年，面对经济下行、“营改增”全面实施、房地产调控等复杂形势，六合局坚持组织收入原则，狠抓收入质量，加强综合研判，积极把握组织收入工作的主动权。全年累计组织各项收入32.65亿元，同比增长-3.86%；其中，税收收入21.88亿元，同比增长-7.6%。坚持将社保基金费置于税收同等重要地位，力求做到同重视、同管理、同征收，全年征收社保基金费等非税收入10.77亿元，同比增长6.3%。

“金税三期”顺利上线。制定六合局上线实施方案，以科室、分局为单位，开展小班化培训，实现岗位与业务培训的全覆盖。成立问题处理和保障团队，积极应对试运行过程中各类问题。广泛开展业务验证，组织压力测试，在系统上线前开展三次人海仿真测试，全局累计加班339人次、2099小时。

征管质效稳居第一。主动适应税制改革新形势，聚焦制度创新，构建特色化的税收征管体制机制。将税收征管质量指标在主管科室、分局之间进行细化，明确责任，确保征管质量指标监控工作有效开展，2016年四个季度，六合局征管质量指标排名均位居南京地税系统第一。

法治建设再上台阶。高标准、高起点开展法制税务示范基地创建工作，认真落实创建要求，严格落实《重大税务案件审理办法》，充分发挥重大税务案件审理制度的权力制约和审核把关功能。加强司法与税收执法协作机制建设，将1户社保欠费移送法院强制执行，在全市系统实现零的突破。严格稽查规范管理，全年累计查结案件20件，查补收入共4066.78万元。

征纳关系持续和谐。拓展网上办税，实现手续费申领、12万元个税网报全程无纸化操作，同时将“减免税申请”“外出经营许可证开具”等事项纳入网上办理。推广使用“掌上APP”办税平台，2238人办理年所得12万元自行申报，自主申报率93.83%，位居南京地税系统第一。受理“12366”、“12345”工单诉求103起，服务态度和处置速度均处在市地税系统前列。

队伍建设不断提升。探索构筑“思想政治管总、教育培训主建、绩效管理主抓、文化建设提势”的“四位一体”干部管理新机制。建立经常性思想动态分析制度，畅通干部交流沟通渠道。推进“人才强税”战略，以“业务大比武 岗位大练兵”为抓手，固化常态化培训机制，2016年共有21名干部入围市地税局岗位业务能手，4人入围省地税局岗位业务能手，1名干部入围省地税局表彰名单；3人通过注册会计师考试，1人通过税务师考试。

从严治党全面加强。开展“两学一做”学习教育，认真学习习近平总书记系列重要讲话和中共十八届六中全会精神，抓好专题党课、学习研讨、专题民主生活会等关键动作。充分发挥监督执纪“四种形态”，定期开展执法监察。落实“一案双查”、纪检信访工作要求，2016年未发生一起违法违纪现象。深化作风行风建设，全年共走访企业130户，收集建议13条，在六合区作风评议中，与区公安局并列第一。

管理效能持续提升。在税收宣传月中，围绕“聚焦营改增试点，助力供给侧改革”主题，联合六合区国税局，开展“税企亲清携手，共建江北新区”系列活动，取得良好效果。结合市地税局行政事业单位国有资产清查，开展计算机类固定资产盘点，累计盘点1200件次。完成三个外派分局办公用房搬迁，保障工作正常、有序开展。开展科调研工作，累计上报市税务学会论文4篇，市国际税收学会论文3篇。承接市国际税收协会论文课题，《税收发展史研究》一文在《江苏税苑》增刊刊登。上线运行新档案管理系统，并向江宁核心库移交2014年档案。做好市地税局和区地税局两个层面的政务公开工作，全年共公开文件16件。

（王　锐）

机构设置及负责人

办公室

主　任　董承斌
副主任　王小平

人事监察科

科　长　徐维荣

规划财务科

科　长　路　清

征管和科技发展科

科　长　王海啸
副科长　李海燕

税政法规科

科　长　王小永
副科长　董晓红

数据管理科

科　长　唐　昕

督察内审科

科　长　胡　东

第一税务分局

分局长　陈宏楼
副分局长　张　浩

第二税务分局

分局长　高　山
副分局长　许开勇

第三税务分局

分局长　戴红军

第五税务分局

分局长　仇家福
副分局长　陈国芳

第六税务分局

分局长　阮俊峰
副分局长　张　萍

征收税务分局

分局长　黄宝琴
副分局长　仇远龙

稽查局

局　长　王传正
副局长　高　强

耕地占用税和契税管理所

所 长 黄宝琴

（王 锐）

组织收入32亿元 面对2016年严峻的区域经济形势和“营改增”、结构性减税等因素影响，六合局把握组织收入中心工作不动摇，努力做到主动性更强、税源状况更清、措施更实、重点和针对性更明确。一是突出研判，就“营改增”对地税征管经费变化进行预算，做好重点项目的跟踪服务和欠税清理工作。二是突出均衡，强化月度预测税源摸底、差异因素分析，预测企业由252户扩展到393户，实现对符合30万元条件的税户预测全覆盖。三是突出延续，对接“金税三期”，明确各项工作完成时间点、工作事项、落实部门。2016年，六合局累计组织各项收入32.65亿元，同比增长-3.86%。其中，税收收入21.88亿元，减收1.8亿元，同比增长-7.6%。公共预算收入15.95亿元，减收3.01亿元，同比增长-15.9%。征收社保基金费等非税收入10.77亿元，同比增长6.3%。其中，社保费9.32亿元，增收0.56亿元，同比增长6.3%。征收工会经费694.45万元，同比增长11.09%；征收残保金777.63万元，同比增长5.39%。

（路 清）

“营改增”工作 一是做好基础工作。专题向六合区政府汇报“营改增”带来的变化和影响，成立“营改增”工作领导小组，排定33项工作事项，明确工作要求、责任部门、时间节点，确保工作有序推进。二是注重协同配合。会同六合区财政局、街道园区举办“营业税税源清理工作辅导会”，累计清理入库税款4.47亿元，其中营业税3.36亿元。做好二手房、租赁、建工窗口原地税发票缴销。三是注重工作衔接。做好国税委托代征二手房和私房出租增值税工作，保证征收工作平稳有序运转。跟踪地税发票过渡使用情况，协调做好与六合国税发票衔接。四是注重创新研究。撰写《后营业税时代如何做好地税工作》，被省地税局《决策与参考》刊用。协同六合区财政局、国税局共同制定全区建筑业税收征管办法，成立联合建管办，构建新的建筑业税收征管机制。

（王海啸）

“金税三期”上线运行 一是加强领导，建立工作机制。成立“金税三期”推广工作领导小组，下设推广工作办公室，成员由科室、分局业务骨干组成。建立全局“金税三期”上线RTX工作群，用于“金税三期”上线工作的布置、指导、交流、反馈。二是科学统筹，强化执行落实。制定单轨上线实施方案，明确责任落实、任务标准。强化业务培训，实现全岗位、全业务的培训全覆盖。成立问题处理和保障团队，统一受理、处理试运行过程中遇到的各类问题。三是稳步推进，确保万无一失。广泛开展业务验证，上线期间，共对143个项目开展测试5680户次，总体试运行通过率95.35%。精心组织压力测试，三次人海仿真测试共开展2021户次测试，其中包括电子税务局专项测试358户次，业务场景联动测试180户次。

（李海燕）

税收法制建设 以法治税务示范基地创建为抓手，强调法治工作与日常工作同布置、同检查、同考核，成功创建省地税局法治税务示范基地。一是强化社保费征缴。与六合区人社、工商、公安等20多个部门建立欠薪欠费预警联动机制，积极与法院协调，1户社保欠税首次被受理、立案，进行强制执行。二是强化优惠政策落实。办理土地使用税困难性减免8户，审批同意5户。为三类特殊人群上门办理个人所得税退税手续，共办理残疾人减免9户。三是强化税种管理。自主开发房土税管理信息化平台，实现房土税源日常动态化管理。加强机关事业单位个税征管，开辟3个绿色窗口办理机关事业单位申报纳税。四是强化督察内审工作。突出年度重点和专项税收执法督察，实行评价工作数字化。逐步运行执法业务检查两级分层模式，采取区局检查和部门自查双轨运行。

（王小永）

个体户“两证整合” 一是强化政策宣传。利用办税服务厅、微信公众号、税务网站等媒介平台，全方位多渠道宣传解读“两证整合”登记制度改革内容。在办税服务厅设立政策咨询点，方便纳税人进行实时咨询，组织政策宣传服务队，为创业基地、孵化器进行上门服务，提高政策社会公众知晓度。二是加强部门联动。加强与区工商局、区国税局等部门的沟通与配合，建立联席会议制度，明确各自工作职责，定期召开工作会议，及时反馈工作进度。国地税对一次申请事项限时办理，开通办理绿色通道、精简报送材料，有效降低行政成本。三是完善组织架构。组织相关人员参加“两证整合”业务培训，确保业务操作人员熟练掌握机内流程。进行模拟验证，做好新旧登记模式衔接，确保登记信息能够实时共享，实时解决个体工商户“两证整合”操作当中存在的问题。

（常苏珊）

督察内审模式创新 一是业务质量数字化。对于全局及以上层面的业务检查结果分事项设置检查案卷数、有问题户数、问题率与户均问题数指标，加强部门间可比性。设计执法督察工作质量模块，用于衡量各部门对督察内审相关工作的重视、配合程度。二是执法督察常态化。突出年度重点和专项税收执法督察，税收业务执法督察、疑点数据核实工作。全年执法督察补税11.5万元，退税0.3万元，核实疑点税户150余户，疑点数据280余条，补缴税款30万元，征收滞纳金5万元。三是评价结果数字化。采用直接计分法与反向计分法两种方法，实现各个部门执法业务工作质量和执法督察工作质量进行数字化评价，严格责任追究，共批评教育17人次，D级绩效考核扣分17人次，经济惩戒500元。（胡 东）

风险管理 一是提升风险应对质效。优化风险管理评价机制，完善中等风险应对积分管理系统及自主选案系统，结合综合考虑税收风险等级划分、纳税规模分类、平衡风险应对工作量，对风险应对任务进行协调管理，经验做法被省地税局简报专题报道。二是推进风险协同管理。扩大自主税源风险监控范围，探索建立自主税源管理办法。制发自主税源风险管理实施意见，实现规范化运作。全年自主税源风险应对户64户，占总应对户数8.8%，入库税款3884.07万元，占风险应对收入61.18%。三是提高数据服务能力。推进数据分析风险管理系统二期项目开发，对第三方数据采集、数据匹配、税户比对等流程进行功能的整合与优化，为自主选案提供参考信息。获取区住建局、国土局、财政局、供水供电公司等26家单位第三方数据，打破辖区各单位数据壁垒。（唐 昕）

教育培训 一是科学制定计划。结合中心工作、岗位需求、重大任务、人员结构等实际情况，将教育培训工作细分为6类52项具体内容，确保人员、时间、内容、效果四落实。二是创新培训模式。构建“自主学习、组织培训、互助帮学、考试竞赛”的四位一体教育培训机制。以“线上”收集意见，“线下”搭建微信、QQ等学习平台，打造“7×24小时”自主学习平台。全年组织各类教育培训90余次，参训人次达2900多人次，组织各类业务测试38次。三是强化培训质效。以“为务大比武 岗位大练兵”为抓手，巩固“日题、周学、月训、季考、年赛”常态化培训机制，按照“逢训必考、以考促学、以赛促训”的工作要求，在2016年全市地税系统业务能手竞赛中，共有21名干部入围市级业务能手，4人入围省级业务能手。

（汤德喜）

2016年11月24日，六合地税“税·悦·思”读书会举办“阅读税月”主题活动之“阅读微讲堂”

“三微一Q”纳税服务 固化特色税收服务举措，充分发挥微博、微信、涉税微簿、“税企e线通”QQ群等“互联网+”平台小、快、灵的特色，打破服务空间、时间限制，进一步提升纳税服务质效。针对税收重点、难点和热点工作，编制宣传计划，在特殊时间节点，结合各层纳税人的需求反馈和实际工作情况，制作宣传辅导资料，通过“三微一Q”平台及时推送给纳税人。同时，在线进行政策咨询、服务预约，为纳税人提供个性化、便捷化的纳税服务。截至2016年年末，六合地税微博已累计发布微博1600余条，微信公众号关注人数已达500人以上，充分满足纳税人入群咨询问政的需求。收集新办纳税人最感兴趣提醒事项，结合新

政内容，编印新版“涉税微簿”1500余册，免费发放给纳税人，实现纳税人“一簿在手，办税无忧”。（刘　薇）

税银合作　一是扩展服务途径。将网上办税平台延伸到合作银行的工作大厅，纳税人可以选择前来地税局办税服务厅或就近的银行网点进行自助式纳税申报工作。二是开展业务培训。对银行网点工作人员进行业务指导和业务培训，使在银行自助办税的纳税人，享受和在地税大厅一样的服务。三是建立联络机制。建立点对点联络机制，随时交流遇到的问题和获取的经验，缩短解决业务办理问题时间。四是进行联合宣传。制作宣传卡板、展架等宣传器材，摆放在办税服务厅、银行网点，详细介绍“税银合作”手段、方法。通过税银合作，提升了纳税人纳税申报的自由度，缓解了办税服务厅的工作压力，加强了地税机关与合作银行的沟通交流，实现了地税机关、纳税人的“双减负”。（黄宝琴）

数字人事上线运行　六合局作为市地税局“数字人事”首批试点单位，有力推进“启动、培训、保障、总结”先行，试点工作取得实效。一是先试先行。摸索数字人事管理的方法和规律，编写应知应会手册，组织各功能模块和全流程测试，同时深入开展宣传动员，营造良好氛围。二是分类培训先行。按照“做什么，学什么、考什么”的原则组织分类培训及测试，并同步组织全流程模拟操作演练，切实做到学用结合，学以致用。三是组织保障先行。成立数字人事工作领导小组负责检查督导，建立部门内部“互助小组”负责互帮互学、连保联动的三级保障机制，第一时间解决测试中问题。四是总结提高先行。各部门测试后制作书面压力测试情况反馈表，分析、梳理测试中存在的问题，不断总结实践经验，并下发给全体干部学习和借鉴，提高干部系统操作使用水平。（张玮琦）

志愿者服务　一是动员社会力量，建设高素质志愿者队伍。依托南京志愿服务的平台，广泛征集社会资源，优先关注在校学生以及具有相关资格认定的个人，15名志愿者通过考核和筛选，进入六合地税办税服务厅和政务中心进行志愿服务。二是重视志愿者服务规范化建设。加强志愿者服务体系标准化管理，制定志愿者管理办法，对完成志愿服务的志愿者实行地税机关工作人员理性评价业务能力表现，纳税人感性评价志愿者态度和满意度表现的综合表现评定体系。三是完善志愿者培训制度，促进志愿者知识更新。通过税务工作人员的现场指导、邀请志愿者参与税务机关业务培训等方式，提升志愿者能力层级，实现志愿者增长知识与实践经验，税务机关税务指导减负，纳税人获得更加优质纳税服务的“三赢”局面。（刘　薇）

“两学一做”学习教育　一是深入“学”，筑牢基础。印发学习教育实施方案，按月制定“党员活动日”方案。局领导班子成员带头学，通过层层督导，促使全体党员干部“学深悟透”。各支部累计开展集中学习54次，开展专题讨论18次，班子成员在所在支部讲党课5次，党组中心组组织专题学习5次。二是发力“做”，把好关键。将学习教育与“四解四促”“三个服务”紧密结合起来，听取企业负责人介绍企业的生产经营状况、目前存在困难，现场协调解决，累计走访企业130户，收集意见13条。三是聚焦“改”，力求实效。建立问题清单和整改清单，对照两个清单，实行销号制度，整改到位一项销号一项，确保查摆问题落到实处。开展“领导干部立家规、共产党员正家风”主题活动，将合格党员要求融入家庭文化建设，29名中层以上干部立家规36条。（李　帅）

股权转让交易税收监管　一是围绕信息点收集强化部门沟通。定期与六合区工商、商务、住建、国税等部门进行信息交流、数据交换，同时做好与金融机构等企业的相互联系，及时掌握股权转让前后股东的资金流向，堵塞股权转让个人所得税征管漏洞。二是围绕转让疑点强化企业财务审核。重点核查被转让股权企业的资产、负债的真实性、准确性，关注股权转让前资产是否异常减少，可疑负债后续监管。三是围绕衔接点强化内部无缝对接。建立股权转让所得个人所得税电子台账，对所辖企业个人股东逐户登记，实施动态管理。落实征、管、查各部门责任，建立配合机制，从源头防止个人所得税税源流失。全年共推送转让信息267户次，完成核定80户次，核定面29.96%，入库税款849.3万元，核定率远超市地税局考核指标。1户自然人股权转让案例在全市地税系统视频会议上交流发言。（戴红军）

“三联机制”税源管理 一是“内外联动”，建立税源管理联动机制。稳妥推进国地税合作，在资源共享、服务联合、征管互助、执法协同上进行有效探索。与六合区内相关部门共同建立欠薪欠费预警联动机制，促进社保费和基金规费的及时入库。协同街道、公安等部门，对3户欠费企业采取有关行政措施。二是“信息联合”，提升税源管理信息联合水平。强化信息管税，加强第三方信息的有效利用，强化信息采集和涉税信息对比，优化税收征管手段，累计共清理国地税纳税人名称、识别号、法人、状态不一致户3503户，国税有登记户地税无登记户86户。三是“个性联制”，打造税源管理个性联制方案。实行分类管理，优化个性化纳税服务。建立税企联络制度，借助“税企E线通”、微信、微博提供政策咨询、业务交流等服务，提高企业税法遵从度。（朱文汉）

数据管理 一是信息共享，突显收入核心。全面打造“大数据”时代协同、开放和共赢的思维模式，投入组织资源加强海量数据的整合和分析能力，把有效的信息转换成组织收入的线索和依据。二是流程优化，坚持高效服务。不断改进征管流程中的“堵点”和“慢点”，始终把纳税人满意作为评价税收执法行为的重要标准，创造性地提出残疾人“倒挤式”退税新流程。全年网上受理减免税申请93户次，手续费结报487户次，外经证开具439人次，充分落实“两个减负”的工作要求。三是数据关联，加强风险管理。建立大数据信息管理系统，通过数据建模将企业所得税、个人所得税和其他地方各税的比对稽核关系交由计算机处理，实现风险信息的快速、准确推送，增强税务机关管理服务水平。全年复核修改纳税人信用等级1700余户，添加补评企业11户，保障了辖区内领导走访企业、重点税源企业纳税信用等级100%正确。（陈　默）

服务农村电商 一是着眼需求，强化税收宣传。电商“创客”多为年轻人，能熟练运用QQ、微信、微博等媒体手段。拓宽“创客”税收政策知晓通道，由点及面宣传支持电商企业发展的税收政策，实现沟通答疑“零距离”。二是减轻税负，兑现优惠政策。通过后台数据分析，主动电话提醒纳税人注意申报享受税收优惠，对符合条件的企业不折不扣落实小微企业所得税减免政策，兑现高新技术企业税收优惠。三是优化措施，简化办税流程。对纳税人实行即来即办、预约服务等多项便民措施，从税务登记到发票领购以及申报缴税全流程帮办辅导，切实提高办税效率，利用“互联网+”办税功能提升纳税服务水平。四是跟踪服务，完善后续管理。加强电商企业风险预警管理，跟踪提醒异常指标和可能存在的涉税问题，对电商企业生产经营过程中存在的涉税风险定期开展摸底调查，并适时将可能存在的问题告诉企业，提醒纳税人自我修正，化解风险。（郑　洁）

国地税合作 一是坚持“合作发展一条心”。提高认识、增强合作主动性，成立国地税合作工作领导小组，建立国地税联席会议制度，明确合作对于减轻办税负担，提高税收效能，实现国税、地税、纳税人三方共赢有重要的意义。二是坚持“工作布局一盘棋”。协同开展税种管理和行业管理，通过大数据筛选，制定大企业个性服务规程。联合开展对纳税人辅导培训，共对1200户重点税源户和20家中介机构进行专项培训。三是坚持“税收服务一条龙”。通过共建办税服务厅、互设窗口、共驻政务服务中心等方式，联合为纳税人提供办税服务。提供个性化定制及咨询服务，增强纳税人办税便捷度及满意度。四是坚持“政策宣传一根线”。携手在“线下”通过纳税人之家、政策宣讲会等形式面对面讲解最新的政策问题。“线上”通过微信公众号、微博，互相分享、推送税收发展热点信息，做好政策宣传工作。（王海洋）

【责任编辑　梁晓玲】

溧水地方税务局

概　述 2016年，南京市溧水地方税务局（以下简称“溧水局”）以组织收入为中心，在税制改革和征管改革推进过程中，坚持依法治税，从严治队，全力服务地方经济和社会发展，各项工作取得新成绩。

组织收入。坚持依法征收，注重税收政策对税收收入、经济运行的影响，加强对“营改增”、政府平台企业、拆迁安置房、公共工程建设方面的税源调查与监控，把握组织收入主动权。2016年，共组织各项收入65.04亿元，其中区县级税收46.4亿元，公共财政预算收入29.1亿元，剔除“营改增”因素同口径增幅14.14%；全年征收社保费16.42亿元，同比增收1.56亿元，增长10.5%；征缴工会经费575万元，残疾人保障金454万元，顺利完成市地税局和溧水区委、区政府下达的目标任务。落实各项税收优惠，办理企业所得税优惠备案超过1亿元，减免营业税2822万元，减免小微企业所得税113万元。

征管改革。推进1个基础管理局+2个风险应对局的税源管理模式，调优风险应对范围，全面推进企业“五证合一”、个体“两证合一”工作。做好“营改增”过渡，重新构建委托代征工作机制，强化存量税款征管和欠税追缴，实现税户清、税款清、发票清。清理新欠税款1719万元，清理率86.9%；清理陈欠税款25万元，清理率23%；完成注销案件332户，注销登记管理更加规范；征管监控指标持续名列全市地税系统前列。2016年，全局完成中等风险应对812户，中等风险应对推进率99%，应对入库税款2.17亿元，比2015年同期增长3940万元，中等风险应对贡献率4.67%，主要绩效指标均大幅高于2015年同期，位列全市地税系统前茅。

依法治税。开展企业欠税强制执行和法人代表限制出境措施，被市地税局评为优秀案例。优化司法与税收联席会议、司法涉税共享交换机制，加强税收执法保障。完善组织架构和制度体系，提升督审团队化运作水平，深入开展专项督察、重点督察和风险应对检查，全年补缴入库税款1285万元，滞纳金383万元。落实税收执法责任制，发挥部门职能，强化内控机制，执法督察实施常态化。围绕依法行政和税源专业化改革，真落实税务稽查“双随机”制度，深化税务稽查机制建设，注重稽查业务技能的培训，注重税务稽查的查前准备，注重税务自查辅导的成效，突出大要案查处、积案清理与专项检查的开展，严厉打击发票违法犯罪活动，发挥税务稽查的刚性与增值效能。全年检查21户，结案21户，查补收入1133万元，结案率100%，入库率100%。

纳税服务。围绕纳税服务规范，强化服务意识，完善服务标准，提升服务质效；多措并举，积极应对“营改增”、契税征缴高峰、“金税三期”上线三重叠加压力，确保全局征收工作有序运行，契税征收窗口被溧水区政务中心评为先进集体；重点拓展缺件备案等品牌服务功能，方便纳税人办理涉税事项；发挥“互联网+”优势，拓展税收宣传与纳税服务效能，全面提升“税收工单”办理质效。开展纳税人信用等级评定工作，会同国税部门调整了386户纳税人的信用等级。（狄洁琼）

机构设置及负责人

办公室

主　任　万　镔

副主任　沈　涛（2016年3月任）

　　　　潘小保（2016年3月免）

人事监察科

科　长　张显美

副科长　潘小保（2016年3月任）

　　　　邢学好（2016年3月免）

规划财务科

科　长　许青凤（2016年7月任）

　　　　张　川（2016年3月任，7月免）

　　　　朱杏宝（2016年3月免）

副科长　许青凤（2016年7月免）

税政法规科

科　长　邢华清

副科长　孙雪峰

督察内审科

科　长　邢学好（2016年3月任）

　　　　邢华清（2016年3月免）

征管和科技发展科

科　长　陈　岚（2016年3月任）

　　　　张　川（2016年3月免）

副科长　徐　娟（2016年3月任）

　　　　陈　岚（2016年3月免）

数据管理科

科　长　陈源忠（2016年3月任）

　　　　吴永生（2016年3月免）
　副科长　曾　辉
征收税务分局（纳税服务局）
　分局长　周和英（2016年3月任）
　　　　朱杏宝（2016年3月免）
　副分局长　张　嫣（2016年3月任）
　　　　陈源忠（2016年3月免）
稽查局
　局　长　吴永生
　　　　朱杏宝（2016年3月免）
　副局长　蔡行健（2016年3月任）
　　　　周和英（2016年3月免）
第一税务分局
　分局长　徐生林
　副分局长　文生超（2016年3月任）
　　　　尹莹莹
　　　　陈水筛（2016年3月免）
第二税务分局
　分局长　朱杏宝（2016年3月任）
　　　　张显美（2016年3月免）
　副分局长　魏信民
　　　　陈水筛（2016年3月任，9月免）
第三税务分局
　分局长　丁太平
　副分局长　倪雨村

（狄洁琼）

省级文明单位创建　对照省级文明单位创建要求，加强领导、科学管理、多维引领、常态作为，不断丰富创建内容，奋力提升创建成果，2016年被江苏省精神文明建设指导委员会授予2013—2015年度“江苏省文明单位”称号。逐年开展干部思想状况问卷调查，形成《思想政治工作分析报告》；注重青年干部培养，实施青年干部成长积分档案管理；推进税务文化建设，提炼部门文化理念及个人价值观；通过“微型党课”、座谈学习会等方式，推进责任文化；助推文明创建，出台服务地方经济社会发展、服务民生和纳税人、服务重点项目和企业的18条“三服务”措施；认真落实下岗再就业、小型微利企业等税收优惠政策，2014—2016年累计减免税款超1亿元；推广网上办税，方便纳税人办税。完善局领导挂钩企业联系点制度，深入开展大走访和便民办税春风行动；办好《今日溧水》税务专版，推出“微溧税”微信公众号。严格实施“12345”政府热线纳税人诉求“一把手”负责制，提高纳税人满意度。

（潘小保）

“两学一做”专题教育　2016年，根据上级要求，溧水局党总支完善机制、创新方式、注重效果，扎实开展党员干部“两学一做”学习教育工作。在组织集中学习及个人自学的基础上开展系列党课，增强“两学一做”氛围。2016年，班子成员、各支部书记上讲台、讲党课，分别达3次以上，总支开展微型党课教育活动。在全体党员中开展立家规、正家风活动，编印党员干部《家规材料汇编》。开展党员示范岗挂牌，“繁星——党员微事迹”展播等系列活动。开展建党95周年纪念活动，组织党员前往雨花台进行现场警示教育；实施先进党支部（党小组）及优秀党员评选；组织开展“爱岗、敬业——弘扬核心价值观，让党旗高高飘扬”主题活动，进一步增强比学赶帮超的氛围。依据溧水区机关工委党组建设规定，优化总支委员结构，适时调整班子分工；认真落实基层党组织“三会一课”等规范化制度，严格按程序做好积极分子日常培养、新党员吸纳发展。2016年，新发展2名预备党员，3名预备党员转正，党组织肌体不断涌入新鲜血液。

（潘小保）

土地增值税清算项目评估审核　9月，溧水局根据市地税局要求，对土地增值税清算项目进行评估审核，梳理和盘清了全区所辖的所有房地产项目，含未完工项目、可清算项目、应清算项目，对达到可清算项目条件的及时下发通知，督促纳税人进行自行申报，全年共实现清算申报6个。采用专家团队形式进行集中审核，审核中组建工作交流群，随时对政策文件进行学习交流，对项目审核中的疑点进行集中分析，同时加强与纳税人的沟通，让纳税人补正完善相关资料，对区地税局无法确认解决的难点问题，与市地税局业务处室加强联系汇报，及时解决审核出现的疑难问题。全年完成5个项目的清算审核，其中补税4户，合计补缴税款836.02万元；退税1户，退还税款226.08万元。其中1户因为价格偏低，由第三方

评估机构作出价格评估，调增其计税价格，调整后增加税款388.45万元。（邢华清）

税收优惠政策落实情况 2016年，溧水局积极落实各项优惠政策，对小微企业优惠政策早布置、早落实，受益面100%。最新政策下达后，在第一时间进行布置，对干部进行政策培训和辅导，同时加强对纳税人和社会的宣传。由纳税服务局向南京日报专刊、《今日溧水》、微溧税、短信平台及征收大厅显示屏等渠道，宣传小微企业税收优惠政策，保证小微企业能够多方位得到享受税收优惠政策的信息。2016年，共计减免小微企业所得税超过270万元。1—4月年营业税减免751笔，合计金额2822.04万元。2016年，征收防洪保安资金106.2万元。对安排残疾人就业未达到规定比例、在职职工总数20人以下（含20人）的小微企业，属于2015年1月1日后新注册登记的，自其工商登记注册之日起3年内，免征残疾人就业保障金。落实企业改组改制、产业转型升级等优惠政策。对创新企业，落实开发费用加计扣除和高新技术企业的税收优惠政策，2016年共计办理所得税优惠政策1.1亿元，有力地扶持了新能源汽车企业发展。（孙雪峰）

2016年4月13日，溧水局针对新出台的月营业额不超10万元减免教育费附加、地方教育费的优惠政策，主动上门、辅导企业填报申报表

企业所得税汇算清缴 溧水局严格按照企业所得税汇缴工作方案和工作要求推进相关工作，取得成效。共计汇缴企业所得税2.4亿余元，增收超过1.3亿元，同比增长130%，企业所得税汇算清缴税款首次破两亿元。溧水局在抓好企业所得税汇算清缴工作的同时，结合工作实际，采取“三进”措施，促进辖区企业所得税政策落实。对辖区内的重点税源企业开展送政策上门活动，现场解答纳税人的涉税疑问，解决纳税人实际困难。根据企业实际情况，为辖区内重点税源企业办理延期缴纳税款手续，解决企业燃眉之急。对辖区内开展新产品、新技术研发的企业和高新技术企业进行走访，接受纳税人的政策咨询，宣传国家对研究开发费用加计扣除和高新技术企业的税收优惠政策。召集辖区内的小微企业进行政策宣讲，提升小微企业享受税收优惠的积极性和准确性，2016年共减免小微企业所得税270万元。（邢华清）

国地税协作 根据上级要求，溧水局认真贯彻落实《国家税务总局关于印发〈国家税务局 地方税务局合作工作规范（1.0版）〉的通知》（以下简称《规范》）文件精神，结合当地实际，扎实推进国地税合作工作。在溧水区国地税合作工作领导小组的领导下，国、地税各部门共同制定具体合作方案，年初部署全年重点合作事项，加强对本区域合作工作的组织和领导，确保《规范》有效落实。按季度召开联席会议，会议由双方主要负责人轮流主持，研究布置年度合作任务和阶段性合作计划，协调解决具体合作事项中遇到的重大困难和问题，交流活动安排和重大工作部署。联合开发“微溧税”微信平台，对外发布涉税信息，强化国地税双方的联合税收宣传；共同利用办税大厅显示屏、《今日溧水》报等媒体，宣传办税相关内容，切实方便纳税人办理相关涉税事项。根据合作方案，与溧水区国税部门开展互助合作工作，联合做好税户管理、开展非正常户清理、加强欠税管理等工作，地提升了征管效能。（沈　涛）

税费管理 2016年，溧水局结合该局欠税管理状况，年初制定了《关于加强欠税管理的意见》，明确欠税考核要求和欠税清缴措施，强调各环节规范操作，继续加强欠税清缴管理工作。开展欠税清缴活动，对欠税企业实施强制扣款程序，同时报经市地税局及省地税局审批，对企业法人实施阻止出境布控，产生了一定威慑作用，也是近十年来该局首次采取强制执行和阻止出境措施，为

“营改增”后地税部门运用法律手段加强税收征管提供了案例。2016年，累计清理新欠税款1719万元，清理率87%；清理陈欠税款24万元，清理率23%。由分管社保费工作的溧水区领导组织定期召开地税、人社、财政等部门人员参加的社保联席会议，互通社保费征缴情况，重点分析征缴工作中存在的困难和问题，明确下步工作措施，保持征缴工作平稳运行，全年社保费征缴率保持在98%以上。全年累计清理往年社保费欠费1405万元，清欠率达80%，维护了职工合法权益。

（邢华清）

“营改增”工作 5月1日，“营改增”全面推进，为保证工作平稳过度，溧水局积极完善各项工作举措。根据市地税局的统一部署，落实相关工作要求，制定“营改增”方案和应急预案，排好值班表，及时学习和掌握相关“营改增”政策，收集过程中可能会出现的相关问题，向市地税局和区国税部门反馈。做好试点纳税人的政策辅导和政策宣传，对达到条件的建筑业项目组织预清算和清算。梳理建筑项目预清算68户，组织相关业务部门对自2012年以来“营改增”过程进行分析，对今后地税工作组织收入、工作流程等的影响，对建筑业存量税源和项目登记进行调查核实，形成综合汇报材料，提出应对措施和建议。核实税户信息，做好税户交接，有序组织纳税人发票缴销及税控器具转换工作。完成代征单位空白发票、完税凭证的收缴工作，对“营改增”征管相关业务进行跟踪，及时解决发现的问题。落实溧水区国地税局“营改增”征管业务衔接原则、内容及市地税局下发的委托代征相关规定，做好与国税部门的协调，现场对代开票点增值税专票保管条件进行核查，确保“营改增”平稳推进。（陈 岚）

“金税三期”系统上线 10月1日，“金税三期”正式上线，溧水局积极应对，做好“金税三期”双轨运行准备。加强多部门间沟通交流，与区国税局联合宣传，依托溧水电视台、溧水政府网站、《溧水报》等宣传平台，提醒纳税人提前做好办税事项安排。联合区国税局举办9场“金税三期”上线专题培训会，对企业会计、财会人员以及代征人员开展“金税三期”相关业务知识和操作培训。成立领导小组和办公室，制订溧水局“金税三期”上线推广工作方案和“金税三期”上线双轨试运行工作方案，召开专题会议布置双轨运行工作，组织各业务部门参加市地税局双轨运行操作培训，设置集中场所、组织征收局B岗人员集中处理“金税三期”业务，确保双轨运行顺畅、高效。做好维稳反馈，按日统计各部门双轨业务数量、存在的功能和程序方面的问题，按周出具双轨运行周报，对运行业务模块覆盖、业务测试数量统计分析，对存在的问题提出建议，及时上报市地税局。在全局共同努力下，“金税三期”正式上线平稳运作。

（陈 岚）

“互联网+税务”创新项目 2016年，溧水局积极参与市地税局“互联网+税务”创新项目，被评为南京市地税系统优秀创新项目一等奖。为保障工作顺利推进，该局组织人员参加市地税局税务通（微信版）上线使用培训，做好税务通（微信版）在全局的推广工作。每个分局和办公楼指定专人辅导安装应用，验证税务通功能的完善性，同时向各部门强调使用税务通（微信版）的数据安全意识。收集整理税务通使用过程中的问题和建议，向市地税局反馈修改完善。该局税务通系统安装率在90%以上，极大的便捷了干部工作。通过推进“互联网+”智慧征管建设，将互联网创新成果与税收工作有效融合，推进“线上线下融合、前台后台贯通、统一规范高效”的新型电子税务局运作，实现信息化对税收工作的有力支撑。

（陈 岚）

年所得12万元以上纳税人等自行纳税申报工作 推动纳税人自行通过网上办税厅、手机APP、办税大厅申报（非客户端代理申报），实现自然人网上申报缴税全过程。在实际申报人员中，个人手机APP申报186人，内网大厅申报43人，企业代理申报432人，个人外网申报2011人，自行申报率达83.83%。制定2015年度年所得12万元自行申报工作方案，开展12万元自行申报工作专项布置会议，明确工作思路和时间节点。梳理年所得12万元监控清册，及时下达市地税局的申报目标数，并对自行申报工作提出明确要求，定期反馈申报进度。建立从纳税申报到政策辅导，再到受理申报的“一条龙”全程服务，优化纳税服务。利用网站、电台、税企QQ群、溧水报、大厅LED屏幕滚动播出等渠道，对纳税人年所得12万元纳税申报的政策宣传和提醒，向重点企业的财务负责人和经办人，组织集中培训3场。针对电力、电信等人数较多的企业上门到户服务，点对点进行手机APP辅导。密切关注纳税人自行申报进展情况，做好高收入个人自行申报、多处工薪补税申报、外籍个人年度申报等多种自行申报人群做好有效工作统筹和衔接。（周和英）

风险应对　规范风险应对，认真分析风险应对的薄弱环节，全面落实《风险应对管理办法》和新规程，明晰风险应对各环节的要求，加强风险管理的机制建设，拓展风险管理深度。深化风险计划管理，推进风险案源点、线、面统筹，围绕税收热点、难点和社会关注的税收重点内容，推进风险监控范围的逐步拓展；加强任务合理调配，促进应对资源与措施的整体协同。强化风险监控管理，细化应对质量管理，提高风险应对指导性，加强对风险应对任务的跟踪管理，提高风险应对的及时性。开展新风险评定制度和流程培训，定期开展案例交流，提升案头分析和实际应对能力，制定风险应对文书范本，开展风险分析能力培训，加强风险应对结果分析，加大分析结果运用力度。（曾　辉）

涉税稽查效能管理　认真做好稽查预告自查工作，全年共接收市地税局下达稽查预告自查30户，其中市级重点户5户，省级重点户2户，非重点税源户23户。落实税务稽查“双随机”制度，深化税务稽查机制建设，共入库自查收入803万元。在稽查预告自查工作中，溧水局积极做到高度重视、及早布置，全面辅导、增强服务，收集问题、分析运用，通过系列措施，充分发挥了稽查预告自查效能。围绕依法行政和税源专业化改革，注重稽查业务技能的培训，注重税务稽查的查前准备，注重税务自查辅导的成效，突出大要案查处、积案清理与专项检查的开展，严厉打击发票违法犯罪活动，发挥税务稽查的刚性与增值效能。2016年，共检查21户，结案21户，查补收入1133万元，结案率100%，入库率100%。推广应用网络版电子查账软件，增强过程监控，提升稽查效能。完善办案协作机制，建立与国税、公安、法院等部门的稽查协作、联查机制，逐步建立稽查执法社会共治体系，加强重大税收违法案件信息曝光。（蔡行剑）

社会保险费征缴管理　2016年，溧水局加大社会保险费征缴力度，征收社会保险费16.42亿元，同比增收1.56亿元，增长10.5%。加强行政执法过程规范，确保社会保险费清欠过程中清欠及时性、文书规范性和程序合法性，针对欠缴社会保险费严重企业，溧水局主动跟进、强化管理，做到催欠时间到位、文书到位、程序到位，并主动化解社会舆情，没有让职工上访态势扩大化。根据社会保险费征管工作的特点，建立多部门共同参与的多层次、立体式、全覆盖的社保费清欠管理工作机制。同时，利用企业股权转让、不动产转让等申请契机，督促企业缴纳欠费。加强对自由职业者社保费征缴的调研，认真分析征缴得失，与人社部门、商业银行、市地税局以及“金税三期”项目组对接，最后形成汇报材料。经市地税局同意委托人社部门代征自由职业者社保费，确保对接成功。（邢华清）

数据质量管理　加大外部门数据交换力度，获取有效数据，加强综合治税部门联系，规范数据交换行为，推进综合治税工作。严把数据入口关，减少采集环节差错数据产生，按要求做好纳税人基础信息核实，建立责任体系和监控手段，加强数据审计规则的运用。加强纳税人提供的财务报表信息、其他涉税信息的审查，减少应用环节无效数据产生，提高纳税人提供信息的真实度。加强业务数据质量分析，深化数据应用。加强数据质量分析，研究数据内在联系，开展数据标准培训和应用，推动数据与业务的管理融合。做好数据运维工作，深度分析数据运维的现状和形式，切实提高操作标准化。根据需求提供数据查询服务，为各级政府、外部单位、各职能部门提供涉税数据查询服务。（陈源忠）

执法督察　完善督察内审管理制度，建立局长办公会定期研究、部门联席沟通等工作机制，做好国家税务总局、省地税局专项督察事项自查整改工作。全面、及时调查处置市地税局推送的疑点信息，督促6户纳税人补缴营业税9673.54元并按规定加收滞纳金1493.85元，督促4户纳税人补缴企业所得税3535.47元并按规定加收滞纳金724.87元，7户纳税人按规定办理多缴1926.06元营业税退税手续，1户纳税人按规定办理多缴128.21元企业所得税退税手续，按时、按要求完成了自查整改工作。全面整改市地税局执法督察发现问题，16名纳税人按规定办理多缴21366.94元个人所得税退税手续。做好审计工作。开展常态化执法督察，针对16户中等风险应对户、1户高等风险应对户实施了执法督察，督察面分别达到了2.24%、4.76%。实施半年度业务工作、社保费欠费管理、房土两税的日常执法督察。严格落实税收执法责任制，2016年采取批评教育和经济惩戒方式，共计实施税收执法过错追究38人次。（邢学好）

全国纳税人满意度调查迎查 溧水局根据市地税局要求，制定《迎查工作方案》和《调查走访分工表》，明确各税务分局走访名单、走访数量、走访内容和走访要求。征收税务分局每天运用短信平台给纳税人发送短信，宣传纳税服务举措，同时要求窗口严格落实各项服务制度和服务承诺，认真做好服务举措落实。各税务分局按照既定方案，紧锣密鼓开展各种形式走访，对纳税人进行点对点沟通。对3000多户纳税人进行了电话、实地走访，对纳税服务举措进行宣传，营造了纳税人满意度迎查工作的良好舆论导向和氛围。各税务分局至始至终能够加强工作统筹，妥善处理好组织收入、各项征管措施以及7—8月主要工作与满意度调查间的矛盾，抓好工作的各环节控制，及时收集纳税人的反映，及时疏导和化解矛盾，确保了纳税人满意度迎查工作的有序开展。

（周和英）

干部教育培训 教育培训注重“四个转变”，构建教育培训长效机制，切实提升教育培训质量。一是时段、时点学习向全年、全面转变。由注重春节时段的春季培训为主，转变为全年培训；由注重业务培训为主转变到业务、政务、事务、政工知识的全面培训，提升综合素质。二是全局集中学习向部门自行组织转变。针对全局集中培训人多、效果不佳的实际，强化部门的主体责任，充分发挥部门的能动性，结合实际，强化部门的政治、业务学习，做好交流探讨，推进部门文化建设，提高培训质量。三是“被动学”向“主动学”转变。改变以往干部被动参与该局组织、部门组织的学习培训，出台青年干部成长管理办法，完善考核评价体系，通过加大日常学习考核、参与全局及以上综合性业务竞赛加分等方式办法，推进干部自主学习，不断提高自我。四是接受式学习向上讲堂转变。改变以往干部在台下听课为主的接受式学习方式，通过微型党课、业务短训等形式，分期分批让干部走上讲堂，当“小教员”，课后进行教学情况分析讲评，进一步梳理知识点，帮助干部提升。（潘小保）

科所内部“三险同防”机制探索 2016年，溧水局根据市地税局要求，做好科所内部“三险同防”机制探索工作。就创新科所“三险同防”机制召开相关部门主要负责人会议，听取意见和建议，并围绕试点单位工作推进计划及设想、目前已开展工作及存在问题，撰写汇报材料，参与市地税局创新项目座谈会。实施过程中，明确重点，组织各部门围绕建立科室（分局）“三险同防”机制，结合各自职能、岗位职责，开展自我梳理，确立各部门的重点事项和重点环节，提高风险防范的针对性，确定具体实施办法。在相关部门讨论的基础上，和各部门主要负责人沟通，围绕各自职能，结合实际，制定局科室（分局）“三险同防”实施办法；最后进行先行试点，结合工作职能及特点，先行试点从行政、征收、管理、评估四大系列实施。通过与相关部门的座谈沟通，进一步强化了部门的“三险同防”意识，结合实施办法的制定，把“三险同防”与具体业务工作有机结合，进一步细化试点部门重点工作和重点环节的规范程序，增强重点环节的控制机制，强化风险防控。（张显美）

干部分类管理 以班子争创为先导，以中层建设为重点，以青年建设为核心，落实老干部管理，强化辅助员工管理，做好干部分类管理工作。召开党组会专题研究，明确年度班子建设意见，认真落实中心组学习，5月初溧水区委组织部门、宣传部前往该局开展了中心组学习旁听，检查了相关资料，对该局的学习给予高度认可。强化中层干部责任传导，开展科级领导干部选拔工作，共9名人员竞争上岗，进一步充实了科级领导岗位，增强了干部队伍活力。以青年建设为核心，推行《青年干部积分管理办法》，实施青年干部月考制度，促进青年干部业务提升；加强局人才库建设，在微型党课、教育培训、专项调研、阅读活动中给青年干部更多平台实现自我锻炼、提升。鼓励青年干部参与高层次学历培训、资格考试等，青年干部中研究生在读3人，同时4名青年干部在科级领导干部选拔中脱颖而出走上领导岗位，5人被评为市“青年岗位能手”。规范老干部管理，按规定做好干部退休手续办理，组织老干部支部改选，落实各项福利政策。强化辅助员工管理，按规定稳妥有序做好12名驾驶员辞退工作；强化现有辅助员工思想沟通，规范绩效考评。（张显美）

数字人事上线 11月2日，“数字人事”系统正式上线，溧水局按照省地税局、市地税局要求，采取多项措施做好“数字人事”正式上线保障工作。坚持把思想认识作为开展工作的向导，以“分角色、按类别、一对一”方式结合起来立体宣传，让全体干部充分认识到“数字人事”上线工作的重要性、必要性和紧迫性，从思想深处认可这项工作，愿意参与到这项工作中来。扎实做好“数字人事”前期准备工作，按“局领导、部门正职、部门副职、一般人员”四类进行全员分角色培训，实施任务清单式管理，用扎实的理论基础保证高效的实际操作，抓好培训辅导。坚持问题导向，把纪律挺在前面，按照“数字人事”相关制度规定，不折不扣抓好落实，不允许随意变通，一步一个脚印，持续稳定推进。利用“数字人事”的“统一查询”模块不间断查询各科室、各税务所工作任务完成情况，对工作滞后、推行不力、问题较多的部门实施考核扣分，跟踪问效。持续做好“抓宣传、抓运转、抓结合”，深入推进“数字人事”在全局每一名税务干部心中落地生根。（陈宣妤）

微型党课教育 2016年，溧水局创新干部教育形式，实现干部自我教育、自我管理、相互提高，增强基层建设工作活力。教育机制上，突出“常效规范”，将微型党课作为党员日常教育及干部队伍建设的有效载体，构建严密的组织体系、严肃的常态机制、严格的党员日常教育。教育模式上，突出“点面结合”，采用“月度学讲—季度评讲—年度巡讲”的形式调动各支部积极性，营造浓厚的学习氛围。教育时间上，突出“短小精悍”，时间安排“短”，内容切入点“小”，每个教案提纲控制在3000字左右，授课时间控制在15~20分钟，提升讲课质效。教育内容上，突出“务实多样”，党课内容围绕“职业道德”主题，从社会主义核心价值观、职业道德、廉洁从税等角度出发，运用小的事例来阐释、宣讲大的道理。教育方式上，突出“互动交流”。推行座谈式的授课模式，开展课堂互动，发动党员积极参与讨论，畅谈心得体会，提出意见和建议，提升授课效果。（潘小保）

“阅读税月”主题活动 根据市地税局要求，结合实际，溧水局四措并举推进“阅读税月”主题活动，建设书香地税。进一步完善“职工书屋”建设，结合上级推荐书目，新购置200余册图书，使“职工书屋”达到近4000册图书，进一步满足干部的阅读要求。大力推进倡导广大干部职工坚持每天最少读十页，一年最少读十本书“双十”工程，选购《中国超越》《思考力》和《历史的教训》三本书下发全体干部，鼓励阅读。建立阅读兴趣小组，每月组织两名干部开展“好书推荐”活动，并拍摄制作成视频，发给全体干部观看，开展读书心得交流，促进读书成果转化。建立中层干部微信群，定期推送党章、廉政等方面政策、规定及相关文章，促进干部的阅读学习，增强干部的视野。内部编发《印象溧税》队伍专刊，内设干部工作动态、部门文化、微型党课、清风税廉等子专刊，通过腾通讯推送全局干部，强化干部的阅读，助推各项工作推进。推进家庭阅读，在地税小区，利用橱窗、围墙开展“阅读税月”相关宣传，弘扬阅读文化，提升阅读氛围，促进家庭和谐。（张显美）

党风政风廉政教育 以落实“两个责任”为核心，以纠正侵害群众利益的不正之风和腐败问题为重点，扎实推进党风廉政建设专项治理。成立党风廉政建设专项治理工作领导小组，负责组织实施。召开局党组中心组（扩大）会议、科室（分局）会议，传达市地税局要求。对照专项治理四个方面要求，重点梳理下发党风廉政建设“十个严禁”，制作便携式卡片下发全体干部；采取微型党课、“微语观澜”微信群、部门自主学习等多种形式，组织干部进一步做好党章党规和各项制度的学习工作；组织各部门开展中秋、国庆节前专题廉政党课，通过展板、公告板、腾讯通推送等方式，明确廉洁要求、开展警示教育。构建抓源头、防缺项，抓人头、防缺位，抓苗头，防缺失的“三抓三防”机制，做到“税情、舆情、廉情”三清。对内通过个别谈话、召开中层干部和一般干部座谈会等方法，对外组织召开外部监督员座谈会、电话廉政回访、走访纳税人等方式，广泛征求意见建议。全面分析排查个人存在的突出问题、风险隐患和薄弱环节，制定《问题清单》，为下一步整改工作打好基础。 （潘小保）

【责任编辑 梁晓玲】

高淳地方税务局

概 述 2016年，南京市高淳地方税务局（以下简称“高淳局”）聚焦税制改革中心任务，以组织收入为中心，以提升“执行力”为主题，以落实“完善制度、协同合作、真抓实干、敢于担当”为要求，夯实基础，优化服务，较好地完成了全年各项目标任务，为“强富美高”新高淳建设做出积极贡献。

组织收入稳中有进。面对“营改增”结构性减税政策对组织收入带来的压力，通过加强税收预测分析，强化护税协税工作力度，强化重点税源管理，顺利完成全年收入目标任务。2016年，组织各项收入30.5亿元，同口径比2015年增长16.9%；税收收入21.3亿元，同比增长17.6%；公共预算收入13.55亿元，增长2.9%，地税贡献高淳区公共预算收入的57.4%。落实优惠政策，全年办理减免税8133万元，比2015年增长36.6%；为区域经济发展建言献策，《2015年高淳地税收入情况分析》《高淳与溧水税收情况比较》等多篇税收专报获高淳区主要领导批示肯定。

征管改革落实有力。扎实推进“营改增”，全力抓好营业税存量税源清理、发票衔接、委托代征等各项业务工作，2600多户营业税转出数据准确无误。抓好“金税三期”上线推广工作，成立领导小组及办公室，制定各项方案，国庆期间加班加点开展业务验证和测试，“金税三期”系统如期上线并平稳运行。加强税种管理，企业所得税汇缴入库税款1.16亿元，比2015年增长23%；征缴自然人股权转让个人所得税911万元，比2015年增长59%；清理欠税1115万元。

依法治税推进有序。开展法治税务示范基地创建活动，被评为南京市法治税务示范基地和执法案卷评查优秀单位，2人被市地税局授予“规范执法示范岗”称号。参与系统税收法制综合知识库创建，主动承担并完成技术转让、小微企业等4个专题税收政策汇编，获得市地税系统2016年创新项目二等奖；加强法治宣传教育，被评为2011—2015年南京市法治宣传教育先进集体。与法院建立司法与税收执法协作机制，推进税收合力共治。加强风险管理，风险应对入库税款3279万元。落实稽查双随机抽查制度，全年查补税款880万元。完善督察内审工作制度建设，做好各项日常执法督查和专项执法督查工作，参与市地税系统“建立税收执法风险监控指标库”创新项目，获得二等奖。

税收服务积极有为。创新政策宣传方式，联合高淳区国税局、经信局、金融办、科技局举办政策培训，依托“纳税人学校”，组织新办户培训，全年培训纳税人3000多人次。围绕“产业强区”，联合高淳国税局出台亿元以上重大项目跟踪服务意见，全年开展走访50户次，收集意见建议10余条。开展“地税开放日活动”，走进高淳电视台《对话“一把手”》栏目，宣传地税、展示地税。2016年上半年，在全市地税系统纳税服务现场检查中，首次获得第一名。纳税人投诉工单处理连续4年综合办结率、综合满意率在南京地税系统排名第一。征收系列连续3年均有人获得全市地税系统纳税服务明星，1人获得标兵明星。

队伍建设抓铁有痕。开展“两学一做”学习教育，抓好专题党课、学习研讨、专题民主生活会等关键动作，受到高淳区机关工委肯定。推进“四型”班子争创，深入开展中心组学习，网络教育人均积分全市地税系统排名第一。开展科级干部选拔工作，选拔科级正、副职各3名。出台青年干部管理培养办法，加强青年干部培养。完善绩效管理，按季开展绩效分析讲评，绩效管理水平进一步提升。开展科所文化创建活动，推进税务文化建设，被市地税局评为2016年度税务文化精品示范点。开展"争先创优"工作，被评为2013—2015年市、区两级"文明单位"。深化党风作风建设，压实"两个责任"，构建"三险同防"向基层延伸的工作机制，在高淳区作风评议中排名第21，执法类排名第3，取得历史最好成绩。1个科室被评为南京地税系统标兵科所，2个科分局获"青年文明号"，1人被评为南京地税系统标兵，1人被评为南京市文明职工，1人被评为"南京好人"和南京地税系统勤廉典型，1人获省地税局"优秀税收业务能手"，6人获市地税局"优秀税收业务能手"。

行政管理提升有效。加强政务管理，税收宣传首次进入南京地税系统前6名，全年《中国税务报》用稿居南京地税系统第一名，8篇科调研文章获南京市税务学会小组奖，其中1篇获得南京市国际税收研究会一等奖。规范事务管理，落实公车改革要求，稳妥做好劳务派遣驾驶员处置及善后工作，出台办法做好车改后保障。完善办公用房管理，改造中央空调和雨污分流系统。加强食堂管理。深入开展群团活动，全年"五必访"42人次，向全体干部赠书430册，举办"阅读微讲堂"读书交流、游泳培训、太极拳培训等活动，乒乓球、游泳等多个项目在南京地税系统和高淳区获一、二等奖。局工会微视频在高淳区工会换届大会上进行了展播。（杨丽华）

机构设置及负责人

办公室

主　任　陈玉才（2016年3月免）
　　　　王红华（2016年3月任）
副主任　钱志英

人事监察科

科　长　陈月影（2016年3月免）
　　　　吕志浩（2016年3月任）
副科长　李小兵（2016年3月免）
　　　　朱代全（2016年3月任）

征管和科技发展科

科　长　陈树华（2016年3月免）
　　　　陈昆恒（2016年3月任）
副科长　杨剑龙

税政法规科

科　长　孔华梅
副科长　陈昆恒（2016年3月免）
　　　　王耀耀（2016年3月任）

规划财务科

科　长　章　玲

数据管理科（税收风险评估分局）

科　长　孔华梅（兼任）（2016年3月免）
　　　　雍冬林（2016年3月任）
副科长　王红华（2016年3月免）
　　　　李小兵（2016年3月任）

督察内审科

科　长　陈月影（2016年3月任）
副科长　吕志浩（2016年3月免）

稽查局

局　长　赵华龙
副局长　刘晓鸽（2016年11月免）
　　　　李爱彬

征收税务分局（纳税服务局）

分局长　邢建顺
副分局长　魏玲燕

第一税务分局

分局长　史天桢（2016年3月免）
　　　　陈树华（2016年3月任）
副分局长　朱红华
　　　　陈晓娟（2016年3月任）

第二税务分局

分局长　雍冬林（2016年3月免）
　　　　史天桢（2016年3月任）
副分局长　韩炳新

第三税务分局

分局长　金淳生（2016年2月免）
　　　　陈玉才（2016年3月任）
副分局长　赵洁如（2016年9月免）
　　　　刘晓鸽（2016年11月任）

（杨丽华）

组织各项收入30.5亿元　强化任务观念，落实税收收入保障机制。强化计划指标即任务的观念，强化过程控制与动态管理，加强税收分析与预测，提高税收收入质量。夯实征管基础，不断提升税源管理质效。加强税务稽查和税收风险评估，堵塞征管漏洞，全年稽查入库税款880万元，评估入库税款3279万元。加强欠税清查，清理欠税1115万元。加强协调沟通，形成组织收入合力。加强与各镇及部门的信息交换，多渠道挖掘税收数据情报，掌握挖潜增收工作的主动权。加大力度清理往年积案，组织入库税收2019万元。2016年，组织各项收入30.5亿元，同口径比2015年增长16.9%，其中税收收入21.3亿元，同口径比2015年分别增长17.6%。组织公共预算收入13.55亿元，剔除限售股个人所得税因素，比2015年增长2.9%。全面完成残疾人保障基金、工会经费征缴任务，残疾人保障基金入库449万元，工会经费入库504.3万元。征缴社保费8.08亿元，比2015年增长15.1%。（杨丽华）

"两学一做"学习教育 制定"两学一做"实施方案，以支部为单位，组织召开各支部会议，以支部书记讲党课的形式布置学习教育工作，启动学习教育活动。通过发放学习资料，引导党员进行自学；召开支部会议、组织中心组学习、开展微型党课活动、"手抄党章一百天"等多种形式，营造学习氛围。每个党员制定个人学习计划，并按照计划对党章、中共十八届五中、六中全会精神及习近平总书记系列讲话精神等进行了深入学习，围绕专题撰写了学习研讨材料。局领导班子坚持带着问题学，针对问题改，切实增强"四个意识"，主动围绕高淳区委列举的五个"重点聚焦"十八个方面问题，开展对照检查，形成自查报告，班子成员制定具体整改措施90条，个人行为规范36条，家规家训44条。高淳区机关工委对高淳局党总支"两学一做"学习教育开展情况进行了专项督查，并给予肯定。（杨丽华）

税收优惠政策落实督察 开展大众创业万众创新和小微企业税收优惠政策落实情况专项督察，根据督察工作指引，制作《税收优惠政策执行情况分析表自查表》《支持小型微利企业发展的企业所得税优惠政策执行情况自查表》《支持小型微利企业发展的营业税优惠政策执行情况自查表》等11张自查表，开展对照检查，形成自查报告。在自查基础上，对市地税局推送疑点进行核实，对发现的问题，抓好整改，做到即查即改、举一反三，整改到位。督察发现5户企业因不了解小微企业税收优惠政策多缴税款2万多元，通知企业办理了抵（退）税手续。同时，结合法治税务示范基地创建，以问题为导向，建立督审联系会议制度，完善制度建设，提升依法行政水平。2016年，共办理减免税4662户次，减免税额8133.87万元。小微企业875户享受企业所得税减免743.57万元，321户企业享受固定资产加速折旧政策。（杨丽华）

"金税三期"上线推广工作 成立推广领导小组及办公室，研究制定高淳局《"金税三期"上线双轨试运行工作方案》《"金税三期"双轨试运行行动计划》《"金税三期"工程单轨上线实施意见》，组织相关人员去前期试点单位江宁地税局交流学习。利用一个月时间，开展涉及登记、认定、申报、征收、法制、票证等14个域109项测试业务，共计3575户次，顺利完成"金税三期"双轨试运行工作。在上线过程中，积极做好内外部宣传，主动向地方党委政府汇报，通过LED电子屏、外网、微信、微博等渠道做好对纳税人的宣传，同时分6场对2210户重点纳税人组织了专门培训。与高淳国税局加强合作，完成了"金税三期"委托代征相关工作。国庆节期间，组织干部加班152人次，局领导加班12人才，完成"金税三期"系统各项业务验证工作。首个申报期，安排专人在办税大厅值班，首个报缴期各项申报工作顺利推进。（杨丽华）

青年干部培养 紧扣干部能力素质提升工程，以加强青年干部队伍建设为突破口，探索青年干部培养新模式，全方位加强青年干部培养，推进"人才强税"战略落实。一是完善制度建设。出台《青年干部管理培养办法》及《青年干部成长档案》，实行积分制管理，对获得"业务能手""三师"资格、入选市地税局人才库等特定条件的，实施加分激励。对新进人员实施多岗交流、定向培养，发掘潜力。优化选拔机制，扩大中青年领导干部比重，给年轻干部成长创造机遇。二是创新培养机制。每名青年干部配一名导师，发挥"传、帮、带"作用，引导青年干部成长。创建"业务科室+年轻干部"团队，成立"一项业务+年轻干部"的税收专业团队，增加青年干部实践经验。鼓励青年干部参加“三师”类资格考试，要求3~5年获一个资格。鼓励开展调查研究，要求每月至少撰写信息宣传1篇，每年上报调研文章1篇。每季度组织一次青年干部业务测试。三是搭建交流平台。设立青年干部“微讲堂”，每个青年干部每年要讲一次微型课堂，加强青年干部工作经验交流，激发内生活力。（杨丽华）

中心组学习 围绕“改革创新、善治善为”，加强领导干部能力素质建设。从1月开始，以党组中心组学习为平台，扩大参学人员范围，将全体中层干部纳入到党组中心组学习，坚持每月中下旬安排一次，中心组学习以政治理论、税收业务知识、管理知识、理想信念教育等为主题，融入春训内容，重点讲解理论学习与工作实践心得体会，以理论指导实践，以实践总结成熟经验指导工作，提升全局工作水平。每次中心组学习，由一名局领导、一名中层正职、一名中层副职讲课。全年局领导授课12人次，中层干部授课24人次，所有中层干部至少轮讲一次。同时，每季度安排一次学习测试，全年完成测试4次。（杨丽华）

出台重点产业项目服务意见 紧贴高淳产业强区发展战略，与高淳国税局联合出台《关于联合开展重点产业项目纳税服务工作的意见》，为全区重点项目建设提供贴近式税收政策服务。一是成立重点项目专项纳税服务小组，每月至少1次上门服务，及时了解企业需求，帮助企业解决问题。二是将重点项目办税事项纳入国地税办税服务绿色通道，为重点项目办理涉税事务做好引导、解答、快速办理，提高服务效率。三是指定专人负责重点项目的跟踪管理，通过专人负责，实现任务快速分配处理。四是对重点项目需要临时办理有关涉税事务的，不论是在节假日或工作日，均可向专项服务小组或纳税服务局提出办税申请，由国、地税务局双方安排人员及时为其办理。（杨丽华）

掌上办税APP推广应用 3月1日起，江苏省地方税务局掌上办税APP在全省全面上线，高淳局多渠道多方式开展宣传辅导，推进APP推广应用。一是广泛宣传推广。在办税服务厅、政务大厅公告栏和陈列栏放置掌上办税APP操作流程的宣传单页，方便纳税人阅读和了解。通过服务纳税人QQ群、微信、微博等，在线推送掌上办税APP的相关内容和操作流程，实时解答纳税人在操作中遇到的问题。二是集中培训推广。依托纳税人学堂，组织高收入个人自行申报培训，重点推广应用掌上办税APP。在自助办税服务区安排专人，手把手帮助纳税人进行掌上办税APP的安装、注册、申报等。三是上门辅导推广。瞄准年所得12万元以上纳税人相对集中的企业上门辅导推广使用掌上办税APP，与中国银行高淳支行、人寿保险高淳分公司、农商行高淳支行等金融企业合作，由税务人员上门进行辅导，实现了区域范围内掌上办税APP在金融行业的率先应用。（杨丽华）

税法宣传 4月，值第25个全国税收宣传月之际，高淳地税局牵头，会同高淳区国税局、工信局联合举办“聚焦营改增试点、助力供给侧改革”专题税收宣传主题活动。来自全区150户“百企升级”企业包括重点企业、骨干企业、成长企业参加了培训。培训以“强化联合税宣，确保营改增无缝对接”为宗旨，以“营改增”税收政策解读、税负变化情况、具体财务操作、发票领购及开具等为主要内容，通过详细讲解政策变化要求，及时回应纳税人关注的热点问题，提升营改增纳税人应对改革的能力，确保“营改增”试点工作顺利推进。“百企升级”企业专场培训是高淳区国地税联合税收宣传专场培训会之一，该区国税局、地税局围绕“聚焦营改增试点、助力供给侧改革”这一

2016年5月17日，高淳国地税局领导共同走进演播室，答复群众关心的涉税问题

主题，还会同区科技局、金融办举办了高新技术企业、拟上市企业以及小微企业、房地产企业多场集中培训辅导，帮助纳税人全面了解“营改增”政策，提高对“营改增”工作的认识。（杨丽华）

防汛救灾 6月末，高淳区受连续强降雨影响，区域主要水体水位均超警戒水位。根据区防汛防旱指挥部命令，自7月2日起，胥河下游区域、水阳江流域、固城湖区域防汛应急响应提升为I级。高淳局第一时间启动应急预案，积极参与防汛救灾。一是取消双休日，干部在岗待命，值班室24小时安排专人值班，电话保持通畅。二是成立防汛突击队，参与抗汛救灾。16名青年干部组成防汛突击队，并分成两个梯队，轮流参与一线防汛工作。三是捐款捐物，加强责任区值守。高淳地税局向高淳民政局捐赠救灾物资8万余元，第一税务分局13名党员和9名群众向参与防汛工作的解放军官兵，自发捐款5500元。全局干部取消4个双休日在岗待命，局领导和中层干部参与挂钩圩区值守32个昼夜。（杨丽华）

获市、区两级“文明单位” 深入贯彻中共十八大，十八届二中、三中、四中、五中全会精神，充分发挥税收职能作用，以建设“强富美高”新高淳为己任，把文明单位创建作为重点工作，积极融入到各项税收工作中，分别被南京市委市政府、高淳区委区政府评为2013—2015年度“文明单位”。在创建文明单位的进程中，不断追求卓越，对外做好“三个服务、三个满意”：即做好对区委、区政府的服务，做好对各镇、街、开发区的服务，做好对纳税人服务；力求工作让区委、区政府满意；基层税务分局工作让各镇、街、开发区满意；每个税务工作人员的工作让所服务的纳税人满意。对内坚持“把握一个中心、主抓两个层面、实现三步走”的工作思路：即以组织收入为中心，加强班子建设和中层干部队伍建设，实现一年一个台阶，三年跨越发展的目标。坚持以创建树新风，以创建抓服务，以创建促发展，将创建工作目标分解到各部门，把创建工作由虚变实、由软到硬；打造“始于纳税人需求、终于纳税人满意”的纳税服务品牌，坚持做到综合满意率100%；加强文化引领，以“淳和税悦”（即依托高淳深厚的“淳”文化底蕴，结合地税部门的“税”元素，引导干部树立和衷共济、同心同行、毅以处事、追求卓越的组织氛围，进而达到构建“和谐地税”“幸福地税”的目标，促进税收事业发展。该文化品牌由高淳地税局于2013年提出）品牌为核心，打造“微笑文化”“大家庭文化”“楼层文化”；开展微型党课活动，进一步推进党课教育常态化、大众化、制度化和规范化，提高党员干部思想政治建设。（杨丽华）

基金费征缴 依托国地税联合征管信息平台，梳理全区企业所得税汇算清缴户信息，分析企业2015年度企业所得税申报数据，围绕残保金、工会经费征收依据，提取税前列支职工薪酬、年末职工人数、利润总额等关键数据，要求企业按照计算标准申报缴纳残保金和工会经费。对职工人数超过100人和年度列支职工薪酬100万元以上的重点户进行上门服务。同时，按月统计企业基金费缴纳情况，对不如实缴纳基金费的企业转到风险评估、税务稽查，开展检查评估，并结合纳税信誉评定，对少纳或拒不缴纳的企业纳入企业年度信誉评定，国地税同时扣分，实施惩戒。2016年，征缴残疾人保障基金449万元，工会经费504.3万元，分别比2015年同期增长6.1%、10.3%。（杨丽华）

税务文化建设 开展“一所一品、一科一训、一岗一铭”的科所文化创建活动，打造科所文化精品。活动以部门为单位，以百花齐放为原则，发动全局干部积极参与，鼓励各部门加强创新，突出亮点，做出特色，活动分四个内容，提炼科（分局）训、岗位人员制作个人座右铭、拍摄部门集体合影、编印科所文化手册。活动共征集科（分局）训12条，制作个人座右铭104条，拍摄部门集体合影12部，编印文化手册1套。进一步完善《淳和税悦》文化微刊，传达组织正能量，增加《绩效管理》《青年之声》等栏目，全年编辑5期。深化廉政文化建设，开展廉政文化作品创作，创作“党员廉洁自律规范”和“廉洁从税和谐发展”两幅廉政漫画宣传作品。出台“争先创优”工作意见，以“争先创优”理念统揽全局，确定了行政、业务和党、工会、共青团、妇联六大模块争创目标。（杨丽华）

获南京市“六五”普法先进集体 坚持以依法治税作为灵魂和主线，加强税法普法宣传，推进税收法制建设。被评为2011—2015年南京市法治宣传教育先进集体。一方面强化普法宣传制度建设，健全领导制度，成立普法领导小组，专题研究部署依法治税工作，专设法制岗，负责税收法治工作和普法工作；建立健全执法责任制，定期开展税收执法督察；完善教育宣传机制，制定年度普法工作计划，使普法工作规范化、常态化。另一方面推进学法用法力度。以税收宣传月为载体，面向社会开展税法宣传；以纳税人讲堂为载体，大力推进纳税人学法工作；拓展网络教育培训平台，开展网上岗位练兵活动。依托制式脱产培训，开展专业化、递进式的培训；依托岗位培训平台，开展“每月一讲作点评、每季一测评明星、每年一考选标兵”活动。（杨丽华）

单笔股权转让个人所得税入库1.56亿元 5月，高淳局通过第三方信息获悉，辖区内一从事从事软件生产的新三板企业即将被某上市公司拟收购。根据这一情况，该局第一时间进行跟进，与企业财务人员进行约谈，了解股权转让具体情况，讲解股权转让相关税收政策要求。11月末，收购企业发布公告，同时工商传递被收购企业股权登记变更信息，高淳局再次与被收购企业进行约谈。企业表示收购采取现金+股票支付方式，根据政策规定：个人以非货币性资产投资交易过程中取得现金补价的，现金部分应优先用于缴税；现金不足以缴纳的部分，可分期缴纳。12月，收购企业完成对被收购企业的现金对价交付，被收购企业缴纳自然人股东股权转让个人所得税1.56亿元，为高淳局有史以来单笔最大个人所得税。（杨丽华）

“数字人事”上线应用 推行“数字人事”是国家税务总局创新干部管理方式、提升干部管理水平的重大举措，为确保该系统平稳上线，高淳局按照省地税局、市地税局要求，采取多项措施加强“数字人事”系统上线前测试工作。一是强化组织，狠抓落实。局党组高度重视，狠抓落实，主要领导带头学习操作，并对实际操作提出问题与建议，对是否全员参与操作要求进行督查。二是强化培训，及时反馈。召开全体干部大会，提高干部对“数字人事”的认识，要求人事科对全局进行操作培训，各部门指定一名联络员，具体负责“数字人事”的部门培训、对测试完成情况进行汇报、测试过程中遇到的情况及时反馈等。组建“数字人事”工作群，每天及时发布重要工作事项、反馈工作中遇到的情况与问题、反馈每天工作的完成情况等。三是强化测试，熟悉操作。组织全体干部在测试环境下充分运用好“数字人事管理系统”，熟悉各功能模块基本操作方法，养成按日测试的良好习惯。强化督查，确保参与率。为确保每日上线测试的参与率，人事科每天进行跟踪。测试前分对象发布工作任务，提醒注意事项；测试中加强过程辅导；测试后查询自拟工作任务、工作任务推送、工作记实的完成情况，对未完成的及时提醒，确保每日的参与率。（杨丽华）

首例延期缴纳税款1238万元 5月，高淳某高新技术企业因资金困难，提出延期缴纳2015年度企业所得税的申请。高淳局结合国家税务总局“问需求、优服务、促改革”专项活动，积极落实税款缓缴、税费减免等税收优惠政策。在确认企业提交资料符合规范后，快速在机内受理业务并及时移交给管理分局。管理分局第一时间安排人员实地核查，确认该公司确属资金余额扣除应付职工工资、社会保险费后已不足缴纳税款，纳税人所述特殊困难和所申请的延期缴纳事项属于法定范围、符合企业实际。及时上报省地税局核准，在最短的时间内成功办理了1238万元企业所得税税款的所有审批流程，该笔税款最终得以延期三个月缴纳，有效缓解了企业短期资金周转困难。该笔延期缴纳税款也是高淳局历史上首例延期缴纳税款。（杨丽华）

【责任编辑　梁晓玲】

重要会议材料

柏鹏同志在南京地方税务工作会议上的讲话

（2016年2月2日）

这次会议的主要任务是，深入学习贯彻中共十八届五中全会、中央经济工作会议精神，认真落实国家税务总局、省地税局会议要求和市委、市政府决策部署，总结“十二五”及2015年工作，规划“十三五”并部署2016年任务。下面，我代表市局党组，讲三点意见。

一、“十二五”及2015年工作回顾

“十二五”时期，是南京地税不平凡、不寻常的五年。面对错综复杂的外部环境、艰巨繁重的工作任务，全局上下在省地税局和市委、市政府的正确领导下，坚持依法行政、以人为本、民生为先、文化引领，突出转观念、抓收入、推改革、带队伍，税收工作成效显著，改革创新亮点纷呈。2011年、2015年两次被表彰为全国文明单位，2012年获得全国纳税人满意度调查第一名，2013年、2015年连续两次被授予南京市作风建设人民满意单位称号，连续获得全省地税系统综合考核先进单位。

过去的五年，我们紧扣“一个中心”，组织收入水平不断提升。全局上下牢牢把握组织收入中心任务，坚定信心，沉着应对，加强分析预测，强化税源管控，充分挖潜增收，确保了目标任务的圆满完成。五年来，累计组织各项收入5100亿元，年均增长15.9%。其中，税收收入3200亿元，年均增长13.7%；一般公共预算收入2413亿元，年均增长14.7%，占全市一般预算收入平均达到58.7%。我局一般公共预算收入增幅在苏南城市名列第一，税收增幅在全国15个副省级城市实现了争先进位。征收社保费1506亿元，其它基金费109亿元。组织收入的持续稳定增长，为全市经济社会发展提供了可靠的财力保障。

过去的五年，我们突出“两条主线”，安全履职成效不断显现。一是突出依法治税。落实行政审批制度改革，规范自由裁量权。积极探索事先裁定制度，依法开展法律救济服务，有效化解行政争议。我局两次获得全省依法行政示范点称号，有10家单位被省地税局评为依法行政示范单位。强化执法监督，完善督察内审组织架构，构建常态化执法督察工作机制，建立税收执法责任制体系。加大稽查力度，累计查补各项收入30亿元，破获发票违法犯罪案件385起，营造了公平、公正的税收环境。二是突出从严治党。深入开展群众路线教育实践活动和“三严三实”专题教育，贯彻中央“八项规定”要求，坚决反对“四风”。强化党风廉政建设，落实“两个责任”，严密内外部监督，着力打造清风税廉文化品牌，有9家单位被评为省级廉政文化建设示范点。加强党的建设，打造先锋行动品牌，机关党委被表彰为全省创先争优先进基层党组织，市局被评为全市“三争一创之星”先进集体。2011年，参加全市作风评议电视直播活动，我局在15个单位中获得第2名的好成绩。

过去的五年，我们推进“三大工程”，改革创新活力不断激发。一是深化税收征管改革。按照国家税务总局、省地税局征管改革部署，积极稳慎推进征管改革，构建起符合副省级省会城市发展要求、适应南京区域发展特点的现代化税收征管体系。优化机构职能设置，调整重点税源管理方式，强化属地管理，整合征收职能，将契耕两税纳入税收统一征管体系。坚持风险导向，推进税收风险应对机制建设，累计实现风险应对收入86亿元。全面取消专管员制度，重组岗责工作流程，修订配套制度，落实管理责任，实现由传统管理向专业化管理转变。二是加强社会治理创新。牢固树立以纳税人需求为导向的服务理念，积极探索完善纳税服务体系，推进办税服务厅标准化建设，开发掌上办税平台，实现自助办税服务，推进网上办税。“12366”累计咨询量突破1063万人次。办理“12345”热线工单6529件，综合满意率保持全市高派单部门第一。加强税法宣传，地税网站

被评为江苏省文明网站，地税直通车被评为南京市服务品牌。三是推进税务文化建设。打造卓越同行文化品牌，推进税务文化落实在人、在岗、在行，建立健全税务文化指标评价体系，构建一体多样文化格局，形成以卓越同行为引领的全局22个文化品牌。开展文明创建，累计获得省级以上荣誉277项，其中国家级荣誉32项。推进工会阳光家园、妇联康乃馨行动、共青团青春铸税品牌建设，成立12个文化俱乐部，广泛开展群众性文体活动，获得市以上文体比赛奖项183个。

过去的五年，我们强化“四项管理”，组织发展基础不断夯实。一是强化税政管理。围绕市委、市政府重大决策部署，全面落实税收政策，累计梳理税收优惠政策1200多条，减免税收389亿元。加强经济税收分析，上报分析材料31篇，10多次受到市委、市政府主要领导批示肯定。强化税种管理，做好营改增对接工作，加强建筑业、房地产行业营业税管控，被国家税务总局评为营业税工作先进单位。升级改造企业所得税后续管理系统，在全省推广，12万元以上自行纳税申报数保持全省第一，构建国际税收长效管理机制。积极参与国家税务总局房地产税改革调研和论证，加强房、土两税管理，加大土地增值税清算力度，累计清算税款102亿元。二是强化基础管理。深化发票改革，推进综合治税。构建征管智能检测信息系统，推行税源管理事项清单制，推进登记制度改革，实现多证联办、并联审批。加强数据质量管理，加大第三方信息交换力度。做好大集中升级改造对接工作，在全省率先开发应用税务通移动办公平台，全面应用视频会议系统。成立档案专门机构，建成全省地税系统首家数字档案室。三是强化队伍管理。加强领导班子建设，强化领导干部德的教育和考核，市局中心组被表彰为全省首届学习型领导班子建设先进集体。优化领导干部选拔任用、非领导职务晋升、后备干部管理等制度，累计选拔晋升副局级干部6人、处级领导干部61人、处级非领导职务44人，向省地税局推荐输送2名正处级领导干部，拓宽了干部成长进步空间。提升干部能力素质，全局“三师”比例达24.5%，位居全国税务系统前列。加大干部教育培训力度，突出“走出去”培训，组织9批240多名干部赴台学习交流，开阔了视野，促进了交流互动，在全国首创与高校共建税务MBA培养机制，依托干部学校，累计举办制式培训班122期，培训干部8500多人次。优化公务员考核管理，开展能级评定，老干部工作获全国先进单位称号。四是强化行政管理。加强舆情防控，累计处置涉税舆情281起。改进会风文风，优化创新管理，政务信息、科调研工作在全省保持领先。规范财务管理，坚持预算从严，审批从紧，认真执行厉行节约、节能减排、公务接待等各项规定，推进公车改革，后勤服务保障水平进一步提升。

2015年是“十二五”收官之年，全局上下主动适应经济发展新常态，坚定信心、克难奋进，各项工作取得新的成绩。

一是服务大局取得新成效。组织收入实现稳定增长，全年各项收入突破1200亿元大关，达到1280.8亿元，增长12.5%。其中，税收收入795亿元，增长13.1%；一般公共预算收入587亿元，增长11%；社保费收入422.6亿元，增长12.1%。积极服务全市“五型经济”发展，参与62个文件制定，梳理支持大众创业、万众创新8大类33条税收优惠政策。服务重点产业、重点项目，积极提出税收建议。全年办理减免税81亿元，实现应免尽免。

二是税收征管实现新突破。围绕基础管理属地化、纳税服务规范化、征纳互动网络化、风险应对专业化，实施新一轮征管改革，确保了7月1日新的征管模式正式运行。制定推进大数据治税工程实施意见，以移动APP、第三方支付等项目为切入点，启动并推进电子税务局建设。加强信息安全管控，提高应用软件系统效能。突出风险管理，全年实现应对收入25.9亿元。10月1日如期实现三证合一、一照一码登记改革目标。推广应用电子档案管理软件。加强税种管理，开展营业税存量税源清理，深化应用自然人数据库，境外上市企业专项税收调查工作被国家税务总局领导批示表扬，完善存量房评估信息系统，开展土地增值税预警值制定工作，受到省地税局充分肯定。

三是依法治税迈出新步伐。制定全面推进税收法治建设实施意见，提出依法治税7类26项工作。开展依法治税示范单位创建，溧水局、直属局和稽查系列被评为全省地税系统依法行政示范单位。推行行政权力清单，梳理行政权力127项。落实省地税局行政处罚自由裁量基准，在全省率先和法院共同构建司法与税收协作工作机制。加强督察内审工作，增设机构，充实人员，拉开大督审组织新格局。加大案件查办力度，全年结案927件，查补入库税款5.9亿元。

四是纳税服务获得新成果。建立局领导挂钩服务制度，全年走访企业414户，收集意见286条，为纳税人解决问题281个。落实“两个标准化”服务，我局政务中心窗口获市红旗窗口和先进单位称号。积极探索在纳税服务中引入大数据的理念与方法，牵头推进全省地税系统纳税服务的大数据应用。落实国家税务国家税务总局、省地税局要求，建立国地税合作工作机制。“12366”咨询总量达62.5万次。建成税收博物馆，10月对外开放，得到广泛好评。

五是队伍建设呈现新面貌。深入开展“三严三实”专题教育，抓好自查自纠和问题整改。加强领导班子建设，选拔晋升12名副处级以上领导干部，对35名处级领导干部作了交流轮岗，交流面达30%。建立机关、基层骨干双向交流机制，一次性交流24名干部。制定干部能力素质提升工程建设实施意见，完成人事档案审核和事业单位岗位人员规范工作。开展岗位技能培训，建立专业人才团队。完善绩效考评体系，深化卓越同行文化品牌建设。加强党风廉政建设，持续纠正“四风”，深化“三险”同防，获全市争创无职务犯罪单位优秀组织奖。加强党建工作，创新微型党课教育模式，被评为全市十佳精品课堂。

与此同时，2015年，我们在税收宣传、舆情管控、财务管理、离退休干部工作、群团活动、后勤保障等方面，也都取得了较好的成绩。

总之，过去的五年，是南京地税发展面临严峻挑战、经受重大考验的五年；是税收职能作用有效发挥，服务经济社会发展成效显著的五年；是地税事业与经济社会和谐发展，地税组织与纳税人和谐互动，组织发展和个人发展和谐共进，在科学发展轨道上不断迈进的五年；是南京地税事业迈出坚实步伐、组织形象不断提升、组织面貌发生深刻变化的五年。过去五年取得的成绩，是省地税局和市委、市政府正确领导的结果，是各级党委政府、有关部门和社会各界，特别是广大纳税人大力支持的结果。全局广大干部职工面对异常严峻的挑战和十分繁重的任务，众志成城，克难奋进，为各项任务的圆满完成付出了辛勤劳动和汗水。在此，我代表市局党组，向全系统广大干部职工表示衷心的感谢并致以崇高的敬意！

在“十二五”工作实践中，我们积累了四条经验：

一是必须坚持理念引领，地税事业才能实现科学发展。五年来，我们致力于税收治理体系的探索和实践，将“两个卓越”作为核心价值体系，深入推进“三大工程”建设，加快税收现代化步伐。正是有了组织理念的持续创新提升，目标导向的不断引领驱动，才保证了地税事业的科学发展。

二是必须坚持改革创新，地税事业才能实现跨越发展。五年来，我们始终将改革创新，贯穿到地税事业发展的各个环节，加快重点领域和关键节点改革步伐，推进税收各项工作持续创新，才有效解决了阻碍发展的体制机制问题，为地税事业跨越发展创造了有利条件。

三是必须坚持真抓实干，地税事业才能实现持续发展。五年来，我们持续加强党风作风建设，形成了真抓实干、履职尽责的良好氛围。正是秉承了这种实事求是、狠抓落实的良好风气，才保证了改革发展的各项措施落到实处，促进了地税事业的长久持续发展。

四是必须坚持严管善待，地税事业才能实现稳定发展。五年来的实践证明，我们取得的优异成绩，在于拥有一支高素质的干部队伍。我们只有始终坚持以人为本原则，倾情带队、严管善待，才能不断激发干部工作积极性、主动性和创造性，从而为地税事业稳定发展，提供坚实的人力保障。

成绩来之不易，经验弥足珍贵。在看到成绩的同时，我们也清醒地认识到工作中存在的不足：一是在经济新常态和税制改革大环境下，解放思想、创业创新的意识还要增强，提升站位、奋发作为的精神仍需提振。二是依法治税还需进一步加强，执法风险还一定程度存在，基础管理还不够扎实，大数据治税能力还要不断提升。三是有的领导干部不敢负责、不够尽责、不愿担责，有的干部不适应越来越严的节奏、越来越高的要求，存在不作为、慢作为、懒作为问题。极少数干部对中央“八项规定”精神落实不到位，为税不廉现象、吃拿卡要问题还有发生。四是在新的形势下，如何调动广大干部的积极性，用新的手段、方法来激励人、教育人、凝聚人，激发干部的动力和活力，缺少创新的手段和方法。以上问题，我们必须高度重视，在今后的工作中认真加以解决。

二、“十三五”目标任务及2016年工作形势

“十三五”时期，是全面建成小康社会和基本实现税收现代化的决定性五年。党的十八届五中全会为“十三五”发展指明了新航向、描绘了新蓝图，提出了创新、协调、绿色、开放、共享五大发展理念，从目标、战略、任务、举措进行了全面部署。国家税务总局、省地税局和省、市也相继制订了规划。这些，都为我们当前和今后一个时期税收工作指明了方向。我们要科学认识“十三五”时期税收工作的新任务、新要求，准确把握新时期税收工作的新内涵、新特征，坚定做好税收工作的信心和决心。

根据新的形势，前一阶段，市局在广泛征求意见的基础上，初步制定了《“十三五”发展规划纲要》及四个专项规划，提出了今后五年地税工作的指导思想、总体目标和发展任务，提交本次会议讨论。总体目标是：落实省地税局“1+5”税收治理目标，合力打造“五型”地税机关。巩固“三大工程”建设成果，实现收入质量稳步提高，税收职能有效发挥，治税环境持续改善，征管质效全面提升，纳税服务保持领先，干部能力显著增强，率先基本实现税收现代化，各项工作力争走在全省、全国税务系统前列。发展任务是：以组织收入为核心，充分发挥税收职能作用；以依法治税为灵魂，全面规范税收权力运行；以科技创新为驱动，努力打造现代征管格局；以纳税需求为导向，积极营造税收遵从环境；以严管善待为依托，着力建设严明高效队伍，共5大类26项。规划征求意见稿已印发给大家，按照会议安排，请大家认真讨论，积极提出修改意见。

2016年是全面落实“十三五”规划纲要、全面建成小康社会决胜阶段的开局之年，也是加快推进税收现代化的关键之年，做好今年工作意义重大。从发展环境看，税收工作面临“四个新特点”：一是面临经济发展新常态。随着经济总量不断增大，我国经济发展面临速度换挡、结构调整、动力转换“三个节点”，经济下行压力较大，短期内很难出现V型反弹，可能会经历一个较长的L型增长阶段，对税源的不利影响是长期的，完成收入任务的艰巨性大大增加。经济发展新常态决定了税收新常态，我们要不断认识新常态、适应新常态、把握新常态，积极应对组织收入面临的挑战和压力，保质保量完成好收入任务。二是面临综合改革新考验。根据中央《深化国税、地税征管体制改革方案》，江苏地税今年上半年要进行综合改革试点，时间紧、任务重、要求高。随着营改增等税制改革全面推开，我们管理和服务的重点，将由法人转向面广量大的自然人，原有的管理基础将发生深刻变化。而征管改革不仅涉及我们自身，还要和国税局加强协作联动，这些都需要我们在思想上有足够认识，行动上保持步调一致，保证改革目标如期实现。三是面临大数据治税新课题。国家税务总局提出要实施“互联网+税务”行动计划，重点抓省会城市，打造电子税务局。省地税局提出要实施大数据治税工程，用信息化思维改进税收工作，这都需要我们从思想观念到方式方法不断创新和转变。我们要结合国家税务总局、省地税局的新要求，切实做到观念先行、目标明确、群策群力，充分利用互联网信息技术，提升税收治理能力。四是面临领导发展新要求。实现地税“十三五”发展目标任务，迫切需要我们提高领导发展的能力和水平。各级领导干部要以敢闯敢试的锐气、敢抓敢管的担当，增强把握全局能力、改革创新能力、推进落实能力，切实做到坚定不移、紧抓第一要务，重心下移、掌握第一手情况，雷厉风行、作出第一时间反应，齐心协力确保“十三五”地税事业发展开好局、起好步。面对以上新形势、新特点，全局上下必须保持清醒头脑，增强忧患意识，把困难挑战估计得更充分一些，把政策措施考虑得更周全一些，把各项工作做得更扎实一些，牢牢把握税收工作主动权。

三、2016年主要工作任务

按照“十三五”规划安排，结合上级要求和当前形势研判，2016年作为开局之年，工作的总体要求是：深入学习贯彻中共十八届五中全会精神，聚力税制改革、税收征管体制改革，坚持以组织收入为中心，以依法治税为灵魂，以党风作风为保障，深入推进“三大工程”建设，全力实施大数据治税和干部能力素质提升工程，努力实现“十三五”地税事业良好开局，为建设“强富美高”

新南京作出新的更大贡献。根据以上总体要求，今年要重点抓好以下七项工作：

（一）优化组织收入管理。一是狠抓收入质量。今年，市政府预计下达给我局的一般公共预算收入任务是增长9.5%，省地税局下达给我局的各项税收统筹目标是增长7.0%~9.5%。我们要坚持组织收入原则，优化收入管理联动机制，完善监控评价指标体系，推进收入质量监控平台建设，密切关注经济税收运行，做好税收预测分析和重点税源监控，确保完成收入任务。二是加强税种管理。落实好营改增各项工作，做好企业所得税存量税源清理及汇算清缴工作。完备自然人数据库应用，全面掌握高收入群体个税数据，提高高收入个人直接申报率。开展重点领域反避税工作，强化非居民税收管理。加强以地控税，推进土地增值税预警值建设，完善存量房交易价格管理体系。落实社保基金费管理办法，规范各项代征基金费的征缴工作。三是服务地方发展。围绕"五型经济"发展及江北新区建设，贴近全市重点园区、重点项目和重点企业需求，提供税收支持。对接供给侧结构性改革，结合全市优化产业结构、打造大众创业、万众创新品牌等要求，深入开展调研分析，为市委、市政府决策提供参考。四是落实税收政策。密切关注税制改革进程，主动做好政策研究、分析与应对。加强税收政策确定性管理，严格依规落实企业技术创新、促进就业创业等税收优惠政策，关注小微企业、"走出去"企业、高新技术企业发展，优化减免税办理流程，确保各项税收优惠政策执行到位。

（二）着力推进征管改革。一是深化征管体制改革。这项工作牵一发而动全身，要按照国家税务总局、省地税局要求，密切跟踪改革动向，周密部署改革措施，把改革任务作为一号落实工程、一号督查事项、一号考核任务，注重统筹兼顾，确保各项改革落到实处、取得实效。落实"互联网+税务"、大数据治税要求，完善改革配套机制，规范税收业务事项，加强任务统筹。针对税制改革后征管范围和格局的变化，优化征管方式，完善税源管理事项及业务制度规程，提高征管措施的有效性。二是推进大数据治税。结合"金税三期"上线契机，推进基于大数据的管理业务转型，加快电子税务局建设，着力构建"五大平台"。进一步优化征管智能检测平台功能，加强对征管全过程、各环节的有效监控和智能分析。突出做好软硬件运维，维护网络和数据安全，为大数据管理提供保障。三是突出风险效能管理。税制改革和征管体制改革后，自然人数据获取、分析、处置能力，直接影响到地税工作水平。要不断完善数据审计规则，规范数据运维，强化第三方信息采集和应用，提升数据管理水平。优化风险指标和模型，统筹风险计划及任务推送，突出大企业风险管理，提升风险应对质效。四是夯实征管基础工作。立足改革后的征管实际，巩固提升基础管理方式。发挥综合治税效能，加强税源源泉管控，提高欠税清缴效率。完善税源与征管状况监控平台，优化考核评价机制。推进档案电子化，拓展业务档案利用空间。

（三）创新提升纳税服务。一是完善服务体系。进一步探索大数据在纳税服务中的应用，加强针对性分析，及时呼应纳税人需求。健全纳税服务联动机制，加强办税应急处理和重大事项应对。做好纳税人满意度调查迎查工作，完善纳税服务现场检测制度，优化分类服务管理。二是丰富服务手段。强化信息推送，为窗口一线人员提供个性化服务参考。综合利用语音、网站、微信等数据交互载体，加强涉税咨询人工智能运用，实现智慧咨询。升级预约服务，落实"二维码"一次性告知等制度。探索互联网众包协作模式，加大对新兴业态、新型商业模式的税收政策宣传力度。三是优化服务平台。全面应用掌上办税平台，优化自助办税功能。将"12366"热线系统与网上办税系统对接，打造综合性咨询平台。突出税法宣传的互动性，推行涉税信息个性化订制服务。四是拓展社会化服务。优化调整纳税人之家，从以行业为主向以自然人为主过渡。探索建立诚信纳税机制，全面深化税银合作，助力中小微企业发展。做好"12345"热线转办工单处理。五是推进国地税合作。进一步健全合作工作机制，明确职责分工及工作要求，强化合作事项落实。鼓励合作创新，加强沟通指导，强化跟踪考核，注重合作宣传，争取地方政府和相关部门支持，推动合作工作不断向前迈进。

（四）全面推进依法治税。一是加强税收法治建设。落实推进依法治税各项工作任务，积极争创省地税局、国家税务总局法治税务示范基地。深入推进税务行政审批制度改革，加强事中、事后监管。落实税收执法权力和责任清单制度。规范税务行政处罚，严格执行裁量基准。完善税收争议纠纷化解机制。落实国家税务总局重大案件审理办法，探索建立高风险应对证据采集指引制度。构建税收法制综合知识库，适时建立公职律师制度，落实司法与税收执法协作机制，推进税收合力共治。二是提升督察内审质效。深化督察内审规范建设，加强执法督察常态化和监控实时化建设，探索多元化、分板块、分类别督察。建设税收执法督察监控平台指标，强化疑点推送和软件使用。有序推进市、区两级风险应对质量检查，强化执法责任制落实，适时建立个人责任档案。开展内外部审计，提升经济责任审计、财务收支审计和专项审计质量。三是加大税务稽查力度。全面推进随机抽查实施方案，完善“双随机”机制，开展税收专项检查和专项整治工作。创新稽查方法，强化网络版查账软件应用。规范稽查行为，提升稽查执法风险防范水平。建立稽查执法社会共治体系，强化税警联动协作，加强重大税收违法案件信息曝光，促进纳税遵从。

（五）打造一流干部队伍。一是加强领导班子建设。修订党组议事规则，落实“三重一大”事项集体决策制度，推进班子科学民主决策。开展学习型、务实型、效能型、廉洁型“四型”班子争创活动，强化班子和领导干部统筹谋划、组织管理、团结奋进、依法行政“四种能力”建设，充分发挥班子的领导核心作用。落实领导干部重要情况报告制度，开展领导干部个人事项报告抽查核实。二是推进人事制度创新。推广公务员职业道德和行为规范，明确干部在工作中可以干什么、不可以干什么，促进干部行为自律和他律，形成从严治队新的抓手。探索数字人事，建立干部职业发展电子档案，实施对干部全过程、全覆盖规范管理。推进机关与基层科级干部交流任职，积极向外输送优秀干部。强化基层导向，加强科所长队伍建设，选树先进典型，增强队伍凝聚力、执行力和创新力。三是注重能力素质提升。围绕征管体制改革、“互联网+税务”、国际税收合作等，完善干部教育培训体系和师资、课程库建设。针对实际工作需要，突出重点、难点业务，创新培训方式，做到学以致用、按需施教。建立人才考核和能力评价体系，开展岗位大练兵、业务大比武活动。四是强化思想文化建设。加强理想信念教育，过细做好思想政治工作，提振干部精气神。注重人文关怀，呼应干部合理诉求，做好离退休干部服务。扩大卓越同行品牌影响力，推进科所文化、岗位文化建设，选树文化精品示范工程典型，发挥文化引导作用。

（六）深化党风作风建设。一是压实“两个责任”。各单位、各部门“一把手”要切实做到靠前指挥、亲力亲为，对党风廉政建设重要工作亲自部署、重要问题亲自过问；纪检监察部门要从严执纪，用好执纪监督“四种形态”，敢于动真碰硬、动辄则咎，有案必查、有腐必惩，绝不姑息迁就。要构建贯穿各层各级的“两个责任”清单，细化责任内容、边界，明确责任要求，加大检查考核和结果运用，确保“两个责任”在系统上下层层传导、有效落实。二是开展纪律教育。认真贯彻《中国共产党廉洁自律准则》和《中国共产党纪律处分条例》，学深学透，入脑入心，切实增强思想自觉和行动自觉。把握执纪越往后越严的要求，坚持把纪律和规矩挺在前面，用纪律盯住关键少数、管住最大多数，做到纪严于法、纪在法前、从严执纪。创新反腐倡廉教育方式方法，开展群众性廉政文化创建，争创更多的省级以上廉政文化示范点。三是严格监督制约。加强问题线索管理，突出抓早抓小，坚决查处仍然不收敛不收手、问题线索反映集中、群众反映强烈的人员，突出重点领域、重要环节、重大事项的监督检查，始终保持惩治腐败的高压态势。四是加强作风建设。认真抓好“三严三实”专题教育各项整改任务的落实，坚决纠正“四风”问题，持续用力、巩固成果、彰显实效。正确处理好征纳关系、上下关系、公私关系，着力营造风清气正的良好氛围。落实党建工作联述联评联考机制，实施微型党课“3341”工程，推进“五型”机关建设，抓好全市作风综合评议迎评工作，力争进入先进单位行列。

（七）提升行政管理效能。一是重视绩效管理。各级领导干部要善于将绩效管理作为推动工作的有效抓手，发挥绩效管理指挥棒作用，推动各项工作有效落实。要优化绩效考核机制，加强与省地税局对接，注重平时考核和结果运用，重新确立在全省地税系统考核中的领先优势。二是规范行政管理。严格落实政府采购、后勤管理、“三公经费”等有关要求。强化预算分析和制度落实，提高预算执行力，推广使用公务卡。加强信访、舆情管理，防患于未然。三是推进公车改革。这项工作面广量大，矛盾点多，非常敏感。要严格按照上级要求和政策规定，一方面，妥善细致处置好相关人员，带着感情做工作，确保平稳、有序、到位；另一方面，对于保留车辆，要建立全新的管理使用办法，保障工作需要。

同志们，“十三五”开局之年，新的目标鼓舞人心，新的任务光荣艰巨，新的征程催人奋进。我们要在省地税局和市委、市政府的正确领导下，进一步振奋精神、攻坚克难、改革创新、奋发作为，努力开创南京地税“十三五”新局面，为全市经济社会发展作出新的更大贡献！

郑良同志在税工会结束时的讲话

全市地方税务工作会议圆满完成了各项议程，就要结束了。下面，我受局党组的委托，对会议作个小结，并就落实会议精神讲几点意见。

一、会议的主要情况

这次会议，是在全局上下深入贯彻中共十八届五中全会精神和中央经济工作会议精神，深刻领会国家税务总局、省地税局会议要求和市委、市政府决策部署，着力推动南京地税新一轮发展的关键时刻，召开的一次非常重要的会议。会上，柏局长代表市局党组作了工作报告，下发了收入分解计划，签订了目标责任书。与会代表围绕柏局长讲话，进行了热烈的讨论，积极为地税事业发展建言献策。大家普遍认为，这次会议内容丰富、安排紧凑、求真务实、鼓舞干劲。综合来讲，主要有以下四个方面收获：

一是通过总结成绩，增强了自豪感。报告中，我们回顾了“十二五”期间及2015年工作取得的成绩，总结了四条经验，广大干部很受鼓舞。特别是在这几年经济下行压力下完成组织收入任务十分不易，大家都感到十分欣慰和自豪。大家在讨论中一致表示，要把成绩作为新的起点，振奋精神、再接再厉，争取更大进步。

二是通过查找问题，增强了紧迫感。报告分析了我们在工作中仍存在的四个方面不足，不遮不掩、实事求是、切中要害，充分体现了局党组正视问题和解决问题的决心，为全系统干部打了一针清醒剂。大家纷纷表示，要针对存在问题，增强忧患意识，全面对照检查，切实加以改进。

三是通过展望未来，增强了使命感。报告中提交会议讨论的“十三五”总体目标和发展任务，与时俱进、定位准确、引领性强；今年地税工作面临的“四个新特点”，切合实际、鞭辟入里、内涵丰富，进一步坚定了做好今年各项工作的信心和决心。大家表示，一定要把思想统一到市局党组的部署上来，以更高的站位、更大的魄力积极应对新形势、新特点，牢牢把握税收工作主动权。

四是通过明确任务，增强了责任感。报告中明确了今年工作的指导思想，部署了七项主要工作，脉络清楚、重点明确、亮点突出，使大家感到发展的方向明晰了，肩上的责任增大了。大家表示，一定要努力抓好各项工作的落实，确保顺利完成各项目标任务。

二、深入贯彻落实会议精神

一分部署，九分落实。今年收入任务重、改革任务重，是充满挑战、负重前行的一年。越是这样，越是需要我们广大税务干部坚定信心和决心，沉下心来抓落实，确保圆满完成2016年的各项工作任务。这里我再强调四点：

一是要深入学习抓落实。各部门、各单位回去以后，要把这次会议精神及时向当地党委、政府汇报，进一步争取对地税工作的关心、重视和支持。同时要组织广大地税干部职工深入学习、深刻领会好这次会议精神。各级领导干部要率先垂范、以身作则，带头学习贯彻，尽快把全体干部职工的思想统一到会议的精神上来，积极应对新形势、抓住新机遇、实现新作为。

二是要振奋精神抓落实。面对“十三五”开局的重要战略机遇期，面对今年繁重的工作任务，广大税务干部要有干劲、有闯劲、有韧劲，咬定目标、锲而不舍，将各项工作贯彻到底、落到实处。各级领导干部要起好带头作用，做好队伍的引领者、事业的开拓者。

三是要明确责任抓落实。今年的收入计划已经分解，工作要点也已下发，各部门、各单位要结合实际，从早从紧抓好分解落实，紧盯目标任务、强化责任分工、倒逼完成时限，确保全年各项重点工作任务落实到位。

*四是要协同配合抓落实。*今年组织收入、税制改革、征管改革等各项工作涉及面广、任务很重，必须加强协同配合，汇聚各方力量，形成落实合力。机关与基层间要形成纵向互动，机关要做好协调、督导，基层要做好反馈、建议；机关各部门间要加强横向配合，增强大局意识；涉及多部门工作事项，牵头部门要负起责任，配合部门要尽心尽职；同时，还要加强与其他相关部门的沟通合作，协调推进各项地税工作。

三、做好当前有关工作

春节即将来临，各部门、各单位要按照上级有关通知精神，认真抓好节前各项工作，统筹安排、严格管理，确保全体干部职工过一个欢乐、祥和、平安的节日。近期，要突出抓好以下几项工作：

*（一）抓好组织收入工作。*今年市政府分配给我局的市县级一般公共预算收入任务同比增长9.5%。市局在综合考虑各单位税源状况、区域经济发展情况等因素的基础上进行了认真测算，分档下达了税收计划，各单位要尽早分解落实，为完成全年收入任务打好基础。一是严格依法征税。各单位务必要增强风险意识，严格坚守组织收入基本原则，依法征税，应收尽收，确保在收入质量方面不出问题。二是强化促收举措。各单位要从年头开始，科学筹谋促收措施，努力挖潜增收，同时要加强横向联动和纵向互动，形成对税源的管控合力。三是做好预测分析。各单位要密切关注区域经济发展动态，全面把握辖区税源状况，加强对重点企业、重点行业、重大项目的税收跟踪监管，强化动态分析，提高预测准确率。四是服从统筹安排。各单位要严格服从并积极配合市局的统筹安排，相应的税收调整要主动向市局报备，征求市局同意。

*（二）落实严管善待要求。*临近年关，请各部门、各单位既要落实好两节期间廉洁自律制度规定，又要加强对干部职工的关心关爱。一是抓好节前廉政教育。要认真学习贯彻《中国共产党廉洁自律准则》和《中国共产党纪律处分条例》，不折不扣执行好上级有关廉洁自律的纪律要求，严禁发生“吃、拿、卡、要、报”等损害纳税人利益的行为，严禁用公款搞相互走访、宴请等拜年活动。二是加强节日廉政监督。各部门、各单位“一把手”是第一责任人，要管好班子、带好队伍、当好表率，确保节日期间不发生酒驾、赌博等造成不良社会影响的行为。三是切实关爱干部群众。要积极开展走访慰问、送温暖、献爱心等活动，深入基层，深入群众，对有困难和生病的干部职工，送去组织的温暖和关怀。特别对老干部，要开展上门走访，做好看望慰问。

*（三）完善规划计划编制。*会上下发了“十三五”规划（征求意见稿）及年度工作要点，各部门、各单位要认真阅看。一方面要继续完善规划编制。相关部门要密切关注、主动对接国家税务总局、省地税局和市委、市政府“十三五”规划，及时了解和把握上级规划的精神和内容，做好目标衔接和内容传导，确保规划的一致性、延续性和完整性。各单位要高度重视，结合基层实际，为规划的进一步完善提出意见建议。另一方面要深入推进规划、计划落实。各部门要对照已下发的年度工作要点做好具体分解，各单位要逐条对照、认真抓好落实，过程中要加强督查督办、落实反馈。后面规划一旦定稿，系统上下要紧密围绕规划目标任务，齐心协力，整体推进，确保目标圆满实现。

*（四）加强节日安全管理。*一是要强化安全管理。各单位要严格对照安全管理要求，层层落实安全责任制，严密防范各类安全事故发生。认真执行有关保密规定，高度重视信息系统网络安全，严防发生失密泄密事件。二是要落实维稳责任。节前，各单位要集中开展不安定因素的排查调处工作，及时发现和就地化解不安定因素。认真做好信访工作和舆情监控工作，切实维护系统和谐稳定。三是要抓好应急值守。认真落实值班制度，确保节日期间有关工作正常运转。遇有紧急、重要事项或重大突发事件，要按照规定报告，并妥善处理。处级干部有事可以提前请假，节后第一天上班要确保到人、在岗。四是要规范办税服务。各单位要确保节日前后办税服务厅工作的规范有序，严抓考勤纪律和服务规范。要针对建筑安装代开票业务量增加等情况，合理配置窗口人力资源，遇有紧急情况及时启动办税服务厅应急预案，确保各项工作有条不紊开展。

同志们，全市地方税务工作会议马上就要结束了。希望全系统上下以这次会议为新的起点，振奋精神、务实创新，扎实推进税收工作，确保实现全年各项目标任务！最后给大家拜个早年，祝大家在新的一年里身体健康、工作顺利、阖家幸福、万事如意！

在党风廉政建设暨作风建设会议上的讲话

柏　鹏

（2016年3月15日）

同志们：

加强党风作风建设任务艰巨、责任重大，需要我们驰而不息、锲而不舍地抓紧抓好。今年1月12日，习近平总书记在中央纪委六次全会上发表了重要讲话，省、市和国家税务总局、省地税局也都召开了会议，就党风廉政建设和作风建设提出了明确要求。我们必须认真学习，深入贯彻。可以说，在当前党中央坚定不移地推进全面从严治党的情况下，从上到下，狠抓党风廉政建设和反腐败斗争的高压态势没有变，也不会变，纠正“四风”只有进行时，没有完成时。我们必须高度重视，时刻警醒。刚才，刘军辉同志所作的工作报告，是经市局党组研究审定的，我完全赞同，请大家抓好落实。下面，我讲三点意见。

一、进一步增强改进党风作风的思想自觉和行动自觉

面对越来越严的形势和要求，全系统上下务必要保持高度的政治觉醒和思想定力，切实增强加强党风作风建设的责任感和紧迫感。

（一）*落实从严治党新要求，必须把党风作风建设牢牢抓在手上。*中共十八大以来，从出台中央“八项规定”到反“四风”，从党的群众路线教育实践活动到“三严三实”专题教育，党中央狠抓反腐倡廉和作风建设力度不减、节奏不变、尺度不松。在中央纪委六次全会上，习近平总书记明确指出，党中央坚定不移反对腐败的决心没有变，坚决遏制腐败现象蔓延势头没有变。要求全党同志对党中央在反腐败斗争上的决心要有足够自信，对反腐败斗争取得的成绩要有足够自信，对反腐败斗争带来的正能量要有足够自信，对反腐败斗争的光明前景要有足够自信。我们要认真学习贯彻习近平总书记的重要讲话精神，联系实际，学深悟透，牢牢把握全面从严治党的各项要求，把全系统党风作风建设推向新的高度。

（二）*适应正风肃纪新动向，必须把党风作风建设不断引向深入。*中央提出，对基层贪腐和执法不公问题，要认真纠正和严肃查处，维护群众切身利益，让群众更多感受到反腐倡廉的实际成果。这表明，中央将从整顿基层党组织抓起，在继续“打虎”的同时，着力查“蝇贪”、治“小权”，把全面从严治党传导到神经末稍。我们一直说，地税是窗口部门、执法部门、垂管部门，基层干部直接与纳税人打交道，手中或多或少、或大或小都掌握着一定的权力。广大基层干部总体上是好的，但以税谋私、损害纳税人利益等不廉行为仍有发生。从全省地税系统来看，去年，徐州市睢宁地税局某干部借操办丧事之机敛财，被中央纪委监察部网站通报。从我局自身来看，去年，有2名干部因徇私舞弊少征税款而获罪，被判处有期徒刑。中央提出推动从严治党向基层延伸，对税务部门来说，具有现实意义，我们要认真对待，找准着力点，全面推动基层党风作风实现新的转变。

（三）*完成开局之年新任务，必须把党风作风建设作为重要保障。*当前，地税事业发展进入“十三五”新的阶段，面临的发展环境和目标任务都发生了新的变化，对党风作风建设提出了新的要求。新开局要有新作为、新常态要有新状态。税工会上，我们对今年的工作思路和主要任务进行了部署，接下来最为紧要的，是把这些任务要求变成实实在在的工作事项，取得新的工作成效。这就需要以优良的党风作风来保障，尤其需要全系统上下以更加奋发有为的精神状态、更加雷厉风行的工作作风，不断强化工作执行力、提升工作水平、提高工作效率，努力开创地税事业发展新局面。

二、进一步推进党风作风建设取得新成效

习近平总书记反复强调，全面从严治党永远在路上。我们要落实好全面从严治党的要求，切实转变党风作风，重点做到“四个坚决”：

（一）*坚决把责任扛在肩上。*落实“两个责任”，是各级党组织和纪检监察部门的职责所在，必须做到真管真严、敢管敢严、长管长严。一是要严格责任落实。昨天，市局党组会研究出台了党风廉政建设工作意见，大家要认真抓好落实。我们各部门、各单位“一把手”既是行政主官，又是所在党组织的主要负责人，要切实担负起第一责任人的职责，牢固树立不抓党风廉政建设就是严重失职的意识，敢于担当、敢于较真、敢于斗争，切实把责任传导给所有班子成员，压给下一级部门、单位负责人。班子其他成员要认真履行“一岗双责”，全力支持一把手工作，确保“两个责任”落实到位。二是要健全责任体系。去年，市局出台了落实“两个责任”的实施意见，建立了横向到边、纵向到底的责任体系，全系统主体责任和监督责任得到了较好落实。今年，要进一步完善“两个责任”工作体系，一个新的举措，就是要建立党风作风建设例会制度，市局相关责任部门为成员单位，全面组织、协调、推进系统党风作风建设各项工作。既要督促成员单位自身工作推进情况，作用发挥情况，形成合力；又要检查基层单位抓落实情况，按季分析点评，以此来推动责任落实。三是要强化责任追究。前不久，市局专门发文，对鼓楼局、江宁局管理失职和违纪违规行为进行了问责通报，对有关领导作出了组织处理，目的是希望大家从中吸取教训，举一反三，防止类似问题的发生。今年，市局将从严对公款送礼、公款旅游、违规公款吃喝、违规操办婚丧喜庆等问题，以及不收手、不知止、规避组织监督等现象进行查处，通报曝光。要通过一系列措施，确保“两个责任”越压越实、责任追究越来越严，以刚性问责倒逼责任落地生根。

（二）坚决把纪律挺在前面。把握执纪越往后越严的要求，坚持把纪律和规矩挺在前面，用纪律盯住关键少数、管住最大多数，做到纪严于法、纪在法前、从严执纪。一是要加强纪律教育。教育引导广大党员干部，严格按照党章标准要求自己，明底线、知敬畏，时刻绷紧纪律这根弦，把党章党规党纪印在心里、落到行动上。今年要开展“学党章党规、学系列讲话，做合格党员”教育活动，推动党内教育从关键少数向广大党员拓展，从集中性教育向经常性教育延伸。要求广大党员以习近平总书记系列重要讲话武装头脑、指导实践、推动工作，进一步增强政治意识、大局意识、核心意识、看齐意识，保持对党忠诚，树立清风正气，积极履职尽责。二是要狠抓监督执纪。以纪律为尺子衡量党员干部的行为，提高纪律执行力，维护纪律严肃性。今年要充分运用好监督执纪“四种形态”，把它作为检验工作的标准，综合运用批评教育、诫勉谈话、组织处理等多种方式开展监督执纪问责。机关和基层都要把“四种形态”用好、用实、用到位，对各种违纪违规现象、苗头及时提醒，让咬耳朵、扯袖子，红红脸、出出汗成为常态，做到发现在早、处置在小，教育个人、警示大家，坚决与违纪违规行为作斗争。三是要接受巡视监督。今年省委将对省地税局开展巡视工作，省地税局要求各省辖市局，在6月底前完成各项准备工作。去年，我们在全省最早开展了“四风”问题回头看，机关和基层认真自查自纠，梳理出553条问题，排出了问题清单、责任清单和整改清单，抓好问题整改，取得了较好效果。大家要结合这次巡视要求，进一步深化回头看，看看前面的问题到底整改如何，要逐一排查；看看有没有新的问题发生，要坚决防止；看看怎么对共性问题采取有效防控措施，要可操作、可倒查、可追究。市局还将组织开展专项检查。同时，省地税局今年将继续开展对省辖市局巡视，并向县局延伸，要求各市局加强对县局的巡视工作，有关单位要认真做好准备。

（三）坚决推进从严治党向基层延伸。我们90%的人员和工作量在基层，税收执法和纳税服务行为主要体现在基层。因此，要注重加强基层建设，切实把越来越严的要求传导到基层，责任压实到基层。一是要坚持问题导向。今年，市局将以纠正侵害群众利益的不正之风和腐败问题为重点，在基层一线广泛开展教育提醒、自查自纠、交叉互查、整改落实等治理活动，严肃查处在税额核定、税务稽查、涉税中介等方向牟取不正当利益的问题，严厉整治吃、拿、卡、要、报等损害纳税人利益的不正之风，对情况典型、问题突出、拖而不决的，市局将挂牌督办。二是要强化督促检查。进一步健全完善抓落实的工作机制，加强对市局部署的重点工作、专项工作、创新工作在基层落实情况的跟踪指导和督查督办力度，实现对重大决策部署贯彻落实的全过程、动态化管理，切实解决基层政策落实不到位、税收执法不规范等问题。要拓展专项执法督察深度，扩大专项督察覆盖面，推进全面执法督察。积极推进内控机制建设，实现流程防控、事前防控、实时防控，最大限度防范执法和廉政风险。三是要提升地税形象。今年是全市作风建设综合评议之年，评议的广度和深度都有所提高。去年，我们在市、区两级评议中都取得了较好成绩，要再接再厉，认真抓好迎评工作，优化服务效能，提升服务质量，力争再获人民满意单位称号。办税服务厅是直接展示地税良好形象的一线窗口，要按照评议要求，结合国地税合作工作规范，进一步方便纳税人，让他们在优质高效的服务中享有更多获得感，提高纳税人满意度。

（四）坚决防止“四风”问题反弹。作风问题具有顽固性和反复性，稍有松懈，就有可能死灰复燃、卷土重来，必须下大力气严防“四风”反弹。一是要彻底解决思想问题、认识问题。有人认为反“四风”反一阵就过去了，从目前来看，党中央坚持全面从严治党时刻都不会松手、丝毫都不会松懈。不仅如此，而且会步步深入、环环递进，越往后越严，不达目的不罢休。对此，大家一定要有足够认识，保持足够警醒，千万不能再有侥幸心理，千万不能再与地方有违规资金往来，不能再违反规定买卡。二是要牢牢盯住重要时点、重要环节。中央明确提出，要坚持坚持再坚持，把作风建设抓到底。当前，改进作风正处在关键阶段，要时时、处处、事事落实中央“八项规定”要求，紧紧抓住重点问题、重要环节，在防范和查纠上持续用力。这里要特别强调一下财经纪律，很多违反中央“八项规定”的问题都与违反财经纪律相关，把钱管好，把财务管好，是反“四风”的重要环节，也是反腐倡廉的应有之义。省地税局最近将下发关于严肃财经纪律、强化财务监督管理的办法，各部门、各单位要认真贯彻落实，切实防范财务风险，堵塞管理漏洞。三是要密切关注新动向、新表现。在高压态势下，一些“四风”问题往往改头换面，穿上了隐身衣。要密切关注不正之风的新动向、新表现，防范私车公养、电子预付卡、电子红包、变相私人会所等问题。要及时查找薄弱环节，持之以恒纠正“四风”，共同营造风清气正的良好环境。

三、进一步推动党员干部以优良党风作风干事创业

全面从严治党，重点是从严管理干部。习近平总书记视察江苏时，对从严管理干部提出了“五个要”的要求，我们要贯彻好这一要求，推动党员干部以优良党风作风干事创业，重点抓好“三个突出”：

（一）突出关键少数。领导干部是关键少数，各单位、各部门“一把手”是关键少数中的关键少数，更要严格要求、严格监督、严格管理。一是要带好头、做表率。己身不正，焉能正人？领导干部特别是一把手，既要严于律己、率先垂范，又要管好班子、带好队伍，增强感召力、凝聚力和战斗力，带头践行“三严三实”，带头执行规定、依法办事，正职做给副职看，上级做给下级看，不断增强自我净化、自我完善、自我提高的能力，做政治上的明白人、实干的带头人。二是要受监督、抓管理。市局党组对大家是充分信任的，但信任不能代替监督，监督必须加强。要建立健全领导干部日常监督管理制度，严格执行个人有关事项报告制度，使领导干部始终处于经常性的监督之中。同时，大家要担负起对下的监督管理职责，各单位“一把手”要抓住科所负责人这个关键少数，加强监督管理，多了解、掌握他们的思想、工作、生活状况，多听取干部群众的反映，有针对性地加以提醒和监督，做到抓好一班人、带动一层人、影响一群人。三是要树新风、严家风。领导干部要把贯彻廉洁自律准则，作为改进作风的重要抓手，自觉培养高尚道德情操、抵制不良风气。要带头传承优良家风家训，廉洁修身，廉洁齐家，扬真抑假、扬善抑恶、扬美抑丑，管好自己，管好配偶、子女和亲属，树立向善、向好、向上的良好风尚。

（二）突出日常管理。要让干部充分认识到对他们严是爱，松是害，严管是厚爱，加强日常监督管理，及时掌握干部的思想、工作和生活状况。一是要全覆盖。按照“管理要全面、标准要严格、环节要衔接、措施要配套、责任要分明”的干部管理要求，把干部成长发展全过程、工作生活各领域、思想行为各方面，都置于管理监督之下。要以重点领域、重点岗位干部管理为突破口，将从严管理要求落实到各个层级、各种类型、各个岗位、各个年龄层次的干部，实现所有干部管理全覆盖，做到应管尽管。二是要重平时。严格执行干部日常管理各项规定，及时掌握干部的日常思想和行为表现，加强对干部八小时外的监督，多渠道掌握干部遵章守纪、个人诚信、邻里关系、家庭变化情况，做到心中有数、抓早抓小、防患未然。三是要多关怀。我们一直强调，对干部既要严管，也要善待，要把严格管理和热情关心干部结合起来，做到政治上激励、工作上支持、心理上关怀，多为干部办实事、解难题，最大限度调动干部干事创业的积极性，让他们想干愿干积极干，能干会干善于干。

（三）突出责任担当。广大党员干部要把谋发展、求作为、有担当作为改进作风的着力点，紧扣“十三五”发展任务，为完成全年各项工作作出应有贡献。一是要激发“想为”的动力。习近平总书记指出，信念是本，作风是形，本正则形聚，本不正则形必散。我们要始终把好理想信念总开关，充满激情干事业，以抓铁有痕的干劲、勇于担当的精神、严细深实的作风，落实好年初市局工作要点确定的7大类27项工作，一步一步推进，一项一项抓好，以工作的实际成效，来检验作风建设的成果。二是要提振“敢为”的锐气。我在税工会上分析了，今年税收工作面临经济发展新常态、综合改革新考验、大数据治税新课题、领导发展新要求“四个新特点”，工作任务艰巨而繁重。越是这个时候，越要敢于作为，敢于迎难而上。今年有个很大的变数，就是从5月1日起全面实施“营改增”。我们征管的对象将以流转税为主，更多地转向以直接税为主，服务的对象将由企业法人为主，更多地转向以自然人为主，收入总量下降，管理难度上升，而社会各界和纳税人对地税工作的认知更直接、诉求更强烈，地税工作面临的挑战和压力更大。对此，大家一定要有充分认识，加强研究，妥善应对，争取主动。三是要增强“能为”的本领。面对新常态、新任务，要以新发展理念作为做好税收工作的指挥棒，不断提高领导发展的本领，增强把握全局能力、改革创新能力、推进落实能力。要通过不断加强学习，拓宽眼界思路，准确把握形势变化，提出创新办法，推动各项工作任务的落实。

同志们，全面从严治党意义重大、任务艰巨，需要全系统上下持续发力、久久为功。我们要坚定不移地推进党风廉政建设和作风建设，以优良的党风作风为保证，努力开创南京地税“十三五”发展新局面！

柏鹏局长在税银合作项目新闻发布会上的致辞

（2016年4月12日）

各位领导，各位嘉宾：

大家上午好！今天，我们在这里举行南京地方税务局与南京银行税银合作新闻发布会。在此，我谨代表南京地方税务局，向与会的各位嘉宾表示热烈欢迎和衷心感谢！

近年来，国务院和省、市出台了一系列文件，大力扶持企业发展，并要求加强对企业金融服务。我局积极贯彻这一要求，认真落实各项税收政策，与南京银行深入开展税银合作，以实实在在的服务举措，助力企业发展。

税银合作是加强社会信用体系建设的有力举措，通过纳税信用和银行信用的有效对接，实现信用和信息的共建共享，开创税务和银行合作的全新模式，可以有效实现税务、银行和纳税人三方共赢，有利于引导全社会诚信纳税，促进税收遵从和社会信用体系建设。

借此机会，我提几点想法：

*一是积极助推企业发展。*税银双方共同助力企业、特别是中小微企业发展，让诚信纳税人享受更优的税收、金融服务。通过搭建银企融资平台，将纳税信用评价结果，与银行金融放贷扶持企业发展相结合，帮助诚信纳税人、特别是中小微企业解决融资难问题，让他们有更多的获得感。

*二是大力引导诚信纳税。*税银双方共同推进依法诚信纳税，营造良好的社会诚信环境。对诚实守信纳税人采取激励措施，通过开通绿色通道、简化审批手续等，为其提供更加优质的服务。对连续多年被评为A级信用级别的纳税人，采取更多个性化、贴近式的服务举措，使其充分感受到诚信纳税带来的益处。

*三是广泛拓展合作空间。*税银双方通过建立互通机制，加强更多领域、更广范围的合作，为纳税人提供更加方便、快捷、高效的服务。比如，借助南京银行现有服务资源，增加纳税人办税服务网点，最大限度方便纳税人办税。同时，双方及时总结经验，完善制度，提高税银合作的效率。

我们相信，随着税银双方合作领域的进一步

深入，必将为企业发展带来源源不断的动力，使沟通更广泛、服务更便捷、企业更欢迎。

预祝税银合作取得圆满成功！

谢谢大家！

深入开展“两学一做”学习教育 凝心聚力推进地税事业科学发展

——在南京地税系统“两学一做”学习教育动员会上的讲话

郑 良

（2016年5月9日）

这次会议的主要任务是，贯彻落实中央、省、市会议精神，对地税系统“两学一做”学习教育进行动员部署，进一步凝聚全局上下的智慧和力量，推动税收各项工作取得新的成效。“两学一做”是继党的群众路线教育实践活动、“三严三实”专题教育之后，深化党内教育的又一次重要实践。系统上下要严格按照中央、省、市部署要求，把这次学习教育，一如既往、毫不松懈地抓紧抓好抓出成效。刚才，乔彤同志就具体方案作了布置，下面，我代表市局党组，讲三点意见。

一、深入贯彻中央精神，不折不扣确保“两学一做”学习教育落实到位

2月17日，习近平总书记对开展“两学一做”学习教育作出重要指示，从党和国家全局的战略高度，深刻阐明了开展“两学一做”学习教育的重大意义，精辟阐述了学习教育的总体目标、基本要求和主要任务，突出强调了各级党组织应履行的主体责任。4月19日和4月28日，省委、市委分别召开了动员会，罗志军书记、黄莉新书记对江苏省、南京市开展“两学一做”学习教育进行了动员部署，提出了明确要求。5月3日，省地税局也召开动员会就有关工作作了布置。全市地税系统各级党组织和广大党员要认真学习、深刻领会，贯彻精神实质、把握精髓要义，自觉把思想和行动统一到中央、省、市的部署要求上来，切实增强开展学习教育的责任感和使命感。

*一是要吃透意义，统一思想行动。*十八大以来，按照上级部署，我们扎实开展了群众路线教育实践活动和“三严三实”专题教育，系统党员干部的宗旨意识、纪律观念、担当精神得到有效提升，税收各项建设取得显著成效。但是，坚定理想信念、加强思想政治建设、作风建设是长期艰巨的任务。我们要深刻认识到，开展“两学一做”学习教育，既是推动全面从严治党向基层延伸的迫切需要，也是巩固拓展教育实践活动和“三严三实”专题教育成果的迫切需要，更是推进思想政治建设常态化制度化的迫切需要。我们要通过开展“两学一做”学习教育，进一步增强党的意识和党员意识，自觉以党章党规要求自己、约束自己，以习近平总书记系列重要讲话精神武装自己、充实自己，主动发挥先锋模范作用，为率先基本实现税收现代化提供坚强保证。

二是要找准关键，突出真学实做。“两学一做”学习教育，不是一次活动，不能搞形式主义，而是要将“基础在学、关键在做”的要求，贯穿于“三专题、一评议、四突出”的每一个环节中。学党章党规，关键是要明确基本标准、确立行为规范，自觉树立崇高道德追求，牢牢守住为人做事的基准和底线。学系列讲话，关键是要加强理论武装，增强政治意识、大局意识、核心意识、看齐意识“四个意识”，在思想上政治上行动上同以习近平同志为总书记的党中央保持高度一致。做合格党员，关键是要推动党员干部在增强“四个意识”上见行动，在做“四讲四有”合格党员上见行动，在立足岗位建功立业上见行动，树立共产党员先锋形象。只有找准并把握好这些关键，才能确保学习教育不走过场、取得实效。

*三是要从严要求，严格工作标准。*开展“两学一做”学习教育，是党中央为加强党的思想政治建设、深化党内教育而部署的一项重要政治任务。各单位要坚持高标准、严要求，把学习教育摆上重要议事日程，精心组织、周密安排、扎实推进，真正尽好责、抓到位、见实效。要从严落实工作要求，以严的标准、严的措施、严的纪律扎实推进学习教育各项规定动作的实施；要从严开展督促检查，及时总结推广基层鲜活经验，发现苗头性倾向性问题，及时纠正。要通过从严过细抓好每个环节，确保学习教育不走样、工作要求落到位。

二、紧密联系工作实际，知行合一务求“两学一做”学习教育取得实效

开展“两学一做”学习教育的成效，最终要

体现在推动地税中心工作、促进地税事业发展上。因此，各单位要以“学”为基础、“做”为关键，切实把“学”和“做”统一起来，在学中做、在做中学，立足岗位真抓实干，以学习教育的实践推动地税各项工作任务的顺利实施。

一是狠抓学习，不断增强党性修养。开展“两学一做”，“两学”是发力点，是“做合格党员”的基本前提和根本保障。因此，各单位要抓好党员和党员领导干部两个层次的学习组织。全体党员要熟读通读党章党规，进一步明确合格党员标准，提升尊崇、敬畏、遵守党章党规的思想自觉；要学习领会系列讲话的基本精神、党中央治国理政的基本内容，以及增强党性修养、践行宗旨观念、涵养道德品格等基本要求，把握新形势下党员的职责使命。党员领导干部除了这些，还要掌握好与履职尽责相关的规定和要求，着力提高做好领导工作必需的政治素养和政策水平；要坚持读原著、学原文、悟原理，注重整体把握、掌握内在联系，深刻领悟讲话彰显的坚定信仰追求、历史担当精神、真挚为民情怀、务实思想作风，更好地指导和推动地税事业科学发展。

二是学以致用，切实解决实际问题。“两学一做”要强化解决问题这个鲜明导向，认真落实习近平总书记关于“学要带着问题学、做要针对问题改”的要求，真正以解决问题成效检验学习教育成效。省、市委根据中央要求，对全体党员和党员领导干部分别提出了“五查摆五解决五强化”、“七查摆七解决七强化”的要求，为党员、干部找准了靶子，明确了方向。各级党组织要把查摆问题、解决问题贯穿全过程，既要督促党员、干部针对排查出来的问题，边学边改、即知即改，持续抓好“四风”和不严不实问题整改；又要注意推动解决党的组织生活中、党员和党员领导干部教育管理中、基层党组织建设中存在的突出问题。要认真开展“回头看”，对改过的问题，要抓好巩固深化，防止“反弹”“回潮”；对正在改的问题，要加快推进落实；对列入长期改的问题，要明确责任和措施，扎实改、持续抓。

三是以知促行，发挥先锋模范作用。“两学一做”的落脚点是做，“做合格党员”，重在以知促行、知行合一，自觉践行“讲政治、有信念，讲规矩、有纪律，讲道德、有品行，讲奉献、有作为”的“四讲四有”合格党员标准。“学”得怎么样，“做”得是否合格，对于地税干部来说，最终就是要体现在促进税收事业发展上。今年，推进税收现代化建设的任务非常艰巨。税制改革及国地税征管体制改革的不断深化，营改增试点的全面推开，金税三期的上线应用，即将面临的“双过半”税收任务等等，每一项工作都十分不易，实践中也会出现很多问题。因此，我们要通过学习教育，增强基层党组织的凝聚力、战斗力，提振党员干部的精气神，发挥党员先锋模范作用和基层党组织的战斗堡垒作用，激发广大税务干部的首创精神和工作热情，克难奋进，在促进税收改革发展的各项工作中，勇于担当、团结实干、争取佳绩。

三、从严抓好组织实施，扎实有效推进“两学一做”学习教育顺利开展

“两学一做”学习教育是一次面向全体党员开展的正常性教育，不分批次、不划阶段、不设环节，既要充分总结历次党内教育的经验做法，又要把握时代发展要求，有针对性地采取行之有效的措施，推进学习教育“规定动作”做到位、“自选动作”有特色。

一是强化组织领导，确保各项责任落实。习近平总书记指出，组织开展“两学一做”学习教育，是各级党组织及其负责人的主体责任，是今年党建工作的龙头任务。首先，各级班子和“一把手”要履责。各单位领导班子要严格履行主体责任，抓好组织领导、部署实施，确保尽好责、抓到位；主要负责同志要担负起第一责任人职责，对工作方案亲自审定，对重要任务亲自部署，把抓党员队伍建设的责任扛起来。其次，党建工作部门要负责。各单位相关部门要结合实际作出部署安排，加强工作协调，强化督促指导。要结合工作调研、督查督办、巡视检查等，对机关和系统开展学习教育情况随机抽查并通报。第三，党（总）支部和党（总）支部书记要尽责。党（总）支部要认真制定学习教育计划，细化工作措施，党（总）支部书记要承担起第一责任人的责任抓好学习教育任务的实施，并作为今年党支部书记述职评议的首要内容。

二是把握特点规律，确保各项动作到位。只有准确把握党内教育的特点和规律，学习教育才有针对性和实效性。首先，我们要把握好经常性教育这个特点，以党支部为基本单位，以党的组织生活为基本形式，以落实党员教育管理制度为基本依托，推动党的思想政治建设抓在日常、严在经常。其次，我们要把握好问题导向这个特点，牢牢扭住“改”字，进一步明确为何要改、改些什么、怎么去改，将问题整改作为学习教育的重要内容，真正做到以学习教育促进问题整改，以问题整改推动工作开展。第三，我们要把握好以上率下这个特点，充分发挥领导带头这个关键作用，坚持上级带下级、班长带队伍，一级学给一级看，一级带着一级做，形成上行下效、整体联动的生动局面。

三是讲求工作方法，确保教育抓出实效。学习教育要带着目的学，更要讲求方式方法。首先，要注重分层分类。既要区分全体党员和党员领导干部两个层次，也要根据不同区域、不同类型党组织的特点，针对不同群体党员的实际情况，把学习教育的任务和要求具体化、精准化、差异化。其次，要注重检查督导。各级领导班子和组织部门要采用听取汇报、走访调研、明察暗访、现场观摩、专项督查、参加学习讨论、列席专题组织生活会等方式，重点深入基层、深入支部，加强工作指导和督促检查，有效传导工作压力，确保工作层层落实、层层压紧。第三，要注重统筹兼顾。一方面，各级党组织和广大党员干部要紧紧围绕中心、服务大局，把学教活动与日常工作有机融合、相互促进，以新的工作业绩，检验学习教育的实际成效。另一方面，要把学习教育的各个环节统筹安排好，做到有序衔接、高效开展。这次会议结束后，各党（总）支部处级以上党员领导干部要在5月15日前，制订个人自学计划，逐条落实规定必学内容，列出学习篇目，明确学习进度，并严格执行；同时，5月15日前，各党（总）支部书记要以讲党课开局启动，部署“两学一做”学习教育工作；“七一”前后，还要结合开展纪念建党95周年活动安排一次党课，7月20日前完成；其他处级以上党员领导干部也要在本党（总）支部内上一次党课。

同志们，抓好“两学一做”学习教育意义深远、使命重大。全局上下要以高度的政治责任感、良好的精神状态和扎实的工作作风，圆满完成学习教育各项目标任务。要将学习教育激发出来的热情转化为推动地税事业发展的强大动力，将学习教育焕发的新风正气转化为推动干部队伍建设的坚强保障，推动全面从严治党迈上新台阶，确保年度各项工作取得新成绩！

在南京地方税务局半年工作会议上的讲话

柏　鹏

（2016年8月18日）

同志们：

这次会议的主要任务是，认真贯彻落实省地税局年中会议、市委十三届十三次全会精神，总结上半年工作，部署下半年任务，动员全局上下再接再厉、攻坚克难，确保实现“十三五”良好开局。

今年上半年，全局上下以习近平总书记系列重要讲话精神为指引，主动适应经济发展新常态，聚力税制改革和征管体制改革，坚持以组织收入为中心，深入推进全面从严治党，全力实施大数据治税工程和干部能力素质提升工程，各项工作取得新的成效。

（一）服务发展能力持续增强。上半年，全系统共组织各项收入807.8亿元，增长24.5%。其中，税收收入558.6亿元，增长31.6%；市县级公共财政预算收入405.9亿元，增长34.6%，占全市一般公共预算收入的比重达到65.3%；增幅位居全省首位，全国副省级城市第二位，领先全省平均水平18个百分点。组织社保费收入216.3亿元，增长11.8%。组织收入的稳定增长，为地方经济社会发展提供了有力支撑。过程中，狠抓收入质量管理，加强税收收入预测，预测准确率名列全省前列。强化税种管理，所得税汇算清缴补税29.9亿元，比上年净增加10亿元；年所得12万元以上申报人数达23.3万人，增长21%；土地增值税清算入库税款13.6亿元，增长87.5%；房土两税风险评估入库2.3亿元。落实市委、市政府重大决策部署，开展科技成果转化税收政策调研，积极建言献策。认真落实税收政策，梳理服务供给侧改革地方税优惠政策33条，办理减免税59.6亿元。

（二）深化各项改革质效明显。全面完成营改增工作，系统上下牢固树立大局意识，抓好营业税存量税源清理，积极参加省地税局专项调研，强化研究分析，与财政、国税做好协调，顺利实现发票衔接、委托代征等业务事项，确保了14.9万转出户数据准确无误。贯彻落实《深化国税、地税征管体制改革方案》，按照最低管户数量标准，对基层局重点税源风险应对机构管辖范围作了优化调整。细化落实金税三期上线各项准备工作，对市区两级共5.3万条数据开展清洗，完成首批数据迁移，7月1日顺利实现双轨运行。落实“互联网+税务”行动计划，加快电子税务局建设，成功上线7个创新项目，在全国率先实现支付宝缴税。强化第三方信息采集应用，交换各类数据81.4万条，加强风险管理，风险应对入库18.7亿元，贡献率达3.4%。在推进各项改革的同时，进一步夯实征管基础，应用省地税局新的二手房征管系统和委托代征系统，修订了税源与征管状况监控指标体系，提高征管质效，全面应用省地税局档案软件，基本实现了业务档案的实时归档和电子化管理。

（三）国地税合作全面提速增效。制定国税、地税2016年重点合作事项表，明确了四大类49项重点合作事项。深化三证合一、一照一码登记制度改革，全面实现税务登记信息的一次性采集共享共用。开展国地税联合稽查，探索协同执法。开展联合宣传，携手举办在宁高校大学生税收辩论赛。共建办税厅，为纳税人提供联合办税。联合开展纳税信用评定，评出A级纳税人1.9万户。联合完成全省首例集团内服务费分摊谈判，共同开展2次税收分析。在深化国地税合作的基础上，进一步落实各项服务举措。深化便民办税春风行动，开展问需求、优服务、促改革专项活动。加强税银合作，共建“税务+金融”服务项目。组织纳税人学校239场，为2.1万名纳税人提供免费培训。“12366”咨询量达28.6万次，转办“12345”工单9046件，综合满意率达90.8%。市政务服务中心窗口获全市红旗窗口和先进单位荣誉称号。

（四）依法治税环境不断优化。开展法治税务示范基地创建，5家基层单位被评为市级法治税务示范基地。推行权力清单动态管理，梳理行政权力事项127项。贯彻落实省地税局《税务行政处罚自由裁量基准》，规范重大案件审理，审结案件6件。积极预防化解行政争议，办理争议案件提前介入5起，依法处理3起行政复议案件、2起行政诉讼案件。完善督察内审工作制度体系，推广使用税收执法督察管理系统，认真落实执法责任制，推进风险应对质量检查，扎实做好内外部审计。贯彻落实稽查“双随机”抽查制度，有序开展国家税务总局重点税源随机抽查工作。开展积案清理，清理率达85.2%。加大涉税案件查办力度，严厉打击发票违法犯罪活动，上半年查补入库税款7亿元，增长141%。

（五）干部能力素质有效提升。开展“两学一做”学习教育，坚持以上率下、突出问题导向、强化边学边改。积极开展学习型、法治型、效能型、廉洁型班子争创活动，修订党组议事规则，开展个人报告事项抽查核实。实施专业人才团队化培养，建立健全人才考核评价体系。举办处级领导干部培训班，加强科以下干部制式培训，共办班16次、770名干部参加。开展岗位技能竞赛，127名干部获得系统优秀税收业务能手称号。加强干部管理制度创新，制定选拔任用工作纪实规范，开展公务员分级分类考核，探索数字人事试点。做好离退休干部工作。注重文化理论研究，加强系统内外税务文化交流，先后接待全国4批400余人次到我局开展税务文化现场教学。

（六）党风作风建设成效显著。压实“两个责任”，以追责机制强化“两个责任”刚性要求。突出风险防范，探索廉政风险事前评估防范机制，推进“三险同防”向科所延伸。充分运用好监督执纪“四种形态”，做到发现在早、处置在小，教育个人、警示大家。今年以来，共处理48人。其中，行政处分2人，诫勉谈话9人，批评教育37人。持续深入开展反“四风”回头看查纠工作，建立两级责任制，对问题不遮掩，不回避，向基层推送问题164条，基层自查发现问题34条，对所有问题形成闭环。严格执行财经纪律，上半年“三公经费”同比减少143万元，压缩60%。稳妥推进公车改革，带着感情做工作，204名劳务派遣驾驶员全部签订了协议，加强113辆保留车辆管理，保障日常工作需要。做好办公用房清理工作，对照标准彻底整改，采取完全物理隔离方式，杜绝套间、软隔断，坚决不留后路、不搞变通，全系统共腾退领导干部办公用房116处，总面积1750平米。加强党建创先争优与规范化建设，机关党委、征收局党总支分别被评为全市优秀基层党组织和先进基层党组织。

（七）行政保障效能充分发挥。进一步优化绩效管理办法，推广运行省地税局绩效管理平台，完善日常考评和督导问效机制。2015年，我局在全省绩效考评中获先进单位，在全市机关绩效评估中获优秀等次。制订完成“十三五”发展规划，做好综合调研。改进系统会议管理，广泛应用视频会议系统，减轻基层负担。政务信息、税收宣传工作保持全省领先，加强涉税舆情监控，没有发生重大涉税舆情事件。优化财务预算编制管理，加强预算执行，做好市本级部门预决算公开。规范后勤管理，完善固定资产等10个方面的后勤工作管理规范，建立机关后勤内控管理机制。

总体上看，上半年面对压力和挑战，全局上下振奋精神、积极进取、团结奋进，各项工作进展顺利，为完成全年目标任务奠定了扎实基础。

下半年，要在正确研判形势的基础上，进一步明确工作着力点。总体上看，下半年困难增多、挑战严峻、压力加大，地税工作面临“四个新形势”：一是宏观经济运行带来新挑战。虽然目前经济运行总体平稳，但受世界经济低速增长的影响，下行压力依然较大。全市在上半年主要经济指标平稳增长的同时，多重困难交织叠加、多个问题集中显现，特别是实体经济发展相对困难，制造业呈现衰退态势，这些都对组织收入带来较大困难和挑战。越是在这样的情况下，我们越要坚定组织收入的信心和决心，积极探索营改增后税收收入持续稳定高质量增长的机制，压实组织收入责任，在完成收入任务的同时，更加注重收入质量，更加注重涵养税源，更加注重税收的可持续发展。二是深化综合改革带来新变化。今年的主旋律是深化改革，各项改革点多面广。随着税制改革和国、地税征管体制改革的持续推进，我们不仅要承担更多的改革任务，还将面临更大的工作变化，我们的管理对象将由以企业纳税人为主，转向以自然人纳税人为主，征管手段将由以票控税，转向信息管税和风险管理，原有的管理基础发生深刻变化，而征管改革不仅涉及我们自身，还要和国税局加强协作联动，这些都需要我们在思想上有足够认识，积极面对新变化，超前思考、主动适应、有所作为。三是外部各项评议带来新考验。下半年，我们要迎接两个重要的外部评议，一个是全国纳税人满意度调查，一个是全市作风建设综合评议。这两项评议，参评面广、考评维度多、评议方式新，对我们的工作是全方位考验。我们要高度重视，积极准备，在提升工作效能、改进服务品质、提高队伍素质上下功夫，尤其要突出为纳税人减负和改进党风作风两个着力点，内抓管理，外树形象，确保两个评议取得优异成绩。四是全面从严治党带来新要求。中央颁布的《中国共产党问责条例》，聚焦主体责任和关键少数，是全面从严治党的又一项重要的制度遵循，必将形成有权必有责、有责要担当、失责必追究的政治常态。可以说，在当前党中央坚定不移地推进全面从严治党的情况下，从上到下，狠抓党风廉政建设和反腐败斗争的高压态势没有变，也不会变，纠正“四风”只有进行时，没有完成时。系统上下务必时刻警醒，始终保持高度的政治觉醒和思想定力，切实增强加强党风作风建设的责任感和紧迫感。

面对新的形势、新的任务、新的挑战，全系统上下要认真贯彻落实省地税局和市委、市政府决策部署，进一步坚定信心、振奋精神、奋发有为，持续推进各项工作的有序开展，努力完成全年各项目标任务。下半年，重点要实现“七个确保”：

（一）积极服务发展大局，确保组织收入质量提升

全局上下要始终坚持以组织收入为中心，全力以赴采取切实有效措施，既要完成全年收入任务，又要实现收入质量的提升。一是促进可持续发展。要严格贯彻组织收入原则，坚持依法征税，应收尽收，不收过头税，不空转、虚转税收，不混淆税款入库级次和收入归属。要细化预测分析，加强对区域税源状况的跟踪排查，对收入任务做到心中有数，及时向地方党委政府汇报税收运行态势，争取支持。要加大组织收入统筹力度，加强收入跟踪，把握收入进度，保持组织收入的均衡性，促进收入可持续增长。二是强化收入质量管理。要进一步优化收入质量监控评价体系，积极应对后营改增时代的新形势，抓好地方税费管理，把好质量关。要做好企业所得税汇缴复审，加强后续管理。探索建立个人所得税自然人征管体系，规范行政机关个人所得税管理，推进反避税调查。进一步推进以地控税系统建设，不断优化存量房交易税收管理，加大土地增值税清算力

度。坚持税收和非税收入管理并重，进一步加大社保费清欠力度，规范各项代征基金费的征缴工作。三是积极涵养税源。要坚持一手抓收入，一手抓服务，落实各项政策，扶持企业发展，放水养鱼。要梳理出全市税收100强、地税100强企业，加强征管和服务。要充分关注小微企业、“走出去”企业、高新技术企业发展，积极落实科技成果转换非货币资产投资个人所得税延期缴纳政策，为企业创造相对宽松的发展环境。四是全力服务经济发展。贯彻落实市委全会精神，聚焦“四个名城”建设和“五型经济”发展，密切关注江北新区规划建设、南部新城核心区建设，加强经济税收分析，做好配套涉税服务。要以服务供给侧结构性改革为主线，坚定不移落实各项税收优惠政策，主动依法依规减免，绝不能以税收收入任务重为由，在落实优惠政策上打折扣。

（二）深入推进征管改革，确保打好金税三期上线攻坚战

一是细化落实征管改革部署。要围绕《深化国税、地税征管体制改革方案》，根据省地税局工作要求，突出抓好优化纳税服务体系、完善分类分级管理、强化以风险管理为主的事中事后监管、构建税收共治格局等工作部署的研究贯彻，结合自身实际，细化各项改革措施，有序承接好具体改革事项的落地，充分发挥征管体系功效。推进基于大数据的“互联网+税务”建设，依据可移植、可复制、可推广的标准，充分整合、挖掘各方信息资源，实行部门联动，推动税收征管提质增效。二是全力推进金税三期运行。金税三期上线是贯穿全年的一项重中之重的工作任务，事关地税职责的全面履行。全局上下务必高度重视，作为一把手工程，做到全体服从、全面支持、全员参与，全力确保金税三期10月8日平稳上线运行。从8月20日起，第三批试运行，标志着我局全面进入金三时期，要在前期先行先试，顺利实现双轨试运行的基础上，严格按照计划安排，压茬推进，实现双轨及单轨运行，落实好运行的各项要求和上线后的规程优化修订，细致做好数据清洗、功能测试、差异分析、操作指南编写、自有特色软件系统功能对接、对内对外培训等各项准备工作。推进过程中，要加强工作统筹，密切配合，提前做好应急预案，落实责任。要建立问题收集和快速响应机制，及时解决上线过程中的各类问题。做好对地方党委政府的汇报沟通，加强对纳税人的宣传辅导培训，确保圆满实现数据完整迁移、业务顺利衔接、纳税服务质量持续稳定的既定目标。三是及时完善配套制度流程。根据营改增后出现的新情况、新问题，结合征管改革、金三上线契机，及时做好各项配套制度及业务流程的优化调整，对重点税源的管理强度不能放松，对自然人的分类分级管理还要进一步细化，对风险监控的重点要做适应性调整，对涉税信息共享、跨部门税收合作等机制要做进一步完善落实，对业务档案的电子化管理要进一步推进。

（三）全面优化纳税服务，确保满意度调查名列前茅

一是力争实现一小时办结。前期，根据国家税务总局、省地税局要求，针对涉房交易税收办理中，纳税人等待时间较长的突出问题，市局研究部署了改进方案，相关部门和单位要认真推进落实。要按照试点先行，先易后难，逐步推广的原则，进一步优化流程，加强材料预审，改善预约服务，提升办税效率，力争年内实现商品房业务同城通办、契税优惠证明厅内查询，年底前达到纳税人进厅后，从等候到办结不超过一小时的目标。二是不断加强服务平台应用。要充分应用“互联网+”，推广运用大数据服务策略平台，整合平台资源，丰富数据源，细化纳税人需求，有效提升一线办税服务质效。优化完善微税厅平台应用，开通后台实时咨询渠道，贯通语音、短信、网站、微信等数据交互载体，丰富信息推送形式，运用人工智能，实现智慧咨询。优化在线直播课堂功能，与纳税人形成良好互动。三是持续优化纳税服务体系。要以纳税人满意度迎查为契机，不断完善纳税服务现场检测制度，深入查找纳税服务过程中存在的薄弱环节和突出问题，及时加以整改。进一步落实并拓展国、地税合作事项，强化跟踪管理。深入开展办税厅标准化建设，落实各项服务制度、服务规范、服务承诺，有效提升纳税人满意度和获得感。

（四）不断深化依法治税，确保创成法治税务示范基地

一是加强法治建设。要发挥依法行政考核创建效应，积极参与省地税局、国家税务总局法治

税务示范基地争创，已申报的单位，要精心准备，确保争创成功。要以争创为动力，进一步规范税收执法行为，严格贯彻税务行政处罚自由裁量基准，认真落实税收争议案件提前介入和联动管理制度，切实抓好税收争议案件应对工作，有效预防化解行政争议。要进一步统筹协调、稳步推进系统公职律师制度建设，为税收法治建设提供人才保障。二是强化督查内审。落实省地税局内控机制信息化建设要求，不断改进内控措施。探索分区域、分板块执法督察，组织封闭推磨式板块互查，提升执法督察效能。优化执法责任制实施办法，建立个人责任档案，有效发挥执法责任制评价作用。有序推进风险应对质量检查，规范检查流程，确保检查质效。扎实开展内部审计，强化问题整改。三是加大稽查力度。要全面落实省地税局联合检查部署，加强与国税稽查部门的合作，逐步理顺与国税稽查部门各类事项的合作流程。建立稽查执法社会共治体系，强化税警联动协作，加强重大税收违法案件信息曝光，促进纳税遵从。

（五）提升干部队伍素质，确保“两学一做”抓出实效

一是以“两学一做”促进各项工作。要认真总结研究前阶段“两学一做”成果，更加注重学与做的统一、知与行的合一，在真学实学、全面覆盖、问题整改、从严督导上下功夫。要引导广大党员按照“五查摆五解决五强化”、党员干部“七查摆七解决七强化”的要求，带着问题学、针对问题改，认真开展“三专题、一评议、四突出”关键动作，深入推进亮身份、树形象“三比三争”活动，争做“四讲四有”的合格党员。要通过学习教育，进一步凝聚思想共识，明确目标方向，把开展学习教育与深化征管改革、优化纳税服务等业务工作相融合，与实现金税三期上线、一小时办结等重点难点目标相结合，推动各项工作取得实效。二是以“两学一做”提升能力素质。党员领导干部要通过“两学一做”学习教育，坚持以上率下和问题导向，持之以恒推进作风建设，切实提升领导科学发展和推进工作的能力。要进一步强化人才队伍建设，突出人才培养使用。进一步推动“互联网+税务学堂”建设，丰富培训形式，提高培训效果。积极组织参加省地税局大比武竞赛，切实提升干部技能水平。三是以“两学一做”打造一流队伍。要通过学习教育，进一步提振干部的精气神，积极推进数字人事制度改革试点，建立干部职业发展电子档案，实施对干部全过程、全覆盖规范管理。适时开展机关和基层科级干部交流工作，完善干部成长机制。强化基层导向，加强科所长队伍建设，选树先进典型，发挥先锋示范作用，增强队伍凝聚力、执行力和创新力。贯彻落实好中办、国办《关于进一步加强和改进离退休干部工作的实施意见》。

（六）强化党风廉政建设，确保作风评议取得优异成绩

一是落实“两个责任”。各部门、各单位要高度重视“两个责任”的落实，“一把手”要切实担负起全面从严治党的主体责任，班子成员要认真履行“一岗双责”，不断完善责任传导，层层落实。系统上下要抓好对“问责条例”等党纪条规的学习教育和贯彻落实，严明党的纪律规矩，要善于运用、敢于运用监督执纪“四种形态”，强化对领导班子、领导干部，重点领域、重要环节的监督，把“四种形态”用好、用实、用到位，加大对不作为、慢作为、乱作为等问题的问责力度。8月15日，省委巡视组正式开展对省地税局的巡视，各单位要深刻领会巡视工作的新要求，作为当前一项重大政治任务，积极准备，严肃对待，明确责任，落实到人，确保延伸检查不出问题。二是严防“四风”反弹。要贯彻中央越往后越严的工作要求，紧盯“四风”新形式、新动向，深入开展违规吃请和公款吃喝问题专项整治，严格执行接待标准、严格实施接待审批，落实好省内公务接待禁酒的要求。要进一步强化日常监督管理，对中央“八项规定”及相关要求时时遵守、处处遵守，不能有丝毫麻痹。深入开展对照检查、专项排查、随机抽查，对有令不行、有禁不止、不收敛、不收手的，要加大问责处理力度。加强涉税舆情管理，严格落实《信访条例》，确保安全稳定。三是做好作风迎评。今年是全市作风建设综合评议之年，各单位要咬定目标，认真组织迎评工作。要加强与所在区作风建设部门的密切联系，做好区级评议对接。扎实推进为群众、为基层办实事活动，加强内外部宣传引导，发挥内外部监督作用，进一步健全改进作风长效机制，以优质服务和扎实工作积极面对群众评判，确保在年底综

合评议中取得好成绩。

(七)发挥绩效管理作用,确保重新确立领先优势

一是强化绩效思维。目前,从国家税务总局到省地税局,自上而下都很重视绩效管理工作,把绩效管理作为推动税收各项工作的指挥棒。各部门、各单位要牢固树立抓绩效就是抓工作落实的理念,充分认识绩效管理的重大意义和重要作用,各级领导干部要善于用绩效的思维来推进工作,用绩效的手段来提升工作,尽心尽力、尽职尽责抓好绩效管理,以此来推动各项工作的有效落实。二是强化争先创优。要通过绩效管理这个抓手,把大家争先进位、你追我赶的积极性调动起来。要加强高层级荣誉争创,动员各方面力量全力争取。从现在起,每个基层单位至少要争取一个省级层面的荣誉,在此基础上,积极争创全国性荣誉。创建工作的责任部门要做好牵线搭桥,各职能部门、各单位要各司其职、担当作为,保证各项工作既符合标准,又符合争先创优的要求。三是强化考核应用。各部门、各单位要认真分析上半年工作情况,对标找差、查漏补缺,确保年度考评指标不失分、加分项目争一流、分档考评获一档。要加强对亮点工作、特色工作的总结提炼,抓好宣传。强化考核结果应用,对在省地税局年度绩效考核中,处室分档指标不能进入第一档,条线加分项目不能进前五,发生减分事项的,将在市局年底的考核中兑现。

同志们,下半年工作任务重、责任大。全局上下要按照市局的统一部署和要求,以高度负责的精神和更加饱满的热情,恪尽职守、扎实工作,确保圆满完成全年目标任务,为建设“富强美高”新南京作出新的更大的贡献!

南京市局领导班子2016年述职述廉述法报告

2016年,南京市局班子在省地税局和市委、市政府的正确领导下,主动适应经济发展新常态,聚力税制改革和征管体制改革,坚持以组织收入为中心,深入推进全面从严治党,全力实施大数据治税工程和干部能力素质提升工程,各项工作取得新的成效。

一、深入开展“两学一做”学习教育,切实加强班子自身建设

一年来,班子突出把方向、管大局、作决策、保落实,坚持高标准、严要求,发挥了总揽全局、协调各方的领导作用。

一是带头加强学习。深入开展“两学一做”学习教育,把学习习近平总书记系列重要讲话和十八届六中全会精神作为最重要内容,抓好《准则》《条例》的学习,认真做好专题党课、学习研讨、专题调研等关键动作,切实增强班子的政治意识、大局意识、核心意识、看齐意识。班子先后参加集中学习15次,专题研讨3次,讲党课11人次。每次专题研讨会,班子都听取全系统“两学一做”推进情况,围绕主题深入学习交流,相互启发,提出下一阶段要求,使得专题研讨会成为全系统的示范会、推进会。

二是带头自查整改。今年5月,根据省地税局党组开展深化巡视整改和全面自查自纠的要求,班子对照省地税局列举的四个方面重点内容,进行了认真、全面、细致的自查,并结合实际,对其他方面存在的问题,一并列入了自查自纠范围,做到一项一项全面查、彻底查、不遗漏,共查摆了56个问题,每名班子成员都形成了全面自查自纠情况报告。同时,将检查延伸到基层,对基层单位一家家核查,组织专项抽查,督促整改落实,确保自查自纠全覆盖。

三是带头转变作风。班子成员带头树立红线意识、底线思维,带头执行中央“八项规定”,如实报告个人重大事项,落实公务接待、办公用房、财经纪律等要求,不该吃的饭坚决不吃,不该花的钱坚决不花,“三公经费”同比减少378万元,压缩73%。比如,在办公用房清理中,班子成员对照新标准,进行彻底整改,以前安排有专门的休息间,整改中全部撤除,大家都在办公室的沙发上午休。整改采取完全物理隔离方式,杜绝套间、软隔断,坚决不留后路、不搞变通,全系统共腾退办公用房116处,总面积1750平米。

四是带头民主决策。班子带头讲规矩、讲原则,坚持民主集中制,修订《党组议事规则》,实行党组议事清单管理,明确11个事项必须集体研究决定。严格落实《党政领导干部选拔任用工作条例》及相关办法,认真执行班子重大决策调查研

究、重大问题请示汇报、重大事项集体决策、重大决策事项公开制度，班子决策的原则性、科学性和班子的向心力、凝聚力不断增强。

二、突出履职尽责，确保全年目标任务的落实

一年来，班子带领全局上下，围绕改革创新重点任务，振奋精神，攻坚克难，全年各项目标任务得到较好完成，"金三"上线、服务转型发展、促进非货币性资产投资个人所得税政策落地工作、以地控税、青年干部队伍管理等多项工作得到省地税局和市委、市政府主要领导批示肯定。

*一是服务发展能力持续增强。*面对经济下行压力，班子全力以赴抓收入，克服困难挑战，充分挖潜增收。1—10月份，全系统共组织各项收入1170.8亿元，增长11.1%。其中，税收收入750.8亿元，增长12.9%；市县级一般公共预算收入507.1亿元，增长5.6%。税收增幅高于全省平均水平17.8个百分点，在全省名列第一、全国副省城市第二。加强税收收入预测，预测准确率名列全省前列。征收社保费367.6亿元。认真贯彻市委、市政府重大决策部署，落实好税收政策，梳理服务供给侧改革优惠政策33条，全年办理减免税74.4亿元，做到应免尽免。

*二是深化各项改革质效明显。*全面完成营改增，抓好营业税存量税源清理，顺利实现发票衔接、委托代征等业务事项，确保了14.9万转出户数据准确无误。贯彻落实《深化国税、地税征管体制改革方案》，推进"金三"上线，对市区两级13.8万条数据开展清洗，确定了24个特色业务软件衔接方案，确保了10月8日单轨成功上线运行，我局也是全国唯一一家在"金三"上线切换停机期间，房产交易涉税服务不间断的单位，受到社会和群众的好评。加快电子税务局建设，成功上线7个创新项目，其中有3个项目被列入国家税务总局创新创意参选项目，在全国率先实现支付宝缴税。夯实征管基础，修订税源与征管状况监控指标体系，实现了业务档案的实时归档和电子化管理。突出风险管理，实现应对收入26.7亿元。加强税种管理，所得税汇算清缴补税29.9亿元，同比净增10亿元；年所得12万元以上申报23.3万人，增长21%；土地增值税清算入库税款16亿元，增长54.6%。

*三是依法治税环境不断优化。*积极创建法治税务示范基地，栖霞局、六合局被评为省级法治税务示范基地。加强法治宣传教育，被评为2011—2015年度全省普法工作先进单位。推行权力清单动态管理，梳理行政权力事项127项。贯彻落实省地税局《税务行政处罚自由裁量基准》，规范重大案件审理。积极预防化解行政争议，全年办理争议案件提前介入15起，复议案件9起，诉讼案件7起，被评为全市复议质量先进单位。完善督察内审工作制度体系，推广使用税收执法督察管理系统，推进风险应对质量检查，扎实做好内外部审计。贯彻落实稽查"双随机"抽查制度，开展积案清理，清理率达93.6%。加大涉税案件查办力度，严厉打击发票违法犯罪活动，查补入库税款8.6亿元，增长135%。

*四是纳税服务水平显著提升。*精心组织全国纳税人满意度调查迎查工作，取得全国第二的好成绩。加强国地税合作，制定国税、地税2016年重点合作事项表，明确4大类49项重点合作事项。牵头开发基于大数据框架下的全省纳税服务策略系统平台，正式推广应用。打造手机微信平台，拓展"微税厅"功能应用。深化便民办税春风行动，开展问需求、优服务、促改革专项活动。落实涉房交易税收同城通办，实现"一小时办结"目标。组织纳税人学校276场，为2.6万名纳税人提供免费培训。"12366"咨询量达46.4万人次，转办"12345"工单1655件，综合满意率达90%。政务中心窗口获全市红旗窗口和先进单位称号。

*五是干部队伍建设不断加强。*贯彻落实领导班子和领导干部监督管理实施办法，建立健全人才考核评价体系，与国税互派13名优秀干部交流挂职。举办处级领导干部培训班，加强科以下干部制式培训，共办班32次、1700名干部参加，3篇税务MBA教学案例入选"全国百篇优秀管理案例"。制定选拔任用工作纪实规范，开展公务员分级分类考核和数字人事试点。做好离退休干部工作。举办岗位技能竞赛，127名干部获优秀税收业务能手称号。加强绩效管理，在全省"一市一县推经验"活动中，我局被评为全省地税系统绩效管理先进单位。创新文化理论研究，出版《南京地税税务文化研究与探索》专著。加强系统内外税务文化交流，先后接待全国10批500余人次

现场观摩。完成系统“十三五”规划制订工作。加强群团建设，六合局、建邺局被评为国家级“职工书屋”。加强涉税舆情管控。落实公车改革要求，取消一般公务用车，加强保留用车管理，稳妥做好204名劳务派遣驾驶员处置及善后工作，帮助驾驶员再就业。

三、落实“两个责任”，抓好全面从严治党

一年来，班子坚决贯彻党要管党、从严治党的要求，不折不扣落实“两个责任”，推动了全系统党风廉政建设不断深入。

一是坚持以上率下，落实“两个责任”。班子带头牢固树立不抓党风廉政建设是严重失职、抓不好党风廉政建设是渎职的意识，主要负责人切实担负起第一责任人的职责，班子其他成员认真履行“一岗双责”，班子每半年专题听取纪检监察部门的工作汇报和意见建议，研究整改落实，在纪律规定执行上，严于律己、当好表率、从严管理、以上率下。

二是注重基层延伸，深化风险防控。推进“三险同防”向科所延伸，积极探索基层科所在防范风险上的主体作用，推动廉政风险嵌入式管理。深入开展基层党风廉政专项治理、违规吃请和公款吃喝专项整治，逐步构建由专项治理向日常监督延伸、重点领域向全面覆盖拓展的常态化监督防控体系。推进岗位廉政教育，征收局、稽查二分局被评为市级机关廉政文化建设示范点。

三是运用“四种形态”，强化监督执纪。把握执纪越往后越严的要求，坚决把纪律和规矩挺在前面，做到纪严于法、纪在法前、从严执纪。充分运用好监督执纪“四种形态”，对各种违纪违规现象、苗头及时提醒，做到发现在早、处置在小，教育个人、警示大家。今年以来，全系统行政处分2人，组织处理2人，诫勉谈话14人次。

回顾一年来班子履行职责和廉洁自律情况，取得了一定成绩，但也存在一些不足：一是面对经济社会快速发展的新形势，班子在运用理论指导实践、推动工作、促进发展上还有待加强；二是面对不断深化推进的各项改革，班子在统筹推进、破解难题上还有待进一步提高；三是面对繁重的工作任务，较高的工作要求，班子还需进一步沉到一线，花精力、下力气解决基层工作中的难题。

【责任编辑　楚天佑】